O CONTROLO DAS CONCENTRAÇÕES
DE EMPRESAS NO DIREITO COMUNITÁRIO
DA CONCORRÊNCIA

525

SOFIA OLIVEIRA PAIS
Assistente da Faculdade de Direito da Universidade Católica Portuguesa
(Centro Regional do Porto)

O CONTROLO DAS CONCENTRAÇÕES DE EMPRESAS NO DIREITO COMUNITÁRIO DA CONCORRÊNCIA

LIVRARIA ALMEDINA
COIMBRA – 1996

TÍTULO:	O CONTROLO DAS CONCENTRAÇÕES DE EMPRESAS NO DIREITO COMUNITÁRIO DA CONCORRÊNCIA
AUTOR:	SOFIA OLIVEIRA PAIS
EDITOR:	LIVRARIA ALMEDINA – COIMBRA
DISTRIBUIDORES:	LIVRARIA ALMEDINA ARCO DE ALMEDINA, 15 TELEF. (039) 26980 FAX (039) 22507 3000 COIMBRA – PORTUGAL LIVRARIA ALMEDINA – PORTO R. DE CEUTA, 79 TELEF. (02) 319783 4050 PORTO – PORTUGAL EDIÇÕES GLOBO, LDA. R. S. FILIPE NERY, 37-A (AO RATO) TELEF. (01) 3857619 1250 LISBOA – PORTUGAL
EXECUÇÃO GRÁFICA:	G.C. – GRÁFICA DE COIMBRA, LDA.
TIRAGEM:	1 120 EX.
DEPÓSITO LEGAL:	100948/96

Aos meus pais
Ao Miguel

NOTA PRÉVIA

O estudo que agora se publica corresponde, com pequenas alterações, ao que foi apresentado em Outubro de 1993, e defendido em Novembro de 1994, como dissertação de Mestrado em Integração Europeia na Faculdade de Direito da Universidade de Coimbra.

Pelo incentivo, disponibilidade e sugestões formuladas, desejamos exprimir o nosso sincero reconhecimento ao orientador e arguente da dissertação, Professor Doutor Rui Moura Ramos. Agradecemos também aos Professores Doutores Marques dos Santos e Diogo Leite Campos, que integraram o júri perante o qual foram prestadas as respectivas provas públicas, o primeiro dos quais também na qualidade de arguente.

ÍNDICE

INTRODUÇÃO

COORDENADAS JURÍDICO-SOCIAIS
DE UM CONTROLO COMUNITÁRIO DE CONCENTRAÇÕES

1. Da falta de oportunidade de tratamento do fenómeno das concentrações no âmbito da Comunidade Europeia – ao contrário do que se passou no quadro da Comunidade Europeia do Carvão e do Aço –, ao seu incentivo a partir da década de 60, como instrumento privilegiado de realização dos objectivos do Tratado CE 15
2. O reverso da medalha: a necessidade de um controlo das concentrações susceptíveis de pôr em causa a concorrência efectiva no mercado comum.... 21
3. Plano de exposição 24

PARTE I

O CONTROLO COMUNITÁRIO DAS CONCENTRAÇÕES
COM BASE NOS TRATADOS

1. O CONTROLO DAS CONCENTRAÇÕES NO TRATADO CECA 27
4. Âmbito do controlo preventivo das concentrações, estabelecido no art. 66º do Tratado CECA 27
5. Aspectos substanciais do regime de controlo 31
6. Aspectos processuais do regime de controlo 35
7. Aplicação cumulativa do Tratado CE e do Tratado CECA 38

2. O MEMORANDO DA COMISSÃO DE 1 DE DEZEMBRO DE 1965 41
8. Posição da doutrina quanto à questão da aplicação dos arts. 85º e 86º do Tratado CE às operações de concentração 41
9. Posição da Comissão quanto à questão da aplicação dos arts. 85º e 86º do Tratado CE às operações de concentração 43

3. A OPERAÇÃO DE CONCENTRAÇÃO COMO ABUSO DE POSIÇÃO DOMINANTE NO ÂMBITO DO TRATADO CE 53
10. Pressupostos gerais da aplicação do art. 86º do Tratado CE 53

10   *O controlo das concentrações de empresas no direito comunitário*

11. Aplicação do art. 86° às operações de concentração. O caso Continental Can   76
12. (cont.) A decisão da Comissão..   77
13. (cont.) O acórdão do Tribunal de Justiça...   87
14. (cont.) Apreciação crítica...   95
15. (cont.) Aplicação da doutrina estabelecida no acórdão...................................   97

4. A OPERAÇÃO DE CONCENTRAÇÃO COMO *ENTENTE* PROIBIDA NO
ÂMBITO DO TRATADO CE?.. 115

16. Pressupostos gerais da aplicação do art. 85° do Tratado CE........................... 115
17. Aplicação do art. 85° às operações de concentração? O caso Philip Morris... 136
18. (cont.) A decisão da Comissão.. 139
19. (cont.) O acórdão do Tribunal de Justiça.. 141
20. (cont.) Apreciação crítica... 145
21. (cont.) Aplicação da doutrina estabelecida no acórdão 158

PARTE II

O CONTROLO COMUNITÁRIO DAS CONCENTRAÇÕES
COM BASE NO REGULAMENTO N° 4064/89

1. OBSERVAÇÕES PRELIMINARES.. 171
22. A necessidade de uma regulamentação comunitária específica para o con-
trolo das concentrações de empresas 171
23. A proposta de regulamento de 1973 e as suas modificações........................... 173
24. O relançamento dos trabalhos em 1988... 182

2. A BASE JURÍDICA DO REGULAMENTO 189
25. Breve referência ao sistema de competências atribuídas e aos poderes do
Conselho e da Comissão no âmbito da concorrência 189
26. A dupla fundamentação jurídica do regulamento: os arts. 235° e 87° do Tra-
tado CE 190
27. A questão da "constitucionalidade" da opção pelo art. 235° como funda-
mento do regulamento 193

3. CAMPO DE APLICAÇÃO DO REGULAMENTO...................................... 197
28. Dimensão comunitária da operação de concentração: o critério do volume
de negócios realizado a nível mundial; o critério do volume de negócios
realizado na Comunidade; a regra de 2/3 197
29. (cont.) Regras de cálculo do volume de negócios. 207
30. (cont.) Identificação da "empresa em causa" para efeitos de cálculo do volu-
me de negócios.. 213
31. (cont.) Delimitação do grupo a que pertence a "empresa em causa".............. 220
32. (cont.) Regras de cálculo para sectores específicos....................................... 227

Índice 11

33. Noção de concentração. Modalidades de concentração referidas no art 3º do regulamento: fusão e aquisição de controlo.. 232

34. Categoria genérica de "aquisição de controlo". Tentativa de definição prévia da noção de controlo. 240

35. Formas significativas que pode assumir a aquisição de controlo: aquisição de controlo exclusivo 248

36. (cont.) Passagem de um controlo conjunto a exclusivo............................. 250

37. (cont.) Aquisição de controlo conjunto: empresas comuns........................ 252

38. Operações sem carácter de concentração.. 303

4. A REPARTIÇÃO DE COMPETÊNCIAS ENTRE A COMISSÃO E OS ESTADOS MEMBROS À LUZ DO REGULAMENTO SOBRE O CONTROLO DAS CONCENTRAÇÕES.. 309

39. Referência sumária à questão da divisão de poderes entre a Comissão e os Estados-membros no domínio do direito da concorrência............................ 309

40. A consagração do princípio da competência exclusiva da Comissão, no Regulamento nº 4064/89 313

41. Os desvios consagrados a tal princípio. Competências nacionais excepcionais: A) A cláusula dos interesses legítimos; B) A cláusula alemã: condições substanciais e formais para a sua aplicação...................................... 315

42. (cont.) Competências comunitárias alargadas: a cláusula holandesa............. 329

5. A APLICAÇÃO DO REGULAMENTO NAS RELAÇÕES ECONÓMICAS INTERNACIONAIS 335

43. A posição adoptada pelo Tribunal de Justiça no acórdão *Wood Pulp* sobre o campo de aplicação do direito comunitário..................................... 335

44. Ausência de critérios claros sobre a aplicação do regulamento a empresas não comunitárias. Doutrina da execução *vs* teoria dos efeitos? 340

45. O acordo sobre o Espaço Económico Europeu.. 346

6. APRECIAÇÃO SUBSTANCIAL DAS OPERAÇÕES DE CONCENTRAÇÃO

46. O critério de apreciação das concentrações: A criação ou reforço de uma posição dominante (A noção de posição dominante tem o mesmo significado que lhe é dado no âmbito do art. 86º ou deverá ser considerado um teste novo?)... 349

47. (cont.) A existência de entraves significativos à concorrência efectiva. A) Requisito adicional ou mero corolário da criação ou reforço de uma posição dominante? B) Condições dos entraves: 1) a uma concorrência *efectiva* ; 2) com carácter *significativo* 374

48. Possibilidade de derrogação da proibição? As teorias em confronto: balanço económico *vs* balanço concorrencial.. 381

49. "Posição dominante colectiva" - Uma nova dimensão do controlo das concentrações?.. 399

12 *O controlo das concentrações de empresas no direito comunitário*

50. As restrições acessórias à operação de concentração: A) As restrições devem ser directamente relacionadas com a operação; B) As restrições devem ser necessárias; C) Exemplos típicos 404

7. CONTROLO PROCESSUAL DAS CONCENTRAÇÕES 415

51. Contactos informais 415
52. A Notificação 417
53. Consequências da notificação: A) Suspensão da concentração; B) O início da contagem do prazo 425
54. (cont) Decisões no fim da primeira fase processual 432
55. A segunda fase processual 436
56. Os poderes da Comissão: de investigação e sancionatórios 444
57. Garantias dos particulares 452
58. Relações com os Estados-membros 456

8. APLICAÇÃO RESIDUAL DAS DISPOSIÇÕES DOS TRATADOS? 459

59. A polémica querela da manutenção da validade das disposições do Tratado CE após a entrada em vigor do Regulamento n° 4064/89 459
60. (cont.) Os arts. 85° e 86° do Tratado CE poderão continuar a ser aplicados pela Comissão? 462
61. (cont.) Pelos tribunais nacionais? 466
62. (cont.) Pelas autoridades dos Estados-membros? 469
63. Qual a relação existente entre o art. 66° do Tratado CECA e o Regulamento n° 4064/89? 470

9. CONCLUSÕES GERAIS 473

PRINCIPAIS ABREVIATURAS UTILIZADAS

A Bull	—	The Antitrust Bulletin
AC	—	Actualités Communautaires
AJCL	—	The American Journal of Comparative Law
ALJ	—	Antitrust Law Journal
Bol.ICE	—	Boletín de Información sobre las Comunidades Europeas
CDE	—	Cahiers de Droit Européen
CECA	—	Comunidade Europeia do Carvão e do Aço
CE	—	Comunidade Europeia
CMLR	—	Common Market Law Review
Col.	—	Colectânea da Jurisprudência do Tribunal
DCDSI	—	Diritto Comunitario e Degli Scambi Internazionali
DPCI	—	Droit et Pratique du Commerce International
EA	—	European Affaires
EBLR	—	European Business Law Review
ECLR	—	European Competition Law Review
EIPR	—	European Intelectual and Property Review
ELR	—	European Law Review
FCLI	—	Annual Proceedings of the Fordham Corporate Law Institute
FILJ	—	Fordham International Law Journal
GJ	—	Gaceta Juridica de la CEE
GP	—	Gazette du Palais
HILJ	—	Harvard International Law Journal
HLR	—	Harvard Law Review
ICLQ	—	International and Comparative Law Quarterly
IFLR	—	International Finantial Law Review
IL	—	The International Lawyer
Intereconomics	—	Intereconomics Review of International Trade and Developement
JBL	—	The Journal of Business & Law
JCP	—	Juris Classeur Périodique. La Semaine Juridique
JDI	—	Journal de Droit International
JOCE	—	Jornal Oficial das Comunidades Europeias
JT	—	Journal des Tribunaux
JWTL	—	Journal of World Trade Law
M&A	—	M&A Europe
NJ of IL & B	—	Northwestern Journal of International Law & Business

OCDE	—	Organização de Cooperação e Desenvolvimento Económico
OJLS	—	Oxford Journal of Legal Studies
RAE	—	Revue des Affaires Européennes
Rapp. Conc.	—	Rapport sur la Politique de Concurrence (Commission)
RCC	—	Revue de la Concurrence et de la Consommation
RDAI	—	Revue de Droit des Affaires Internationales
RDE	—	Revue de Droit Européen
REI	—	Revue d'Économie Industrielle
REP	—	Revue d'Économie Politique
Rec.	—	Recueil de Jurisprudence de la Cour de Justice
Rec. DS	—	Recueil Dalloz Sirey
Rel. Conc.	—	Relatório sobre a Política de Concorrência (Comissão)
Relaz. Conc.	—	Relazione sulla politica di concorrenza (Comissione)
Rep. Comp.	—	Report on the Competition Policy (Commission)
Revue Critique de DIP	—	Revue Critique de Droit International Privé
RIDE	—	Revue International de Droit Economique
RIE	—	Revista de Instituciones Europeas
RISEC	—	Rivista Internazionale di Scienze Economiche e Commercialli
Riv. delle Soc.	—	Rivista delle Società
Riv.Dir.Eur	—	Rivista di Diritto Europeo
RMC	—	Revue du Marché Commun
RMCUE	—	Revue du Marché Commun et de L'Union Européenne
RMUE	—	Revue du Marché Unique Européen
RPS	—	Revue Pratique des Sociétés
RTDC	—	Revue Trimestrielle de Droit Commercial et de Droit Ecomomique
RTDE	—	Revue Trimestrielle de Droit Européen
WCLER	—	World Competition Law and Economics Review

INTRODUÇÃO

COORDENADAS JURÍDICO-SOCIAIS DE UM CONTROLO COMUNITÁRIO DE CONCENTRAÇÕES

> SUMÁRIO: **1** – *Da falta de oportunidade de tratamento do fenómeno das concentrações no âmbito da Comunidade Europeia – ao contrário do que se passou no quadro da Comunidade Europeia do Carvão e do Aço –, ao seu incentivo a partir da década de 60, como instrumento privilegiado de realização dos objectivos do Tratado CE.* **2** – *O reverso da medalha: a necessidade de um controlo das concentrações susceptíveis de pôr em causa a concorrência efectiva no mercado comum.* **3** – *Plano de exposição.*

1. Uma das preocupações fundamentais da Comunidade Europeia consiste no controlo comunitário das concentrações de empresas [1-2].

---

[1] Uma definição de «concentração de empresas» unidimensional afigura-se-nos hoje uma tarefa praticamente impossível, dada a multiplicidade de formas que o fenómeno pode revestir e a variedade de técnicas jurídicas a que pode recorrer. São inúmeras as classificações propostas pela doutrina, quanto às formas por que se pode realizar tal fenómeno, das quais destacamos, essencialmente, duas, atendendo ao seu interesse no âmbito do direito comunitário. Numa perspectiva económica, Manuel. A. DOMINGUEZ GARCIA, J. VANDAMME e M. GUERRIN distinguem três tipos de concentrações, atendendo ao género de actividades desenvolvidas pelas empresas. De acordo com esta classificação, as concentrações podem ser horizontais (entre empresas pertencentes a um mesmo sector de actividade económica e que operam a um mesmo nível), verticais (entre empresas pertencentes a um mesmo sector de actividade económica, mas que operam em níveis diferentes) e conglomeradas (entre empresas pertencentes a diferentes sectores de actividade económica, independentemente do nível em que operem) – cfr. M. DOMINGUEZ GARCIA, *Las concentraciones de empresas a la luz del ordenamiento comunitario,* II Curso Universitario de Verano El Burgo de Osma, 1989, pág. 8, e J. VANDAMME e M. GUERRIN, *La réglementation de la concurrence dans la CEE,* Paris, PUF, 1974, págs. 19-20. Numa perspectiva jurídica, Mariano PELAEZ distingue, com base no critério da personalidade jurídica, por um lado, as concentrações que envolvem a perda da personalidade jurídica de pelo menos uma das empresas envolvidas, como seria o caso das fusões, e, por outro, aquelas que,

16 *O controlo das concentrações de empresas no direito comunitário*

Com a perspectiva de desmantelamento das fronteiras internas, mudaram radicalmente as condições de mercado na Comunidade, tendo sido criado um espaço económico favorável às concentrações que, devido aos seus efeitos tendencialmente pró-concorrenciais, eram consideradas indispensáveis à reestruturação industrial europeia. Todavia, tais operações revelavam-se susceptíveis de gerar, igualmente, posições dominantes na Comunidade, permitindo aos seus detentores afastarem eventuais pressões concorrenciais, facto que poderia comprometer seriamente os objectivos da construção europeia. Com efeito, o Tratado que institui a Comunidade Europeia (doravante designado Tratado CE), e que tem por finalidade a realização de uma união profunda entre os Estados-membros, apresentando como primeira etapa a integração económica e a manutenção da livre concorrência no mercado comum, exige, tal como o Tratado que cria a Comunidade Europeia do Carvão e do Aço (adiante designado Tratado CECA), a protecção de um regime de mercado assente no princípio da

---

implicando a redução ou extinção da independência económica das empresas envolvidas, não afectam, contudo, a sua personalidade jurídica – cfr. M. PELAEZ *apud*, Henrique MEDINA CARREIRA, *Concentração de Empresas e Grupos de Sociedades, Aspectos Histórico-Económicos e Jurídicos*, Documentos do IESF, n.° 3, 1992, pág. 19. Note-se, ainda, que, não sendo feita qualquer referência ao fenómeno das concentrações no Tratado CE, a questão vai, no entanto, ser abordada quer pela Comissão no Memorando de 1 de Dezembro de 1965, onde afirma poder «fala[r]-se de concentração quando várias empresas são reagrupadas sob uma direcção económica única, ao abandonarem a sua autonomia económica», acrescentando em seguida que «a concentração implica uma modificação da estrutura interna das empresas» (cfr. *Memorandum de la Comission de la Communauté Economique Européenne sur la concentration dans le Marché Commun*, de 1 de Dezembro de 1965, publicado na RTDE, n.° 1, Janvier-Avril, 1966, pág. 669) quer nas várias propostas de regulamento sobre o controlo das concentrações de empresas, sendo a versão definitiva de 1 de Dezembro de 1989 com a adopção do regulamento n.° 4064/89, cujo art. 3.° dá uma noção de concentração. Ambas as questões – o problema das concentrações tratado pela Comissão no Memorando e a definição de concentração dada no Regulamento n.° 4064/89 – serão desenvolvidas mais tarde, pelo que neste momento nos abstemos de fazer mais referências a este assunto – cfr. *infra* pontos 9 e 33.

[2] Como, aliás, o tem sublinhado sistematicamente a Comissão nos seus relatórios sobre a política de concorrência. Veja-se nomeadamente o 20.° Rel. Conc., 1990, ponto 20, onde afirma tratar-se de um «instrumento essencial» na salvaguarda de um regime de concorrência não falseada na Comunidade, bem como o 22.° Rel. Conc., 1992, ponto 7, onde destina ao controlo das concentrações «um lugar central na política de concorrência da Comunidade».

Introdução

livre concorrência, que pressupõe a sujeição das empresas de grande dimensão a uma vigilância severa, quer através da fiscalização das concentrações, quer mediante o controlo dos abusos de posição dominante.

O Tratado CECA, por razões de ordem política e económica[3], prevê no seu art. 66.º um controlo preventivo das operações de concentração realizadas no âmbito da Comunidade Europeia do Carvão e do Aço. O seu alcance limitado restringe, porém, o desenvolvimento de uma política relevante nesse campo. O Tratado CE, por seu lado, não contém qualquer referência expressa às operações de concentração, o que encontra a sua justificação no facto de, em 1957, serem exíguas as concentrações transnacionais, sobretudo quando comparadas com os «dinossauros industriais»[4] existentes nos Estados Unidos[5].

A situação vai alterar-se durante a década de 60, com o esforço das autoridades comunitárias em intensificar as operações de concentração, atitude esta motivada essencialmente por duas razões. Por um lado, a evolução do comércio internacional foi no sentido da modificação das relações comerciais clássicas, importação/exportação, para um regime de integração das empresas industriais nos países destinatários dos seus produtos, processo que lhes permitiria adaptar a produção às necessidades locais[6], apresentando-se o fenómeno das concen-

---

[3] Cfr. *infra*, ponto 4.

[4] HOUSSIAUX, *apud* Robert LECOURT, *Concentrations et fusions, facteurs d'intégration, in* "Coopérations, concentrations, fusions d'entreprises dans la C.E.E.", Colloque organisé par le Centre Universitaire d'Études des Communautés Européennes de la Faculté de Droit et des Sciences Économiques de Paris, Octobre 1967, RMC, n.º 109, Janvier-Février, 1968, pág. 18.

[5] Para uma visão geral da evolução do fenómeno das concentrações, cfr. Henrique MEDINA CARREIRA, ob. cit., págs. 7 e segs., esp. 28-32, e também Yvon LOUSSOUARN, sobretudo para o enquadramento comunitário da questão, *La concentration des entreprises dans la Communauté économique europeenne*, Revue Critique de DIP, Tome LXII-1974, págs. 16 e segs.

[6] Cfr. Yvon LOUSSOUARN, ob. cit., pág. 236. Esta razão globalização dos mercados – é ainda hoje considerada, como nota Jesus PIZARRO PORTILLA, uma das principais causas do processo de concentração empresarial, ao lado de uma situação tecnológica caracterizada pela aplicação das telecomunicações e informática aos processos de produção que permitem reduzir os custos de produção, a que deve ainda associar-se o relevo da mutação do papel do Estado, assumindo cada vez mais um «carácter liberal», que estaria na origem «das políticas de privatização das empresas públicas que estão a ser uma das principais dinamizadoras do mercado de aquisições

18 *O controlo das concentrações de empresas no direito comunitário*

trações como um instrumento privilegiado para a execução desses objectivos. O redimensionamento das empresas comunitárias afirmava--se, assim, cada vez mais premente face ao reforço da concorrência internacional, especialmente nos Estados Unidos. As operações de concentração, na opinião da Comissão, seriam, nesse contexto, o meio mais adequado para se efectuar a desejada reestruturação da indústria europeia, permitindo às empresas fazer face à "ameaça" da concorrência estrangeira[7]. Por outro lado, foi igualmente determinante desta tendência a visão do mercado comum como um mercado único. A Comissão acreditava que as empresas só seriam capazes de actuar eficazmente nesse mercado de dimensões alargadas aumentando o seu tamanho[8]. Deste modo, defende, no Memorando de 1 de Dezembro de 1965, que o mercado comum necessita de empresas de grandes dimensões, capazes de alcançarem as vantagens da produção em massa, do desenvolvimento, do progresso técnico e económico e da investigação[9]. Para tal, afirma a necessidade de serem suprimidos

---

na Europa», cfr. J. PIZARRO PORTILLA, *Processo de Concentracion Empresarial en Europa*, Situacion, n.º 2, 1990, pág. 163.

[7] Cfr. Memorando da Comissão, cit., pág. 652.

[8] Ob. cit., loc. cit.

[9] Além das vantagens gerais, indicadas pela Comissão, relativas às economias de escala, ao progresso técnico e ao crescimento da eficácia ao nível da produção e distribuição, que podem ser associadas às operações de concentração, é ainda possível identificar outros motivos que levam as empresas a desejar concentrar-se. Estas razões são abordadas de forma pormenorizada nos relatórios da OCDE, em relação a uma particular forma de concentração, a fusão. Assim, no relatório da OCDE de 1984, intitulado *Politiques à l'égard des fusions et tendences récentes des fusions,* foram destacados principalmente os seguintes motivos do desejo das empresas em fundirem--se: crescimento do poder económico, diversificação e repartição dos riscos, atingir uma dimensão suficiente para a realização de economias de escala, obter certas vantagens específicas com a operação, nomeadamente vantagens fiscais, e finalmente o desejo de os dirigentes aumentarem o seu prestígio graças ao crescimento do pessoal efectivo – cfr. ob. cit., pág. 8. Além destas indicações, o relatório da OCDE de 1988, intitulado *Fusions Internationales et Politique de Concurrence*, refere certas motivações adicionais para as fusões internacionais, afirmando «que representam para a empresa estrangeira que efectua o investimento uma extensão horizontal, vertical ou diversificada das suas actividades actuais» – cfr. ob. cit., pág. 16. Entre outros factores, são aí mencionados, como susceptíveis de encorajar as fusões horizontais, o desejo de as empresas penetrarem em mercados protegidos e, em relação às fusões verticais, os custos de produção menos elevados – cfr. ob. cit. loc. cit. Refira-se, ainda, o 16.º

Introdução

certos obstáculos[10], que se opõem ao desenvolvimento das concentrações comunitárias[11], nomeadamente às fusões internacionais[12], para que estas possam adquirir a dimensão e os meios que as tornem capazes de defrontar os «gigantes americanos». Além disso, afasta a aplicação

---

relatório sobre a política de concorrência, onde a Comissão fornece uma lista dos motivos mencionados pela empresas candidatas à realização de uma operação de concentração – cfr. 16.° Rel. Conc., 1986, ponto 322. As razões aí indicadas – nomeadamente, expansão, complementaridade, diversificação, sinergia, reforço da posição no mercado, investigação e desenvolvimento – vão manter-se sensivelmente as mesmas nos relatórios seguintes, ainda que a ordem da sua importância vá variando; veja-se nomeadamente o 18.° Rel. Conc., onde a Comissão sublinha que a proximidade do mercado comum torna o reforço da posição de mercado e a expansão das actividades comerciais os motivos prioritários das empresas (ponto 332). Observe-se, finalmente, que, apesar das consideráveis vantagens associadas normalmente ao fenómenos das concentrações, os benefícios do crescimento das empresas devem ser contrabalançados com eventuais «deseconomias de escala», como é, por exemplo, o caso da falta de coordenação, ou o excesso de burocratização. Para um balanço entre as vantagens e desvantagens ligadas ao fenómeno das concentrações, cfr. MEDINA CARREIRA, ob. cit., esp. págs 26-27.

[10] O estudo dos obstáculos «sociológicos, psicológicos e fiscais» às concentrações intracomunitárias já foi objecto do referido colóquio organizado pelo "Centre Universitaire d'Études des Communautés Européennes de la Faculté de Droit et des Sciences Économiques de Paris", em Outubro de 1967. Segundo o grupo de peritos consultados, os principais obstáculos existentes resultariam, nomeadamente, do «peso de um passado proteccionista», avesso a fórmulas de colaboração internacionais (H. W. JONG e M. ALKEMA, *Obstacles psychologiques (et politiques) aux concentrations et aux fusions intracommunautaires*, RMC n.° 109, 1968, pág. 152), da atracção que as empresas europeias tinham pelas americanas dificultando a realização de concentrações dentro da Comunidade, atracção a que não seriam alheias as incertezas sentidas sobre a evolução do mercado comum, especialmente quanto à entrada de novos membros (M. DRANCOURT e H. LEPAGE, *Obstacles psychologiques (et politiques) aux concentrations et aux fusions intracommunautaires*, RMC n.° 109, 1968, pág. 135), das diferenças culturais, não só linguísticas, mas igualmente a nível de mentalidades (Pierre TABOTONI, *Remarques sur les obstacles psycho-sociologiques à la coopération internationale*, RMC n.° 109, 1968, pág. 102), e finalmente das dificuldades derivadas da falta de harmonização fiscal (R. LECOURT, ob. cit., pág. 19).

[11] Cfr. Memorando da Comissão, cit., pág. 658.

[12] Neste caso, resultariam, sobretudo, como sustenta a Comissão, da falta de harmonização dos direitos de sociedades e da inexistência ou ineficácia de regulamentação fiscal relativamente à realização de fusões internacionais – cfr. Memorando da Comissão, cit., pág. 668.

do art. 85.° do Tratado CE às operações de concentração, procurando, deste modo, não limitar o movimento de concentrações no mercado comum[13].

Esta visão optimista do fenómeno das concentrações é, aliás, partilhada, na época, pela generalidade da doutrina, que confirma tratar--se do meio mais adequado para a realização dos principais objectivos do Tratado[14]. Especialmente significativo é o relatório apresentado por André Marchal[15], num colóquio organizado em 1967 sobre a cooperação e concentração na Comunidade Europeia, que se revela em perfeita sintonia com os argumentos esgrimidos pela Comissão no Memorando. Para este autor, as concentrações comunitárias são a única forma de combater a «colonização económica estrangeira»[16], sendo fundamental o papel por elas desempenhado enquanto factores de integração europeia, segundo a máxima «o grande mercado apela à grande empresa»[17].

---

[13] Sobre esta questão, cfr. Michel WAELBROECK e outros, *Le Droit de la Communauté Économique européenne (Commentaire du traité et des textes pris pour son application), vol 4 – Concurrence*, ULB, 1972, pág. 256, e Y. LOUSSOUARN, ob. cit., pág. 458.

[14] A visão das concentrações como mecanismos privilegiados para o melhoramento do rendimento, diminuindo os custos e desenvolvendo o progresso técnico, encontra-se, aliás, na linha do famoso mito da "dimensão", apresentado por Serven-Schreiber, que defendia «o estabelecimento de grandes grupos industriais capazes de uma estratégia a nível mundial» bem como «uma política de reforço de posições fortes», visto que só estas é que permitiriam afastar o «relativo sub-desenvolvimento» – cfr. SERVEN-SCHREIBER *apud* Alexis JACQUEMIN, *Concentrations and mergers in the EEC: Towards a System of Control, in* "European Merger Control. Legal and Economic Analyses on Multinational Enterprises", vol. 1, 1982, págs 162-163.

[15] André MARCHAL, *Nécéssité économique des concentrations et fusions, in* "Coopérations, concentrations, fusions d'entreprises dans la C.E.E.", Colloque organisé par le Centre Universitaire d'Études des Communautés Européennes de la Faculté de Droit et des Sciences Économiques de Paris, Octobre 1967, RMC, n.° 109, Janvier-Février, 1968, págs. 31-34.

[16] André MARCHAL, ob. cit., pág. 41. No sentido da necessidade de se encorajarem as concentrações de forma a melhorar-se a competitividade das indústrias europeias, cfr. M. WAELBROECK, Comunicação apresentada no colóquio organizado pelo "Centre Universitaire d'Études des Communautés Européennes de la Faculté de Droit et des Sciences Économiques de Paris", Octobre 1967, RMC, n.° 109, Janvier-Février, 1968, pág. 270.

[17] Robert LECOURT, ob. cit., pág. 10.

Introdução   21

2. Uma defesa incondicional, pela autoridade comunitária, das operações de concentração revelar-se-ia, no entanto, susceptível de produzir consequências desvantajosas não só a nível da concorrência como ainda noutros planos[18]. Os principais inconvenientes das concentrações no plano concorrencial residiriam na possível eliminação dos concorrentes existentes no mercado, na criação de obstáculos ao acesso de novas empresas ao mercado, bem como na possibilidade de limitarem a liberdade de escolha e de actuação dos consumidores, fornecedores e compradores[19]. Ora, afirmando-se a protecção da concorrência como um imperativo económico no âmbito do Tratado CE, demonstrado, aliás, claramente pelos seus arts. 3.°, al. g), 85.° e 86.°, o controlo das concentrações susceptíveis de porem em causa o livre jogo da concorrência mostrava-se indispensável[20].

Deste modo, a Comissão, depois de, no Memorando de 1965, ter afastado a aplicação do art. 85.° do Tratado CE às operações de concentração, examina a possibilidade do art. 86.° do Tratado CE ser utilizado como instrumento de controlo de tais situações. A autoridade comunitária procede inicialmente a uma análise dos seus requisitos – existência de uma posição dominante, verificação de um abuso e afectação do comércio entre os Estados-membros –, para chegar à conclusão de que os inconvenientes existentes em relação ao art. 85.°, que impediam a sua aplicação às concentrações de empresas, não se verificavam em relação ao art. 86.°. Esta disposição poderia, portanto, ser aplicada às concentrações que conduzissem a uma situação de monopólio[21], visto

---

[18] A este propósito, Alberto ALONSO UREBA sustenta que, em situações extremas, há o perigo de a concentração de poder económico «ameaçar a qualidade democrática do próprio sistema». Este autor acentua os riscos de um possível dirigismo económico privado através de concentrações incontroladas, sendo a grandeza empresarial vista como a origem desse dirigismo económico – cfr. A. ALONSO UREBA, *Incidencia en el régimen sobre ofertas públicas de adquisición del derecho comunitario sobre el control de operaciones de concentración, in* "La lucha por el control de las grandes sociedades. Las ofertas públicas de adquisición", Madrid, Deusto SA, 1992, pág. 262.

[19] Cfr. relatório da OCDE de 1984, cit., págs. 7 e 10, bem como o relatório da OCDE de 1988, cit., pág. 18.

[20] Note-se que este controlo era ainda considerado imprescindível por razões de política económica, alegando-se que o crescimento das aquisições de controlo realizadas por empresas americanas prejudicava a expansão das concentrações intracomunitárias. Sobre esta questão cfr. M . DRANCOURT e H. LEPAGE, ob. cit., pág. 135.

[21] Cfr. Memorando da Comissão, cit., pág. 676.

22 O controlo das concentrações de empresas no direito comunitário

que a eliminação da concorrência existente no mercado poderia ser configurada como um verdadeiro abuso de posição dominante[22]. A concretização desta doutrina ocorreu, pela primeira vez, na decisão *Continental Can*[23], que será mais tarde confirmada pelo Tribunal de Justiça[24].

Todavia, as dificuldades suscitadas com essa aplicação, devido aos limites inerentes ao art. 86.º, que o impedia de desempenhar cabalmente as suas funções fiscalizadoras, levarão a Comissão a apresentar ao Conselho, em 1973, uma proposta de regulamento para o controlo das concentrações. A adopção do regulamento definitivo revelou-se, no entanto, um processo particularmente lento, visto referir--se a uma área que, encontrando-se ligada à política industrial dos Estados-membros, é considerada extremamente sensível. De facto, os Estados mostram-se particularmente renitentes em transferir as suas competências para a Comunidade em aspectos tão relevantes[25]. Assim, abriu-se, desde a versão inicial apresentada em 1973, um período de discussão, no qual vão ser expostas pela Comissão inúmeras propostas, com vista a convencer os Estados da necessidade de adopção de um regulamento comunitário sobre o controlo das concentrações.

A morosidade do processo – note-se que serão necessários cerca de dezasseis anos até ser adoptado o texto definitivo – levou as autoridades comunitárias a enveredaram por soluções alternativas. O recurso às normas do Tratado surgiu, neste contexto, como a única solução possível, tendo as autoridades comunitárias, e em especial a Comissão, utilizado a jurisprudência elaborada com base nessas disposições, como uma forma de pressionar os Estados a adoptarem o

---

[22] Já se levantou a questão de saber se a defesa da aplicação do art. 86.º às operações de concentração não entraria em contradição com a intenção manifestada pela Comissão de favorecer a realização de tais fenómenos. No sentido de que a resposta terá de ser evidentemente negativa, cfr.Y. LOUSSOUARN, ob. cit. pág. 239.

[23] Decisão de 9 de Dezembro de 1971, processo IV/26.811, *Continental Can Company,* JOCE n.º L 7/25, de 8.1.72.

[24] Acórdão de 21 de Fevereiro de 1973, processo 6-72, *Europemballage e Continental Can Company Inc. c. Comissão das Comunidades Europeias,* Rec. 1973, pág. 215, doravante designado por acórdão *Continental Can.*

[25] Por outro lado, afirma-se como imprescindível um controlo realizado a nível comunitário e não nacional, invocando-se a necessidade de se afastarem legislações nacionais tendentes a promover «campeões nacionais» (cfr. relatório da Comissão ao Conselho COM (93) 385, pág. 5).

regulamento comunitário. Particularmente decisivas foram as incertezas geradas, com o acórdão *Philip Morris*[26], quanto à aplicação do art. 85.° às concentrações, bem como as afirmações públicas feitas nessa época pelo comissário encarregado da concorrência, que, num *volte-face* em relação aos princípios afirmados no Memorando de 1 de Dezembro de 1965, sugeria a fiscalização dessas operações através das disposições do Tratado CE, nomeadamente por via do art. 85.°.

Finalmente, em 21 de Dezembro de 1989 é adoptado o Regulamento n.° 4064/89, relativo ao controlo comunitário das operações de concentrações de empresas, que é considerado um verdadeiro marco na história da construção europeia. Afirmando-se como uma solução urgente de um problema antigo, espera-se que desempenhe um papel determinante na reestruturação da indústria europeia. Destina-se, o regulamento, essencialmente, à realização de dois objectivos: proporcionar, por um lado, às empresas um controlo das concentrações rápido e eficiente, baseado no princípio do «balcão único», ou da competência exclusiva – que pressupõe a existência de um controlo único a nível comunitário –, bem como num conjunto de regras aplicáveis em toda a Comunidade com vista a garantir a igualdade de tratamento («level playing-field»); e, por outro lado, evitar que tais concentrações conduzam a posições dominantes das empresas nelas participantes, dando à Comissão a possibilidade de adoptar medidas preventivas susceptíveis de garantirem a manutenção, na Comunidade, de uma estrutura de mercado concorrencial[27].

Sucede, porém, que a aplicação do regulamento comunitário não se tem revelado uma tarefa fácil, visto que são inúmeras as dúvidas suscitadas com a sua interpretação. Recordem-se, apenas, as dificuldades suscitadas por conceitos como concentração, dimensão comunitária da operação, empresa comum com carácter de concentração, ou com a aplicação do sistema de avaliação das operações, estabelecido no art. 2.° do regulamento, ou ainda a polémica da sua coexistência com as disposições do Tratado CE. Desta forma, é gerada uma grande incerteza para as empresas que pretendam recorrer a tal mecanismo, ficando comprometidos os objectivos do regulamento

---

[26] Acórdão de 17 de Novembro de 1987, processos apensos 142 e 156/184, *British American Tobacco Company LTD e RJ Reynolds Industries Inc. c. Comissão das Comunidades Europeias,* Col. 1987, pág. 4487, doravante designado por acórdão *Philip Morris.*

[27] Cfr. 22.° Rel. Conc, 1992, pontos 7 e 8.

24 *O controlo das concentrações de empresas no direito comunitário*

de controlar eficazmente as concentrações na Comunidade Europeia e de garantir segurança e celeridade às empresas na utilização de tal instrumento.

O objectivo do presente trabalho é precisamente o de procurar esclarecer o regime actual do controlo das concentrações de empresas no direito comunitário da concorrência.

3. A primeira parte do nosso trabalho será, assim, consagrada ao estudo do controlo comunitário das concentrações com base nos Tratados. Iniciaremos a nossa análise abordando o sistema de controlo instituído no art. 66.° do Tratado CECA. Apesar de a extinção deste Tratado estar prevista para uma data próxima[28], a experiência desenvolvida no seu âmbito, bem como o facto de ter exercido uma influência decisiva em certos aspectos do Regulamento n.° 4064/89, tornam imprescindível a sua referência[29]. Passaremos, em seguida, à observação do fenómeno no âmbito de Tratado CE. Este, como já referimos, não prevê em nenhuma das suas disposições um mecanismo de controlo de concentrações, dado que a exiguidade das operações realizadas no âmbito da Comunidade Europeia não justificava o seu tratamento jurídico no Tratado. A abordagem da questão vai ser efectuada, pela primeira vez, no Memorando da Comissão de 1 de Dezembro de 1965. Procederemos, deste modo, à análise da doutrina aí estabelecida, nomeadamente o princípio da aplicação do art. 86.° às operações de concentração, princípio esse reafirmado, como veremos, na jurisprudência *Continental Can*, e o da não utilização do art. 85.° como mecanismo de controlo de tais situações. Em seguida, constataremos que a asserção da não aplicação do art. 85.° às concentrações parece ser posta em causa com a jurisprudência *Philip Morris*, cuja redacção pouco clara vai dar origem a um intenso debate doutrinal sobre a possibilidade, ou não, de aplicação do art 85.° a tais

---

[28] Perante as três opções possíveis no que diz respeito ao futuro do Tratado CECA – prolongamento para além do ano 2002, fim antecipado e expiração na data prevista –, a Comissão optou pela última solução, isto é, expiração em 2002 – cfr. Boletim CE, n.° 3, 1991, ponto 1.2.49.

[29] Regulamento (CEE) n.° 4064/89 de 21 de Dezembro de 1989, relativo ao controlo das operações de concentrações de empresas, JOCE n.° L de 30.12.1989, edição rectificada no JOCE n.° L 275 de 21.9.90, doravante designado por Regulamento n.° 4064/89, regulamento de 1989, regulamento comunitário ou simplesmente regulamento.

Introdução 25

operações, questão que, como veremos, ainda hoje se considera em aberto. Por fim, referiremos as limitações sentidas pelas autoridades comunitárias na aplicação das disposições do Tratado ao controlo das concentrações, que levaram a Comissão, já em em 1973, a apresentar ao Conselho uma proposta de criação de um dispositivo regulamentar adequado ao controlo dessas situações.

À evolução desta proposta, bem como à análise do seu texto definitivo, dedicaremos a segunda parte do nosso trabalho. Dada a sua enorme complexidade e interesse – atente-se que a partir da entrada em vigor do Regulamento n.° 4064/89, em 21 de Setembro de 1990, o relevo das disposições do Tratado CE encontra-se[30] reduzido –, dar-lhe-emos um maior desenvolvimento no quadro geral do nosso trabalho.

No estudo do regulamento comunitário atentaremos, primeiro, nas disposições do Tratado CE que lhe servem de fundamento jurídico – arts. 87.° e 235.° –, para depois procedermos a uma análise detalhada dos requisitos necessários à sua aplicação: existência de uma operação de concentração que atinja dimensão comunitária. A aplicação do regulamento pode, ainda, ser excepcionalmente afastada nos casos geralmente designados por cláusula alemã e cláusula dos interesses legítimos. Pode, também, verificar-se a hipótese inversa e ser excepcionalmente aplicado nas situações que configurem o caso da cláusula holandesa. Analisadas estas hipóteses, deter-nos-emos num problema conexo, que é o da sua aplicação a relações económicas internacionais. Aí dedicaremos particular atenção à doutrina da execução e à teoria dos efeitos. Resolvidas estas questões, passaremos à apreciação substancial das operações de concentração, onde focaremos a nossa atenção fundamentalmente em três aspectos: critério de apreciação das concentrações, em conexão com o qual serão ponderadas as teorias do balanço económico e do balanço concorrencial, apreciação da possibilidade de aplicação do regulamento aos casos de posição dominante colectiva e, finalmente, breve referência à doutrina das restrições accessórias. Analisados os aspectos materiais, investigaremos o desenrolar do processo do controlo comunitário das concentrações. Por fim, terminaremos o nosso estudo apreciando as relações do regulamento

---

[30] Note-se que a fixação dos limiares definidores da dimensão comunitária da operação de concentração em níveis muito elevados reduz, actualmente, o campo de aplicação do regulamento comunitário. Esta situação será, em princípio, alterada com a revisão desses limiares até 1996 – cfr. *infra*, ponto 28.

comunitário com as disposições do Tratado CE (arts. 85.° e 86.°) e com o Tratado CECA (art. 66.°).

Delineado, assim, em termos gerais, o objecto do nosso trabalho, urge ainda afastar uma possível expectativa quanto ao seu escopo. Apresentando-se o tema do controlo das concentrações susceptível de uma leitura predominantemente económica, não foi, porém, esse o caminho seguido. Sem negar o interesse das considerações económicas na análise desse problema, optámos, contudo, pelo seu tratamento numa perspectiva jurídica. Efectuada esta ressalva, passamos, sem demora, ao estudo do tema proposto.

1. O CONTROLO DAS CONCENTRAÇÕES
NO TRATADO CECA

> **Sumário: 4** – *Âmbito do controlo preventivo das concentrações, estabelecido no art. 66.° do Tratado CECA.* **5** – *Aspectos substanciais do regime de controlo.* **6** – *Aspectos processuais do regime de controlo.* **7** – *Aplicação cumulativa do Tratado CE e do Tratado CECA.*

4. O art. 66.° do Tratado de Paris estabelece um sistema de controlo preventivo das concentrações que não tem paralelo no Tratado de Roma. Razões de ordem económica e política[31], sobretudo, estão na origem desta estrutura diversa. A necessidade de grandes investimentos no sector do carvão e do aço, que sempre manifestou uma certa tendência para as concentrações, associada geralmente a um mercado oligopolista, aumentou as preocupações dos autores do Tratado de Paris, que procuraram, através de um controlo destinado especificamente a tais fenómenos, assegurar resultados eficazes. Por outro lado, razões de ordem política – queria-se desmantelar os grandes grupos de empresas, especialmente alemães, no domínio de carvão e do aço, consideradas indústrias estratégicas – levaram à instituição, no Tratado de Paris, de um regime de controlo das concentrações que sofreu influências da legislação *antitrust* norte-americana[32]. Na prática,

---

[31] Como nota Nicolas MOUSSIS, o art. 66.° visava satisfazer «a opinião pública alemã e francesa, bem como a força de ocupação da Alemanha dominada pelos Estados Unidos, sendo um dos elementos da política dos aliados o desmantelamento dos grandes grupos de empresas, nomeadamente no domínio do carvão e do aço» – cfr. N. MOUSSIS, *Accès à l'europa (Manuel de la construction européenne)*, Edit-Eur, 1991, pág. 262. Quer-se, assim, evitar a constituição de indústrias nacionais demasiado fortes consideradas, na altura, suficientemente poderosas para determinar a política económica e mesmo militar dos países – cfr. J. VANDAMME e E. SIMONS, *Le contrôle des concentrations dans la Communauté Européenne*, Courrier Hebdomadaire CRISP, n.° 1293, 1990, pág. 6.

[32] Nomeadamente do Clayton Act, 1914, cit. por Jean SCHAPIRA e outros, *Droit européen des affaires,* 3ª ed., Paris, PUF, 1992, pág. 764.

28 O controlo das concentrações de empresas no direito comunitário

a crise sentida nestes sectores, aliada ao efeito dissuasor prosseguido pelo art. 66.° do Tratado CECA, conduziu a Comissão a aplicar as normas com grande flexibilidade, sendo raras as operações proibidas.

O controlo das concentrações no âmbito da CECA encontra-se, portanto, estabelecido no art. 66.° cujo n.°1 dispõe: «(...) fica sujeita a autorização prévia da Alta Autoridade[33] qualquer operação que, nos territórios referidos no primeiro parágrafo do art. 79.°, em conse-quência da acção de uma pessoa ou empresa, de um grupo de pessoas ou grupo de empresas, tenha em si própria por efeito directo ou indirecto uma concentração de empresas, das quais pelo menos uma esteja sujeita à aplicação do art. 80.°»[34]. Ao instituírem um regime de controlo baseado num sistema de autorização prévia, os autores do Tratado procuraram, sobretudo, *prevenir* a realização de concentrações com efeitos nefastos sobre a concorrência no âmbito da CECA[35].

O art. 66.° fixa, essencialmente, dois requisitos para a aplicação do regime de controlo. Em primeiro lugar, a operação em causa deve produzir os seus efeitos nos «territórios europeus das Altas Partes Contratantes», nos termos do art. 79.°. Em segundo lugar, a operação tem que envolver pelo menos uma empresa sujeita ao art. 80.°, ou seja, empresas que exerçam uma «actividade de produção» ou uma «actividade de distribuição, que não seja a venda aos consumidores domésticos ou ao artesanato», no domínio do carvão e do aço, no interior dos territórios da Comunidade.

Nenhuma referência é feita à necessidade de a concentração afectar o comércio entre os Estados-membros, o que significa que operações puramente nacionais ficam sujeitas ao controlo exercido pela Comissão nos termos do art. 66.°[36]. Por outro lado, sendo suficiente,

---

[33] Esta será substituída pela Comissão das Comunidades Europeias (que sucede igualmente à Comissão da Comunidade Económica Europeia, e à Comissão da Comunidade Europeia da Energia Atómica), nos termos do Tratado de Fusão de 8 de Abril de 1965. O seu art. 9.° prevê expressamente que «(...) a Comissão exerce os poderes e a competência atribuídos a essas Instituições nas condições previstas nos Tratados(...)», cit. por João MOTA CAMPOS, *Direito Comunitário, I vol. – O direito institucional*, 3ª ed., Lisboa, Fundação Calouste Gulbenkien, 1989, pág. 165.

[34] No sentido de que o art. 66.° não tem efeitos retroactivos, cfr. Paul REUTER, *La Communauté Européenne du Charbon et de L'Acier*, LGDJ, Paris, 1953, pág. 217.

[35] Louis CARTOU, *Communautés européennes*, 10ª ed. Précis Dalloz, 1991, pág. 404.

[36] Recorde-se que, nos sectores abrangidos pelo Tratado CECA, os Estados--membros transferiram as suas competências para as Comunidades, pelo que, no domínio de jurisdição do Tratado CECA, as legislações nacionais não serão aplicáveis.

O controlo comunitário das concentrações com base nos tratados 29

para a aplicação do art. 66.°, que uma das empresas participante na concentração actue no domínio do carvão e do aço, ainda que as outras empresas desenvolvam actividades ligadas a outros produtos, a Comissão poderá exercer os seus poderes quer em relação a concentrações que envolvam empresas que caiam no âmbito do Tratado CE[37], quer em relação a empresas estrangeiras que controlem uma empresa da Comunidade, desde que obviamente as operações de concentração produzam os seus efeitos no interior da Comunidade (art. 79.°)[38].

Para determinarmos o alcance do sistema de autorização prévia, instituído no art. 66.° do Tratado CECA, é ainda necessário centrarmos a nossa atenção na noção de concentração. Como observa Paul Reuter[39], o elemento chave da definição dada pelo art 66.°, n.° 1, reside no conceito de controlo[40]. Significa isto que para se afirmar a existência de uma operação de concentração é preciso que uma das «empresas» adquira o controlo da outra. Note-se, porém, que essa disposição não define a noção de controlo, limitando-se a enunciar de forma exemplificativa vários meios de o obter[41], o que constitui, sem dúvida alguma, um precioso auxílio na redução da insegurança jurídica, mas não dispensa uma tentativa de definição desse conceito. Foi, aliás, esta preocupação que levou os autores do Tratado a estabelecerem que «a Alta Autoridade definirá, em regulamentação adoptada após consulta do Conselho, os elementos que constituem o controlo de uma empresa» (art 66.°, n.° 1)[42]. Estes vieram, efectivamente, a ser concretizados na decisão

---

[37] Cfr. *infra,* ponto 7.

[38] Robert KOVAR, *Le pouvoir réglementaire de la Communauté Europèenne du Charbon et de l'Acier,* LGDJ, Paris, 1964, págs. 114-115 e P. REUTER, ob. cit., pág. 216.

[39] P. REUTER ob. cit., pág. 216. No mesmo sentido, cfr. Nicola CATALANO, *Manuel de droit des communautés europèennes,* Dalloz e Sircy, pág. 220, e também L. CARTOU, ob. cit., pág. 404.

[40] Cfr. P. REUTER, ob. cit., pág. 216, e ainda R. KOVAR, *Le pouvoir...,* ob. cit., pág. 114.

[41] O n.° 1 do art. 66.° dispõe, assim, que a operação de concentração pode efectuar-se «por fusão, aquisição de acções, ou elementos do activo, empréstimo, contrato ou qualquer outro meio de controlo». Desta redacção se aproxima claramente o art. 3.° do Regulamento n.° 4064/89 – cfr. *infra* ponto 33.

[42] Sobre esta questão, cfr. R. KOVAR, *Le pouvoir..,* ob. cit., pág. 116 e P. REUTER ob. cit., pág. 216.

30   *O controlo das concentrações de empresas no direito comunitário*

n.º 24/54[43], cujo art. 1.º estipula que uma empresa controla outra quando tem a «possibilidade de determinar a acção [da outra] empresa nos domínios da produção, dos preços, dos investimentos, dos fornecimentos, das vendas ou da afectação dos lucros», enumerando em seguida os vários direitos e contratos que conferem esse controlo[44]. Na prática, a Comissão não parece ter tido dificuldades em identificar a existência do controlo que pode, claramente, ser legal ou de facto.

Detectada a existência de uma concentração, importa determinar a sua dimensão para se apurar a aplicação do art. 66.º do Tratado CECA. De facto, certas operações de concentração de dimensões consideradas pouco significativas estão isentas da obrigação de autorização prévia. O n.º 3 do art. 66.º estabelece a este respeito que «(...) as categorias de operações que pela importância dos elementos do activo ou das empresas a que elas respeitem, em conjugação com a natureza de concentração que realizem», forem consideradas pouco relevantes devem ser isentas pela Alta Autoridade «da obrigação de autorização prévia», sendo consideradas de acordo com as condições exigidas no n.º 2, do art. 66.º. O art 66.º, n.º 3, prevê, ainda, que essas isenções devem ser especificadas pela «Alta Autoridade», situação que veio, efectivamente, a verificar-se com a decisão n.º 25/67[45], que enuncia as situações aptas à obtenção de uma isenção individual[46].

---

[43] Decisão n.º 24-54, de 6 de Maio de 1954, sobre o regulamento de aplicação do art. 66.º n.º 1 do Tratado relativo aos elementos que constituem o controlo de uma empresa, *Journal Officiel – Haute Autorité,* pág. 345, de 11.5.54.

[44] Nos termos do art. 1.º, são elementos relevantes da noção de controlo: «1 – a propriedade, ou o direito de usar alguns ou todos os bens da empresa; 2 – direitos ou contratos que conferem o poder de influenciar a composição, as deliberações, ou as decisões dos órgãos de uma empresa 3 – direitos ou contratos permitindo a pessoas, sozinhas ou em associação com outras, gerir os negócios de uma empresa; 4 – contratos relativos à contabilização ou à afectação dos lucros de uma empresa; 5 – contratos relativos à totalidade ou a uma parte importante dos fornecimentos ou das exportações de uma empresa, quando esses contratos ultrapassam em quantidade ou duração o alcance normal dos contratos comerciais na matéria».

[45] Decisão n.º 25-67, de 22 de Junho de 1967, sobre um regulamento de execução do n.º 3 do art. 66.º do Tratado relativo à isenção de autorização prévia, *Journal Officiel des Communautés Européennes* n.º 154/11 de 14.7.67. Esta decisão foi posteriormente alterada em algumas das suas disposições pela decisão de 20 de Outubro de 1978, 2495/78/CECA, JOCE n.º L 300/21 de 27.10.78, que por sua vez foi alterada pela decisão de 13 de Junho de 1991, 3654/91/CECA, JOCE n.º L 348/12 de 17.12.91.

[46] Cfr. arts. 1.º a 6.º da referida decisão.

O controlo comunitário das concentrações com base nos tratados 31

Considera-se, deste modo, que a Comissão tem um verdadeiro «poder regulamentar», que lhe permite estabelecer uma espécie de «autorização global» para as concentrações consideradas inofensivas quanto à manutenção da concorrência, faculdade que terá ainda a vantagem de diminuir o seu trabalho[47]. O art. 7.° da decisão n.° 25/67 vem, no entanto, abrir uma excepção a este regime, ao preceituar que as «concentrações por controlo de grupo» ficam sempre sujeitas ao sistema da autorização prévia. Vale isto por dizer que os seis primeiros artigos da decisão n.° 25/67 não se aplicam aos casos de aquisição de controlo de uma ou várias empresas, que «produzem, distribuem, ou transformam como matérias-primas do carvão ou do aço» (al. b), do art. 7.°), por grupos de empresas, em que uma cai no âmbito do art. 80.° do Tratado CECA.

5. Resolvida de forma esquemática a questão do alcance do mecanismo do art 66.°, iremos, agora, proceder à apreciação dos critérios de que a Comissão lança mão no decurso do processo de autorização prévia. A concessão desta autorização depende da verificação dos dois requisitos negativos redigidos no n.° 2 do art. 66.°. É preciso que a operação de concentração não dê «(...)às pessoas ou empresas interessadas, no que respeita ao produto ou aos produtos em causa submetidos à sua jurisdição, o poder de [1] determinar os preços, controlar ou restringir a produção ou a distribuição ou impedir a concorrência efectiva numa parte importante do mercado dos referidos produtos; [2] se subtrair às regras de concorrência resultantes da aplicação do presente Tratado, designadamente, pelo estabelecimento de uma posição artificialmente privilegiada e que implique vantagem substancial no acesso ao abastecimento ou aos mercados»[48].

Questão que, desde logo, nos sai a caminho, neste contexto, é a de saber se a Comissão, ao exercer o controlo das concentrações, deve optar por fazer um balanço concorrencial – atendendo apenas aos

---

[47] R. KOVAR, *Le pouvoir...*, ob. cit., pág. 118

[48] Note-se que o aparente rigor destas duas condições é na prática atenuado pelo disposto na 2ª parte do n.° 2 do art. 66.°, que estipula que nessa «(...) apreciação, e de acordo com o princípio da não discriminação enunciado na alínea b), do artigo 4.°, a Alta Autoridade terá em conta a importância das empresas da mesma natureza existentes na Comunidade, na medida em que o considere justificado para evitar ou corrigir as desvantagens resultantes de uma desigualdade nas condições de concorrência».

efeitos da concentração sobre a concorrência, proibindo a operação que restrinja ou elimine a concorrência efectiva – ou deve proceder a um balanço económico – no qual terá igualmente em consideração as vantagens económicas e sociais da operação que compensem os efeitos negativos sobre a concorrência.

A favor de um puro balanço concorrencial estabelecido pelo art. 66.° do Tratado CECA, em termos semelhantes ao existente no direito norte-americano, pronunciaram-se claramente McLachlan e Swann, que afirmavam a existência de semelhanças entre o Tratado CECA e o sistema americano aplicável às concentrações. Segundo estes autores, «ambos os sistemas atacam as concentrações que reduzem substancialmente a concorrência sem permitir que se levante a questão dos seus efeitos sobre a eficiência tecnológica» [49].

Já os defensores de um balanço económico, como é o caso de Jean-Paul Keppenne, baseiam-se, sobretudo, na prática da Comissão para sustentarem a consagração de uma verdadeira ponderação dos vários interesses em jogo. Ao ter em conta, na sua apreciação, factores como a influência dos mercados internacionais, a competitividade das empresas, ou a racionalização da produção, a Comissão estaria a realizar, ainda que por vezes de forma dissimulada, um verdadeiro balanço económico [50]. Especialmente ilustrativa desta situação seria a decisão *COGEA*, onde a Comissão procedeu a uma enumeração particularmente detalhada dos efeitos positivos da operação [51].

---

[49] D.L. MCLACHLAN e D. SWANN, *Competition Policy in the European Community. The rules in theory and practice*, Oxford University Press, 1967, pág. 195.

[50] Jean-Paul KEPPENNE, *Le contrôle des concentrations entre entreprises: quelle filiation entre l'article 66 du Traité de la Communauté Européenne du Charbon et de l'Acier et le nouveau règlement de la Communauté Économique Européenne?*, CDE, n.°s 1-2, 1991, pág. 50.

[51] Assim, a Comissão realçou, nesse caso, entre outros factores, a «contribuição apreciável para a reestruturação e a competitividade da indústria siderúrgica italiana e, portanto, comunitária» – cfr. 16.° Rel. Conc., 1986, ponto 87. Igualmente interessantes se revelam o caso *Hollandia/Hoogovens*, em que Comissão autorizou a operação nos termos do art. 66.°, n.° 2, invocando razões relacionadas com o aumento de competitividade das empresas envolvidas na operação – cfr. 10 Rapp. Conc, 1980, ponto 146, e o caso *Arbed SA/OTTO Wolf AG*, onde a autoridade comunitária repetiu praticamente os argumentos do caso anterior, afirmando que a fusão das filiais das duas empresas lhes permitiria reforçar a possibilidade de fazerem face aos grandes concorrentes comunitários e aumentaria a sua competitividade – cfr.10 Rapp. Conc, 1980, pontos 147-148. Finalmente, refira-se o caso *Rogesa*, em que a autoridade

O controlo comunitário das concentrações com base nos tratados   33

Na análise das teses em confronto parece-nos não haver dúvidas quanto à sensibilidade demonstrada pela Comissão em relação aos efeitos positivos das concentrações, posição que nos afasta dos defensores de um balanço concorrencial *puro*, que não permite a consideração de factores como a concorrência internacional ou a racionalização da produção. Por outro lado, deve igualmente ter-se presente que a consideração de tais benefícios pela autoridade comunitária se pauta por um critério negativo: só serão autorizadas as operações que não comportem um risco substancial, ou uma restrição sensível da concorrência, o que significa que a concorrência desempenhará sempre um papel determinante na apreciação desenvolvida pela Comissão. Pode concluir-se, por conseguinte, que a prática da Comissão aponta para o sistema do balanço económico, ou seja, a Comissão tem em linha de conta as vantagens ou benefícios susceptíveis de serem gerados pela operação, considerando como limite a necessidade de a concorrência não ser impedida de forma substancial[52].

Esta margem de manobra que a Comissão detém na apreciação das concentrações resulta, em grande parte, do art. 66.°, n.° 2, 2ª parte, que utiliza conceitos indeterminados e cláusulas gerais, como «a importância das empresas da mesma natureza existentes na Comunidade», ou a possibilidade de a Comissão ter em conta esses factores «na medida em que o considere justificado», ou ainda a possibilidade de a autoridade comunitária atender à «desigualdade nas condições de concorrência». Na prática, a amplitude dos poderes da Comissão acaba por reconduzir-se, sistematicamente, à averiguação de

---

comunitária considerou que o projecto da operação «era um elemento importante dos planos de reestruturação da indústria» em causa, concedendo, por isso, uma autorização (embora sujeita a condições) – cfr. decisão de 18 de Junho de 1981, 81/492/CECA, JOCE n.° L 189/54, de 11. 7. 81.

[52] O que equivale a dizer que aceitamos dentro deste limite -necessidade de a operação não «impedir» substancialmente a concorrência – um certo «balanço económico». Cremos que originariamente os critérios concorrenciais foram considerados determinantes e mesmo exclusivos na apreciação a desenvolver pela Comissão. No entanto, factores vários, em especial a crise sentida no sector e a crescente agressividade da concorrência internacional, levaram a Comissão a utilizar os poderes discricionários de que dispõe nos termos do segundo parágrafo do n.° 2 do art. 66.° para efectuar uma espécie de «balanço económico», ressalvando sempre nas suas decisões a necessidade de se manter uma certa concorrência. Esta preocupação está aliás presente, como veremos, na sujeição da generalidade das autorizações a determinadas condições.

34 O controlo das concentrações de empresas no direito comunitário

certos factores em relação à operação em causa. Assim, a autoridade comunitária indaga geralmente a importância relativa das empresas participantes na concentração, nomeadamente a sua dimensão e a quota de mercado disponível[53] em relação às outras empresas concorrentes que actuam no mercado[54], concedendo, por via de regra, a autorização da operação, como sucedeu por exemplo no caso *Klöckner--Maximilianshütte*[55], desde que as empresas em causa não assumam uma posição preponderante que lhes permita escapar às regras da concorrência. A verdade é que a Comissão raramente recusa uma autorização, situação que será devida, em parte, ao efeito dissuasor do art. 66.° e, sobretudo, ao facto de essa autoridade poder conceder autorizações sujeitas a condições. Esta hipótese, prevista no n.° 2 do art. 66.°, constitui um excelente meio de pressão – como o revela a decisão *Thyssen/Rheinstahl*[56] –, a que a Comissão recorre com

---

[53] A preocupação sentida pela Comissão na defesa da concorrência é ainda manifestada no Memorando apresentado em 1971, onde sustenta que, atendendo à crise existente no sector siderúrgico, a expansão das empresas a médio prazo deve ser considerada um objectivo favorável, e que é numa perspectiva sobretudo comunitária que as empresas siderúrgicas podem melhorar a sua produtividade e encontrar meios financeiros acrescidos, acrescentando que estes objectivos não devem, no entanto, pôr em causa a manutenção de uma concorrência real, considerada um factor de progresso económico e social – cfr. *Memorandum sur les objectifs généraux de la sidérurgie de la communauté pour les années 1975-1980*, JOCE n.° C 96/1 de 19.9.71, esp. págs. 81-83.

[54] Assim, no caso *BSC-Blume* a Comissão dá mais relevo à posição dos concorrentes no mercado do que ao volume de produção controlado – cfr. 6 Rapp. Conc, 1976, ponto 183. Veja-se ainda o caso *Arbed,* onde a Comissão, depois de comparar as quotas de mercado do grupo e verificar a existência de concorrentes com quotas de valores semelhantes, autoriza a concentração, sujeitando-a, porém, a certas condições – cfr. especialmente o ponto 18 e o art. 3.° da decisão *Arbed*, de 6 de Junho de 1978, 78/538/CECA, JOCE n.° L 164/14, de 21.6.78.

[55] Neste caso a Comissão autorizou a aquisição de uma participação maioritária que deu origem a um novo grupo, argumentando que o novo grupo «não ocupa uma posição preponderante em nenhum dos grandes grupos de produtos siderúrgicos» – cfr. 6 Rapp. Conc, 1976, ponto 186. Igualmente significativos são os casos *Clif Marine*, em que a Comissão subordinou a autorização da operação a certas condições que permitissem «manter uma concorrência efectiva num mercado oligopolista» cfr. 5 Relaz. Conc., 1975, ponto 81, bem como o caso *Sheffield Forgemasters*, onde a Comissão autorizou a operação, alegando a ausência de um efeito sensível da concentração sobre a concorrência – cfr. 12 Rapp. Conc. 1982, ponto 100.

[56] As condições estabelecidas pela Comissão neste caso – a exigência de que as empresas se retirem de certos grupos onde detenham participações, a necessidade de a

O controlo comunitário das concentrações com base nos tratados 35

frequência, visto que lhe permite obter de forma rápida e sem custos elevados as modificações, ou mesmo a eliminação, de cláusulas que se lhe afigurem necessárias para a concessão da autorização. Por este meio, a Comissão consegue, geralmente, prosseguir uma política liberal em matéria de concentrações, garantindo a manutenção de um certo nível de concorrência, sem sacrificar a concessão de autorizações a grandes grupos.

6. Verificados os requisitos materiais, a operação de concentração tem ainda de obedecer a certas condições processuais. Em primeiro lugar, observe-se que a competência para o exercício dos poderes de investigação previstos no art. 66.° cabe em exclusivo à Comissão, que está, como é óbvio, sujeita ao controlo jurisdicional exercido pelo Tribunal. Por outro lado, sublinhe-se que os poderes da Comissão diferem consoante o destinatário do pedido. Tratando-se de empresas abrangidas pelo art. 80.°, o art. 66.°, n.° 4, remete para o art. 47.° – que fixa as regras processuais aplicáveis ao regime das *ententes* –, o qual estipula que «a Alta Autoridade pode recolher as informações necessárias ao desempenho das suas atribuições e mandar proceder às averiguações necessárias». Já quanto às empresas que escapam ao alcance do Tratado de Paris, a possibilidade de a Comissão pedir informações está garantida pela fórmula do n.° 4 do art. 66.°, que dispõe: «a Alta Autoridade pode, quer por regulamentação adoptada após consulta do Conselho que defina a natureza das operações que lhe devem ser comunicadas, quer por meio de pedido especial dirigido aos interessados no âmbito dessa regulamentação, obter das pessoas singulares ou colectivas (...) todas as informações necessárias (...)». Em 1954 foi adoptada essa regulamentação com a decisão n.° 26-54[57] destinada «a pessoas (...) diferentes daquelas que exercem no interior

---

empresa Thyssen pedir à Comissão autorIzação prévia para certo tipo de aquisições que pretendesse realizar, e o facto de os membros nos órgãos de direcção no novo grupo não poderem desempenhar cargos similares noutras empresas semelhantes – revelam-se, assim, particularmente exigentes – cfr. 3 Rep. Comp., 1973, ponto 76. Condições extremamente semelhantes às exigidas nesta decisão foram ainda as impostas no caso *Usinor, Sacilor e Normandie*, decisão de 2 de Abril de 1982, 87/317/CECA, JOCE n.° L 139/1, 19. 5. 82 – cfr. art. 2.°.

[57] Decisão n.° 26-54 de 6 de Maio de 1954, sobre um regulamento relativo às informações devidas em aplicação do art. 66.° n.° 4 do Tratado, *Journal Officiél – Haute Autorité* de 11. 5. 54. pág. 350.

36 O controlo das concentrações de empresas no direito comunitário

da Comunidade uma actividade de produção ou de distribuição (...)»[58], e que confere à «Alta Autoridade» a possibilidade de obter «todas as informações necessárias à aplicação do art. 66.°(...)»[59].

No caso de incumprimento dessas obrigações – fornecimento de informações pedidas e sujeição às necessárias verificações – podem aplicar-se as sanções, assaz pesadas, previstas quer no art. 47.° quer no n.° 6 do art. 66.°. Além disso, a Comissão pode adoptar medidas cautelares, nos termos do art. 66.° n.° 5, devendo para o efeito ponderar os interesses das várias partes envolvidas na operação, bem como de terceiros. Trata-se, todavia, de um instrumento a que procura recorrer o menos possível. Havendo soluções alternativas, é esse o caminho seguido pela Comissão, como o demonstra o caso *Miles Druce*[60], onde o Tribunal confirmou a opção da autoridade comunitária pela adopção de certos compromissos, em vez de medidas cautelares. No caso de não ser possível uma solução alternativa, a Comissão aplicará tais medidas, mas em termos particularmente exigentes. Será necessário que elas sejam urgentes, os danos irreparáveis, e obedeçam ao princípio da proporcionalidade, visto que essas medidas funcionam como a *ultima ratio*[61].

Quanto às decisões definitivas da Comissão, podem ser favoráveis às partes envolvidas na concentração, e então estaremos perante uma autorização com carácter irrevogável, embora possa ser condicionada, solução que é compreensível visto serem fenómenos estruturais. Note-se, porém, que se uma concentração satisfaz as condições da autorização, mas não observou o processo da autorização prévia, fica sujeita a sanções muito pesadas, que não são só pecuniárias. Ou seja, podem, eventualmente, ser-lhe aplicáveis as medidas reservadas às concentrações ilícitas[62]. Como é sabido, as únicas

---

[58] Art. 1.° da referida decisão.

[59] Art. 7.° da dita decisão.

[60] Despacho do Presidente do Tribunal de Justiça de 11 de Outubro de 1973, processos apensos 160 e 161-73, *Miles Druce e Co c. Comissão das Comunidades Europeias*, Rec. 1973, pág. 1049.

[61] Apesar de serem situações raras, veja-se, por exemplo, o caso *Johnson & Firth Brown Ltd./British Steel Corporation/Dunford Hadfields Ltd.*, em que a Comissão, a pedido da BSC, concedeu as necessárias medidas cautelares – cfr. 4 Rep. Comp., 1974, ponto 143.

[62] Note-se que, no plano civil, como observam Christian GAVALDA e Gilbert PARLEANI, não sendo a autorização prévia condição de validade da concentração,

O controlo comunitário das concentrações com base nos tratados 37

operações dispensadas dessa autorização são as referidas na decisão n.° 25-67, onde não há qualquer apreciação qualitativa a fazer.

Por outro lado, pode a concentração em causa não satisfazer as condições de autorização estabelecidas no n.°2 do art. 66.°, devendo, então, a Comissão, por decisão fundamentada, declará-la ilícita nos termos do seu n.° 5, depois de ter dado às partes a possibilidade de apresentarem as suas observações por força do art. 36.° [63]. Com a declaração de ilicitude quer-se restaurar a situação concorrencial, podendo ser necessário a autoridade comunitária separar as empresas que se concentraram sem autorização, ordenar a cessação do controlo comum ou adoptar qualquer outra medida adequada (art. 66.°, n.° 5). A Comissão tem ainda a faculdade de aplicar multas nos termos do art. 66.°, n.° 6, conceder aos interessados um prazo para cumprirem as suas decisões, impor adstrições diárias (art. 66.°, n.° 5, parágrafo 5), tomar medidas de execução ou dirigir aos Estados-membros as recomendações necessárias para obter a execução de tais medidas (art. 66.°, n.° 5, parágrafo 6). Aliás, cabe realçar que o art 66.°, n.° 5, atribui uma «competência directa» à Comissão, que não está, portanto, dependente de medidas nacionais de execução [64]. Por seu turno, as autoridades nacionais devem executar as decisões da Comissão em aplicação do Tratado.

Por último, cabe sublinhar que a generalidade das decisões adoptadas com base no art. 66.° podem ser sujeitas a um recurso de anulação (art. 33.°, parágrafo 2), ou de plena jurisdição, proposto, nos termos do art. 36.°, parágrafo 2, «por qualquer pessoa directamente interessada». Já a decisão da Comissão que declara ilícita a concentração está sujeita a regras especiais. A este respeito dispõe o art. 66 n.° 5 parágrafo 2: «o recurso tem efeito suspensivo e só pode ser interposto uma vez ordenadas as medidas acima referidas (...)».

---

também, não é causa de nulidade – cfr. *Traité de droit communautaire des affaires*, Paris, ed. LITEC, 1992, pág. 792.

[63] Apesar de esta decisão não ter de ser publicada, deve evidentemente ser notificada às partes, e fundamentada – cfr. art. 15.°, n.° 2, do Tratado CECA. Por outro lado, antes de se pronunciar sobre a operação a «Alta Autoridade», estando em causa uma empresa que não se encontra sujeita ao art. 80.°, deve recolher as observações do governo interessado, nos termos do art. 66.°, n.° 2.

[64] P. REUTER, ob. cit., esp. págs. 195 e 222, e também Nicola CATALANO, ob. cit., pág. 226.

38 *O controlo das concentrações de empresas no direito comunitário*

7. Examinado o regime processual do controlo das concentrações de empresas, importa analisar a questão de saber se, nos casos em que as empresas envolvidas na operação de concentração têm actividades simultaneamente no sector do carvão e do aço e fora dele – isto é, prosseguem igualmente actividades no âmbito da CE –, serão aplicáveis as disposições dos dois Tratados. Na medida em que até 1989 não existia um instrumento específico no âmbito da CE destinado ao controlo das concentrações, o problema da aplicação cumulativa de disposições susceptíveis de efectuarem tal controlo colocava-se em relação ao art. 66.° do Tratado CECA, conjugado com as normas da concorrência do Tratado CE. Nos casos em que a empresa tinha actividades fora da CECA, a Comissão avaliava se a operação analisada à luz do art 66.° do Tratado CECA não violava igualmente os artigos do Tratado CE[65]. São inúmeras as decisões adoptadas de acordo com este princípio; salientem-se, por isso, a título meramente exemplificativo, os casos *GKN-Sachs*[66] e *ITA-TUBI*[67], onde a autoridade comunitária, depois de ter apreciado a situação à luz do art 66.° do Tratado CECA, procedeu ao seu estudo com base no art. 86.°do Tratado CE, chegando à conclusão de que nenhuma das normas devia ser aplicada.

Com a entrada em vigor do regulamento põe-se, nomeadamente, o problema da sua articulação com o art 66.° do Tratado CECA. Sendo os regimes processuais de controlo diferentes, em certos aspectos, podem, por vezes, surgir dificuldades a nível prático. Veja-se, por exemplo, o caso *Usinor/ASD,* em que as empresas que queriam realizar a operação de concentração tiveram de fazer duas notificações, uma no âmbito da CECA e outra no âmbito da CE, dado que a operação envolvia actividades que caíam sob a alçada dos dois sistemas de controlo. Este caso ilustra os inconvenientes da falta de harmonização dos dois regimes, onerando as partes com a obrigação

---

[65] Esta solução afasta, portanto, as dificuldades de uma aplicação analógica das disposições do Tratado CECA às hipóteses enquadráveis no Tratado CE. Sobre a impossibilidade da aplicação analógica das normas do Tratado CECA ao Tratado CE,manifestaram-se T. Antony DOWNES e Julian ELLISON, alegando substanciais diferenças de regimes – cfr. *The Legal Control of Mergers in the European Communities*, Blackstone Press, 1991, pág. 162.

[66] 6 Rapp. Conc., 1976, ponto 182.

[67] 9 Rapp. Conc., 1979, ponto 126.

O controlo comunitário das concentrações com base nos tratados 39

de efectuar uma dupla notificação, além de terem de cindir artificialmente a operação[68].

Em síntese, podemos afirmar que:

1. São, sobretudo, razões de ordem económica e política que estão na origem da instituição de um controlo preventivo das concentrações no âmbito do Tratado CECA. O princípio da proibição das operações de concentração susceptíveis de produzirem consequências desvantajosas sobre a concorrência é, porém, bastante atenuado na prática. Com efeito, a Comissão desenvolve uma política flexível na apreciação das concentrações, motivada em parte pela crise sentida no sector, assim como pelo papel dissuasor desempenhado pelo art. 66.°.

2. Os critérios de definição do seu campo de aplicação diferem dos fixados nos arts. 85.° e 86.° do Tratado CE. De facto, nenhum apelo é feito, no quadro do art. 66.°, à noção de afectação de comércio entre os Estados-membros, pelo que o sistema de controlo pode exercer-se sobre operações puramente nacionais.

3. A apreciação das operações de concentração desenvolvida pela Comissão não negligencia a consideração de factores não concorrenciais, como a reestruturação das empresas ou a necessidade de se revelarem competitivas no contexto da concorrência internacional. No entanto, essa valoração terá sempre como limite um critério concorrencial: só serão autorizadas as operações que não comportem uma restrição sensível da concorrência. Daí que, em nossa opinião, a expressão «balanço económico» seja a mais adequada para designar a actividade desenvolvida pela Comissão na apreciação das concentrações no âmbito da CECA.

4. No plano processual, a competência para a aplicação do art. 66.° do Tratado CECA cabe em exclusivo à Comissão, que detém os habituais poderes instrutórios e sancionatórios. Revela-se frequente nesta área o recurso às autorizações sujeitas a condições, vistas como um meio privilegiado para a obtenção de um equilíbrio entre a aceitação de concentrações entre grupos de dimensões consideráveis e a manutenção de um certo nível de concorrência.

---

[68] Esta operação foi objecto de uma dupla autorização. No âmbito da CECA, a autorização foi concedida em 3 de Maio de 1991 – cfr. 21.° Rel. Conc., 1991, pág. 374, e no âmbito da CEE a autorização data de 29 de Abril de 1991 – cfr. 21.° Rel. Conc., 1991, pág. 378.

40 *O controlo das concentrações de empresas no direito comunitário*

5. Finalmente, quanto às relações do Tratado CECA com o Tratado CE, cabe realçar que a Comissão tem aplicado ambos às concentrações que produzem simultaneamente efeitos no sector do carvão e do aço e no âmbito da CE. Esta filosofia foi transferida, como era de esperar, para o Regulamento n.° 4064/89 a partir da sua entrada em vigor. A falta de harmonização entre os dois regimes – Tratado CECA e regulamento comunitário –, nomeadamente a nível processual, é susceptível de gerar dificuldades práticas. Referimo-nos, designadamente, à obrigação de as empresas efectuarem uma dupla notificação, bem como à necessidade de cindirem artificialmente a operação.

2. O MEMORANDO DA COMISSÃO
DE 1 DE DEZEMBRO DE 1965

> **Sumário: 8** – *Posição da doutrina quanto à questão da aplicação dos arts. 85.º e 86.º do Tratado CE às operações de concentração.* **9** – *Posição da Comissão quanto à questão da aplicação dos arts. 85.º e 86.º do Tratado CE às operações de concentração.*

8. Ao contrário do que se passa no Tratado CECA, o Tratado CE não faz qualquer referência ao fenómeno das concentrações, facto que encontraria a sua justificação no reduzido número de concentrações transfronteiriças existentes em 1957. Pode afirmar-se que a «história da discussão pública»[69] do controlo das concentrações no âmbito da Comunidade Europeia só teve início com o Memorando da Comissão de 1 de Dezembro de 1965[70]. Neste documento, a Comissão reuniu as conclusões a que chegaram um conjunto de peritos por ela consultados sobre a questão da aplicação dos arts. 85.º e 86.º às operações de concentração, bem como as suas próprias opiniões nessa matéria. Estava em causa, mais precisamente, o estudo sobre «as relações entre a política em matéria de *ententes*[71] (art. 85.º) e a concentração de

---

[69] Martijn van EMPEL, *Merger control in the EEC*, WCLER, vol. 13, n.º 3, March, 1990 pág. 5.

[70] Memorando da Comissão, cit., pág. 651.

[71] *Entente* é a expressão utilizada na terminologia jurídica francesa para designar as práticas restritivas referidas no art. 85.º, que podem assumir a forma de acordos entre empresas, decisão de associações ou práticas concertadas, cfr. por todos Berthold GOLDMAN e Antoine LYON-CAEN, *Droit Commercial Européen*, 4ª ed., Paris, Dalloz, 1983, pág. 516. Na falta de uma expressão equivalente na terminologia portuguesa, pensamos que a melhor solução será mantê-la na sua língua original, opção seguida entre nós igualmente por José Manuel CASEIRO ALVES, *Lições de direito comunitário da concorrência*, Coimbra Editora, 1983, pág. 21, e Manuel Afonso Pereira VAZ, *Direito Económico-A ordem económica portuguesa*, 2ª ed. Coimbra Editora, 1990, pág. 196. Veja-se, no entanto, em sentido diferente João MOTA DE CAMPOS, que

42   *O controlo das concentrações de empresas no direito comunitário*

empresas»[72], por um lado, e «as possibilidades oferecidas pelo art. 86.°» enquanto mecanismo de controlo desse fenómeno, por outro[73].Os peritos consultados manifestaram-se maioritariamente a favor da aplicação do art. 85.° às concentrações «quando depois da concentração subsistissem empresas juridicamente distintas e a concorrência fosse restringida de forma sensível»[74]. Apenas seriam excluídas as fusões – dado que uma das empresas é totalmente absorvida por outra, cessando a sua existência como entidade autónoma –, e as aquisições de participações na bolsa – uma vez que a operação de concentração não envolve um acordo entre as empresas em causa. Uma minoria defendia, contudo, que o art. 85.° não devia ser aplicado às concentrações, argumentando que estas não só não se referem ao comportamento das empresas, mas sim a alterações da sua estrutura interna, como não têm por efeito, directo ou necessário, a limitação da concorrência.

No que se refere à questão da eventual aplicação do art. 86.° às concentrações, os professores consultados optaram por dar uma resposta afirmativa. Todavia, apesar de defenderem a aplicação do art. 86.° às concentrações que visam directamente o «abuso de uma posição dominante assim obtida», ou quando resultarem elas próprias do abuso de uma posição dominante, ressalvam a ideia de que as concentrações tendentes à aquisição ou extensão de uma posição dominante não devem ser consideradas *per se* uma exploração abusiva de uma posição dominante nos termos do art. 86.°[75].

---

preferiu a designação de «carteis» – cfr. *Direito Comunitário-vol.III-O ordenamento Económico*, Lisboa, Fundação Calouste Gulbenkien, 1991, pág. 441, e Jorge FERREIRA ALVES, que optou pela expressão «coligação», cfr. *Direito da concorrência nas Comunidades Europeias*, Coimbra editora, 1989, pág. 31.

[72] Memorando da Comissão, cit., pág. 670.

[73] Ob. cit., loc. cit.

[74] Memorando da Comissão, cit., pág. 670.

[75] Note-se que a aplicação do art. 86.° às concentrações não é uma questão pacífica na doutrina. Contra a aplicação do art. 86.° às operações de concentração manifestaram-se claramente Giorgio BERNINI, afirmando que a ausência de referências às concentrações no Tratado era uma atitude consciente dos seus autores, ou seja, a tal omissão presidiriam objectivos de política económica, como o da expansão do mercado – cfr.*La tutela della libera concorrenza e i monopoli (Studio di diritto comparato) – Il Comunità Europee e legislazione degli stati membri*, Milano, Giuffré ed., 1963, pág. 181, e René JOLIET, que sustenta categoricamente «que as concentrações nunca serão

O controlo comunitário das concentrações com base nos tratados 43

9. A Comissão, depois de ter consultado o grupo de professores sobre o referido problema, chega às suas próprias conclusões. Rejeita, desde logo, o conselho dos peritos para aplicar o art. 85.° às concentrações, que define como a situação em que «várias empresas são reagrupadas sob uma direcção económica única, perdendo a sua autonomia económica»[76]. As principais razões apresentadas para a não aplicação do art. 85.° às operações de concentração acentuam, sobretudo, a inadequação da estrutura da referida disposição e podem resumir-se nos seguintes termos:

– As *ententes,* como regra, devem ser proibidas, na medida em que se opõem ao interesse público, ao contrário das concentrações que apenas serão proibidas excepcionalmente quando ultrapassarem os limites da tolerância de um poder de domínio excessivo. A aplicação uniforme do art. 85.° às *ententes* e às concentrações levaria a que a proibição fosse aplicada a um número muito reduzido de acordos ou a um número muito elevado de concentrações;

---

consideradas abusos face ao art. 86.°» – cfr. *Monopolisation et abus de position dominante. Essai comparatif sur l'article 2 du Sherman Act et l'article 86.° du Traité de Rome,* RTDE, n.° 1, Janvier-Mars 1969, pág. 696. No plano contrário, defendendo a aplicação do art. 86.° a certas operações, veja-se, nomeadamente: Jean de RICHEMONT, que limita a sua utilização às concentrações que resultem de uma agressão – cfr. *Concentrations et abus de positions dominantes. Article 86.° du Traité de Rome. Affaire Continental Can.,* RTDE, n.° 1, Janvier-Mars, 1973, págs. 463 e segs, esp. 550; Ernst STEINDORFF, que considera a disposição aplicável a dois tipos de concentrações, aquelas que eliminam todo o tipo de concorrência no mercado, e as impostas pela força, – cfr. *Obstacles tenant à la legislation communautaire sur les ententes et positions dominantes,* RMC, n.° 109, 1968, pág. 207; e ainda Peter CANELLOS e Horst SILBER, que afirmam a sua aplicação em relação a concentrações que «consolidam ou alargam» uma posição dominante– cfr. *Concentration in the common market,* CMLR, Vol. VII, 1970, pág. 164; e finalmente refira-se a posição de E. CEREXHE, que, partindo do princípio de que o reforço de uma posição dominante não pode ser proibido à luz do art. 86.°, visto que esta disposição aceita situações de monopólio, abre no entanto uma excepção para as concentrações ditas agressivas; ou seja, quando uma empresa aproveita a sua situação de domínio para impor uma operação de concentração que não é desejada, ou para a realizar em detrimento de outros agentes, deve aplicar-se a proibição do art. 86.° – cfr. *L'interprétation de l'article 86 du Traité de Rome et les premieres décisions de la Comission,* CDE, n.° 1, 1972, pág. 297.

[76] Memorando da Comissão, cit., pág. 669.

44   *O controlo das concentrações de empresas no direito comunitário*

– Os critérios estabelecidos no art. 85.°, n.° 3, para a concessão de uma decisão de isenção da proibição contida no art. 85.° n.°1 [77], não são adequados às operações de concentração. Em primeiro lugar, a Comissão chama a atenção para o facto de raramente poder ser efectuada a apreciação positiva exigida pelo art. 85.°, n.° 3, indispensável à aplicação de uma decisão de isenção, uma vez que em relação à maioria das concentrações não podem ser apreciados *a priori* os seus efeitos com a mesma certeza com que são avaliados os de um acordo em relação a um certo comportamento. Além disso, a exigência feita pelo art. 85.°, n.° 3, segundo a qual as restrições à concorrência devem ser indispensáveis à consecução dos objectivos positivos definidos nesse número, não poderia ser aplicável às concentrações, uma vez que estas envolvem necessariamente a eliminação da concorrência entre as empresas nelas participantes, facto que muito dificilmente seria encarado como a forma menos restritiva de alcançar os referidos objectivos. Acresce, finalmente, que a decisão de isenção deve ser reexaminada ao fim de um certo tempo, com vista a verificar-se a permanência das condições que inicialmente a possibilitaram. A Comissão tem, portanto, a possibilidade de revogar a sua decisão no caso de se ter alterado a situação de facto, deixando de justificar-se a referida isenção. Dito de outro modo, a natureza da isenção que exige, por um lado, que a sua validade seja delimitada no tempo, e, por outro, a possibilidade da sua revogação, revela uma estrutura inadequada às concentrações que, assentando numa «modificação definitiva da propriedade de uma empresa», requerem, por razões de segurança jurídica, e para evitar custos económicos excessivos dificilmente previsíveis, uma isenção com carácter definitivo [78];

---

[77] Note-se que optamos por não falar aqui em«declaração de inaplicabilidade do n.° 1 do artigo 85.°», como é normalmente conhecida a derrogação do art. 85.° n.° 3, dado que nos parecem procedentes as críticas formuladas por Berthold GOLDMAN e Antoine LYON-CAEN, para quem a questão não é puramente terminológica mas se prende com a própria natureza jurídica da disposição em causa. Segundo estes autores, o n.° 3 do art. 85.° consagra uma verdadeira «reserva de autorização», produzindo efeitos *ex nunc,* e não uma «excepção legal» com efeitos *ex tunc* – cfr. ob. cit., págs. 557-558.

[78] Memorando da Comissão, cit., pág 672. Repare-se que os obstáculos invocados pela Comissão quanto à aplicação do art. 85.°, n.° 3, às concentrações são considerados superáveis por parte da doutrina. Assim, M. WAELBROECK e outros contra argumentam que as dificuldades em prever com segurança os efeitos futuros de uma concentração são sentidas, com frequência, em relação às *ententes.* Por outro lado,

O controlo comunitário das concentrações com base nos tratados   45

– A sanção de nulidade, fixada no art. 85.° n.° 2, para as *ententes* interditas, se aplicada às concentrações proibidas poderia dar origem a consequências indesejáveis, especialmente no caso das fusões, devido à alteração da personalidade jurídica das empresas participantes na operação. A solução mais adequada para as concentrações consideradas perigosas seria a criação de possíveis medidas de «desconcentração»[79];

– A distinção operada no Regulamento n.° 17, entre *ententes* antigas e novas, e as regras sobre a notificação das *ententes* antigas dificilmente poderiam ser aplicadas às operações de concentração[80-81];

---

segundo estes autores, seria igualmente possível provar-se, em certas situações, que «a fusão é a única solução que oferece sérias possibilidades de implicar as vantagens económicas exigidas pelo art. 85.°, n.° 3, pelo que a eliminação da concorrência que implica poderia ser considerada indispensável». Por fim, alegam que a necessidade de ser reexaminada a isenção ou de ser revogada não é uma obrigação que resulte do Tratado, pelo que tal objecção pode ser igualmente ultrapassada – cfr. ob. cit., págs. 256--257. A esta questão regressaremos oportunamente – cfr. *infra* ponto 20.

[79] O argumento da nulidade apresentado pela Comissão, para justificar a não aplicação do art. 85.° às concentrações, vai ser rebatido por Alessandro CERRAI, que invoca a utilização dos arts. 2.° e 4.° do Regulamento n.° 17 – que consagram, respectivamente, a faculdade de a Comissão conceder, a pedido das partes, um certificado negativo, e a possibilidade de a autoridade comunitária, mediante notificação prévia das partes, abrir um processo de investigação sobre os efeitos da operação no jogo da concorrência, com vista à concessão de uma isenção nos termos do art. 85.° n.° 3 – como soluções que permitem superar as dificuldades suscitadas pela aplicação do art. 85.°, n.° 2. A consequência da nulidade, no âmbito do controlo das concentrações exercido pela Comissão, torna-se assim, segundo o autor, «meramente eventual» – cfr. *Concentrazioni di imprese e concorrenza nella normativa del Trattato CEE*, Milano, Giuffré, 1983, pág. 104. Para mais desenvolvimentos sobre esta questão, cfr. *infra,* ponto 20.

[80] Regulamento n.° 17, Primeiro Regulamento de execução dos arts. 85.° e 86.° do Tratado, JOCE n.° L 204/62, de 21. 2. 62.

[81] Reforçando este argumento da Comissão, veja-se ainda Pierre VAN OMMESLAGHE, para quem obrigar à notificação as operações de concentração realizadas antes da entrada em vigor do Regulamento n.° 17 não seria uma solução razoável, sublinhando que as excepções previstas no art. 4.° do Regulamento n.° 17 foram pensadas apenas em relação às *ententes propriamente* ditas, e não para hipóteses de concentrações – cfr. *L'application des articles 85 et 86 du Traité de Rome aux fusions, aux groupes de sociétés et aux entreprises communes*, RTDE, n.° 1, Janvier-Avril, 1967, pág. 476.

46   *O controlo das concentrações de empresas no direito comunitário*

– O art. 85.° não poderia abranger todas as formas de concentração, ou seja, seriam excluídas as situações em que faltasse o acordo entre empresas, como é, por exemplo, o caso da aquisição de participações em bolsa. Deste modo, não seria possível tratar de forma idêntica concentrações que produziam os mesmos efeitos económicos[82].

Daqui resulta que a Comissão justifica a recusa em aplicar o art. 85.° às concentrações, não com base em argumentos literais – visto que a redacção da referida disposição não distingue os acordos entre empresas que são integradas (ou seja concentradas) daqueles em que elas mantêm a sua independência económica –, mas no plano sistemático e teleológico. Realçou, desta forma, a existência de um

---

[82] Os argumentos apresentados pela Comissão vão ser reiterados por uma grande parte da doutrina refira-se, a título de exemplo, Pierre Van OMMESLAGHE, que afirma expressamente que o art. 85.° não visa as concentrações de empresas – cfr. ob. cit., esp. pág. 474; bem como Mariano DARANAS PELÁEZ, que afasta igualmente a aplicação do art. 85.° às concentrações – cfr. *Examen crítico de la necessidad de un reglamento comunitario para el control de las concentraciones de empresas y de la introduccion de este control en la proxima ley española de defensa de la competencia,* GJ, serie D, Julio 1988, n.° 52, esp. pág. 82. Destaque-se finalmente a posição de Giorgio BERNINI, que, antes mesmo da publicação do Memorando da Comissão, defendia a não aplicação do art. 85.° às operações de concentração, tal como excluía, aliás, como já vimos, a utilização do art. 86.° para o controlo de tais situações – cfr. ob. cit., pág. 181.

No plano oposto, a favor da aplicação do art 85.°, manifestaram-se A. MARCHINI-CAMIA, que afirma em termos de princípio a aplicação do art. 85.°, bem como a do art. 86.° às operações de concentração, embora considere que em termos práticos, devido à posição adoptada pela Comissão no Memorando, «apenas se possa contar com o art. 86.°» – cfr. *La concentration industrielle, les positions dominantes sur le marché et le droit antitrust, l'expérience américaine et les problémes européens,* RTDE, n.° 1 Janvier-Mars, 1971, págs. 353 e segs, esp. pág. 405, e também M. WAELBROECK e outros, que sustentam não existirem razões sérias para se afastar a aplicação do art. 85.° às concentrações – cfr. ob. cit., págs. 256-257; e ainda William ELLAND, que considerava a aplicação do art. 85.° cada vez mais provável e necessária face à lentidão com que se arrastava a proposta do regulamento comunitário sobre o controlo das concentrações – cfr. *Merger control by the EC Comission,* ECLR, 1987, pág. 168; e finalmente Manuel Antonio DOMINGUEZ GARCIA, *La eventual aplicacion de los arts. 85 y 86 TCEE a las concentraciones de empresas como cuestion abierta,* RIE, 1987, vol 14, n.° 2, pág. 379. Note-se que este último autor não só defende a aplicação do art. 85.° às concentrações de empresas de base convencional, como o considera susceptível de conferir um tratamento jurídico mais adequado às concentrações do que o art. 86.° – cfr. ob. cit., loc. cit.

princípio geral de proibição de *ententes,* o qual só comportaria as derrogações justificadas pela verificação dos requisitos fixados no n.º 3 do art. 85.º[83], contrapondo-o a uma visão favorável do fenómeno das concentrações, cuja legitimidade resultaria da verificação de uma condição negativa: «a não obtenção de um poder económico excessivo». Significa isto que a recusa da Comissão em aplicar o art. 85.º, como mecanismo de controlo, é, de certo modo, o reflexo de uma vontade política deliberada de favorecer a realização de tais operações, consideradas instrumentos privilegiados de realização dos objectivos do Tratado. Recorde-se que, na década de sessenta, a Comissão defendia claramente o fomento das concentrações pelas vantagens que o aumento da dimensão das empresas poderia gerar a nível tecnológico, de investigação e de financiamento, considerando-as um meio particularmente eficiente de contribuir para a criação de um mercado europeu capaz de concorrer em igualdade de condições com os «gigantes norte-americanos».

Por outro lado, a crença da Comissão nas virtudes das concentrações não é absoluta. Assim, sustenta simultaneamente a necessidade de se efectuar um certo controlo das operações de concentração, fiscalização que seria possível, em sua opinião, mediante o recurso ao art. 86.º, visto que esta disposição não deparava com os obstáculos que tinham sido apontados ao art. 85.º. Os argumentos invocados a favor da aplicação do art. 86.º foram, essencialmente, os seguintes:

– O art. 86.º abrange todas as concentrações que produzam os mesmos efeitos, independentemente da sua forma jurídica, ao contrário do que se passava com o art. 85.º. Afastavam-se, deste modo, eventuais lacunas que poderiam ocorrer ao abrigo desta última disposição. De facto, enquanto que para a aplicação do art. 85.º seria necessário que a concentração resultasse de uma *entente,* para o funcionamento do art. 86.º são indiferentes os meios que dão origem à situação de abuso aí sancionada[84];

---

[83] O art. 85.º, n.º 3, exige a verificação de dois requisitos positivos – a *entente* deve contribuir para melhorar a produção ou distribuição dos produtos, ou para promover o progresso técnico e económico, e deve reservar aos utilizadores uma parte equitativa dos lucros daí resultantes – e dois negativos – as restrições impostas pela *entente* à concorrência devem ser indispensáveis à consecução das finalidades positivas, e a concorrência não pode ser eliminada.

[84] Memorando da Comissão, cit., pág. 674

48   *O controlo das concentrações de empresas no direito comunitário*

– A não aplicação da proibição do art. 86.° depende apenas de um requisito negativo: não existir um abuso de uma posição dominante. A autorização da concentração deixaria, deste modo, de ficar dependente de uma apreciação positiva da operação, tal como era exigido pelo art. 85.°;

– Só excepcionalmente é que se aplicaria a proibição contida no art. 86.°; logo, não havia necessidade de um processo moroso e oneroso de autorização prévia das operações de concentração. De qualquer forma, as empresas poderiam sempre solicitar um certificado negativo, nos termos do art. 2.° do Regulamento n.° 17, evitando os problemas que existiam em relação ao art. 85.°, resultantes do carácter revogável e temporário da autorização, bem como da necessidade de distinguir entre acordos novos e antigos[85];

– Finalmente, refira-se que as consequências jurídicas para o caso de violação do art. 86.° encontram-se previstas no art. 3.° do Regulamento n.° 17, que confere à Comissão o poder de dirigir às empresas recomendações para fazerem cessar a infracção ou decisões obrigando-as a pôr-lhe fim, não ocorrendo neste plano nenhuma das objecções suscitadas a propósito do n.° 2 do art. 85.°.

Constatada a inexistência das dificuldades que tinham sido apuradas aquando da análise do art. 85.°, a Comissão declara que deverão ser consideradas abrangidas pelo art. 86.° as concentrações de empresas que originem a monopolização do mercado[86], posição que justifica afirmando ser a interpretação que está de acordo com o sistema e os objectivos do Tratado, dado que os arts. 85.° e 86.° devem garantir o funcionamento do regime da concorrência. A autoridade comunitária esclarece, ainda, que o problema da aplicação do art. 86.° só poderia ser determinado no caso concreto, em função da situação do mercado, propondo como orientação o seguinte critério: «quanto mais uma empresa em posição dominante se aproxima de uma situação de monopólio, em consequência da concentração com outras empresas, pondo, assim, em causa a possibilidade de escolha dos clientes, fornecedores e consumidores, maior é a probabilidade de cair na zona do abuso»[87]. Finalmente, a Comissão salienta que o art. 86.°, ao contrário do art. 66.° do Tratado CECA, permite a *existência* e a *criação* de uma posição dominante num dado mercado, proibindo

---

[85] Ob. cit., loc. cit.

[86] Memorando da Comissão, cit., pág. 676.

[87] Memorando da Comissão, cit., pág. 677.

O controlo comunitário das concentrações com base nos tratados 49

apenas o seu abuso[88]. Ora, uma operação de concentração que eliminasse completamente a concorrência no mercado, criando uma situação de monopólio, deveria ser considerada uma exploração abusiva de uma posição dominante, dado que teria os mesmos efeitos nocivos dos comportamentos visados no art. 86[89-90].

Esta posição da Comissão foi criticada por parte da doutrina que afirmava existir uma certa incoerência no seu raciocínio, quando realçava, relativamente ao art. 86.°, «a *potencial* similaridade de *resultados*, entre uma alteração estrutural do mercado e o comportamento individual de uma empresa em posição dominante»[91] como um dos factores determinantes da sua aplicação às concentrações, argumento esse considerado insuficiente, à luz do art. 85.°, para reforçar a sua aplicação às concentrações.

A verdade é que a justificação do diferente tratamento dado às duas disposições do Tratado deve procurar-se, também, em considerações de política económica. Dito de outro modo, a solução adoptada no Memorando é em parte o reflexo da política económica seguida pela Comissão, assente no binómio promoção/controlo das concentrações.

Por outro lado, cumpre acrescentar que o facto de a Comissão dar um tratamento jurídico diferenciado às *ententes* e concentrações[92] parece introduzir, como sublinha acertadamente Louis Vogel, a ideia

---

[88] Memorando da Comissão, cit., pág. 674.

[89] Memorando da Comissão, cit., pág. 676.

[90] Para Pierre VAN OMMESLAGHE, esta opinião da Comissão não encontra qualquer apoio no texto do art. 86.°, que não proíbe a concentração enquanto tal, «mesmo que ela se traduza na aquisição, manutenção, ou reforço de uma posição dominante». Segundo o autor, o art. 86.° não permite qualquer distinção consoante a posição dominante é resultado de um mercado em oligopólio ou em monopólio. Só o abuso da posição dominante é visado pelo artigo e não as formas de aquisição de tal posição – cfr. ob. cit., págs. 504-506. Contra esta interpretação literal do art. 86.°, foram invocados importantes argumentos teleológicos, como teremos oportunidade de referir mais tarde – cfr. *infra*, ponto 20.

[91] Karen BANKS, *Mergers and partial mergers under EEC Law*, FCLI, cap. 17, 1988, pág. 382 .

[92] Entendimento que se aproxima assim do sistema instituído pelo Tratado CECA, nos termos do qual o art. 65.° (cujo paralelo no Tratado CE seria o art. 85.°) se destina a fiscalizar *comportamentos anti-concorrenciais*, e o art. 66.° (que corresponderia, no Tratado CE, ao art. 86.°) tem por objectivo o controlo das alterações sofridas pela *estrutura concorrencial*.

50 O controlo das concentrações de empresas no direito comunitário

da teoria americana do *double standard*[93]. Trata-se de uma construção do direito *anti-trust* norte-americano, que defende a proibição automática das *ententes,* ao passo que, estando geralmente associadas às operações de concentração vantagens económicas, estas só deveriam ser proibidas excepcionalmente[94]. O que vale por dizer que o diverso enquadramento jurídico dos dois fenómenos resultaria, como nota Karen Banks[95], da consideração das *ententes* como realidades contrárias ao interesse público, uma vez que diminuem a liberdade de acção empresarial causando prejuízos ao processo da concorrência que só trabalhará de forma correcta enquanto cada operador no mercado permaneça livre de prosseguir os seus interesses comerciais. Daqui decorre, como sublinha esta autora, que tudo o que constitua um embaraço à liberdade de acção comercial, tornando o mercado ineficiente, como é à partida o caso das *ententes,* deve ser, em princípio, proibido, e só excepcionalmente autorizado. Já as operações de concentração, produzindo geralmente certas vantagens, como as economias de escala ou o desenvolvimento do progresso tecnológico, permitem o crescimento de eficácia ao nível de produção e distribuição. Por outro lado, podem mesmo revelar-se pró-concorrenciais, promovendo e estimulando a concorrência através da aquisição de pequenas empresas por grandes empresas, permitindo àquelas melhorar a sua competitividade.

É claro que, a par destas vantagens, deve atender-se igualmente ao reverso da medalha. Isto é, os benefícios associados às operações de concentração podem vir a ser utilizados pelas empresas para comete-rem abusos. A Comissão revela-se, aliás, consciente da dupla dimensão do fenómeno, quando no Memorando de Dezembro de 1965 sublinha quer a necessidade de não serem criados obstáculos à realização das concentrações capazes de acelerarem o desenvolvimento da construção europeia, optando neste contexto pela não aplicação do art. 85.º às concentrações, quer a aplicação do art. 86.º a tais situações, sempre que a empresa em posição dominante em virtude da operação de concentração seja capaz de alcançar uma situação de monopólio, ou de

---

[93] Louis VOGEL, *Droit de la Concurrence et Concentration Économique*, Paris, ed. Economica, 1988, pág. 233.

[94] L. VOGEL, *Droit de la Concurrence...*, ob cit., pág. 231. Esta teoria revela-se difícil de aplicar a certos fenómenos mistos, como é o caso das empresas comuns. Sobre esta questão, cfr. *infra,* ponto 36.

[95] Karen BANKS,ob. cit., pág. 378.

quase monopólio[96]. À primeira vista, podia pensar-se que tais disposições se destinavam a ser aplicadas em termos muito restritivos. No entanto, o crescimento desenfreado das concentrações veio a revelar-se susceptível de produzir mais danos – ao conduzir, frequentemente, a situações de monopólio ou quase monopólio – do que benefícios para o desenrolar do jogo da concorrência, tornando premente o controlo das concentrações. É, assim, na linha da corrente mais dinâmica da doutrina económica, segundo a qual «a constituição ou reforço de uma posição de monopólio (...), mesmo aumentando a eficácia da produção, contém em si o germe de um atentado aos interesses dos consumidores»[97], que a Comissão passará à aplicação na prática dos princípios estabelecidos no Memorando quanto ao controlo das concentrações[98].

Em conclusão, podemos afirmar que:

1. Foi necessário esperar quase uma década, a partir da entrada em vigor do Tratado CE, para a Comissão se decidir a abordar no Memorando de Dezembro de 1965 a sua política quanto à aplicação das disposições do Tratado – arts. 85.° e 86.° – às concentrações de empresas.

2. O grupo de peritos consultados pela Comissão declarou-se maioritariamente favorável à utilização de ambas as disposições como mecanismos de controlo das concentrações.

3. A Comissão, por seu turno, só em parte seguiu as orientações dadas pelos peritos. De facto, a autoridade comunitária, ao contrário do

---

[96] Memorando da Comissão, cit., ponto 27.

[97] JACQUEMIN *apud* Jacques VANDAMME, *L'arrêt de la Cour de Justice du 21 Février 1973 et l'interprétation de l'article 86 du Traité CEE*, CDE, 1973, pág. 126.

[98] Note-se que esta crescente consciência de que a protecção das concentrações não é sinónimo de eficiência, inovação e concorrência internacional, é sentida «por ambos os lados do atlântico» – cfr. Walter ADAMS e James W. BROCK, *The bigness mystique and the merger policy debate: an international perspective*, NJ of IL&B, vol. 9, n.° 1, Spring 1988, pág. 45. De facto, como afirmava sugestivamente Tom PETERS, «what has been the most venerated tradition in American economics, or, indeed, the American psyche – that big is good; bigger is better; and biggest is best – isn't so. It wasn't so. And it surely won't be so in the future" – cfr. Tom PETERS, *apud* W. ADAMS e J. BROCK, ob. cit., nota 217. No mesmo sentido, a nível comunitário, constatava-se que «uma grande dimensão não é garantia de sucesso económico», o que seria comprovado por inúmeros estudos dedicados a este tema – cfr. Ephraim CLARK, *European integration mergers and protectionism*, EA, n.° 3, 1989, pág. 81.

52 *O controlo das concentrações de empresas no direito comunitário*

que lhe tinha sido sugerido, afasta a aplicação do art. 85.° ao controlo das concentrações, baseando-se, sobretudo, em argumentos de carácter sistemático e teleológico que manifestam, de certo modo, a existência de uma certa vontade política em promover as concentrações enquanto instrumentos privilegiados da realização dos objectivos da construção europeia.

4. A crença nas virtudes das concentrações não é, no entanto, absoluta, revelando-se a Comissão consciente de que essas operações, constituindo sem dúvida excelentes instrumentos de reestruturação da indústria europeia, são simultaneamente susceptíveis de originar situações de abuso, restringindo ou mesmo eliminando a concorrência. Assim, declara no Memorando a intenção de utilizar o art. 86.° como instrumento de controlo desses fenómenos.

5. O diferente tratamento jurídico dado às *ententes* (sujeitas ao art. 85.°) e às concentrações (às quais será aplicado o art. 86.°), consequência dos princípios formulados pela Comissão no Memorando, parece abrir as portas a uma espécie de teoria do *double standard*.

3. A OPERAÇÃO DE CONCENTRAÇÃO COMO ABUSO DE POSIÇÃO DOMINANTE NO ÂMBITO DO TRATADO CE

> **Sumário: 10** – *Pressupostos gerais da aplicação do art. 86.° do Tratado CE.* **11** – *Aplicação do art. 86.° às operações de concentração. O caso Continental Can.* **12** – *(cont.) A decisão da Comissão.* **13** – *(cont.) O acórdão do Tribunal de Justiça.* **14** – *(cont.) Apreciação crítica.* **15** – *(cont.) Aplicação da doutrina estabelecida no acórdão.*

10. A aplicação do art. 86.° às concentrações de empresas, defendida pela Comissão no Memorando de Dezembro de 1965, exige o estudo prévio, ainda que em termos resumidos, do mecanismo de funcionamento da disposição em causa. Sem qualquer veleidade pelo que diz respeito a uma análise exaustiva desta figura, no âmbito do nosso trabalho, cremos que será útil, e mesmo necessário, para a compreensão das razões que militam contra ou a favor da aplicação do art. 86.° às concentrações, ter presentes os pressupostos gerais para a sua utilização.

O art. 86.°, parágrafo 1, estipula que: «É incompatível com o mercado comum e proibido, na medida em que tal seja susceptível de afectar o comércio entre os Estados-membros, o facto de uma ou mais empresas explorarem de forma abusiva uma posição dominante no mercado comum ou numa parte substancial dele».

Esta proibição justifica-se na medida em que a exploração abusiva de uma posição dominante põe em causa o livre jogo da concorrência, isto é, compromete o princípio estabelecido no art. 3.°, al. g), que visa garantir que a concorrência não seja falseada no mercado comum. Sublinhe-se, mais uma vez, que o art. 86.° não condena a posição dominante em si mesma, apenas proíbe a sua exploração abusiva. Com efeito o art. 86.°, parágrafo 1, limita-se a estabelecer uma proibição geral de abuso de uma posição dominante, enunciando, em seguida, no seu parágrafo 2, alguns exemplos, que não podem ser considerados exaustivos. Nenhuma orientação é dada, todavia, quanto à noção de posição dominante detida por uma ou mais

54 *O controlo das concentrações de empresas no direito comunitário*

empresas. Tal noção não se encontra no art. 86.°, nem em qualquer outra disposição do Tratado CE[99].

A Comissão estudou pela primeira vez a questão, de forma algo detalhada, no Memorando de Dezembro de 1965, onde afirmou que «uma empresa ocupa (...) uma posição dominante nos termos do art. 86.° quando domina o mercado. O domínio do mercado não pode ser definido apenas a partir da quota de mercado detida por uma empresa ou de outros elementos quantitativos de uma estrutura de um mercado»[100]. A posição dominante é, portanto, desde logo, «um poder económico, ou seja, a faculdade de [a empresa] exercer uma influência notável sobre o funcionamento do mercado, e em princípio previsível para a empresa dominante»[101]. Esta ideia vai ser reafirmada e desenvolvida na decisão *Continental Can*[102], onde a Comissão declara que *«as empresas estão em posição dominante quando têm a possibilidade de adoptarem comportamentos independentes»* que lhes permitem agir sem terem em conta concorrentes, compradores ou fornecedores; que isso acontece quando, devido à sua quota no mercado, ou à sua quota no mercado em ligação especialmente com a disposição de conhecimentos técnicos, de matérias-primas ou capitais, elas têm a possibilidade de determinar os preços ou de controlar a produção ou a distribuição para uma parte significativa dos produtos em causa; que tal possibilidade não decorre necessariamente de um domínio absoluto, permitindo às empresas que o detêm eliminar toda a vontade por parte dos seus parceiros económicos, bastando que ele seja suficientemente forte no conjunto para garantir a essas empresas uma independência global de

---

[99] Ao contrário do que se passa no Tratado CECA, cujo art. 66.°, n.° 7, considera ocuparem uma posição dominante as empresas que não estão sujeitas «a uma concorrência efectiva numa parte importante do mercado comum».

[100] Cfr. Memorando da Comissão, cit., pág. 675. Quanto à noção de empresa, que detém uma posição dominante, o tribunal considera como tal toda a entidade exercendo uma actividade económica independentemente do seu estatuto jurídico. Sobre esta questão, cfr. *infra,* ponto 16.

[101] Ob. cit., loc cit. Note-se que o conceito dado pela Comissão no Memorando não exige que a posição dominante influencie de «forma essencial» os outros agentes, como tinham referido os professores consultados. A autoridade comunitária limita-se a falar de uma influência «notável e previsível» sobre as decisões dos outros agentes económicos. A Comissão não procurou seguir, neste ponto, os peritos consultados, adoptando, assim, uma noção de posição dominante mais lata.

[102] Decisão da Comissão de 9 de Dezembro de 1971,*Continental Can Company*, já citada. Sublinhado nosso.

comportamento, mesmo se existem diferenças de intensidade das suas influências sobre os diferentes mercados parciais»[103]. O elemento essencial desta noção consiste, deste modo, na possibilidade que a empresa em posição dominante tem de adoptar um comportamento independente face aos outros intervenientes no mercado.

Por seu turno, o Tribunal de Justiça acentua a faculdade de a empresa impedir a manutenção de uma concorrência efectiva[104]. Nesta perspectiva se inscreve o acórdão *United Brands,* no qual o Tribunal declarou que «a posição dominante visada no art. 86.° diz respeito a uma situação de poder económico detida por uma empresa que lhe dá o *poder de impedir a manutenção de uma concorrência efectiva*[105] no mercado em causa, fornecendo-lhe a possibilidade de adoptar comportamentos substancialmente independentes face aos seus concorrentes, clientes, e, finalmente, consumidores»[106], acrescentando mais tarde no acórdão *Hoffmann-La Roche* que «tal posição, ao contrário de uma situação de monopólio ou de quase monopólio, não exclui a existência de uma certa concorrência mas coloca a empresa que dela beneficia na situação de decidir, ou de pelo menos influenciar consideravelmente, as condições em que se desenvolverá tal concorrência e, de qualquer modo, de comportar-se em larga medida sem ser obrigada a tê-las em conta e sem que por isso esta atitude lhe traga prejuízos»[107-108].

---

[103] Cfr. pág. 35 da referida decisão

[104] B. GOLDMAN e LYON-CAEN, ob. cit., pág. 591, e SCHAPIRA e outros, ob. cit., pág. 275.

[105] Sublinhado nosso.

[106] Acórdão de 14 de Fevereiro de 1978, processo 27/76, *United Brands Company e United Brands Continental BV c. Comissão das Comunidades Europeias*, Rec. 1978, pág. 208, considerandos 65.

[107] Acórdão de 13 de Fevereiro de 1979, processo 85/76, *Hoffmann-La Roche & CO. AG c. Comissão das Comunidades Europeias*, Rec. 1979, pág. 461, considerando 39.

[108] A doutrina tem sugerido três critérios para se aferir a independência de comportamento de uma empresa dominante. Em primeiro lugar, surgem os critérios estruturais, ou objectivos, que visam as condições de organização do mercado, ou seja «as limitações concorrenciais estáveis exteriores as empresas», como é o caso do número e dimensão das empresas no mercado, as condições de acesso ao mercado, as características dos produtos, etc. Em segundo lugar, são apontados os critérios de comportamento, ou subjectivos, relativos às acções que as empresas desenvolvem no mercado, nomeadamente com clientes, fornecedores e concorrentes, como a fixação de preços, elaboração de produtos, etc. E, finalmente, temos os critérios de resultado que indicam as consequências que estas acções têm para as empresas. Sobre esta questão, cfr. GOLDMAN e LYON-CAEN, ob. cit., pág. 594, e E. CEREXHE, ob. cit., pág. 289.

56   *O controlo das concentrações de empresas no direito comunitário*

Referidas, em termos muito sumários, as linhas de orientação adoptadas pelas autoridades comunitárias quanto ao conceito de posição dominante, importa agora delimitar o mercado onde se manifesta tal situação. Este, designado geralmente por mercado relevante, apenas vem referido nas disposições do Tratado quanto à sua dimensão geográfica. Posteriormente, tal noção será desenvolvida a partir do esforço dos orgãos comunitários – que a consideram uma etapa essencial na aplicação do art. 86.° [109] –, possuindo uma dupla dimensão: o mercado relevante deve ser definido quer em termos geográficos quer em função do produto.

O mercado geográfico será a área onde existem condições concorrenciais comparáveis em termos latos [110]. A empresa pode encontrar-se em posição dominante numa área mais extensa, que abrange o conjunto do mercado comum – será, em regra, uma situação mais rara [111]– ou numa área mais limitada, que apenas compreende uma parte substancial deste. Quanto ao alcance desta expressão – parte substancial do mercado comum –, já se considerou como tal o território de um Estado-membro [112-113] e mesmo parte de um só país [114].

---

[109] Veja-se especialmente o acórdão *Continental Can*, cit., onde o Tribunal afirmou que «a determinação do mercado é de uma importância essencial [visto que] as possibilidades de concorrência apenas podem ser apreciadas em função das características dos produtos em causa» (considerando 32). O problema, como salientam Michel GLAIS e Philippe LAURENT, é que o *relevant market* (para cuja construção foi decisiva a influência norte-americana) constitui, na apreciação desenvolvida pelas autoridades comunitárias, «menos um elemento objectivo de referência (...) do que um instrumento permitindo limitar a dimensão das empresas ou condenar certas actuações contrárias ao espírito concorrencial» – cfr. *Traité d'économie et de Droit de la Concurrence*, Paris, 1983, PUF, pág. 279.

[110] Stephen M. AXINN e Mark GLICK, *Dual enforcement of merger law in the EEC: lessons from the american experience*, FCLI, cap. 24, 1990, pág. 554.

[111] Cfr., porém, o acórdão de 6 de Março de 1974, processos apensos 6 e 7/73, *Istituto Chemioterapico Italiano S.p.A. e Commercial Solvents Corporation c. Comissão das Comunidades Europeias*, Rec. 1974, pág. 223 (doravante designado acórdão *Commercial Solvents*), onde o Tribunal afirmou que a sociedade Commercial Solvents detinha uma posição dominante no mercado mundial para a produção e venda das matérias primas em causa.

[112] Assim, por exemplo, na decisão de 2 de Junho de 1971, processo IV/26.760, *GEMA*, JOCE n.° L 134/15 de 20.6.71., a Comissão afirmou que a GEMA era a única sociedade a gerir na Alemanha direitos de autor de obras musicais detendo, portanto, um verdadeiro monopólio de facto.

O controlo comunitário das concentrações com base nos tratados   57

Observe-se, porém, que para o preenchimento desta condição não basta atender-se à extensão geográfica da posição dominante, é preciso ter-se ainda em consideração, como afirmou o Tribunal, «a estrutura e o volume da produção e do consumo do produto em causa, bem como os hábitos e as possibilidades económicas dos vendedores e dos compradores» [115]. Por outras palavras, a superfície do território de um Estado-membro é apenas um elemento na apreciação da existência de uma empresa em posição dominante numa parte substancial do mercado comum, ao lado de outros elementos, como as características do mercado, nomeadamente a localização e escoamento dos produtos [116].

Além da sua dimensão geográfica, o mercado relevante tem de ser delimitado em função dos produtos ou serviços em relação aos quais é exercida a posição dominante [117]. Significa isto que o «mercado material» [118] se define, segundo a jurisprudência comunitária, atendendo, essencialmente, à substituição razoável e possível dos produtos em causa, às barreiras existentes à entrada, bem como à eventual concorrência potencial [119]. Um produto ou serviço será objecto de um mercado distinto quando for possível individualizá-lo, não apenas pela sua utilização, mas ainda pelas características que o tornam apto a

---

[113] No sentido de que o território de um grande país ou de um país médio pode ser visto claramente como uma parte substancial do mercado comum, sendo, no entanto, bastante duvidoso que o mesmo se possa afirmar em relação a países pequenos como Luxemburgo, Irlanda ou mesmo Dinamarca, cfr. GOLDMAN e LYON-CAEN, ob. cit., pág. 600.

[114] Assim, no acórdão de 16 de Dezembro de 1975, processos apensos 40 a 48, 54 a 56, 111, 113 e 114-73, *Coöperatieve Vereniging «Suiker Unie» UA e outros c. Comissão das Comunidades Europeias* (doravante designado por acórdão *Indústria Europeia do Açúcar*), Rec. 1975, pág. 1663, o Tribunal afirmou que a parte meridional da Alemanha devia ser considerada uma parte substancial do mercado comum – cfr. considerandos 448 e segs.

[115] Acórdão *Indústria Europeia do Açúcar*, cit., considerando 71.

[116] GOLDMAN e LYON-CAEN, ob. cit., pág. 600, e GAVALDA e PARLEANI, ob. cit., pág. 492.

[117] Observe-se que uma empresa pode produzir vários produtos ou serviços eventualmente interligados, sendo então necessário analisar se estão em causa mercados diferentes ou se, pelo contrário, é impossível autonomizá-los.

[118] J. THIESING, H. SCHRÖTER, I. HOCHBAUM, *Les ententes et les positions dominantes dans le droit de la CEE*, Paris, ed. Navarres, 1977, pág. 223.

[119] Cfr. Acórdão *Continental Can*, cit.

58   *O controlo das concentrações de empresas no direito comunitário*

preencher o fim a que se destina, diferenciando-o claramente de outros produtos ou serviços similares que, por isso, não lhe podem fazer uma concorrência sensível. Por outras palavras, o mercado relevante abrangerá não só os produtos idênticos, como ainda os seus similares capazes de desempenhar a mesma finalidade. Para se determinar o «mercado material» é, pois, necessário examinar, no caso em apreço, quais os produtos ou serviços que podem ser considerados substituíveis pelos consumidores [120-121]. Tal análise depara, desde logo, com dificuldades subjectivas, visto que o grau de substituição dependerá obviamente dos gostos dos consumidores. Estes obstáculos são, no entanto, matizados quer com o recurso ao critério de um «utilizador razoável» [122] quer com o reconhecimento de que só a «existência de um número importante de utilizadores para os quais o produto possa ser tido como substituível poderá ser significativo» [123]. Finalmente, interessa acentuar que a sucedaneidade não poderá ser meramente abstracta, é necessário que se possa efectivar. O exemplo clássico, dado nesta matéria [124], é o do carvão e da lenha, que, sendo dois produtos substituíveis no plano teórico, poderão não o ser em termos práticos quando se trata de preencher a satisfação da necessidade – aquecimento, visto que o consumidor que tem a instalação de aquecimento adequada a um desses produtos não poderá depois recorrer alternativamente ao outro.

---

[120] Para medir o grau de sucedaneidade, a ciência económica recorre à teoria da elasticidade-cruzada da procura. Sobre esta questão veja-se Ivo Van BAEL e Jean François BELLIS, *Competition Law of the EEC*, 2ª ed., Business and Law Publishers, 1990, esp. págs. 61 e segs.

[121] No acórdão *Continental Can*, cit., o Tribunal afirmou que os produtos que só no limite são substituíveis por outros não devem ser considerados como parte da noção de mercado relevante (considerando 32). Os que forem razoavelmente substituíveis já farão parte de tal mercado. Para se julgar o grau de substituição deve ter-se em atenção a natureza do produto, o seu preço e a sua possível utilização. Para um estudo mais desenvolvido desta questão, cfr. Van BAEL e BELLIS, ob. cit., pág. 60. Mas, além destas características objectivas do produto, é preciso atender-se ainda às condições de concorrência no mercado, bem como à estrutura de oferta e da procura, como afirmou o Tribunal no considerando 37 do acórdão Michelin (cfr. acórdão de 9 de Novembro de 1983, processo 322/81, *NV Nederlandsche Banden-Industrie-Michelin c. Comissão das Comunidades Europeias*, Rec. 1983, pág. 3461).

[122] José Manuel CASEIRO ALVES, ob. cit., pág. 75.

[123] CASEIRO ALVES, ob. cit., loc. cit.

[124] Exemplo dado por THIESING, SCHRÖTER e HOCHBAUM, e repetido pela generalidade da doutrina – cfr. ob. cit., pág. 224.

O controlo comunitário das concentrações com base nos tratados   59

Assim, produtos similares podem dar origem a mercados distintos. Apreciar se a substituição dos produtos é possível, ou não, dependerá, portanto, de cada situação concreta.

Explanadas, ainda que sinteticamente, as noções de posição dominante e de mercado relevante, convém agora abordar o significado da expressão «abuso». Já sublinhámos que a existência, bem como a criação de uma posição dominante, não são, em si mesmas, condenáveis pelo art. 86.°. Esta disposição apenas proíbe a exploração *abusiva* de uma posição dominante, sem no entanto fornecer qualquer orientação quanto ao entendimento a dispensar a tal expressão. De facto, o art. 86.° limita-se a facultar uma lista exemplificativa de situações consideradas abusivas [125]. É, mais uma vez, o Tribunal que, na sua prática decisória, além de se referir aos exemplos dados nas als. a) a d) do art. 86.° que podem ser consideradas situações anormais em relação às que resultariam de uma situação de concorrência efectiva, vai fornecer novos esclarecimentos sobre esta questão, apontando para uma noção lata de abuso. Deste modo, declara no acórdão *Continental Can* que «as práticas abusivas referidas no art. 86.° do Tratado não esgotam as formas de abuso de posição dominante proibidas pelo Tratado», uma vez que «o art. 86.° não visa apenas as práticas susceptíveis de causar um prejuízo imediato ao consumidor, mas também aquelas que lhe causam um prejuízo ao atentarem contra uma estrutura de concorrência efectiva», tal como é mencionada no art. 3.° al. g) do Tratado [126]. O Tribunal de Justiça adopta, desta maneira, claramente, uma concepção ampla de abuso [127], segundo a qual o art. 86.° teria ainda em vista os

---

[125] Para uma análise detalhada da jurisprudência sobre os vários tipos de abuso proibidos pelo art. 86.°, tema que ultrapassa manifestamente o âmbito do nosso trabalho, veja-se Van BAEL e BELLIS, ob. cit., págs. 392 e segs.

[126] Acórdão *Continental Can*, cit., ponto 12 do Sumário, pág. 217.

[127] A definição do conceito de «abuso» do art. 86 foi, inicialmente, objecto de uma intensa querela doutrinal. Para certa escola, o «abuso» consistiria na utilização das faculdades conferidas pela posição dominante. Definindo-se a posição dominante como o poder de a empresa adoptar comportamentos autónomos face aos outros intervenientes no mercado, ou impedir a existência ou manutenção de uma concorrência praticável no mercado, o abuso será o mero exercício deste poder. Como declara em termos simples J. VANDAMME, «a empresa em posição dominante é a que tem a possibilidade de impedir uma concorrência efectiva sobre uma parte importante do mercado (...) e comete um abuso usando essa faculdade» (cfr. ob. cit., pág. 120). A Comissão, por seu turno, acrescenta ainda que o abuso pode ser exercido em relação aos fornecedores, utilizadores, e mesmo concorrentes (cfr. Memorando da Comissão,

60   *O controlo das concentrações de empresas no direito comunitário*

casos em que o abuso se traduzisse em alterações à estrutura da concorrência normal num certo mercado. O que vale por dizer que desde que se verifiquem efeitos nefastos sobre a estrutura da concorrência, sendo indiferentes os meios ou processos utilizados, de onde resulta uma desvalorização do nexo de causalidade entre a posição dominante e a exploração abusiva, existe uma situação de abuso. Esta noção deve, portanto, ser considerada numa perspectiva *objectiva*[128], como aliás o afirmou o Tribunal no acórdão *Hoffmann--La Roche*. Numa palavra: o comportamento da empresa em posição dominante é julgado essencialmente em função dos efeitos sobre a *estrutura de concorrência efectiva* no mercado em causa, independentemente das intenções subjectivas dessa empresa[129].

O acórdão *Hoffmann-La Roche* assume, deste modo, uma importância fundamental, pelos esclarecimentos que traz ao funcionamento do mecanismo do art. 86.°. O Tribunal rejeitou, aí, o

---

cit., pág. 670). Como resultado prático imediato desta tese, deveria ser incluído no campo de aplicação da proibição do art. 86.° o simples reforço de uma posição dominante que fosse efectuado, por exemplo, através de uma operação de concentração. Para uma outra escola, cujos princípios foram defendidos convictamente por René JOLIET, à noção de «abuso» devia ser dado um entendimento mais restritivo. O art. 86.° não «visa os comportamentos destinados a eliminar a concorrência, quer se trate de práticas desleais ou concentrações», nem visa «comportamentos abusivos face aos concorrentes». Segundo este autor, a preocupação do art. 86.° não é garantir a salvaguarda da concorrência. Ao contrário do que se passa no *Sherman Act*, o art. 86.° não visa uma intervenção sobre as estruturas da concorrência, é apenas um meio de controlar directamente os preços e a produção – cfr. ob. cit., págs. 689-690. Dito de outro modo, o abuso supõe a busca consciente de vantagens – que seriam neutralizadas pelo jogo normal da concorrência – em detrimento dos fornecedores e consumidores. E é precisamente para impedir que o domínio do mercado seja utilizado para prejudicar utilizadores e consumidores que é possível o recurso ao art. 86.°, e não para garantir a manutenção da concorrência. Esta concepção de abuso tem como consequência que a aquisição ou reforço de uma posição dominante, nomeadamente através de operações de concentração, nunca ficarão sujeitas à aplicação do art. 86.° – cfr. R. JOLIET, ob. cit., pág. 696. O Tribunal,como veremos, vai afastar claramente a concepção de R. Joliet e aceitar, em certas condições, a aplicação do art. 86.° às operações de concentração – cfr. *infra* , ponto 13.

[128] Acórdão *Hoffmann-La Roche*, cit., considerando 91, segunda parte.

[129] A verificação de uma situação de abuso é, deste modo, alheia à existência de uma actuação culposa por parte da empresa em posição dominante. A constatação de tal culpa só terá interesse para a determinação da multa aplicável à empresa que pratica o abuso – cfr. Regulamento n.° 17, art. 15 n.ºˢ 1 e 2.

O controlo comunitário das concentrações com base nos tratados   61

argumento da requerente de que a exploração abusiva exigia que «a utilização do poder económico conferido por uma posição dominante fosse o meio graças ao qual foi realizado o abuso»[130], reafirmando a ideia de que os abusos proibidos pelo art. 86.º se consubstanciam nos «comportamentos de uma empresa em posição dominante susceptíveis de influenciar a estrutura do mercado em causa em que, devido à presença da empresa em questão, o grau de concorrência se encontra enfraquecido e que têm por efeito impedir, pelo recurso a meios diferentes daqueles que governam uma concorrência normal dos produtos ou serviços, (...), a manutenção da concorrência existente ainda no mercado ou o desenvolvimento desta concorrência»[131]. Note--se, em primeiro lugar, que o facto de o Tribunal, no caso *Hoffmann-La Roche*, afastar o raciocínio de que o exercício da faculdade resultante da posição dominante seria o mecanismo que conduziria ao abuso significa uma desvalorização do nexo de causalidade entre a posição dominante e o abuso[132]. Em segundo lugar, observe-se que o Tribunal reitera a sua opinião de que é preciso sancionar as alterações a um estado de concorrência normal, numa dada situação económica, provocadas, nomeadamente, pelos comportamentos de uma empresa em posição dominante. Quanto maior for o peso da empresa em situação de domínio, maiores serão as possibilidades de a sua atitude perturbar o mercado e enfraquecer a concorrência. Daí que, no acórdão *Michelin*[133], o Tribunal tenha afirmado que uma empresa em posição

---

[130] Acórdão *Hoffmann-La Roche*, cit., considerando 91, primeira parte.

[131] Ob. cit., loc. cit.

[132] Note-se que esta jurisprudência consente que o abuso se venha a verificar num mercado diferente daquele onde a empresa tem uma posição dominante. Ou seja, posição dominante e abuso deixariam de ocorrer necessariamente no mesmo mercado. E, por outro lado, permite que as autoridades comunitárias, ao demonstrarem o abuso, fiquem dispensadas da prova prévia da posição dominante, visto que esta se daria automaticamente com a verificação daquele, isto é, com a verificação do entrave à concorrência efectiva. Para mais desenvolvimentos sobre esta questão, cfr.: Barry HAWK, *United States, Common Market and International Antitrust: A Comparative guide*, vol. II, Prentice Hall Law & Business,1990, pág. 957; P. VOGELENZANG, *Abuse of a dominant position in article 86.°; the problem of causality and some aplications*, CMLR, vol. 13. 1976, pág. 62; J. VANDAMME, ob. cit., pág. 125; GOLDMAN e LYON--CAEN, ob. cit., págs. 610 e segs. VAN BAEL e BELLIS, ob. cit., pág. 390, e CASEIRO ALVES, ob. cit., pág. 79.

[133] Acórdão de 9 de Novembro de 1983, processo 322/81, *NV Nederlandsche Banden-Industrie-Michelin c. Comissão das Comunidades Europeias,* Rec. 1983, pág. 3461.

62 O controlo das concentrações de empresas no direito comunitário

dominante «tem uma responsabilidade especial em não permitir que o seu comportamento entrave uma concorrência efectiva»[134]. Por último cabe realçar que a referência feita pelo Tribunal ao recurso, pela empresa dominante, a meios diferentes daqueles que governam uma concorrência normal foi entendida por parte da doutrina como uma exigência adicional ao critério de «abuso estrutural». Por outras palavras, para se aplicar a proibição do art. 86.° não basta a existência de consequências desvantajosas sobre a estrutura da concorrência (abuso de estrutura – isto é, efeitos de um acto ou de uma operação sobre a estrutura da concorrência), mas é ainda necessário que tais consequências resultem de comportamentos anómalos, em relação ao desenrolar normal da concorrência, adoptados pela empresa dominante[135].

A orientação defendida pelo Tribunal vai ser criticada por parte da doutrina que chama a atenção para o facto de a posição sustentada pela autoridade comunitária não ter qualquer relação directa com a redacção da disposição em causa. De facto, a letra do art. 86.° não proibe a existência ou constituição de uma posição dominante mas apenas a sua exploração abusiva. Ora, uma concepção objectiva do abuso levaria a que fosse praticamente impossível distinguir a aquisição ou reforço de uma posição dominante da sua exploração abusiva[136].

Apesar destas dificuldades, o Tribunal continuou a pautar-se por um critério objectivo de abuso, salientando a vantagem de estar em consonância com os objectivos do Tratado, designadamente o de garantir o não falseamento da concorrência no interior do mercado comum (art. 3.°, al. g)).

Uma outra questão, que surge no âmbito do art. 86.°, é a de saber se o abuso pode ser praticado por um grupo de empresas que dominam colectivamente o mercado em oligopólio[137-138]. Estamos perante

---

[134] Acórdão *Michelin*, cit., considerando 57.

[135] Assim Berthold GOLDMAN, Antoine LYON CAEN e Louis VOGEL, *Droit Commercial Européen*, 5.ª ed., Paris, Dalloz, 1994, págs. 425-426.

[136] Para uma análise cuidada das críticas feitas à noção objectiva de abuso, cfr. GOLDMAN e LYON-CAEN, ob. cit., pág. 612. Sobre os argumentos, nomeadamente teleológicos, invocados a favor desta noção, cfr. *infra*, ponto 12.

[137] Estas empresas não detêm individualmente uma posição dominante no mercado mas, atendendo ao elevado grau de dependência entre elas, devido às próprias características do mercado, agem de forma paralela, podendo nomeadamente eliminar

O *controlo comunitário das concentrações com base nos tratados*   63

---

a concorrência existente e acentuar o risco de comportamentos abusivos – como por exemplo a imposição de preços demasiado elevados, restrições da produção, etc –, pelo que devem, segundo certos autores, ser controladas através do art. 86.° – cfr. CASEIRO ALVES, ob. cit., págs. 67-68. Hipótese a que,aliás, não obsta a letra do art. 86.°, visto referir expressamente a possibilidade de o abuso ser cometido por «uma ou mais empresas».

[138] Coloca-se aqui o problema de saber se as restrições da concorrência podem ser condenadas simultaneamente com base nos arts. 85.° e 86.° do Tratado, quando as empresas ligadas por uma *entente* se encontram ao mesmo tempo em posição dominante. Para uma parte da doutrina, defendida inicialmente por B. GOLDMAN, se está em causa uma *entente* as empresas envolvidas serão apreciadas com base no art. 85.° sem se iniciar a análise do art. 86.°, ou seja, a possibilidade de aplicação do art. 85.°, n.° 3, excluiria a aplicação do art. 86.° – cfr. B. GOLDMAN *apud* X. ROUX e D. VOILLEMOT, *Le droit de la concurrence de la CEE*, 4ª ed., Paris, Joly, 1982, pág. 126. Uma outra corrente doutrinal, na qual se destaca, nomeadamente, M. WAELBROECK, afirma que as empresas em posição dominante que participem numa *entente* podem ficar sujeitas ou à aplicação do art. 85.° ou à do art. 86.°. Estes autores consideram que a Comissão pode escolher uma das disposições em causa, não encontrando qualquer razão para se dar prioridade à aplicação do art. 85.° – cfr. ob. cit., pág. 73. Esta questão que alguns autores afirmam ser sobretudo teórica (GOLDMAN e LYON-CAEN, ob. cit., pág. 585) veio a colocar-se no caso *Hoffmann-La Roche*, onde o Tribunal afirmou expressamente que o facto de certos «acordos (...) poderem ficar sujeitos ao art. 85.°, e nomeadamente ao seu n.° 3, não tem contudo por efeito eliminar a aplicação do art. 86.°; com efeito, esta última disposição visa de forma expressa situações que encontram manifestamente a sua origem em vínculos contratuais, de modo que nesses casos é possível à Comissão, tendo nomeadamente em conta a natureza dos compromissos assumidos e a posição concorrencial dos diversos contratantes sobre os mercados aos quais pertencem, prosseguir o processo com base no art. 85.° ou no art. 86.°»; cfr. acórdão cit., considerando 116. Por outras palavras: a Comissão poderia escolher entre a aplicação do art. 85.° e a do art. 86.°, não existindo qualquer hierarquia a favor do art. 85.° – sobre esta questão, cfr., por todos, ROUX e VOILLEMOT, ob. cit., pág. 127, e observe-se, ainda, que é igualmente esta a posição adoptada actualmente por GOLDMAN e LYON-CAEN, visto que estes autores abandonaram a doutrina sustentada anteriormente, alegando que deixara de estar em consonância com a jurisprudência comunitária – cfr. GOLDMAN e LYON-CAEN, ob. cit., pág. 585. Recentemente, a questão de saber se uma prática restritiva da concorrência, autorizada com base no art. 85.°, n.° 3, podia ser proibida à luz do art. 86.° surgiu, de novo, no acórdão *Tetra Pak*, de 10 de Julho de 1990 – processo T-51/89, Col. 1989-7, pág. 309 – no qual o Tribunal salientou que os arts. 85.° e 86.°, se bem que

64   O controlo das concentrações de empresas no direito comunitário

situações designadas geralmente pela Comissão como constitutivas de uma *posição dominante colectiva*, que se caracterizaria essencialmente por dois elementos: a existência de «um número restrito de empresas que realizam a maior parte do volume de negócios no mercado em causa sem que, todavia, qualquer uma delas ocupe, por si só, uma posição dominante, [bem como] a existência de uma interdependência elevada entre as decisões das empresas» [139]. Note-se que esta questão se insere naquela, mais ampla, da eventual aplicação das normas de concorrência às práticas restritivas em mercados oligopolistas, uma vez que, como salienta a Comissão, embora a redução da intensidade da concorrência, no caso de um oligopólio estreito, não implique, necessariamente, o aparecimento de uma *entente* «tácita», ela pode «resultar do facto de os membros do oligopólio terem tomado consciência da sua interdependência e das consequências provavelmente desfavoráveis que resultariam da adopção de um comportamento competitivo» [140]. De facto, num mercado oligopolista, caracterizado por

---

«complementares na medida em que prosseguem um objectivo geral definido nos termos do [art. 3.° al. g) do Tratado CE] ... não deixam de constituir, no sistema do Tratado, dois instrumentos jurídicos independentes aplicáveis a situações distintas» (considerando 22). De onde resulta que «a concessão de uma isenção individual ou por categoria ao abrigo do art. 85.° n.° 3, não pode, em nenhum caso, equivaler igualmente a uma derrogação da proibição enunciada no art. 86.°». Por outras palavras «a concessão de uma isenção não pode excluir a aplicação do art. 86.°» (considerandos 25 e 26). Esta jurisprudência do Tribunal é, no entanto, temperada em seguida quando afirma que «a Comissão deve, ao aplicar o art. 86.°, tomar em consideração, a menos que as circunstâncias...se tenham alterado, as anteriores constatações efectuadas no momento da concessão da isenção ao abrigo do n.° 3 do art. 85.°» (considerando 28).

[139] 16.° Rel. Conc., 1986, ponto 331.

[140] 16.° Rel. Conc., 1986, ponto 331. Repare-se que num mercado oligopolista serão raras as manifestações de concorrência a nível de preços. De facto, como afirma Paul PIGASSOU, se uma empresa num mercado oligopolista aumenta os seus preços, ela não tem a certeza de ser imediatamente seguida pelos seus concorrentes que podem atrasar a sua decisão de aumentar os preços, com vista a retirar-lhe parte da clientela. Já no caso de se decidir a baixar os preços, a empresa sabe que as outras empresas, via da regra, reagirão imediatamente para poderem conservar as suas quotas de mercado. Esta estabilidade dos preços conduz, segundo o autor, a uma «imobilização» na política de preços dessas empresas, dada a incapacidade de preverem com um certo grau de segurança a reacção dos concorrentes a uma modificação dos preços. Assim, as empresas, em princípio, só aumentarão os seus preços havendo uma grande alteração das condições da oferta ou da procura. Pensa-se que em mercados muito transparentes, quando a procura excede a oferta, os produtores que subam os preços dos produtos

O controlo comunitário das concentrações com base nos tratados 65

uma estrutura em que existe um número reduzido de vendedores oferecendo um produto homogéneo a numerosos compradores, nenhuma das empresas pode adoptar medidas expansionistas, por exemplo, aumentar as vendas mediante alteração dos preços, sem ter em conta a reacção dos concorrentes. Adquirindo consciência da sua interdependência, as empresas em oligopólio terão interesse em manter os preços estáveis de forma a obter o máximo de lucros conservando as suas quotas de mercado[141]. Assim, qualquer modificação de preços far--se-á em princípio de forma paralela – o que originou a designação de tal prática por «paralelismo de preços» –, permitindo às empresas em oligopólio praticar «abusivamente» preços acima dos que resultariam do mercado em concorrência atomística.

Isto dito, a questão que se coloca é a de saber se esses comportamentos deverão ser considerados meras consequências de um mercado em oligopólio – e, como afirmou o Tribunal não se pode criticar as empresas por se «adaptarem inteligentemente» às condições de mercado[142] –, ou restrições deliberadas da concorrência. E, neste último contexto, qual será a aproximação preferível quanto às práticas restritivas da concorrência em mercados oligopolistas? Um controlo estrutural em sede preventiva ou um controlo *a posteriori*, alicerçado em normas de comportamento?

No âmbito da Comunidade Europeia, a Comissão procurou, nos casos em que apostou serem tais comportamentos restrições deliberadas da concorrência, aplicar quer o mecanismo da proibição das *ententes*, estabelecido no art. 85.°, quer o mecanismo da proibição do abuso de posição dominante fixado no art. 86.°[143]. Num primeiro

---

serão seguidos pelos outros. Por outro lado, como acentua ainda o mesmo autor, a «incerteza gera prudência», ou seja, «as empresas procuram menos maximizar os lucros a curto prazo do que garantir uma margem normal de lucros durante um período relativamente longo». Além desta política de preços para garantir este objectivo de segurança, «as empresas levantam barreiras à entrada desenvolvendo nomeadamente métodos que garantam a fidelidade da clientela, como políticas de diferenciação de produtos e promoção de vendas» – cfr. Paul PICASSOU, *Les oligopoles et le droit*, Paris, 1984, págs. 22 e 27.

[141] Jorge ALVAREZ GONZALEZ, *Los oligopolios en el marco del derecho de la competencia comunitario*, Bol. ICE, n.° 42, Nov-Dic, 1992, pág. 5.

[142] Cfr. acórdão *Indústria Europeia do Açúcar*, cit., considerando 174.

[143] A Comissão vai desenvolver, geralmente, uma apreciação assaz detalhada dessas situações oligopolistas, a partir de uma análise tripartida: comportamentos, estrutura e resultado.

66   *O controlo das concentrações de empresas no direito comunitário*

momento, considerou o art. 85.º um instrumento privilegiado para o tratamento do paralelismo de comportamentos – nomeadamente paralelismo de preços – das empresas em oligopólio[144]. Com efeito, ainda que não houvesse acordos explícitos entre as empresas com vista à fixação de certos preços, poderia defender verificar-se de uma prática concertada. Foi com este espírito que a Comissão afirmou a existência de tal prática na decisão *Matérias Corantes*[145], invocando como indícios significativos o facto de o aumento de preços pelas empresas se dar em datas próximas, de o anúncio do preço se fazer na mesma época, bem como a existência de contactos informais entre as empresas. O Tribunal, por seu turno, esclareceu no acórdão *ICI/Comissão*[146] que o simples paralelismo de preços não basta para identificar uma prática concertada, mas é, de qualquer modo, «susceptível de constituir um indício sério [dessa prática] quando conduz a condições de concorrência que não correspondem às condições normais do mercado, tendo em conta a natureza dos produtos, a importância do número das empresas e do volume do dito mercado»[147]. Deste modo, além do paralelismo de comportamentos é ainda necessária uma certa «vontade de agir em comum»[148], pois que a noção de prática concertada adoptada pelo Tribunal abrange «uma forma de coordenação entre empresas que sem chegar à realização de um acordo propriamente dito substitui cientemente os riscos da concorrência por uma forma de cooperação prática entre elas»[149]. Esta jurisprudência será aliás confirmada, posteriormente, nos acórdãos *Indústria Europeia do Açúcar*, e *Züchner*, onde o Tribunal sublinha a necessidade de

---

[144] O problema da aplicação do art. 85.º às práticas restritivas da concorrência em mercados oligopolistas deveria ser tratado, numa lógica sistemática, no ponto dedicado aos pressupostos gerais de aplicação do art. 85.º. Cremos, no entanto, que a compreensão da figura da posição dominante colectiva, que retomaremos, mais tarde, no quadro do Regulamento n.º 4064/89, beneficiará com a exposição, neste momento, do tratamento que tem sido dado à luz do art. 85.º às práticas restritivas da concorrência nesses mercados.

[145] Decisão de 24 de Julho de 1969, processo IV/26.267, *Matières Colorantes*, JOCE n.º L 195/11, 7.8.69, esp. pág. 131.

[146] Acórdão de 14 de Julho de 1972, processo 48-69, *Imperial Chemical Industries Ltd Imperial c. Comissão das Comunidades Europeias*, Rec. 1972, pág. 619.

[147] Acórdão *ICI/Comissão*, cit., considerando 66.

[148] «Volonté des intéressés d'agir en commun», foi a expressão utilizada pelo advogado-geral MAYRAS no acórdão *ICI/Comissão*, cit., págs. 675-676.

[149] Acórdão *ICI/Comissão*, cit., considerando 64.

O controlo comunitário das concentrações com base nos tratados

existirem comportamentos que traduzam uma «vontade de agir em comum», manifestando-se nomeadamente através de contactos entre as partes, designadamente na troca de informações, bem como a obrigação de ter em conta as consequências desses comportamentos, comparando, por exemplo, os preços uniformes praticados e os que resultariam do livre jogo da concorrência[150] – e cristalizada no acórdão *Wood Pulp*[151]. O Tribunal manteve, aí, os princípios afirmados nessa matéria, acentuando dois aspectos essenciais. Em primeiro lugar, salientou que o sistema de anúncio de preços não é em si mesmo uma violação do art. 85.º[152], isto é, podem existir razões comerciais que justifiquem aquela específica conduta no mercado. Isto não significa que, em circunstâncias diferentes, o anúncio de preços que não seja justificado por razões comerciais não possa ser considerado uma troca ilegal de informações e, como tal, prova da prática concertada[153]. Por outro lado, sublinhou, mais uma vez, que o paralelismo de comportamento não é por si só prova da «concertação». Contudo, se a «concertação» é a única explicação plausível para a existência dessas condutas paralelas, o art. 85.º será aplicável. Significa isto que, na ausência de uma justificação razoável para o paralelismo de comportamentos observado no mercado, este funciona como prova da prática concertada[154].

Todavia, as dificuldades sentidas, frequentemente, na aplicação do art. 85.º[155] levaram a Comissão a deslocar a questão para o domínio

---

[150] Acórdão de 14 de Julho de 1981, processo 172/80, *Züchner c. Bayerische Gerhard Vereinsbank AG,* Rec. 1981, pág. 2021, esp. considerando 14 e acórdão *Indústria Europeia do Açúcar,* cit., considerandos, 173, 174, 175, e 191.

[151] Acórdão de 31 de Março de 1993, A. Ahlström Osakeyhtiö e outros contra Comissão das Comunidades Europeias, processos apensos C-89/85, C-104/85, C-114/85, C-116/85, C117-85 e C-125/85 a C-129/85, Col. 1993-3, pág. 1307. Para uma análise mais detalhada deste acórdão, cfr. Gerwin VAN GERVEN e Edurne NAVARRO VARONA, *The Wood Pulp case and the future of the concerted practices,* CMLR, vol. 31, n.º 3, 1994, págs 575 e segs., e Richard WHISH e Brenda SUFRIN, *Oligopolistic Markets and EC Competition Law,* 12, Yearbook of European Law, 1992, Oxtord, Clarendon Press, esp. págs. 63-64.

[152] Acórdão *Wood Pulp,* cit., considerandos 64 e 65.

[153] Aliás eram estas as opiniões do advogado-geral Marco Darmon no caso *Wood Pulp* – cfr. considerandos 250 e 251 das conclusões do advogado-geral no citado acórdão.

[154] Acórdão *Wood Pulp,* cit., considerando 126.

[155] Como nota P. PIGASSOU «a ambiguidade do paralelismo de comportamentos torna muitas vezes indispensável uma análise prévia das estruturas do mercado para se

68 O controlo das concentrações de empresas no direito comunitário

do art. 86.°, incidindo a análise não só sobre a situação de uma empresa dominante como sobre os casos de posição dominante colectiva. A ideia é a seguinte: em certas circunstâncias, empresas independentes, do ponto de vista legal e económico, detêm colectivamente uma posição dominante no mercado, devendo o respectivo comportamento abusivo ser controlado através do art. 86.°, apesar de não ser possível a prova da existência de uma *entente* para efeitos do art. 85.°. De facto, parece lógico sujeitar as empresas oligopolistas à proibição do art. 86.° que não condena a interdependência oligopolista «per se», antes exige um comportamento abusivo. Nesta perspectiva se inscreve David Flint[156], que afirma claramente a aplicação do art. 86 a tais situações, que ficariam fora do alcance do art. 85.°. Do mesmo modo, a Comissão parece consciente do interesse nessa aplicação, tal como o revelam quer os relatórios sobre a política de concorrência (recorde-se, particularmente, o 16.° relatório) quer, em especial, a sua prática decisória.

De facto, a questão da posição dominante colectiva[157] foi particularmente elaborada na decisão *Vidro Plano*[158]. A Comissão afirmou, aí, claramente que «a Fabbrica Pisana, a SIV e a Vernante Pennitalia violaram as disposições do art. 86.° do Tratado (...) ao *abusarem da sua posição dominante colectiva* através dos seus

---

apreciar a independência de que dispõe as empresas e o domínio que elas podem exercer sobre os seus diferentes parceiros» – cfr. ob. cit., pág. 83. O que onera tremendamente a Comissão, uma vez que é sobre ela que recai o ónus da prova.

[156] David FLINT *apud* J. ALVAREZ GONZALEZ, ob. cit., pág. 10.

[157] Note-se que a questão do domínio colectivo em mercados oligopolistas pode ser iludida mediante uma definição restritiva do mercado relevante. Por outras palavras, ao restringirem a noção de mercado, as autoridades comunitárias conseguem identificar várias empresas, individualmente, em posição dominante. Assim, por exemplo, na decisão *Magill TV Guide*, relativa às práticas de três redes de televisão no que diz respeito às suas listas antecipadas de programas, e ao efeito dessas práticas e políticas no mercado dos guias de programas de televisão, -cfr. decisão de 21 de Dezembro de 1988, processo IV/31.851, *Magill TV Guide/ITP, BBC e RTE*, JOCE n.° L 78/43 de 21.3.89. – a Comissão afirmou que as «empresas que detêm uma posição dominante, isto é, neste processo, a ITP, a BBC e a RTE, que usam essa posição para impedir a introdução de um novo produto no mercado, ou seja um guia deTV geral semanal, abusaram da sua posição dominante de um modo proibido pelo artigo 86.°»» (ponto 23 da decisão). Isto significa que cada empresa detém uma posição dominante no mercado no que diz respeito às suas próprias listas.

[158] Decisão de 7 de Dezembro de 1988, processo IV/31.906, *Vidro Plano*, JOCE n.° L 33/44, de 4.2.89.

O controlo comunitário das concentrações com base nos tratados 69

comportamentos, que consistiriam em privar os clientes da possibilidade de colocarem em concorrência os fornecedores em matéria de preços e de condições de venda e em limitarem as hipóteses de escoamento através da fixação de quotas relativamente ao vidro para o sector automóvel(...)»[159-160]. Como argumentos, a autoridade comunitária invocou o facto de as partes de mercado detidas em conjunto pelas empresas serem suficientes para conferirem uma posição dominante no mercado italiano do vidro plano, além de a interdependência das suas condutas – «as decisões económicas dos três produtores revelam um grau elevado de interdependência em matéria de preços, condições de venda, de relações com clientela e de estratégias comerciais» – e os vínculos estruturais entre elas – vínculos esses estabelecidos «através de cessões recíprocas sistemáticas de produtos» – levarem essas empresas a apresentarem-se «no mercado como entidade única e não com a sua individualidade própria»[161].

Chamado a pronunciar-se sobre esta questão, o Tribunal não dá grande apoio aos argumentos da Comissão. Assim, nos acórdãos *Hoffmann-La Roche* e *Züchner* o Tribunal parece recusar o controlo de comportamentos restritivos em mercados oligopolistas através do art. 86.°, ao afirmar que «uma posição dominante deve igualmente ser distinguida dos paralelismos de comportamentos, específicos das situações de oligopólio, na medida em que em oligopólio os comportamentos influenciam-se reciprocamente, enquanto no caso de posição dominante o comportamento da empresa que beneficia desta posição é, em larga medida, deteminado unilateralmente»[162]. Esta rejeição aparente é, todavia, afastada no caso *Vidro Plano*, no qual o Tribunal afirma, em termos teóricos, a possibilidade de duas ou mais empresas independentes deterem uma posição dominante colectiva. E isto apesar

---

[159] Sublinhado nosso, cfr. art. 2.° da referida decisão.

[160] Note-se que a Comissão invocou, aí, igualmente a violação do art. 85.°. Assim, afirmou no art. 1.° da decisão que «A Fabbrica Pisana Spa, a Società Italiana Vetro SIV SpA, a Vernante Pennitalia Spa violaram o disposto no artigo 85.° (...) ao participarem: a) A Fabbrica Pisana a SIV e a Vernante Pennitalia, de 1 de Junho de 1983 a 10 de Abril de 1986, em acordos e práticas concertadas relativamente aos preços e condições de venda e em acordos, decisões e práticas concertadas destinadas a orientar as políticas de compra e venda dos grossistas mais importantes no sector de vidro plano não destinado ao sector automóvel (...)».

[161] Decisão *Vidro Plano*, cit., págs. 65-66.

[162] Acórdão *Hoffmann-La Roche*, cit., considerando 39 e acórdão *Züchner*, cit, pág. 2031.

70 O controlo das concentrações de empresas no direito comunitário

de no caso em apreço decidir pela inexistência de um abuso de tal posição, dada a insuficiência das provas apresentadas pela Comissão, que em parte se limitou a "reciclar"os factos constitutivos de uma infracção ao art. 85.° [163]. Por esclarecer continua, ainda, de certa forma, a questão de saber quando é que as empresas detêm uma posição dominante colectiva. De facto, o Tribunal limitou-se a referir que há uma posição dominante colectiva quando as empresas em causa estão unidas por vínculos económicos, como seria, por exemplo, o caso de duas ou mais empresas independentes usufruirem em comum, «por via de um acordo ou de uma autorização, de um avanço tecnológico que lhes desse a possiblidade de comportamentos independentes em medida apreciável face aos seus concorrentes, aos seus clientes e, finalmente, aos consumidores», sem avançar mais explicações quanto ao alcance exacto dessa expressão [164]. Parece-nos que a melhor solução, por agora, é interpretar tal expressão de forma lata – isto é, os laços económicos que caracterizam a posição dominante colectiva transcendem o tipo de acordos entre empresas referidos no caso *Vidro Plano* – sob pena de retirarmos praticamente todo o conteúdo útil à questão em apreço. Logo, devemos aceitar que a expressão «laços económicos» abrange igualmente os casos em que há acordos entre

---

[163] Cfr. acórdão de 10 de Março de 1992, processos apensos T -68/89, Società Italiana Vetro SpA, T -77/89, Fabbrica Pisana, e T-78/89, PPG Vernante Pennitalia SpA c. Comissão das comunidades europeias, Col. 1992-3/II, pág. 1403, considerando 360. O facto de o Tribunal anular a decisão da Comissão levou alguns autores, como é o caso de James S. VENIT, a interpretarem a sua recusa em apoiar os argumentos da Comissão, em defesa da tese de uma posição dominante colectiva, como uma atitude que visa deliberadamente evitar soluções distorcidas. Assim, segundo este autor, uma vez que à luz do art 85.° o paralelismo consciente não é em si proibido, ou seja, é preciso ainda a tal vontade de agir em comum, se identificássemos o paralelismo de condutas com a noção de posição dominante colectiva, estar-se-ia a punir à luz do art 86.° aquilo que é permitido pelo art 85.° – cfr. *The evaluation of concentrations under Regulation 4064/89: the nature of the beast*, in FCLI, cap. 24, pág. 568. Note-se que esta leitura do acórdão proposta por VENIT só tem razão de ser se procurássemos identificar paralelismo de comportamentos com posição dominante colectiva. Já será de afastar tal reparo se considerarmos que esta noção pode ser algo mais do que um mero paralelismo de comportamentos, ou, dito ainda de outro modo, se aceitarmos que o paralelismo de comportamento pode ser um mero indício de uma posição dominante colectiva, como nos parece ser a melhor interpretação. Para um estudo mais desenvolvido desta questão, cfr. ALVAREZ. GONZALEZ, ob. cit., pág. 11.

[164] Acórdão *Vidro Plano*, cit., considerando 358.

O *controlo comunitário das concentrações com base nos tratados*   71

empresas que escapam à alçada do art. 85.°, n.° 1, ou ficam isentos de tal proibição [165].

Face às dificuldades das autoridades comunitárias em apresentarem critérios claros nesta matéria, certos autores propõem alguns princípios de orientação a seguir. Destaque-se, em especial, a tese de Martin Schödermeier [166], que sugere como elementos susceptíveis de indicarem a existência de uma posição dominante colectiva, que pode ser explorada abusivamente, o facto «de as condutas paralelas dos oligopolistas dizerem respeito às suas relações com concorrentes, devendo [pelo contrário] presumir-se uma mera interdependência oligopolista [resultante da estrutura do mercado] quando os comportamentos paralelos dizem respeito às relações dos oligopolistas com os seus clientes». A verdade é que este critério não se nos afigura totalmente convincente, pois que restringe a noção de posição dominante colectiva, ao negligenciar a possibilidade de as condutas paralelas em relação a clientes poderem igualmente conduzir a um abuso de posição dominante colectiva, diminuindo, desta forma, o alcance do controlo visado [167].

É evidente que as soluções neste campo são extremamente difíceis [168]. Daí ter sido sugerido [169] que a melhor alternativa seria um instrumento que permitisse evitar a própria formação de oligopólios.

---

[165] Neste sentido Richard WHISH e Brenda SUFRIN, ob. cit., pág. 74. Estes autores referem, a título exemplificativo, o sector de transporte áereo, onde são frequentes os duopólios sem que existam acordos entre as partes nos termos do art. 85.°.

[166] Ob. cit., loc. cit.

[167] Deficiência esta de que o autor está consciente, cfr. M. SCHÖDERMEIER, ob. cit., pág. 30.

[168] Na realidade, são várias as insuficiências reveladas na aplicação do art. 86.° aos casos de abuso de posição dominante colectiva. ALVAREZ GONZALEZ destaca essencialmente três tipos de limitações. Em primeiro lugar, salienta que o art. 86.° não prevê um regime de autorização dos casos de abusos de posição dominante, à semelhança do disposto no art. 85.°, n.° 3. Em segundo lugar, alega que as sanções do art 86.° são inadequadas ao tipo de casos em vista. E, finalmente, afirma que o art. 86.° não obriga a Comissão a ter em conta «a relação causa efeito que pode haver entre a estrutura do mercado e o abuso de posição dominante colectiva» – cfr. ob. cit., pág. 12. Numa palavra: as dificuldades de controlo resultam da necessidade de identificar as empresas oligopolistas, o que nem sempre será uma tarefa fácil, e de a prossecução dos objectivos estruturais se apoiar numa norma jurídica baseada, nomeadamente, numa condição de comportamento.

[169] P. PIGASSOU, ob. cit., pág. 137.

72 O controlo das concentrações de empresas no direito comunitário

Quer dizer, a solução seria o recurso a normas que controlassem o crescimento externo das empresas, nomeadamente através de operações de concentração, tanto mais que a intervenção das autoridades públicas *a posteriori* sobre a estrutura do mercado, com vista à «desconcentração» das empresas, tem consideráveis inconvenientes políticos e económicos. Ora, com a entrada em vigor do Regulamento n.º 4064/89, relativo ao controlo das operações de concentração, reacende-se esta questão, como teremos oportunidade de referir, dada a possibilidade, muito discutida, da sua aplicação ao controlo da criação ou reforço de um oligopólio[170].

Depois deste desvio pelo conceito de posição dominante colectiva, importa retomarmos a análise sumária dos pressupostos gerais de aplicação do art. 86.º. Afirmada a existência de uma posição dominante, e a sua exploração abusiva, é ainda necessário que o abuso seja susceptível de afectar o comércio entre os Estados-membros. Esta exigência, feita igualmente no art. 85.º, destina-se a delimitar o campo de aplicação da lei comunitária em relação às leis nacionais dos vários Estados-membros, que mantêm competências nessas matérias, ou seja, a lei comunitária será aplicada sempre que o abuso (ou a *entente*), afecte o comércio entre os Estados-membros[171]. Hoje, tal expressão é

---

[170] Cfr. *infra,* ponto 48.

[171] A doutrina não é unânime quanto ao significado e à função deste requisito. Para certa doutrina francesa, o verbo «afectar» deve ter uma «conotação neutra», isto é, o comércio entre os Estados-membros é afectado sempre que há uma alteração do fluxo de trocas intracomunitárias. Trata-se de uma mera norma de repartição de competências que visa delimitar o campo de aplicação do direito comunitário em relação ao direito nacional. Já certa doutrina alemã e italiana associa, geralmente, um entendimento «pejorativo» ou «qualitativo» à palavra «afectar». A condição de afectação de comércio traduziria de uma norma de direito substancial que condena os acordos e práticas abusivas que prejudicam o desenvolvimento do comércio intracomunitário, e dão origem à repartição dos mercados. Ou seja, para esta corrente doutrinal não basta uma alteração das condições do comércio, é ainda preciso que ela se revele nociva. Cfr., por todos, SCHAPIRA e outros, ob. cit., págs. 281-282. As autoridades comunitárias, por seu turno, embora afirmem a função de repartição de competências da norma em causa, não defendem claramente a interpretação neutra da expressão "afectar". Assim, embora a Comissão sustentasse, por exemplo no caso *Grundig* – cfr. pág. 477 do acórdão *Grundig* – que para haver afectação do comércio bastava uma restrição da concorrência que fizesse com que o comércio entre os Estados-membros se desenvolvesse «em condições diferentes das que existiriam sem essa restrição», o Tribunal defendeu, nesse mesmo caso, – cfr. pág. 495 do acórdão *Grundig* – que há

O controlo comunitário das concentrações com base nos tratados 73

analisada, sobretudo, à luz das finalidades do Tratado do Roma. De facto, o Tribunal faz apelo ao princípio da realização de um mercado único, que passa necessariamente pelo cumprimento da exigência feita no art. 3.º, al. g) de que a concorrência não seja falseada no mercado comum. Deste modo, o teste indicado no acórdão *Brasserie de Haecht*[172], para se aferir a afectação do comércio intracomunitário, será a previsão, com um elevado grau de probabilidade, de que a prática restritiva é susceptível de «exercer uma influência directa ou indirecta sobre o fluxo de trocas entre os Estados-membros, de contribuir para a repartição do mercado, e de tornar mais difícil a interpenetração económica desejada pelo Tratado»[173]. Por outras palavras, haverá afectação do comércio – entendida a palavra «comércio» em termos amplos, de forma a abranger toda a actividade económica quer esta se traduza no fornecimento de mercadorias quer no de serviços – [174] quando é alterado o fluxo normal deste entre os Estados-membros, ou esse fluxo se desenrola em termos diferentes dos que seguiria na ausência dessa prática, pondo em causa as finalidades do Tratado[175-176].

---

afectação do comércio quando «o acordo põe em causa, directa ou indirectamente, actual ou potencialmente a liberdade de comércio entre os Estados-membros num sentido que poderia *prejudicar* a realização dos objectivos do mercado único entre os Estados-membros» – sublinhado nosso, cfr. acórdão de 13 de Julho de 1966, processos apensos 56 e 58/64, *Établissements Consten SARL e Grundig Verkaufs GMBH c. Comissão das Comunidades Europeias*, Rec. 1966, pág. 430. Hoje a interpretação deste requisito dada pelas autoridades comunitárias é, cada vez mais, no sentido de realçar os objectivos do Tratado, que podem ser prejudicados pelas práticas restritivas, o que aliás já estava presente na referência do Tribunal, no acórdão *Grundig,* «aos objectivos do mercado único».

[172] Acórdão de 12 de Dezembro de 1967, processo 23-67, *SA Brasserie de Haecht c. Consorts Wilkin Janssen*, Rec. 1967, pág. 526.

[173] Acórdão *Brasserie de Haecht*, processo 23-67, cit., pág. 537.

[174] Cfr. acórdão *Züchner*, cit, considerando 18.

[175] Observe-se, ainda, que o Tribunal já afirmou, nomeadamente no acórdão *Belasco,* que «o facto de um acordo ter apenas por objecto a comercialização de produtos num unico Estado-membro não basta para excluir a possibilidade de ele afectar o comércio entre Estados-membros» (considerando 33 do referido acórdão) e considerou nesse caso concreto, que o acordo aplicado só num Estado-membro, e em que todos os participantes estão activos nesse Estado, podia afectar o comércio entre os Estados-membros na medida em que previa mecanismos dirigidos contra os concorrentes potenciais. Atente-se especialmente nos considerandos 35 e 38, onde o Tribunal afirmou que «a convenção previa medidas de protecção e de defesa nomeadamente no caso de aumento de concorrência por parte de empresas estrangeiras

74   *O controlo das concentrações de empresas no direito comunitário*

Cumpre ainda acrescentar que a jurisprudência do Tribunal vai acabar por alargar o alcance do requisito, ao considerar que a afectação do comércio visa não só os comportamentos que influenciam o fluxo do comércio entre os Estados-membros, mas ainda aqueles que alteram a estrutura da concorrência do mercado comunitário. Deste modo, o Tribunal declara no acórdão *Commercial Solvents* que o art. 86.º visa «quer as práticas susceptíveis de causarem um prejuízo directo aos consumidores quer aquelas que lhe provocam um prejuízo indirecto, ao atentarem contra uma estrutura de concorrência efectiva» tal como é concebida pelo art. 3.º, al. g) do Tratado. As autoridades comunitárias devem, por conseguinte, considerar o comportamento incriminado em todas as suas consequências para uma estrutura de concorrência no mercado comum, sem distinguir entre os produtos destinados ao escoamento no interior do mercado comum e aqueles destinados a serem exportados» [177-178]. Por último, cabe referir a necessidade de a afectação se revelar apreciável, ou seja, uma prática abusiva (ou um acordo) que

---

(...) [e] os membros comprometeram-se, tendo em vista impedir que empresas terceiras nomeadamente estrangeiras melhorassem a sua capacidade concorrencial, a não transferir meios de produção para terceiros, a não fabricar por conta de terceiros (...)» pelo que «se bem que o acordo impugnado só tivesse por objecto a comercialização de produtos num único Estado-membro(...) era susceptível de exercer influência no comércio intracomunitário» – cfr. acórdão de 11 de Julho de 1989, processo 246/86, *SC Belasco e outros c. Comissão das Comunidades Europeias*, Col. 1989, pág. 2117.

[176] Note-se que, como sublinham Bellamy e Child, é irrelevante que o acordo ou a prática abusiva provoquem um aumento do comércio, já que a finalidade do Tratado «não é incrementar o comércio, como um objectivo em si, mas criar um sistema em que a concorrência não seja falseada» – cfr. Cristopher BELLAMY e Graham D. CHILD, *Common Market Law of Competition*, 1.º suplemento da 3ª ed., Sweet & Maxwell, 1991, pág. 110.

[177] Acórdão *Commercial Solvents*, cit., considerandos 32-33.

[178] Esta posição do Tribunal foi muito criticada por GOLDMAN e LYON-CAEN – cfr. ob. cit., pág. 900 –, que afirmavam estar a confundir-se afectação do comércio com afectação da concorrência. Aliás, houve quem sugerisse que o requisito da afectação do comércio seria absorvido pela exigência de uma restrição à concorrência. Neste sentido, cfr. a opinião do advogado-geral Alberto TRABUCCHI, no acórdão *Papiers Peints*, de 26 de Novembro de 1975, processo 73-74, *Groupements des fabricants de papiers peints de Belgique e outros c. Comissão das Comunidades Europeias*, Rec. 1975. pág. 1491, e esp. págs. 1522-1523. Esta proposta de TRABUCCHI não se chegou a concretizar, visto que ainda hoje o Tribunal mantém esse requisito como condição autónoma.

O controlo comunitário das concentrações com base nos tratados 75

apenas possam influenciar de forma insignificante o comércio intracomunitário escapam à aplicação do direito comunitário[179].

Preenchidos os requisitos de aplicação do art. 86.°, estaremos perante um abuso de posição dominante sancionado nos termos do Regulamento n.° 17. Assim, a Comissão poderá infligir às empresas infractoras multas (art. 15.°, n.° 2, do Regulamento n.° 17), adstrições (art. 16.° do mesmo regulamento), ou recorrer às medidas que considere necessárias para solucionar os efeitos anti-concorrenciais do abuso. Observe-se, ainda, que a sanção de nulidade, expressamente prevista no texto do art. 85.°, não se manifesta no âmbito do art. 86.°,

---

[179] O Tribunal já afirmou no acórdão *Salonia* (acórdão de 16 de Junho de 1981, processo 126/80, Maria Salonia contra G. Poidomani e F. Giglio, Rec. 1981, pág. 1563, considerando 17) que um acordo escapa à proibição do art. 85.° «quando não afecta o comércio entre os Estados-membros de forma sensível». Note-se que esta apreciação quantitativa vale, igualmente, para o juízo relativo à existência de uma restrição da concorrência no mercado comum. De facto, também no acórdão *Völk/Vervaecke* o Tribunal declarou que «um acordo escapa à proibição do art. 85.° quando apenas afecta o mercado de forma insignificante tendo em conta a fraca posição que ocupam os interessados sobre o mercado de produtos em causa» (sublinhado nosso) – cfr. acórdão de 9 de Julho de 1969, processo 5-69, *Franz Völk c. S.P.R.L. Ets J. Vervaecke*, Rec. 1969, pág. 295, considerando 7. A Comissão procurou, por seu turno, diminuir a incerteza inerente a esta «regra *de minimis*» (Valentine KORAH, *An introductory guide to EEC competition law and practice*, 4ª ed., Oxford, 1990, pág. 43), publicando uma Comunicação relativa aos «acordos de pequena importância» que não são abrangidos pelo n.° 1 do art. 85.° do Tratado que institui a Comunidade Económica Europeia, em 19 de Dezembro de 1977 (JOCE n.° C 313/3 de 29. 12. 77), que foi substituída posteriormente pela Comunicação de 3 de Setembro de 1986 (Comunicação de 3 de Setembro de 1986 86/C 231/02, JOCE n.° C 231/2 de 12.9.86), tendo esta sido actualizada pela Comunicação da Comissão 94/C 368/06, JOCE n.° C 368/20 de 23.12.94. Com esta Comunicação a Comissão visava, por um lado, excluir do campo de aplicação do art. 85.° os acordos que não tivessem efeitos sensíveis sobre as condições do mercado, e por outro favorecer a cooperaçao entre as pequenas e médias empresas. Note-se que este requisito *de minimis* não está expressamente previsto no âmbito da proibição estabelecida pelo art. 86.°, apesar de certos autores considerarem que a prática das autoridades comunitárias em relação ao art. 86.° tem muitas vezes presente esse requisito. No sentido de que a regra *de minimis* deve ser aplicada igualmente no âmbito do art. 86.°, cfr. Valentine KORAH,*The control of mergers under the EEC competition law*, ECLR, 1987, págs. 239 e segs., esp. pág. 241. Observe-se, finalmente, que no âmbito do Regulamento n.° 4064/89 esta ideia *de minimis* é sugerida com frequência quer em relação à interpretação de disposições do regulamento quer na prática decisória da Comissão – cfr. infra, pontos 25 e segs.

76 *O controlo das concentrações de empresas no direito comunitário*

nem tem paralelo, no plano do art. 86.°, a possibilidade de concessão de isenção prevista para as *ententes* no art. 85.°, n.° 3. De qualquer modo, a Comissão poderá sempre conceder um certificado negativo, a requerimento da empresa que se considere em posição dominante, garantindo-lhe, deste modo, uma certa segurança jurídica.

11. O art. 86.°, cujo funcionamento referimos de forma sumária, vai ser, pela primeira vez, aplicado a uma operação de concentração – concretizando, desta maneira, o princípio defendido pela Comissão no Memorando de Dezembro de 1965 – no famoso caso *Continental Can.* Os factos deste caso podem expor-se brevemente nos seguintes termos:

A empresa americana Continental Can Company Inc. (doravante designada por Continental Can) é a maior produtora mundial de embalagens metálicas. É igualmente uma importante produtora de materiais de embalagem em papel e plástico, bem como de máquinas para fabricar e utilizar tais embalagens. Em 1969 adquiriu, por compras sucessivas, uma participação de 85,8% do capital da sociedade alemã Schmalbach-Lubeca-Werke A.G.(doravante designada por S.L.W.), a maior produtora de embalagens metálicas ligeiras da Europa Continental[180].

Nesse mesmo ano, entrou em negociações com a empresa inglesa – The Metal Box Company Ltd (doravante designada por MB) – com vista à criação de uma sociedade *holding* europeia de embalagens. Nesta sociedade deveriam ainda participar duas sociedades licenciadas nas quais a Sociedade Continental Can tinha participações: a sociedade holandesa Thomassen e Drijver Verblifa N.V. (doravante designada por TDV) e a sociedade francesa J.J. Carnaud et Forges de Basse-Indre (esta acabou por afirmar não poder participar na *holding*).

Em 1970, foi assinado um acordo entre a sociedade Continental Can e a sociedade TDV, nos termos do qual a primeira constituiria nos Estados Unidos uma sociedade denominada Europemballage Corporation, para a qual transferiria as suas participações na SLW. Tal sociedade *holding* veio efectivamente a ser constituída, em 20 de Fevereiro de 1970, sob a legislação do Estado de Delaware. Por outro lado, ficou acordado que a Continental Can incentivaria a Europemballage a oferecer aos accionistas da TDV, que não os da MB e da Continental Can, uma quantia a pronto pagamento por acção da TDV. E todo o accionista da TDV que oferecesse as suas acções receberia um

---

[180] Decisão *Continental Can*, cit., págs. 25 e 27.

O *controlo comunitário das concentrações com base nos tratados*   77

certificado a conceder-lhe um direito de preferência na posterior compra de acções ordinárias da Europemballage [181].

O objectivo desta operação era reunir, sob o manto da Europemballage, todas as participações detidas pela Continental Can na Europa e ampliá-las pelo crescimento de participações existentes em certas empresas. Deste modo, a Europemballage tornar-se-ia numa empresa com estabelecimentos espalhados por uma extensa parcela do Continente Europeu, nomeadamente Alemanha, Austria, Bélgica, Holanda, Inglaterra e Itália [182].

Em Março e Abril de 1970, a Comissão chamou a atenção das empresas interessadas para uma eventual incompatibilidade da operação em causa com as disposições do art. 86.° do Tratado e sobre as consequências jurídicas e financeiras que daí poderiam resultar para as empresas interessadas. A sociedade MB informou então a Comissão que adiava o projecto de se juntar à Europemballage. Por seu turno, em 8 de Abril de 1970, a Europemballage procedia à compra das acções e obrigações da TDV, elevando a sua participação na TDV de 10,4% para 91,07%. A Europemballage passou, assim, a deter 85.8% do capital da SLW e 91,07% do capital da TDV, sendo a totalidade das acções da Europemballage detidas pela Continental Can. A aquisição feita pela Europemballage das acções da TDV vai ser considerada pela Comissão como uma infracção ao art. 86.° do Tratado de Roma, abrindo a autoridade comunitária em 9 de Abril de 1970 um processo contra a Continental Can e a sua filial Europemballage [183].

12. Na decisão de 9 de Dezembro de 1971 [184], relativa ao processo de aplicação do art. 86.° a certos comportamentos da Continental Can, a Comissão começou por definir as empresas em causa, analisando em seguida os pressupostos de aplicação do art. 86.°.

Em primeiro lugar, afirmou a necessidade de se imputar o comportamento das sociedades Europemballage e SLW à Continental Can, visto que esta controlava aquelas duas. A sociedade Continental Can era a única accionista da Europemballage, e esta, por seu turno, detinha 85% do capital da SLW. A autoridade comunitária abstraiu, portanto, das

---

[181] Decisão *Continental Can*, cit., pág. 26.
[182] Jacques VANDAMME, ob. cit., pág. 113.
[183] Decisão *Continental Can*, cit., pág. 25.
[184] Decisão da Comissão de 9 de Dezembro de 1971, processo IV/26.811, *Continental Can*, JOCE n.°L 7/25, de 8.1.72.

78 O controlo das concentrações de empresas no direito comunitário

personalidades jurídicas das filiais, considerando a sociedade Continental Can responsável pelos actos da sua filial Europemballage e da filial desta, a SLW. Optou, desta forma – na linha de orientação seguida, aliás, em decisões anteriores – [185], por um conceito de empresa como um fenómeno económico em detrimento da sua concepção como sujeito de direito, isto é, como entidade jurídica autónoma[186].

Esta posição da Comissão vai merecer duras críticas por parte da doutrina, para quem a personalidade jurídica é uma criação do legislador que não pode ser ignorada pelas autoridades comunitárias na aplicação do direito comunitário[187]. Tais críticas não serão, porém,

---

[185] Cfr. decisão de 18 de Junho de 1969, processo IV/22.548, *Christiani & Nielsen*, JOCE n.° L 165/12 de 5.7.1969, e decisão de 30 de Junho de 1970, processo IV/24.055, *Kodak*, JOCE n.° L 147/24 de 7.7.1970.

[186] O conceito de empresa pode ser visto numa dupla perspectiva: num plano económico, como uma organização económica com autonomia a nível económico, regulamentada pelo direito enquanto fenómeno social; numa perspectiva jurídica, a empresa é vista como um sujeito de direito, isto é, uma entidade jurídica autónoma, susceptível de ser titular de direitos e obrigações. A opção da Comissão por uma perspectiva económica da empresa, em relação aos arts. 85.° e 86.°, mereceu a aprovação de parte da doutrina – cfr., por todos, E. CEREXHE ob. cit., págs. 281 e 283.

[187] Refira-se, especialmente, a posição de Lazar FOCSANEANU, que considera lamentável o desconhecimento por parte dos autores da decisão «dos princípios fundamentais do direito europeu das sociedades e do texto do art. 86.° do Tratado de Roma». A questão da «personificação dos grupos de sociedades» é, assim, particularmente censurada pelo autor, que sustenta ser inaceitável o facto de a Comissão imputar automaticamente à empresa mãe os actos da filial quando aquela possuir uma maioria de controlo na filial. A Comissão, segundo o autor, «nem sequer se teria dado ao trabalho de estabelecer uma participação directa da empresa-mãe no comportamento das suas filiais, através de instruções precisas e imperativas, contentando-se com a existência de uma maioria de controlo». Além disso, esta tese da responsabilidade do grupo industrial, que em si mesmo se apresenta destituído de personalidade jurídica, conduziria a suprimir o princípio da responsabilidade limitada que está na base das sociedades de capitais, esquecendo que quando uma sociedade cria uma filial quer limitar a sua responsabilidade em relação à política prosseguida pela filial. A melhor solução, para este autor, se bem que a sua prova não fosse a mais fácil, seria continuar a considerar as empresas distintas do ponto de vista jurídico, para detectar eventuais acordos ou práticas concertadas entre essas empresas, contrárias ao art. 85.°. Ou seja, a questão devia ser apreciada à luz do art. 85.° – cfr. L. FOCSANEANU, *L'article 86 du Traité de Rome et la décision "Continental Can Company" de la Comission C.E.E. (décision IV/ 26811 du 9 Décembre 1971). Une interprétation contestable d'un texte mauvais*, JCP, 46 année, 1972, 2452, pontos 41 e segs. No sentido de que a

O controlo comunitário das concentrações com base nos tratados   79

considerada pertinentes pelo Tribunal, que confirma a tese da Comissão de que o reconhecimento de uma personalidade jurídica distinta à filial não basta para afastar a possibilidade de o seu comportamento ser imputado à empresa-mãe, quando ela agir segundo as instruções da empresa-mãe[188]. Com esta concepção, o Tribunal procura aproximar-se das realidades económicas, garantindo uma aplicação mais eficaz do Direito Comunitário[189].

---

imputação dos comportamentos das filiais à empresa-mãe é altamente discutível, uma vez que estão em causa três sujeitos distintos numa perspectiva jurídica, defendendo, contudo, uma solução diferente da de Focsaneanu, pode ver-se Francesco CAPOTORTI. Este autor não defende que o problema tem de ser tratado à luz do art. 85.°, como sugeria Focsaneanu; antes afirma que deve ser analisado no mesmo plano, com a atribuição da infracção do art. 86.° às três empresas – Continental Can, Europemballage e SLW –, visto que era a política seguida por esse grupo de sociedades que a Comissão queria bloquear – cfr. F. CAPOTORTI, *Regole comunitarie di concorrenza e concentrazioni di imprese: il caso "Continental Can"*, Riv. delle Soc., Anno XVII – Fasc. 1, Gennaio-Febbraio, 1972, págs. 993 e segs. Num plano diferente, apoiando a decisão da Comissão, encontramos Alain BIENAYMÉ, que afirma que a Comissão não tinha necessidade de provar na decisão que a SLW agia sob as ordens directas da empresa-mãe, visto que havia múltiplas ligações pessoais, administrativas e comerciais entre o grupo(nomeadamente Continental Can, SLW, TDV e Carnaud), e em particular um grande intercâmbio de informações técnicas, acordos de licenças, etc, que as unia sob uma verdadeira estratégia de grupo. Quanto ao argumento apresentado por FOCSANEANU de que a criação da filial era geralmente motivada pelo desejo de a sociedade-mãe limitar a sua responsabilidade, BIENAYMÉ contra-argumentou que a sociedade-mãe podia criar uma filial atendendo a interesses diferentes dos da limitação da responsabilidade. Este interesse na limitação de riscos financeiros existiria, sobretudo, quando se queria confiar à filial actividades novas que exigiam profundos investimentos, sem se saber se eles se tornariam lucrativos. Na decisão em análise não estariam presentes tais interesses visto que as empresas em causa desenvolviam actividades na mesma área. No caso *Continental Can,* a criação de uma filial visava, sobretudo, não «perturbar a imagem da empresa detida pela clientela (...) respeitar as normas jurídicas do país, e razões de boa gestão financeira e fiscais», tendo a decisão da Comissão o mérito de denunciar «a verdadeira ficção em que se torna frequentemente a filial estreitamente controlada pela sociedade-mãe» – cfr. Alain BIENAYMÉ, *L'application de l'article 86 du Traité de Rome dans la décision "Continental Can Company". Concurrence et exploitation abusive d'une position dominante*, RTDE, n.° 1 Janvier-Mars 1972, págs. 65 e segs, esp. pág. 70.

[188] Acórdão *Continental Can*, cit., considerando 15.

[189] Observe-se, contudo, que esta teoria da imputação levanta dificuldades, particularmente quanto à questão de saber quem será responsável pelo pagamento de

80 O controlo das concentrações de empresas no direito comunitário

Estabelecida a responsabilidade de Continental Can, a Comissão procede à definição do conceito de posição dominante. Este reconduzir-se-ia à possibilidade que as empresas têm de adoptarem «comportamentos independentes que lhes permitem agir sem terem nomeadamente em conta os concorrentes, os compradores e os fornecedores (...) que é assim quando devido à sua quota de mercado, ou à sua quota de mercado em ligação nomeadamente com a disposição de conhecimentos técnicos, matérias-primas ou capitais, têm a possibilidade de determinar os preços, controlar a produção ou a distribuição para uma parte significativa dos produtos em causa (...) que esta possibilidade não deve decorrer necessariamente de um domínio absoluto permitindo às empresas que o detêm eliminar toda a vontade por parte dos seus parceiros económicos, mas é suficiente que ele seja bastante forte no conjunto para garantir a essas empresas uma independência de comportamentos mesmo se existem diferenças de intensidade das suas influências sobre os diferentes mercados parciais»[190]. A Comissão entendeu que tal noção se encontrava preenchida no caso em apreço. A Continental Can deteria na Alemanha uma posição dominante no mercado das embalagens ligeiras para conservas de carne e peixe e no das tampas metálicas para a entrada do copo. Tal posição resultaria das participações que a SLW detinha nos diferentes mercados parciais do sector da embalagem ligeira[191] e da importância económica, financeira e técnica do grupo. É que, além de possuir importantes quotas de mercado parciais – que abrangem produtos de substituição –, o grupo Continental Can possuía certas vantagens em relação à maioria dos

---

sanções pecuniárias eventualmente aplicáveis pela Comissão. Assim, as autoridades comunitárias evoluem para um conceito de «unidade económica» – cfr. acórdão *Commercial Solvents*, cit., considerandos 33 e ss. –, referindo-se ao grupo de empresas solidariamente responsáveis pelo comportamento violador das normas comunitárias da concorrência.

[190] Decisão *Continental Can*, cit., pág. 35.

[191] Segundo os dados indicados na decisão da Comissão, a Continental Can detém, através da SLW, uma posição dominante nos seguinte mercados parciais: 70 a 80% de caixas de conserva metálicas para produtos de carnes, não havendo num futuro próximo concorrência possível para produtos substituíveis; 80 a 90% de embalagens ligeiras destinadas aos produtos de peixe; 50 a 55% de bocais metálicos; fortes posições no acondicionamento de bebidas e das conservas de frutos e legumes; grande amplitude de comportamento que lhe confere uma ampla gama de produtos – cfr. pág 35 da referida decisão.

O controlo comunitário das concentrações com base nos tratados 81

seus concorrentes [192]. A existência desses factores – quotas de mercado importantes, avanço tecnológico, poder económico e financeiro da Continental Can fundado na sua grande dimensão, etc. –, levaram a Comissão a concluir que a empresa Continental Can podia adoptar comportamentos independentes que lhe davam uma posição dominante, nomeadamente no mercado alemão das embalagens ligeiras para as conservas de carne e de peixe, bem como no mercado para tampas metálicas. Por outras palavras, o grupo Continental Can detinha, através da sua filial SLW, uma posição dominante no mercado alemão quanto aos produtos referidos, sendo esse território considerado uma parte substancial do mercado comum [193-194].

---

[192] Na sua decisão a Comissão apontou como vantagens, em primeiro lugar, o facto de a sociedade fabricar ela própria as máquinas necessárias à produção e à utilização das embalagens metálicas, bem como a posse de patentes e de conhecimentos técnicos no domínio do fabrico e de utilização das embalagens ligeiras. Além disso, sublinhou o facto de ter como empresas licenciadas grandes fabricantes de embalagens metálicas estabelecidos na Holanda, França, Inglaterra, Dinamarca, Suiça e Alemanha, o que, favorecendo a troca de informações entre elas, permitia reforçar o avanço tecnológico da Continental Can. Finalmente, invocou o facto de a SLW fabricar cerca de 500 produtos diferentes, o que lhe permitia, graças à dispersão das suas numerosas fábricas e depósitos de venda pela Alemanha, uma latitude de comportamento de que não usufruíam os pequenos vendedores; isto, aliado à grande dimensão do grupo Continental Can conferia-lhe um grande poder económico permitindo-lhe o recurso ao mercado internacional de capitais – cfr. pág 13 da dita decisão.

[193] A existência de uma «concorrência de substituição» que invalidasse as conclusões acabadas de enunciar, através de produtores de produtos de substituição, ou de grandes consumidores susceptíveis de se tornarem auto-produtores de embalagens metálicas ligeiras, não parece, segundo a Comissão, de natureza a comprometer a posição dominante da Continental Can num futuro próximo. Isto porque as embalagens metálicas ligeiras não podem ser substituídas por outras embalagens, salvo em casos – limite muito restritos, devido às suas diferentes características e à necessidade de máquinas diferentes, próprias para cada tipo de embalagem. E mesmo quando a substituição técnica é possível, a passagem para um outro tipo de embalagem encontra fortes obstáculos nos novos investimentos que tal alteração implica, sobretudo no caso dos utilizadores de pequena e média dimensão, sem esquecer que a presença de Continental Can em certos sectores de substituição lhe permite eventualmente oferecer o produto sucedâneo requerido. Por outro lado, a concorrência potencial dos grandes produtores, capazes de se tornarem auto-produtores, depara com dois obstáculos: a necessidade de investimentos muito elevados e o avanço tecnológico do grupo Continental Can. Finalmente, segundo a autoridade comunitária, não é de prever que a concorrência dos principais fabricantes situados nos países limítrofes da

82   *O controlo das concentrações de empresas no direito comunitário*

A definição de posição dominante, apresentada pela Comissão na decisão, vai ser especialmente criticada por Lazar Focsaneanu [195]. Este autor considera claramente preferível a noção utilizada no Memorando de Dezembro de 1965, segundo a qual a posição dominante se traduz no facto de o poder económico de uma empresa exercer uma influência notável sobre o funcionamento do mercado. Deste modo, acentuaria acertadamente, segundo aquele autor [196], a possibilidade de essa empresa «exercer sobre o mercado uma influência, notável, previsível e decisiva», sem fazer qualquer apelo, como sucedia na decisão, à noção de concorrência [197]. Por outro lado, argumentou, ainda, que, se o texto do art. 86.º não refere o conceito de concorrência, é porque a sua finalidade não é a de preservar uma situação de concorrência no mercado, mas apenas condenar certos comportamentos considerados abusivos. A omissão de tal conceito por parte dos autores do Tratado CE no art. 86.º teria sido expressa, visto que se queria afastá-lo da noção de posição dominante existente no art. 66.º, n.º 7, do Tratado CECA, cujo critério de referência seria a ausência de «uma concorrência efectiva». Finalmente, foi sugerido que o conceito fornecido pela decisão permite que os dois requisitos do art. 86.º – posição dominante e abuso – possam existir em territórios diferentes. Esta consequência ter-se-ia verificado no caso em apreço, pois que a posição dominante era detida pela SLW na Alemanha e o abuso se concretizava no Benelux com a aquisição da TDV [198]. Afirmou-se que, em termos lógicos, esses elementos estão intimamente ligados, existem um em função do outro; logo, deveriam pertencer ao mesmo espaço territorial.

A esta argumentação contrapôs-se em primeira linha que já no Memorando da Comissão se dizia que uma empresa detinha uma posição dominante «quando [podia] afastar [se o desejasse] as outras

---

Alemanha, que é muito fraca, se venha a desenvolver consideravelmente num futuro próximo – cfr. pág 37.

[194] Cfr. pág 38 da decisão.

[195] L. FOCSANEANU, *L'article 86...*, ob. cit., pontos 41 e segs.

[196] L. FOCSANEANU, *L'article 86...*, ob. cit., ponto 42.

[197] L. FOCSANEANU, *L'article 86.º...*, ob. cit., loc. cit.

[198] Paul SCHMITT, *Multinational corporations and Merger Control in Community Antitrust Law, in* "European Merger Control legal and Economic Analyses on Multinational Enterprises", vol. I, Klaus J. Hopt, 1982, pág. 178.

[199] Cfr. Memorando da Comissão, cit., pág. 675. Alain BIENAYMÉ descobre, de forma interessante, a este propósito, a existência de uma contradição no raciocínio

O *controlo comunitário das concentrações com base nos tratados* 83

empresas *concorrentes* do mercado»[199], uma vez que a noção de posição dominante só poderá ter interesse em relação aos concorrentes cujas reacções a empresa dominante soube paralisar. Significa isto que, se «é verdade que a posição dominante de uma empresa sobre as outras afecta os clientes, fornecedores e concorrentes, por outro lado o domínio sobre os clientes e fornecedores é facilitado pela eliminação dos concorrentes ou anulação das suas capacidades de reacção»[200]. Logo, a noção de posição dominante só faz sentido mediante referência a uma noção de concorrência. Dito ainda de outro modo: se uma empresa detém uma posição dominante, isso significa que é capaz de exercer sobre o mercado uma influência preponderante, «isto é, ela pode agir sem ter em conta as reacções dos seus concorrentes, enquanto estes devem ter em conta as suas, [logo] ela não está sujeita a uma concorrência efectiva»[201-202]. Em segundo lugar, ao argumento literal invocado contra a utilização do art. 86.°, para a salvaguarda das estruturas concorrenciais, opõem-se decisivos argumentos sistemáticos – o art. 86.° insere-se, juntamente com o art. 85.°, num capítulo denominado, significativamente, «regras da concorrência» – e teleológicos – os arts 85.° e 86.° devem ser interpretados em conjugação com o art. 3.°, al. g) do Tratado, que visa garantir que a concorrência não seja falseada no mercado comum[203]. Finalmente, salientou-se que a exigência de que a posição dominante e o abuso ocorressem no mesmo território era um postulado muito restritivo, visto que «o

---

defendido por Focsaneanu. Por um lado, este autor citava o Memorando da Comissão, mencionando a referência aí feita a «outras empresas concorrentes» e, por outro, afirmava que a noção de posição dominante dada no Memorando da Comissão era preferível à utilizada na decisão Continental Can porque não fazia referência à noção de concorrência – cfr. A. BIENAYMÉ, ob. cit., págs. 72-73 e FOCSANEANU, *L'article 86...*, ob. cit., pontos 41-42.

[200] A. BIENAYMÉ, ob. cit., págs 72-73. Cfr. ainda E. CEREXHE, ob. cit., pág. 286.

[201] A. Deringer apud Michael WAELBROECK e outros, *Le droit de la Communauté Économique Europèenne, Concurrence*, vol. 4, 1972, ed. ULB, pág. 58.

[202] Aliás, o próprio Tribunal já afirmara que a empresa em posição dominante é aquela que tem a capacidade de impedir a concorrência efectiva no mercado comum – cfr. o acórdão de 29 de Fevereiro de 1968, processo 24-67, *Parke Davis and CO., c. Probel Reese, Beintema-Interpharm et Centrafarm*, Rec. 1968, pág. 82, esp. pág. 87, e o acórdão de 18 de Fevereiro de 1971, processo 40-70, *Sirena S.r.l. c. Eda S.r.l.*, Rec. 1971, pag. 69, esp. considerando 16.

[203] Estes argumentos serão, posteriormente, analisados com mais detalhe – cfr. *infra*, ponto 15.

84 O controlo das concentrações de empresas no direito comunitário

crescimento da empresa é um fenómeno de natureza multidimensional, que pode realizar-se a montante ou a jusante da actividade principal, ou no mesmo estádio por extensão do espaço geográfico», e que todas essas modalidades de expansão que conduzam a um abuso de uma posição dominante deviam ser proibídas pelo art. 86.º [204]. Por outro lado, sublinhou-se que as autoridades comunitárias deviam preocupar-se com o crescimento do grupo, cujo núcleo é formado pela Continental Can e SLW. Deste modo, o campo em que as empresas são concorrentes devia ser delimitado pela estratégia do grupo, e a este nível há uma zona de acção comum [205].

Apurada a existência de uma posição dominante, a Comissão passou à análise do conceito de abuso. Começou, então, por afirmar que «a compra de uma participação maioritária numa empresa concorrente, por uma empresa ou um grupo de empresas em posição dominante, pode, em certas circunstâncias, constituir uma exploração abusiva dessa posição», adoptando em seguida a fórmula que é considerada a verdadeira essência da decisão, segundo a qual «constitui um comportamento incompatível com o art. 86.º do Tratado, o facto de uma empresa em posição dominante <u>reforçar esta posição através da concentração com uma outra empresa</u>, com a consequência de a concorrência, que teria subsistido efectiva ou potencialmente apesar da existência inicial da posição dominante, ser praticamente eliminada para os produtos em causa numa parte substancial do mercado comum» [206-207]. Desta forma, na opinião da Comissão, a aquisição pela

---

[204] A BIENAYMÉ, ob. cit., pág. 73.

[205] Neste sentido CAPOTORTI sublinhava que a asserção de certos autores de que a posição dominante e o abuso não se situavam no mesmo espaço territorial esquecia que, segundo as declarações da Comissão, antes de serem concentradas, a SLW e TDV eram concorrentes potenciais numa «larga zona de acção comum». Essa zona abrangia «quase todo o território de Benelux e o Norte e o Centro da RFA» (cfr. considerando 27 da decisão Continental Can, cit.). Ou seja, podíamos afirmar que, se o campo territorial da posição dominante detido pela SLW na Alemanha não coincidia integralmente com o espaço onde ocorreu o abuso – Benelux e Norte e Centro da RFA –, a verdade é que existia um espaço geográfico parcialmente coincidente: o Norte e Centro da RFA cfr. CAPOTORTI, *Regole comunitarie...*, ob. cit., pág. 1014.

[206] Sublinhado nosso.

[207] A Comissão consagra, deste modo, a posição que já tinha sido anteriormente defendida por parte da doutrina de que seria um abuso de posição dominante o reforço de uma tal posição que implicasse prejuízos graves para a concorrência existente no mercado – cfr. *infra,* ponto 13.

O controlo comunitário das concentrações com base nos tratados   85

sociedade Continental Can de uma participação maioritária na empresa concorrente TDV, primeira produtora de embalagens metálicas de Benelux, constituía «uma operação industrial que [implicava] uma modificação irreversível da estrutura da oferta numa parte substancial do mercado comum»[208], e tinha por efeito «eliminar a concorrência entre a TDV e a SLW»[209] na zona de acção comum, situada «de um lado e de outro das fronteiras da Alemanha e de Benelux». Antes de as sociedades SLW e TDV serem reagrupadas sob a direcção da Europemballage «eram empresas potencialmente concorrentes numa larga zona de acção comum»; ora tal concorrência tornou-se impossível, com a concentração realizada[210].

Finalmente, a Comissão sublinhou que a concentração entre essas duas empresas eliminava a possibilidade de uma concorrência efectiva, sendo susceptível de exercer uma influência directa sobre o fluxo das trocas entre os Estados-membros, de uma maneira que poderia prejudicar a realização dos objectivos de um mercado único. Verificados, assim, no caso em apreço, os vários pressupostos de aplicação do art. 86.º, a Comissão condenou a empresa Continental Can a pôr fim à infracção.

Sucede, porém, que a decisão da Comissão de aplicar o art. 86.º ao reforço de uma posição dominante, efectuado através de uma operação de concentração, suscitou sérias reservas a um sector importante da doutrina[211].

Desde logo, afirmou-se que a decisão em causa desconhecia a finalidade e o campo de aplicação do art. 86.º. Esta disposição, ao contrário do que se passava no *Sherman Act* ou no Tratado CECA, não

---

[208] Decisão *Continental Can*, cit., pág. 37.

[209] Decisão *Continental Can*, cit., pág. 38.

[210] Decisão *Continental Can*, cit., pág. 38.

[211] No sentido de que «esta decisão desconhece a letra e o espírito do art. 86.º», «só faz sentido à luz da secção 2 do *Sherman Act*», e que «é juridicamente contestável e perigosa», manifestaram-se E. CEREXHE, ob. cit., pág. 294, L. FOCSANEANU, *L'article 86...*, ob. cit., ponto 53, e Robert SAINT-ESTEBEN, *Une concentration internationale d'entreprises dans la CEE*, JDI, n.º 1, 99e année 1972, pág. 263. Contra estas visões extremamente críticas, pronunciou-se Jean GUYÉNOT, ao afirmar que «as analogias entre o *Sherman Act* e a decisão da Comissão (...) não são tão profundas que [a] mereçam tornar ilegal» – cfr. J. GUYÉNOT, *La décision "Continental Can" de la Commission CEE et la naissance du droit antitrust européen"*, Riv. delle Soc., anno XVII, 1972, pág. 731.

86   *O controlo das concentrações de empresas no direito comunitário*

proibia os monopólios nem afirmava a necessidade de manutenção da concorrência. A posição dominante, fosse ela fraca, forte ou absoluta (como seria o caso do monopólio), só seria proibida se desse origem a uma exploração abusiva. Logo, o *reforço* da posição dominante não podia ser em si condenado, só o seria na medida em que desse origem a uma situação de abuso. Depois ainda, observou-se que os autores do Tratado visavam no art. 86.° os casos em que a concorrência já se encontrava enfraquecida, devido à existência de uma empresa em posição dominante. Assim, tal norma não pretendia o restabelecimento de uma concorrência que já antes estava comprometida, mas desejava apenas defender os consumidores e utilizadores contra possíveis abusos. Finalmente, sublinhou-se que nenhum relevo devia ser dado ao argumento da eliminação da concorrência potencial existente entre a SLW e TDV, visto que estavam aí em causa meras hipóteses que nenhuma correspondência tinham com a realidade. Ou seja, no plano dos factos, a Comissão tinha-se limitado a constatar a inexistência de uma concorrência efectiva entre a TDV e SLW, para depois condenar a operação de concentração com base na restrição de uma concorrência virtual. Tinha, desta maneira, esquecido os ensinamento doutrinais que dizem que o art. 86.° não se dirige contra um abuso provável mas contra a exploração efectiva do poder do mercado em detrimento dos consumidores [212].

Contra estes argumentos, invocou-se a necessidade de a interpretação do art. 86.° ser feita à luz de elementos sistemáticos e teleológicos e não apenas literais. Em primeiro lugar, observou-se que do silêncio do art 86.° sobre as restrições da concorrência não se podia concluir pela «vontade do legislador» em não proibir tais restrições, mesmo que eliminassem toda a concorrência. De facto, sendo os arts. 85.° e 86.° disposições seguidas na sistematização do Tratado – inserindo-se num capítulo denominado regras da concorrência –, não fazia sentido que ao objectivo da salvaguarda da concorrência, aceite pacificamente em relação ao art. 85.°, se presumisse que se seguia uma disposição de tal forma tolerante que permitia mesmo a eliminação da concorrência [213]. Por outro lado, invocou-se o art. 3.°, al. g), do Tratado CE, segundo o qual um dos objectivos do Tratado é «o estabelecimento de um regime que garanta que a concorrência não seja falseada no mercado interno». Ora os

---

[212] Cfr. Relatório Houssiaux *apud* Joliet, ob. cit., pág. 679.

[213] L. Focsaneanu, *L'article 86.°*..., ob. cit., pontos 45 e segs., e Sergio Neri, *Note sur l'arrêt Continental Can*, CDE, 1973, págs. 325 e segs, esp. pág. 347.

O controlo comunitário das concentrações com base nos tratados 87

arts. 85.° e 86.° deviam ser interpretados em conjugação com aquela disposição, tendo, assim, igualmente por finalidade a salvaguarda da concorrência. O art. 3.°, al g), não se limitava, por consequência, a enunciar um princípio geral e abstracto que necessitasse de ser concretizado para poder ser aplicado pelas autoridades comunitárias, antes tinha valor em si mesmo. Por fim, argumentou-se que a defesa da concorrência exigia, pelo menos, a manutenção de uma concorrência potencial [214] que se procuraria tornar efectiva. Na verdade, só preservando uma concorrência potencial é que as autoridades comunitárias podem restabelecer a concorrência, e só com o restabelecimento desta é que conseguem defender os consumidores. É por isso que, na apreciação da situação concorrencial existente no mercado, além de analisarem as quotas de mercado, dimensões dos concorrentes e estudarem as relações entres os agentes económicos, devem investigar a capacidade de reestruturação e de resposta, a nível de concorrência, que podem dar as empresas que não fazem parte da operação em estudo. Essa investigação implica necessariamente uma incursão no plano das hipóteses. Do quadro traçado, conclui alguma doutrina que «a decisão da Comissão se funda numa concepção realista das estruturas e das estratégias económicas da concorrência industial» [215-216].

13. A sociedade Continental Can, descontente com a decisão da Comissão, vai pedir a sua anulação ao Tribunal de Justiça. Este anulará, de facto, a decisão, alegando que os fundamentos utilizados na determinação do mercado em causa foram insuficientes. Observe-se,

---

[214] Trata-se de uma noção que resulta claramente da influência do direito *anti-trust* norte-americano: «potential competition». Sobre o reconhecimento desta noção nas *Merger Guidelines* da Divisão *Anti-trust* do Departamento de Justiça Americano, de 1968 e 1982, pode consultar-se o artigo de Manuel Antonio DOMINGUEZ GARCIA, *La eventual aplicacion de los arts. 85 y 86 TCEE a las concentraciones de empresas como cuestion abierta*, RIE, vol. 14, n.° 2, 1987, pág. 377.

[215] Cfr. A. BIENAYMÉ, ob. cit., pág. 74.

[216] O Tribunal, no acordão *Continental Can*, esclarece ainda que «o objectivo dos autores do Tratado de conservar no mercado, no caso em que são aceites restrições à concorrência, as possibilidades de concorrência efectiva ou potencial é expressamente referida no art. 85.°, n.° 3, e se o art. 86.° não contém a mesma referência de forma explícita é porque o regime que institui para as posições dominantes não aceita, ao contrário do art. 85.°, n.° 3, excepções à proibição» – cfr. considerando 25.

[217] Acórdão de 21 de Fevereiro de 1973, processo 6-72, *Europemballage et Continental Can Company Inc. c. Comissão das Comunidades Europeias*, Rec. 1973, pág. 215.

88 O controlo das concentrações de empresas no direito comunitário

porém, que em termos teóricos o acórdão[217], que já foi pertinentemente apelidado de «político»[218], aprovou o princípio da interpretação extensiva do art. 86.º sustentado pela Comissão. Trata-se, por conseguinte, de um acórdão que se tornou um marco histórico na jurisprudência do Tribunal.

Na exposição da sua argumentação, o Tribunal começou por reconhecer, de forma clara, como aliás já o fizera a Comissão, a competência das autoridades comunitárias para aplicarem o Direito Comunitário no caso concreto. Confirmou, portanto, a ideia de que a compra de acções e obrigações pela Europemballage devia ser imputada não só a esta «mas também, e em primeiro lugar, à Continental Can». O facto de a sociedade Continental Can não ter sede no território de um dos Estados-membros não seria suficiente para a subtrair à aplicação do Direito Comunitário, uma vez que essa compra, afectando as condições do mercado no interior da Comunidade, cabia no seu campo de aplicação[219].

Constatada a sua competência para julgar o processo, o Tribunal invocou, a favor da aplicação do art. 86.º, o facto de a expressão «abuso» visar não só «os comportamentos da empresa que afectam directamente o mercado, sendo [tais comportamentos] prejudiciais à produção e à distribuição, aos utilizadores e consumidores», mas ainda «as modificações estruturais da empresa que conduziriam a alterações graves da concorrência numa parte substancial do mercado comum»[220]. Deste modo, qualquer «medida estrutural quando aumenta as dimensões e o poder económico da empresa é susceptível de ter incidência sobre as condições do mercado»[221].

O Tribunal justificou esta posição atendendo «ao espírito, à economia e aos termos do art. 86.º, tendo em conta o sistema do Tratado e as suas finalidades»[222]. Foi assim que, com base numa interpretação teleológica do art. 86.º, apelou às finalidades do art. 3.º, al. g), que, se exige que a concorrência não seja falseada, por maioria de razão deve exigir que ela não seja eliminada. Tratar-se-ia de uma norma que não seria meramente programática, antes se

---

[218] SAINT-ESTEBEN, *Le régime des concentrations en droit communautaire*, JDI, n.º 1, Janv-Fev-Mars, 1974, pág. 440.

[219] Acórdão *Continental Can*, cit., considerando 16.

[220] Acórdão *Continental Can*, cit., considerando 20.

[221] Acórdão *Continental Can*, cit., considerando 21.

[222] Acórdão *Continental Can*, cit., considerando 22.

O *controlo comunitário das concentrações com base nos tratados* 89

afirmava «indispensável à realização das missões confiadas à Comunidade»[223]. Desta forma, o objectivo do art. 3.°, al g) «[encontraria] aplicação em várias disposições do Tratado orientando a sua interpretação». Seria o caso dos arts. 85.° e 86.° do Tratado CE, que visariam igualmente a manutenção da concorrência efectiva no mercado comum. Isto significa que, «sendo proibida a alteração da concorrência que resulte dos comportamentos previstos no art. 85.°, não se tornará lícita quando esses comportamentos, levados a bom termo por uma empresa em posição dominante, se concretizam numa integração das empresas entre si»[224]. Na verdade, como sublinhou o Tribunal, se se pudesse contornar a proibição do art. 85.°, através de um grau de aproximação entre as empresas que as levasse a escaparem à aplicação do art. 85.° sem caírem no campo de aplicação do art. 86.°, «abrir-se-ia uma brecha susceptível de comprometer o correcto funcionamento do mercado comum»[225].

Atendendo a estas considerações, o Tribunal declarou que pode constituir um abuso «o facto de uma <u>empresa em posição dominante reforçar essa posição</u> ao ponto de o grau de domínio assim alcançado impedir substancialmente a concorrência, apenas deixando subsistir empresas dependentes, no seu comportamento, da empresa dominante»[226]. Acrescentando, em seguida, que «é desprovido de interesse o problema invocado pelos requerentes [da existência] de um nexo de causalidade entre a posição dominante e a sua exploração abusiva», e que «o reforço da posição detida pela empresa pode ser

---

[223] Acórdão *Continental Can*, cit., considerando 23.

[224] Acórdão *Continental Can*, cit., considerando 25.

[225] Acórdão *Continental Can*, cit., considerando 25.

[226] Note-se que o Tribunal só proíbe o reforço da posição dominante que revista uma certa gravidade (cfr. considerando 26 do acórdão *Continental Can*), isto é, que permita à posição dominante ultrapassar um certo «limiar crítico», nas sugestivas palavras de JEANTET – cfr. Fernand-Charles JEANTET, *Lumière sur la notion d'exploitation abusive de position dominante*, JCP, 1973, 2576, ponto 14 – mas sem que haja necessariamente eliminação da concorrência (cfr. considerando 29 do referido acórdão). Esta distinção, proposta pelo Tribunal, entre «limiar crítico» e «eliminação prática da concorrência» vai ser considerada difícil de realizar na prática. Na verdade, como afirma SAINT-ESTEBEN, «ainda que o poder económico seja susceptível de graus é duvidoso que os critérios indicados sejam suficientemente claros para permitirem a aplicação de uma regra proibitiva eventualmente sancionada por coimas» – cfr. *Le régime des concentrations...*, ob. cit., págs. 439-440.

90   *O controlo das concentrações de empresas no direito comunitário*

considerado abusivo e proibido pelo art. 86.° do Tratado, quaisquer que sejam os meios ou processos utilizados para esse efeito, uma vez que tenha os efeitos descritos»[227-228].

Estas concepções vão ser consideradas extremamente audaciosas por parte da doutrina, que se mostra céptica quanto aos argumentos apresentados[229]. Assim, formula várias críticas ao acórdão do Tribunal, que aliás se revestem praticamente de teor idêntico às dirigidas contra a decisão da Comissão, o que é perfeitamente lógico, visto que o Tribunal reafirmou, no plano teórico, os princípios defendidos por aquela na decisão *Continental Can*. Deste modo, os críticos do acórdão apoiam-se, mais uma vez, numa interpretação literal do art. 86.°, que omitiria qualquer referência ao conceito de concorrência (ao contrário do art. 85.°), para afirmarem que tal disposição se dirigia somente à protecção dos consumidores e utilizadores contra práticas abusivas. Na verdade, o art. 86.° não distinguiria os diferentes graus de domínio do mercado, pelo

---

[227]Acórdão *Continental Can*, cit., considerando 27. Observe-se que este considerando já foi interpretado no sentido de que o Tribunal visaria não só o reforço da posição dominante através das concentrações (crescimento externo), mas ainda o reforço dessa posição pelo investimento, crescimento da produtividade, inovação, etc. (crescimento interno), o que levaria a que uma empresa em posição dominante estivesse «praticamente paralisada» e vivesse num «clima de insegurança jurídica constante» – cfr. SAINT-ESTEBEN, *Le régime des concentrations...*, ob. cit., pág. 440. Esta leitura do acórdão nunca foi confirmada pelo Tribunal, e vai ser aliás afastada pela Comissão, que afirmou expressamente que o art. 86.° só seria aplicado às operações de reforço de uma posição dominante através do crescimento externo e não interno como no caso das «reestruturações internas de grupos já existentes» – cfr. 10 Rapp. Conc., 1980, ponto 156.

[228] O Tribunal afasta-se, deste modo, das conclusões a que chegou o advogado--geral Karl ROEMER, que defendia a não aplicação do art. 86.° aos casos de reforço de posição dominante através da aquisição de uma outra empresa que eliminasse praticamente a concorrência. São, assim, ignoradas as considerações de política--económica feitas pelo advogado-geral, segundo o qual uma aplicação extensiva do art. 86.° aos casos de concentrações serviria de desculpa aos Estados-membros para não adoptarem legislação específica destinada ao seu controlo preventivo – cfr. conclusões do advogado-geral no acórdão *Continental Can*, cit., págs. 254-259.

[229] Atitude que, aliás, já tinha sido manifestada em relação à decisão da Comissão – cfr. supra, ponto 112. Entre as várias críticas a que o acórdão foi sujeito destacam-se, mais uma vez, as formuladas por Lazar FOCSANEANU. Este autor contesta abertamente a interpretação seguida pelo acórdão, acusando-o de deformar os termos da disposição do Tratado da Comunidade Europeia – o texto do art 86.° não alude à manutenção da concorrência como o parece fazer crer o acórdão do tribunal – bem

O controlo comunitário das concentrações com base nos tratados   91

que não proibia, como a secção 2 do *Sherman Act,* os monopólios[230]. E de pouco valia a invocação do art. 3.°, al. g), do Tratado para fundamentar uma interpretação extensiva do art. 86.°, já que aquele não produzia efeitos directos, limitando-se a estabelecer princípios gerais[231].

O que preocupa quem assim argumenta é afastar do campo de aplicação do art. 86.° certa concepção de abuso e o respectivo método de controlo do poder económico. Pretende, deste modo, alguma doutrina, que teria em Joliet[232] um dos seus mais ilustres representantes, distinguir duas concepções de abuso: à noção de abuso de comportamento, entendida esta como todo o comportamento repreensível face aos concorrentes e à concorrência, contrapunha a noção de abuso de resultado, que consistiria nos comportamentos capazes de prejudicar fornecedores ou utilizadores. Só esta última noção estaria de

---

como o seu objecto e finalidade – o art. 86.°, segundo o autor (na linha, aliás, da doutrina defendida por Joliet – cfr. *supra,* ponto 10), não visa a defesa da concorrência mas proteger consumidores e utilizadores contra comportamentos abusivos de empresas em posição dominante – cfr. L. FOCSANEANU, *L'abus de position dominante après l'arrêt 'Continental Can' (21 Février 1973),* RMC n.° 164, Avril 1973, págs. 157-158. Numa posição oposta, defendendo a decisão do Tribunal, encontramos S. NERI, ob. cit., pág. 353. Este autor parece, aliás, sustentar uma posição ainda mais lata do que a apresentada pelo Tribunal, quando levanta a hipótese de o art. 86.° se aplicar à própria criação de uma posição dominante. Assim, apesar de reconhecer que o art. 86.° parece exigir a existência prévia de uma posição dominante, considera-a uma formulação artificial e coloca a seguinte questão: «uma vez aceite que o reforço de uma posição dominante é abusivo, quando tem por efeito conferir à empresa um domínio susceptível de entravar substancialmente a concorrência, não se deverá aceitar que o reforço de duas ou mais posições não dominantes também é abusivo, quando garante à empresa ou ao grupo que as detêm o mesmo grau de domínio?» – cfr. ob. cit., págs. 348--349. A generalidade da doutrina que aceita a aplicação do art. 86.° é no entanto mais prudente, considerando que só em casos «extremos» se pode aplicar o art. 86.° às concentrações, e apenas no caso do reforço de uma posição dominante – cfr., neste sentido, Ingo SCHMIDT, *Different approaches and problems in dealing with control of market power: a comparison of german european and US policy towards market-dominating enterprise,* A. Bull., Summer, 1983, pág 433.

[230] Cfr. L. FOCSANEANU, *L'abus de position...,* ob. cit., pág. 157.

[231] Cfr. SAINT-ESTEBEN, *Le régime des concentrations...,* ob. cit., págs. 436-437.

[232] Cfr. R. JOLIET, ob. cit., págs. 680 a 682, e 687 e segs.

[233] Cfr. R. JOLIET. ob. cit., pág. 690. A verdade é que a posição deste autor, como afirma acertadamente VOGELENZANG, acabaria a longo prazo por desproteger os próprios consumidores, visto que a inexistência de qualquer controlo sobre soluções monopolísticas, como queria JOLIET, acabaria por diminuir a escolha dos consu-

92 O controlo das concentrações de empresas no direito comunitário

acordo com o art. 86.°; por conseguinte, uma operação de concentração nunca poderia ser vista como um abuso de uma posição dominante[233].

Ora, o Tribunal no acórdão *Continental Can* afastou claramente esta doutrina restritiva, fundada na análise comparada da secção 2 do *Sherman Act* – que teria por objectivo proteger os mecanismos concorrenciais, proibindo por isso o abuso de comportamento – com o art. 86.° do Tratado CE – que vedava apenas o abuso de resultado-, optando por uma concepção ampla e objectiva de abuso, que abrange o «abuso estutural»[234], ao afirmar que o art. 86.° visa «não só as práticas susceptíveis de causar um prejuízo imediato aos consumidores, mas também aquelas que os prejudicam ao atentarem contra uma estrutura de concorrência efectiva, tal como é mencionada no art. 3.°, al g) do Tratado»[235-236]. Para justificar esta leitura, o Tribunal invocou "o espí-

---

midores, pondo obviamente em causa o princípio da livre concorrência, verdadeiro imperativo económico das Comunidades – cfr.P. VOGELENZANG, ob. cit., pág. 63.

[234] Assim, nas palavras de Louis VOGEL, o Tribunal substitui a oposição "abuso de comportamento/abuso de resultado" pela construção "abuso estrutural/abuso de comportamento", consistindo este útimo na exploração por uma empresa dominante do seu poder de mercado em detrimento dos agentes económicos com os quais tem relações e aquele num atentado à estrutura da concorrência. Dito de outro modo, enquanto no abuso de comportamento o carácter de abuso resulta de elementos inerentes à acção da empresa, o abuso estrutural não se deduz das características do comportamento da empresa, mas da importância dos efeitos restritivos produzidos no mercado. Note-se ainda que hoje a tendência das autoridades comunitárias é no sentido de recorrerem cada vez mais ao critério de abuso estrutural. Sobre esta questão, cfr. L. VOGEL, *Droit de la Concurrence...*, ob. cit., págs 137-138 e 320.

[235] Acórdão *Continental Can*, cit., considerando 26. Deste modo, uma operação de concentração, em certas circunstâncias, podia ser vista como um abuso de uma posição dominante. É claro que, como sublinhou APOLLONIO, a prova destes «movimentos de mutação do interno para o externo», isto é, a demonstração de que as operações internas da empresa, que implicam modificações estruturais, se traduzem em comportamentos abusivos pode revelar-se na prática muito difícil – cfr. William Nicolo APOLLONIO, *L'affare Continental Can e la sentenza della Corte di Giustizia Europea*, Riv. Dir. Eur, Gennaio-Marzo 1973, págs. 133-134.

[236] Observe-se que a interpretação do art. 86.° feita pelo Tribunal coloca o acento na noção de abuso, e não no conceito de posição dominante. Ora, como sublinha pertinentemente J. Vandamme, o acórdão parece afirmar que da existência de um abuso que se concretize em entraves à concorrência efectiva se presume a presença no mercado de uma empresa em posição dominante. De facto, segundo este autor, o pressuposto fundamental é a «exploração abusiva existente no mercado ou numa parte substancial deste (...) e é a partir deste facto que se conceberá a posição dominante» –

O controlo comunitário das concentrações com base nos tratados   93

rito, a economia e os termos" do art. 86.°, que deviam ser considerados atendendo ao sistema do Tratado e às suas finalidades. Deste modo, segue a teoria defendida por Mestmäcker da interpretação sistemática dos artigos 3.°, al g), 85.° e 86.° do Tratado CE como um todo [237]. É nesta perspectiva que afirma que o art. 86.° se insere no capítulo relativo às normas comuns que definem a prática da Comissão no domínio da concorrência, decorrendo esta política do art. 3.°, al g) do Tratado – que prevê um regime que garanta que a concorrência não é falseada no mercado comum – o qual, por seu turno, é uma disposição de execução do art. 2.°, que visa o desenvolvimento harmonioso das actividades económicas no conjunto do mercado comum [238]. Por outro lado, atendendo à posição do art. 86.° no conjunto da estrutura normativa, o Tribunal diz que os artigos 85.° e 86.° têm a mesma finalidade – manter a concorrência efectiva no mercado comum (considerando 25) – e são de certa forma paralelos; logo, certos comportamentos não podem ser considerados lícitos face ao art. 86.° quando seriam proibidos segundo o art. 85.°. Desta forma reconhece,

---

cfr. J. VANDAMME, ob. cit., pág 21. Note-se, por outro lado, que a ideia, presente na generalidade da doutrina (cfr. nomeadamente M. WAELBROECK e outros, ob. cit., pág. 259, e P. VAN OMMESLAGHE, ob. cit., pág. 504) de que o abuso é o resultado de um comportamento culposo, isto é, de uma actuação a que subjaz uma intenção culposa do seu autor, não é tida em consideração pelo Tribunal. Na realidade, este põe de lado considerações subjectivas sobre tais intenções, cuja prova muitas vezes se revela difícil de concretizar, limitando-se ao plano objectivo dos efeitos resultantes da actuação das empresas. Essencial para se aferir uma situação de abuso é a análise dos efeitos da operação de concentração, ou seja, é saber se tem como resultado impedir a concorrência efectiva. Daí que, para certo sector da doutrina, o Tribunal ao abstrair da «intenção dolosa» aumente a insegurança jurídica das empresas que passam a poder ser responsabilizadas por efeitos «que não desejavam nem queriam» – cfr. Jean de RICHEMONT, ob. cit., pág. 480. Já certos autores consideram que a intenção das partes devia ser relevante, no sentido de afastar a aplicação do art. 86.°, quando «a empresa em posição dominante não sabia nem podia saber que a prática era anti-concorrencial ou abusiva, e quando descobriu isso corrigiu-a»; neste sentido, cfr. John Temple LANG, *Monopolisation and the definition of «abuse» of a dominant position under article 86 EEC Treaty*, CMLR, vol. 16, 1979, pág. 363.

[237] Assim, segundo este autor, o art. 86.° visaria não só a protecção dos consumidores como ainda a defesa da concorrência e dos concorrentes – cfr. MESTMÄCKER *apud* P. VOGELENZANG, *Abuse of a dominant position in article 86, the problem of causality and some applications*, CMLR, vol 13, 1976, pág. 61.

[238] Acórdão *Continental Can*, cit., considerandos 22 a 24.

94 O controlo das concentrações de empresas no direito comunitário

ainda, pragmaticamente, a necessidade de se aplicar o art. 86.º às concentrações, pois que, afastando-se tal possibilidade, abrir-se-ia uma brecha no mecanismo do art. 85.º, já que se assistiria a uma substituição de operações restritivas da concorrência através de *ententes* proibidas pelo art. 85.º por operações de concentração que não estariam sujeitas a qualquer controlo comunitário[239].

Mostrando-se em consonância, no plano teórico, com os princípios defendidos pela Comissão, no plano prático o Tribunal critica, todavia, a sua argumentação quanto à delimitação do mercado relevante. Esta não só teria omitido a demonstração das particularidades dos mercados em causa (mercado de embalagens ligeiras, destinadas a conservas de carnes, de peixes, ou a tampas metálicas), como negligenciara distinguir estes mercados do mercado geral de embalagens metálicas. Além disso, haveria certas contradições no raciocínio seguido pela Comissão quanto às possibilidades de substituição no mercado. Assim, para isolar o mercado de carne que a SLW controlava na Alemanha, deveria ter demonstrado que as embalagens metálicas utilizadas noutros mercados parciais não o podiam ser, por determinadas razões, no acondicionamento da carne. Estas críticas feitas pelo Tribunal parecem, todavia, revelar-se contraditórias com os princípios defendidos. É que, após uma interpretação assaz dinâmica do art. 86.º, que alarga o campo de actuação da Comissão no âmbito da aplicação dessa disposição, o Tribunal parece fazer marcha atrás ao exigir uma definição do mercado tão detalhada que suscita dificuldades de análise praticamente insuperáveis. Para certo sector da doutrina, como é o caso de

---

[239] Com esta solução, o Tribunal de Justiça foi acusado de se ter deixado influenciar pela jurisprudência americana baseada particularmente no *Clayton Act,* secção VII, que proíbe qualquer empresa de adquirir participações numa outra quando tal operação enfraqueça sensivelmente a concorrência no mercado. Só que, enquanto as autoridades americanas baseiam a sua actuação num texto, assaz claro, o mesmo não se poderia dizer do Tribunal de Justiça das Comunidades, cujas teses seriam «puras criações jurisprudenciais» sem o apoio de um texto disciplinador do problema em causa – cfr., neste sentido, Jean de RICHEMONT, *Concentrations et abus de positions dominantes. Article 86 du Traité de Rome. Affaire Continental Can,* RTDE, n.º 1, Janvier-Mars, 1973, pág. 479, e Jacques VANDAMME, ob. cit., pág. 121.

[240] Assim, VANDAMME sublinha que o mercado deve ser analisado sobretudo a partir da situação concreta do comprador e utilizador face a uma hipótese em que a concorrência foi restringida, e não a partir das quotas dos produtores – cfr. ob. cit., pág. 124. O essencial, segundo o autor, seria comparar a situação concorrencial antes

J. Vandamme[240], trata-se de uma contradição meramente aparente, dado que o Tribunal visa na realidade simplificar a prova da exploração abusiva, mediante uma aproximação mais realista da noção de mercado relevante. Ou seja, a Comissão, em vez de correr o risco de se perder na análise de mercados parciais, devia ter-se limitado ao exame da restrição no mercado global de embalagens metálicas ligeiras, onde lhe seria fácil provar que a Continental Can, primeira produtora mundial e europeia, ao absorver a segundo produtora europeia, a TDV, deixando apenas subsistir no mercado concorrentes marginais, criava uma situação em que praticamente não havia concorrência. Uma outra leitura possível será considerar-se as exigências do Tribunal quanto ao mercado relevante como o resultado de um compromisso político: desejo de estender a aplicação do art. 86.° aos casos de concentrações, evitando simultaneamente a aplicação de sanções, consideradas demasiado onerosas no caso concreto, à sociedade Continental Can[241].

14. A jurisprudência do Tribunal, apesar de ter anulado a decisão da Comissão, abre, sem dúvida, novas possibilidades de actuação às autoridades comunitárias, facto que é, aliás, muito criticado por um largo sector da doutrina que o acusa de, com a extensão da proibição do art. 86.° graças à concepção objectiva de abuso, ter ido muito além do que era permitido pelo texto dessa disposição. Com efeito, enquanto à luz do art. 86.° a posição dominante não é em si proibida, com o conceito lato de abuso as autoridades comunitárias passam a poder controlar directamente as estruturas da concorrência. Ora, seria estranho, e mesmo injusto, aceitar-se a existência de uma situação de domínio ao mesmo tempo que se condena a sua manutenção e desenvolvimento. As conclusões do Tribunal deviam, portanto, ser consideradas puras «criações jurisprudenciais» que não tinham qualquer correspondência com a letra da lei. Daí que, para estes autores, o alargamento do campo de aplicação do art. 86.° significasse, no fundo, a aceitação das ordens de um «governo de juízes»[242].

---

e depois da operação num certo contexto, nada impedindo que a operação ou o comportamento restritivo da concorrência se manifestasse, consoante o caso concreto, em mercado mais restritos ou mais amplos, fazendo variar em consonância a determinação do mercado relevante.

[241] Neste sentido Y. LOUSSOUARN, ob. cit., pág. 472.

[242] Neste sentido, cfr., por todos, E. CEREXHE, ob. cit., pág. 298. Contra, defendendo a interpretação extensiva da noção de abuso de posição dominante feita

96   O controlo das concentrações de empresas no direito comunitário

No plano oposto, encontramos aqueles que afastam estas críticas, agrupáveis em dois planos – um relativo ao método de interpretação seguido pelo Tribunal, outro quanto às consequências da noção ampla de abuso adoptada no acórdão –, recordando, acertadamente, o seguinte:

No que diz respeito à interpretação teleológica seguida pelo Tribunal, baseada no primado das finalidades do Tratado, parece evidente o seu carácter útil e adequado às particularidades da realidade comunitária. De facto, a especificidade do Tratado CE que reside no seu carácter inacabado, daí resultando a sua qualificação como tratado – quadro, leva a que se tenha de reconhecer, como afirma PESCATORE, «um grande campo de actuação ao juiz na interpretação das suas disposições» [243]. Dito de outro modo, os objectivos do Tratado encontram-se em plena construção, na qual participa de forma activa o Tribunal; daí que se lhe deva reconhecer a possibilidade de privilegiar uma interpretação finalista das disposições do Tratado, em detrimento de uma análise literal, pois só aquela permitirá assegurar uma eficaz integração comunitária.

Por outro lado, pode afirmar-se que o alcance excessivo que, à primeira vista, uma aplicação coerente das consequências da jurisprudência *Continental Can* seria capaz de conferir à proibição do art. 86.° foi travada pelo próprio Tribunal, quer ao rejeitar a proibição *per se* da posição dominante – consequência lógica da perspectiva finalista do art. 86.° –, quer ao precisar essa noção nas decisões posteriores, que teriam mesmo, para certo sector da doutrina, acrescentado uma condição suplementar ao abuso estrutural: para a aplicação do art. 86.° não bastaria a constatação de um tal abuso, mediante a análise dos efeitos ocorridos sobre a estrutura da concorrência, seria ainda preciso que tais efeitos resultassem de comportamentos anormais [244].

Finalmente, deve ser realçado o contexto em que foi proferida a decisão. Em 1973, as autoridades comunitárias encontravam-se

---

pelo Tribunal, cfr. F. J. JEANTET, ainda que reconheça que a jurisprudência fixada é insuficiente para cobrir toda a lacuna do Tratado (F.J. JEANTET, *Lumière sur la notion d'exploitation....*, ob. cit., ponto 27).

[243] Cfr. Pierre PESCATORE, *Rôle et chance du droit et des juges dans la construction de l'Europe*, VIe Congrès Internationale de droit européen du 24 au 26 mai 1973, Luxemburgo, organizado pela FIDE, pág. 15.

[244] Sobre esta questão, cfr.L. VOGEL, *Droit de la Concurrence...*, ob. cit., ponto 175.

O controlo comunitário das concentrações com base nos tratados   97

desprovidas de mecanismos que lhes permitissem controlar as consequências nefastas das operações de concentração. Daí que o recurso ao art. 86.° se revelasse, à partida, um dos meios susceptíveis de garantir os objectivos do Tratado. Naturalmente, sempre se poderá dizer que teria sido preferível que «o legislador comunitário tivesse utilizado o seu poder regulamentar ou que os Estados-membros tivessem trazido ao Tratado os complementos adequados para esse controlo de fusões»[245]. No entanto, não se tendo verificado nenhuma destas situações, o Tribunal, compreensivelmente, optou por utilizar de forma relativamente livre os materiais de que dispunha[246], procurando impedir que o direito da concorrência se tornasse em larga medida inoperante.

15. Com a doutrina estabelecida pelo Tribunal no acórdão *Continental Can,* a Comissão tinha, à primeira vista, em seu poder um instrumento essencial para o controlo das operações de concentração. Todavia, a sua aplicação revelar-se-á assaz limitada, visto que são várias as restrições à sua utilização. Desde logo, o art. 86.° só pode ser aplicado ao reforço de uma posição dominante, e não à sua criação; depois ainda, segundo a jurisprudência fixada pelo Tribunal, só serão proibidas as operações de concentração que reforcem a posição dominante da empresa de forma a impedir substancialmente a concorrência. Estas limitações vão acabar por sofrer algumas alterações na prática das autoridades comunitárias.

Deste modo, o Tribunal, em acórdãos subsequentes ao *Continental Can* – recorde-se, por exemplo, o caso *Hoffmann-La Roche* referente a «descontos de fidelidade», isto é, estava em causa a concessão de descontos às empresas que se abastecessem exclusivamente na empresa em posição dominante –, parece alterar, de certa forma, os princípios aí estabelecidos, ao declarar que o abuso é um conceito objectivo, que visa os «comportamentos de uma empresa em posição dominante susceptíveis de influenciar a estrutura de um mercado em que, devido precisamente à presença da empresa em questão, o grau de concorrência já se encontra enfraquecido e têm por efeito impedir, pelo recurso a meios diferentes daqueles que governam uma concorrência normal dos produtos ou serviços com base nas prestações dos operadores económicos, a manutenção do grau de concorrência ainda existente no mercado ou o desenvolvimento desta

---

[245] Pierre PESCATORE, ob. cit., pág. 17.

[246] P. PESCATORE, ob. cit., loc. cit.

98   *O controlo das concentrações de empresas no direito comunitário*

concorrência». Esta declaração desencadeia de imediato dois comentários. Por um lado, chama a atenção para o facto de o Tribunal parecer dispensar doravante a exigência feita no caso *Continental Can* de que a afectação da concorrência fosse *substancial.* Bastaria o *enfraquecimento adicional* da estrutura concorrencial causado por uma *certa conduta* de uma empresa dominante, estrutura em si mesma já debilitada pela existência dessa situação de domínio, para podermos falar de um abuso. Por outro lado, suscita a questão de saber se estes critérios, formulados para casos de comportamentos anti-concorrenciais, podem ser aplicados às operações de concentração onde estão essencialmente em causa alterações estruturais[247]. Nos acórdãos do Tribunal relativos à aplicação do art. 86.°, nomeadamente *Continental Can, United Brands,* e *Hoffmann-La Roche,* nunca se afirmou a aplicação de «testes diferentes para os efeitos anti-concorrenciais»[248], consoante o tipo de abuso em causa. Pelo contrário, já no acórdão *Continental Can* o Tribunal declarou que não se deviam distinguir os efeitos de comportamentos que afectam o mercado das medidas relativas à estrutura da empresa – como as operações de concentração –, que podem afectar igualmente as condições do mercado. A Comissão, por seu turno, afirma no 10.° relatório sobre a política de concorrência a sua intenção de transpor a interpretação ampla dada pelo Tribunal à noção de abuso para as situações de

---

[247] Repare-se que já se invocou a declaração feita pelo Tribunal no acórdão *Hoffmann-La Roche,* quanto ao impedimento da manutenção ou do desenvolvimento da concorrência «por meios diferentes daqueles que governam uma concorrência normal dos produtos ou serviços com base nas prestações dos operadores económicos», para se argumentar que o conceito de abuso aí desenvolvido se referia apenas aos comportamentos restritivos da concorrência e não às alterações da estrutura da concorrência resultantes de operações de concentração. Para os defensores desta interpretação, os «meios» a que o Tribunal se referia no acórdão «seriam técnicas exploradoras ou restritivas da concorrência no sentido de comportamentos no mercado» (Karen BANKS, ob. cit., pág. 389).

[248] Michael J. REYNOLDS, *Merger Control in the EEC,* JWTL, vol. 17, 1983, pág. 410.

[249] Assim, no ponto 150 do 10.° Rapp. Conc., 1980, a Comissão, depois de lamentar a «ausência de um regulamento sobre o controlo das concentrações», declara--se disposta «na apreciação das condições de aplicação do [artigo 86.°] às concentrações, e em particular no que diz respeito às noções de posição dominante e de abuso, a inspirar-se igualmente nos últimos julgamentos do Tribunal nos casos United Brands e Hoffmann-La Roche».

O *controlo comunitário das concentrações com base nos tratados*   99

concentração[249]. Em defesa de uma aplicação mais flexível do art. 86.°, a Comissão propõe-se diminuir a exigência dos critérios utilizados na averiguação quer da posição dominante quer do abuso. Sustenta, assim, que há indícios para afirmar a presença de uma posição dominante quando a empresa possui quotas de mercado na ordem dos 40% ou 45%, abandonando a exigência de quotas mais elevadas – pense-se no acórdão *Continental Can,* em que a sociedade detinha 80 a 90% do mercado –, que anteriormente em nenhum caso podiam ser inferiores a 50%. Note-se que estas quotas não conferem automaticamente o controlo do mercado, mas são um importante factor a ter em conta e que, aliado, nomeadamente, à existência de pequenas empresas concorrentes no mercado, bem como à obtenção de vantagens concorrenciais pela empresa com quotas de mercado na ordem dos 40%, permite reconhecer uma situação de domínio[250]. Além disso, a Comissão afasta, em relação ao conceito de abuso, a referência feita na decisão *Continental Can* «à eliminação da concorrência»[251-252] para adoptar uma fórmula mais abrangente, segundo a qual «o reforço [da posição dominante], através de uma operação de concentração, é susceptível de ter carácter abusivo quando resulte num atentado à estrutura da concorrência que entrava [não é preciso, portanto, a

---

[250] Ponto 150 do 10.° Rapp. Conc., 1980.

[251] Note-se que a referência da Comissão à eliminação da concorrência, na decisão *Continental Can*, vai ser considerada pelo Tribunal, já nesse acórdão (cfr. considerando 20), um teste demasiado restritivo.

[252] Veja-se, no entanto, a posição de S. J. PICKARD, que defende que da jurisprudência existente resulta que o art. 86.° só será aplicável a situações extremas de concentração, isto é, que conduzam à eliminação da concorrência efectiva no mercado – cfr. Stephen J. PICKARD, *El control de las concentraciones en el Derecho Comunitario Europeo*, Noticias/CEE, n.° 62, Marzo 1990, pág. 71. Esta solução não é, porém, a mais adequada a um sistema de controlo eficaz. De facto, este deve ter igualmente em consideração aquelas operações de concentração que se revelam indesejáveis mesmo sem terem atingido a situação limite da eliminação da concorrência, sob pena de ficarem fora do domínio de fiscalização grande número delas. Tal seria o caso, como realçam VANDAMME e SIMONS, das concentrações conglomeradas. De facto, estas dificilmente cairiam na alçada do art. 86.°, visto que, como salientam os autores, não seria «directamente visível o atentado à estrutura da concorrência, uma vez que a empresa absorvida por definição actua num outro mercado relevante» – cfr. J. VANDAMME e E. SIMONS, ob. cit., pág. 14. Com a entrada em vigor do Regulamento n.° 4064/89 tornou-se claro que as concentrações conglomeradas estão igualmente sujeitas ao controlo das autoridades comunitárias; cfr. *infra,* ponto 33.

100   *O controlo das concentrações de empresas no direito comunitário*

eliminação] a manutenção do grau de concorrência ainda existente ou o desenvolvimento dessa concorrência, dependendo tal efeito, em particular, da posição da nova unidade, resultante da operação de concentração, em relação aos concorrentes que permaneceram no mercado»[253].

Com esta abordagem do problema, a Comissão parecia ter-se preparado para utilizar frequentemente o art. 86.°. Na realidade, são raras, ou mesmo inexistentes, as decisões formais da Comissão em que é aplicada a doutrina *Continental Can*. Recorde-se apenas o caso *Tetra Pak I*[254], em que o grupo de empresas Tetra Pak, um dos líderes mundiais no sector de embalagens de cartão para acondicionamento de produtos alimentares líquidos, quis adquirir um pequeno concorrente americano, o Liquipak, com o objectivo de obter uma licença exclusiva detida pela empresa americana, relativa à tecnologia em causa, concedida pelo British Technology Group[255]. Pela aquisição da licença

---

[253] A proposta apresentada pela Comissão é criticada por Karen BANKS, que afirma a necessidade de se distinguirem os efeitos das operações de concentração, pelo menos nos casos em que não conduzem a situações de monopólio, dos efeitos resultantes de um comportamento no mercado restritivo da concorrência. Assim, «se a Comissão, no Memorando podia argumentar que a eliminação de *toda* a concorrência num dado mercado teria os mesmos efeitos nocivos dos comportamentos especialmente proibidos pelo art. 86.°, já o mesmo não se pode afirmar em relação a uma operação de concentração que aumenta a quota de mercado da empresa de 45% para 55%». Neste caso, segundo a autora, não é possível prever um prejuízo específico resultante do reforço de tal posição dominante, apesar de esse reforço significar necessariamente uma diminuição do grau de concorrência com que depara a empresa em situação de domínio. A posição defendida pela Comissão no 10.° relatório deveria, portanto, ser interpretada com cautelas, visto que não basta que a concentração em si tenha diminuído a concorrência num sentido quantitativo, é ainda preciso demonstrar que esse prejuízo foi causado à estrutura do mercado, não sendo de esperar a manutenção ou desenvolvimento da concorrência existente – cfr. ob. cit., págs. 389-390. Estas objecções levantadas por K. BANKS são, sobretudo, teóricas, como ela própria reconhece, visto que na prática esta nova fórmula não significa uma grande alteração à doutrina *Continental Can*, mas apenas a apresentação de uma forma mais sofisticada das preocupações já reveladas pela Comissão e pelo Tribunal, nomeadamente, no acórdão *Continental Can*, de que o grau de domínio atingido pela empresa não elimine efectivamente a concorrência.

[254] Decisão de 26 de Julho de 1988, processo IV/31.043, *Tetra Pak I*, JOCE n.° L 272/27, de 4.10.88.

[255] Decisão *Tetra Pak I*, cit., pontos 1, 4, e 5.

O *controlo comunitário das concentrações com base nos tratados*   101

exclusiva, a Tetra Pak privou uma sua concorrente, a Elopak, da possibilidade de utilizar essa tecnologia, atrasando a sua entrada no mercado. Conseguiu, desse modo, impedir o acesso ao mercado de potenciais concorrentes e reforçar simultaneamente a sua posição dominante com uma quota de mercado na ordem dos 90%[256]. E, como esclareceu a decisão da Comissão[257], este comportamento abusivo, proibido pelo art. 86.º, manter-se-ia enquanto a Tetra Pak detivesse a licença exclusiva. O problema foi resolvido quando a Tetra Pak aceitou renunciar a qualquer exclusividade face à ameaça da Comissão de retirar a isenção, nos termos do regulamento de isenção por categorias dos acordos de licença de patente que abrangia a licença exclusiva entre a a Tetra Pak e a BTG. A *Tetra Pak* é a primeira decisão formal em que a Comissão aplica a proibição do art. 86.º depois do caso *Continental Can*. É, no entanto, duvidoso que esta decisão possa ser considerada uma nova aplicação da jurisprudência *Continental Can*, visto que, como aliás já foi notado, o factor determinante que levou a Comissão a aplicar o art. 86.º não foi a aquisição da empresa em si, isto é, a operação de concentração não foi condenada em si mesma, mas a aquisição directa de tecnologia através de uma licença exclusiva[258]. Isto parece resultar, claramente, da decisão da Comissão quando afirma que a aquisição pela Tetra Pak de uma licença exclusiva «constitui uma violação do art. 86.º, desde a data da aquisição até à data da cessação dos efeitos de exclusividade»[259].

Na verdade, podemos afirmar que a generalidade dos casos investigados pela Comissão nunca chegaram à fase de uma decisão final, tendo sido resolvidos em momentos anteriores. Além disso, normalizou-se a prática de as empresas notificarem previamente a Comissão dos seus projectos de concentração. No decurso das suas investigações, a autoridade comunitária chegava geralmente à

---

[256] Decisão *Tetra Pak I*, cit., ponto 27.

[257] Decisão *Tetra Pak I*, cit., ponto 47.

[258] Neste sentido Pierre DOS e outros, *Concentration control in the European Economic Community*, Graham & Trotman, Ltd, 1992, págs 124-125.

[259] Decisão *Tetra Pak I*, cit., art 1.º. Observe-se, ainda, que, apesar de a Tetra Pak ter desistido da exclusividade, a Comissão resolveu adoptar na mesma uma decisão formal, alegando, nomeadamente, que em sua opinião uma decisão formal clarificará a sua posição sobre este ponto e constituirá uma advertência não só para a Tetra Pak em relação ao seu comportamento mas também em relação a outras empresas susceptíveis de adoptarem um comportamento semelhante – cfr. ponto 62 da decisão.

102   *O controlo das concentrações de empresas no direito comunitário*

conclusão de que o art. 86.° não era aplicável ao caso em apreço, ou então, nas poucas situações em que lhe parecia ser de utilizar essa disposição, bastava a ameaça da sua aplicação para que as concentrações em causa fossem modificadas ou mesmo banidas.

As razões invocadas pela Comissão para a não aplicação do art. 86.° foram resumidamente as seguintes: por um lado, invocou o facto de nenhuma das empresas envolvidas na operação se encontrar em posição dominante, no mercado relevante, antes de ser efectuada a concentração (vejam-se nomeadamente os casos *SHV/Chevron*[260], *Baxter Travenol Laboratories/SmithKline RIT*[261] e *Ashland Oil Inc/Cabot Co.*[262]); por outro lado, afastou ainda o art. 86.°, argumentando que a operação não reforçava a posição dominante existente (foi o que sucedeu, por exemplo, no caso *Michelin/Kléber-Colombes*[263], relativo a uma reestruturação interna do grupo, e no caso *Michelin/ /Actor NV*[264], sobre a integração vertical de um produtor em posição dominante que não conferia uma posição dominante a nível da distribuição); e finalmente excluiu a aplicação do art. 86.°, afirmando que o reforço da posição dominante não eliminava a concorrência no mercado, devido à existência, por exemplo, de outras empresas nesse mercado (foi o que ocorreu nos caso *British-Sugar/Berisford*[265] e *Avebe/KSH*[266]).

Já são menos numerosos os casos em que a Comissão ameaçou invocar a proibição da exploração abusiva por uma empresa em posição dominante. Referiremos apenas os mais conhecidos. Em

---

[260] Decisão de 20 de Dezembro de 1974, processo IV/C/26.872, *SHV Chevron*, JOCE n.° L 38/14 de 12.2.75.

[261] 10 Rapp. Conc., 1980, ponto 157.

[262] 14 Rapp. Conc, 1984, ponto 109. Além destes exemplos, podemos ainda referir, nesse mesmo relatório, o caso *Pont-à-Mousson/Stanton & Stavely*, ponto 110.

[263] 10 Rapp. Conc, 1980, ponto 156. Neste caso, a Michelin queria saber se a operação de reorganização das actividades da Kléber-Colombes, no seio da Michelin, devia ser vista como um reforço abusivo da posição dominante através de uma concentração. A Comissão respondeu que a existência prévia de uma unidade económica enttre a Michelin e a Kléber significava que a modificação das suas relações devia ser vista como uma operação de reorganização interna que não caía sob a alçada do art. 86.°.

[264] 8 Rapp. Conc, 1978, ponto 146.

[265] 12 Rapp. Conc., 1982 ponto 104.

[266] 8 Rapp. Conc., 1978 ponto 147.

[267] 10 Rapp. Conc.,1980, ponto 152.

O *controlo comunitário das concentrações com base nos tratados* 103

primeiro lugar, destaque-se o caso *Pilkington/BSN-Gervais-Danone*[267], onde a Comissão considerou que a aquisição da BSN pelo grupo Pilkington reforçaria a posição dominante já detida por este no mercado britânico, e provavelmente no mercado irlandês e dinamarquês, estendendo ainda esse domínio aos mercados vizinhos holandês e alemão; ou seja, Pilkington ficaria com quotas de mercado no noroeste da Comunidade na ordem dos 80%. Avisou então as empresas que aplicaria a proibição contida no art. 86.º a tal operação de concentração. Perante esta ameaça, as partes resolveram limitar-se a adquirir a Flachglas, filial alemã da BSN. Esta alteração acalmou os ânimos da Comissão que, em consequência, levantou as objecções formuladas. Um processo semelhante ocorreu nos casos *British Airways/British Caledonian*[268] e *Air France/Air Inter/UTA*[269]. No primeiro caso, a Comissão obteve, da parte da British Airways, uma série de compromissos importantes -que limitou o número de faixas de que a companhia absorvida, a British Caledonian, dispunha no aeroporto de Gatwick e garantiu a não restrição, com a fusão, da disponibilidade, para as companhias concorrentes, de faixas horárias num outro aeroporto londrino, Heathrow –, relativos à absorção da British Caledonian. O segundo caso refere-se à oferta lançada, no início de 1990, pela Air France, companhia aérea estatal francesa, para a aquisição de 54,6% das participações da maior companhia aérea francesa, a UTA. A UTA, por seu turno, detém 35,8% da Air Inter, a maior companhia francesa de voos domésticos, enquanto a Air France detém uma participação directa de 37% na UTA. Adquirindo a UTA, a Air France tornou-se a maior companhia europeia. À semelhança do que sucedeu com a fusão da British Airways e British Caledonian, a Comissão só aprovou a operação depois de as autoridades e as companhias em causa terem assumido importantes compromissos com o objectivo de garantir o acesso ao mercado de novas companhias, assegurando assim uma verdadeira concorrência no mercado. Aponte- -se, finalmente, o caso *Consolidated Gold Fields/Minorco*[270], em que a Minorco, que já possuía 29,9% das acções da Gold Fields, lançou sobre esta uma OPA hostil. Tal aquisição seria um abuso porque reforçaria a posição dominante da Minorco no mercado de metais preciosos, nomeadamente no da platina. A Comissão não levantou objecções

---

[268] 18.º Rel. Conc., 1988, ponto 81.
[269] 20.º Rel. Conc., 1990, ponto 116.
[270] 19.º Rel. Conc., 1989, ponto 68.

104 *O controlo das concentrações de empresas no direito comunitário*

quando a Minorco lhe deu garantias formais de que, em caso de aquisição, cederia num prazo determinado as actividades da Consolidated Gold Fields no domínio da platina. Observe-se, por outro lado, que o receio experimentado pelas empresas, perante a ameaça da aplicação do art. 86.°, levou-as não só a adaptarem os seus projectos de concentrações às indicações sugeridas pela Comissão, como ainda a abandoná--los. Recordem-se os casos particularmente ilustrativos da *Amicon Corp./Fortia AB e Wright Scientific Ltdt*[271] e *Irish Distillers Groups*[272]. No primeiro caso, a empresa Amicon – um terceiro em relação à operação de concentração – queixou-se à Comissão que a proposta do grupo sueco Fortia de aquisição da empresa britânica Wright levaria a um reforço da posição dominante da Fortia, ou mesmo a uma situação de monopólio, requerendo a adopção de medidas provisórias. A Comissão viu-se dispensada da resolução do problema visto que, quando informou as empresas envolvidas da queixa da Amicon, a empresa Wright respondeu-lhe que tinha cessado as negociações para a realização da fusão com a Fortia. O mesmo sucedeu no segundo caso, quando levantou objecções à oferta conjunta dos três principais produtores e vendedores de bebidas alcoólicas na Comunidade (Allied Lyons, Guiness e Grand Metropolitan) em relação ao Irish Distillers Group, único produtor de uísque irlandês. Abandonado o projecto da oferta conjunta, a Comissão suspendeu o processo porque considerou deixar de existir uma infracção aos arts. 85.° e 86.°[273].

Estes casos, referidos de forma resumida pela Comissão, nos relatórios sobre a política de concorrência, pouco ou nada acrescentam à doutrina do *Continental Can*. De facto, abstraindo das declarações feitas no 10.° relatório da Comissão, não há verdadeiramente inovações a assinalar neste campo. Aliás, vai ser preciso esperar até ao caso *Philip Morris,* relativo à aquisição de participações minoritárias numa empresa concorrente, através de uma série de acordos celebrados em 1981, e alterados em 1984[274], para a questão da aplicação do art. 86.° receber uma lufada de ar fresco. Observe-se que o interesse deste processo, relativamente à aplicação do art. 86.°, reside nas apreciações feitas pela Comissão face aos acordos de 1981, uma vez que em relação

---

[271] 11 Rapp. Conc., 1981, ponto 112.

[272] 18.° Rel. Conc., 1988, ponto 80.

[273] Cfr. *infra,* ponto 21.

[274] Os factos deste caso vêm adiante referidos de forma mais desenvolvida – cfr. *infra,* ponto 17.

O controlo comunitário das concentrações com base nos tratados   105

aos acordos de 1984 o Tribunal confirma no essencial a opinião da Comissão de que eles não violam o art. 86.º[275]. Quanto aos acordos de 1981, reveste-se de particular interesse a carta de acusações redigida pela Comissão. Esta confirma, em primeiro lugar, a jurisprudência do Tribunal nos acórdãos *Continental Can* e *Hoffmann-La Roche*[276], bem como os critérios mais flexíveis de posição dominante e de abuso fixados no 10.º relatório[277]; depois ainda, parece indiciar a aplicação do art. 86.º aos casos de posição dominante colectiva[278] (o

---

[275] A razão invocada pela Comissão, confirmada aliás pelo Tribunal, para o facto de não haver violação dessa disposição resume-se a um parágrafo: «não é possível dizer que existe abuso de posição dominante na acepção do art. 86.º já que a sociedade investidora não está em condições de controlar a sociedade em que investiu. Neste caso, pelas razões acima referidas, os novos acordos não colocam a Philip Morris numa situação que lhe permita controlar os negócios da Rothmans International e não existe assim violação do art. 86.º» – cfr. ponto 29 do relatório para a audiência no acórdão *Philip Morris,* cit.

[276] Observe-se que a Comissão faz apelo expresso a estes dois acórdãos para recordar que uma «empresa explora de forma abusiva a sua posição dominante se a reforçar ao ponto de atingir um nível de preponderância que limite fortemente a concorrência, ou atente contra a estrutura concorrencial efectiva do mercado comum». Este critério verificar-se-ia, segundo a Comissão, no caso em apreço, dado que a posição dominante da RI associada à posição de força da Philip Morris colocariam fortes entraves à restante concorrência – cfr. pág. 4500 do referido acórdão.

[277] De facto, a Comissão afirmou, em relação aos acordos de 1981, que as quotas de mercado da RI de 47% e 49% nos mercados da Bélgica e Luxemburgo, e da Holanda, respectivamente, eram indícios suficientes da existência de uma posição dominante dessa empresa numa parte substancial do mercado (devendo essa posição ser imputada à Rembrandt), e considerou que existia um abuso com a eliminação da sociedade Philip Morris, que era um concorrente da RI, visto que a RI teria reforçado, deste modo, o seu domínio. Note-se que não disse que os acordos de 1981 eliminavam a concorrência, apenas disse que o reforço da posição dominante colocaria «fortes entraves à restante concorrência» (cfr. pág. 4501 do acórdão). A Comissão conclui em seguida que a Rembrandt e a Philip Morris tinham violado os arts. 85.º e 86.º, e na carta que acompanhava a comunicação das acusações ordenou-lhes, numa fórmula que recordava claramente a utilizada no acórdão *Continental Can*, que «pusessem fim às infracções» (cfr. pág. 4501).

[278] Já foi sugerido que em relação aos acordos de 1981 a Comissão se teria inspirado na noção de posição dominante colectiva, ao referir que a «Philip Morris e a Rembrandt ocupariam assim <u>conjuntamente uma posição dominante</u> em duas partes substanciais do mercado comum» (cfr. pág. 4501 do relatório para a audiência do acórdão *Philip Morris*; sublinhado nosso). Ou seja, a Comissão parecia estar a invocar a noção de «posição dominante colectiva», detida pela Rembrandt e pela Philip Morris,

106   O controlo das concentrações de empresas no direito comunitário

que virá a fazer expressamente no caso *Vidro Plano*); e, finalmente, aborda a questão da aplicação do art. 86.°, não só ao reforço da posição dominante, mas também à sua criação[279]. Apesar das expectativas

para justificar a existência de uma situação de abuso; cfr., neste sentido, Frank L. FINE, *Merger and joint ventures in Europe. The Law and policy of the EEC*, Graham & Trotman, 1990, pág. 35. Note-se, porém, que para a Comissão poder invocar aí a noção de posição dominante colectiva deveria conseguir provar a existência dos requisitos formulados no 16.° Rel. Conc. (cfr. pág. 329). Ora, tal não parece verificar-se no caso concreto. A Comissão, pelo contrário, parece ignorar completamente as exigências formuladas no 16.° Rel. Conc. para a existência de uma posição dominante colectiva, não fazendo qualquer tentativa para demonstrar a existência de uma interdependência de decisões consciente entre as partes. De facto, nenhuma prova é feita quanto à existência de uma coordenação da acção entre a Philip Morris e a RI antes dos acordos de 1981 que indiciasse a presença de uma posição dominante colectiva. Assim, das duas uma: ou a Comissão não se quis referir no extracto citado à noção de posição dominante colectiva, mas nesse caso não se compreende por que é que utilizou a fórmula «ocupar conjuntamente uma posição dominante»; ou era realmente sua intenção invocar essa figura, sendo esta atitude igualmente criticável dado que não conseguiu provar, no caso concreto, a verificação dos pressupostos da posição dominante colectiva. Com a entrada em vigor do Regulamento n.° 4064/89, relativo ao controlo das operações de concentração, já se afirmou que este problema estaria em grande parte resolvido, dado que a Comissão passaria a dispor de um instrumento específico que lhe permitiria exercer um controlo sobre as posições dominantes colectivas em mercados oligopolistas. Trata-se de uma questão extremamente complexa, que teremos oportunidade de analisar no ponto 48.

[279] De facto, as razões justificativas apresentadas pela Comissão, na comunicação das acusações (referidas no relatório para a audiência, cit., págs. 4500- -4501) da violação do art. 86.° são verdadeiramente notáveis, na medida em que acabam aparentemente por alargar o campo de aplicação da proibição do abuso à mera aquisição de uma posição dominante. A autoridade comunitária começou por considerar que, em 1980, a RI estava em posição dominante em duas partes substanciais do mercado comum, devido às suas quotas de 47,8% na Bélgica e no Luxemburgo, e de 49% na Holanda. Estas quotas, associadas a recursos auxiliares e solidez do grupo, permitiam à RI agir com um grau notável de independência face aos seus concorrentes e clientes. Ora, antes dos acordos de 1981, essas posições dominantes deviam ser atribuídas à Rembrandt na medida em que esta dominava a RI através da RTH. E a Rembrandt teria explorado de forma abusiva a sua posição dominante ao celebrar os acordos em causa com a Philip Morris, facto que teria reforçado a posição dominante da RI ao eliminar um importante concorrente – a Philip Morris (cujas quotas de mercado, em 1980, ascendiam na Bélgica a 8,7% e no Luxemburgo a 7%). A Philip Morris, antiga força rival, passava, deste modo, a coordenar as suas actividades comerciais com as da RI. Assim, as forças combinadas

O controlo comunitário das concentrações com base nos tratados 107

da Rembrandt e da Philip Morris colocavam-nas, segundo a Comissão, em condições de agir com uma grande independência face aos seus concorrentes e à sua clientela. Mas a Comissão vai mais longe e afirma que a Philip Morris e a Rembrandt ocupam em conjunto uma posição dominante em duas partes substanciais do mercado comum, tendo a Philip Morris (espantosamente!) explorado de forma abusiva a sua posição dominante ao adquirir as acções da RI e ao celebrar os restantes acordos com a Rembrandt. Ora, não tendo a Comissão conseguido provar a existência de uma posição dominante colectiva, isso significa que só a Rembrandt detém uma posição dominante; logo, a Philip Morris só adquire essa posição com os acordos. Dito de outro modo, a Comissão, ao aplicar o art. 86.° a tal situação, está a aplicá-lo à aquisição de uma posição dominante. Desta forma, com tais declarações, a Comissão chega ao notável resultado de eliminar a distinção entre a prova da existência da posição dominante e o seu abuso, e acaba por aplicar a proibição do art. 86.° à mera aquisição de uma posição dominante, quando tem sido entendimento praticamente unânime que o art. 86.° não proíbe a mera existência de uma posição dominante mas apenas o seu abuso. De facto, parece que, antes da celebração dos acordos de 1981, a Philip Morris não se encontrava em posição preponderante no mercado comunitário. Foi a conclusão do acordo que lhe deu, na terminologia da Comissão, uma posição dominante em conjunto com a Rembrandt. A Comissão parece afirmar aqui uma extensão da doutrina contida no Continental Can. Com efeito, enquanto neste caso só se afirmava o reforço da posição dominante como susceptível de constituir um abuso nos termos do art. 86.°, no caso do Philip Morris a Comissão parece ir mais longe ao afirmar que a mera aquisição de uma posição dominante (numa empresa concorrente) pode constituir um abuso. Parece afastar, portanto, uma interpretação restritiva e literal do art. 86.°, segundo a qual só haveria abuso quando fosse praticado por uma empresa já em posição dominante. No sentido de que esta interpretação alargada é o resultado das declarações da Comissão na comunicação de acusações (apesar de tal doutrina até hoje não ter sido confirmada pelo Tribunal), cfr. Mark FRIEND, *European communities – The common market. Competition and Industrial property. Controlling mergers*, ELR, vol 13, 1988, págs 190-191. Observe-se, contudo, que a maioria da doutrina, avisadamente, continua a pautar-se com prudência pelos limites estabelecidos na redacção do art. 86.°, ou seja, afirmam que devem ser excluídos do seu campo de aplicação os casos de aquisição de posição dominante; cfr., neste sentido, M. REYNOLDS, *EC merger control at the cross roads*, in IFLR, November 1987, pág.33, Mario SIRAGUSA, *Current procedural and litigation aspects of mergers and takeovers,* FCLI, capítulo 23, 1990, págs. 512-513, e finalmente S. J. BERWIN, *Company Law and Competition,* Mercury Books,1992, págs. 116-117. Sublinhe-se, finalmente, que com a entrada em vigor do Regulamento n.° 4064/89 o problema foi largamente resolvido, dado que as autoridades comunitárias passaram a dispor de uma base legal para o controlo das concentrações que <u>criam</u> uma posição dominante – cfr. *infra,* ponto 45.

108   *O controlo das concentrações de empresas no direito comunitário*

levantadas com as declarações da Comissão no caso *Philip Morris,* mantêm-se praticamente inexistentes até hoje as intervenções das autoridades comunitárias com base na jurisprudência *Continental Can.*

A razão deste «fracasso» na aplicação do art. 86.° às concentrações, através nomeadamente de decisões formais, encontra, em parte, a sua justificação, como já referimos, nos limites práticos inerentes a esta disposição. Com efeito, o art. 86.° só se aplica às concentrações em que pelo menos uma das empresas envolvidas já detenha uma posição dominante no mercado, facto que restringe, de forma considerável, o seu campo[280]. Deste modo, o art. 86.° só seria aplicado às situações em que há um *reforço* de uma posição dominante, mas não às operações de concentração que *criam* tal posição.

Por outro lado, a própria estrutura do art. 86.° não foi pensada para se aplicar a alterações estruturais. Desde logo, não é possível um controlo *a priori* das concentrações no seu âmbito, situação que impede a Comissão de agir preventivamente e evitar a concretização da operação. Dito de outro modo, a Comissão apenas pode agir *a posteriori*[281], aplicando, por exemplo, multas nos termos do Regula-

---

[280] As limitações desta exigência encontram-se em parte reduzidas, como sublinha V. KORAH, com a diminuição da «presunção» da existência de posições dominantes para quotas de mercado na ordem dos 40% a 45%; cfr. Valentine KORAH, *The control of mergers...*, ob cit., pág. 240. Em sentido contrário, acentuando as dificuldades da prova da existência de uma posição dominante que não teriam sido grandemente atenuadas pela redução dos valores das quotas de mercado, cfr. Jean-Marc Le BOLZER, *The new EEC merger control policy after the adoption of Regulation 4064/89,* WCLER, vol 2, n.° 4, July 1990, pág. 33.

[281] É claro que as empresas que pretendem realizar uma operação de concentração podem sempre sondar a Comissão com vista à aprovação informal dessa operação. Observe-se, porém, que esta solução – aprovação informal dada pela Comissão através nomeadamente de «cartas administrativas de arquivamento» (referidas geralmente na terminologia anglo-saxónica por «comfort letters») – apresenta bastantes inconvenientes. Como afirma pertinentemente M. REYNOLDS, o receio de que a Comissão inicie um inquérito que termine numa decisão de «desconcentração» leva as empresas a abandonarem ou a modificarem frequentemente os seus projectos perante uma simples ameaça de aplicação do art. 86.°. A situação agrava-se se essas ameaças se basearem apenas numa primeira impressão que não se encontra devidamente fundamentada, como teria de ser necessariamente se fosse uma decisão formal. Gera-se, assim, uma grande insegurança jurídica que deriva da desnecessidade de uma justificação cuidadosa da decisão informal. Inconveniente este

O controlo comunitário das concentrações com base nos tratados   109

mento n.° 17, ou ordenando a «desconcentração da operação»[282], solução que implicará geralmente elevados custos para a empresa, visto

que nem sempre é compensado pela vantagem de um processo mais rápido; cfr. *Merger control...*, ob. cit., págs. 413-414.

[282] Há quem sugira que a conjugação do art. 3.° do Regulamento n.° 17, que estabelece no seu n.°1 que «se a Comissão verificar, a pedido ou oficiosamente, uma infracção ao disposto no art. 85.°, ou no art. 86.° do Tratado, pode, através de decisão, obrigar as empresas e associações de empresas em causa a pôr termo a essa infracção», com o considerando 45 do acórdão *Commercial Solvents* confere à Comissão o poder de ordenar medidas de «desconcentração» no exercício das suas funções de controlo. Neste sentido, cfr. F. FINE, *Mergers and joint ventures...*, ob. cit., pág. 94, J. Temple LANG, *Joint ventures under the EEC Treaty rules on competition – I*, IJ, vol. XXII, Summer 1977, pág. 35, e AAVV, *Merger control in the EEC. A survey of european competitions laws*, Kluwer, 1988, pág. 259. Note-se que, como observam Cristopher BELLAMY e Graham CHILD, a questão de saber se o art. 3.° do Regulamento n.° 17 permite, ou não, à Comissão adoptar medidas de «desconcentração», em relação a casos apreciados à luz do art. 86.°, continua em aberto – cfr. *Common Market Law of Competition*, 3ª ed. 1987, Sweet & Maxwell, pág. 494. Parece-nos que, à partida, não se deve afastar a hipótese de a Comissão poder adoptar medidas de desconcentração, nomeadamente à luz do art. 86.°.Talvez seja de acolher a solução, proposta por Temple LANG, de se admitirem decisões de desconcentração que ordenem o que for «menos oneroso» para as partes, e lhes «ofereçam a oportunidade [na medida do possível] de escolherem entre as diferentes maneiras existentes de pôr termo» à infracção – cfr. Temple LANG, *Joint Ventures under the EEC...*, ob. cit., págs. 35-36. Por outro lado, estamos obviamente conscientes de que se trata de uma solução que por vezes se pode revelar difícil de aplicar na prática e que tem inúmeros inconvenientes, que se revelam com particular acuidade em relação às operações de concentração que envolvam empresas não comunitárias. Nestes casos, procurar que a decisão de «desconcentração» tenha efeitos dentro da Comunidade pode nem sempre ser uma solução possível. Um exemplo particularmente ilustrativo deste tipo de situações é dado por AAVV, *Merger control in the EEC...*, já citado, publicado em 1988, na KLUWER . Levanta-se aí o problema de saber como é que se pode ordenar a «desconcentração» de uma empresa comum entre duas sociedades estrangeiras que exportam para a Comunidade mas não têm quaisquer filiais sediadas na Comunidade. A solução, proposta, de as sociedades estrangeiras criarem uma filial na Comunidade que prosseguisse essas actividades exportadoras, à qual depois se poderia aplicar a sanção de «desconcentração», parece-nos que seria, como aliás acabam por reconhecer os próprios autores, extremamente artificial – cfr. AAVV, *Merger control in the EEC...*, ob. cit., Kluwer, 1988, pág. 261. Este problema, que se prende igualmente com a questão da aplicação extra-territorial das disposições comunitárias, adquiriu hoje um redobrado interesse com a adopção do Regulamento n.° 4064/89, que prevê expressamente a possibilidade de a Comissão adoptar medidas de «desconcentração». Sobre esta questão, cfr. *infra* ponto 46 e segs.

110 O controlo das concentrações de empresas no direito comunitário

revelar-se bastante inadequada no plano da certeza jurídica [283]. Note-se que esta insegurança jurídica foi, em parte, reduzida mediante a

---

[283] Surge, aqui, o problema de saber se a Comissão pode impedir a realização de uma operação de concentração, quer utilizando a comunicação das acusações como meio de pressão sobre as empresas, quer adoptando providências cautelares, evitando, assim, as dificuldades de uma decisão de desconcentração. A favor da aplicação dessas providências às operações de concentração, manifestou-se M. REYNOLDS, argumentando que tal possibilidade se basearia na aplicação conjunta das decisões do Tribunal de Justiça proferidas no acórdão *Continental Can* e no acórdão *Camera Care* (acórdão de 17 de Janeiro de 1980, processo 792/79, *Camera Care c. Comissão das Comunidades Europeias*, Rec. 1980, pág. 119), onde o Tribunal reconheceu que a Comissão tinha poderes para adoptar providências cautelares, em matéria de concorrência, ao abrigo do Regulamento n.º 17 (art. 3.º n.º 1), para preservar o *status quo* até ser emitida a decisão final (acórdão *Camera Care*, considerando 18). A sua adopção teria particular interesse em relação às concentrações devido à grande dificuldade em «desfazer» uma operação realizada – cfr. M. REYNOLDS, *Merger control...*, ob. cit., pág. 415. Note-se que este poder de a Comissão aplicar medidas cautelares em matéria de concorrência estaria sujeito à verificação de certos pressupostos estabelecidos quer pelo Tribunal no acórdão *Camera Care*, quer pela Comissão na *Nota prática sobre providências cautelares* (reproduzida por C. S. KERSE no Apendix I da sua obra, *EEC Antitrust procedure*, 1988), que podem ser resumidos nos seguintes termos:

Em primeiro lugar, exige-se a existência de fortes indícios de que foram violadas normas de concorrência do Tratado. Esta condição nem sempre será fácil de preencher no caso das concentrações, visto que é difícil prever antecipadamente, e com suficiente certeza, que a concentração projectada preenche todos os requisitos da infracção do art. 86.º ou do art. 85.º (no caso de aceitarmos a aplicação desta disposição a tais fenómenos). Não basta, portanto, a possibilidade de uma dessas disposições ser violada para que a Comissão se disponha a adoptar providências cautelares, é preciso que essa previsão se apoie num elevado nível de segurança, ou seja, a previsão tem de ser razoável. As dificuldades na aplicação prática deste requisito geraram a discórdia na doutrina quanto à possibilidade de a autoridade comunitária aplicar providências cautelares às concentrações. Para uns – entre os quais podemos destacar Karen BANKS –, o poder de a Comissão ordenar providências cautelares, com base no art. 3.º do Regulamento n.º 17, estaria limitado às decisões que visam pôr termo à infracção. Logo, segundo a autora não poderiam tais medidas ser aplicadas às concentrações no âmbito do art. 86.º, dado que o abuso só surgiria depois com o reforço do domínio. Desta forma, a Comissão teria sempre muitas dificuldades em prever com um certo grau de certeza que a proposta de concentração conduziria a uma violação do art. 86.º, o que significa que, não se verificando o primeiro requisito da aplicação das providências cautelares, se deveria excluir a sua utilização no caso de concentrações – cfr. ob. cit., pág. 396. Neste sentido se pronunciaram igualmente AAVV, *Merger control...*, ob. cit., Kluwer, 1988, pág. 251. Contra estes argumentos se manifestou generalização da prática de as empresas notificarem previamente a Comissão do seu projecto de concentração, obtendo, deste modo, informalmente a autorização da operação, ainda que, por vezes, à custa de alterações desse projecto. Consagra-se, assim, de certa forma, um verdadeiro sistema de notificação prévia.

M. SIRAGUSA, defendendo a possibilidade de a Comissão aplicar providências cautelares às concentrações, visto que bastaria a «iminência» da violação do art. 86.º para poderem ser concedidas tais medidas. Não era, portanto, necessário que se tivesse efectuado a violação da disposição – cfr. ob. cit., pág. 537.

O segundo requisito consiste na necessidade de as providências se revelarem urgentes e terem por objectivo impedir situações que causem danos sérios e irreparáveis às partes que requerem a sua aplicação, ou impedir situações intoleráveis para o interesse público. Será muito difícil, no caso das concentrações, os concorrentes, que serão geralmente as partes lesadas com a operação, ou mesmo os participantes nela, fazerem essa prova. Na verdade, nem sempre parecerá ser suficientemente grave o dano da perda de independência de uma sociedade alvo de uma aquisição de controlo para se justificar a aplicação de medidas provisórias. Alega-se que os efeitos da concentração, – ao contrário de outras situações como é, por exemplo, o caso da recusa de fornecimentos-, podem não se manifestar imediatamente -como é que se prova logo a diminuição da importância da quota de mercado, que poderá mesmo desaparecer no futuro? –, sendo impossível invocar nesse caso a necessidade de medidas urgentes, ou a verificação de danos irreparáveis na sua falta. O afastamento dessas medidas seria ainda reforçado pela ideia de que se revelam manifestamente desnecessárias quando a Comissão pode sempre solucionar os efeitos anti-concorrenciais da concentração, ordenando a sua «desconcentração». A verdade é que este último argumento não nos parece convincente, visto que o recurso à «desconcentração» deve ser considerado a *última ratio*, dadas as dificuldades que muitas vezes surgem na sua aplicação.

Finalmente, é preciso não esquecer o carácter temporário dessas medidas, que são meramente conservadoras do *status quo*. É o caso das providências que impedem o exercício dos direitos de voto ou condicionam a transferência das participações à decisão final da Comissão. São estas dificuldades na aplicação de providências cautelares (que além do mais têm de obedecer ao princípio da proporcionalidade) que justificam a relutância da Comissão em utilizá-las, especialmente em relação às operações de concentração. Em alternativa, a autoridade comunitária já sugeriu – no terceiro parágrafo da *Nota Prática sobre Providências Cautelares* – às partes que se considerem lesadas que procurassem solucionar os seus problemas recorrendo, em primeiro lugar, às soluções similares disponíveis perante os tribunais nacionais. A verdade é que é capaz de ser mais difícil convencer um tribunal nacional a adoptar tais medidas do que uma autoridade comunitária; basta pensarmos nas complexas situações, nomeadamente económicas sobre as quais as jurisdições nacionais são chamadas a pronunciar-se, não dispondo geralmente dos necessários auxílio técnicos.

112 O controlo das concentrações de empresas no direito comunitário

Por último, cabe referir a inexistência de uma norma, semelhante ao art. 85.º, n.º 3, que confira à Comissão poderes para isentar as concentrações[284]. Na prática, a autoridade comunitária revelou-se extremamente flexível na aplicação da jurisprudência *Continental Can*. Foram raros os casos em que ameaçou aplicar o art. 86.º e mesmo aí permitiu as operações, desde que as empresas alterassem o projecto no sentido indicado, parecendo, ironicamente, aproximar-se com este sistema do mecanismo do art. 85.º, n.º 3[285], cuja aplicação considerara, no Memorando de Dezembro de 1965, inadequada às situações de concentração.

As restrições à aplicação do art. 86.º acentuaram a necessidade de um dispositivo legislativo específico, destinado ao controlo das concentrações. Deste modo, pouco depois do acórdão *Continental Can*, em 20 de Julho de 1973[286], a Comissão apresentou ao Conselho uma proposta de regulamento sobre o controlo das concentrações. Nessa proposta, chamava a atenção para o crescimento das concentrações no mercado comum, bem como para os perigos que daí poderiam advir para a concorrência existente no mercado, devido, sobretudo, à sua incapacidade para resolver o problema quando dispunha de meios tão limitados como era o recurso ao art. 86.º. Apesar do apelo, aí feito, à concessão de meios que lhe permitissem um controlo sistemático dessas operações, tal não se irá concretizar nos anos mais próximos. Na falta de legislação específica, a autoridade comunitária vai procurar

---

[284] Já se afirmou que este inconveniente poderia ser superado se a Comissão, na apreciação da operação de concentração à luz do art. 86.º, atendesse a certas circunstâncias mitigantes. Por outras palavras, a Comissão na sua análise poderia atender, em certa medida, aos efeitos benéficos da concentração, nomeadamente em relação à manutenção de um certo nível de emprego ou ao desenvolvimento regional, factores estes que afastariam a proibição do art. 86.º. Cfr., neste sentido, V. KORAH, *The control of mergers...*, ob. cit., pág. 242. Esta sugestão, embora em princípio não fosse possível atendendo à estrutura do art. 86.º, que não prevê um mecanismo de isenção, é em parte, na prática, seguida pela Comissão com a aplicação de uma política liberal em relação às concentrações .

[285] De facto, esta possibilidade de as empresas conseguirem a autorização do projecto, ao qual muitas vezes a Comissão impunha condições ou exigia alterações, levou a que já se afirmasse uma aproximação na prática do sistema do art. 86.º ao do art. 85.º, n.º 3 – cfr., neste sentido, L. VOGEL, *Droit de la Concurrence...*, ob. cit., págs. 337e segs.

[286] Proposta de Regulamento (CEE) do Conselho sobre o controlo das concentrações (apresentada pela Comissão ao Conselho em 20 de Julho de 1973), JOCE n.º C 92/1 de 31.10.73.

O *controlo comunitário das concentrações com base nos tratados*   113

alargar o seu campo de acção recorrendo aos instrumentos já existentes. O seu próximo passo consistirá na defesa da aplicação do art. 85 .° e às operações de concentração, invertendo assim a posição defendida inicialmente no Memorando de Dezembro de 1965.

Em síntese, podemos afirmar que:

1. O princípio, sustentado pela Comissão no Memorando de Dezembro de 1965, da aplicação do art. 86.° às operações de concentração vai ser concretizado pela primeira vez na decisão *Continental Can*, onde a autoridade comunitária afirma expressamente que haverá uma situação de abuso punida pelo art. 86.° quando a empresa em posição dominante reforce essa posição através de uma concentração com outra empresa, com a consequência de a concorrência ser praticamente eliminada no mercado comum.

2. Esta asserção vai ser reafirmada pelo Tribunal no acórdão *Continental Can*, apesar de na prática ter anulado a decisão da Comissão. Numa decisão apelidada de «política», e favorecedora de um «governo de juízes», o Tribunal confirma, através de uma interpretação sistemática e teleológica do art. 86.°, que pode constituir um abuso o facto de uma empresa em posição dominante reforçar essa posição, por meio de uma operação de concentração, impedindo substancialmente a concorrência. Note-se, porém, que o alcance excessivo que uma leitura coerente da jurisprudência *Continental Can* podia conferir à proibição do art. 86.°, mediante uma proibição *per se* da posição dominante, em violação do teor literal dessa disposição, foi travado, pela própria autoridade comunitária, de certa forma à custa da sua coerência lógica. De facto, apesar da perspectiva finalista do controlo visado pelo art. 86.° poder significar a consideração da posição dominante como um entrave, em si mesmo, à concorrência, devendo, como tal, vedar-se a sua aquisição, não foi esta a posição adoptada pelo Tribunal .

3. Posteriormente, os critérios de aplicação do art. 86.° foram, de certa forma, alterados, quer pela jurisprudência do Tribunal, nomeadamente no acórdão *Hoffmann-La Roche* (que parece deixar de exigir um entrave «substancial da concorrência»), quer pela Comissão, no 10.° relatório sobre a política de concorrência (onde afirma que quotas de mercado na ordem dos 40% são suficientes para indiciar uma posição dominante e afasta, em relação à noção de abuso, a referência à eliminação da concorrência, contentando-se com o seu entrave substancial).

114   *O controlo das concentrações de empresas no direito comunitário*

4. Apesar da noção lata de abuso, são raras as intervenções da Comissão à luz do artigo 86.°, facto que se explica, em nosso entender, pelas limitações inerentes à sua aplicação. Desde logo, só seria proibido o reforço da posição dominante, e não a sua criação.

5. Acrescem razões ligadas à inadequada organização do art. 86.°, que não foi previsto para se aplicar a alterações estruturais susceptíveis de entravarem a concorrência. Acentue-se, nomeadamente, a inexistência de um mecanismo de controlo preventivo das concentrações bem como de um sistema de isenção dessas operações.

6. Na realidade, estes inconvenientes foram, em parte, contornados com o desenvolvimento de uma verdadeira prática, a de as empresas notificarem previamente a Comissão dos projectos de concentração, bem como através de uma apreciação flexível da jurisprudência *Continental Can,* que conduzia normalmente à autorização das operações de concentração, ainda que por vezes os projectos tivessem de ser alterados ou ficar sujeitos a condições. Esta situação, incentivada pela autoridade comunitária, aproxima-se do mecanismo do art. 85.° que, ironicamente, ela afirmara no Memorando ser inadequado ao fenómeno das concentrações.

7. As limitações do art. 86.° levaram a Comissão, em 1973, pouco depois do acórdão *Continental Can,* a apresentar ao Conselho uma proposta de regulamento para o controlo das concentrações. Os obstáculos levantados pelos Estados à adopção do regulamento atrasaram de tal forma o processo que a Comissão, defrontando-se com a inexistência de meios que permitissem o controlo dessas operações, considerado premente para a salvaguarda da concorrência, inverte o raciocínio utilizado no Memorando e passa a defender a aplicação do art. 85.° às concentrações.

4. A OPERAÇÃO DE CONCENTRAÇÃO COMO *ENTENTE* PROIBIDA NO ÂMBITO DO TRATADO CE ?

Sumário: 16 – *Pressupostos gerais da aplicação do art. 85.° do Tratado CE.* **17** – *Aplicação do art. 85.° às operações de concentração? O caso Philip Morris.* **18** – *(cont.) A decisão da Comissão.* **19** – *(cont.) O acórdão do Tribunal de Justiça.* **20** – *Apreciação crítica.* **21** – *Aplicação da doutrina estabelecida no acórdão.*

16. Antes de entrarmos na análise da questão da aplicação do art. 85.° às concentrações, que está longe de ser pacífica, entendemos por conveniente fazer uma aproximação sumária ao mecanismo de funcionamento da disposição em causa. Será, deste modo, avisado fazermos uma referência aos pressupostos gerais da sua aplicação, particularmente ao n.° 1 do art. 85.°, o que facilitará, em nossa opinião, a compreensão deste complexo problema.

O art. 85.°, n.° 1, do Tratado de Roma dispõe: «São incompatíveis com o mercado comum e proibidos todos os acordos entre empresas, todas as decisões de associações de empresas e todas as práticas concertadas que sejam susceptíveis de afectar o comércio entre os Estados-membros e que tenham por objectivo ou efeito impedir, restringir ou falsear a concorrência no mercado comum(...)», enumerando em seguida de forma não taxativa vários exemplos.

São, assim, pressupostos da aplicação do art. 85.°:

– o concurso de vontades entre as empresas participantes na *entente*;

– tendo por objectivo ou efeito impedir, restringir, ou falsear a concorrência;

– e que possa afectar o comércio entre os Estados-membros.

Para a aplicação do art. 85.°, n.°1, é, deste modo, necessária, em primeiro lugar, a existência de duas empresas que actuem de forma concertada. A proibição estabelecida no art. 85.°, n.° 1, dirige-se às

---

[287] Sobre esta questão, cfr. GOLDMAN e LYON-CAEN, ob. cit., pág. 504.

116   *O controlo das concentrações de empresas no direito comunitário*

empresas sem prover porém à definição dessa noção[287]. Este conceito não se encontra, aliás, definido em nenhuma disposição do Tratado, mas foi objecto de estudo quer pela Comissão quer pelo Tribunal de Justiça. Das decisões proferidas por estas autoridades comunitárias podemos tentar definir o conceito comunitário de empresa[288] como toda a entidade dirigida à prossecução de interesses económicos que, dispondo de autonomia de decisão, é capaz de determinar de forma independente o seu comportamento no mercado[289-290]. A exigência da

---

[288] Trata-se obviamente de uma noção comunitária que resulta do trabalho de investigação das autoridades comunitárias. Não se baseia, portanto, nos diversos ordenamentos jurídicos nacionais, devido às dificuldades evidentes que resultariam do facto de existirem noções diferentes nos vários direitos internos, conceitos esses que variam ainda consoante o ramo de direito em causa.

[289] Um primeiro esboço da noção comunitária de empresa surgiu no âmbito do Tratado de Paris com o acórdão *S.N.U.P.A.T.* (acórdão de 22 de Março de 1961, processos apensos 42 e 49/59, *Société Nouvelle des Usines de Pontlieu Aciéries du Temple c. Alta Autoridade da CECA,* Rec. 1961, pág. 103), em que o Tribunal afirmou que «a noção de empresa utilizada no Tratado se identifica com o conceito de pessoa singular ou collectiva e que, por conseguinte, várias [sociedades] com personalidades jurídicas distintas não podem constituir uma empresa única, mesmo se essas sociedades são objecto de uma integração económica levada ao extremo» (cfr. sumário, ponto 3). No acórdão em causa, o Tribunal chegou à conclusão de que havia duas empresas diferentes, sendo um elemento decisivo a existência de duas personalidades jurídicas distintas. A empresa é vista, assim, como um sujeito de direito e centro de decisões, dispondo de autonomia jurídica. A importância da existência de um sujeito juridicamente autónomo vai ser mantida nos acórdãos posteriores, nomeadamente no acórdão *Mannesmann* (acórdão de 13 de Julho de 1962, processo 19/61, *Mannesmann AG c. Alta Autoridade da CECA,* Rec. 1962, pág. 675) e no acórdão *Klöckner e Hoesch* (acórdão de 13 de Julho de 1962, processos apensos 17 e 20/61, *Klöckner-Werke AG Hoesch c. Alta Autoridade da CECA,* Rec. 1962, pág. 615). Nestes dois acórdãos, o Tribunal declarou que deve ser qualificada como empresa toda «a organização unitária de elementos pessoais, materiais e imateriais ligada a um sujeito juridicamente autónomo e prosseguindo de uma forma durável um objectivo económico determinado» – cfr. processo 19/61, págs. 705-706, e processos apensos 17 e 20/61, pág. 646. O conceito de empresa apresenta, deste modo, duas características essenciais: trata-se de uma organização que prossegue um escopo económico e que dispõe de autonomia jurídica. Observe-se, ainda, que o escopo económico prosseguido por essa entidade deve ser entendido em sentido amplo, abrangendo toda a actividade de distribuição ou de troca, não gratuita, de bens ou serviços, não sendo necessário um intuito lucrativo – cfr. GOLDMAN e LYON-CAEN, ob. cit., pág. 506. Esta noção ampla de actividade económica apenas deixaria de fora, como é entendimento unânime na

O *controlo comunitário das concentrações com base nos tratados*   117

doutrina, as actividades assalariadas e as actividades destinadas à satisfação de necessidades pessoais – cfr., por todos, THIESING, SCHRÖTER e HOCHBAUM, ob. cit., pág. 69. A noção de empresa, como «uma entidade económica com personalidade jurídica distinta», vai ser confirmada, ainda durante certo período de tempo, em vários acórdãos do Tribunal. Refiram-se, nomeadamente, os acórdãos *Société des Aciéries du Temple* (acórdão de 16 de Dezembro de 1963, processo 36/62, *Société des Aciéries du Temple c. Alta Autoridade da CECA*, Rec. 1963, pág. 585), e *Acciaierie e Ferriere di Solbiate S.P.A.* (acórdão de 16 de Junho de 1966, processo 50/65, *Acciaierie e Ferriere di Solbiate S.P.A. c. Alta Autoridade da CECA*, Rec. 1966, pág. 209).

No âmbito do Tratado da Comunidade Europeia, este conceito de empresa vai ser definido em termos algo diferentes. O relevo dado ao elemento jurídico no Tratado de Paris será substituído, no Tratado de Roma, pelo acentuar do pressuposto económico. Nesta transição assume uma importância vital o acórdão *Hydrotherm* (acórdão de 12 de Julho de 1984, processo 170/83, *Hydrotherm GmbH c. Firma Compact del Dott. Ing Mario Andreoli & C. sas*, Rec. 1984, pág. 2999), em que o Tribunal afirma que a noção de empresa, no âmbito do direito da concorrência, deve ser compreendida como designando uma «unidade económica do ponto de vista do objecto do acordo em causa, mesmo se do ponto de vista jurídico esta unidade económica é constituída por várias pessoas singulares e colectivas» (cfr. considerando 11). O Tribunal considerou, assim, neste acórdão duas pessoas jurídicas que desenvolviam uma actividade complementar como uma única empresa. Criou, deste modo, um novo conceito – o de «unidade económica» – com o qual passa a identificar frequentemente a noção de empresa.

A identificação, operada pelo Tribunal e pela Comissão, entre as noções de «empresa» e «unidade económica», ou ainda «entidade económica autónoma», explica-se, como afirmam Pierre BOS, Jules STUYCK e Peter WYTINCK, «pelo intuito de se responsabilizar as empresas-mãe pelas acções das suas filiais», bem como o de «delinear as condições em que os acordos restritivos entre membros de um grupo não são considerados violadores do art. 85.°» – cfr. *Concentration control in the European Economic Community*, Graham & Trotman, Ltd, 1992, pág. 142. Trata-se, portanto, de um conceito *funcional*. Seria, aliás, este entendimento que levaria o Tribunal a afirmar, no âmbito do Tratado CE, e também no campo do Tratado CECA, e em especial nos acórdão *Hydrotherm, Usinor* (acórdão de 11 de Outubro de 1984, processo 103/83, *Union Sidérurgique du Nord et de l'Est de la France «Usinor» c. Comissão das Comunidades Europeias*, Rec. 1984, pág. 3483), e *Alpa* (acórdão de 11 de Outubro de 1984, processo 151/83, *Société Aciéries et Laminoirs de Paris «Alpa» c. Comissão das comunidades europeias*, Rec. 1984, pág. 3519), que devem ser consideradas como «uma única empresa (...) várias empresas, que apesar de serem juridicamente autónomas, constituem uma unidade económica» (cfr. processo 103/83, considerando

118 *O controlo das concentrações de empresas no direito comunitário*

4, e processo 151/83, considerando 13). A noção de empresa refere-se, portanto, à existência de um ente que, prosseguindo objectivos económicos, determina de forma independente o seu comportamento no mercado. Deste modo, a autonomia de vontade, característica da empresa, a ter em conta é, como afirmou o Tribunal nos seus acórdãos *Centrafarm BV c. Sterling Drug Inc*, (acórdão de 31 de Outubro de 1974, processo 15/74, *Centrafarm Bv e Adriaan de Peijper c. Sterling Drug Inc.*, Rec. 1974, pág. 1147), e *Centrafarm Bv c. Winthrop Bv* (acórdão de 31 de Outubro de 1974, processo 16/74 *Centrafarm Bv e Adriaan de Peijper c. Winthrop Bv*, Rec. 1974, pág. 1183), «uma autonomia real na determinação da linha de acção no mercado» (cfr. processo 15/74, considerando 41, e processo 16/74, considerando 32). Note-se, todavia, que a utilização indiferenciada dos conceitos de «empresa», «unidade económica» e «entidade económica autónoma», se tem a vantagem de permitir uma aplicação flexível pelas autoridades comunitárias do direito comunitário às necessidades concretas de cada caso, dificulta a descoberta de uma noção rigorosa. Actualmente, com a publicação da Comunicação da Comissão relativa às operações com carácter de concentração e cooperação nos termos do Regulamento (CEE) n.° 4064/89 de 21.12.89, (90/C 203/06, JOCE n.° C 203/10 de 14.8.90.), foi avançada uma noção de empresa que parece significar um regresso às posições defendidas originariamente pelo Tribunal no âmbito do Tratado CECA, com uma diferença significativa: afasta-se o requisito de autonomia jurídica. Cfr. *infra,* ponto 37.

Observe-se, ainda, que a indiferença perante o estatuto jurídico adoptado permitiu às autoridades comunitárias englobar no conceito de empresa associações de interesse público, sociedades desportivas, comunidades religiosas, associações de beneficência, e mesmo uma pessoa singular – nomeadamente um inventor que explora comercialmente o seu invento – cfr. decisão de 2 de Dezembro de 1975 – cit., por SCHAPIRA e outros, ob. cit., pág. 255. É ainda a ausência da exigência do mesmo estatuto jurídico que levou o Tribunal a afirmar que a empresa mantém a sua identidade mesmo que seja, eventualmente, alterada a sua forma jurídica. Este princípio da manutenção da identidade da figura, independentemente de modificações na sua estrutura jurídica, é afirmado claramente no acórdão *Cram e Rheinsink* (acórdão de 28 de Março de 1984, processos apensos 29 e 30/83, *Compagnie Royale Asturienne des Mines SA et Rheinzink Gmbh c. Comissão das Comunidades Europeias*, Rec. 1984, pág. 1679), onde o Tribunal declara que «a alteração da forma jurídica e do nome de uma empresa não tem por efeito criar uma nova empresa desligada da responsabilidade dos comportamentos anti-concorrenciais da anterior, quando há identidade entre as duas do ponto de vista económico» (cfr. considerando 9). O Tribunal seguiu a opinião defendida pela Comissão, segundo a qual se trataria de duas formas jurídicas sucessivas de uma única e mesma empresa, visto que a empresa, apesar de ter

O *controlo comunitário das concentrações com base nos tratados* 119

alterado o nome e a forma jurídica, manteve a sua finalidade, sede e direcção, pelo que os actos cometidos pela sociedade extinta seriam imputados à nova sociedade. Esta jurisprudência foi desenvolvida com o recente acórdão *Hoesch* (acórdão de 19 de Outubro de 1989, processo 142/88, *Hoesch AG e República Federal da Alemanha c. Bergrohr Gmbh*, Colectânea de 1989, pág. 3413), que consagra o raciocínio inverso. Neste acórdão, o debate incidiu sobre o conceito de «novo produtor», nomeadamente sobre a questão de saber se essa noção englobaria o caso de uma empresa que já anteriormente fabricava um certo produto e que, pela abertura de um novo estabelecimento, no seguimento de uma importante reestrutração, aumentou consideravelmente a sua capacidade de produção. O Tribunal considerou que se tratava de um «novo produtor», visto que esta expressão devia incluir «as empresas que tendo embora produzido anteriormente tubos, e conservado a sua forma jurídica e a sua denominação social, sofreram uma transformação no plano económico que levou à criação de um novo estabelecimento dotado de importante capacidade de produção, especialmente quando esse novo estabelecimento fabrica um novo produto anteriormente não fabricado pela empresa» (cfr. considerando 16). Uma empresa que, com o apoio financeiro de uma outra, procede a uma reestruturação que implica a criação de um novo estabelecimento encarregado dessa nova produção constitui, assim, uma nova empresa comunitária, mesmo se mantém a forma jurídica e conserva a denominação social. Neste acórdão, o Tribunal faz, portanto, o percurso inverso do seguido no caso *Cram e Rheinsink*. Enquanto aqui afirma que uma empresa é a mesma se mantiver a sua unidade económica, mesmo que sofra alterações no plano jurídico, ali, o Tribunal considera que pode haver uma nova empresa no caso de uma sociedade que, conservando a forma jurídica e a denominação social, tenha no entanto sofrido modificações no plano económico.

Sobre a noção de empresa refira-se, finalmente, o estudo recente feito por Christian BOLZE, que afirma que as autoridades comunitárias desenvolvem esse conceito essencialmente a partir de dois elementos: um requisito que poderia ser designado estrutural, e que se refere à unidade de organização e interesses que animam entidades juridicamente distintas mas economicamente ligadas, e um elemento material, relativo à actividade económica desenvolvida pela empresa. De acordo com este autor, a noção de empresa tem sido, sobretudo, aprofundada pelo alargamento do elemento material, isto é, pela extensão das actividades abrangidas pelo conceito (por ex. saúde, acção social, sector associativo, etc) — cfr. C. BOLZE, *Droit communautaire de l'entreprise*, RTDC, n.° 3, Juillet-Septembre, 1991, pág. 514.

[290] Além das empresas, o art. 85.°, n.° 1, refere as associações de empresas. Estas serão uma forma de cooperação entre empresas, cuja igualdade e independência se encontram juridicamente garantidas, sendo indiferente a forma jurídica escolhida (podem, por exemplo, ser agrupamentos com ou sem personalidade jurídica). Observe-se ainda que a constituição da associação não é em si restritiva da concorrência cfr. por todos SCHAPIRA e outros, ob. cit., pág. 251.

120 *O controlo das concentrações de empresas no direito comunitário*

autonomia de decisão da empresa é, desta forma, uma característica fundamental que vai ser determinante na solução do problema da aplicação do art. 85.° aos representantes de comércio e aos acordos celebrados entre empresas pertencentes ao mesmo grupo.

Quanto aos representantes de comércio, a questão de saber até que ponto dispõem de autonomia de decisão face aos representados, para se poder determinar se as convenções celebradas entre eles são «acordos entre empresas» nos termos do art. 85.°, vai ser em parte resolvida com a Comunicação de 24 de Dezembro de 1962, da Comissão, relativa aos contratos de representação exclusiva concluídos com os representantes do comércio[291]. Para a Comissão é indiferente a designação dada pelas partes – mandatário, comissário, gerente, etc –; o critério decisivo que separa o mero representante comercial do «comerciante independente» é a «existência de uma convenção expressa ou tácita relativa à assunção dos riscos financeiros ligados à venda ou à execução do contrato». Deste modo, quando o representante comercial não assume nenhum risco resultante da transacção, limitando-se a desempenhar uma função auxiliar, age no interesse e segundo as instruções da empresa em nome da qual opera[292]. Na prática, a distinção nem sempre se revelou fácil de concretizar e posteriores decisões, quer da Comissão[293] quer do Tribunal[294], demonstraram a utilidade de se interpretar com cautela os princípios estabelecidos na Comunicação da Comissão, bem como a necessidade de se provar a existência de um poder de decisão autónomo que permitisse

---

[291] JOCE n.° C 139/2 de 24 de Dezembro de 1962. Note-se que, apesar de esta comunicação não ser um acto normativo nos termos do art. 189.°, não produzindo, portanto, efeitos jurídicos obrigatórios, já foi considerada, por certos autores, como direito positivo nesta matéria; cfr., neste sentido, GOLDMAN e LYON-CAEN, ob. cit., pág. 513.

[292] Indícios de que o representante comercial pode ser considerado um comerciante independente seriam, nos termos da Comunicação da Comissão de 24.12.62, o facto de ele «poder celebrar acordos sujeitos à aplicação do art. 85.°, de organizar, manter ou assegurar à sua custa um serviço importante ou gratuito à clientela, ou determinar o preço ou as condições de venda, ou manter como proprietário existências consideráveis dos produtos referidos no contrato ou ainda determinar os preços ou as condições contratuais».

[293] Decisão de 19 de Dezembro de 1984, processo IV/26.870, *Importations d'aluminium d'Europe de l'Est*, JOCE n.° L 92/1, de 30.3.85., esp. pág. 37.

[294] Acórdão 1 de Outubro de 1987, processo 311/85, *Vereniging van Vlaamse Reisbureau c.Sociale Dienst van de Plaatselijke en GO*, Col. 1987, pág. 3801; cfr. considerandos 20 e 21.

O controlo comunitário das concentrações com base nos tratados 121

integrar o concurso de vontades, requisito da aplicação da proibição do art. 85.º, n.º 1[295]. Actualmente, encontra-se em preparação pela Comissão, atendendo à evolução do tratamento dado ao problema, uma nova Comunicação sobre este assunto[296].

Também a questão dos acordos celebrados entre empresas pertencentes ao mesmo grupo levanta o problema de saber se estaremos em presença de vontades autónomas, concorrentes, que configurem uma infracção proibida pelo art. 85.º. Este tema – designado geralmente por *intra-enterprise conspiracy*[297]– reconduz-se, no fundo, à questão de saber se os acordos susceptíveis de restringir a concorrência, celebrados entre a sociedade-mãe e as suas filiais podem ser abrangidos pela proibição estabelecida no n.º1 do art. 85.º[298]. A resolução desta contenda passa, mais uma vez, pelo conceito de autonomia de decisão. Assim, uma filial será uma empresa independente da sociedade-mãe quando, dispondo de autonomia de decisão, defina o seu comportamento no mercado de forma independente. É esta a solução que resulta quer da doutrina defendida pela Comissão, inicialmente de forma menos explícita na decisão *Christiani Nielsen*[299], e depois claramente na

---

[295] Já é pacificamente aceite na doutrina que os representantes assalariados, ligados à entidade patronal por um vínculo de subordinação, não podem ser considerados uma empresa autónoma; cfr., por todos, SCHAPIRA e outros, ob. cit., pág. 258.

[296] Cfr. 22.º Rel. Conc., 1992, ponto 300.

[297] Van BAEL e BELLIS, ob. cit., pág. 26, CASEIRO ALVES ob. cit., pág. 28, e GAVALDA e PARLEANI, ob. cit., pág. 459.

[298] Quanto aos acordos celebrados entre a sociedade-mãe e as sucursais e agências estarão, em princípio, fora do campo de aplicação do art. 85.º, visto que estas não gozam de personalidade jurídica; não são, portanto, titulares autónomos de direitos e obrigações; limitam-se a representar meros prolongamentos da actividade comercial da sociedade-mãe, não possuindo uma vontade autónoma concorrente com a da sociedade-mãe que permita falar de um concurso de vontades; cfr., por todos, CASEIRO ALVES, ob. cit., pág. 28.

[299] Nesta decisão, a Comissão considerou que o art. 85.º, n.º 1, não era aplicável dado que no plano económico a filial não podia ter uma acção autónoma em relação à sociedade-mãe, uma vez que esta detinha 100% do capital da filial, podendo ainda designar os seus dirigentes e dar-lhe instruções obrigatórias. A Comissão afirmou, em seguida, que a filial não podia, por isso, ser vista como uma entidade capaz de entrar em concorrência com a sociedade-mãe. O acordo foi considerado pela Comissão uma mera repartição de tarefas na mesma entidade económica que, por isso, lhe concedeu um certificado negativo (cfr. pág. 14 da decisão). Esta decisão foi muito criticada pela doutrina, visto que parece excluir a aplicação do art. 85.º aos acordos verticais. Para

122   O controlo das concentrações de empresas no direito comunitário

decisão *Kodak*[300], quer da jurisprudência do Tribunal nos acórdãos *Béguelin, Centrafarm BV c. Sterling Drug e Centrafarm BV c. Winthrop*. Quer uma quer outro apontaram como critério decisivo, na qualificação da filial como empresa independente, não a existência de uma personalidade jurídica distinta, mas a prossecução da actividade económica com autonomia de decisão em relação à sociedade-mãe. O Tribunal afirmou, deste modo, que o «art. 85.°, n.° 1, não visa os acordos ou práticas concertadas entre empresas pertencentes ao mesmo grupo, na qualidade de sociedade-mãe e filial, se essas empresas formarem uma unidade económica no seio da qual a filial não disponha de uma autonomia efectiva na determinação da sua linha de acção no mercado»[301-302], acrescentando, em seguida: «e se esses acordos ou práticas tiverem por finalidade a repartição interna de tarefas entre empresas»[303-304].

Uma questão diferente desta é a dos acordos celebrados pela filial com uma «empresa estranha ao grupo», mas por instigação da sociedade-mãe[305]. Já não se trata de saber se o acordo entre a sociedade-mãe e a filial é abrangido pela proibição do art. 85.°, mas se o compor-

---

um análise detalhada deste problema, veja-se especialmente Louis VOGEL, *Droit de la concurrence...*, ob. cit., págs. 63 e segs.

[300] Decisão *Kodak*, cit., pág. 25.

[301] Põe-se aqui o problema de saber se para se afirmar a dependência da filial face à sociedade-mãe é necessário que esta exerça efectivamente o seu poder de controlo sobre a filial, ou se basta a possibilidade de o exercer, isto é, se basta constatar a existência de um poder de controlo. No sentido de o poder de controlo ter sido efectivamente exercido, cfr. acórdão *ICI/Comissão*, cit., considerando 137, onde o Tribunal afirmou que «a requerente podia influenciar de forma determinante a política de preços de venda das suas filiais no mercado comum e utilizou de facto esse poder» (sublinhado nosso).

[302] O facto de o Tribunal não fixar os critérios a utilizar na determinação da autonomia da filial levou a que se entendesse que a escolha desses critérios é deixada às jurisdições nacionais, com o risco óbvio de falta de uniformidade nessa opção – cfr., neste sentido, Giles ASSANT, *Antitrust intracorporate conspiracies: a comparative study of french, EEC, and american law*, RDAI, n.° 2 1989, pág. 129.

[303] Cfr. acórdãos *Centrafarm/Sterling Drug*, cit., considerando 41, e *Centrafarm/Winthrop*, cit., considerando 32.

[304] Posteriormente à redacção deste trabalhio, surgiu o acórdão *Viho* (de 12 de Janeiro de 1995, proc. T-102/92, col. 1995-II, pág. 17) que parece definir de novo as condições de imunidade dos acordos celebrados no seio do mesmo grupo. Neste acórdão, o Tribunal omitiu a condição de repartição interna de tarefas, limitando-se a sublinhar que as filiais eram totalmente controladas pela sociedade-mãe.

[305] SCHAPIRA e outros, ob. cit., pág. 259.

O controlo comunitário das concentrações com base nos tratados   123

tamento da filial pode ser imputado à sociedade-mãe. Este problema surge igualmente no campo do art. 86.°, quanto à determinação do autor do abuso de uma posição dominante. O Tribunal já afirmou, a este propósito, que o comportamento da filial podia ser imputado à sociedade-mãe[306], mas sem excluir a responsabilidade da própria filial, ou seja, filial e sociedade-mãe parece que deverão ser responsabilizadas solidariamente. Dá-se, desta forma, mais um passo decisivo para o reconhecimento da importância da noção de grupo.

Estudado, como questão preliminar da aplicabilidade do art. 85.°, o conceito de empresa, e os dois problemas conexos – representantes de comércio e acordos celebrados no interior do grupo de sociedades –, importa agora examinar as várias formas de que se pode revestir a *entente*.

O art. 85.°, n.° 1, designa em primeiro lugar os «acordos entre empresas». Esta noção abrange, desde logo, todo o tipo de contratos de direito civil ou comercial[307], independentemente da forma assumida. Por outro lado, tal noção não se limita a incluir convenções juridicamente vinculativas[308]. De facto, é suficiente para existir um «acordo entre empresas» que elas tenham manifestado a sua vontade comum de adoptar um certo comportamento no mercado[309]. Desta forma, já se considerou que uma medida só aparentemente unilateral podia constituir um «acordo», desde que integrada num conjunto de relações contratuais[310], e a noção de «acordo» foi mesmo estendida a actos preparatórios de contratos futuros, que seriam o seu prolongamento[311].

---

[306] Deste modo, no acórdão Matérias Corantes, o Tribunal declarou que «considerando a unidade do grupo... os comportamentos das filiais podem, em certas circunstâncias, ser ligados à sociedade-mãe» (acórdão, cit., considerando 135).

[307] THIESING, SCHRÖTER e HOCHBAUM, ob. cit., pág. 71.

[308] Neste sentido, cfr. GAVALDA e PARLEANI, ob. cit., pág. 463, e M. WAELBROECK e outros, *Le droit de la Communauté...*, ob. cit., pág. 6. Ainda sobre esta questão, cfr. W. Van GERVEN, *Principes du droit des ententes de la Communauté Économique Européenne*, 1966, Bruylant, ponto 19.

[309] Acórdão de 15 de Julho de 1970, processo 41-69, *ACF Chemiefarma NV c. Comissão das Comunidades Europeias*, Rec. 1970 pág. 661, considerando 112.

[310] Assim, no acórdão 17 de Setembro de 1985, processos apensos 25 e 26/84, *Ford-Werke e Ford of Europe Inc. c. Comissão das Comunidades Europeias*, Rec. 1985, pág. 2725, onde a recusa de uma empresa em aprovar a entrada de um negociante numa rede de distribuição foi considerada pelo Tribunal como uma decisão que não constituía «um acto unilateral visto que [fazia] parte das relações contratuais entre a empresa e os seus negociantes» – cfr. considerando 21.

[311] Cfr. decisão *Kodak*, cit., pág. 25.

124   *O controlo das concentrações de empresas no direito comunitário*

Sublinhe-se, ainda, que não há dúvidas de que o art. 85.°, n.° 1, se aplica quer a acordos horizontais – isto é, entre operadores situados na mesma etapa do processo produtivo –, quer a acordos verticais – ou seja, entre operadores situados em diferentes etapas do processo produtivo[312]. Finalmente, cabe referir a questão de saber se os «gentlemen's agreements» que só exprimem intenções, sem criarem verdadeiras obrigações, podem ser considerados acordos para efeitos do art. 85.°. Os casos analisados pelas autoridades comunitárias nunca suscitaram directamente esta questão, visto que, mesmo quando os acordos eram designados por «gentlemen's agreements», continham disposições obrigatórias para as partes quanto aos seus comportamentos no mercado[313]. A verdade é que, como notam Goldman e Lyon-Caen, a questão não merece o relevo que lhe pretendem atribuir[314]. É que, ou os «gentlemen's agreements» só exprimem intenções que não são seguidas de efeitos, e como tal não podem ter por objectivo ou por efeito restringir a concorrência, ou produzem efeitos e nesse caso podem, em princípio, ser proibidos enquanto práticas concertadas.

Em segundo lugar, surgem as decisões de associações de empresas. Estas podem ser adoptadas por unanimidade, por maioria dos seus membros, ou ainda pelos seus órgãos competentes[315]; o essencial é que se trate de manifestações de uma vontade colectiva[316] –

---

[312] Cfr. acórdão *Grundig*, cit., pág. 431.

[313] Cfr. especialmente a decisão de 16 de Julho de 1969, processo IV/26.623, *Entente international de la quinine*, JOCE n.° L 192/5 de 5.8.69, onde a Comissão afirmou expressamente que no caso em apreço os «*gentlemen's agreements* deviam igualmente ser considerados acordos nos termos do art. 85.° n.° 1, visto que apesar da sua designação(...) eles previam(...) disposições obrigatórias para as partes» (cfr. ponto 189 da decisão), bem como a decisão de 23 de Abril de 1986, processo IV/31.149, *Polipropileno*, JOCE n.° L 230/1, de 18.8.86, onde a Comissão confirmou que o acordo existe «se as partes chegarem a um consenso num plano que limite ou seja capaz de limitar a sua liberdade comercial determinando linhas de acção mútua ou de abstenção no mercado» (cfr. ponto 81 da decisão). No mesmo sentido se pronunciou o Tribunal, nomeadamente no acórdão de 15 de Julho de 1970, processo 41-69, *ACF Chemiefarma NV c. Comissão das Comunidades Europeias*, Rec. 1970 pág. 661 – cfr. esp. considerandos 106 e segs.

[314] Cfr. GOLDMAN e LYON-CAEN, ob. cit., pág. 518.

[315] Cfr. THIESING, SCHRÖTER e HOCHBAUM, ob. cit., pág. 80.

[316] A «decisão da associação» distingue-se, assim, do «acordo», visto que este consiste num acto resultante do concurso de vontades individuais, ao passo que a decisão se traduz num acto de vontade colectiva. Este critério de distinção nem sempre

O *controlo comunitário das concentrações com base nos tratados* 125

susceptíveis de restringir a concorrência – com carácter obrigatório para os seus membros. Na falta desse carácter obrigatório, como sucede, por exemplo, no caso da recomendação[317], exclui-se a sua configuração como decisão. Se as empresas seguirem, todavia, tal recomendação, haverá então uma prática concertada, igualmente proibida pelo art. 85.°[318]. Por último, põe-se a questão de saber se devem ser proibidos os acordos que as associações de empresas celebram entre si. Este problema já foi resolvido, de forma clara, pelas autoridades comunitárias no sentido de se aplicar a norma em causa a tais situações, configuradas como «acordos entre empresas»[319].

Finalmente, as *ententes* podem revestir a forma de «práticas concertadas», que se tratará sem dúvida da realidade mais complexa. A inclusão desta figura no âmbito do art. 85.° tem por objectivo alargar o campo de aplicação do direito comunitário a situações que restringem a concorrência através de operações informais de cooperação, levadas a cabo pelas empresas, e em relação às quais não é possível a prova formal porque pura e simplesmente tais práticas não chegaram a ser formalizadas[320]. Com base na jurisprudência defendida pelo

---

será de aplicação fácil. O problema surge, nomeadamente, quanto à qualificação do regulamento interno adoptado com a fundação da associação de empresas. A melhor solução parece ser a que vê aí um acordo entre empresas. Já os regulamentos adoptados durante a vida da associação devem ser considerados «decisões da associação». Neste sentido, GOLDMAN e LYON-CAEN, ob. cit., pág. 520.

[317] Observe-se que, apesar de em princípio as recomendações serem desprovidas de carácter vinculativo, é sempre necessário apreciar as circunstâncias concretas do caso, que podem revelar o contrário.

[318] THIESING, SCHRÖTER e HOCHBAUM, ob. cit., pág. 81.

[319] Cfr. decisão da Comissão de 14 de Dezembro de 1989, processo IV/32.202, *APB [Association Pharmaceutique Belge]*, JOCE n.° L 18/35 de 23.1.90., esp. considerando 33.

[320] A figura da «prática concertada» distinguir se á da do «acordo» porque neste existem obrigações, ainda que extra-jurídicas, enquanto que naquela não é assumido nenhum compromisso entre as partes. Além disso, para certo sector da doutrina os acordos restritivos da concorrência são proibidos enquanto tais ao passo que as práticas concertadas só podem ser presumidas quando começarem a ser executadas; cfr., por todos, THIESING, SCHRÖTER e HOCHBAUM, ob. cit., págs. 72-73. Esta última observação prende-se, no fundo, com a questão de saber se a prática concertada viola o art. 85.° quando há apenas contactos entre as partes com o intuito de restringirem a concorrência, ou se, para se aplicar a proibição em causa, é ainda necessário a sua execução. Para uma análise mais desenvolvida desta questão, veja-se o estudo de Luis

Tribunal[321], a doutrina[322] tem considerado necessária a verificação de certos requisitos para se poder afirmar a existência de uma prática concertada:

– existência de contactos directos ou indirectos entre as empresas[323];

– esses contactos têm objectivos anti-concorrenciais, nomeadamente «afastar *a priori* quaisquer incertezas quanto aos comportamentos futuros dos concorrentes», ou têm por efeito manter ou modificar o comportamento comercial dessas empresas, o que não é explicável pelas condições económicas do mercado[324].

Miguel PAIS ANTUNES, – *Agreements and concerted practices under EEC competition law: is the distinction relevant?*, Yearbook of European Law, 11, Oxford, Clarendon Press, 1991, pág. 57 –, que defende ser suficiente, no plano do conceito de prática concertada, que é distinto do plano da sua prova, que o contacto entre empresas tenha por objectivo «criar condições de concorrência que não são as condições normais do mercado», isto é, basta uma «cooperação com um objectivo anti-concorrencial para limitar a liberdade de acção das partes no mercado» – cfr. esp. págs 66-67. Note-se, por fim, que o próprio Tribunal de Primeira Instância declarou que o art. 85.º proíbe a prática concertada antes mesmo da existência de «actos manifestos» no mercado; cfr. acórdão de 24 de Outubro de 1991, *Rhône Poulenc contra Comissão das Comunidades Europeias*, processoT-1/89, Col. 1991, pág. 1034, considerando 106.

[321] Cfr. especialmente os acórdãos *ICI/Comissão*, cit., e *Indústria Europeia de Açúcar*, cit.

[322] Ivo Van BAEL e BELLIS, ob. cit., ponto. 212, e BELLAMY e CHILD, ob. cit., pág. 60.

[323] Assim, no acórdão *Pioneer* (acórdão de 7 de Junho de 1983, processos apensos 100 a 103/80, *SA Musique Diffusion Française e outros c. Comissão das Comunidades Europeias* Rec. 1983, pág. 1825), o Tribunal confirmou a decisão da Comissão quanto à existência de uma prática concertada no sentido de proteger o distribuidor francês contra importações paralelas de Inglaterra e da Alemanha, apesar de não haver indícios directos da participação da Pioneer na prática concertada. Chegou a essa conclusão com base na reunião realizada, e no posterior envio de queixas da MDF aos outros distribuidores (cfr. considerando 72 do acórdão). Ou seja, doravante uma empresa poderá ser responsabilizada pelo que disser numa reunião ou pelo que fizer depois com as informações aí referidas.

[324] De facto, o Tribunal já afirmou que não era preciso a intenção de cometer a infracção do art. 85.º, n.º 1; bastaria o efeito de modificar o comportamento das empresas no mercado – cfr. acórdão de 21 de Fevereiro de 1984, processo 86/82, *Hasselblad (GB) LTD c. Comissão das comunidades Europeias*, Rec. 1984, pág. 883, considerando 24.

O controlo comunitário das concentrações com base nos tratados 127

Como já referimos, estes pressupostos foram formulados pelo Tribunal, particularmente no acórdão *ICI/Comissão,* e desenvolvidos nos acórdãos *Indústria Europeia do Açúcar* e *Wood Pulp.* A autoridade comunitária começou por afirmar que a prática concertada «seria uma forma de coordenação entre empresas que, sem ter sido levada até à realização de um acordo propriamente dito, substitui conscientemente os riscos da concorrência por uma cooperação prática entre elas» [325], esclarecendo mais tarde que tal coordenação ou cooperação não exige «a execução de um plano», bastando que, através de contactos directos ou indirectos, tenha por objectivo ou efeito «influenciar a conduta no mercado de um concorrente actual ou potencial, ou mostrar a esse concorrente a conduta que elas próprias decidiram adoptar (...) no mercado» [326]. É pois necessário, para se falar em prática concertada, que essa coordenação resulte de contactos entre as partes [327], visto que o Tribunal já disse que o mero paralelismo de comportamentos não basta, por si só, para provar a verificação de uma prática concertada, uma vez que os operadores económicos têm o direito de se «adaptar inteligentemente» às condições de mercado, nomeadamente aos comportamentos dos outros concorrentes [328]. Note-se, contudo, que, se tal comportamento for improvável nas condições normais do mercado, se tratará de um forte indício da presença de uma prática concertada. Dito de outro modo, se a concertação é a única explicação plausível para o paralelismo de comportamento, o art. 85.° será aplicável [329].

---

[325] Acórdão *ICI/Comissão*, cit., considerando 64.

[326] Acórdão *Industria Europeia do Açúcar*, cit., considerandos 173-174.

[327] Para certos autores, a necessidade da existência desses contactos é postulada menos pelo conceito intrínseco de prática concertada do que pela necessidade de se apresentarem provas dessa prática. Assim Van BAEL e BELLIS, ob. cit., pág. 30. Note- -se ainda que esses contactos podem ser os mais variados, como a troca de informações comerciais confidenciais, reuniões, cartas, telexes, chamadas telefónicas, etc.

[328] Acórdão *Indústria Europeia do Açúcar*, cit., considerando 174.

[329] Cfr. acórdão *Wood Pulp*, de 31 de Março de 1993 cit., considerando 126. Na prática, nem sempre é fácil discernir quando é que o comportamento uniforme das empresas no mercado resulta da própria estrutura do mercado, não se justificando a aplicação do art. 85.°, e quando é que se trata do resultado de uma cooperação entre as empresas com vista a restringir a concorrência – condenado, por essa razão, pelo direito comunitário. Esta questão, como já referimos, foi profundamente discutida no caso *ICI/Comissão*, primeiro pela Comissão e depois pelo Tribunal de Justiça. Nesse caso estava em causa um aumento dos preços dos produtos corantes, quase idêntico, levado a cabo pelos produtores europeus de corantes, crescimento esse que, segundo a

128　*O controlo das concentrações de empresas no direito comunitário*

Verificada a existência de uma *entente* – seja qual for a modalidade que revista no caso concreto: acordo, decisão de associação, ou prática concertada- o art. 85.°, n.° 1, exige ainda, para a aplicação da proibição, a ocorrência de dois pressupostos:

– que a *entente* seja susceptível de afectar o comércio entre os Estados-membros;

– e tenha por objectivo ou efeito impedir, restringir ou falsear a concorrência no interior do mercado comum[330].

O primeiro requisito – afectação do comércio entre os Estados--membros – já foi analisado no âmbito do art. 86, pelo que nos dispensamos de repetir o seu estudo[331].

O segundo requisito exige o estudo do conceito de concorrência adoptado pelas autoridades comunitárias, que pode ser impedida, restringida, ou falseada, sendo essa a finalidade ou o efeito anti-concorrencial da *entente.*

Comissão, não podia ter sido gerado pela estrutura oligopolista do mercado. Esta decisão foi bastante criticada pela doutrina – cfr., por todos, GOLDMAN e LYON-CAEN,. ob. cit., pág. 522 –, que a acusava de analisar sem rigor as características do mercado relevante, que parecia não ser oligopolista. Com o acórdão *Wood Pulp,* essa tendência para a falta de rigor económico na análise do mercado vai alterar-se. De facto, como já se afirmou – cfr. VAN GERVEN e NAVARRO, ob. cit., págs. 607-608 –, depois desse acórdão não só será impossível à Comissão proferir levianamente relatórios económicos, como deverá dirigir a sua atenção na busca de provas documentais de cooperação.

[330] O art. 85.° enuncia de forma exemplificativa, nas suas várias alíneas, casos de *ententes* que têm por objectivo ou efeito restringir a concorrência. Nos termos desta disposição são proibidas todas as *ententes* que visem:«a) Fixar, de forma directa ou indirecta, os preços de compra ou de venda, ou quaisquer outras condições da transacção; b) Limitar ou controlar a produção, a distribuição, o desenvolvimento técnico ou os investimentos; c) Repartir os mercado ou as fontes de abastecimento; d) Aplicar, relativamente a parceiros comerciais, condições desiguais no caso de prestações equivalentes colocando-os, por esse facto, em desvantagem na concorrência; e) Subordinar a celebração de contratos à aceitação, por parte dos outros contraentes, de prestações suplementares, que, pela sua natureza ou de acordo com os usos comerciais, não têm ligação com o objecto desses contratos». A análise de cada uma destas situações ultrapassa manifestamente o âmbito do nosso trabalho, pelo que nos limitaremos a remeter para os vários manuais sobre a matéria. Deste modo, veja-se, sobre esta questão, THIESING, SCHRÖTER e HOCHBAUM, ob. cit., págs. 112 e segs, GOLDMAN e LYON-CAEN, ob. cit., págs. 540 e segs, e GAVALDA e PARLEANI, ob. cit., págs. 474 e segs.

[331] Cfr. *supra,* ponto 9.

O controlo comunitário das concentrações com base nos tratados 129

São fundamentalmente dois os modelos clássicos de concorrência contrapostos: a concorrência perfeita e a concorrência praticável[332]. O Tribunal optou de forma clara pelo segundo. Assim, no acórdão *Béguelin*[333], afirmou expressamente que as restrições da concorrência «devem considerar-se no contexto real», isto é no «contexto jurídico e económico» em que se inserem, o que confirmou mais tarde no acórdão *Metro/Comissão,* ao declarar que «a concorrência não falseada, visada nos arts. 3.º e 85.º do Tratado, pressupõe a existência no mercado de uma concorrência eficaz (*workable competition*), ou seja, a dose de concorrência necessária para que sejam respeitadas as exigências fundamentais e alcançados os objectivos do Tratado, e em particular a formação de um mercado único (...)»[334-335]. A adopção deste modelo

---

[332] A concorrência perfeita pressupõe um mercado no qual actuam numerosos agentes económicos de dimensões similares, e que conhecem, em todos os momentos, todos os dados da oferta e da procura, visto que o mercado é transparente, podendo, desta forma, agir livremente em conformidade com os seus conhecimentos. É um sistema abstracto -não existe na realidade-, em que nenhum agente económico é capaz de influenciar os outros. Já o modelo da concorrência praticável – *workable competition* – consiste no grau de concorrência possível, num certo momento, num dado mercado, que depende nomeadamente do tipo de produto do número e dimensão das empresas que actuam no mercado e do seu grau de interdependência. A principal diferença prática entre estes modelos é que, enquanto no primeiro caso são geralmente consideradas limitações à concorrência as restrições à liberdade de decisão comercial das empresas, no segundo caso as limitações serão em função do mercado determinado; logo, variam consoante o caso concreto – cfr. THIESING, SCHRÖTER e HOCHBAUM ob. cit., pág. 93, SCHAPIRA e outros, ob. cit., págs. 261 e segs., GOLDMAN e LYON--CAEN, ob. cit., págs. 526 e segs.

[333] Acórdão de 25 de Novembro de 1971, processo 22-71, *Béguelin Import Co c. S. A.G.L. Import Export*, Rec. 1971, pág. 949, considerando 13.

[334] Acórdão de 25 de Outubro de 1977, processo 26-76, *Metro SB-GroBmärkte GmbH & Co c. Comissão das Comunidades Europeias*, Rec. 1977, pág. 1875, considerando 20.

[335] O conceito de *workable competition*, que apela a uma concepção dinâmica de concorrência, já foi, aliás, definido como referindo-se aos casos em que «existe uma rivalidade na venda dos bens, [ou seja] quando cada vendedor procura normalmente uma receita líquida máxima em condições tais que o preço que ele pode praticar seja, de facto, limitado pela livre opção de o comprador se dirigir a um rival ou a rivais que vendem o que se pensa ser o mesmo produto, o que exige um esforço do vendedor para igualar ou ultrapassar a capacidade de atracção das outras ofertas» (M. Clark *apud* J. VANDAMME e M. GUERRIN, ob. cit., págs. 14-15). Ou, dito de outro modo, o objectivo do Tratado de Roma, de preservar a concorrência praticável, «não é garantir a presença

130 *O controlo das concentrações de empresas no direito comunitário*

implica, portanto, a determinação prévia do mercado relevante, onde vai ser apreciada a influência real ou potencial da *entente* proibida. Note-se ainda que só se garante uma concorrência praticável quando se proíbem, além das restrições entre os membros da *entente* (defesa da concorrência interna), as restrições que existem entre estes e terceiros, ou entre terceiros entre si (defesa da concorrência externa)[336], e se protege tanto a concorrência efectiva como a potencial[337].

São, deste modo, condenadas todas as *ententes* que entravem a concorrência efectiva, ou praticável, quer a impeçam, restrinjam ou falseiem[338]. Estes três termos exprimem a ideia comum de que devem ser condenadas todas as alterações artificiais das condições e do funcionamento da concorrência, não se revestindo de grande interesse prático a sua distinção, visto que as três formas de «restrição» acabam por receber o mesmo tratamento. Observe-se, porém, que nem todas as restrições da concorrência são condenada pelo art. 85.°; apenas o serão aquelas que afectarem a concorrência de forma *sensível*[339]. Vale aqui a

---

no mercado do maior número possível de empresas independentes, mas de, aí, preservar um número suficiente para que os utilizadores e consumidores tenham ainda uma possibilidade de escolha», cfr GOLDMAN e LYON-CAEN, ob. cit., pág. 527.

[336] Que, aliás, é o entendimento que resulta da própria jurisprudência do Tribunal – cfr. acórdão de 30 de Junho de 1966, processo 56-65, *LTM/MBU*, Rec.1966, págs. 338 e segs., esp. pág. 345.

[337] A concorrência potencial ou virtual é geralmente definida como aquela que «pode nascer a todo o momento sem a oposição de obstáculos inultrapassáveis»; cfr., por todos, THIESING, SCHRÖTER e HOCHBAUM, ob. cit., pág. 94.

[338] Impedir ou restringir a concorrência significam ambas excluir a concorrência, variando apenas o seu grau. No primeiro caso, a concorrência é totalmente excluída, enquanto no segundo caso só o é de forma parcial. De qualquer modo, quer aqui quer ali a concorrência é falseada. No sentido de que a noção «falsear» deve ser considerada um conceito genérico, cfr. THIESING, SCHRÖTER e HOCHBAUM, ob. cit., pág. 94.

[339] A justificação para a exigência deste «limiar de sensibilidade» encontra-se profundamente ligada, segundo BOUTARD-LABARDE e SAINT-ESTEBEN, ao papel desempenhado pela concorrência no direito comunitário. Assim, segundo estes autores, «o direito da concorrência é o resultado de uma opção por uma política de economia liberal de mercado», ou seja, o direito da concorrência visa proteger os mecanismos de mercado considerados os meios mais adequados para a realização dos objectivos enunciados no art. 2.° do Tratado CE. O direito da concorrência será, portanto, um «direito objectivo» que não se preocupa com as práticas restritivas desprovidas de efeitos sobre o mercado – cfr. *Réflexions sur le seuil de «sensibilité» en droit de la concurrence*, JCP, n.° 16, Avril, 1989, pág. 71.

O controlo comunitário das concentrações com base nos tratados   131

regra *de minimis* consagrada em diversas decisões das autoridades comunitárias, e que foi concretizada nas várias Comunicações da Comissão, relativas aos acordos de pequena importância. A última versão destas Comunicações data de 1986 – tendo depois sido actualizada em 1994 – e estabelece que não são abrangidos pela proibição do art. 85.°, n.° 1, «os acordos entre empresas de produção de distribuição ou de prestação de serviços» que preencham as seguintes condições: «os produtos ou serviços objecto do acordo bem como os produtos ou serviços considerados similares pelo utilizador não representem mais de 5% do mercado do conjunto desses produtos ou serviços no território do mercado comum em que esses acordos produzem efeitos» e «o volume de negócios total realizado durante o exercício pelas empresas participantes não exceda os 300 milhões de ECUs»[340].

Constatada a existência de uma *entente,* por um lado, e uma restrição da concorrência, por outro, é ainda necessário provar-se o nexo de causalidade entre uma e outra, ou seja, é preciso que a restrição seja o objectivo ou efeito da *entente.* Surgem aqui dois problemas. Em primeiro lugar, levanta-se a questão de saber se será suficiente que o acordo tenha por objectivo a restrição da concorrência para se aplicar o art. 85.°, ou se pelo contrário é necessário verificarem-se igualmente efeitos restritivos. Por outro lado, surge o problema da prova do objectivo anti-concorrencial da *entente.* Quanto à primeira questão, parece lógico que a resposta tem de ser negativa, sob pena de chegarmos a soluções claramente contraditórias com a letra e o espírito do art. 85.°[341]. Aliás, o carácter alternativo, e não cumulativo, deste requisito foi objecto de análise por parte das autoridades comunitárias. O Tribunal, desde o início, interpretou a alternativa no sentido de que para «a aplicação do art. 85.° não é necessário ter em consideração os efeitos concretos do acordo uma vez provado que o seu objectivo é impedir, restringir ou falsear a concorrência»[342]. A Comissão, por seu turno, afirmou igualmente que, perante um acordo que ainda não começou a ser executado, tem de «examinar de forma prospectiva»[343]

---

[340] Cfr. art. 17.° da Comunicação relativa aos acordos de pequena importância de 1986, cit., e Comunicação de 1994, cit..

[341] Cfr. acórdão *Grundig,* cit, onde o Tribunal afirmou que a mera exigência do objectivo anti-concorrencial da *entente* só significa que não é necessário esperar que a entente tenha produzido na realidade efeitos concretos, pág. 496.

[342] Acórdão *Grundig,* cit., pág. 496.

[343] THIESING, SCHRÖTER e HOCHBAUM, ob. cit., pág. 109.

132 *O controlo das concentrações de empresas no direito comunitário*

se ele tem por objectivo restringir a concorrência nos termos do art. 85.°. Estabelece-se, deste modo, uma hierarquia entre as duas condições: as autoridades comunitárias começam por procurar o objectivo anti-concorrencial e só quando não é possível demonstrá-lo é que examinam os efeitos concretos da *entente*[344]. Já quanto à prova da intenção de restringir a concorrência ela deve resultar, como declarou o Tribunal, da investigação feita pelas autoridades comunitárias a partir não de investigações do foro psicológico, como é óbvio, mas do «contexto económico e jurídico»[345] da situação concreta[346]. Saliente-se, ainda, que a possibilidade meramente teórica ou hipotética de a *entente* restringir a concorrência não basta, como é evidente, para desencadear a aplicação do art. 85.°[347]. Pode, contudo, dar-se o caso de não ser possível provar o objectivo de restringir a concorrência, hipótese em que será necessário proceder-se à investigação dos efeitos concretos da *entente* proibida. Em relação à análise dos efeitos da *entente*, o Tribunal já considerou que se deve atender não só às consequências da *entente,* que muitas vezes, vista de forma isolada, podia não restringir de forma sensível a concorrência, mas ainda aos efeitos resultantes dos comportamentos adoptados pelas outras empresas no mesmo sector económico, podendo os entraves considerados *no seu conjunto* restringir de forma sensível a concorrência[348].

---

[344] Neste sentido, GOLDMAN e LYON-CAEN, ob. cit., pág. 549.

[345] Acórdão *Grundig*, cit., pág. 497.

[346] Recorde-se que este elemento intencional vai ter interesse na determinação da sanção pecuniária aplicável, a qual varia em função do grau da culpa, isto é, consoante a infracção foi cometida «deliberadamente, ou com simples negligência» – cfr. art 15.° do Regulamento n.° 17.

[347] Acórdão de 29 de Outubro de 1980, processos apensos 209 a 215 e 218/78, *Heintz van Landewyck sarl e outros c. Comissão das Comunidades Europeias*, Rec. 1980, pág. 3125, onde o Tribunal afirmou expressamente que «para ser susceptível de afectar o comércio entre Estados-membros, uma decisão, um acordo ou uma prática concertada devem, com base num conjunto de elementos de direito ou de facto, permitir prever com suficiente grau de probabilidade que podem exercer uma influência directa ou indirecta, actual ou potencial, sobre as correntes de trocas entre os Estados-membros, e isto de forma a fazer crer que podem entravar a realização de um mercado único entre os Estados-membros» – cfr. ponto 11 do sumário.

[348] Cfr. acórdão *Brasserie de Haecht*, processo 23-67, cit., onde o Tribunal afirmou que, na apreciação da *entente* deve atender-se ao «contexto económico» em que vai ser aplicado o acordo. Assim, a existência simultânea de um grande número de contratos do mesmo género é uma circunstância que, ao lado de outras, forma o

O controlo comunitário das concentrações com base nos tratados 133

Além disso, será de exigir que os efeitos anti-concorrenciais sejam objectivamente previsíveis[349]. Isto significa que apenas ficarão de fora os efeitos totalmente anómalos e imprevisíveis em condições normais da concorrência[350].

---

contexto económico e jurídico no qual deve ser apreciado o contrato. O Tribunal declarou ainda que, se esta situação deve ser tomada em consideração, «ela não é a única a ser considerada determinante, trata-se, com efeito, apenas de um elemento entre outros para saber se o comércio entre os Estados-membros é susceptível de ser afectado», cfr. págs 533-534 do acórdão. Esta interpretação dada ao art. 85.° não encontra nenhum apoio na sua letra, pelo que a sua justificação, segundo certos autores, terá de procurar-se na teoria dos poderes implícitos; cfr., neste sentido, GOLDMAN e LYON-CAEN, ob. cit., pág. 535. Por outro lado, a interpretação dada pelo Tribunal, designada geralmente por «teoria do efeito cumulativo» – uma vez que na apreciação da entente as autoridades comunitárias devem atender não só aos efeitos dessa *entente* no caso concreto mas ainda ao efeito cumulativo de várias *ententes* semelhantes celebradas por empresas pertencentes ao mesmo sector –, teria ainda um interesse especial na apreciação do requisito da afectação do comércio entre os Estados--membros, necessário à aplicação do art. 85.°. No entanto, certos autores consideram, com certa razão, que tal teoria põe em causa a segurança jurídica dos operadores económicos, visto que as empresas participantes num acordo têm de considerar não só as consequências desse acordo como devem ainda atender ao conjunto de acordos similares celebrados no mesmo sector económico. Cfr., neste sentido, GOLDMAN e LYON-CAEN, ob. cit., pág. 536.

[349] THIESING, SCHRÖTER e HOCHBAUM, ob. cit., pág. 110; GOLDMAN e LYON--CAEN, ob. cit., págs. 551-552.

[350] Ainda no âmbito do art. 85.°, põe-se o problema de saber qual o relevo a dar à intervenção do Estado na apreciação da *entente* em causa, ou seja, qual a influência de certas políticas estatais (por exemplo políticas de preços) nos acordos entre empresas que restrinjam a concorrência. Desde logo, parece muito difícil sujeitar a intervenção de um Estado a um controlo, particularmente a nível do art. 85.°, uma vez que esta disposição, aliás tal como o art. 86.°, só se dirige às empresas. Daí que, no início, o Tribunal afirmasse que se a *entente* é consequência de uma medida estatal – abrangendo este conceito quer as medidas legislativas quer as que visam a sua execução –, não poderá ser condenada, à luz do art. 85.° (assim, por exemplo, no acórdão *Indústria Europeia do Açúcar* declarou que «a regulamentação italiana e a sua execução tiveram uma incidência decisiva nos elementos essenciais do comportamento condenado das empresas envolvidas, pelo que parece que na ausência dessa regulamentação e da sua execução a cooperação litigiosa não se teria verificado, ou ter-se-ia verificado de forma diferente» – cfr. acórdão cit., considerando 65). Mais tarde acrescentou, todavia, que, quando as medidas estatais não forem obrigatórias, consistindo em meros incentivos e recomendações, que deixam um espaço para a

134 *O controlo das concentrações de empresas no direito comunitário*

Aplicando-se a proibição do art. 85.°, n.° 1, a *entente* será nula nos termos do n.° 2[351]. Note-se, contudo, que a nulidade não abrange todo o acordo ou decisão mas só as disposições que infrinjam o art. 85.°, n.° 1[352]. Observe-se, ainda, que esta sanção da nulidade só será aplicada se o acordo não tiver sido isento, nos termos do art. 85.°, n.° 3. Segundo esta disposição, certas *ententes* restritivas da concorrência podem ser isentas pela Comissão quando se revelem produtoras de efeitos benéficos. A concessão da isenção pela Comissão[353] depende, portanto,

---

aplicação das regras de concorrência, dentro do qual as empresas participam numa *entente* que restringe a concorrência, aplica-se o art. 85.°, visto que a concorrência é restringida pela *entente* e não pelo efeito das medidas estatais. É o ensinamento que decorre do acórdão *BNIC/Clair* (cfr. acórdão de 30 de Janeiro de 1985, processo 123/83, *BNIC c. Guy Clair*, Rec. 1985, pág. 392, e esp. pág. 424), onde o Tribunal afirmou que a recomendação de uma associação privada de comércio para um preço mínimo do produto violava o art. 85.°, considerando irrelevante o argumento, invocado pela associação, de que tinha havido persuasão das autoridades públicas). Depois ainda, conjugando a aplicação dos arts. 3.°, al. g), 5.°, n.° 2, e 85.° do Tratado CE, afirmou que uma medida estatal devia ser considerada contrária ao Direito Comunitário quando reforçava os efeitos de acordos anticoncorrenciais. Tal sucedeu, por exemplo, no caso *BNIC/Aubert* (acórdão de 3 de Dezembro de 1987, processo 136/86, *BNIC/Aubert*, Col. 1987, pág. 4789, esp. pág. 4816). Do enunciado decorre que, para o Tribunal, os Estados-membros têm a obrigação de não adoptar medidas «susceptíveis de eliminar o efeito útil das normas de concorrência aplicáveis às empresas». Ora, esse «efeito útil» poderia ser eliminado se «um Estado-membro impusesse ou favorecesse a celebração de *ententes* contrárias ao art. 85.°, ou reforçasse esses efeitos» (acórdão de 30 Abril 1986, processos apensos 209 a 213/84, *Ministério Público c. Lucas Asjes e outros*, Col. 1986, pág. 1425; cfr. considerando 71). Finalmente, põe-se a questão de saber como é que uma legislação que torna inútil as ententes, porque visa ela própria restringir a concorrência, deve ser condenada. Certos autores consideram que, em princípio, poderão ser tomadas medidas contra tais disposições governamentais, ainda que não tenha havido uma acordo restritivo da concorrência no mercado comum, através de medidas de harmonização com base nos arts. 100.° e 100.°-A, do Tratado CE, e com base no art. 90.° do mesmo Tratado. Cfr., neste sentido, V. KORAH, *An introductory guide...*, ob. cit., pág. 49.

[351] Este regime pode ser atenuado através da teoria da«validade provisória» das *ententes* «antigas», isto é, anteriores à entrada em vigor do Regulamento n.° 17. Assim, a notificação das *ententes* «antigas», nos termos do Regulamento n.° 17, implica a sua validade provisória até as autoridades competentes se pronunciarem. As *ententes* «novas», isto é, celebradas depois de 1962, já não beneficiam desta «validade provisória».

[352] Cfr., neste sentido, o acórdão *LTM/MBU*, cit., pág. 355.

O controlo comunitário das concentrações com base nos tratados   135

da verificação de quatro condições, duas positivas e duas negativas, estabelecidas no n.°3 do art. 85.°. São requisitos positivos a exigência de que as *ententes* em causa «contribuam para melhorar a produção ou distribuição dos produtos ou para promover o progresso técnico ou económico» [354], e que «aos utilizadores se reserve uma parte equitativa

---

[353] Isenção essa que pode ser individual ou por categorias. A primeira, que é da competência exclusiva da Comissão, incide sobre *ententes* notificadas previamente, e está limitada no tempo, podendo ser eventualmente subordinada ao cumprimento de certas condições pelas empresas participantes na entente (cfr. arts. 4.°, 8.°, e 9.° do Regulamento n.° 17.°). A isenção por categorias visa beneficiar certos tipos abstractos de *ententes* restritivas da concorrência, diminuindo o trabalho da Comissão e favorecendo a segurança jurídica, sendo a Comissão competente para adoptar regulamentos de execução, observando no exercício da sua competência delegada os princípios fixados pelo Conselho em regulamentos de base. Na prática, a Comissão tem concedido poucas isenções individuais, revelando-se os processos extremamente morosos. Por seu turno, os regulamentos de isenção por categorias por vezes colocam tantas condições que certos autores estão convencidos de que, uma vez que tais regulamentos não preenchem os seus objectivos de segurança jurídica, a Comissão terá que aumentar o número das suas decisões individuais; cfr., neste sentido, Van BAEL e BELLIS, ob. cit., pág. 56. Para um estudo mais detalhado dos vários regulamentos de isenção por categorias, veja-se BELLAMY e CHILD, ob. cit., págs. 130 e segs. Uma outra solução apontada para resolver o excesso de formalismo na aplicação do art. 85.° e permitir uma certa descentralização das competências da Comissão na execução do direito comunitário (que – recorde-se – tem competência exclusiva para aplicar o art. 85.°, n.° 3), seria aceitar a existência, na aplicação do art. 85.°, n.° 1, de uma espécie de «rule of reason», o que teria a vantagem de resolver o problema dos recursos limitados da Comissão sem ser necessário alterar o Tratado ou o Regulamento n.° 17; cfr., neste sentido, FORRESTER e NORRAL, *The laicization of community law: self-help and the rule of reason: how competition law is and could be applied*, CMLR, vol 21, 1984, págs. 45 e segs. É claro que a aceitação da penetração da «regra da razão» americana no direito comunitário está longe de ser uma questão pacífica. A complexidade deste debate transcende obviamente o nosso estudo; assim, para mais desenvolvimentos, veja-se a obra de Daniel FASQUELLE, *Droit american et droit communautaire des ententes,* Joly, 1993, esp. págs. 239 e segs.

[354] Observe-se que o Tribunal já declarou, no acórdão *Grundig,* cit., que os benefícios devem ser apreciados objectivamente e não do ponto de vista subjectivo das partes envolvidas na *entente,* acrescentando que os benefícios resultantes da *entente* devem «compensar os inconvenientes» por ela produzidos – cfr. pág. 502. Haveria, assim, necessidade de se proceder aí a um verdadeiro «balanço económico» (expressão utilizada pelo advogado-geral Verloren VAN THEMAAT, no acórdão de 17 de Janeiro de

136   *O controlo das concentrações de empresas no direito comunitário*

do lucro daí resultante»[355]. Já serão negativas a condição de a *entente* não impor às empresas «quaisquer restrições que não sejam indispensáveis à consecução desses objectivos»[356], bem como a condição de não dar às empresas nela participantes a «possibilidade de eliminar a concorrência relativamente a uma parte substancial do produto em causa». Deste modo, só depois de confirmar a existência de «uma pressão suficiente sobre a concorrência» que impulsione as empresas a serem dinâmicas e inovadoras, obrigando-as ainda a «transferir os seus ganhos para a economia em geral»[357], é que a Comissão pode conceder a isenção.

17. A possibilidade de aplicação do art. 85.°, cujo funcionamento referimos de forma sumária, à aquisição, por uma empresa, de participações minoritárias num concorrente, vai ser pela primeira vez abordada no célebre caso *Philip Morris*, reacendendo a velha querela do recurso ao art. 85.° para o controlo das operações de concentração.

Este processo teve a sua origem numa série de acordos, celebrados em 1981, entre uma sociedade de investimento sul-africana, Rembrandt Group Limited (doravante designada por «Rembrandt»), e uma sociedade americana, Philip Morris Inc. (doravante designada por «Philip Morris»), com interesses substanciais no sector do tabaco. A Rembrandt, antes de concluídos os acordos, era proprietária da totalidade do capital da Rothmans Tobacco (Holding) Ltd (doravante designada pelas suas iniciais «RTH»), a qual, por sua vez, era proprietária de 43,8% do capital subscrito da Rothmans International (doravante designada pelas sua iniciais «RI»), exercendo esta última as suas actividades, sobretudo, nos sectores de fabrico e venda de cigarros. Pelos acordos de 1981, a Rembrandt vendeu à Philip Morris

---

1984, processos apensos 43 e 63/82, *VBVB c. Comissão das Comunidades Europeias*, Rec. 1984, págs. 19 e segs, esp. pág. 89).

[355] Note-se que o conceito de «lucro» (tal como aliás a noção de «utilizador») deve ser entendido em sentido lato, não se revelando muitas vezes logo visível, pelo que, nesse caso, a Comissão deve actuar com base em previsões. Sobre a aplicação concreta que as autoridades comunitárias têm feito dessas noções, veja-se GOLDMAN e LYON-CAEN, ob. cit., págs. 567 e segs.

[356] Por outras palavras, as empresas devem optar pelos meios menos restritivos possíveis para alcançar as vantagens resultantes da *entente*.

[357] Manfred CASPARI, *Joint ventures under EEC law and policy*, cap. 16, FCLI, 1988, pág. 357.

O controlo comunitário das concentrações com base nos tratados   137

metade das acções da sua filial, a RTH, e metade das obrigações convertíveis que detinha na RI. Cada uma das partes concedeu, igualmente, à outra um «direito de preferência»[358], que podia ser exercido caso uma ou outra das partes se propusesse ceder a um terceiro a totalidade ou uma parte da sua participação no capital da RTH ou da sua carteira de acções ou obrigações da RI. Além disso, os acordos conferiam à Rembrandt e à Philip Morris o direito de nomearem, cada uma delas, três administradores para o Conselho de Administração da RTH, composto por seis membros, e cujo presidente, designado por acordo das partes, não tinha voto de qualidade. Por outro lado, a Rembrandt conservaria as funções de gestão referentes às actividades comerciais da RI. Finalmente, os acordos estabeleciam «uma intenção de cooperação» entre a Philip Morris e a RI em sectores como a distribuição e o fabrico concertados, os conhecimentos, a investigação técnica, etc. Mediante tais acordos, a Philip Morris obteve uma participação indirecta de 21,9% nos lucros da sua concorrente RI[359].

Estes acordos foram denunciados, pelas sociedades British American Tobacco Ltd (doravante designada por «BAT») e R. J. Reynolds Industrie Inc. (doravante designada por «RJR»), à Comissão, que enviou à Philip Morris e à Rembrandt uma comunicação das acusações declarando que os acordos de 1981 violavam simultaneamente o art. 85.º[360] e o art. 86.º do Tratado CE. Após as negociações com a

---

[358] Note-se que o texto do acórdão na versão portuguesa fala em «direito de recusa prévia» (considerando 4), redacção que seria, em nossa opinião, o resultado da tradução literal da expressão inglesa «right of first refusal». Assim, parece-nos que seria mais rigoroso falar em «direito de preferência», que é, aliás, a expressão utilizada na versão portuguesa do acórdão, em relação aos acordos de 1984.

[359] Acórdão *Philip Morris*, cit., pág. 4493.

[360] Na comunicação de acusações (cfr. acórdão *Philip Morris*, relatório para a audiência, pág. 4498), a Comissão salientava especialmente que «no período em questão o mercado comunitário de cigarros estagnou quantitativamente e teve natureza oligopolística, de forma que acaba por se verificar que, na ausência de verdadeira competição quanto aos preços ou de avanços em matéria de investigação, a publicidade e a aquisição de empresas são os principais instrumentos de crescimento das partes de mercado. Além disso, estando o mercado dominado por grandes empresas que dispõem de meios e de conhecimentos técnicos consideráveis e sendo a publicidade de uma importância capital, seria muito difícil penetrar nesse mercado». Assim, «quando por acordo dois concorrentes efectivos ou potenciais se tornam co-proprietários de uma «sociedade filiada» que coloca os seus produtos no mesmo mercado, o facto de ser incompatível com os interesses económicos de cada uma das empresas-mãe fazer

138   *O controlo das concentrações de empresas no direito comunitário*

Comissão, a Philip Morris e a Rembrandt substituiram finalmente esses acordos por outros (designados por acordos de 1984) tendentes a afastar as objecções levantadas pela autoridade comunitária.

Pelos acordos de 1984, a Philip Morris abandonou a sua participação no capital da RTH e, em contrapartida, obteve uma participação directa no capital da RI de 30, 8%, que apenas representa 24,9% dos direitos de voto, enquanto a parte detida pela Rembrandt, também de 30,8%, representa 43,6% desses direitos. Os novos acordos, tal como os de 1981, conferem um direito de preferência à outra parte, em caso de cessão da participação[361]. Além disso, estes acordos são completados por certos compromissos assumidos pelas partes face à Comissão, que se destinam a garantir, nomeadamente, que a Philip Morris não estará representada nos órgãos de direcção da RI e que não serão comunicadas à Philip Morris informações sobre a RI susceptíveis de influenciar o comportamento do grupo Philip Morris nas relações de concorrência entre os dois grupos, no âmbito da Comunidade. E a Philip Morris comprometeu-se a informar a Comissão de todas as alterações aos acordos, de qualquer aumento da sua participação no capital da RI ou de qualquer eventualidade pela qual venha a obter 25% ou mais dos direitos de voto no seio da RI. Nestes dois últimos casos, a Comissão poderá exigir uma separação dos interesses da RI e da Philip Morris para manter o *status quo*, durante um período de três meses, no decurso do qual poderá adoptar medidas mais adequadas[362].

---

concorrência às suas filiadas (e, portanto, do mesmo modo, concorrer entre elas) constituiria um efeito do acordo sobre a concorrência, na acepção do n.° 1, do art. 85.°». Ou seja, a Rembrandt não tinha obviamente qualquer interesse em concorrer com a RI, pelas razões apontadas, e procurou que o mesmo acontecesse com Philip Morris que, antes de serem celebrados os acordos, era um importante concorrente. Assim, segundo a Comissão, o acordo relativo à aquisição de acções da RTH pela Philip Morris tinha por efeito restringir a concorrência, efeito esse que era reforçado pela representação assegurada à Philip Morris nos órgãos de direcção da RTH, pelo direito de preferência estipulado, e pelo acordo de cooperação firmado. Logo, estava afastada qualquer possibilidade de a autoridade comunitária conceder a isenção prevista no art. 85.°, n.°3 – cfr. pág. 4498 do acórdão *Philip Morris*.

[361] Os acordos estipulavam ainda que só a totalidade de uma parte podia ser cedida a terceiros, e unicamente a um só comprador ou a um comprador independente ou a um mínimo de dez compradores independentes. E se a participação da Rembrandt fosse vendida a um único comprador, este teria de fazer uma oferta idêntica relativamente à participação da Philip Morris, cfr. pág. 4495 do acórdão *Philip Morris*.

[362] Acórdão *Philip Morris*. cit., considerandos 7 a 9.

O controlo comunitário das concentrações com base nos tratados   139

18. A Comissão considerou que os acordos de 1984 estavam de acordo com as normas comunitárias e, dessa forma, comunicou às sociedades BAT e RJR os elementos essenciais dos novos acordos, informando-as que considerava já não existirem motivos suficientes para dar provimento aos seus pedidos e convidando-as a comunicarem-lhe por escrito as suas eventuais observações complementares. As duas sociedades responderam que, em seu entender, os acordos mudaram apenas de aspecto mas que substancialmente continuavam os mesmos, pelo que deviam ser proibidos à luz das disposições comunitárias. A Comissão não alterou, porém, a sua posição e, por cartas de 22 de Março de 1984, denominadas «decisões», informou-as de que os seus pedidos tinham sido indeferidos e que ia proceder ao arquivamento dos respectivos processos[363].

As razões apresentadas, de forma resumida, pela Comissão, consistem, em relação ao art. 86.º, no facto de a Philip Morris, com os acordos de 1984, deixar de estar em condições de controlar os negócios da RI, pelo que estaria afastada a existência de um abuso de posição dominante. Já os argumentos invocados relativamente ao art. 85.º são um pouco mais extensos. Deste modo, a sua não aplicação justificar-se-ia pelo facto de a Philip Morris não passar de uma accionista minoritária, sem representação nos órgãos de direcção da RTH, e cujos acordos de cooperação com a Rembrandt foram revogados[364]. O controlo dos negócios da RI passaria a caber à Rembrandt que, nos termos dos novos acordos, estaria apta a exercer os direitos de voto sem ter de considerar as intenções da Philip Morris[365]. E, finalmente, não foi considerado relevante o facto de haver disposições que permitiam à Philip Morris modificar a sua posição de accionista minoritária, com vista a obter o controlo da RI, dado que, segundo a Comissão, a sua existência, na época, não tinha por efeito falsear a concorrência na acepção do art. 85.º[366]. Além disso, o aumento da participação da Philip Morris na RI seria neutralizado pelos compromissos obtidos pela Comissão quanto aos comportamentos da Philip Morris e da

---

[363] Acórdão *Philip Morris*, cit., pág. 4503 do relatório para a audiência.

[364] 14 Rapp. Conc., 1984, ponto 99.

[365] Acórdão *Philip Morris,* cit., pág. 4504 do relatório para a audiência. Observe-se que, apesar de, na sequência dos novos acordos, a Rembrandt passar a ser a única a ter o controlo dos negócios da RI, a Comissão considerou que, atendendo aos acordos no seu conjunto, não se podia provar que restringissem a concorrência.

[366] Acórdão *Philip Morris*, cit., págs. 4517 e 4519 do relatório para a audiência.

140 *O controlo das concentrações de empresas no direito comunitário*

Rembrandt [367-368]. A autoridade comunitária conclui, por fim, que esta decisão está de acordo com a política que tem vindo a defender em matéria de concentrações [369].

Sobre a decisão da Comissão, já se afirmou que demonstra a tentativa impossível de conciliar dois princípios contraditórios: manter a política tradicionalmente defendida no Memorando e aplicar, por outro lado, o art. 85.º às aquisições de participações, de forma a alargar os seus poderes de controlo das concentrações, na falta de um regulamento específico adoptado pelo Conselho [370]. Neste conflito iria prevalecer, por falta de alternativas, o princípio da interpretação extensiva do art. 85.º. De facto, a inicial «relutância» da Comissão em considerar o art. 85.º como susceptível de ser aplicado às operações de concentração (realizadas, por exemplo, através da aquisição por uma empresa de participações numa outra empresa) [371] alterou-se radicalmente com a reserva dos Estados em adoptarem o regulamento para o controlo das concentrações. Assim, a mera sugestão, implícita na decisão relativa aos acordos de 1984, de que, se a Philip Morris modificasse o seu estatuto de accionista minoritário e adquirisse de facto controlo da RI, o art. 85.º poderia ser então aplicado, passa a ser afirmada expressa e publicamente pelo Comissário Sutherland, encarregado na Comissão da política da concorrência. Este afirmou (ou melhor ameaçou), várias vezes, que o protelamento verificado na adopção do regulamento para o controlo das concentrações obrigava a Comissão a recorrer às disposições existentes no Tratado de Roma, referindo-se quer ao art. 86.º quer ao art. 85.º [372] O caso *Philip Morris* representa,

---

[367] Acórdão *Philip Morris*, cit., pág. 4532 do relatório para a audiência.

[368] Estes argumentos não foram considerados convincentes quer pelas sociedades queixosas – BAT e RJR –, quer pelo advogado-geral MANCINI, quer ainda por grande parte da doutrina (cfr., por todos, Jean-Marc Le BOLZER, ob. cit., pág. 35), que considerava extremamente improvável que a Philip Morris não tentasse influenciar o comportamento da RI, ou mantivesse uma concorrência agressiva contra uma sociedade onde fizera um importante investimento.

[369] Acórdão *Philip Morris*, pág. 4517 do relatório para a audiência.

[370] Frank L. FINE, *Mergers and Joint Ventures ...*, ob. cit., pág. 16, e K. BANKS, ob. cit., págs. 424-425.

[371] Memorando da Comissão, cit., pág. 669.

[372] De facto, o comissário SUTHERLAND afirmou expressamente em várias entrevistas que «o objectivo da Comissão foi durante muito tempo a adopção de um regulamento específico para o controlo das concentrações. Uma vez alcançado este objectivo, a política a seguir será desenvolvida no âmbito do regulamento. Na falta de

O controlo comunitário das concentrações com base nos tratados 141

assim, de forma inegável, uma viragem no raciocínio seguido pela Comissão em matéria de concentrações, facto que, em nossa opinião, não é tanto o resultado de uma crença nas virtudes do art. 85.º como sistema de controlo das concentrações, mas antes a sua percepção como mecanismo ideal para pressionar os Estados-membros a adoptarem o desejado regulamento comunitário para o controlo desse fenómeno.

19. A decisão da Comissão não vai ser aceite pela BAT e pela RJR, que recorrem para o Tribunal. Este confirma a decisão da Comissão, no seu acórdão de 17 de Novembro de 1987[373], invocando, no percurso que o levou a essa conclusão, uma série de considerações que vão desencadear inúmeras querelas doutrinais sobre o seu exacto alcance e significado.

A questão fulcral suscitada nos presentes processos é, segundo o Tribunal, a de saber «se (e, se for caso disso, em que condições) a obtenção de uma participação minoritária, no capital de uma empresa concorrente, pode constituir uma violação dos arts. 85.º e 86.º do Tratado»[374], acrescentando, logo em seguida, que os «acordos foram celebrados entre empresas que, após a entrada em vigor desses acordos, continuam a ser independentes»[375], o que, à primeira vista, podia ser considerado um indício de que o Tribunal estaria a excluir da análise em curso os casos típicos de concentrações[376].

---

tal regulamento, porém, a política será realizada de acordo com as disposições existentes, caso em que a jurisprudência Philip Morris permite esclarecimentos muito úteis» (sublinhado nosso); cfr. *Interview: Commissioner Peter Sutherland,* Antitrust , Summer, 1988, pág. 18.

[373] Acórdão de 17 de Novembro de 1987, processos apensos 112 e 156/184, *British American Tobacco Company LTD e RJ Reynolds Industries Inc. c. Comissão das Comunidades Europeias,* Col. 1987, pág. 4487.

[374] Acórdão *Philip Morris,* cit., considerando, 30.

[375] Acórdão *Philip Morris,* cit., considerando 31 (sublinhado nosso).

[376] Dito de outro modo, o Tribunal parecia excluir os casos de concentrações primárias, em que os participantes na operação perdem a sua individualidade económica e jurídica, ao contrário do que se passa nas concentrações secundárias, em que as empresas mantêm a sua autonomia jurídica e patrimonial, abandonando apenas a autonomia económica. Para um estudo mais desenvolvido da questão das formas de concentração económica e respectivos instrumentos jurídicos veja-se José A. ENGRÁCIA ANTUNES, *Os grupos de sociedades. Estrutura e organização jurídica da empresa plurissocietária,* Coimbra, Almedina, 1993, págs. 20 a 22, e M. CARREIRA, ob. cit., pág. 19.

142 _O controlo das concentrações de empresas no direito comunitário_

No entanto, as considerações tecidas, posteriormente, pelo Tribunal são formuladas em termos bastante mais latos. Desde logo, reconhece, quanto à aplicação do art. 85.°, que «se o facto de uma empresa adquirir uma participação no capital de uma empresa concorrente não constitui, em si, um comportamento que restrinja a concorrência pode todavia constituir um meio susceptível de influenciar o comportamento comercial das empresas em causa, de forma a restringir ou a falsear a concorrência no mercado em que essas duas empresas desenvolvem as suas actividades comerciais» [377]. Enuncia, em seguida, várias situações exemplificativas da utilização de tais aquisições como instrumentos susceptíveis de influenciar o comportamento comercial das empresas envolvidas. Em primeiro lugar, poderá existir uma infracção ao art. 85.° «se, mediante a aquisição de uma participação ou por intermédio de cláusulas acessórias ao acordo [378], a empresa que investiu obtiver um controlo de direito ou de facto sobre o comportamento comercial da outra empresa [379] ou se o acordo previr uma cooperação comercial entre as empresas ou criar estruturas susceptíveis de promover uma tal

---

[377] Acórdão _Philip Morris_, cit., considerando 37 (sublinhado nosso).

[378] Serão particularmente capazes de conferir uma influência preponderante no comportamento comercial das outras empresas as cláusulas que visam conferir um direito de representação nos órgãos de direcção da outra empresa, direitos de votos especiais e direitos de preferência. Repare-se que todos estes exemplos estavam presentes nos acordos de 1981.

[379] Para F. FINE, esta passagem do acórdão demonstra o reconhecimento explícito da aplicação do art. 85.° a certas concentrações, as «aquisições de participações que resultassem na perda da independência económica» de uma das empresas. A questão da aplicação potencial do art. 85.° a outro tipo de concentrações – por exemplo fusões – estaria igualmente esclarecida, segundo o autor, com as declarações feitas nos considerandos 44.° e 45.° do acórdão, nos termos dos quais, num mercado estagnado e oligopolístico, como o é o de cigarros, «qualquer tentativa de controlo e qualquer acordo susceptível de favorecer a cooperação comercial entre duas ou mais dessas empresas dominantes comporta o risco de conduzir a uma restrição da concorrência», pelo que numa tal situação de mercado «a Comissão deve fazer prova de uma vigilância especial (...) [e] examinar se um acordo, que à primeira vista apenas prevê um investimento passivo numa empresa concorrente, não tem como verdadeiro objectivo o controlo dessa empresa». O Tribunal estaria, deste modo, a dar «autorização» à Comissão para aplicar o art. 85.° a acordos concluídos com vista à aquisição de participações que poderiam resultar em fusões – cfr. F. FINE, _Mergers and joint ventures..._, ob. cit., págs. 20 e segs.

cooperação»[380]. Depois ainda, «se o acordo reservar à empresa que investiu a possibilidade de reforçar, num estádio ulterior, a sua posição, adquirindo o controlo efectivo da outra empresa». Deste modo, deve atender-se não só aos «efeitos actuais do acordo, mas também aos seus efeitos potenciais»[381], sem esquecer que «todos os acordos devem ser apreciados no seu contexto económico e designadamente à luz da situação económica do mercado em questão»[382].

Estabelecido o enquadramento teórico, o Tribunal entra na apreciação concreta dos acordos de 1984. A este respeito, afirma que os «acordos de 1984 e os compromissos assumidos pela Philip Morris e a Rembrandt face à Comissão excluem a possibilidade de a Philip Morris estar representada no conselho de administração ou em qualquer outro órgão de direcção da Rothmans International e limitam a sua participação a menos de 25% dos direitos de voto»[383]; logo, a Philip Morris estaria desprovida de mecanismos que lhe permitissem influenciar o comportamento comercial da RI. Seria antes a Rembrandt, com 43,6% dos direitos de voto e com representação nos órgãos directivos da RI, que estaria em posição de «continuar a determinar a política comercial da Rothmans International no mercado dos cigarros»[384]. O Tribunal reforça esta conclusão, recordando que, «ao contrário dos acordos de 1981, os de 1984 não incluem qualquer cláusula relativa a uma cooperação comercial nem criam qualquer estrutura que favoreça uma tal cooperação entre a Philip Morris e a Rothmans International, e que as empresas se comprometeram a não trocar informações susceptíveis de influenciar o seu comportamento concorrencial»[385].

Finalmente, na ausência de cláusulas expressas que estipulem uma cooperação comercial, o Tribunal passa a investigar a eventual existência de uma colaboração informal que resultaria, segundo as recorrentes, do facto de a participação minoritária da Philip Morris no capital da RI obrigar necessariamente as «empresas implicadas a tomar em consideração o interesse da outra parte ao definirem a sua política

---

[380] Acórdão *Philip Morris*, cit., considerando 38.
[381] Acórdão *Philip Morris*, cit., considerando 39.
[382] Acórdão *Philip Morris*, cit., considerando 40.
[383] Acórdão *Philip Morris*, cit., considerando 46.
[384] Acórdão *Philip Morris*, cit., considerando 46.
[385] Acórdão *Philip Morris* , cit., considerando 47.

144 *O controlo das concentrações de empresas no direito comunitário*

comercial»[386]. O Tribunal não segue, todavia, o raciocínio das recorrentes, antes chega à conclusão oposta. Desta forma, considera que a possibilidade de os direitos de voto da Philip Morris bastarem para bloquear certas decisões de carácter excepcional é «por demais hipotética para constituir uma ameaça real»[387] e que a primeira preocupação da Philip Morris continuaria a ser «alargar a parte de mercado e as receitas das suas próprias empresas»[388]. Além disso, as cláusulas relativas à cessão das participações no capital da RI, que levantam certos obstáculos à sua compra por uma terceira empresa, não constituem em si, segundo o Tribunal, «uma restrição da concorrência»[389], nem «constituem uma ameaça susceptível de influenciar a gestão comercial normal da Rembrandt e da Rothmans International»[390], antes serão disposições justificadas pelo «interesse legítimo das partes contratantes em salvaguardar o seu vultuoso investimento»[391].

As conclusões adoptadas pelo Tribunal afastam-se, por conseguinte, das sustentadas pelo advogado-geral Mancini. De facto, na análise por este desenvolvida, são manifestas as críticas à decisão adoptada pela Comissão, que deveria ter mantido em relação aos acordos de 1984 as objecções feitas aos de 1981, uma vez que «as coisas não mudaram desde então»[392]. É verdade que, em si mesma, «a posse de 25% dos votos numa sociedade de capitais não viola as disposições *anti-trust,* [mas] não pode, todavia, deixar de violá-las, se essa sociedade é uma concorrente e, além disso, *leader* numa situação de oligopólio»[393]. Dito de outro modo, para o advogado Mancini, num mercado oligopolista, como é o mercado de cigarros, a aquisição de uma participação minoritária num concorrente parece, *a priori,* susceptível de constituir uma infracção à proibição dos acordos restritivos da concorrência. E, na situação em apreço, parece ser esse o caso, tanto mais que, em consequência «das cláusulas relativas à cessão dos títulos da Rothmans, a Philip Morris goza de uma posição

---

[386] Acórdão *Philip Morris* , cit., considerando 48 e pág. 4509 do relatório para a audiência.

[387] Acórdão *Philip Morris* , cit., considerando 49.

[388] Acórdão *Philip Morris* , cit., considerando 50.

[389] Acórdão *Philip Morris*, cit., considerando 56.

[390] Acórdão *Philip Morris,* cit., considerando 55.

[391] Acórdão *Philip Morris,* cit., considerando 56.

[392] Acórdão *Philip Morris*, conclusões do advogado-geral, pág. 4560.

[393] Acórdão *Philip Morris*, conclusões do advogado-geral, pág. 4560.

O *controlo comunitário das concentrações com base nos tratados*   145

privilegiada na luta pelo controlo da Rothmans»[394], pelo que para o advogado-geral não há dúvidas de que tais cláusulas visam levar a «Philip Morris e a Rembrandt a colaborarem»[395]. Logo, em sua opinião, o recurso interposto devia ser considerado procedente. Não foi, no entanto, esta a decisão adoptada pelo Tribunal.

20. A importância desta decisão reside no facto de avivar a discussão sobre a aplicação do art. 85.° às operações de concentração. Note-se que o acórdão não resolve de forma clara a questão, abrindo, antes, caminho a um debate exaustivo do problema. Encontrando-se redigido de forma algo vaga, é possível descobrir no seu texto argumentos contra e a favor da aplicação do art. 85.° que fazem as delícias dos comentadores. Podemos distinguir, basicamente, duas linhas de orientação quanto ao alcance da jurisprudência *Philip Morris*: uma interpretação lata, à qual se opõe uma visão restritiva.

Os defensores de uma interpretação ampla, de que se destacam, pelas construções particularmente elaboradas, Jean-Bernard Blaise[396], Jean Pierre Blumberg e Martin Schödermeier[397], e ainda Frank L. Fine[398], apoiam-se, sobretudo, nos considerandos 37 e 38 do acórdão, para afirmar que a referência aí feita à aquisição de um «controlo de direito ou de facto» bem como a alusão a «qualquer tentativa de controlo», nos considerandos 44 e 45, só têm sentido aceitando-se a aplicação do art. 85.° às operações de concentração. Deste modo, a tese defendida pela Comissão no Memorando de Dezembro de 1965, segundo a qual as aquisições de participações numa empresa escapam à proibição do art. 85.°, n.° 1, encontrar-se-ia, doravante, obsoleta. Aliás, indícios desta nova orientação da Comissão já se poderiam encontrar, ainda que numa fase embrionária, na decisão *Mecaniver-PPG*[399], onde a argumentação da autoridade comunitária parecia

---

[394] Acórdão *Philip Morris*, cit., loc. cit.

[395] Acórdão *Philip Morris,* cit., loc. cit.

[396] Jean-Bernard BLAISE, *Application des règles de concurrence du traité aux opérations de concentration*, RTDE, n.°3, 1989, págs. 472 e segs.

[397] Jean Pierre BLUMBERG e Martin SCHÖDERMEIER, *EC merger control – no smoke without fire?-The Tobacco judgment of the EC Court of Justice: a first step towards merger control*, IFLR, January 1988, págs. 35 e segs.

[398] Frank L. FINE, *Mergers and Joint Ventures...,* ob. cit., págs. 19 e segs.

[399] Decisão da Comissão de 12.12.84, processo IV/30.666, *Mecaniver-PPG,* JOCE n.° L 35/54, de 7. 2. 85. Este caso referia-se à compra pela PPG (a maior

146 *O controlo das concentrações de empresas no direito comunitário*

sugerir que um acordo para aquisições de participações, que permitisse à sociedade adquirente determinar o comportamento comercial da sociedade adquirida, podia cair sob a alçada do art. 85.°, n.° 1 [400], e na

produtora vidreira dos Estados Unidos, mas cuja capacidade de produção no mercado comunitário, detida através da sua filial italiana, era apenas de 4%), ao grupo BSN/Mecaniver (esta última é uma sociedade *holding* belga, controlada em mais de 78% pela BSN), de 81% das participações da Boussois (uma filial da Mecaniver, em 99,9%) e de todas as participações da Mecaniver em sete sociedades denominadas «*export sales companies*». A Comissão considerou que o acordo de aquisição de participações (intitulado *Share Purchase Agreement*) e as convenções auxiliares – que estipulavam, nomeadamente, que a BSN e a Mecaniver, durante 3 anos, não desenvolveriam na Europa actividades concorrentes às das sociedades vendidas sem o consentimento da PPG, estabelecendo ainda a manutenção de certas garantias concedidas pela BSN à Boussois –, apesar de configurarem a noção de «acordos» para os efeitos do art. 85.°, não restringiam a concorrência, pelo que declarou inaplicável a proibição do seu n.°1 (cfr. art. 1.°). A importância desta decisão residiria no facto de indiciar, ainda que de forma embrionária, certos princípios que vão ser mais tarde desenvolvidos pelo Tribunal no acórdão *Philip Morris*. Seria particularmente significativa a utilização, em ambos os casos, de uma terminologia muito semelhante. Assim, a Comissão descreve a cessão como uma simples «transferência de activos» (cfr. ponto 13 da decisão) que «em si» – (sublinhado nosso) – não implica uma restrição da concorrência, afirmando em seguida que a Mecaniver não podia controlar juntamente com a PPG a Boussois, dado que a participação minoritária que a Mecaniver manteve na Boussois não é susceptível de influenciar «o comportamento concorrencial desta última visto que o acordo transferiu para a PPG a totalidade do controlo, legal e prático, das actividades da Boussois, especialmente no que diz respeito à política comercial e de investimentos» (cfr. ponto 14 da decisão), além de que «a participação da BSN na Boussois parece ser apenas uma simples situação temporária antes da cessão total», na medida em que a BSN tinha adoptado a decisão estratégica de se retirar do sector. A importância desta decisão consiste no facto de a apreciação desenvolvida pela Comissão parecer sugerir que um acordo para aquisição de participações pode constituir uma infracção ao art. 85.°, n.°1, quando a operação realizada permite à sociedade adquirente determinar o comportamento comercial da sociedade adquirida, princípio este que viria a ser formulado mais tarde no acórdão *Philip Morris*.

[400] Tal como virá a suceder mais tarde relativamente ao acórdão *Philip Morris*, também a decisão da Comissão *Mecaniver-PPG* vai ser objecto das interpretações mais díspares. Refira-se, a título meramente exemplificativo, as considerações tecidas, por um lado, por Henri LESGUILLONS, para quem a Comissão só não aplicou o art. 85.° no caso *Mecaniver-PPG* porque «apesar das aparências a operação é uma verdadeira concentração e não implica uma cooperação» – cfr. *Droit de la concurrence et acquisition d'entreprises: le filtre du droit europeen de la concurrence*, RDAI, n.° 4/5,

O controlo comunitário das concentrações com base nos tratados 147

decisão *Mitchell Cotts/Sofiltra*[401], onde a Comissão aceita a aplicação do art. 85.º a uma aquisição de participação minoritária que, realizada

---

1989, pág. 381, e por Pierre BOS e outros, por outro lado, que, no plano oposto, afirmam que o caso *Mecaniver-PPG*, tal como aliás o caso *Philip Morris,* «não se referem a uma concentração (...) mas a um comportamento colusivo» – cfr. ob. cit., pág. 90.

[401] Uma outra decisão em que surgiu o problema da aplicação do art. 85.º aos acordos para aquisição de participações (neste caso minoritárias) foi o processo *Mitchell Cotts/Sofiltra* (decisão de 17 de Dezembro de 1986, processo IV/31.340, *Mitchell Cotts/Sofiltra*, JOCE n.º L 41/31, de 11.2.87.) relativo aos acordos celebrados entre a Mitchell Cotts Engineering Ltd (doravante designada por grupo M.C.), uma empresa do Reino Unido, e a Sofiltra, empresa francesa, com vista à criação de uma empresa comum, a Mitchell Cotts Air Filtration Ltd (doravante designada por Mitchell Cotts) para o fabrico e comercialização de filtros de ar altamente eficientes que utilizassem fibras de vidro microfinas. A Mitchell Cotts, antes de concluídos os acordos, era uma filial total, do grupo MC, tendo depois a sociedade francesa Sofiltra adquirido uma participação de 25% na empresa comum(ponto 6 da decisão). O acordo de *joint venture*, além de estabelecer a aquisição da participação pela Sofiltra, fixava que todas as decisões a adoptar pela empresa comum, incluindo as relativas ao seu comportamento comercial, dependeriam da aprovação prévia do comité de accionistas, no qual cada uma das sociedades-mãe designaria igual número de membros (ponto 7 da decisão), o que é sem dúvida um facto importante, como o reconhece a Comissão, na demonstração de que a Sofiltra era mais do que um simples accionista minoritário. Além disso, as partes celebraram um acordo de licença, nos termos do qual a Sofiltra concordou em ceder à nova sociedade uma licença de *know-how* exclusiva, relativa à tecnologia e aos conhecimentos necessários ao fabrico de aparelhos de filtragem de ar, bem como a concessão do direito de venda exclusiva à empresa comum num território que se estendia ao Reino Unido, Irlanda e a sete países exteriores à Comunidade. Ora, a concessão desta licença de *know-how* vai sem dúvida alguma reforçar a influência da Sofiltra na nova sociedade, o que, aliado às circunstâncias atrás referidas, vai permitir à Comissão afirmar que a sociedade francesa controla, em conjunto com a sociedade M.C. Engineering, a empresa comum, devendo o acordo de *joint venture* ser apreciado à luz do art. 85 (ponto 18 da decisão). No estudo realizado, a Comissao distinguiu dois planos: o da produção, onde verificou que as sociedades não eram concorrentes, nem actualmente nem de forma potencial (dado que a M. C. Engineering não possuía tecnologia nem as instalações de desenvolvimento necessárias para fabricar filtros de ar altamente eficientes de forma independente; cfr. ponto 19 da decisão); e o das vendas, em que as sociedades já seriam consideradas concorrentes, logo seria preciso ter em atenção as restrições territoriais estabelecidas entre elas. Ora, a concessão à empresa comum da licença exclusiva em certos países significava que a Sofiltra e eventuais futuras licenciadas ficariam proibidas de efectuar vendas activas de filtros de ar nos territórios da *joint venture* e, por outro lado, a empresa comum estaria impedida

148   *O controlo das concentrações de empresas no direito comunitário*

juntamente com outros acordos, permite a uma das empresas obter o controlo conjunto de outra. Seriam, ainda, sintomáticas as declarações feitas pela Comissão no 17.° relatório sobre a política da concorrência, segundo as quais «o acórdão *Philip Morris* inclui (...) indicações importantes sobre o âmbito de aplicação dos arts. 85.° e 86.°. Os acordos relativos à aquisição de uma participação no capital de uma sociedade concorrente são abrangidos pela proibição dos acordos, decisões e práticas concertadas, a partir do momento em que influenciam o comportamento comercial das empresas em causa, de modo a restringir ou falsear o jogo da concorrência (...). Estas considerações do Tribunal de Justiça implicam que, contrariamente à concepção jurídica dominante até aí, certas formas de aquisição de participações em empresas sejam abrangidas doravante pelo disposto no art. 85.°»[402].

A aplicação do art 85.° aos casos de concentrações, a partir da jurisprudência *Philip Morris*, é, portanto, considerada ponto assente por parte da doutrina. As divergências, no seio desta corrente doutrinal, surgem, contudo, quanto à definição concreta das situações de concentração a que seria aplicado o acórdão. As hipóteses concebidas são, efectivamente, várias.

---

de vender activamente nos territórios reservados ao licenciante. A Comissão alegou, desta forma, que a eliminação das vendas activas (ainda que permitindo as vendas passivas) levava à repartição do mercado entre a Sofiltra e a Mitchel Cotts, que se tinham tornado concorrentes, e afectava as trocas comerciais entre os Estados--membros, dada a forte posição detida pela Sofiltra no mercado comunitário, devendo, portanto, ser abrangida pela proibição do n.°1 do art. 85.°. Desta decisão, importa reter que a aquisição de uma participação minoritária por uma sociedade mãe, participação essa que representa apenas 25% do capital da empresa comum, pode levar, em certas condições, a considerá-la como detentora do controlo conjunto com a outra sociedade--mãe que detém uma participação maioritária na empresa comum, devendo o acordo para a aquisição dessa participação ficar sujeito à aplicação do art. 85.°, na medida em que contém restrições à liberdade comercial das partes tornadas, depois da sua conclusão, concorrentes. Recorde-se, finalmente, que, no caso em apreço, a Comissão considerou que o acordo era merecedor de uma isenção nos termos do art. 85.°, n.°3, porque melhorava significativamente a produção e a distribuição e promovia o progresso técnico, sendo as restrições territoriais consideradas necessárias para que a *joint venture* pudesse estabelecer-se e desenvolver-se num mercado competitivo, além de que os consumidores beneficiariam com estes acordos pois os produtos em questão passariam a ser fabricados segundo um processo de produção integrado, tendo sido tornados disponíveis os melhoramentos técnicos – cfr. pontos 25 e 26 da decisão cit.

[402] Cfr. 17.° Rel. Conc., 1988, ponto 101.

O controlo comunitário das concentrações com base nos tratados 149

Em primeiro lugar, levanta-se a questão da aplicação dos princípios fixados no acórdão à situação de *aquisição por uma empresa de uma participação maioritária numa outra empresa*. Recorde-se que a situação fáctica subjacente ao acórdão era apenas a *aquisição de uma participação minoritária* numa empresa concorrente. No entanto, contra esta visão restritiva argumenta-se que o acórdão não faz qualquer distinção relativamente ao tipo de participação, pelo que não se deverá fazer depender a sua aplicação de critérios quantitativos, antes se deve averiguar se a aquisição de tais participações, sejam elas maioritárias ou minoritárias, é um «meio de influenciar o comportamento comercial» da outra empresa. Salienta-se, ainda [403], que a aquisição de uma participação maioritária seria exactamente uma das situações hipotéticas, referidas a título exemplificativo pelo Tribunal, quando menciona a possibilidade de a sociedade compradora adquirir um «controlo de direito ou de facto» sobre o comportamento da sociedade visada [404].

Por outro lado, sublinha-se que, ficando sujeitos ao art. 85.° os acordos para a aquisição de um controlo legal ou de facto, por maioria de razão deveriam ser abrangidos os acordos que visam a *aquisição do controlo total,* ou seja, aqueles em que uma empresa adquire 100% das participações de outra empresa [405]. Este argumento depara, no entanto, com um obstáculo à primeira vista inultrapassável. De acordo com a jurisprudência fixada no considerando 31 do acórdão, o art. 85.° só se aplica aos acordos concluídos entre empresas independentes que «após

---

[403] Cfr. J-B BLAISE, *Application des règles du Traité...*, ob. cit., pág. 475.

[404] A favor da aplicação da jurisprudência *Philip Morris* às aquisições de participações maioritárias, cfr. Alberto SANTA MARIA, *Diritto Commerciale Comunitario*, Giuffrè, 1990, pág. 380, e Jean Bernard BLAISE, *Application des règles de concurrence du traité ...*, ob. cit., págs. 472 e segs; e, de uma forma mais cautelosa, William BROWN, *The Philip Morris case,* JBL, 1988, pág. 514, e Robert STRIVENS, *The Philip Morris» case: Share acquisitions and complaints rights*, EIPR, 6, 1988, pág. 165. Estes dois últimos autores afirmam que a jurisprudência fixada é suficientemente lata para abranger estas situações, considerando, porém, simultaneamente que essa solução pode dar origem a especiais dificuldades.

[405] No sentido de que a jurisprudência *Philip Morris* se pode aplicar aos casos de aquisições totais, isto é, à aquisição de participações de 100% num concorrente, cfr. R. STRIVENS, ob. cit., pág. 165. No mesmo sentido, sublinhando ainda que foi uma opção deliberada do Tribunal afirmar estes princípios nos termos mais amplos possíveis, uma vez que não necessitava de os incluir para decidir o caso, cfr. AAVV, *Merger control in the EEC...*, ob. cit., Kluwer, 1988, pág. 274.

150 *O controlo das concentrações de empresas no direito comunitário*

a entrada em vigor desse acordos *continuam a ser independentes*[406]. Uma tentativa feita para resolver esta dificuldade foi apontar duas perspectivas segundo as quais podia ser entendido o conceito de «independência»: uma jurídica e outra económica. Note-se que o Tribunal não optou por nenhuma expressamente, o que permitiu à doutrina argumentar nos dois sentidos. Assim, consoante a perspectiva escolhida, seremos conduzidos a uma aplicação mais ou menos lata do art. 85.°[407]. Se considerarmos que a expressão «independência», utilizada pelo Tribunal, significa independência jurídica, então poderão ficar sujeitas à aplicação do art. 85.° as aquisições de participações de 100%, só sendo excluídas as situações de fusões que implicam, pelo menos, a extinção de uma das sociedades participantes na operação. A favor desta perspectiva jurídica, invoca-se[408], nomeadamente, o considerando 37 do acórdão, onde se refere em termos latos a aquisição de participações como «um *meio susceptível de influenciar o comportamento comercial das empresas em causa*», bem como o considerando 38, onde o Tribunal enuncia várias situações hipotéticas a que se pode aplicar o art. 85.°, como será o caso de a empresa investidora obter um «*controlo de direito ou de facto*» sobre o comportamento comercial da outra empresa, ou o acordo prever uma «*cooperação comercial*» entre elas. Estas referências indiciariam que o acórdão *Philip Morris* foi concebido em termos suficientemente latos para abranger as aquisições por uma sociedade da totalidade do capital da outra. Trata-se, contudo, de uma afirmação que é rejeitada por grande parte da doutrina, que considera difícil extrapolar ensinamentos tão importantes que alteram radicalmente os princípios estatuídos nesta matéria, com a consequência prática fundamental de trazer para o campo do art. 85.° um número considerável de transacções, sem que o Tribunal tenha desenvolvido uma argumentação suficientemente cuidada, sobretudo quando os factos do caso em apreço se referiam a

---

[406] Note-se que a exigência de independência nos termos do 31.° considerando parece dificilmente conciliável com a referência a um controlo legal ou de facto no considerando 39. No sentido de que esta exigência de autonomia e ao mesmo tempo de um certo controlo só pode ser entendida à luz dos factos concretos do caso em apreço, cfr. Alexander RIESENKAMPFF, *apud* P. BOS e outros, ob. cit., pág. 78.

[407] Cfr. F. FINE, *Mergers and Joint Ventures...*, ob. cit., págs. 19 e segs. e M. SIRAGUSA, *Current procedural...*, ob. cit., págs. 518 e segs.

[408] Cfr. F. FINE, *The Mergers and Joint Ventures...*, ob. cit., pág. 19.

O controlo comunitário das concentrações com base nos tratados 151

uma hipótese muito limitada – aquisição de uma participação minoritária numa empresa concorrente. Deste modo, deveria entender-se o conceito de independência numa perspectiva económica. Significa isto que, no caso de aquisição de controlo total (tal como pode suceder, aliás, no caso das aquisições de participações maioritárias), perdendo a empresa adquirida a sua independência económica, exclui-se a aplicação do art. 85.º[409].

Neste contexto, ainda mais duvidosa se afigura a aplicação do art. 85.º aos casos de *fusões*, visto que, quer numa perspectiva económica, quer jurídica, o requisito de independência formulado no acórdão afastaria sempre a aplicação do art. 85.º a tais situações. Contra esta exigência, pronunciou-se J. B. Blaise, que considera que nada permite ao Tribunal concluir, a partir da letra do art. 85.º, pela necessidade da manutenção da independência jurídica ou económica das empresas participantes no acordo como condição de aplicação da disposição em causa. Segundo este autor, o art. 85.º só exige, como requisito para a sua aplicação, que as empresas *antes do acordo* sejam independentes, não sendo necessário que *depois do acordo* continuem independentes, isto é, não é preciso que *permaneçam independentes;* logo, nada afastaria, *a priori,* a aplicação do art. 85.º a acordos entre empresas independentes que visassem a sua fusão. Desta forma, a exigência feita pelo Tribunal de que, depois do acordo, as empresas permaneçam independentes resultaria apenas de serem esses os factos no caso *Philip Morris*[410]. A favor desta interpretação extensiva, invoca-se, ainda, a necessidade de evitar o vazio jurídico no plano do controlo das

---

[409] A favor de uma interpretação restritiva da jurisprudência *Philip Morris,* cfr.: Ricardo ALONSO SOTO, *L'aplicacion del articulo 85 del tratado CEE a las concentraciones de empresas (Comentario a la Sentencia «Philip Morris», de 17 de Noviembre de 1987,* RIE, vol. 15, 1988, n.º 3 pág. 788; Francesco CAPOTORTI, *La concentrazione delle imprese alla luce del diritto delle Comunità europee, in* "Il Fenomeno delle Concentrazioni di Imprese nel Diritto Interno e Internazionale", Padova, 1989, pág. 72, V. KORAH, *The control of mergers...,* ob. cit., pág. 246; K. BANKS, ob. cit., pág. 427; e, finalmente, Cristopher BELLAMY que, apesar de considerar o assunto duvidoso, acaba por optar por uma visão restritiva – cfr. *Mergers outside the scope of the new merger regulation – implications of the «Philip Morris» Judgment,* FCLI, cap. 22, 1989, pág. 22.

[410] Cfr. J. B. BLAISE, *Application des règles du Traité...,* ob. cit., pág. 476. No mesmo sentido, cfr. Jean Erik COCKBORNE, *El control de las concentraciones de empresas en la comunidad economica europea de la CEE,* GJ n.º 52, Julio, 1988, pág. 33.

152 O controlo das concentrações de empresas no direito comunitário

concentrações, bem como a de afastar soluções discriminatórias e absurdas. De facto, o considerando 31, ao exigir a manutenção de duas sociedades autónomas, permite, numa perspectiva jurídica, a aplicação do art. 85.° aos casos, por exemplo, de aquisição por uma sociedade de todo o capital de uma outra sociedade, que no plano jurídico se mantém independente, mas já não aos casos de fusão, apesar de os efeitos restritivos da concorrência serem, em princípio, mais graves neste último caso. Do mesmo modo, parece absurdo aceitar-se a aplicação do art. 85.°, n.°1, às aquisições de participações minoritárias, mas não a uma fusão completa, que será, em regra, mais desvantajosa a nível de concorrência[411]. Sucede, porém, que esta interpretação extensiva depara com inegáveis dificuldades práticas, como tivemos oportunidade de referir – recordem-se, nomeadamente, os inconvenientes da aplicação da sanção de nulidade às operações que violam o art. 85.°[412].

Incerta é também a questão da aplicação do art. 85.° às *empresas comuns* que, do ponto de vista estrutural, podem ser consideradas, segundo a distinção elaborada pela experiência alemã, e de acordo com a terminologia hoje adoptada no Regulamento n.° 4064/89, empresas comuns com carácter de concentração ou de cooperação. Em princípio, só estas últimas ficariam sujeitas à proibição do art. 85.°. No entanto, a prática da Comissão tem sido no sentido de estipular critérios cuja satisfação se revela particularmente exigente pelo que diz respeito ao reconhecimento de uma empresa comum com carácter de concen-

---

[411] A favor da aplicação do art. 85.° ao casos de fusão, manifestaram-se Richard O'TOOLE, *La política europea de competencia los argumentos para el control de fusiones a nível comunitario*, Noticias/CEE, n.° 45, Octubre, 1988, pág. 126, e F. FINE, que afirma que não fazia sentido que a Comissão fosse especialmente vigilante em relação aos acordos referidos exemplificativamente no acórdão e depois não pudesse aplicar o 85.° às concentrações. A única justificação, segundo este autor, para a aparente contradição entre as exigências do considerando 31 e a formulação lata que posteriormente é dada aos outros considerandos, seria o resultado de uma tentativa de apaziguar as mentalidades avessas à aplicação do art. 85.° às concentrações – cfr. FINE, *The Philip Morris Judgment: Does article 85 now extend to mergers?*, ECLR, 1987, vol 8, pág. 33.

[412] Contra a aplicação do art. 85.° às fusões, declararam-se Jean Pierre BLUMBERG e Martin SCHÖDERMEIER, *EC merger control – no smoke without fire*, IFLR, January, 1988, para quem a aplicação do art. 85.° depende de as partes no acordo permanecerem juridicamente independentes, o que deixaria, obviamente, de fora os casos de fusões de sociedades (cfr. pág. 35), e ainda K. BANKS – cfr. ob. cit., pág. 427.

O *controlo comunitário das concentrações com base nos tratados*   153

tração[413], facto que a leva a aplicar, em regra, o art. 85.º à generalidade das empresas comuns, ainda que muitas delas sejam verdadeiras «concentrações parciais». Deste modo, somos conduzidos à situação irónica de a Comissão exercer, ainda que de forma não assumida, um efectivo controlo das concentrações, através da disposição que proíbe as *ententes* restritivas da concorrência, cuja utilização ela afirmara inadequada a tais fenómenos, no Memorando de Dezembro de 1965[414]. Parece-nos que a melhor solução, como teremos oportunidade de justificar mais tarde, será afastar a apreciação das empresas comuns com carácter de concentração à luz do art. 85.º, ainda que, por vezes, tenha sido essa a prática desenvolvida pela Comissão[415].

Igualmente discutida é a questão da aplicação do art. 85.º às transacções efectuadas em bolsa, bem como aos casos de ofertas públicas de aquisição, nomeadamente hostis, uma vez que nem sempre estarão presentes empresas, ou *ententes,* nos termos da disposição em causa. De facto, embora as transacções em bolsa e as OPAs possam envolver, como afirmam J. P. Blumberg e M. Schödermeier[416], em

---

[413] Assim, no 6 Rapp. Conc., 1976, ponto 56, a Comissão exigia, para o reconhecimento da existência de uma «concentração parcial», que «as sociedades-mãe tivessem abandonado de forma completa e irreversível a actividade na área desenvolvida pela empresa comum» e que «a exploração em comum de certas áreas de actividade não enfraquecesse a concorrência noutras áreas, nomeadamente áreas ligadas, em que as sociedades envolvidas permanecem formalmente independentes umas das outras». Esta questão será desenvolvida mais tarde – cfr. *infra* ponto 37.

[414] Observe-se que esta interpretação extensiva do art. 85.º parece contribuir para diluir a distinção entre empresas comuns de natureza concentrativa e cooperativa, dado que tal norma passará a aplicar-se indistintamente às duas situações. Apesar de esta ser, à primeira vista, uma consequência clara de tal interpretação, a verdade é que tal distinção mantém a sua validade, como o confirmam duas recentes Comunicações da Comissão sobre esta questão – cfr. *infra,* ponto 37.

[415] No mesmo sentido, BLUMBERG e SCHÖDERMEIER defendem a não aplicação do art. 85.º às empresas comuns com carácter de concentração – cfr. ob. cit., pág. 35. Contra, afirmando tal aplicabilidade, cfr. S. I. PICKARD, ob. cit., pág. 70. Os inconvenientes da aplicação do art. 85.º às empresas comuns com carácter de concentração serão analisados mais tarde – cfr. *infra,* ponto 37.

[416] Defendendo abertamente a aplicação extensiva da doutrina *Philip Morris* às transacção na bolsa, bem como às aquisições de controlo hostis, cfr. BLUMBERG e SCHÖDERMEIER, ob. cit., pág. 36. Estes autores afirmam que, apesar de não se poder configurar, para efeitos do art. 85.º, um acordo geral entre a sociedade compradora e a sociedade – alvo como um acordo entre empresas, poder-se-á, porém, constatar vários

154 *O controlo das concentrações de empresas no direito comunitário*

certo sentido, uma multiplicidade de acordos, a verdade é que cada transacção, individualmente, dificilmente será capaz de conferir a uma sociedade o controlo sobre o comportamento comercial da outra, como requer o Tribunal. Por outro lado, a aplicação do art. 85.º exige que os acordos se realizem entre empresas, pelo que, mesmo que aceitássemos a sua aplicação nesses casos, ela ficaria, de qualquer modo, dependente da qualidade dos operadores (indivíduos/empresas) na transacção em causa. Isto significa que, no caso de algum operador na transacção (quer do lado da aquisição quer do lado da venda) ser uma pessoa singular (e partindo do princípio de que não poderia ser visto como uma empresa para efeitos do art. 85), podia ocorrer a situação caricata de o art. 85.º, n.º 1, só se aplicar a certas transferências, resultantes por exemplo de uma OPA, e não a outras. Cremos, portanto, que as dificuldades teóricas e práticas existentes não facilitam a aplicação do art. 85.º àquelas situações. É claro que, afastando-se a sua aplicação, há o risco de depararmos com situações complexas em que a aquisição de controlo de uma sociedade se faz parcialmente pela compra de acções em bolsa, e em parte pela aquisição directa fora de bolsa, mediante acordo com outros accionistas, facto que conduziria à estranha situação de estas últimas aquisições ficarem sujeitas ao controlo do art. 85.º, ao contrário das primeiras. Além disso, com o afastamento do art. 85.º, gerar-se-ia, como de resto já foi notado, uma curiosa discriminação contra as sociedades que não estão cotadas na bolsa e que são

---

acordos nos contratos de compra e venda èntre a oferente e os accionistas da sociedade – alvo. Além disso, sustentam que seria estranho tratar de forma diferente as OPA amigáveis e as OPA hostis quando o efeito anti-concorrencial é o mesmo nos dois casos. Esta opinião é partilhada, no plano dos princípios, por outros autores que, no entanto, em termos práticos, reconhecem que os obstáculos existentes são intransponíveis – cfr., neste sentido, AAVV, Kluwer, 1988, págs 275-276. Em sentido contrário, afastando claramente a aplicação do art. 85.º às aquisições de controlo hostis, visto não existir aí um «acordo entre empresas», e considerando altamente improvável a sua aplicação às transacções na bolsa, dado que, mesmo havendo uma série de acordos, não significa que os seu participantes sejam empresas, cfr. Mark FRIEND, ob cit., pág. 196. Contra a aplicação da jurisprudência *Philip Morris* às aquisições de capital na bolsa, cfr. ainda Ricardo ALONSO SOTO, ob. cit., pág. 788, e as declarações feitas pelo comissário SUTHERLAND, para quem o caso *Philip Morris* «não acrescenta nada à posição legal existente em matéria de aquisições de controlo hostis (...) no presente a Comissão só pode intervir com base no art. 86.º, quando a aquisição de controlo˙ resulte num abuso de posição dominante» – cfr. *Interview...*, cit., pág. 19.

geralmente do tipo familiar[417]. De qualquer modo, não cremos que se generalize a aplicação do art. 85.° a tais situações, sobretudo atendendo aos inconvenientes que resultariam da aplicação da sanção de nulidade nessas hipóteses[418].

Por fim, cabe referir a questão da aplicação da doutrina *Philip Morris* aos acordos verticais e conglomerados, que parece igualmente equívoca. Os factos do caso *Philip Morris* referem-se a uma aquisição de participações numa empresa concorrente, logo, a um acordo celebrado no plano das relações horizontais, entre empresas que actuam no mesmo nível do mercado. A aplicação dos princípios aí

---

[417] C. BELLAMY, ob. cit., pág. 22.

[418] A incerteza jurídica e económica resultante da declaração de nulidade de uma operação de concentração revelar-se-ia com particular acuidade no caso de essa operação se realizar através de uma OPA, sendo esta insegurança considerada um argumento de peso, por certos autores, para afastarem a aplicação do art. 85.° às OPAs. Neste sentido cfr. Caroline LONDON, *Fusions et acquisitions en droit communautaire*, JCP, 15320, 1988, pág. 725. De facto, os resultados da invalidade da transferência de acções podiam desencadear o caos comercial; pense-se, por exemplo, numa transacção efectuada na bolsa: a sua nulidade, declarada anos mais tarde, levaria a que a sociedade compradora não as tivesse de facto adquirido, sociedade essa que podia entretanto ter vendido essas mesmas acções a uma outra sociedade, que em princípio desconheceria obviamente as operações efectuadas anteriormente, e assim sucessivamente na cadeia de transmissão dessas acções. A nulidade de uma OPA implicaria a obrigação de se voltarem a colocar as acções na bolsa; logo, descobrir os vendedores originais, bem como os seus sucessores; o que se revelaria, sem dúvida, via da regra, uma tarefa impossível, causando o caos no mercado. E a confusão aumentaria se apenas alguns dos vendedores dessas participações fossem considerados como empresas, pelo que só as transacções onde estivessem envolvidos é que ficariam sujeitas ao art. 85.°. Além disso, visto que os conselhos de administração das sociedades são geralmente alterados com a aquisição do seu controlo por uma nova sociedade, teríamos tantos conselhos quantas as mãos por que fosse passando o controlo da sociedade; ora, se a própria transferência de acções, aliada aos direitos de votos, fosse nula, uma das consequências seria a da nulidade de todos os actos e decisões adoptados pelo novo conselho de administração, nomeado com a transferência dos direitos de votos inerentes; é, como afirmam V. KORAH e P. LASOK, um «nunca findar de horrores» aqueles que resultam da invalidade da transferência devido à nulidade do acordo – cfr. KORAH e LASOK, *Philip Morris and its aftermath – merger control?*, CMLR, 25, 1988, pág. 349. Observe-se que consequências igualmente gravosas existem em relação à declaração de nulidade de uma operação de fusão; basta pensar no facto de certas fusões implicarem o eventual desaparecimento da actividade desenvolvida por uma das sociedades, podendo ter sido fechadas as suas fábricas, etc. Nessas hipóteses, é impossível a restauração do *status quo*.

156 O controlo das concentrações de empresas no direito comunitário

estabelecidos aos acordos conglomerados ou verticais, como por exemplo entre fornecedor e comprador, não foi abordada no acórdão, facto que poderia ser visto como uma atitude deliberada em defesa da racionalização e eficiência de tais acordos, vantagens essas que ficariam bastante comprometidas com a efectivação da proibição do art. 85.º[419]. A verdade é que a prática jurisprudencial desenvolvida tem sido no sentido de se utilizar indistintamente a proibição do art. 85.º para os acordos quer horizontais quer verticais, valendo o mesmo raciocínio para os acordos conglomerados[420].

Tendo sido enunciados alguns dos problemas suscitados pela interpretação lata da jurisprudência *Philip Morris*, importa agora referir os argumentos utilizados pelos defensores de uma aplicação restritiva do art. 85.º. Esta orientação, dentro da qual se destacam, sobretudo, pelo seu interesse, as posições de K. Banks[421] e V. Korah[422], apoia-se, por um lado, no considerando 71 do acórdão, onde o Tribunal tinha declarado que as decisões da Comissão não definem novos princípios, em relação ao tipo de acordos do caso em apreço, e por outro nos considerandos 30 e 31, que limitam o acórdão, pelo menos aparentemente, a uma situação de aquisição de participações minoritárias num concorrente, que não configurava um caso de concentração. Por outras palavras, o Tribunal só teria em vista acordos regulamentadores de comportamentos de empresas independentes, e não aqueles que dão origem a uma operação de concentração. Com efeito, ele apenas tinha decidido o caso segundo os factos concretos, sem procurar estabelecer novos princípios, pelo que seria pouco razoável assumir a aplicação do art. 85.º às concentrações. Desta forma, os considerandos seguintes, nomeadamente 37 e 38, deviam ser interpretados à luz dos considerandos 30 e 31. Além disso, invocaram os inconvenientes enunciados pela Comissão no Memorando de Dezembro de 1965 e, em especial, as desvantagens da aplicação da sanção de nulidade. Por último, salientaram os resultados perigosos a

---

[419] Cfr. Valentine KORAH, *The control of mergers...*, ob. cit., pág. 255. Note-se que, actualmente, são abrangidas pelo regulamento comunitário relativo ao controlo das concentrações não só as concentrações horizontais como as verticais e conglomeradas – cfr. *infra* ponto 33.

[420] Neste sentido, cfr. S. J. PICKARD, ob. cit., pág. 70.

[421] K. BANKS, ob. cit., pág. 427.

[422] V. KORAH, *The control of mergers...*, ob. cit., pág. 246.

O controlo comunitário das concentrações com base nos tratados 157

que podia conduzir a interpretação extensiva do acórdão *Philip Morris*, nomeadamente no caso das transacções na bolsa.

Na sequência do exposto, parece-nos preferível uma interpretação restritiva da jurisprudência *Philip Morris,* não só devido aos argumentos literais invocados, mas, sobretudo, atendendo aos inconvenientes salientados na aplicação do art. 85.°, que resultariam, especialmente, do facto de as finalidades do art. 85.° não serem as que estão subjacentes ao controlo das concentrações. Recorde-se que é também esta a visão da Comissão no Memorando de Dezembro de 1965, onde defendeu uma espécie de teoria de *double standard*, ou seja, concentrações e *ententes* deveriam ficar sujeitas a regras distintas. Aliás, como é sabido, não foi o descrédito das razões invocadas no Memorando que levou a Comissão a sugerir, num *volte-face*, a aplicação do art. 85.° às concentrações, mas sim a impotência sentida perante a inactividade do Conselho, que tornava premente a busca de um instrumento de pressão sobre os Estados, para os forçar a adoptarem o regulamento comunitário. Deste modo, as afirmações públicas feitas pelo Comissário Sutherland, sobre a possível aplicação do art. 85.° às concentrações, não revelam uma mudança de opinião quanto aos inconvenientes desse mecanismo, antes resultam da sua visão como um meio privilegiado de forçar os Estados a adoptarem o regulamento comunitário sobre o controlo das concentrações, como de facto veio a suceder. Mantêm-se, portanto, as razões justificativas da não aplicação do art. 85.° às concentrações, que residem, em nosso entender, na impossibilidade de terem em conta «a especificidade económica dessas operações»[423]. De facto, enquanto se defende que deve ser dado um tratamento mais favorável às concentrações, designado por «princípio da imunidade»[424], atendendo às vantagens que geralmente lhe são associadas, em relação às *ententes* existe um entendimento totalmente diferente, sustentando-se que, em regra, devem ser proibidas e só excepcionalmente toleradas. Isto porque se presume que as concentrações favorecem a eficácia económica, podendo, todavia, surgir riscos para a concorrência devido ao poder económico que a operação confere às empresas em causa perigos esses que é preciso controlar –, ao passo que em relação às *ententes* não há tal presunçao de vantagens – pelo contrário, a contribuição para o progresso técnico não é certa e, por outro lado, os perigos de um acréscimo de poder económico não

---

[423] L. VOGEL, *Droit de la concurrence...*, ob. cit., pág. 295.
[424] L. VOGEL, *Droit de la concurrence...*, ob. cit., págs. 296 e segs.

158 O controlo das concentrações de empresas no direito comunitário

são, como em relação às concentrações, uma preocupação fundamental, mas marginal[425]. Daí que as finalidades subjacentes ao art. 85.°, pensado para as *ententes*, tornem a sua aplicação inadequada às concentrações. Com efeito, à luz dessa norma, as *ententes* em princípio são proibidas, salvo quando se verificarem certas condições excepcionais que permitem a sua autorização, situação que, devido à sua natureza precária, terá de ser limitada. Ora este sistema de nulidade e de isenção revela-se particularmente inadequado às concentrações, quer por afectarem a estrutura das empresas envolvidas na operação, quer porque implicam, em regra, grandes investimentos, quer ainda porque as vantagens que geralmente lhes, são associadas só se revelam a longo prazo e exigem apreciações razoavelmente estáveis. Desta forma, cremos que a melhor solução é afastar a aplicação do art. 85.° às concentrações, tanto mais que uma das razões invocadas para a defesa de tal interpretação extensiva – existência de uma lacuna no Tratado – deixa de ser relevante com o regulamento de 1989.

21. A concretização, posterior, da jurisprudência *Philip Morris* padece do mesmo mal apontado à decisão *Continental Can*. De facto, são raras as intervenções com base na doutrina fixada no acórdão de 1987, segundo a qual o art. 85.° será aplicado às aquisições de participações minoritárias, numa empresa concorrente, sempre que o acordo em causa permita a cooperação comercial entre as empresas ou o controlo de direito ou de facto de uma pela outra, isto é, quando a aquisição for um meio de influenciar o comportamento comercial da outra empresa. Todavia, apesar do seu carácter reduzido, podemos destacar alguns exemplos dessas diligências.

Em primeiro lugar, cabe referir o caso *Carnaud-Sofreb*[426], relativo a um acordo para a aquisição pela Carnaud SA, fabricante francês de latas metálicas, ao grupo Sacilor, da sua participação de 66,6% num outro fabricante francês de latas, a Sofreb. A filial alemã da Continental Can Corp, a Schmalbach-Lubeca GmbH, que detinha os restantes 33,4% da Sofreb, denunciou o acordo à Comissão, alegando que violava as normas comunitárias da concorrência[427], tendo obtido, na

---

[425] L. VOGEL, *Droit de la Concurrence...*, ob. cit., pág. 300.

[426] 17.° Rel. Conc., 1987, ponto 70.

[427] Um dos argumentos invocados pela sociedade alemã era que o acordo de licença concluído entre ela (Schamlbach-Lubeca) e a Sofreb, nos termos do qual o *know how* comercial e tecnológico seria transferido para a sociedade francesa (Sofreb),

O controlo comunitário das concentrações com base nos tratados   159

pendência da decisão da Comissão, uma decisão de um tribunal francês condenando a venda das participações da Sofreb à Carnaud[428]. Temos aqui um caso interessante em que um accionista minoritário, a Schmalbach-Lubeca, se opõe à aquisição por parte de um concorrente de uma participação maioritária, numa terceira sociedade, que lhe permite obter o controlo dessa sociedade[429]. A Comissão, baseando-se na posição do Continental Can e da Carnaud no mercado em causa e no acórdão *Philip Morris,* pronunciou-se contra o acordo, alegando que a propriedade conjunta da Sofreb por dois concorrentes directos era susceptível de conduzir a uma cooperação entre eles, violando as normas da concorrência[430]. Na sequência da posição adoptada pela Comissão, a Carnaud propôs comprar igualmente a parte da Schmal-bach-Lubeca, tendo a sociedade alemã aceitado e retirado a sua denúncia. A autoridade comunitária, perante a nova situação fáctica, entendeu que não havia objecções a fazer ao controlo integral por parte da Sofreb, na medida em que dele resultava apenas um aumento marginal, da parte da Carnaud, do mercado em causa. Dito de outro modo, não havia violação do art. 85.°, porque era eliminada a possível cooperação entre dois concorrentes no mercado (nem havia violação do art. 86.°, porque a quota de mercado do Carnaud era bastante inferior à dos seus concorrentes). Este entendimento do caso conduz à proibição do «controlo conjunto» de uma terceira sociedade por duas sociedades concorrentes, sendo porém aceite a aquisição, por uma sociedade, de todo o capital de uma sociedade concorrente nessa terceira sociedade, o que permitiu que se afirmasse que, na opinião da Comissão, a cooperação entre duas sociedades concorrentes no seio de uma terceira é mais grave do que uma eventual operação de concentração entre elas[431]. Uma outra interpretação sugeria que a intervenção da Comissão

---

levaria a que a aquisição pela Carnaud da maioria das participações na Sofreb lhe desse acesso ao *know how* transferido para a Sofreb e originasse na prática a criação de uma empresa comum entre a sociedade alemã e a Carnaud, proibida pelo art. 85.°, n.° 1.

[428] Cfr. 17.° Rel. Conc., ponto 70.

[429] Repare-se que estamos perante uma das situações descritas no caso *Philip Morris* como devendo estar sujeita ao controlo do art. 85.°, a saber, «a aquisição de uma participação [que permite à empresa investidora obter] o controlo de direito ou de facto sobre o comportamento comercial da outra empresa» – cfr. 37.° considerando.

[430] No sentido de que este caso confirma a aplicação da jurisprudência *Philip Morris* às aquisições de participações maioritárias, cfr. Richard WHISH, ob. cit., pág. 744.

[431] Neste sentido, H. LESGUILLONS, ob. cit., pág. 379.

160   *O controlo das concentrações de empresas no direito comunitário*

devia ser entendida no sentido da aplicação do art. 85.° não só ao acordo inicial (para a cooperação), como ainda ao acordo posterior (para a concentração), o que reflectia a opção da autoridade comunitária por uma leitura extensiva da jurisprudência *Philip Morris*[432]. Em nossa opinião, o caso *Carnaud/Sofreb* deve ser considerado, sobretudo, como mais uma manifestação da intenção da Comissão utilizar o art. 85.° como instrumento de pressão para obrigar os Estados a adoptarem o regulamento sobre o controlo das concentrações.

Num outro plano, referindo-se a uma aquisição de participações minoritárias, encontra-se o processo *Hudson's Bay,*[433] em que a Comissão intervém, aplicando de forma clara os princípios contidos no caso *Philip Morris*. Estava em causa a aquisição pela DPA, cooperativa dinamarquesa de criadores de animais para curtumes, cujas vendas representam 1/3 da produção mundial, de 35% das participações da sua concorrente britânica Hudson's Bay and Annings. A Comissão, seguindo os princípios do caso *Philip Morris*, proibiu a aquisição da participação minoritária no concorrente que lhe permitiria influenciar o comportamento comercial dessa outra empresa. Afirmou, assim, que a aquisição de 35% pela DPA, além de lhe dar uma influência decisiva na conduta futura da Hudson's Bay, reduzia, ou eliminava mesmo, a concorrência entre a DPA e o seu maior concorrente na CE[434]. A Comissão confirmou, portanto, neste caso, a doutrina *Philip Morris*.

Uma outra decisão, em que vai ser discutida a aplicação do art. 85.°, n.°1[435], a uma oferta conjunta, é o caso *Irish Distillers*[436]. Neste processo, os três principais produtores e vendedores de bebidas alcoólicas na Comunidade – a Allied Lyons, a Guiness e a Grand Metropolitan – apresentaram uma oferta conjunta em relação ao Irish Distillers Group (doravante designado por IDG), único produtor de

---

[432] Neste sentido, R. WHISH, ob. cit., pág. 744.

[433] Decisão de 28 de Outubro de 1988, processo IV/B-2/31.424, *Hudson's Bay--Dansk Peldsdyravlerforening*, JOCE n.° L 316/43, de 23.11.88.

[434] Decisão *Hudson's Bay*, cit., ponto 11.

[435] Note-se que, para F. FINE, – *Mergers and joint ventures...*, ob. cit., pág. 41, a resolução do problema não exige o recurso ao caso *Philip Morris* dado que estamos perante uma situação tipicamente abrangida na hipótese do art. 85.°, a saber, acordo entre concorrentes, que permanecem independentes, com o objectivo de restringir a concorrência.

[436] 18.° Rel. Conc., 1988, ponto 80.

uísque irlandês. Os proponentes, em resposta à denúncia feita pelo IDG à Comissão, alegaram que a aquisição tinha o efeito salutar de "quebrar" o monopólio do IGD e que a prossecução das actividades da IGD, depois da aquisição, através de uma filial comum, a GC&C, onde as partes cooperariam na produção de uísque, mas distribuiriam o produto separadamente, permitiria o desenvolvimento da concorrência. A Comissão afastou os argumentos apresentados e considerou que o acordo violava o art. 85.°, n.°1, quer no plano dos objectivos prosseguidos, quer no dos efeitos. De facto, o acordo entre empresas concorrentes para a aquisição conjunta de uma terceira empresa restringia, desde logo, a concorrência entre as sociedades oferentes, a um duplo nível: o acordo para a aquisição conjunta de uma terceira sociedade concorrente teria por objectivo eliminar a concorrência entre as sociedades oferentes, tornando, além disso, mais difícil o «acesso à oferta» de terceiros, ou seja, uma empresa que quisesse igualmente comprar essa terceira sociedade veria eventualmente a sua actuação dificultada pela oferta conjunta das outras sociedades; por outro lado, a apresentação da oferta conjunta, acordando as sociedades envolvidas em não concorrer no mercado para a aquisição de participações, que poderíamos designar por efeito interno, tem ainda um efeito externo, que é o de eliminar o risco da eventual subida de preços, nomeadamente das acções da sociedade – alvo, o que prejudicará os seus accionistas. No plano dos efeitos do acordo, verifica-se, igualmente, uma infracção ao art. 85.°, visto que a criação de uma filial comum, para prosseguir a actividade do IDG, permite a cooperação entre as sociedades concorrentes, que se estenderia inevitavelmente do campo da produção ao nível do *marketing*. Em consequência da intervenção da Comissão, as partes abandonaram a oferta conjunta relativamente ao IDG. O interesse deste caso reside no facto de a autoridade comunitária assumir claramente a aplicação do art 85.° a uma oferta conjunta, quando as sociedades proponentes forem concorrentes independentes no mercado[437] e utilizarem o mecanismo da oferta conjunta para

---

[437] Note-se que a oferta conjunta pode ser obviamente lançada por sociedades que não são concorrentes no mercado; neste caso, ainda que o acordo não tenha, evidentemente, por objectivo a eliminação da concorrência entre as proponentes, podemos ainda aplicar o art. 85.° com base numa outra finalidade anti-concorrencial, ou com base nos efeitos restritivos do acordo (quando, por exemplo, as proponentes, depois da aquisição, se preparam para desenvolver uma forte cooperação no mercado que infringe as normas da concorrência).

162 *O controlo das concentrações de empresas no direito comunitário*

eliminar uma terceira sociedade concorrente, adquirindo o seu controlo e criando em seguida as ditas «estruturas de cooperação», na terminologia da jurisprudência *Philip Morris*[438].

Uma situação semelhante surgiu no caso *Plessey/Gec/Siemens*[439], onde duas sociedades electrónicas, britânica e alemã, GEC e Siemens, lançaram conjuntamente uma OPA relativamente à empresa britânica de material electrónico Plessey[440]. Considerando que, à partida, certos elementos do acordo podiam restringir consideravelmente a concorrência na acepção do art. 85.º, n.º1[441], a Comissão vai, todavia, acabar por conceder uma isenção individual ao abrigo do seu n.º 3, atendendo às circunstâncias específicas do processo[442]. A empresa Plessey queixou-se contra a isenção, argumentando que não se tratava de um

---

[438] No sentido de que é mais duvidosa a aplicação do art. 85.º quando há uma OPA que não é hostil, visto que nesse caso a sociedade – alvo abandona o mercado de livre vontade, não havendo, portanto, o objectivo anticoncorrencial de eliminar um concorrente – cfr. M. SIRAGUSA, ob. cit., pág. 528. Observe-se, contudo, que, no plano das relações das sociedades proponentes, continuamos a poder referir a eliminação da concorrência entre elas, bem como o risco da subida de preço das acções da sociedade alvo, sem esquecer as dificuldades de acesso à oferta de terceiros.

[439] 19.º Rel. Conc., 1989, ponto 66.

[440] Aqui, tal como sucedia no caso *Irish Distillers*, as sociedades GEC e Siemens acordaram criar uma empresa comum e depois adquirir a Plessey para reestruturarem a sua actividade – cfr. Comunicação da Comissão relativa a um processo no âmbito dos arts. 85.º e 86.º do Tratado, 90/C 239/02, JOCE n.º C 239/2, de 25.9.90., ponto 1.

[441] Foi essa a posição da Comissão, nomeadamente em relação às telecomunicações e circuitos integrados – Comunicação da Comissão 90/C 239/02, cit., pontos 17 e 26.

[442] A Comissão considera, nomeadamente, «que os acordos são susceptíveis de melhorar a produção e promover o progresso técnico, permitindo às empresas realizarem economias de escala, designadamente em relação à investigação e ao desenvolvimento, num sector em que os custos de investigação representam uma elevada proporção dos custos totais e em que se verifica uma tendência constante para a internacionalização da concorrência», podendo ainda os utilizadores aproveitar tais benefícios. A Comissão declara finalmente o acordo indispensável para a obtenção desses benefícios, dado que «as informações confidenciais apenas serão partilhadas sem reservas entre a GEC/Siemens e Plessey se existir entre elas uma ligação permanente». Finalmente, refira-se que, segundo a autoridade comunitária, o acordo não permite a eliminação da concorrência numa parte substancial do mercado em causa, graças aos compromissos exigidos pelo governo britânico – cfr. ponto 41 da Comunicação da Comissão cit.

O controlo comunitário das concentrações com base nos tratados   163

instrumento adequado quando estava em causa uma alteração estrutural permanente da empresa, como seria o caso em apreço, além de que havia o risco de a GEC e a Siemens, no futuro, alterarem os seus projectos. A Comissão rejeitou estes argumentos, afirmando que o facto de um acordo ter efeitos económicos a longo prazo, que nem sempre serão benéficos, não impede a concessão de uma isenção nos termos do art. 85.°, n.° 3, e não aceitou a conclusão implícita nos argumentos da Plessey de que «qualquer acordo entre empresas concorrentes, relativo a uma OPA de uma empresa concorrente, que fosse abrangida pelo n.° 1 do art. 85.°, constituiria por si uma infracção às regras da concorrência do Tratado»[443]. Seguiu, pois, a visão dada pelo Tribunal no caso *Philip Morris,* de que não é a aquisição das participações *em si* que viola o art. 85.°, mas o facto de poder conceder a uma empresa o controlo sobre a política comercial da outra.

Finalmente, importa citar o caso *British Airways/KLM/Sabena*[444], relativo a um acordo para a aquisição conjunta pela British Airways e KLM de uma participação de 20% na Sabena World Airlines, uma filial a 100% da Sabena SA. A Comissão considerou que o acordo violava o art. 85.°, n.°1, dado que era susceptível de promover a cooperação comercial entre as três companhias aéreas. Ao contrário do que se passou no caso *Plessey,* a Comissão considerou que o acordo para a aquisição da Sabena, apesar de implicar potenciais benefícios para o consumidor e um certo desenvolvimento técnico, comportava riscos para a concorrência, na medida em que a empresa comum reduzia a concorrência e dificultava o acesso de companhias aéreas mais pequenas a um mercado onde a concorrência se desenvolve em termos de lealdade e honestidade. A intervenção da Comissão não chegou ao plano decisório, pois que no fim de 1990 as três companhias decidiram separar-se.

Desta forma, os desenvolvimentos da jurisprudência *Philip Morris* são raros ou quase inexistentes. Podem apontar-se, como razões justificativas deste "vazio decisório", quer o facto de o caso *Philip Morris* não ter configurando uma verdadeira situação de concentração, quer o de o Tribunal não ter afirmado expressamente a aplicação do art.

---

[443] Comunicação da Comissão, cit., ponto 43.

[444] Comunicação nos termos do n.° 2 do art. 5 do Regulamento (CEE) n.° 3975/87 do Conselho de 14 de Dezembro de 1987 relativo ao processo IV/33 405. Acordo que prevê a entrada da British Airways e da KLM no capital da Sabena World Airlines (SWA), 90/C 82/04, JOCE n.° C 82/7 de 31.3.90.

164   *O controlo das concentrações de empresas no direito comunitário*

85.º a tais casos, o que acabaria por gerar uma grande incerteza neste domínio. Na realidade, a questão da aplicação do art. 85.º às concentrações parece ter sido reduzida, essencialmente, a meras ameaças da Comissão, que provou ter em seu poder um instrumento poderoso de pressão sobre os Estados quando estes aprovaram o regulamento, passado pouco tempo. Com efeito, os inconvenientes da aplicação do art. 85.º às concentrações não favorecem, em nossa opinião, intervenções das autoridades comunitárias nesse sentido. Recorde-se, por exemplo, a inadequação do sistema de isenção previsto no art. 85.º, n.º 3, quando aplicado às operações de concentração, em especial no que diz respeito aos inconvenientes resultantes da validade provisória da isenção concedida[445], sujeita sempre a uma possível revogação por parte da Comissão. Acrescem ainda dificuldades inerentes à inexistência de um sistema de notificação prévia das concentrações. E mesmo nos casos em que as partes, com o intuito de obterem segurança, resolvem voluntariamente notificar a Comissão, deparam com um processo moroso[446] e oneroso[447]. Finalmente, é

---

[445] A Comissão invoca, geralmente, a este propósito o art. 8.º, do Regulamento n.º 17, segundo o qual «a decisão de aplicação do n.º3 do art. 85.º do Tratado será concedida por um período determinado (...)» para invocar o inconveniente da sua aplicação às concentrações. É claro que, como já se afirmou, nada impede a Comissão de conceder isenções por períodos mais alargados quando as circunstâncias do caso o justifiquem. Além de que o próprio regulamento ressalva a possibilidade de o pedido de isenção ser renovado. Logo, em termos legais, nada obstaria a que a Comissão concedesse isenções com carácter duradouro às operações de concentração. Por outro lado, afirma-se ainda que o facto de o regulamento prever a possibilidade de a Comissão revogar ou alterar a decisão não levanta especiais problemas, visto que não se trata de um poder arbitrário, mas antes condicionado à verificação de uma das condições enunciadas nas als. a) a d) do art. 8.º do Regulamento n.º 17. Na realidade, o problema é que se está a inverter a lógica do mecanismo do art. 85.º, isto é, a concessão de isenções que seriam casos excepcionais tornar-se-ia a regra no caso das concentrações e, por outro lado, a ponderação de interesses que o art. 85.º, n.º 3, tem em vista não se encontra particularmente adequada às concentrações, uma vez que o risco do acréscimo de domínio é visto aí como uma preocupação secundária.

[446] A excessiva morosidade de que padecem as decisões da Comissão relativas à aplicação das normas da concorrência seria, portanto, um desincentivo às concentrações. De facto, as empresas que, por razões de segurança, notifiquem a operação com o objectivo de obterem da Comissão um certificado negativo ou uma decisão de isenção, ao verem-se confrontadas com a necessidade de esperarem um longo período de tempo antes de obterem a resposta – uma vez que não são fixados

O controlo comunitário das concentrações com base nos tratados 165

prazos para a Comissão adoptar tais decisões –, desistirão geralmente do projecto e procurarão soluções alternativas, dado que o factor tempo é de uma importância fundamental nessas situações. Este problema acentua-se quando nos colocamos na posição da sociedade queixosa. Assim, uma empresa objecto de uma fusão ou de uma aquisição, contrária ao direito comunitário da concorrência, apenas terá interesse em queixar-se à Comissão se a sua decisão se processar com rapidez; doutro modo, será nulo o seu efeito útil, e os resultados indesejáveis da operação (pense-se, por exemplo, numa OPA hostil) difíceis de apagar.

A Comissão procurou superar os inconvenientes desta morosidade através do recurso a acordos e à emissão de cartas administrativas de arquivamento. A distinção entre estas duas figuras é elaborada por Ivo van BAEL nos seguintes termos: as cartas administrativas de arquivamento, designadas geralmente por «comfort letters», visam «as cartas administrativas assinadas por um agente da Direcção geral da Concorrência da Comissão declarando que não será tomada nenhuma medida em relação a um determinado acordo ou prática»; referem-se, portanto, geralmente a «decisões» informais através das quais a Comissão fecha processos em casos simples que visam um certificado negativo ou uma notificação para isenção. Cfr. Ivo Van BAEL, *The antitrust settlement practice of the EC Comission*, CMLR, 23, 1986, pág. 63. Observe-se, ainda, que essas cartas não visam «operar como uma decisão», como o demonstra o facto de não terem os habituais considerandos, nem serem publicadas nos termos do art. 21.° do Regulamento n.° 17 (Valentine KORAH, *Comfort letters – reflections on the perfume case*, ELR, vol. 6, 1981 pág. 23). São, portanto, um meio informal com que a Comissão frequentemente fecha um processo, mas não têm força legal. Neste sentido, cfr. acórdão de 10 de Julho de 1980, processos apensos 253/78, e 1 a 3/79, *Procurador da Republica e outros c. Giry e Guerlain*, Rec. 1980, pág. 2327, esp. considerandos 4 e segs. Já os acordos («settlements») visam processos mais complexos em que a Comissão, depois de receber uma queixa ou iniciar uma investigação, decidiu comunicar as objecções, e abriu um processo ou pensa fazê-lo mas entretanto encerra-o porque as partes alteraram o acordo em conformidade com as regras da concorrência. Ou seja, enquanto as «comfort letters» visam situações que *a priori* não exigem uma acção da Comissão, os «settlements» exigem uma acção da Comissao, a não ser que partes terminem ou alterem as suas práticas – cfr. Van BAEL, *The antitrust...*, ob. cit., págs. 63-64.

A verdade é que, como já referimos, a rapidez dos processos é obtida à custa de uma certa segurança jurídica das partes. Esta insegurança revela-se, como esclarece PELLICIER ZAMORA, a um duplo nível: com estes processos informais, a Comissão limitou-se a arquivar o processo, podendo reabri-lo mais tarde, e, por outro lado, não afasta a possibilidade de um duplo controlo, comunitário e nacional, inconvenientes que – recorda o autor – não existem no caso de uma decisão formal de isenção – cfr. Rafael PELLICIER ZAMORA, *Derecho comunitario de la competencia*, Editorial trivium, Madrid, 1986, pág. 45.

166 *O controlo das concentrações de empresas no direito comunitário*

preciso não esquecer os obstáculos resultantes de uma eventual aplicação da sanção da nulidade estabelecida no n.°2 do art. 85.°[448].

Em conclusão, podemos afirmar que:

1. O princípio da não aplicação do art. 85.° às operações de concentração manteve-se praticamente incontestado pelas autoridades comunitárias durante cerca de 20 anos.

2. A partir de meados da década de 80, a Comissão começa a alterar a sua posição e passa a sugerir o recurso ao art. 85.° para o controlo das concentrações, como o demonstram, nomeadamente, as declarações feitas, na altura, pelo comissário encarregado da concorrência. Este *volte-face* em relação aos princípios afirmados no Memorando de Dezembro de 1965 não deve ser visto como uma súbita crença nas vantagens da aplicação de tal mecanismo mas apenas como um instrumento de pressão no sentido de levar os Estados-membros a adoptarem uma regulamentação específica sobre o controlo das concentrações.

3. As dúvidas, sobre a utilização do art. 85.° como mecanismo de controlo das concentrações, acentuam-se com o acórdão *Philip Morris*. De facto, afirmando inicialmente que, no caso em apreço, relativo à *aquisição de participações minoritárias numa empresa concorrente*, não são estabelecidos novos princípios na decisão da Comissão e que é necessário, para a aplicação do art. 85.°, que as empresas continuem independentes depois da conclusão do acordo, o Tribunal acaba por reconhecer a aplicação do art. 85.° *às aquisições de participações que permitem obter um controlo de direito ou de facto sobre o comportamento comercial da outra empresa*.

4. Os termos pouco claros em que é redigido o acórdão permitem o desenvolvimento de duas correntes doutrinais opostas: uma, defensora da aplicação do art. 85.° às concentrações; outra, sustentando a sua aplicação restritiva. Parece-nos que a melhor solução,

---

[447] A solução deste problema, como sublinha F. FINE, só poderá obviamente realizar-se por via legislativa, alterando-se o Regulamento n.° 17 ou criando-se um novo regulamento – cfr. *Mergers and joint ventures...*, ob. cit., pág. 25.

[448] Há ainda quem sugira que, no caso das concentrações, a nulidade só deveria produzir efeitos a partir da decisão que constata a infracção. Neste sentido, cfr. J.E. COCKBORNE, ob. cit., pág. 25. Por outro lado, tentar evitar os inconvenientes da nulidade mediante o recurso à notificação prévia à Comissão cria o risco de estrangular os serviços existentes, tornando ainda mais moroso o processo de obtenção de isenções.

O controlo comunitário das concentrações com base nos tratados　　167

ponderando as vantagens e inconvenientes de tal aplicação, será efectuar uma interpretação restritiva da jurisprudência *Philip Morris*.

5. Com efeito, além dos argumentos literais que se podem encontrar no acórdão do Tribunal, deve atender-se, sobretudo, aos inconvenientes da aplicação da disposição comunitária, cuja causa se pode encontrar nas diferentes finalidades prosseguidas pelos mecanismos dirigidos às *ententes* em relação aos aplicáveis às concentrações. Por outras palavras, o princípio de que as *ententes* devem estar sujeitas a uma proibição automática, sendo autorizadas excepcionalmente, reflecte-se no funcionamento do art. 85.°. As infracções são punidas com a nulidade, e apenas verificando-se certas condições é que as *ententes* podem ser autorizadas, sempre por tempo limitado, existindo ainda a possibilidade da revogação dessa autorização. Ora estes mecanismos revelam-se particularmente inadequados à especificidade do fenómeno económico das concentrações, a que subjaz o «princípio da imunidade». Na verdade, exigindo estas grandes investimentos, cujos benefícios muitas vezes só se revelam a longo prazo, postulam decisões estáveis que não se compadecem com o funcionamento do art. 85.°.

6. Acresce que, estando, de certa forma, resolvido o problema da lacuna jurídica do Tratado CE, com a adopção do Regulamento n.° 4064/89, menos razões há para a aplicação extensiva do art. 85.° às concentrações.

PARTE II

O CONTROLO COMUNITÁRIO DAS CONCENTRAÇÕES COM BASE NO REGULAMENTO N.º 4064/89

1. OBSERVAÇÕES PRELIMINARES

Sumário: 22 – *A necessidade de uma regulamentação comunitária específica para o controlo das concentrações de empresas.* **23** – *A proposta de regulamento de 1973 e as suas modificações.* **24** – *O relançamento dos trabalhos em 1988.*

22. A Comissão foi sublinhando, ao longo do tempo, que a existência de uma política comunitária de concorrência "sã", isto é, "não falseada", nos termos do art. 3.º, al. g) do Tratado CE, implicava necessariamente a instituição de um mecanismo de controlo das concentrações[1]. De facto, só a verdadeira realização do direito comunitário da concorrência, na sua dupla dimensão – abolição de obstáculos à livre circulação provenientes quer do Estado quer das empresas e encorajamento do desenvolvimento de uma concorrência sã – garantirá a concretização plena do mercado interno. Daí que a

---

[1] Em 1973, a Comissão afirmava que o número de concentrações na Comunidade estava em crescimento constante e que a tendência era para se acentuar esse aumento. Ora o número crescente de concentrações, segundo a mesma autoridade, podia produzir efeitos nefastos no plano da concorrência, nomeadamente pondo em perigo a sua manutenção. Daí que se mostre peremptória quando diz: «este desenvolvimento não deve continuar sem controlo», visto que através das concentrações «as empresas conseguem atingir uma posição de mercado em que evitam a pressão concorrencial (...) chegou a altura da Comunidade Europeia tomar medidas para exercer de forma sistemática o controlo sobre as concentrações» (cfr. pontos 25 a 28 do 3.º Rep. Comp., 1973). É neste contexto que a Comissão apresenta ao Conselho em 20 de Julho de 1973 uma proposta para um regulamento do controlo das concentrações. Por outro lado, as palavras de ordem invocadas pela autoridade comunitária – «a Comunidade tem de tomar medidas» – vão tornar-se uma constante ao longo dos vários relatórios sobre a política de concorrência, até ser finalmente adoptado, em 21 de Setembro de 1989, o novo regulamento comunitário. Trata-se, como afirmou a Comissão no 20.º Rel. Conc., de «um instrumento suplementar essencial que lhe foi conferido pelo Conselho para garantir um regime de concorrência não falseada na Comunidade» (cfr. ponto 20 do 21.º Rel. Conc., 1990).

172   *O controlo das concentrações de empresas no direito comunitário*

vigilância das práticas anti-concorrenciais das empresas, efectuada particularmente através dos arts. 85.° e 86.°, deva considerar-se extensiva a todas as situações susceptíveis de produzirem efeitos anti--concorrenciais análogos aos resultantes dessas práticas. Nem outra solução seria possível, visto que de nada serviria suprimir os obstáculos à concorrência, mediante o recurso aos arts. 85.° e 86.° do Tratado de Roma, se não se pudessem condenar os entraves que reaparecessem, assumindo uma forma diferente. Deste modo, apesar de o Tratado de Roma não fazer qualquer referência às operações de concentração, podendo os seus efeitos revelar-se tão nocivos quanto os das *ententes* referidas no art. 85.° ou os dos abusos de posição dominante previstos no art. 86.°, a necessidade de tais operações serem sujeitas a um certo controlo foi-se afirmando progressivamente. Para tal contribuiram, de forma decisiva, o surto de operações de concentrações ocorrido na década de sessenta[2] e a subsequente atitude assumida pela Comissão no Memorando de Dezembro de 1965 perante esse fenómeno. Uma análise da posição adoptada pela autoridade comunitária nesse documento revela, ainda, uma visão positiva do fenómeno das concentrações como gerador de potenciais vantagens, quer ao nível de economias de escala para as empresas envolvidas na operação de concentração, quer como factor de acréscimo de produtividade, quer ainda como motor de criação de empresas mais competitivas face à concorrência proveniente de países terceiros, nomeadamente dos Estados Unidos. Por outro lado, os riscos dessas operações, como a tendência para os oligopólios, ou mesmo para a monopolização, bem como o dificultar o acesso aos mercados de novas empresas, com as inevitáveis repercussões a nível dos consumidores, do emprego e da concorrência, em geral, obrigam a autoridade comunitária a socorrer-se dos instrumentos disponíveis no direito da concorrência, com vista a evitar tais resultados.

Os primeiros indícios desta atitude "vigilante" das autoridades comunitárias face às operações de concentração manifestaram-se, de forma incipiente, no próprio Memorando de Dezembro de 1965, sendo depois concretizados pela Comissão na decisão *Continental Can* e confirmados pelo Tribunal no acórdão posterior. A Comissão e o Tribunal chegaram a um consenso, em termos de princípio, no caso

---

[2] Cfr. especialmente o ponto 25 do 3.° Rep. Comp., 1973, onde se constata que, entre 1962 e 1970, o número anual de concentrações na Comunidade dos Seis aumentou de 173 para 612.

Continental Can: será considerada um abuso, punido pelo art. 86.°, a operação de concentração que reforce a posição dominante das empresas envolvidas, impedindo de forma substancial a concorrência efectiva no mercado comum. No entanto, os inconvenientes e as limitações à utilização do art 86.° como instrumento de controlo das concentrações levaram a Comissão a procurar soluções alternativas. Uma delas, que podemos considerar algo surpreendente, surge com o caso *Philip Morris*. A jurisprudência fixada aí, de forma ambígua, pelo Tribunal, vai ser utilizada pela Comissão para afirmar a aplicação do art. 85.° como mecanismo regulamentador das concentrações, ao arrepio da posição adoptada no Memorando. Esta atitude tem, no entanto, de ser entendida como a solução mais adequada, encontrada pela autoridade comunitária, para forçar os Estados-membros a adoptarem o regulamento comunitário.

Apesar da aparente importância de que se revestem estes acórdãos na história da disciplina das concentrações, a verdade é que a aplicação prática, quer de um, quer de outro, denota as suas inúmeras insuficiências. A constatação destes limites[3] reforçou a convicção da Comissão quanto à necessidade da criação de uma regulamentação específica, crença que a conduziu a apresentar ao Conselho, já em 1973, uma proposta de regulamento sobre o controlo das concentrações. A evolução sofrida pela proposta desde a sua versão inicial, em 1973, até à adopção do texto definitivo, em 1989, foi, sem dúvida alguma, uma história atribulada e morosa, à qual apenas faremos referência de forma sumária.

23. Desde 1971 que o Parlamento afirmava a necessidade de um sistema de notificação prévia das concentrações, aplicado a empresas de certas dimensões ou com determinadas quotas de mercado[4]. Estas preocupações acabaram por ser ouvidas na conferência dos Chefes de Estado que se realizou, no ano seguinte, em Paris[5] e levaram o

---

[3] A que não era alheio o receio da sua aplicação por organismos nacionais muitas vezes «impreparados» e «influenciáveis». Existia, assim, uma corrente que preferia que o controlo das concentrações fosse efectuado pela Comissão, considerada promotora da construção europeia e detentora de uma visão supra – nacionalista, em vez de ser realizado pelas autoridades nacionais, de forma algo descoordenada.

[4] JOCE n.° C 66/12 de 1.7.71 pág. 12, cit. no 3.° Rep. Comp., pág. 29, nota 3.

[5] Nessa conferência foi discutido o problema das concentrações e fez-se a seguinte declaração final: «os chefes de Estado ou dos governos consideram necessário

174   *O controlo das concentrações de empresas no direito comunitário*

Conselho a elaborar uma resolução[6], com o objectivo de convencer a Comissão a apresentar «propostas visando instaurar um controlo mais sistemático das concentrações com uma certa importância». É assim que, em 1973 – sofrendo as influências da jurisprudência *Continental Can* que, apoiando a utilização do art. 86.º como instrumento de controlo das operações de concentração, não permitia, porém, a eliminação de certas incertezas quanto à sua aplicação –, a Comissão apresenta ao Conselho uma proposta de regulamento sobre o controlo das operações de concentração[7], dando início a um debate que se vai prolongar por longos anos.

Podemos resumir da seguinte forma os aspectos essenciais deste diploma:

– fundamenta-se a proposta nos arts. 87.º e 235.º do Tratado CE (1.º ponto do preâmbulo)[8]. Esta dupla justificação do regulamento manter--se-á ao longo das suas variadas versões, sendo finalmente transposta para o texto definitivo em 1989. O recurso às duas disposições parece ter sido motivado, essencialmente, por razões práticas, procurando a Comissão garantir uma base legal suficiente e manter uma aproximação teleológica semelhante à que tinha sido realizada pelo Tribunal;

---

procurar estabelecer-se uma base industrial única para a Comunidade como um todo. Isso envolve a criação de medidas que garantam que concentrações afectando empresas estabelecidas na Comunidade estão de acordo com os objectivos económicos e sociais da Comunidade, e com a manutenção de uma concorrência leal, tanto no mercado comum como em mercados externos em conformidade com as normas estabelecidas pelos Tratados» – cfr. *Final Declaration of the Conference of the Heads of State or Government of the Member States of the enlarged Communities,* cit. no 3.º Rep. Com., 1973, ponto 23.

[6] JOCE n.º C 133/14 de 23.12.72, cfr. 3.º Rep. Com., pág. 29 nota 2.

[7] JOCE n.º C 92/1 de 31. 10. 73.

[8] A invocação do art. 235.º vai ser criticada por certo sector da doutrina que considerava preferível o recurso ao mecanismo de revisão do art. 236.º. Cfr. *infra,* pontos 25 e segs. Contra a invocação do art. 236.º, cfr. Frans VAN KRAAY, que afirmava, com certa razão, que o recurso ao mecanismo do art 236.º era uma solução «demasiado pesada e desnecessária» para realizar algo que está previsto no próprio art. 3.º, al. g) do Tratado CE. Além disso, segundo o mesmo autor, se o Tribunal tem competência para criar um sistema de controlo de concentrações *a posteriori* fazendo apelo ao art. 3.º, al. g), o Conselho e a Comissão poderiam fazer o mesmo, criando um sistema de controlo *a priori* com base nos arts. 3.º al. g), 86.º, 87.º, e 235.º do Tratado CE – cfr. VAN KRAAY, *Proposed EEC regulation on control of mergers,* ICLQ, vol. 26 April 1977, pág. 477.

O controlo comunitário das concentrações com base no reg. n.º4064/89   175

– ficam abrangidas pelo campo de aplicação da proposta as concentrações com uma certa dimensão[9], em que pelo menos uma das empresas participantes na operação tenha a sua sede na Comunidade (art 1.º). Parece, portanto, que se devem considerar excluídas as concentrações entre empresas não comunitárias, isto é, que não tenham a sua sede na Comunidade, ainda que produzam efeitos no mercado comum[10]. Por outro lado, a proposta será aplicável independentemente de as concentrações serem horizontais, verticais ou conglomeradas;

– adopta-se, no art. 2.º, n.º 1, uma noção de concentração que coloca claramente o acento no conceito de controlo, inspirando-se na decisão n.º 24/54 de 6 de Maio de 1954, proferida no âmbito da CECA, indicando ainda, a título exemplificativo, no seu n.º 2, situações que podem dar origem à aquisição do controlo. Opta-se, assim, por uma noção de concentração que exclui o mero crescimento interno da empresa[11];

– atribui-se competência exclusiva à Comissão para declarar a concentração compatível ou incompatível com o mercado comum (art. 3.º, n.º 1), não implicando a decisão de incompatibilidade a nulidade dos actos jurídicos relativos a tal operação (art. 3.º. n.º 2);

---

[9] O art. 1.º, n.º 2 da proposta, dispõe que o princípio da incompatibilidade da concentração com o mercado comum, estabelecido no n.º 1 da mesma disposição, não se aplica se «o volume total de negócios do conjunto das empresas participantes na concentração representa um montante inferior a 200 milhões de ecus e os produtos ou serviços envolvidos na operação de concentração em causa não representam, em nenhum país membro, mais de 25% do volume de negócios realizados com os produtos ou serviços idênticos ou considerados similares pelo utilizador devido às suas propriedades, ao seu preço e à sua utilização» .

[10] Certo sector da doutrina defende uma interpretação flexível dessa disposição, afastando uma leitura estritamente literal, que excluíria do âmbito da proposta concentrações entre empresas estabelecidas em países terceiros, independentemente de elas terem ou não efeitos no comércio intra-comunitário. Neste sentido, cfr. Kurt E. MARKET (*EEC competition policy in relation to mergers*, A Bull, Vol. XX, 1975 pág. 125) e ainda A. LYON-CAEN (Antoine LYON-CAEN, *Le contrôle des concentrations: étude de la loi française et de la proposition européenne*, RTDE, 15 année, n.º1, Janvier-Mars, 1979, pág. 11), para quem, sendo os "actores" da operação empresas ou grupos de empresas, bastava a presença de uma filial no território do mercado comum para se poder aplicar o direito comunitário à empresa-mãe estabelecida fora da Comunidade.

[11] Fernand-Charles JEANTET, *Vers un contrôle européen des concentrations faisant obstacle à la concurrence*, JCP, 2675, 1975, ponto 12.

176 *O controlo das concentrações de empresas no direito comunitário*

– estabelece-se a obrigação de as empresas notificarem a operação de concentração, à Comissão, antes da sua realização (art. 4.°), desde que o volume de negócios total das empresas interessadas corresponda ou ultrapasse o limiar, considerado assaz baixo, de mil milhões de ecus. A notificação da operação implica, nos termos do art. 7.°, a suspensão da sua realização durante um certo período de tempo. Este compasso de espera, aliado ao sistema de notificação preventiva, acarretando, sem dúvida, o risco de desencorajar a realização de certas concentrações [12], foi, porém, considerado um inconveniente menor [13], face à insegurança jurídica que poderia resultar de um sistema de notificação *a posteriori,* em que declarações de incompatibilidade acompanhadas de decisões de «desconcentração», fossem proferidas anos depois de a operação ter sido realizada;

– fixa-se como critério da declaração de incompatibilidade a criação ou reforço de uma posição dominante, no mercado comum ou numa parte substancial dele, pelas empresas participantes na concentração, de que resultem entraves à concorrência efectiva (art. 1.°, n.° 1). O art. 1.°, n.° 3, abre uma excepção a esta regra, ao estabelecer que as disposições do n.° 1 podem ser declaradas inaplicáveis se a concentração se revelar «indispensável para a realização de um objectivo considerado como prioritário no interesse geral da Comunidade». Esta excepção, com carácter extremamente geral, vai permitir a consideração, pela autoridade comunitária, de interesses de política industrial, tecnológica e regional da Comunidade. Observe-se, contudo, que tal isenção não opera automaticamente, antes tem de ser concedida caso a caso, nos termos do art. 3.°, n.° 4, da proposta [14];

– finalmente, estabelecem-se, nos arts. 6.° a 22.° da proposta, regras processuais que seguem de perto o esquema do Regulamento n.° 17 de 1962. Observe-se, apenas, que, se depois da notificação a

---

[12] Risco esse considerado extremamente preocupante por certas administrações dos Estados-membros, que viam no regime de suspensão aliado ao sistema de notificação prévia um entrave à competitividade internacional das empresas comunitárias em certos sectores (Jaime FOLGUERA CRESPO, *El control comunitario de las concentraciones de empresas: interrogantes de um proyecto,* GJ, n.° 47, Abril 1988, pág. 5).

[13] Cfr. Albert BORSCHETE, *Les contrôles européens des concentrations,* RMC, n.° 168, Octobre 1973, pág. 358.

[14] F. VAN KRAAY ob. cit. pág. 474.

O controlo comunitário das concentrações com base no reg. n.º4064/89   177

Comissão não der início ao processo, a concentração comunicada é considerada compatível com o mercado comum (art. 6.º, n.º 4). Se, pelo contrário, a Comissão der início ao processo, então deve adoptar uma decisão final no prazo máximo de 9 meses (art. 17, n.º 1, al. a)). Saliente-se, ainda, que esse prazo pode ser alargado nos termos da al. b) da referida disposição.

Das directrizes da proposta apresentada, aliás em termos muito sumários, podemos desde já extrair a seguinte conclusão: apesar de se fazerem sentir certas influências do sistema de controlo das concentrações fixado no art. 66.º do Tratado CECA no texto em análise, como o demonstra desde logo, nas primeiras disposições do diploma, o entendimento dado à noção de controlo, é preciso salientar que a intenção subjacente à proposta exposta não é, como o reconheceu expressamente a Comissão, a obtenção de um sistema de proibição *per se* das operações de concentração, como o do art. 66.º do Tratado CECA, mas sim a criação de um «sistema em que a incompatibilidade [da operação] com o mercado comum deve ser estabelecida caso a caso, depois de a Comissão apreciar se a concentração é susceptível de entravar a concorrência efectiva no mercado comum» [15].

A proposta da Comissão vai merecer a aprovação do Parlamento Europeu [16], bem como do Comité Económico e Social [17], suscitando, todavia, grandes divergências no seio do Conselho. Não deixa de ser irónico que, tendo sido a actuação da Comissão impulsionada inicialmente pelo Conselho, acabe por encontrar neste o seu maior opositor. As dificuldades criadas pelas delegações do Estados-membros foram de tal ordem que a Comissão afirmou preferir retirar a proposta a vê-la totalmente desmantelada [18].

---

[15] 3.º Rep. Comp., 1973, ponto 28.

[16] JOCE n.º C 23/19 de 8.3.74 cit. no 6.º Rapp. Conc., 1976, pág. 22, nota 3.

[17] JOCE n.º C 88/19 de 26.7.74. cit. no 6.º Rapp. Conc., 1976, pág. 22, nota 4.

[18] Assim, o comissário Peter SUTHERLAND afirmou expressamente que «se não houver um compromisso político, num futuro próximo, para a adopção de um regulamento para o controlo das concentrações, a Comissão terá de considerar retirar a proposta ao Conselho. Nesse caso, usará os instrumentos de que dispõe para tratar as concentrações no mesmo sentido que trata todas as outras questões da concorrência». Por outro lado, procurando acalmar os receios dos Estados quanto à proposta, recordou que o controlo efectuado pela Comissão apenas queria funcionar como um mero complemento do exercido pelas autoridades nacionais, objectivo que resultaria claramente do facto de a proposta de regulamento só visar as concentrações de dimensão comunitária – cfr. *Interview...*, ob. cit., pág. 20.

178 *O controlo das concentrações de empresas no direito comunitário*

Em 1975, verifica-se uma certa evolução nos trabalhos da Comissão, com o abandono, pelo Reino Unido, da reserva geral à proposta de regulamento[19] e com o reconhecimento progressivo da necessidade de um controlo comunitário. No entanto, ainda não foi possível ultrapassar as divergências de opinião entre os vários Estados. Os obstáculos levantados à adopção da proposta podem resumir-se nos seguintes termos:

– a proposta da Comissão sobre a instituição de um sistema de notificação prévia obrigatória, que recebia o beneplácito da maioria dos Estados-membros, era claramente contestada por França e Itália. Enquanto esta última se mostrava receosa dos inconvenientes, de natureza prática e económica, resultantes de um sistema de notificação prévia obrigatória[20], a primeira defendia que devia ser deixada liberdade de escolha às empresas, que recorreriam ao sistema de notificação prévia se sentissem necessidade de obter certezas legais;

– afigurava-se, igualmente, polémica a questão da repartição de competências entre a Comissão e o Conselho. A proposta de 1973 afirmava que a Comissão detinha em exclusivo os poderes de decisão, devendo, contudo, antes de adoptar uma decisão, ouvir o Comité Consultivo, nos termos do art 19.°, que seria constituído por funcionários, competentes em matéria de *ententes* e de posições dominantes, designados pelos Estados-membros. Enquanto países como a Bélgica, a Holanda, o Luxemburgo e a Dinamarca aceitavam o regime de um Comité com funções meramente consultivas instituído pela proposta, outros Estados opunham-se a que os poderes decisórios fossem reservados à Comissão, sugerindo um processo em que a decisão final sobre a questão da autorização da concentração fosse enviada ao Conselho, nos casos de divergência de opiniões entre o Comité e a Comissão[21];

– assaz controverso era também o problema da extensão do campo de aplicação do regulamento. Seis Estados-membros, entre os

---

[19] AAVV, *Merger control in the EEC...*, ob. cit., Kluwer, 1988, pág. 280.

[20] Este Estado-membro apresentou reservas gerais à proposta da Comissão na sua globalidade, invocando considerações políticas como o receio de que a adopção de um regulamento comunitário interferisse com as actividades das *holding* estatais, e ainda o facto de que, sendo as empresas italianas mais pequenas do que as dos outros Estados, se encontrassem numa posição desvantajosa no mercado internacional – cfr. Michael J. REYNOLDS, *Merger control in the EEC*, JWTL, Vol. 17, September-October, pág. 421.

[21] AAVV, *Merger control in the EEC...*, ob. cit., Kluwer, 1988, pág. 282.

quais se encontravam a Alemanha, a Dinamarca e os países do Benelux, mostravam-se favoráveis à aplicação do regulamento às empresas públicas. Contra tal, manifestou-se a Itália, invocando a situação particular da sua economia. Por outro lado, a aplicação do regulamento aos bancos e às seguradoras suscitava sérias reservas por parte dos países do Benelux, defendendo ainda o Luxemburgo a exclusão de empresas *holding* puramente financeiras[22];

– finalmente, discutia-se o âmbito das isenções, face ao princípio da incompatibilidade das concentrações, permitidas pelo já referido art 1.º, n.º 3, da proposta original. Certos Estados-membros receavam que «os objectivos considerados prioritários no interesse geral da Comunidade» não se revelassem coincidentes com os interesses nacionais. Daí que países como França, Itália, Reino Unido e Irlanda, preocupados com a salvaguarda dos interesses nacionais, pedissem – com a desaprovação da Alemanha e da Dinamarca – que a isenção também fosse concedida com base em interesses de políticas industriais, sociais ou regionais[23].

A necessidade de ultrapassar o impasse criado pelas reservas de ordem política, feitas por certos Estados-membros, levará a Comissão a sugerir sucessivamente, em 1981[24], 1984[25] e 1986[26], alterações à proposta de regulamento. Nas várias versões apresentadas, verificamos que não houve grandes modificações no plano processual. As alterações centram-se, sobretudo, na redacção a dar ao art. 1.º, que fixa os critérios determinantes da apreciação da concentração pela Comissão.

Assim, na versão de 1981 introduzem-se três alterações substanciais ao art. 1.º, com vista a limitar a aplicação do regulamento aos casos de concentrações com dimensão comunitária cujos efeitos se revelassem especialmente anti-concorrenciais: em resposta ao pedido do Parlamento, a Comissão passaria a ter em consideração, no seu juízo de compatibilidade, os efeitos da concentração na *concorrência internacional*; por outro lado, salientava-se que só as concentrações de *dimensão comunitária* ficariam sujeitas à aplicação do regulamento; e, finalmente, introduzia se uma presunção de compatibilidade das concentrações com o mercado comum, quando a quota de mercado dos

---

[22] AAVV, *Merger control in the EEC...*, ob. cit., Kluwer, 1988, pág. 281.

[23] AAVV, *Merger control in the EEC...*, ob. cit., Kluwer, 1988, pág. 282.

[24] JOCE n.º C 36 de 12.2.82, pág. 3.

[25] JOCE n.º C 51 de 23.2.84, pág. 8.

[26] JOCE n.º C 324 de 17.12.86, pág. 6.

produtos ou serviços representasse, no mercado comum, menos de 20% do volume de negócios realizado com produtos ou serviços indênticos ou similares. Note-se que esta quota de mercado de 20% funcionaria, essencialmente, como um critério de apreciação, afastando-se, nessa medida, da quota de mercado de 25% fixada na proposta de 1973, que tinha por função, juntamente com o critério de volume de negócios, determinar os casos de concentração sujeitos ao controlo da Comissão. A quota de mercado de 20%, fixada na versão de 1981, divergia ainda da quota de 25%, estabelecida na proposta original, pela sua referência ao mercado comum, e não ao mercado nacional, como acontecia na proposta de 1973, acalmando, assim, os receios de certos Estados-membros de que quotas de mercado baseadas em mercados nacionais levassem a que o regulamento se aplicasse, sobretudo, a concentrações menores, realizadas em Estados mais pequenos[27]. Por outro lado, a proposta de 1981 procurou ainda incrementar a associação dos Estados-membros ao processo de decisão. Assim, o seu art. 19.° acrescenta que «se a maioria dos membros do Comité Consultivo se pronunciar contra o projecto de decisão, em aplicação do art. 3.°, n.° 1, a Comissão só pode adoptar uma decisão depois do decurso de um prazo de vinte dias a contar da data na qual foi consultado o Comité Consultivo» e «se, antes da expiração do prazo fixado no parágrafo anterior, um Estado-membro invocar perante o Conselho um objectivo que, em sua opinião, deveria ser considerado como prioritário (...) o Conselho reune-se num prazo de trinta dias (...) e a Comissão só adopta a sua decisão depois da sessão do Conselho e tem em conta as orientações [formuladas] no decurso das deliberações deste»[28].

Em 1984, a proposta é mais uma vez alterada pela Comissão, preocupada, sobretudo, em aumentar os limiares fixados para a aplicação do regulamento. Assim, o art. 1.°, n.° 2, é de novo modificado, passando a ter a seguinte redacção: «o n.° 1 não será aplicável quando o volume de negócios das empresas participantes na concentração for inferior a 750 milhões de ecus, a não ser que, independentemente do volume de negócios do mercado na sua globalidade, a quota, numa parte substancial do mercado comum, seja superior a 50%»[29]. Apesar destas alterações no sentido de facilitar a aceitação da

---

[27] JOCE n.° C 36 de 12.2.82, págs. 3 e 4.
[28] JOCE n.° C 36 de 12.2.82, pág. 8, n.os 7 e 8 do art. 19.°.
[29] JOCE n.° C 51 de 23.1.84, pág. 9.

O controlo comunitário das concentrações com base no reg. n.º4064/89   181

proposta pelos Estados, estes mantêm-se intransigentes. Daí que a Comissão faça uma nova proposta em 1986, revogando as disposições processuais estabelecidas inicialmente no art. 19.º da versão de 1981, e recuperando para as mãos da Comissão todo o poder decisório. Também em relação à proposta de 1986, mais uma vez, não foi possível reunir o consenso. Todavia, a pressão sobre os Estados, no sentido de adoptarem a proposta de regulamento, acentuar-se-á nos anos seguintes, assumindo neste processo uma importância especial a jurisprudência *Philip Morris*, que parece abrir as portas à aplicação, pela Comissão, do art. 85.º aos casos de concentrações que, não implicando a participação de empresas em posição dominante, acabavam sempre por escapar à alçada do art. 86.º. Os Estados-
-membros apercebem-se, nesse momento, de que um regulamento comunitário sobre o controlo das concentrações, por muitas dificuldades que criasse, seria sempre preferível à aplicação imprevisível das normas do Tratado, com a extensão que aparentemente lhes foi conferida pela jurisprudência do Tribunal. Nessa época, afirmou-se ainda como decisiva a actuação do comissário Sutherland, defensor feroz da filosofia de uma forte política comunitária de concorrência, considerando-a «uma das melhores garantias que os frutos de 1992 serão partilhados de forma justa entre todos os países europeus, e que as suas economias continuarão a crescer e a fornecer empregos»[30]. Deste modo, fez grandes pressões para que a proposta comunitária fosse aprovada, chegando mesmo, em numerosas ocasiões, a ameaçar, no caso de se manterem as dificuldades levantadas à sua aprovação, retirar a proposta e aplicar as normas existentes no Tratado CE ao controlo das concentrações[31]. Foi ainda determinante, neste processo, a

---

[30] Peter SUTHERLAND, *The future of competition policy in the EC*, Multinational Business, Summer 1989, n.º 2, pág. 5.

[31] P. SUTHERLAND afirmou claramente que «em matéria de controlo das concentrações as instituições comunitárias não estão desprovidas de armas que garantam o respeito dos princípios estabelecidos no Tratado de Roma. Desde o julgamento em Novembro de 1987, no caso *Philip Morris*, houve indícios significativos de que a Comissão deseja e está preparada para aplicar os seus poderes de forma mais sistemática» – cfr. *The future of competition...*, ob. cit., pág. 5. Aliás o comissário Sutherland já anteriormente mostrara a sua intenção de alargar o campo de aplicação do art. 86.º, no que ele afirmava ser o desenvolvimento lógico da doutrina *Continental Can*, aos abusos cometidos por uma ou mais empresas em posição dominante, aceitando, deste modo, o conceito de abuso de posição dominante colectiva.

aproximação da data da criação de um mercado único[32], já que a instituição de um regime uniforme de controlo das concentrações parecia ser a única solução capaz de ultrapassar os obstáculos criados pelas várias legislações nacionais. A conjugação destes factores mostrou-se, portanto, decisiva para o relançamento dos trabalhos, no final de 1987, com vista à adopção de um regulamento sobre o controlo das concentrações de dimensão comunitária.

24. Em 25 de Abril de 1988[33], a Comissão apresentou uma nova proposta do regulamento, modificando essencialmente os seguintes aspectos:

– passou a definir-se de forma mais clara o art. 1.º, relativo ao campo de aplicação do regulamento, atribuindo-se ao teste da dimensão comunitária «um duplo sentido, "quantitativo" e "qualitativo"»[34]. Enquanto o primeiro determinava a necessidade de as empresas em causa atingirem um «volume de negócios total realizado ao nível mundial superior a mil milhões de ecus», exigindo ainda que o «volume de negócios realizado a nível mundial pela empresa adquirida

---

Estas ameaças de aplicação dos «arts. 85.º e 86.º (...) a concentrações numa escala muito maior do que pensado anteriormente» foram, sem dúvida, determinantes no impulso do Conselho em actuar. Neste sentido, cfr. Josephine CARR, *EC merger control: the man with an eye to the main chance*, IFLR, June 1988, pág. 6

[32] Como afirma Ricardo GARCIA VICENTE, produziu-se «um efeito psicológico que tem por base o ano de 1992(...)[que se converteu] num ano de referência especialmente para as empresas que operam no mercado europeu» – cfr. *Nuevo proyecto de reglemento de control de concentraciones*, GJ, n.º 52, Julio 1988, pág. 51. No mesmo sentido, afirmando a influência determinante de um verdadeiro mercado interno, sem fronteiras, em 1993, como alavanca para a adopção de um instrumento de controlo das concentrações, cfr. Stephen J. PICKARD, *El control de las concentraciones en el derecho comunitario*, Noticias/CEE, Ano XVI, Marzo 1990, pág. 68. Observe-se, ainda, que foi um factor decisivo na adopção do regulamento comunitário o receio de que a falta de uma regulamentação adequada das concentrações incrementasse a "merger mania", na expressão sugestiva de Frank L. FINE, e deixasse, como legado, a 1992 «economias nacionais estagnadas e muito desemprego» (cfr. F. FINE, *EEC merger control in the 1990s: an overview of the draft regulation*, NJ of IL&B, Winter 1989, vol 9, n.º 3, pág. 513).

[33] JOCE n.º C 130 de 19.5.1988

[34] D. G. Goyder, *EEC Competition Law*, 2ª ed., Oxford, Clarendon Press, 1993, pág. 392.

O controlo comunitário das concentrações com base no reg. n.º4064/89   183

ultrapassasse os 50 milhões de ecus»[35], o critério qualitativo ou «geográfico»[36] estabelecia que a operação de concentração adquiria dimensão comunitária quando pelo menos duas das empresas participantes na operação tivessem «o seu campo principal de actividades comunitárias num Estado-membro diferente» ou quando as empresas participantes «tivessem o seu campo de actividades comunitárias num só e mesmo Estado-membro, mas pelo menos uma de entre elas desenvolvesse actividades substanciais noutros Estados--membros»[37]. No entanto, se as empresas participantes na operação realizassem «mais de três quartos do seu volume de negócios total na comunidade no interior de um único e mesmo Estado-membro», a operação de concentração não atingiria dimensão comunitária[38]. Com estas disposições, procurou-se excluir do campo de aplicação do regulamento os casos de concentrações de importância diminuta ou cujos efeitos se produzem essencialmente no interior de um Estado--membro, considerando-se que seria preferível aplicar a tais situações as respectivas legislações nacionais[39]. Sob a alçada do regulamento cairiam apenas as "mega" concentrações, reduzindo-se, deste modo, eventuais conflitos entre decisões comunitárias e nacionais;

– o critério de apreciação da compatibilidade das concentrações com o mercado comum inspira-se largamente nas disposições do Tratado CE[40], utilizando uma terminologia idêntica. O art 2.º da proposta estipula a incompatibilidade das operações de concentração que «originem a criação ou reforço de uma posição dominante no mercado comum ou numa parte substancial deste», afastando o critério

---

[35] Art. 1.º, n.º 3, al. b) da proposta de 25 de Abril de 1988, cit.

[36] Stephen M. AXINN e Mark GLICK, *Dual enforcement of merger law in the EEC: Lessons from the american experience*, FCLI, Cap. 24, 1990, pág. 562.

[37] Als. a) e b) do n.º 2 do art 1.º, da proposta de 25 de Abril de 1988, cit.

[38] Art. 1.º, n.º 3, al. c), da proposta de 25 de Abril de 1988, cit.

[39] 18.º Rel Conc,, 1988, ponto 34.

[40] Note-se, contudo, que não há uma identificação total de critérios. Assim, ao contrário do art. 86.º do Tratado CE, o regulamento permite, numa atitude considerada favorecedora de uma «posição estruturalista» (José Manuel AMADO DA SILVA, *Política de concorrência, mercados relevantes e concentração de empresas um desafio do mercado único*, Competir, Ano 1, n.º 1, 1990, pág. 19), quer o controlo da *criação* de uma posição dominante, quer uma apreciação *prévia* dessa posição, demarcando-se claramente do controlo a *posteriori*, centrado no *comportamento* abusivo das empresas estabelecido nessa disposição do Tratado.

geral e algo vago de «entrave a uma concorrência efectiva». O art. 2.º fixa ainda, no seu n.º 3, uma presunção, ilidível, de compatibilidade das concentrações com o mercado comum, quando a quota de mercado das empresas participantes, no mercado comum ou numa parte substancial deste, for inferior a 20% [41]. Finalmente, mantém-se a possibilidade, existente nas versões anteriores, de operações de concentração em si mesmas incompatíveis com o mercado comum serem autorizadas pela Comissão, segundo uma ponderação de factores relativos à estrutura concorrencial do mercado, que são praticamente uma repetição dos referidos no art. 85.º, n.º 3, do Tratado CE [42];

– as operações estão ainda sujeitas à obrigação de notificação prévia [43] e não podem ser realizadas antes de um prazo de dois meses, data limite para o início de um processo formal, tendo em vista uma decisão de autorização ou de proibição, caso em que o prazo será automaticamente prolongado;

– saliente-se, finalmente, a importância fundamental da redução substancial dos prazos. Após o início do processo, as decisões devem obrigatoriamente ser tomadas num prazo de quatro meses, afastando-se, deste modo, o receio manifestado pelas delegações do Reino Unido

---

[41] A Comissão, se quisesse afastar essa presunção, teria de provar a criação ou reforço da posição dominante, apesar da reduzida quota de mercado, prova essa que a doutrina considera possível num mercado extremamente atomístico. Neste sentido, cfr. por exemplo John E. FERRY, *The future of merger control in the EEC*, Antitrust, Summer 1988, pág.14.

[42] Esta possibilidade de a Comissão autorizar concentrações à partida incompatíveis com o mercado comum é duramente criticada por parte da doutrina, extremamente preocupada com a utilização do controlo das concentrações para finalidades de política industrial, o que seria possível, atendendo aos termos muito amplos em que está formulada a disposição. Permitir-se-ia facilmente a autorização de concentrações consideradas «politicamente desejáveis». Neste sentido, cfr. Michael KRAKOWSKI, *The requirements for EC merger regulation*, Intereconomics, May/June, 1989, pág. 124, e ainda A. JACQUEMIN, que considerou não só «perigoso» atribuir à mesma entidade a apreciação de interesses de política concorrencial e industrial, como recordou que o papel da política de concorrência não é garantir «uma melhor distribuição regional das actividades ou salvaguardar o emprego», mas «atacar práticas de mercado ou estruturas que limitam a concorrência actual ou potencial de forma substancial» – cfr. Alexis JACQUEMIN, *Concentration and mergers in the EEC. Towards a system of control*, in European Merger Control. Legal and economic analysis on multinational enterprises, Vol. I, 1982, pág. 167. Sobre esta questão, cfr. *infra*, ponto 48.

[43] Art. 4.º da proposta de 25 de Abril de 1988, cit.

O controlo comunitário das concentrações com base no reg. n.º4064/89   185

e da França sobre a criação pelo regulamento de um processo excessivamente burocrático [44]. Além disso, estabeleceu-se a figura do «silêncio-autorização» [45], segundo a qual, se a Comissão não tomar as decisões necessárias dentro dos respectivos prazos, se considera que a operação foi autorizada (art. 19.º, n.º 3).

Os Estados-membros mostraram-se receptivos à generalidade dos princípios estabelecidos na proposta apresentada pela Comissão, apesar de manterem certas reticências em relação a aspectos acessórios. O Conselho afirmou, portanto, expressamente o seu consenso relativamente a três aspectos: aceitação de um sistema de notificação prévia para as operações de concentração de dimensão comunitária, reconhecimento do primado das decisões comunitárias sobre as nacionais e consideração como critério decisivo da proibição da concentração a criação de uma posição no mercado europeu que dificulte uma concorrência efectiva [46].

As alterações sugeridas pelo Comité Económico e Social [47] e pelo Parlamento Europeu [48], entretanto consultados, levaram a Comissão a modificar de novo a sua proposta. Deste modo, em Novembro de 1988 [49], foi apresentada uma nova proposta cujas principais alterações e inovações eram as seguintes:

— na definição de dimensão comunitária, o critério de 50 milhões de ecus foi substituído pelo de 100 milhões de ecus de volume de negócios, realizado na Comunidade pelo menos por uma das duas empresas em causa (art. 1.º, n.º 2, al. b);

– a presunção de compatibilidade aumentou de 20% para 25% e foi transferida para o preâmbulo (considerando 15 do preâmbulo) [50];

– desapareceu a hipótese designada por «silêncio – autorização»;

---

[44] Art 19.º da proposta de 25 de Abril de 1988, cit.

[45] Marco Saverio SPOLIDORO, *Il regolamento sul controllo delle concentrazioni; nuova versione della «proposta modificata»*, Riv. della Soc., anno 34, 1989, pág. 196.

[46] 18.º Rel. Conc., 1988, ponto 35.

[47] JOCE n.º C 208 de 8.8.88.

[48] JOCE n.º C 309 de 5.12.88.

[49] JOCE n.º C 22/14 de 28.1.89.

[50] Certas delegações defenderam mais tarde que a presunção devia ser reinserida no texto do regulamento (cfr. *House of Lords, Session 1988-89, 6th Report, Selected Committee on the European Communities, Merger Control*, 1989, Londres, ponto 36), mas, como veremos, estas pretensões não se vão realizar.

186   O controlo das concentrações de empresas no direito comunitário

– recuperou-se o critério do «entrave a uma concorrência efec-tiva», utilizado na proposta de 1973 para a apreciação das operações de concentração (art. 2.°, n.° 2);

– as operações de concentração, à partida incompatíveis com o mercado comum, podiam ser autorizadas pela Comissão quando se verificassem as condições do n.° 3 do art. 2.° – formuladas em termos muito próximos dos do art. 85.°, n.° 3 –, dispondo a Comissão, na proposta de Novembro de 1988, de uma competência inovadora que lhe permitia sujeitar tal autorização a certas condições ou encargos [51];

– observe-se, ainda, que o prazo de suspensão foi reduzido de dois meses para um mês (arts. 6.°, n.° 3, e 7.°, n.° 1) [52]. Os prazos de decisão -um e quatro meses, nos termos do art 9.°– são, assim, extremamente curtos, especialmente se os compararmos com os prazos inicialmente estabelecidos na proposta de 1973;

– finalmente, estabeleceu-se, de forma clara, a primazia da actuação das autoridades comunitárias, ficando os Estados-membros inibidos de aplicar o seu direito nacional em matéria de concorrência quando estejam em causa concentrações de dimensão comunitária [53]. Foram, no entanto, abertas duas excepções a esta regra: os Estados--membros podem aplicar o direito nacional em matéria de concorrência relativamente a mercados locais ou quando estejam em causa interesses nacionais legítimos [54].

Apesar das expectativas de alguns Estados, a proposta não será adoptada pelo Conselho na reunião de Dezembro de 1988, prolon-gando-se ainda as discussões pelo ano seguinte. As divergências entre os Estados sobrevivem, essencialmente, quanto às condições de autorização, ao efeito suspensivo e ao sistema de exclusividade. Desta forma, a questão de saber se as concentrações devem encontrar-se sujeitas a um princípio de compatibilidade, incompatibilidade ou de neutralidade foi objecto das mais diversas opiniões. Enquanto a delegação alemã se pronunciava claramente a favor de um juízo

---

[51] Art. 8.°, n.° 2, da proposta de Novembro de 1988.

[52] Arts. 6.°, n.° 3, e 7.°, n.° 1, da proposta de Novembro de 1988.

[53] Atente-se especialmente na redacção do art. 20.°, n.° 2, da proposta de Novembro de 1988 que dispõe: «os Estados-membros não podem aplicar a sua legislação nacional de concorrência às operações de concentração de dimensão comunitária, salvo se, para tal, forem expressamente habilitados, nos termos do último trecho do n.° 2 do artigo 8.°».

[54] Arts. 8.°, n.° 2 e 20.°, da proposta de Novembro de 1988.

O controlo comunitário das concentrações com base no reg. n.º4064/89   187

negativo, que apenas teria em consideração critérios de concorrência, as delegações espanhola, francesa e italiana, no plano oposto, defendiam que, em princípio, tais operações deveriam ser consideradas compatíveis com o mercado comum se o balanço económico global se revelasse positivo, ao passo que a delegação britânica optava por uma posição neutra[55]. Igualmente polémica era a questão das condições de autorização, que suscitava uma enorme oposição por parte da delegação alemã, para a qual o controlo das concentrações devia incidir exclusivamente sobre os problemas da concorrência[56]. O problema do efeito suspensivo que, nos termos do projecto, existia até ao início do processo, podendo depois ser mantido até à decisão final,[57] apesar do apoio das delegações belga, holandesa, portuguesa, alemã (que vai bastante mais longe e defende a manutenção de tal efeito até à decisão final), e mesmo grega (esta última com reservas), defronta a total oposição do Reino Unido, que recusa qualquer efeito suspensivo, ao passo que a França e Itália só se opõem a um efeito suspensivo automático[58]. Finalmente, quanto ao problema da aplicação exclusiva do direito comunitário relativamente às operações de dimensão comunitária, tal sistema reúne o consenso da maioria dos Estados – Bélgica, Itália, Portugal, Dinamarca, Holanda e Grécia –, demarcando- -se desta posição principalmente as delegações inglesa, francesa e alemã, defendendo esta última um sistema de prioridade semelhante ao praticado para a aplicação dos arts. 85.º e 86.º[59].

Um impulso decisivo nesta matéria é dado com a entrada em campo do comissário designado para a área da concorrência, Leon Brittan, e ainda com a assunção da presidência do Conselho pelo governo francês, que reiterou o seu interesse na adopção do regulamento comunitário[60]. No início de 1989, a Comissão apresenta novas propostas, destinadas a aumentar para 5 biliões de ecus o volume de negócios realizado a nível mundial, e para 250 milhões de ecus o

---

[55] Monopolkommission, *Conception d'un contrôle européen des fusions: expertise speciale conformément à paragraphe 24 b) alinéa 5 point 1 du GWB*, Baden- -Baden: Nomos Verl.-Ges., 1989, pág. 46.

[56] *House of Lords, 6th Report,* cit, ponto 38.

[57] Art 7.º da proposta de Novembro de 1988.

[58] Monopolkommission, *Conception d'un contrôle...,* ob. cit., pág. 46.

[59] Monopolkommission, *Conception d'un contrôle...,* ob. cit., pág. 45.

[60] Jean-Luc DÉCHERY, *Le règlement communautaire sur le contrôle des concentrations*, RTDE, n.º 2, Avril-Juin, 1990, págs. 311 e 313.

volume de negócios total realizado a nível comunitário por cada uma de pelo menos duas empresas participantes na operação, procurando assim vencer os obstáculos levantados pelos Estados-membros. Com o mesmo objectivo, aliás, se reduziu o limiar de 3/4 para 2/3, ou seja, o regulamento será aplicado se as empresas implicadas na concentração não realizarem mais de 2/3 da sua actividade num único Estado--membro. Por outro lado, o prolongado diferendo que opôs o Reino Unido e a Alemanha, defensores de um balanço concorrencial na apreciação a efectuar pela Comissão, a outros países, como por exemplo a França, que sustentava a inclusão de considerações de política industrial e social, será aparentemente sanado em favor dos primeiros. Finalmente, o princípio do balcão único, aceite naturalmente pela maioria dos Estados, vai ser consagrado na versão definitiva do regulamento, abrindo-se, no entanto, certas excepções, à laia de compromisso. Estas contínuas concessões dos Estados-membros e da Comissão arrastam-se, aliás, até ao último momento e só vão tornar possível a adopção do regulamento em 21 de Dezembro de 1989, destinado a entrar em vigor em 21 de Setembro de 1990, sem efeitos retroactivos. Trata-se, indubitavelmente, de uma vitória no plano de um controlo mais sistemático das operações de concentração comunitárias, ainda que na prática se revele uma versão bastante atenuada da proposta de 1973.

2. A BASE JURÍDICA DO REGULAMENTO

> **Sumário: 25** – *Breve referência ao sistema de competências atribuídas e aos poderes do Conselho e da Comissão no âmbito da concorrência.* **26** – *A dupla fundamentação jurídica do regulamento: os arts. 235.° e 87.° do Tratado CE.* **27** – *A questão da "constitucionalidade" da opção pelo art 235.° como fundamento do regulamento.*

25. Constituindo o Regulamento (CEE) n.° 4064/89 um acto de «direito derivado» [61], adoptado pelas instituições comunitárias com vista à prossecução de certos objectivos do Tratado, a escolha do seu fundamento jurídico apresentou-se assaz controversa. Recorde-se que as instituições comunitárias não dispõem de um «poder geral» [62] que lhes permita adoptar as decisões necessárias à realização das finalidades do Tratado, antes possuem competências atribuídas, isto é, os seus poderes têm que estar previstos, expressa ou implicitamente [63], nos Tratados. É, portanto, de acordo com estes

---

[61] Também designado pela expressão «direito secundário». As duas fórmulas são utilizadas, regra geral, indistintamente. Veja-se, no entanto, a posição particular de Jean-Victor LOUIS que defende que a expressão «direito derivado», utilizada para indicar a função desses actos e a sua subordinação ao Tratado, será preferível à de «direito secundário», na medida em que os actos adoptados pelas instituições comunitárias são frequentemente inovadores em relação ao conteúdo do Tratado e contêm «normas primárias» equiparáveis às emitidas pelas legislações nacionais – cfr. Jean-Victor LOUIS, *L'ordre Juridique Communautaire*, 5ª ed., Perspectives Européennes, 1989, pág. 77.

[62] Jean-Victor LOUIS, ob. cit., loc. cit.

[63] A teoria dos poderes implícitos, que começou por ser afirmada na jurisprudência do Supremo Tribunal dos Estados Unidos, alargava os poderes das organizações internacionais ao reconhecer-lhes competências que não estavam expressamente previstas nos actos constitutivos, mas que se afirmavam necessárias ao pleno exercício das suas funções. O Tribunal de Justiça parece ter aceitado esta teoria, pelo menos em matéria de relações externas, no seu acórdão *AETR* (acórdão de 31 de Março de 1971, processo 22/70, Comissão c. Conselho, Rec 1971, pág. 263), onde

190 O controlo das concentrações de empresas no direito comunitário

princípios que o regulamento enuncia como seu fundamento jurídico «o Tratado» que institui a Comunidade Europeia «e, nomeadamente, os seus arts. 87.º e 235.º». Repare-se, ainda, que o art. 87.º é apontado geralmente como o fundamento jurídico dos regulamentos comunitários em matéria de concorrência [64]. De facto, esta disposição atribui ao Conselho o poder de adoptar as medidas necessárias à execução dos princípios estabelecidos nos arts. 85.º e 86.º do Tratado CE, que podem consistir em regulamentos ou directivas. Observe-se, por outro lado, que a expiração do prazo de três anos, aí referido, tem apenas por efeito modificar as condições de actuação do Conselho. Note-se, por fim, que o Conselho pode atribuir competências à Comissão, para a execução das regras por ele estabelecidas, nos termos do art. 155.º do Tratado CE.

26. A invocação do art. 87.º, como fundamento jurídico do regulamento, encontra a sua justificação no facto de em matéria de política de concorrência, nomeadamente quanto à aplicação dos arts. 85.º e 86.º, as competências do Conselho se encontrarem aí previstas. Esse artigo dispõe que o «Conselho, deliberando por maioria quali-

---

afirmou que «se é verdade que os artigos 74.º e 75.º [do Regulamento n.º 543/69] não prevêem, expressamente, a favor da Comunidade uma competência em matéria de conclusão de acordos internacionais, a entrada em vigor, em 25 de Março de 1969, do Regulamento n.º 543/69 do Conselho relativo à harmonização de certas disposições em matéria social no domínio dos transportes por terra (...) teve, contudo, por efeito necessário atribuir à Comunidade competência para concluir com Estados terceiros todos os acordos relativos à matéria regida pelo mesmo regulamento» (considerando 28), acrescentando que «esta atribuição de competência é além disso reconhecida expressamente pelo art 3.º do dito regulamento, que prevê que a Comunidade iniciará as negociações com os países terceiros que se revelarem necessárias para a aplicação do presente regulamento» (considerando 29). O Tribunal conclui, deste modo, que, «estando a matéria da AETR sujeita ao domínio de aplicação do Regulamento n.º 543/69, a competência para negociar e para conduzir o acordo em causa pertence à Comunidade depois da entrada em vigor do dito regulamento, [e] esta competência exclui a possibilidade de uma competência concorrente dos Estados-membros, sendo qualquer iniciativa adoptada fora do âmbito das instituições comunitárias incompatível com a unidade do mercado comum e a aplicação uniforme do direito comunitário» (considerandos 30 e 31).

[64] Assim, regulamentos essenciais em matéria de concorrência foram adoptados com base no art 87.º – recorde-se, a título meramente exemplificativo, o Regulamento n.º 17/62.

ficada, sob proposta da Comissão e após consulta do Parlamento Europeu», adoptará «todos os regulamentos ou directivas adequadas, conducentes à aplicação dos princípios enunciados nos arts. 85.° e 86.°». Por outro lado, quando o Tratado não conferir às instituições comunitárias os poderes necessários para a sua actuação, é ainda possível o recurso ao mecanismo do art. 235.° do Tratado CE, considerado um meio de suprir as lacunas numa comunidade dinâmica, nos termos do qual «se uma acção da Comunidade for considerada necessária para atingir, no curso de funcionamento do mercado comum, um dos objectivos da Comunidade, sem que o presente Tratado tenha previsto os poderes de acção necessários para o efeito, o Conselho, deliberando por unanimidade, sob proposta da Comissão, e após consulta do Parlamento Europeu, adoptará as disposições adequadas». Permite-se, deste modo, um alargamento das competências dos órgãos comunitários – Conselho e Comissão –, mas dentro de condicionalismos muito apertados[65].

A razão deste duplo fundamento -arts. 87.° e 235.° do Tratado CE- foi, aliás, apresentada pelo Conselho em vários considerandos do regulamento. Desde logo, declarou que o art. 87.°, considerado, em regra, o fundamento jurídico dos regulamentos comunitários em matéria de concorrência, não é, em matéria de controlo das concentrações, fundamento bastante, dado que «os arts. 85.° e 86.° do Tratado, embora aplicáveis segundo a jurisprudência do Tribunal de Justiça a determinadas concentrações, não são, todavia, suficientes para impedir todas as operações susceptíveis de se revelar incompatíveis com o regime de concorrência não falseada previsto no Tratado»[66]. Daí, a necessidade da «criação de um novo instrumento jurídico, sob a forma de regulamento, que permita um controlo eficaz de todas as operações de concentração em função do seu efeito sobre a estrutura da concorrência na Comunidade, e que seja o único aplicável às referidas

---

[65] A análise cuidada dessas condições exorbita manifestamente o âmbito do nosso trabalho, pelo que nos limitaremos a fazer-lhes referência na medida do estritamente necessário. Sobre este tema pode consultar-se Rui Manuel MOURA RAMOS, *As Comunidades Europeias*, Documentação e Direito Comparado, n.° 25/26, 1986, esp. págs. 76 e segs., e António TIZZANO, *As competências da Comunidade*, in Trinta anos de Direito Comunitário, Colecção Perspectivas Europeias, 1984, págs. 45 e segs.

[66] 6.° considerando do preâmbulo do Regulamento n.° 4064/89.

192 *O controlo das concentrações de empresas no direito comunitário*

concentrações» [67], devendo esse regulamento basear-se «não apenas no art. 87.° do Tratado, mas principalmente no seu art. 235.°» [68] [69].
A verdade é que ambas as disposições apresentam vantagens e inconvenientes. Na realidade, se o art. 235.° tem à partida a utilidade de possibilitar, como pretendia o Conselho, a criação de um novo instrumento jurídico aplicável a *todas* as concentrações, apresenta, contudo, o inconveniente de permitir a criação de uma zona de «aplicação paralela» de sistemas jurídicos diferentes, o que poderá conduzir, eventualmente, a resultados contraditórios [70]. O art. 87.°, por seu turno, tem a vantagem não só de evitar o duplo controlo da concentração, através das normas do Tratado e das disposições do regulamento, como permite ainda, à primeira vista [71], excluir a aplicação das legislações nacionais, uma vez que o regulamento passaria a ser, nos termos do art. 21.°, o único instrumento susceptível de realizar o controlo das concentrações. Todavia, apresenta igualmente deficiências, não tanto de natureza processual, mas, sobretudo, de carácter substancial. Quer dizer: as vantagens de um sistema de controlo preventivo das concentrações, como o do regulamento, não seriam incompatíveis com a escolha do art. 87.° como suporte legal. As insuficiências desta disposição residiriam antes no facto de existir uma lacuna no Tratado, quanto ao problema do controlo das operações de concentrações, consistindo o recurso aos arts. 85.° e 86.° num mero paliativo [72]. Aliás, o próprio Conselho parece

---

[67] 7.° considerando do preâmbulo do Regulamento n.° 4064/89.

[68] 8.° considerando do preâmbulo do Regulamento n.° 4064/89.

[69] Observe-se ainda que o recurso ao art. 87.° já se encontrava enunciado, de forma sumária, no texto da proposta de 30 de Novembro de 1988, nos seguintes termos: «(...) as regras de concorrência existentes e, nomeadamente, o art 87.° do Tratado constituem o fundamento jurídico que permite o controlo de certos tipos e formas de concentração». Cfr. 11.° considerando da proposta de 30 de Novembro de 1988, JOCE n.° C 22 de 28.1.89, pág. 15.

[70] Jean Bernard BLAISE, *Concurrence – Contrôle des opérations de concentration*, RTDE, année 26, n.° 4, Octobre-Decembre 1990, pág. 745.

[71] Cfr. *infra,* ponto 60.

[72] Neste sentido cfr. Jean Bernard BLAISE, *Concurrence – Contrôle des ...*, ob. cit., pág. 745, e Pierre BOS e outros, *Concentration control in the European Economic Community*, Graham & Trotman, 1992, pág. 398. Estes últimos defendem uma posição mais restritiva, quando afirmam que só em casos excepcionais serão as concentrações abrangidas pelo campo de aplicação do art. 86.°, ao passo que o artigo 85.° não será de forma alguma aplicável às concentrações – cfr. ob. cit., loc. cit.

O controlo comunitário das concentrações com base no reg. n.º4064/89   193

inclinar-se neste sentido quando, no preâmbulo do regulamento, afirma, como já referimos, que «os arts. 85.º e 86.º, embora aplicáveis, segundo a jurisprudência do Tribunal de Justiça, a determinadas concentrações»,[73] são insuficientes para garantir um controlo eficaz dessas operações. Atendendo à incapacidade de ambas as disposições para serem consideradas, isoladamente, como fundamentos jurídicos, plenamente satisfatórios, do regulamento, os legisladores optaram por recorrer aos dois artigos[74].

27. Note-se, porém, que os arts. 87.º e o 235.º não se encontram ao mesmo nível. Tal equiparação é, de facto, afastada no preâmbulo, que estipula que o regulamento se deve basear *«principalmente»* no art. 235.º do Tratado[75]. Contra tal opção, manifestaram-se Pierre Bos, Jules Stuyck e Jean Bernard Blaise[76], que indicaram, como solução preferível, pelo menos a título principal, o recurso ao art. 87.º. A seu favor invocaram o facto de o critério adoptado no regulamento, para a apreciação das concentrações, não diferir substancialmente do teste subjacente ao art. 86.º do Tratado CE, aplicado pela Comissão a certas operações de concentração antes da entrada em vigor do regulamento[77].

A este argumento pode, todavia, contrapor-se que a invocação do art. 235.º se afirma necessária por razões substanciais. É que este artigo

---

[73] 6.º considerando do preâmbulo do Regulamento n.º 4064/89.

[74] No sentido de que esta solução é mais um exemplo do carácter de compromisso político do regulamento cfr. Christian BOLZE, *Le règlement (CEE) 4064 do Conseil relatif ao contrôle des opérations de concentration*, Enjeux, n.º 106, Avril 1990, pág.13.

[75] 8.º considerando do preâmbulo do Regulamento n.º 4064/89.

[76] Cfr., por todos, Pierre BOS e outros, ob. cit., pág. 398 e Jean Bernard BLAISE, *Concurrence – Contrôle des...*, ob. cit., pág. 745.

[77] A questão da necessidade e da suficiência do art. 87.º como fundamento jurídico do Regulamento é exposta por Pierre BOS nos seguintes termos: o recurso ao artigo 87.º era necessário para a criação de um instrumento exclusivo de controlo, dado que pelo menos algumas concentrações eram abrangidas pelo art. 86.º; por outro lado, a invocação do art. 87.º era suficiente no plano formal, uma vez que a substituição de um controlo *a posteriori*, com base nomeadamente no Regulamento n.º 17/62, por um controlo (novo) *a priori*, como é o do Regulamento de 1989, não viola o art. 87.º na medida que este não exige que os actos adoptados pelo Conselho se reportem a um controlo a *posteriori* – cfr. Pierre BOS e outros, ob. cit., pág. 398.

194   *O controlo das concentrações de empresas no direito comunitário*

permite abranger todo um conjunto de concentrações que ficavam fora do campo restritivo das operações sujeitas à aplicação das disposições do Tratado CE. Com efeito, a utização, pelas autoridades comunitárias, do art. 86.° como mecanismo de controlo das concentrações revelou-se excepcional e, por outro lado, a aplicação do art. 85.° às concentrações está longe de ser uma questão pacífica[78].

A verdade é que, em nossa opinião, a questão da opção entre um artigo ou outro, como principal fundamento do regulamento, se reveste, sobretudo, de um interesse teórico. De qualquer forma, não parece ser merecedor de reparos o facto de os autores do regulamento apontarem um papel prioritário ao art. 235.°, visto que isso não significa, obviamente, qualquer desprezo pela experiência adquirida pelas autoridades comunitárias à luz do Tratado CE. Daí que nos pareça de aceitar não só a proximidade de redacção do art. 2.° do regulamento comunitário face ao art. 86.° do Tratado, como cremos benéfico o aproveitamento da experiência existente à luz desta disposição. Não podemos esquecer, no entanto, a importância das soluções inovadoras introduzidas pelo regulamento, a nível substancial e processual, que procuram superar as desvantagens na aplicação das disposições do Tratado CE como mecanismos de controlo das concentrações.

Mais sérias são as dúvidas suscitadas quanto à "constitucionalidade" da invocação do art 235.°. Se é indubitável que este mecanismo não permite introduzir alterações formais ao Tratado, podemos interrogar-nos se, em concreto, o regulamento não terá violado tal princípio. De facto, quando somos confrontados com certas disposições do regulamento, surgem-nos dúvidas sobre a questão de saber se o sistema aí consagrado não estará a modificar o Tratado. Assim, por exemplo, o art. 22.°, n.° 2, do regulamento, ao declarar inaplicáveis os regulamentos de execução dos arts. 85.° e 86.° do Tratado CE, dificultando a sua aplicação prática, não estará a revogar, ainda que de forma encoberta, as disposições do Tratado, sem ter poderes para o fazer? Afastando os regulamentos de execução, não estará a privar terceiras partes do direito de apresentarem queixas à Comissão? Isso não significará deixar sem controlo as concentrações sem dimensão comunitária? Dito de outro modo, o art. 235.° não terá

---

[78] Sobre a questão da "constitucionalidade" do recurso ao art. 235.° do Tratado CE como fundamento do regulamento comunitário, cfr. James S. VENIT, *The «merger» control regulation: europe comes of age ... or caliban's dinner*, CMLR, n.° 27,1990, pág. 15 e *infra*, pontos 59 e segs.

O controlo comunitário das concentrações com base no reg. n.º4064/89   195

sido utilizado, de forma inconstitucional, para reduzir o alcance das disposições comunitárias existentes? Será que os autores do regulamento deviam ter recorrido ao mecanismo de revisão previsto no art. 236.º do Tratado?

Quanto a esta última questão havia, de facto, quem colocasse a tónica do debate no art 236.º, relativo ao processo de revisão do Tratado[79]. Uma vez que a questão do controlo das concentrações se apresentava como uma lacuna do Tratado CE, o processo adequado para instaurar um tal sistema seria o da revisão desse Tratado, e só as incertezas resultantes da sua eventual não ratificação por certos Estados é que teriam levado o Conselho a optar pela adopção de um regulamento com base nos arts. 87.º e 235.º[80]. Ainda que o argumento da unanimidade, apresentado por certos autores, tivesse um peso muito relativo – note-se que, se o obstáculo fundamental era a ratificação da alteração do Tratado por *todos* os Estados, como é que se justifica a existência da unanimidade, exigida pelo art. 235.º, para a adopção do regulamento?-, essa análise tinha o mérito inegável de chamar a atenção para o clássico problema da difícil fixação de fronteiras entre o campo de aplicação do art. 235.º e o alcance do art. 236.º[81]. Mais decisivas do que o argumento da unanimidade, para o afastamento do processo de revisão do Tratado CE, previsto no art. 236.º, foram as acusações de que era demasiado moroso e frequentemente incapaz de produzir as alterações necessárias dentro de um prazo razoável[82]. O «peso excessivo» do mecanismo do art 236.º militou, portanto, a favor do seu afastamento como base legal do regulamento.

---

[79] Neste sentido, Jean Bernard BLAISE, *Concurrence – Contrôle des ...*, ob. cit., pág. 745. Note-se que este artigo 236.º foi entretanto revogado pelo Tratado da União Europeia.

[80] Jean Bernard BLAISE, ob. cit. loc. cit.

[81] Na prática, como afirmava A. TIZZANO, em matéria de objectivos sócio--económicos, a zona de actuação das duas disposições era largamente coincidente. Desde que não estivessem em causa alterações formais ao Tratado, a opção entre as duas disposições estava menos ligada, como dizia este autor, «ao alcance das inovações do que à natureza do procedimento a seguir(...); tratava-se de uma opção que resultava mais de apreciações de carácter político – institucional do que de preocupações de natureza jurídico-formal». Por outro lado, ainda segundo o mesmo autor, tinha-se observado uma evolução no sentido de um alargamento do campo do art. 235.º face ao do art. 236.º. Cfr. António TIZZANO, ob. cit., pág. 61.

[82] Processo esse que tinha, porém, a vantagem de salvaguardar as exigências dos Estados-membros. Assim, depois de as várias instituições comunitárias chegarem a

Em aberto continua ainda a questão de saber se os autores do regulamento excederam os seus poderes na elaboração do respectivo regime[83], particularmente com a redacção dada ao art. 22.°. Este problema – da legitimidade da exclusão efectuada pelo art. 22.°– será desenvolvido mais tarde no capítulo oitavo[84]. De qualquer forma podemos desde já afirmar que os arts. 85.° e 86.° mantêm a sua validade após a entrada em vigor do regulamento comunitário, pelo menos num plano teórico, embora, na prática, pareça que as possibilidades de serem utilizadas tais disposições são bastante raras.

Em conclusão podemos afirmar que:

1. É necessário o recurso ao art. 87.°, como fundamento do regulamento comunitário, uma vez que as normas do Tratado CE são aplicáveis a certas operações de concentração. Todavia, revela-se insuficiente para resolver o problema em geral, visto que os arts. 85.° e 86.° são sobretudo considerados meros paliativos da questão. Daí, o apelo simultâneo ao art. 235.°, que permitiria a criação de um novo instrumento jurídico aplicável a todas as concentrações.

2. Por outro lado, questiona-se a "constitucionalidade" do recurso ao art. 235.° como fundamento do regulamento. De facto, para certo sector da doutrina, o afastamento da aplicação dos regulamentos de execução dos arts. 85.° e 86.° do Tratado CE mais não seria que uma revogação encoberta dessas disposições, tendo os legisladores actuado *ultra vires* ao reduzirem o alcance das disposições comunitárias.

3. Em nossa opinião, os autores do regulamento actuaram dentro dos limites dos poderes que lhes tinham sido conferidos, em particular, pelo art. 235.° do Tratado CE, visto que o art. 22.° do regulamento comunitário não afasta a validade, pelo menos teórica, dos arts. 85.° e 86.° do Tratado CE, ainda que o abandono dessas disposições possa vir a ser uma opção prática, nomeadamente das autoridades comunitárias.

---

acordo sobre a necessidade da revisão do Tratado, o Conselho convocava, nos termos do segundo parágrafo do art. 236.° do Tratado CE, uma conferência de representantes dos Estados-membros a fim de serem decididas as alterações a introduzir, as quais só entrariam em vigor depois de terem sido ratificadas por todos os Estados-membros nos termos do terceiro parágrafo do art. 236.°.

[83] A questão da relação do regulamento com as disposições do Tratado CE será abordada mais tarde – cfr. *infra*, ponto 60.

[84] Cfr.*infra*, pontos 59 e segs.

3. CAMPO DE APLICAÇÃO DO REGULAMENTO

> **Sumário: 28** – *Dimensão comunitária da operação de concentração: o critério do volume de negócios realizado a nível mundial; o critério do volume de negócios realizado na Comunidade; a regra de 2/3.* **29** – *(cont.) Regras de cálculo do volume de negócios.* **30** *-(cont.) Identificação da "empresa em causa" para efeitos de cálculo do volume de negócios.* **31** – *(cont.) Delimitação do grupo a que pertence a "empresa em causa".* **32** – *(cont.) Regras de cálculo para sectores específicos.* **33** – *Noção de concentração. Modalidades de concentração referidas no art 3.° do regulamento: fusão e aquisição de controlo.* **34** – *Categoria genérica de "aquisição de controlo". Tentativa de definição prévia da noção de controlo.* **35** – *Formas significativas que pode assumir a aquisição de controlo: aquisição de controlo exclusivo.* **36** – *(cont.) Passagem de um controlo conjunto a exclusivo.* **37** – *(cont.) Aquisição de controlo conjunto: empresas comuns.* **38** – *Operações sem carácter de concentração.*

28. A aplicação do Regulamento n.° 4064/89 depende da verificação de duas condições: a operação tem de ser uma concentração e tem de revestir dimensão comunitária. Por razões de encadeamento e simplicidade de exposição começaremos pela análise deste segundo requisito[85].

---

[85] Note-se que na análise do Regulamento n.° 4064/89 faremos, quando tal nos parecer conveniente, comparações com os vários regimes nacionais, tendo especialmente em atenção o caso português. Entre nós vigorou durante a elaboração do nosso trabalho o regime do DL 428/88, de 19 de Novembro, hoje revogado pelo DL 371/93, de 29 de Outubro. A data recente da publicação deste último impediu-nos de proceder à sua análise detalhada. Mantivemos, portanto, as referências ao Decreto-Lei 428/88, às quais apenas acrescentamos, sumariamente, as alterações introduzidos pelo diploma de 1993. Observe-se, por fim, que, no estudo do Regulamento

198 *O controlo das concentrações de empresas no direito comunitário*

A dimensão comunitária da operação é estabelecida nos termos do art. 1.º do regulamento de 1989. O n.º 2 desta disposição estabelece limiares de natureza quantitativa, cujo preenchimento cumulativo é um requisito necessário para a aplicação do regula-mento sobre o controlo das concentrações. Deste modo, o art. 1.º, n.º 2, dispõe:

«Para efeitos da aplicação do presente regulamento, uma operação de concentração é de dimensão comunitária:

a) Quando o volume de negócios total realizado à escala mundial pelo conjunto das empresas em causa for superior a 5 mil milhões de ecus; e

b) Quando o volume de negócios total realizado individualmente na Comunidade por pelo menos duas das empresas em causa for superior a 250 milhões de ecus, a menos que cada uma das empresas em causa realize mais de dois terços do seu volume de negócios total na Comunidade num único Estado-membro».

Observe-se, desde logo, que este conceito de "dimensão comunitária" é uma noção introduzida tardiamente, com a proposta de regulamento de 25 de Abril de 1988, destinando-se essencialmente a ultrapassar os obstáculos criados por certos grandes Estados[86], como a Alemanha, o Reino Unido, a França e a Espanha, desejosos de restringir o mais possível o campo de actuação da Comissão nesta matéria. Desta forma, para a operação atingir dimensão comunitária tem de preencher cumulativamente dois requisitos, um relativo à importância das empresas em causa, expressa no volume de negócios realizado ao nível mundial, e o outro referente à localização geográfica das suas actividades. Note-se que se trata de um conceito fundamental, tendo como principal função operar a repartição de competências entre a Comissão e as autoridades nacionais[87]. Vale isto por dizer que a

---

n.º 4064/89, demos especial relevo às decisões da Comissão que procediam à sua aplicação a casos concretos, procedimento que nos pareceu essencial para a compreensão do dispositivo legal.

[86] Jean Patrice de La LAURENCIE, *Le nouveau règlement communautaire sur les concentrations: comment um bon compromis politique produit à nid à contentieux*, Rec.D.S, n.º 22, 7 Juin 1990, Chronique XXVI, pág. 142.

[87] Emmanuel GAILLARD, *Le contrôle des concentrations d'entreprises dans la Communauté Économique Européenne* , GP, n.º 1, Janvier-Fevrier 1990, pág. 127 e Aurélio PAPPALARDO, *Concentrations entre entreprises et droit communautaire*, RMUE 2, 1991, pág. 25.

Comissão terá competência exclusiva para aplicar o regulamento às operações de concentração *com dimensão comunitária*, enquanto as autoridades nacionais aplicarão as respectivas legislações nacionais às concentrações *sem dimensão comunitária*, consagrando-se, deste modo, um dos pilares do regulamento, o princípio do balcão único, também designado por princípio do *one stop shop*.

O critério do volume de negócios realizado a nível mundial, apelidado de «limiar principal»[88], visa garantir a aplicação do regulamento apenas às concentrações que envolvam empresas de grande dimensão, uma vez que se presume[89] serem as únicas susceptíveis de afectar o comércio entre os Estados-membros, devendo, como tal, ser analisadas a um nível comunitário[90]. Trata-se, portanto, de um critério de jurisdição, que procura assegurar à Comissão competência exclusiva para esse tipo de situações, ainda que, ao basear-se na dimensão das empresas participantes na concentração, não forneça quaisquer esclarecimentos sobre o grau de concentração existente no mercado.

---

[88] Terminologia utilizada pela Comissão, que refere os limiares fixados nas alíneas a) e b), do n.º 2, do art. 1.º, como limiar «principal» e limiar «de minimis», respectivamente – cfr. Boletim das Comunidades Europeias (doravante designado por Bol. CE), Suplemento 2/90, Comunidades Europeias – Comissão, pág. 23.

[89] Presunção essa, aliás, ilidível. Daí que se tenha defendido o critério da dimensão da transacção, em vez do da dimensão das partes, como sendo mais adequado ao sistema de controlo que se quer instituir. Não só o primeiro critério teria mais interesse na apreciação dos efeitos da concentração do que o segundo, como este podia distorcer os objectivos do controlo ao abranger aí apenas grandes firmas, quando na realidade grande número de operações que não atingem esses limiares são capazes de restringir a concorrência. Cfr. neste sentido Harry M. REASONER, *Comments of the american bar association section of antitrust law with respect to the amended proposal for a council regulation (EEC) on the control of concentrations between undertakings*, ALJ, Vol. 59, 1990, pág. 247.

[90] Saliente-se que a verificação dos limiares estabelecidos no art. 1.º, n.º 2, funciona apenas como um critério de repartição de competências comunitárias e nacionais, e não como um indício da «nocividade» da operação de concentração. Cfr., neste sentido, Louis VOGEL, *Le nouveau droit européen de la concentration*, JCP, 1990, 15 914, pág. 716, e ainda, do mesmo autor, *Le règlement européen sur le contrôle des concentrations ou de la difficulté de concilier efficacité et compromis*, JDI, n.º 1, Janvier-Fevrier-Mars, 1991, pág. 892. O preenchimento dos três limiares quantitativos apenas nos permite, portanto, concluir pela aplicação do regulamento, não nos autorizando, porém, a fazer quaisquer juízos de valor negativos sobre tal operação.

200 *O controlo das concentrações de empresas no direito comunitário*

O elemento geográfico, por seu turno, revela-se quer na exigência de um certo volume de negócios realizado a nível comunitário, quer na regra de 2/3, formulada na segunda parte da al. b) do n.° 2 do art. 1.°. O volume de negócios realizado a nível comunitário, designado por «limiar *de minimis»*[91-92], visa garantir que a operação em causa tem uma verdadeira base comunitária, dado que esse é o verdadeiro campo de aplicação do regulamento[93]. São, deste modo, atenuadas eventuais dificuldades resultantes da aplicação isolada do limiar principal, isto é, que poderiam surgir na ausência da exigência de nacionalidade comunitária ou da localização da sede de uma das empresas num dos Estados-membros[94]. O limiar *de minimis* terá, assim, um papel de relevo na determinação do campo de aplicação do regulamento. Por outro lado, com este requisito *de minimis* ficam excluídas as empresas que desenvolvam uma actividade insignificante na Comunidade, ou seja, desprovidas da importância necessária para caírem sob a alçada da jurisdição comunitária[95]. Evita-se, desta forma, a aplicação do regulamento a situações em que uma «grande» empresa adquire uma «pequena» empresa, uma vez que aí só a primeira terá um volume de negócios superior ao limiar *de minimis*[96]. É claro que este objectivo

---

[91] Designação adoptada pela Comissão – cfr. Bol. CE, Suplemento 2/90, pág. 23.

[92] Contra este critério, pronunciou-se A. PAPPALARDO, considerando tratar-se de um quantitativo demasiado elevado, que arrisca abrir duas lacunas no controlo a exercer pela Comissão: ficariam fora da alçada do regulamento os casos de grandes empresas de um Estado terceiro que não preenchessem o limiar do volume de negócios realizado na Comunidade e adquirissem o controlo de uma grande empresa comunitária; e a situação em que uma grande empresa comunitária adquirisse o controlo de inúmeras empresas comunitárias, de dimensão já considerável, mas que não atingissem o limiar *de minimis* – cfr. Aurélio PAPPALARDO, *Concentrations...,* ob. cit., pág. 27.

[93] Note-se que o limiar *de minimis* não exige que essas duas empresas desenvolvam na Comunidade as suas actividades principais, apenas requer que aqui desempenhem operações substanciais. Cfr., neste sentido, Horst SATZKY, *The merger control regulation of the European Economic Community*, AJCL, Vol. 38, 1990, pág.923.

[94] Dominique BERLIN, *Contrôle communautaire des concentrations*, Paris, Éditions A. Pedone, 1992, pág. 98.

[95] Cristopher JONES, *The scope of aplication of the merger regulation*, FCLI, capítulo 18, 1991, pág. 387.

[96] Observe-se que esses casos poderão sempre ficar sujeitos a um controlo através da aplicação das disposições do Tratado relativas à concorrência, desde que se verifiquem obviamente os seus requisitos.

O controlo comunitário das concentrações com base no reg. n.º 4064/89   201

fica em parte comprometido no caso de criação de empresas comuns e de aquisições conjuntas, visto poder tornar-se irrelevante a determinação da dimensão comunitária da terceira empresa (empresa comum criada / adquirida), dado que, para a aplicação do regulamento, basta que duas das empresas em causa, por exemplo as empresas-mãe ou as empresas que fazem a oferta conjunta, preencham o limiar *de minimis*.

Finalmente, o último elemento do n.º 2 do art. 1.º, designado por regra de dois terços, ou critério da transnacionalidade[97], estabelece uma condição negativa: as empresas implicadas na concentração não podem realizar mais de 2/3 do seu volume de negócios total na Comunidade num único Estado-membro[98-99]. Procura-se excluir do campo de

---

[97] Designação adoptada pela Comissão no 19.º Rel. Conc., 1989, ponto 34. Note-se que este teste, tendo uma finalidade semelhante ao critério clássico da «afectação do comércio entre os Estados-membros», apresenta, no entanto, uma redacção diferente. Será que a utilização da fórmula «afectação do comércio intra-comunitário» se revelava inadequada, no âmbito do controlo das concentrações? Os desenvolvimentos jurisprudenciais quanto à noção de afectação de comércio permitem considerá-la existente, como já vimos, não só quando é alterado o fluxo de transacções, mas também quando é modificada a própria estrutura de concorrência. Por outras palavras, a extensão da fórmula «afectação do comércio intra-comunitário» parece tornar possível a aplicação desta condição no contexto de um sistema de controlo de concentrações. No mesmo sentido, cfr. Robert KOVAR, *The EEC Merger Control Regulation*, YEL, 1990, Oxford, Clarendon Press, 1991, pág. 80. Logo, parece-nos que a quantificação desse critério, no regulamento, encontrará sobretudo a sua justificação em razões de segurança jurídica. Por outro lado, é certo que o critério de 2/3 não pode ser totalmente identificado com o da afectação do comércio. De facto, o Regulamento exige que os efeitos transfronteiriços de uma concentração sejam provados mediante a realização, por uma das empresas em causa, de um certo volume de negócios em mais de um dos Estados-membros, pelo que, de acordo com a regra de 2/3, ficam fora do Regulamento concentrações entre empresas no mesmo Estado-membro, ainda que afectem o comércio entre os Estados-membros, segundo o entendimento dado pela jurisprudência do Tribunal.

[98] O que numa «formulação positiva» poderíamos exprimir do seguinte modo: o volume de negócios de pelo menos uma das empresas em causa deve ser realizado num montante superior a um terço no exterior de um único e mesmo Estado-membro (Laurence IDOT, *Commentaire du règlement du 21 Décembre 1989 relatif au contrôle des concentrations*, JCP, n.º 12, 21 Mars 1991, pág. 35).

[99] Saliente-se que, na proposta de Abril de 1988, o critério da transnacionalidade estava fixado em 3/4. As pressões dos grandes Estados, pouco desejosos de abandonarem as prerrogativas conferidas pelos seus sistemas de controlo nacionais,

202 *O controlo das concentrações de empresas no direito comunitário*

aplicação do regulamento operações que devem ficar apenas sujeitas às respectivas legislações nacionais[100]. Delimita-se, portanto, a fronteira entre o controlo comunitário e o controlo nacional, com base no carácter transnacional da operação de concentração, nos termos configurados pela regra de 2/3. Trata-se, sem dúvida, de um requisito similar[101] ao da «afectação do comércio entre os Estados-membros», necessário à aplicação dos arts. 85.° e 86.° do Tratado CE[102-103].

---

levaram, porém, à sua alteração para 2/3, diminuindo o campo de actuação da Comissão. Segundo Robert KOVAR, este limiar, tal como os outros, devia ser necessariamente reduzido antes do fim de 1993 – cfr. *The EEC...*, ob. cit., pág. 80. Em sentido contrário, Luc GYSELEN (cfr.*Le règlement du Conseil des Communautés Européennes relatif au contrôle des operations de concentration entre entreprises*, RTDE, n.° 1, Janvier-Mars, 1992, pág. 15) defendia não haver qualquer sugestão da Comissão no sentido de rever o critério de 2/3. Ora, a verdade é que a Comissão, no relatório apresentado ao Conselho – COM (93) 385 –, vai propor adiar a discussão da redução dos quantitativos para 1996, sugerindo duas soluções alternativas para resolver os problemas colocados pela regra de 2/3: ou recuperar a regra de 3/4, que considera «um critério equilibrado para separar os casos de natureza puramente nacional (...) dos casos que envolvem uma dimensão comunitária», ou deixar de aplicar a regra de 2/3 «sempre que o volume de negócios noutros Estados-membros ultrapassasse um determinado limiar». Esta proposta, segundo a autoridade comunitária, «solucionaria o problema de grandes empresas como a Siemens ou Daimler-Benz, que são frequentemente abrangidas pela regra de 2/3, graças aos mercados nacionais fortes e ao volume considerável das suas exportações para fora da Comunidade».

[100] Esta mesma ideia surge no considerando 9.° do preâmbulo do Regulamento n.° 4064/89, que estipula: «(...) as disposições a adoptar no presente regulamento devem ser aplicáveis às modificações estruturais importantes cujos efeitos no mercado se projectem para além das fronteiras nacionais de um Estado-membro».

[101] Neste sentido, cfr. R. KOVAR, *The EEC...*, ob. cit., pág. 79, e Jacques H.J. BOURGEOIS e Berend-Jan DRIJBER, *Le règlement CEE relatif au contrôle des concentrations: un premier commentaire*, RAE, n.°2, pág.19.

[102] Sobre a regra de 2/3, pronunciou-se a Comissão nas decisões *Digital/Kienzle* (decisão da Comissão de 25 de Fevereiro de 1991, processo IV/M057, JOCE n.° C 56/16 de 5.3.91), e *Eridania/ISI* (decisão da Comissão de 30 de Julho de 1991, processo IV/M062, JOCE n.° C 204/12, de 3.8.91), para confirmar que, apesar de uma das duas empresas participantes realizar mais de 2/3 do seu volume de negócios num único Estado-membro, a operação tinha dimensão comunitária se a outra empresa não realizasse 2/3 do seu volume de negócios no mesmo Estado-membro. Quanto à decisão referida em primeiro lugar, a Comissão acaba por não se opor à concentração e declara a operação compatível com o mercado comum, com base na al. b) do n.° 1 do art. 6.° do Regulamento, dado que, embora a Digital fosse um dos mais importantes

O controlo comunitário das concentrações com base no reg. n.º4064/89   203

fornecedores mundiais de sistemas informáticos, a Mannesmann Kienzle era um pequeno vendedor de sistemas informáticos com uma quota de mercado limitada, mesmo no mercado alemão onde era mais forte. Logo, apesar de ser uma operação abrangida pelo campo de aplicação do Regulamento, as condições de concorrência nos mercados afectados não seriam modificadas depois de realizada a operação.

[103] A regra de dois terços levanta, ainda, certas dúvidas quanto à questão de saber se a expressão «cada uma das empresas em causa», utilizada na parte final do art. 1.º, n.º 2, deve ser interpretada isoladamente ou em conjunto com o limiar *de minimis*. (Sobre esta questão, cfr. A. T. Antony DOWNES e Julian ELLISON, *The legal control of mergers in the european communities*, Blackstone Press Limited, 1991, pág. 56, e John COOK e Chris S. KERSE, *EEC merger control, Regulation 4064/89*, Sweet & Maxwell, 1991, pág. 43). Estas dificuldades surgem quando as empresas envolvidas na concentração são em número superior a dois. Suponhamos o seguinte exemplo: as empresas A, B, e C são participantes numa operação de concentração. O volume de negócios total realizado a nível mundial pelas empresas ultrapassa os 5 mil milhões de ecus, verificando-se, portanto, o limiar principal. As empresas A e B realizam individualmente na Comunidade um volume de negócios superior a 250 milhões de ecus e ambas realizam mais de dois terços do seu volume de negócios, na Comunidade, num único Estado-membro, por exemplo, em Portugal. A empresa C, que não preenche o limiar *de minimis* do regulamento, realiza, porém, menos de dois terços do seu volume total de negócios na Comunidade, em Portugal. O regulamento aplica-se a uma situação deste tipo? A solução depende da interpretação a dar à regra de 2/3. Se considerarmos que ela deve ser lida em conjugação com o limiar *de minimis*, a expressão «cada uma das empresas» refere-se, no nosso exemplo, apenas às empresas A e B; logo, o regulamento não se aplica porque essas empresas realizam 2/3 do seu volume de negócios em Portugal, isto é, num único e mesmo Estado-membro. Se os dois critérios forem aplicados separadamente, isto é, se a expressão «empresas em causa», utilizada na regra de 2/3, não for conjugada na sua aplicação com a regra *de minimis*, o regulamento já se aplica ao nosso caso porque a empresa C, apesar de não preencher o limiar *de minimis,* é uma das empresas em causa para efeitos da regra de 2/3. Assim, dado que a empresa C realiza menos de 2/3 do seu volume de negócios em Portugal, verificam-se os três limiares estabelecidos no art 1.º e o regulamento deve ser considerado aplicável. A Comissão, na nota de orientação IV do regulamento de execução, ao fornecer certos esclarecimentos quanto à aplicação da regra de 2/3, não resolve este problema, visto que os exemplos dados se limitam à consideração de duas empresas. Deste modo, na falta de indicações da autoridade comunitária, Antony Downes e Julian Ellison defendem que a melhor solução é conjugar a interpretação destes dois critérios, uma vez que os efeitos anti-concorrenciais, no mercado comum, da participação da empresa que não preenche o limiar *de minimis* serão, em princípio, pouco relevantes, dado o baixo volume de negócios dessa empresa nesse mercado. Cfr. Antony DOWNES e Julian ELLISON, ob. cit., pág. 43.

Preenchidos cumulativamente os três limiares, a operação de concentração terá dimensão comunitária, aplicando-se o regulamento comunitário. Esta asserção tem uma dupla consequência. Por um lado, deverá considerar-se excluída a aplicação das leis dos Estados--membros a tais operações, nos termos do art. 21.º, n.º 2, do Regulamento n.º 4064/89. Por outro lado, as operações de concentração ditas «infra-comunitárias», visto não preencherem os requisitos do n.º 2 do art. 1.º, ficarão sujeitas à aplicação das legislações nacionais pelas respectivas autoridades.

Observe-se, finalmente, que a fixação dos limiares em montantes tão elevados é fruto de um compromisso político que a Comissão teve de aceitar para ver aprovado o regulamento[104]. Foi, portanto, o resultado de uma longa querela que opunha a Comissão e certos Estados pequenos, nomeadamente a Holanda e a Bélgica, e ainda a Itália, desprovidos, regra geral, de legislações nacionais sobre o controlo das concentrações, e, como tal, partidários de limiares baixos[105], aos grandes Estados, como o Reino Unido, França e a Alemanha[106], detentores de mecanismos de controlo nacionais assaz evoluídos e que queriam, deste modo, preservar as suas competências, sugerindo por isso limiares bastante elevados[107]. A questão foi resolvida através de

---

[104] Note-se que, como salientaram pertinentemente William LEE e Patricia ROBIN em relação às propostas de regulamento, seja qual for o limiar adoptado será sempre arbitrário, abrangendo transacções que não levantam problemas a nível comunitário e deixando de fora operações que produzem efeitos negativos a nível comunitário – cfr. William LEE e Patricia ROBIN, *One-stop shopping: is Brittan on the right track?*, IFLR, August 1989, pág. 8. Neste sentido, cfr. ainda Jaime FOLGUERA CRESPO, *Algunas notas sobre el Reglamento de control de concentraciones de empresas,* GJ, n.º 77, Marzo 1990, pág. 4, e Patrick THIEFFRY, *The new EC merger control regulation*, IL, Vol 24., n.º 2, Summer 1990, pág. 548.

[105] Observe-se que Itália já tem actualmente uma legislação nacional sobre o controlo das concentrações, a Lei n.º 287, Outubro 10, 1990, cit. por AAVV, *Merger control in the EEC. A survey of european competition laws*, Kluwer, 1993, pág. 104.

[106] Enquanto a Comissão propunha um limiar principal de 1000 milhões de ecus (cfr. proposta de 30 de Novembro de 1988, cit.), as delegações britânica, alemã, francesa e espanhola avançavam com quantitativos na ordem dos 10 000 milhões de ecus, segundo dados fornecidos por Otto SANDROCK e Elke VAN ARNHEIM (*New merger rules in the EEC*, IL, Vol. 25, n.º 4, Winter 1991, pág. 864).

[107] A adopção da decisão por maioria qualificada foi, no fundo, o resultado de um compromisso assumido entre os defensores de uma redução automática dos limiares (Itália, Bélgica e Holanda) e os partidários da uma decisão adoptada sob o signo da

O controlo comunitário das concentrações com base no reg.º4064/89   205

um compromisso político: fixação de limiares muito elevados – 5 mil milhões de ecus a nível mundial e 250 milhões de ecus a nível comunitário [108] –, sendo, no entanto, prevista a sua revisão – até ao fim de 1993 [109] –, que será feita pelo Conselho, deliberando por maioria qualificada [110], sob proposta da Comissão [111]. A este propósito, a Comissão já declarou [112] que era sua intenção baixar tais montantes para

---

unanimidade (Reino Unido) – cfr. Europe Documents, n.º 1591, 29 de Dezembro de 1989.

[108] Afastando-se assim radicalmente dos reduzidos limiares enunciados na proposta de 1973, onde estavam ausentes quaisquer preocupações de repartição de competências, considerada como uma questão a resolver de acordo com os princípios jurisprudenciais existentes e não num texto de direito derivado versando sobre uma matéria particular – cfr. Jean Patrice de La LAURENCIE, *Le nouveau...*, ob. cit., pág. 142.

[109] Questão que, em princípio, ficou adiada para 1996 – cfr. COM (93) 385.

[110] A questão da alteração dos limiares é ainda contestada por parte da doutrina, nomeadamente por Anand S. PATHAK (*EEC concentration control: the foreseeable uncertainties,* ECLR, 3, 1990, pág. 120), que invoca a jurisprudência do Tribunal, especialmente o acórdão Eridania (de 27 de Setembro de 1979, processo 250/78, Rec. 1979, pág. 2749), segundo a qual, quando a base legal do regulamento comunitário exigir uma decisão do Conselho adoptada por unanimidade, qualquer alteração de um elemento essencial do regulamento terá igualmente de ser feita por unanimidade. Assim, para este autor, sendo a redução dos limiares um dos elementos essenciais do regulamento, se a decisão do Conselho não for adoptada por unanimidade pode ser posta em causa perante o Tribunal. Contra tal crítica, pronunciou-se, com razão, LEON BRITTAN (*The law and policy of merger control in the EEC,* ELR, October, 1990, pág. 352 e *Competition policy and merger control in the single european market,* Cambridge, Grotius Publication Limited, 1991, pág. 39), afirmando que não há nenhuma razão que impeça o regulamento, de 1989, adoptado por unanimidade, de ser alterado por maioria qualificada, dado que o regulamento, além de se basear no art. 235.º, que exige unanimidade, se baseia igualmente no art 87.º, que requer apenas maioria qualificada. Além disso, a fixação da alteração dos limiares por maioria qualificada foi a visão seguida unanimemente pelo Conselho, com o apoio da Comissão, como recordou LEON BRITTAN. Por outro lado, autores há que se mostram cépticos quanto a revisão de tais limiares num espaço de tempo tão curto (neste sentido, cfr. Jaime FOLGUERA CRESPO, *Algunas notas...,* ob. cit , pág. 5), ao passo que outros se mostram confiantes nessa redução, afirmando que essa é a posição da maioria dos Estados-membros (assim Patrick THIEFFRY – cfr. ob.cit., pág. 548). A verdade é que as previsões do autor espanhol se confirmaram: os Estados não chegaram a consenso sobre a redução dos limiares, tendo a Comissão sugerido ao Conselho o adiamento da questão da revisão para 1996 – cfr. COM (93) 385.

[111] Cfr. art. 1.º, n.º 3, do Regulamento n.º 4064/89.

[112] Cfr. pág. 23 do Bol. CE, Suplemento 2/90.

206   O controlo das concentrações de empresas no direito comunitário

2 mil milhões e 100 milhões de ecus[113], respectivamente. Abaixo desses limiares, a autoridade comunitária considera que as operações de concentração não são normalmente susceptíveis de afectar sensivelmente o comércio entre Estados-membros[114], conclusão que, como veremos, não é aceite pacificamente. Por outro lado, poderá ainda vir a alterar-se o próprio critério de volume de negócios[115], o que implicará uma verdadeira modificação substancial do teste da jurisdição exclusiva da Comissão nessa matéria.

Actualmente, de acordo com os quantitativos fixados, a Comissão já declarou que, segundo as suas previsões, apenas serão abrangidos pelo regulamento de 1989 cerca de 60 a 100 casos por ano[116], ficando fora do seu alcance operações de dimensões consideráveis, susceptíveis, sem dúvida, de vir a afectar o comércio na Comunidade. Daí que, se estes limiares permitem, de facto, realizar o objectivo de limitar a um nível razoável o número de operações sujeitas ao controlo das concentrações[117], por outro lado acabam por comprometer, em parte, outros objectivos enunciados pela Comissão, em especial o princípio do balcão único.

Ora este carácter de compromisso político do regulamento[118], que

---

[113] Cfr. as declaração da Comissão no Bol. CE, Suplemento 2/90, pág. 25.

[114] Cfr. Bol. CE, Suplemento 2/90, pág. 25.

[115] A Comissão e o Conselho manifestaram a sua «disponibilidade» para «considerar no momento da revisão dos limiares a tomada em conta de outros elementos suplementares que não o volume de negócios», bem como uma «reanálise específica das modalidades de cálculo do volume de negócios das empresas comuns» – cfr . Bol. CE, Suplemento 2/90, pág. 23.

[116] Não sendo reduzidos estes limiares – mantendo-se, portanto, a sua fixação em montantes muito elevados – já se afirmou que a Comissão apenas controlará normalmente as concentrações conglomeradas, geralmente menos nocivas, ficando fora do seu campo de actuação as operações mais perigosas, como as concentrações verticais e horizontais, dado que ocorrem frequentemente em sectores que não atingem esses limiares, isto é, sectores que são de menor dimensão – cfr. Anand S. PATHAK, *EEC concentration...*, ob. cit., pág.120. Numa posição menos pessimista, L. VOGEL atenua estas dificuldades, afirmando que esses montantes não são na realidade tão elevados como parecem, dado que no seu cálculo é incluído não só o volume de negócios da empresa em causa como o das empresas pertencentes ao mesmo grupo da empresa em causa – cfr. *Le règlement...*, ob. cit., pág. 893.

[117] Alexis JACQUEMIN, *Horizontal concentration and european merger policy*, EER, vol. 34, n.° 1, January 1991, pág. 547 .

[118] Salientado, aliás, de forma depreciativa pela generalidade dos comentadores que *in extremis* afirmam resultar num «vazio jurídico» devido à natureza de

se manifesta ao longo de todo o seu texto em questões muitas vezes fundamentais, dá origem a graves distorções dos objectivos visados pela Comissão, reflectindo-se no recurso frequente a fórmulas obscuras e duvidosas. Conscientes das dificuldades de interpretação suscitadas pela redacção de certas disposições do regulamento, o Conselho e a Comissão publicaram certos comentários ao regulamento, com vista «a clarificar o alcance de alguns artigos», esclarecendo as suas posições sobre eventuais equívocos derivados de imperfeições de redacção[119]. Sobre o valor jurídico destas declarações, observe-se que, apesar de não vincularem o intérprete, dado que foram formuladas fora do campo formal do regulamento, são, de qualquer forma, uma indicação valiosa das orientações que os órgãos comunitários pensam seguir nessas matérias. Daí que haja quem lhes reconheça o mesmo valor das comunicações feitas pela Comissão[120].

29. Em relação ao teste do volume de negócios, a opção por este critério, e não pelo da quota de mercado, baseia-se, essencialmente, em razões de simplicidade[121] e segurança[122], permitindo às empresas

---

compromisso do regulamento. Assim, entre muitos, cfr. Jean Bernard BLAISE, *Concurrence – Contrôle des...*, ob. cit., pág.745.

[119] Cfr. Bol. CE, Suplemento 2/90.

[120] Neste sentido, cfr. Jean Bernard BLAISE, *Concurrence – Contrôle des...*, ob. cit., pág.746.

[121] Alexis JACQUEMIN, *Horizontal concentrations ...*, ob. cit., pág. 547. Entre nós, o art. 1.º, do DL 428/88, de 19 de Dezembro, estabelecia: o diploma nacional será aplicado às concentrações em que se verifique um de três critérios alternativos, relativos ao volume anual de vendas, à quota de mercado e finalmente à alteração da estrutura concorrencial do mercado. Os dois primeiros critérios – volume anual de vendas superior ou igual a 5 000 000 000$00 ou uma quota de mercado português igual ou superior a 20% – foram criticados entre nós de forma pertinente por José Manuel AMADO da SILVA (*Leis anti-«trust» nacionais ou comunitárias*, "O Economista", 1990, pág. 53), que afirmava fixarem valores demasiado baixos, alargando de forma excessiva o número de concentrações sujeitas a um controlo prévio. Esta crítica parece ter sido ouvida no DL 371/93 de 29/10, onde se refere no preâmbulo que é necessário corrigir a filosofia que presidiu ao DL de 1988, de modo a «abarcar apenas as concentrações de maior impacto no mercado», pelo que se subiram consideravelmente os limiares de aplicação do diploma. Aliás, o art 7.º, n.º 1, do DL 371/93, dispõe, a este propósito, nas suas alíneas a) e b), que só serão abrangidas pelo diploma nacional as operações que criem ou reforcem «uma quota superior a 30% do mercado nacional de determinado bem ou serviço, ou numa parte substancial deste», eliminando a estranha

208   *O controlo das concentrações de empresas no direito comunitário*

participantes numa concentração prever a necessidade de procederem à sua notificação. Na prática, a sua utilização nem sempre se revela fácil, além de que as razões subjacentes à sua aplicação não colhem a aprovação unânime da doutrina. A crítica fundamental reside no facto de se tratar de um critério com pouco sentido em termos económicos, afirmando-se que, em última análise, depende da dimensão do mercado[123]. Daí que certos comentadores[124] depositem muitas espe-

---

referência ao mercado comunitário existente ao abrigo do DL de 1988. Por outro lado, eleva o montante do volume de negócios para os trinta milhões de contos. A utilização de um teste alternativo – volume de negócios/quota de mercado – é igualmente seguido em Espanha, pela Ley 16/1989, no art. 14.º als. a) e b), bem como em França, no art 38.º da Ordonnance n.º 86-1243 de 1 de Dezembro de 1986 – cit. por AAVV, *Merger control in the EEC...*, Kluwer, 1993, págs. 35 e 36.

[122] Pense-se nas dificuldades subjacentes à definição de mercado e relativas à apreciação dos produtos substituíveis, o que originaria uma insegurança inadmissível num sistema de notificação prévia. A favor do critério do volume de negócios, cfr. LEON BRITTAN, (*Competition policy* ..., ob. cit., pág. 33) e Louis VOGEL (*Le nouveau droit ... ob. cit.,* pág 716), que sublinham que as autoridades comunitárias, para melhor medirem os reflexos de uma operação de concentração sobre a estrutura de concorrência do mercado comum, além de definirem os limiares em termos absolutos, isto é, o volume de negócios realizado a nível mundial, se preocuparam em estabelecer critérios de localização desses limiares relativamente ao limiar *de minimis* e ao critério da transnacionalidade. Parece, portanto, que considerações de segurança jurídica dominaram as da análise económica. Contra o argumento da segurança jurídica, cfr., porém, Bernard Van de Walle de GHELCKE, que defende que o critério do volume de negócios suscita idênticas dificuldades, nomeadamente quando as empresas obrigadas à notificação não dispõem dos elementos necessários à determinação dos territórios geográficos onde realizam o seu volume de negócios (*Le règlement CEE sur le controle des concentrations,* JT, n.º 5544, 7 Avril 1990, pág.252). Observe-se, por fim, que o facto de ser fixado um critério de volume de negócios realizado a nível mundial em montantes muito elevados, destinado a "apanhar" grandes empresas, não significa necessariamente que estejam em causa entraves à concorrência, visto que grandes grupos não é sinónimo de detenção de grandes quotas de mercado, como é, por exemplo, o caso dos bancos e das empresas seguradoras. Por outro lado, sectores inteiros de actividade podem ficar fora do regulamento. Trata-se, como afirma Jean-Patrice de La LAURENCIE, do duplo inconveniente a pagar pelo carácter "arbitrário" do critério do volume de negócios no plano da concorrência – cfr. *Le nouveau...,* ob. cit., pág. 142.

[123] Antoine WINCKLER e Shopie GERONDEAU, *Étude critique du règlement CEE sur le contrôle des concentrations d'entreprises,* RMC, n.º 339, Août-Septembre 1990, nota 10, pág. 543.

[124] Assim, por exemplo, Patrick THIEFFRY, ob. cit., pág. 548.

O controlo comunitário das concentrações com base no reg. n.º4064/89   209

ranças na revisão prometida pelas autoridades comunitárias, esperando que não se esqueçam de alterar os montantes do art. 1.º, n.º 2, nem de modificar a própria natureza desses limiares [125].

O cálculo de volume de negócios deve fazer-se nos termos indicados pelo art. 5.º do regulamento de 1989. Segundo o n.º 1 desta disposição, o volume total de negócios «inclui os montantes que resultam da venda de produtos e da prestação de serviços realizadas pelas empresas em causa durante o último exercício e correspondentes às suas actividades normais, após a dedução dos descontos sobre vendas, do imposto sobre o valor acrescentado e de outros impostos directamente relacionados com o volume de negócios. O volume total de negócios de uma empresa em causa não tem em conta as transacções ocorridas entre as empresas referidas no n.º 4 do presente artigo». Esta noção de volume de negócios não está isenta de dificuldades, necessitando de vários esclarecimentos.

Desde logo, discute-se a concepção de «actividades normais». Em princípio, tal noção abrangerá todas as operações que cabem no objecto social da empresa e que fazem parte da sua gestão corrente, ficando à partida excluídas situações de lucros excepcionais, que resultem de operações extraordinárias [126]. A noção foi, aliás, abordada no caso *Cereol/Continental Italiana* [127], onde foi discutida a questão de saber se os auxílios comunitários deviam ser abrangidos no cálculo a efectuar. A Comissão excluiu, aí, do cálculo do volume de negócios o auxílio comunitário atribuído no âmbito da política agrícola comum [128], atitude essa que foi justificada nos seguintes termos: «esta exclusão foi motivada pelo facto de o auxílio em questão não constituir um auxílio à venda dos produtos transformados por uma das empresas envolvidas na operação de concentração, mas sim um auxílio aos produtores de matérias primas (sementes) utilizadas por essa empresa». Observe-se que apesar de, no caso concreto, a Comissão considerar que os auxílios comunitários não deviam vir incluídos no cálculo do volume de negócios da empresa em causa, visto que esta não beneficiava deles, ou seja, era uma mera intermediária e não destinatária definitiva desses

---

[125] Expectativas que saíram frustradas, ou pelo menos foram proteladas, com o adiamento da revisão do regulamento para 1996 – cfr. COM (93) 385.

[126] Dominique BERLIN, ob. cit., pág. 106.

[127] Decisão da Comissão de 27 de Novembro de1991, processo IV/M156, JOCE n.º C 7/7 de 11.1.92.

[128] Cfr. 21.º Rel. Conc., 1991, pág. 382.

210   O controlo das concentrações de empresas no direito comunitário

auxílios, a questão em geral, de saber se os auxílios podem ser efectivamente tomados em consideração no cálculo de volume de negócios de uma empresa em causa, continua em aberto[129]. Estes problemas surgem, com particular acuidade, quando o volume de negócios está na fronteira dos limiares que é preciso preencher para que a operação atinja dimensão comunitária.

Uma outra questão é a da determinação do período a considerar para efeitos do cálculo do volume de negócios. O art. 5.°, n.° 1, do regulamento de 1989 refere como relevante o período correspondente «ao último exercício»[130], solução que teria a vantagem de evitar a preparação de contas específicas para a notificação de cada concentração[131-132]. Dificuldades práticas surgem, porém, quando a operação de concentração é realizada pouco depois do termo do exercício, não estando ainda disponíveis os respectivos "números". Este problema foi abordado no caso *Accor/Wagons-Lits*[133], onde a Comissão decidiu que a expressão "último exercício" devia ser interpretada no sentido do último exercício cujas contas estejam disponíveis[134]. Tal solução, sendo a preferível do ponto de vista prático, não está contudo isenta de críticas. De facto, basear o cálculo do volume de negócios em dados fornecidos no penúltimo exercício, quando muitas vezes já se passaram vários anos, pode não ter nenhuma correspondência com a actual dimensão da empresa. Igual desfasamento, entre as informações dadas e a real dimensão da empresa, ocorre quando, após o termo do último exercício, as empresas em causa começaram a desenvolver novas actividades, que não serão, portanto, contempladas nas informações fornecidas à Comissão. Para resolver estas dificuldades, foram sugeridas correcções ao critério interpretativo feito pela Comissão. Às contas disponíveis do último exercício deveriam ser adicionadas ou subtraídas, para efeitos do cálculo do volume de negócios, as aquisições e vendas realizadas depois do seu fecho (ou

---

[129] Cfr. 21.° Rel. Conc., 1991, loc. cit.

[130] Que não coincide necessariamente com o ano civil.

[131] Christopher JONES, ob. cit., pág. 388.

[132] O montante do volume de negócios deve ser ainda convertido em ecus nos termos do regulamento de execução.

[133] Decisão da Comissão de 28 de Abril de 1992, processo IV/M126, JOCE n.° L 204/1, de 21.7.92.

[134] Cfr. ponto 4 da referida decisão.

seja, as operações do "último exercício")[135]. Cremos, porém, sem deixar de reconhecer o mérito desta solução, ao permitir uma visão mais realista da verdadeira dimensão das empresas em causa, que pode criar o risco de se tornar demasiado morosa e onerosa. Daí que a Comissão pareça ter encontrado uma solução prática, bastante mais simples, ao promover o desenvolvimento de contactos informais com as empresas, antes de ser feita a notificação, em que tem em conta esses dados[136], procurando, deste modo, evitar criar novos encargos que a necessidade de cálculos específicos implicaria para as empresas obrigadas à notificação.

Note-se, em terceiro lugar, que o volume de negócios a ter em conta deve ser considerado em termos liquídos, o que parece lógico visto que só com esses valores poderemos conhecer a verdadeira dimensão e importância económica das empresas participantes na operação de concentração, bem como apreciar o impacto dessa operação no mercado comunitário[137]. Acresce que, se não procedêssemos à dedução do «imposto sobre o valor acrescentado, e de outros impostos directamente relacionados com o volume de negócios», haveria uma discriminação no cálculo do volume de negócios, dado que os sistemas fiscais, nomeadamente em relação ao seu campo de aplicação e taxas utilizadas, estão longe de ser uniformes[138]. Quanto à interpretação a dar à expressão utilizada pelo art. 5.º do regulamento de 1989 – outros impostos directamente relacionados com o volume de negócios – parece não haver dúvidas de que, com ela, se quer afastar os impostos directos[139]. Já a sua definição pela positiva, isto é, saber que tipo de impostos indirectos serão esses, é uma questão mais complicada[140]. Uma solução possível é considerar,

---

[135] Cfr., neste sentido, Christopher JONES e Enrique GONZÁLEZ DÍAZ, *The EEC merger regulation*, Sweet & Maxwell, 1992, pág. 18.

[136] Neste sentido, Pierre BOS e outros, ob. cit., pág. 130.

[137] Cfr. Dominique BERLIN, ob. cit., pág. 107.

[138] Cfr. Dominique BERLIN, ob. cit., loc. cit.

[139] Neste sentido, pronunciou-se a generalidade da doutrina. Cfr., por todos, Cristopher JONES e Enrique GONZÁLEZ DÍAZ, ob. cit, pág. 17.

[140] A nível comunitário o art. 33.º da 6ª Directiva sobre as sociedades exclui todos os impostos sobre o volume de negócios, além do IVA. Não obstante tal disposição, autores há, como Dominique BERLIN, que defendem que não é inverosímil a existência na Comunidade de outros impostos que, não tendo as características de um «impostos sobre o volume de negócios» nos termos do art. 33.º da 6ª Directiva, estejam

com Dominique Berlin, que tal expressão se destina, sobretudo, a abranger aqueles impostos indirectos percebidos por Estados terceiros que não conhecem a figura do IVA[141].

Sublinhe-se, ainda, que o art. 5.º, n.º 1, parte final, ao estabelecer «que o volume total de negócios de uma empresa em causa não inclui as transacções ocorridas entre as empresas referidas no n.º 4 do presente artigo», esclarece que as transacções efectuadas entre as empresas pertencentes ao grupo são consideradas, pelos autores do regulamento, como irrelevantes, dado que se situam num plano interno. Logo, o importante é a visão externa do grupo como um todo, o que, representando uma «única oferta no mercado»[142], permitirá apreciar o impacto da operação sobre a concorrência comunitária .

Importa, finalmente, determinar o local onde é realizado o volume de negócios, visto que se trata de uma questão prévia à verificação do limiar *de minimis* e da regra de 2/3. O art. 5.º, n.º 1, estipula que «o volume de negócios realizado, quer na Comunidade, quer num Estado--membro, compreende os produtos vendidos e os serviços prestados a empresas ou a consumidores, quer na Comunidade, quer nesse Estado--membro». O art. 5.º, n.º 1, parte, portanto, do princípio de que o volume de negócios está localizado no território onde se encontra o utilizador final desses produtos[143]. Ou seja, para saber se o volume de negócios foi realizado num certo Estado, atende-se, por via de regra, à "sede" do comprador do produto ou serviço em causa, na data da transacção. O volume de negócios será, assim, considerado efectuado no Estado onde se encontra a empresa ou o consumidor individual com quem é realizada a operação[144-145].

---

directamente ligados ao volume de negócios e possam, por isso, ser deduzidos nos termos do art. 5.º do Regulamento – cfr. ob. cit., pág. 108. Por exemplo os impostos sobre bebidas alcoólicos.

[141] Dominique BERLIN, ob. cit, pág. 108. Este autor refere, a título de exemplo, o desconhecimento da figura do IVA nos Estados Unidos.

[142] Dominique BERLIN, ob. cit., loc. cit.

[143] Chantal RUBIN, *Le règlement européen n. 4064/89 relatif au contrôle des opérations de concentration entre entreprises*, "Revue de la Concurrence et de la Consommation", n.º 53, Janvier-Fevrier, 1990, pág. 6.

[144] A aplicação desta disposição levanta especiais dificuldades em certos sectores de actividades. É o caso, por exemplo, das operações de concentração realizadas entre várias companhias aéreas. Como deverá ser calculado o volume de negócios das companhias aéreas, nomeadamente quanto ao limiar *de minimis* e à regra de dois terços? O problema surgiu no processo *Delta AirLines/Pan Am* (decisão da

O controlo comunitário das concentrações com base no reg. n.º4064/89   213

30. Referidos sumariamente os princípios a observar no cálculo do volume de negócios, torna-se, agora, essencial determinar as empresas a ter em conta nesse cálculo. Os autores do regulamento optaram, mais uma vez, por atender ao volume de negócios do grupo a que pertencem as empresas envolvidas na concentração, considerada a única forma de revelar a verdadeira importância económica das empresas em causa[146]. Deste modo, a determinação das empresas relevantes para efeitos do cálculo do volume de negócios é um processo que se desenvolve numa dupla etapa. Num primeiro momento, a Comissão identifica as empresas participantes na operação, para em seguida delimitar os grupos a que pertencem.

O Regulamento n.º 4064/89 utiliza no art. 5.º, n.º 4, a fórmula "empresa em causa", sem nada adiantar, no entanto, quanto à definição do seu conteúdo. Daí que surja como questão prévia saber se o conceito de empresa utilizado no regulamento tem o alcance que lhe é dado pela jurisprudência do Tribunal no âmbito dos arts. 85.º e 86.º Tratado CE, nos termos da qual empresa é toda a entidade organizada que visa a prossecução de interesses económicos, dispondo de autonomia de

---

Comissão de 13 de Setembro de 1991, processo IV/M130, JOCE n.º C 289/14, de 7.11.91.), onde a Comissão teve de aplicar o segundo parágrafo do n.º 1 do art. 5.º aos serviços de transporte aéreos transatlânticos. A autoridade comunitária admitiu três métodos possíveis de repartição de volume de negócios do transporte aéreo entre a Comunidade e os Estados-membros – repartição por países de destino do voo, repartição idêntica por país de origem e país de destino ou repartição por países em que os bilhetes foram vendidos – mas deixou a questão por decidir dado que o regulamento seria aplicável seguindo qualquer um deles – cfr. 21.º Rel. Conc., 1991, pág. 382.

[145] E se o Estado onde é realizado o volume de negócios só se tornar membro da Comunidade pouco antes de ser efectuada a transacção? O volume de negócios deve ser considerado realizado na Comunidade, para efeitos do cálculo do limiar *de minimis,* quando as contas do último exercício da empresa em causa reflectem a situação anterior em que o Estado ainda não pertencia à Comunidade? Uma questão semelhante foi abordada no caso *Paribas/MTH/MBH* (decisão da Comissão de 17 de Outubro de 1991, processo IV/M122, JOCE n.º C 277/18 de 24.10.91), onde a Comissão declarou que o volume de negócios da empresa MTH era na sua globalidade comunitário, incluindo o realizado na RDA, dado que, quando foi realizada a operação, já se tinha verificado a reunificação da Alemanha, sendo, portanto, a RDA considerada parte da Comunidade.

[146] De facto, é esta mesma ideia que justifica a solução do art. 5.º, n.º 1, do Regulamento n.º 4064/89, que exclui do volume de negócios da empresa em causa as operações realizadas entre empresas do mesmo grupo.

214 *O controlo das concentrações de empresas no direito comunitário*

decisão e sendo capaz de determinar de forma independente o seu comportamento no mercado. Trata-se, portanto, de um conceito comunitário e não nacional[147]. Neste momento, parece--nos que a melhor solução, como teremos oportunidade de justificar mais tarde, é filiar o conceito de empresa na experiência desenvolvida à luz do Tratado, tendo sempre presente que se trata de uma noção funcional[148].

Resolvida esta primeira dificuldade, logo outra dúvida nos surge, que é a de saber qual o alcance da expressão "empresa em causa", questão essencial para a determinação do volume de negócios nos termos do art. 1.°. O conceito de "empresa em causa" não é definido no regulamento, mas tem sido interpretado em várias decisões da Comissão. Note-se, desde já, que há situações em que a determinação das empresas "envolvidas" na concentração se faz de forma relativamente simples. É o caso das fusões ou da aquisição do controlo de uma empresa por outra empresa. Na primeira hipótese, não há dúvida que devem ser consideradas "empresas em causa" as participantes na operação de fusão, e no segundo caso a empresa adquirente e a empresa adquirida. A questão complica-se quando, além das empresas que ficaram concentradas em virtude da transacção, é ainda necessário lidar com empresas ligadas à concentração porque, por exemplo, forneceram o «suporte financeiro» da operação[149]. Neste âmbito, podemos configurar várias hipóteses assaz problemáticas.

Uma primeira hipótese é a da criação de uma empresa comum com carácter de concentração, quer essa criação se dê *ex novo* quer resulte da aquisição de controlo de uma "filial" sobre a qual o cedente conserva, igualmente, certo controlo. Neste caso, põe-se a questão de saber se as empresas-mãe devem ser consideradas «empresas em causa» na acepção do art. 1.°, n.° 2, do regulamento de 1989. Parece que a solução que melhor se coaduna quer com o objectivo do regulamento, de conferir uma ampla jurisdição à Comissão, quer com a finalidade do critério do volume de negócios, de determinar a

---

[147] Esta questão parece pacífica na doutrina. Cfr. por todos Christian BOLZE, *Le règlement (CEE)*..., ob. cit., pág.15.

[148] No sentido de que a noção de empresa, para efeitos do regulamento, é a mesma que foi adoptada no âmbito do Tratado, cfr. John COOK e Chris S. KERSE, ob. cit., págs. 47 e 48. Regressaremos a esta questão a propósito da noção «empresa comum» – cfr. *infra*, ponto 37.

[149] John COOK e Chris S. KERSE, ob. cit., pág. 48.

O controlo comunitário das concentrações com base no reg. n.º4064/89   215

importância económica das empresas participantes na concentração [150], será uma resposta afirmativa [151], ainda que tal opção apresente certas dificuldades. Foi esta, aliás, a solução seguida pela Comissão, nomeadamente na decisão *Varta Bosch* [152-153], que foi, todavia, objecto de certas críticas. De facto, sublinhou-se que, nos casos em que as sociedades-mãe criam uma pequena empresa comum com carácter de concentração, é suficiente que as empresas-mãe preencham os três limiares do art. 1.º, n.º 2, para que surja a obrigação de notificarem a Comissão. Ora, a notificação de operações tão pequenas envolve o dispêndio de muito tempo e dinheiro, o que, em princípio, não parece ser justificado face aos objectivos do regulamento [154].

Uma outra questão é a de saber quem deve ser considerada "empresa em causa", nos termos do art. 1.º, n.º 2, nos casos em que duas empresas pretendem adquirir em comum o controlo de uma terceira empresa, utilizando para o efeito uma empresa comum que lhes

---

[150] Recorde-se que este problema foi muito discutido na doutrina. Com efeito, enquanto certo sector, no qual se destaca a posição de Cristopher JONES, afirmava que só atendendo ao volume de negócios das empresas fundadoras é que atingiríamos esses objectivos, dado que as empresas-mãe têm um papel a desempenhar no comportamento futuro da empresa comum (cfr. ob. cit., pág. 389), outros, entre os quais se salientaram Pierre BOS e Jules STUYCK (cfr. ob. cit., pág. 135), defendiam que, tendo a empresa comum, na verdade, carácter de concentração, é uma entidade económica autónoma; logo, as empresas-mães não têm qualquer papel a desempenhar não devendo, portanto, ser incluídas.

[151] No mesmo sentido, cfr. Trevor SOAMES, *The 'Community Dimension' in the EEC merger regulation:The calculation of the turnover criteria*, ECLR, n.º 5, 1990, pág. 213. Ou seja , no caso de ser criada uma empresa-comum, empresas em causa são as empresas-mãe; no caso de ser adquirido o controlo conjunto de uma empresa já existente, empresas em causa são as empresas-mãe e a empresa-comum já existente.

[152] Decisão da Comissão de 31 de Julho de 1991, JOCE n.º L 320/26 de 22.11.91.

[153] Todavia, se nem todas as sociedades participarem no controlo conjunto da empresa comum, parece que a melhor solução será aplicar a regra do art. 5.º, n.º 2, isto é, só se terá em conta o activo transferido para a empresa comum pelas sociedades fundadoras que não detêm o seu controlo, segundo a excepção do art. 5.º, n.º 2, dado que aí está afastada a sua influência no peso económico da empresa comum. Neste sentido, cfr. Mario SIRAGUSA e Romano SUBIOTTO, *Le contrôle des opérations de concentration entre entreprises au niveau européen: une première analyse pratique*, *RTDE*, 1992, pág. 70.

[154] Neste sentido, cfr. C. JONES e GONZÁLEZ DÍAZ, ob. cit., pág. 20.

216   *O controlo das concentrações de empresas no direito comunitário*

pertence. Devem ser consideradas empresas em causa apenas a empresa comum e a terceira empresa, ou, além desta última, devem ser consideradas as empresas-mãe? É que os resultados atingidos variam consoante as empresas que incluirmos na cálculo a realizar. A solução deste problema[155] tem, evidentemente, que passar por uma análise rigorosa do estatuto da empresa comum, atendendo nomeadamente ao momento em que ela foi constituída (se foi criada no momento imediatamente anterior à aquisição da terceira empresa, é altamente provável que não se trate de uma verdadeira empresa independente mas apenas de um mero "veículo de aquisição"), ao seu activo (é sintomática a inexistência de bens além dos necessários à realização da proposta de aquisição), bem como à participação das empresas-mãe na operação realizada (nomeadamente quanto à iniciativa da oferta, organização e financiamento). Desta forma, a empresa comum pode ser vista como verdadeira empresa autónoma e, nesse caso, apenas são consideradas, como "empresa em causa", a empresa comum e a empresa adquirida. De acordo com esta solução, o regulamento só será aplicado se o volume de negócios da empresa comum, e o da empresa adquirida, ultrapassarem individualmente o limiar de 250 milhões de ecus (verificando-se, obviamente, os restantes requisitos). Outras vezes são as empresas-mãe as verdadeiras intervenientes no negócio, ou seja, a empresa comum foi apenas criada com o objectivo de servir como o instrumento que faz a oferta à empresa adquirida. As empresas-mãe controlam, deste modo, indirectamente, a empresa adquirida através da empresa comum criada apenas com o desiderato de fazer tal aquisição. Neste caso a Comissão terá a obrigação de desvendar a realidade económica que se esconde por trás da fachada. «Empresas em causa», para efeitos do art. 1.º, serão consideradas, portanto, as empresas-mãe e a empresa adquirida, devendo ser calculados separadamente os respectivos volumes de negócios para averiguar da aplicação do regulamento.

A Comissão parece, na prática, ter seguido os princípios expostos. Um exemplo particularmente elucidativo é a decisão proferida no caso *Aerospatiale-Alenia/de Havilland*[156], relativa à aquisição conjunta, pela empresa francesa Aerospatiale e pela empresa italiana Alenia, do segundo maior fabricante em termos europeus de aviões, a empresa de Havilland, através da empresa comum ATR (que tem a configuração de

---

[155] Cfr., por todos, C. JONES e GONZÁLEZ DÍAZ, ob. cit., pág. 23.

[156] Decisão da Comissão de 2 de Outubro de 1991, processo IV/M.053, JOCE n.º L 334/42 de 5.12.91.

um agrupamento de interesse económico controlado em conjunto pela sociedade francesa e italiana). O problema que se punha era o de saber se a ATR devia ser considerada como um mero "veículo da proposta" ou não. A Comissão deu uma resposta afirmativa, considerando as três sociedades – Aérospatiale, Alenia e de Havilland – como "empresas em causa". Como o volume de negócios realizado no plano mundial pelas três sociedades era superior a 5 mil milhões de ecus, e a sociedade francesa e italiana preenchiam o limiar *de minimis* (sendo irrelevante o facto de o volume de negócios da Havilland realizado na Comunidade ser inferior a 250 milhões de Ecus), além de que as empresas em causa não produziam mais de 2/3 do seu volume de negócios num único Estado-membro[157], a autoridade comunitária afirmou que a concentração tinha dimensão comunitária nos termos do art. 1.º, n.º 2. Note-se, no entanto, que, se a empresa comum tivesse sido vista como uma entidade económica independente, ela seria considerada conjuntamente com as empresas-mãe uma única «empresa em causa» ao lado da de Havilland. Nesse caso, como era necessário que o volume de negócios realizado individualmente na Comunidade ultrapassasse os 250 milhões de ecus por pelo menos duas das empresas em causa, isto é, quer pela «empresa em causa» ATR/ Aérospatiale/Alenia, quer pela empresa de Havilland, e dado que tal não sucedia em relação a esta última, não seria atingido o limiar *de minimis*, afastando-se a aplicação do regulamento visto que a operação não teria dimensão comunitária.

Uma situação semelhante ocorre quando duas empresas põem bens em comum, apenas com o objectivo de adquirir uma terceira empresa, e acordam, antes de fazer a proposta, na divisão dos bens da empresa adquirida, imediatamente após a operação. Aqui, a transacção deve ser vista como duas operações de concentração separadas[158]. Por outras palavras, para efeitos do cálculo de volume de negócios, devemos considerar que estamos perante duas operações de concentração e cada uma das empresas adquirentes é vista isoladamente como empresa em causa, sendo ainda dividido entre elas o volume de negócios da empresa adquirida[159].

---

[157] Ponto 6 da referida decisão.

[158] Neste sentido, cfr. Christopher JONES e Enrique GONZÁLEZ DÍAZ, ob. cit., pág. 23. Segundo estes autores, estando os bens em conjunto por um mero «instante legal», não faz sentido considerar o fenómeno como uma única operação.

[159] Por exemplo, se a empresa A, com um volume de negócios que preenche os 3 limiares do art. 1.º, n.º 2, resolve associar-se temporariamente à empresa B, uma

Uma terceira hipótese serão as situações em que uma empresa adquire parte de uma outra, geralmente uma filial. Parece que a melhor solução é considerar como «empresas em causa» as empresas que, depois da concentração, têm ligações com o novo grupo constituído[160]. É, aliás, neste sentido que surge a excepção do art. 5.°, n.° 2, do regulamento de 1989, à regra geral do art. 5.°, n.° 4, do mesmo regulamento, segundo a qual «se a concentração[161] consistir na aquisição de parcelas, com ou sem personalidade jurídica própria, de uma ou mais empresas só será tomado em consideração, no que se refere ao cedente ou cedentes, o volume de negócios respeitantes às parcelas que foram objecto de transacção». O que equivale a dizer que só são considerados os volumes de negócios da empresa adquirente e da filial adquirida, isto é, só o volume de negócios imputável à parcela vendida é tido em conta no cálculo a efectuar[162], sendo excluídos os restantes bens da empresa vendedora. Neste sentido, podem consultar--se, aliás, as decisões da Comissão nos casos *Promodes/Dirsa*[163] e *Digital/Philips*[164]. Na mesma linha de ideias, se uma empresa adquire o controlo total de uma filial anteriormente controlada em conjunto por ela e por uma outra, não deve esta última empresa ser considerada

---

pequena empresa que não corresponde às exigências dos limiares principal e *de minimis*, e fazem em conjunto uma proposta à empresa C, cujos bens serão em seguida divididos entre elas da seguinte forma: para a empresa A, são transferidos bens no valor de 1 bilião de ecus de volume de negócios a nível mundial e comunitário e 1 bilião realizado em Portugal, e para a empresa B é transferido um volume de negócios realizado mundialmente, no montante de 1 bilião de ecus, comunitariamente 0,5 bilião de ecus, e em Portugal 50 milhões de ecus, só a operação de concentração relativa à aquisição da parte de C por A é que teria de ser notificada à Comissão.

[160] C. JONES e GONZÁLEZ DÍAZ, ob. cit., pág. 20.

[161] No rigor dos princípios, parece que se trata mais, como nota Horst SATZKY (cfr. ob.cit., pág. 930), de uma desconcentração, entre a parte vendida e o resto da empresa, do que uma concentração.

[162] Neste sentido, cfr. a decisão da Comissão no caso *Fiat Geotech/Ford New Holland*, cit, relativa à aquisição pela Fiat de uma filial da Ford, a Ford New Holland, em que só foram tidos em conta os volumes de negócios, da empresa adquirente (Fiat) e da filial adquirida (FNH).

[163] Decisão da Comissão de 17 de Dezembro de 1990, processo IV/M027, JOCE n.° C 321/16 de 21.12.90.

[164] Decisão da Comissão de 2 de Setembro de 1991, processo IV/M129, JOCE n.° C 235/13 de 10.9.91.

abrangida pela fórmula «empresa em causa»[165]. A actuação da Comissão está, por conseguinte, de acordo com a finalidade do art. 5.°, n.° 2, de excluir os bens da empresa vendedora que não têm qualquer interesse para o desenrolar da vida futura da filial, depois de realizada a sua aquisição por uma certa empresa. É claro que, na prática, são inúmeras as dificuldades a resolver, visto que nem sempre será fácil repartir o volume de negócios da empresa cedente.

Ainda quanto ao art. 5.°, n.° 2, é discutida a sua aplicação às empresas comuns com carácter de concentração. Há quem defenda, invocando a sua *ratio legis*, que, na apreciação da dimensão comunitária de uma operação de concentração, relativa à criação de uma empresa comum com carácter de concentração, não deviam ser incluídos no cálculo do volume de negócios os das empresas-mãe, dado que a finalidade dessa disposição é eliminar a consideração do "peso económico", que não tem qualquer influência na situação do novo ente[166]. Logo, sendo tal empresa comum vista como uma entidade económica independente, em cuja política comercial as empresas-mãe não exercem qualquer controlo, o cálculo da dimensão comunitária da concentração, que visa no fundo determinar o seu impacto na oferta comunitária, não devia ter em conta o peso económico das empresas fundadoras. A prática decisória da Comissão tem sido, no entanto, orientada em termos opostos, excluindo em princípio a aplicação do art. 5.°, n.° 2, às empresas comuns com carácter de concentração que sejam criadas *ex novo* ou mediante aquisição de controlo da empresa em que o cedente conserva parte do controlo, desde que exista um verdadeiro controlo conjunto[167]. Já se tentou justificar, com certa razão, a aproximação da questão feita pela Comissão[168], com o argumento que a *facti species* da norma não se referia a estas situações em que as sociedades-mãe da empresa comum são simultaneamente vendedoras e compradoras, na medida em que, ao porem em comum parte do seu negócio na nova empresa, são não só investidoras como accionistas. Assim, devia ser afastada a aplicação do art. 5.°, n.° 2, relativo à

---

[165] Assim, na decisão *ICI/Tioxide*, cit., relativa à aquisição pela ICI de 50% das acções da Cookson na Tioxide que, antes da operação, era controlada em conjunto pela ICI e pela Cookson, a Comissão tratou como empresas em causa a ICI e a Tioxide.

[166] Neste sentido, Pierre BOS e outros, ob. cit., pág. 135.

[167] Cfr., por exemplo, a decisão da Comissão de 10 de Junho de 1991, no caso *Sanofi/Sterling Drug*, processo IV/M072, JOCE n.° C 156/10 de 14.6.91.

[168] Cfr. John COOK e Chris S. KERSE, ob. cit., pág. 56.

220 *O controlo das concentrações de empresas no direito comunitário*

aquisição de parcelas de uma empresa, porque de outro modo estaríamos a inverter o ângulo da apreciação do problema, ou seja, o que estava em causa não era a aquisição por uma empresa comum de partes de activos das suas empresas-mãe, mas o oposto, isto é, a colaboração das sociedades-mãe na criação da empresa comum[169]. A estas considerações teóricas acrescem os interesses práticos da Comissão em realizar o objectivo do regulamento de lhe conferir uma ampla jurisdição nesta matéria. Daí o ter de dar relevo ao peso económico das empresas fundadoras que controlam conjuntamente a EC. Aliás, o facto da EC ter carácter de concentração não exclui, como teremos oportunidade de referir, uma certa influência das empresas-mãe no desenvolvimento da sua actuação.

Observe-se, finalmente, que, para impedir que os objectivos do 1.º parágrafo do art. 5.º, n.º 2, sejam defraudados, o seu parágrafo 2.º estabelece que «caso entre as mesmas pessoas ou empresas sejam efectuadas num período de dois anos duas ou mais das transacções referidas no primeiro parágrafo, tais operações serão consideradas como uma única operação de concentração efectuada na data daquela que tenha ocorrido em último lugar». Procura-se evitar que uma operação de concentração escape à aplicação do regulamento, mediante o seu fraccionamento em várias aquisições sucessivas de pequenas parcelas de uma empresa, estabelecendo-se que as múltiplas aquisições serão, na data da última aquisição, consideradas como uma única concentração. Esta disposição foi invocada pela primeira vez no caso *Volvo/Lex*, em que a Volvo adquiriu os activos ligados à produção de uma filial irlandesa da Lex, tendo previamente adquirido os activos da sua filial britânica[170].

31. Identificadas as empresas participantes na concentração, segue-se uma segunda fase, que consiste na delimitação do perímetro do grupo a que pertencem tais empresas. Partindo o conceito e o método de cálculo do volume de negócios da presunção que, quanto maiores forem as empresas participantes na concentração, maior é a probabilidade de ser afectado o comércio comunitário, parece lógico incluir, no volume de negócios da empresa em causa, o volume de negócios do grupo de empresas a que pertence, pois que só assim é

---

[169] A. T. Downes e J. Ellison, ob. cit., pág. 60.

[170] Decisão da Comissão de 3 de Setembro de 1992, processo IV/110, JOCE n.º C 239/11 de 18.9.92.

O controlo comunitário das concentrações com base no reg. n.º4064/89   221

aferido o seu verdadeiro peso económico. A noção de "grupo de empresas", cujo volume de negócios deve ser notificado à Comissão na sua totalidade, também não se encontra definida no regulamento, embora este tome como ponto de referência o conceito de controlo [171]. Desta forma, no cálculo do volume de negócios do grupo devem ser consideradas todas as empresas que exercem um controlo directo ou indirecto nas empresas em causa ou que são controladas pelas empresas em causa, isto é, pelas empresas participantes na concentração. O art. 5.º, n.º 4, al. b), refere os vários meios de controlo que a empresa em causa pode exercer sobre outra empresa, a saber: deter a propriedade de mais de metade do capital ou do capital de exploração da outra empresa; ou poder exercer mais de metade dos direitos de voto; ou ainda poder designar mais de metade dos membros do conselho geral, do conselho de administração, ou dos órgãos que representam legalmente a empresa; ou, finalmente, o direito de gerir os negócios da empresa. A opção pela enumeração de uma lista de situações de controlo para efeitos do cálculo do volume de negócios, em vez de uma noção geral, à semelhança da estipulada no art. 3.º do regulamento, justifica-se por razões de segurança e simplicidade na operação a realizar. Observe-se, contudo, que a escolha de métodos de expressão diferentes parece ultrapassar, por vezes, o mero formalismo, para se traduzir em diferenças substanciais entre as duas disposições. O que equivale a dizer que o conceito de controlo dado pelo art. 5.º, n.º 4, do regulamento de 1989 parece divergir substancialmente da noção estabelecida no art. 3.º, n.º 3, do mesmo regulamento. Tal distinção parece, aliás, transparecer na decisão da Comissão no caso *Arjomari Prioux/Wiggins Teappe Appleton («WTA»)* [172]. Estava aqui em causa uma operação de concentração a realizar em duas fases. Primeiro, a Arjomari transferia a maioria dos seu activos para uma das suas filiais a 100%, a Arjomari Decor. Numa segunda fase, a Arjomari transferia para a WTA a maior parte das suas acções na Arjomari Decor, em troca de 39% das acções da WTA, encontrando-se largamente dispersas as restantes acções da WTA. Deste modo, após a operação de concentração, a Arjomari passaria a deter 39% das acções da WTA que, por sua vez, possuiria 99% das acções da empresa de

---

[171] Pierre BOS e outros, ob. cit., pág. 132.
[172] Decisão da Comissão de 10 de Dezembro de 1990, processo n.º IV/M025, JOCE n.º C 321/6 de 21.12.90.

exploração da Arjomari[173]. A Comissão considerou que a detenção, pela Arjomari-Prioux, de 39% das acções da WTA lhe conferia o poder de exercer uma influência determinante sobre a actividade da WTA, pelo que a Arjomari tinha adquirido o controlo da empresa, na acepção do art. 3.º do regulamento[174]. No entanto, no cálculo do volume de negócios, a Comissão recusou tomar em consideração os volumes de negócios do Groupe Saint-Louis (accionista maioritário da Arjomari) e da Pechelbronn (a maior accionista do Groupe Saint-Louis), nos termos do n.º 4, al. c), e terceiro parágrafo da al. b) do art. 5.º, dado que, em seu entender, o exercício pelo Groupe de 45, 19% dos direitos de voto presentes ou representados na assembleia geral da Arjomari, bem como o facto de a sua participação ter aumentado posteriormente para 45.12% dos direitos totais de voto, não era suficiente para comprovar que o Groupe detinha sobre a Arjomari o poder previsto no art. 5.º, n.º 4, al. b), isto é, o de designar mais de metade dos membros do conselho geral ou do conselho de administração ou dos órgãos que representam legalmente a empresa[175]. A posse dos direitos totais de votos na ordem dos 45% não basta, portanto, segundo a Comissão, para estabelecer a existência de uma influência determinante. E, deste modo, a exclusão do Groupe e, em consequência, da Pechelbronn, como parte do grupo Arjomari, para efeitos do cálculo de volume de negócios, levou a que concluísse pela ausência da dimensão comunitária da concentração. Essencial, nesta decisão, é salientar a diferente aproximação feita pela Comissão aos conceitos de controlo presentes nos arts. 3.º, relativo à definição de concentração, e 5.º, sobre o cálculo do volume de negócios[176]. Parece que é suficiente a utilização de um "teste económico assaz geral"[177] para se considerar preenchida a primeira disposição, como o mostra elucidativamente o facto de bastar a posse de 39% das acções de uma empresa, quando as restantes estão dispersas, para se convir na possibilidade de exercício de uma influência determinante, ao passo que, em relação ao cálculo do volume de negócios, o teste para aferir a existência de um controlo,

---

[173] Pontos 2 e 3 da decisão da Comissão de 10 de Dezembro de 1990, cit.

[174] Ponto 4 da referida decisão.

[175] Ponto 7 da referida decisão.

[176] Parecendo defender a posição contrária, cfr. Dominique BERLIN, que refere as hipóteses do art. 5.º, n.º 4, al. b) como «situações de controlo nos termos do art. 3.º parágrafo 3 do regulamento» (ob.cit., págs. 101 e 102).

[177] C. JONES e GONZÁLEZ DÍAZ, ob. cit., pág. 28.

O controlo comunitário das concentrações com base no reg. n.º4064/89   223

estabelecido pela Comissão, se mostra muito mais exigente. Desta forma, só se considerará que uma empresa "controla" outra, nomeadamente através do poder de designar mais de metade dos membros do órgão de fiscalização, do órgão de administração, ou dos órgãos que a representam legalmente, quando existe o direito contratual de fazer essas nomeações[178] ou quando é possível *provar* que uma empresa que «detém a maior parte dos direitos de voto de uma outra empresa, apesar de não dispor da maioria absoluta, e sempre que os restantes direitos de voto se encontrem dispersos (...), teve efectivamente a possibilidade de efectuar estas nomeações através do controlo de mais de 50% dos direitos de voto na assembleia geral, devido à ausência de outros direitos de voto (...)»[179]. A Comissão sublinhou, portanto, que o poder de efectuar nomeações não deve ser interpretado em termos exclusivamente jurídicos, mas é sobretudo um poder de facto[180]. No caso *Arjomari Prioux,* como não se provou que o Groupe tinha o direito de fazer efectivamente essas nomeações, não se considerou verificada a hipótese do art. 5.º, n.º 4, al. b), terceiro parágrafo[181]. Aliás, o diferente grau de exigência utilizado para determinar o preenchimento da noção de controlo nos termos do art. 5.º, n.º 4, e do art 3.º, n.º 3, surge igualmente de forma clara quando comparamos o caso *Arjomari Prioux,* em que a posse de 45% dos

---

[178] Cfr. o caso *Accor/Wagons Lits,* cit., em que, apesar de a Accor só deter participações minoritárias noutras empresas, havia acordos no sentido de lhe conferir o direito de gerir os negócios das empresas, considerando a Comissão que se verificava então a situação do art. 5.º, n.º 4, al. b).

[179] Ponto 6 da referida decisão.

[180] Esta afirmação foi muito criticada por certos autores, que alegavam a insegurança produzida por tal critério. Assim, por exemplo, John COOK e Chris S. KERSE, ob. cit., pág. 51. Observe-se, contudo, que, se os princípios enunciados pela Comissão são amplos, na sua aplicação ela revela-se particularmente exigente.

[181] Esta decisão foi, aliás, confirmada em várias outras situações – cfr., por exemplo, o caso *Eridania/ISI,* cit., em que se colocou um problema semelhante. A solução dada, neste caso, foi diferente, visto que a situação de facto divergia da do caso *Arjomari Prioux,* mas o raciocínio seguido foi o mesmo. A Comissão considerou que, apesar de Ferruzi apenas possuir uma participação de 43.695 no Montedison, que detém uma participação na Eridania, tem de facto o poder de controlar o Montedison, nos termos do art. 5.º, n.º 4, devido à grande dispersão dos restantes accionistas – cfr. decisão da Comissão de 30 de Julho de 1991, processo n.º IV/M062, JOCE n.º C 204/12 de 3.8.91. Neste caso a decisão de considerar a Eridania como parte do grupo Ferruzi levou a que a operação fosse considerada de dimensão comunitária.

224 · *O controlo das concentrações de empresas no direito comunitário*

direitos de voto não era suficiente para que o Group Saint-Louis detivesse o controlo para efeitos do art. 5.º, n.º 4, com um outro caso, a decisão *Renault/Volvo*[182], onde a detenção de uma participação de 45% foi considerada suficiente para conceder uma influência determinante, segundo o art. 3.º, n.º 3. Ora, esta interpretação, particularmente exigente, do art. 5.º acaba, aparentemente, por se revelar contrária às finalidades do regulamento, nomeadamente a de permitir um controlo o mais amplo possível da expansão económica efectuada através de concentrações[183-184].

Saliente-se, ainda, que os termos em que está redigido o art. 5.º, n.º 4, al. b) – a utilização do plural: «*empresas* em que a empresa em causa» dispõe de certos poderes – parece sugerir que deverão ser consideradas abrangidas nessa disposição não só as filiais "directas" das empresas em causa, mas ainda as filiais "indirectas". É claro que, se considerarmos que devem ser incluídas as filiais da filial da empresa em causa (bastando, para tal, que a primeira filial detenha o controlo da segunda, esta da terceira e assim sucessivamente), isso implica estender-se de forma considerável o alcance dessa hipótese, pois provoca a inflação do volume de negócios a atender, aumentando as dificuldades inerentes à sua aplicação. De facto, basta pensar-se nos

---

[182] Decisão da Comissão de 7 de Novembro de 1990, processo IV/M004, JOCE n.º C 281/2 de 9.11.90.

[183] Neste sentido, Pierre Bos e outros, ob. cit., pág. 133.

[184] A questão tornava-se ainda mais complexa quando procuravamos articular a secção 3, do anexo I do Formulário Co, do Regulamento n.º 2367/90 (JOCE n.º L 219/11 de 14.8.90.), relativo à notificação de uma operação de concentração, que especificava as informações a fornecer, por uma ou mais empresas, no momento da notificação, à Comissão, de uma operação de concentração de dimensão comunitária, com o art. 5.º, n.º 4, do Regulamento n.º 4064/89 (sobre esta questão pode consultar-se Mario SIRAGUSA e Romano SUBIOTTO, *The EEC merger control regulation: the Comission's evolving case law*, CMLR, 28, 1991, pág. 899). O Formulário CO exigia, na secção 3, uma lista de todas as empresas que pertenciam ao grupo da empresa em causa, acrescentando que a participação no grupo dependia da existência de uma relação de controlo definida na *acepção do n.º 3 do art. 3.º*, e não nos termos do art. 5.º, n.º 4. Ora, enquanto alguns, como era o caso de Dominique Berlin (cfr. ob. cit. págs. 101 e 102), sugeriam uma equivalência das noções de controlo utilizadas nos arts. 3.º, n.º 3 e 5.º, n.º 4, outros, como Pierre Bos, sublinhavam existir um erro no Formulário CO (cfr. ob. cit., pág. 134). E, de facto, parece ser este o caso, visto que o Regulamento (CE) n.º 3384/94 da Comissão, de 21 de Dezembro de 1994 (JOCE n.º L 377/1 de 31.12.94), que revoga o Regulamento (CEE) n.º 2367/90, fez desaparecer o apelo ao n.º 3 do art. 3.º do regulamento de 1989.

O controlo comunitário das concentrações com base no reg. n.º4064/89   225

inconvenientes que surgiriam quando muitas das filiais nessa cadeia ficassem fora do território comunitário, tornando-se extremamente problemática a obtenção das informações necessárias à notificação a efectuar, que seria geralmente morosa e onerosa[185].

Além das filiais da empresa em causa, devem igualmente ser consideradas como pertencendo ao grupo dessa empresa, para efeitos do cálculo do volume de negócios, as empresas que se situam em relação à empresa em causa numa linha ascendente, ou seja, as empresas-mãe de tal empresa. Assim, nos termos do art. 5.º, n.º 4, al. c), também serão considerados os volumes de negócios «das empresas que dispõe, numa empresa em causa, dos direitos ou poderes enumerados na alínea b)». Essencial é a existência de uma relação de controlo das sociedades-mãe sobre a"empresa em causa".

Em terceiro plano, surgem as denominadas "empresas colaterais"[186] ou "empresas irmãs"[187]. A elas se refere o art. 5.º, n.º 4, al d), ao dispor que devem ser igualmente incluídos, no cálculo a realizar, os volumes de negócios «das empresas em que uma empresa referida na alínea c) dispõe dos direitos ou poderes enumerados na alínea b)». São, portanto, incluídas as outras filiais – directas ou indirectas – das sociedades-mãe da empresas em causa.

Finalmente, devem ser incluídas, nos termos do art. 5.º, n.º 4, al. e), as empresas comuns controladas conjuntamente por empresas pertencentes ao mesmo grupo (sejam elas as empresas em causa, as suas filiais, as empresas-mães, ou ainda as filiais destas). Segundo tal disposição, deve ter-se em conta o volume de negócios «das empresas em que várias empresas referidas nas alíneas a) a d) dispõem em conjunto dos direitos ou poderes enumerados na alínea b)».

Observe-se, contudo, que, sendo o controlo da empresa comum exercido em conjunto por várias empresas implicadas na operação, isto é, por várias empresas em causa, são de aplicar certas regras específicas ,estabelecidas no art. 5.º, n.º 5. De acordo com esta disposição, em tais situações «há que, no cálculo do volume de negócios das empresas em causa na acepção do n.º 2 do art. 1: a) Não tomar em consideração o volume de negócios resultante da venda de produtos e da prestação de serviços realizadas entre a empresa comum e cada uma das empresas

---

[185] Neste sentido, cfr. Dominique BERLIN, ob. cit., pág. 102.

[186] John COOK e Chris S. KERSE, ob. cit., pág. 50.

[187] Antony T. DOWNES e Julian ELLISON, ob. cit, pág. 57, e Christian BOLZE, *Le règlement (CEE)...*, ob. cit., pág 15.

226 O controlo das concentrações de empresas no direito comunitário

em causa ou qualquer outra empresa ligada a uma delas na acepção das alíneas b) a e) do n.º 4; b) Tomar em consideração o volume de negócios resultante da venda de produtos e da prestação de serviços realizadas entre a empresa comum e qualquer outra empresa terceira. Esse volume de negócios será imputado em partes iguais às empresas em causa»[188]. A redacção desta norma apresenta-se, à partida, algo obscura, pelo que procuraremos dar três pequenos esclarecimentos.

Em primeiro lugar, note-se que a exclusão do volume de negócios resultante das transacções entre a empresa comum e as sociedades-mãe, estabelecida na al. a), se insere na finalidade já assinalada ao requisito da dimensão comunitária da concentração, a de apenas serem consideradas relevantes, para efeitos do cálculo do volume de negócios, as transacções com terceiros que, de algum modo, possam ter impacto no poder económico das empresas participantes numa operação. Deste modo, devem ser afastadas as relações comerciais estabelecidas entre a empresa-comum e as suas fundadoras ou qualquer outra sociedade controlada por estas, visto que se situam num plano puramente interno[189]. Por seu turno, a al. b) prevê a imputação, em partes iguais, do volume de negócios resultante das relações entre a empresa comum e empresas terceiras às empresas em causa, não só quando as fundadoras da empresa comum são accionistas da mesma em termos iguais, isto é, cada uma detém 50% das acções da empresa comum, como ainda no caso de as fundadoras controlarem a empresa comum em termos diferentes, por exemplo em 65% e em 35%. Saliente-se, finalmente, que as regras específicas do art. 5.º, n.º 5, só serão aplicadas quando as empresas participantes na concentração *já* disponham de um controlo *conjunto* sobre a empresa comum, afastando-se, portanto, das hipóteses do art. 5.º, n.º 4 (salvo a al. e)), que visa apenas o controlo "exclusivo" exercido pela "empresa em causa".

As dificuldades na aplicação deste método levaram a Comissão a fornecer certas explicações, numa nota de orientação[190] sobre o cálculo do volume de negócios no caso de empresas comuns. Procurando

---

[188] Não sendo sempre fácil a sua aplicação, o Conselho e a Comissão declararam a sua intenção de reexaminar os critérios do art. 5.º, n.º 5 – cfr. Bol. CE, Suplemento 2/90, pág. 24.

[189] A doutrina revela-se unânime neste ponto – cfr., por todos, Pierre Bos e outros, ob. cit., pág. 134.

[190] Cfr. Nota de Orientação III – Cálculo do volume de negócios no caso de empresas comuns – do regulamento de execução.

definir o volume de negócios como o reflexo, o mais rigoroso possível, do poder económico das empresas implicadas na operação, a nota de orientação dilucida os pressupostos para a imputação do volume de negócios da empresa comum às suas fundadoras, que podemos enunciar resumidamente da seguinte forma: no caso de duas empresas (A e B) criarem uma empresa comum (C), mediante uma operação de concentração, no cálculo de volume de negócios das empresas em causa é preciso, para a imputação do volume de negócios da empresa C a A e B que: em primeiro lugar, as empresas A e B «não consolidem a empresa C nas suas contas de ganhos e perdas»[191]; por outro lado, que «o volume de negócios da empresa C, resultante de operações com terceiros, seja imputado equitativamente às empresas A e B, independentemente da participação detida por cada uma destas na empresa C»[192]; e, finalmente, não será «tomada em consideração nenhuma das empresas comuns existentes entre uma das empresas intervenientes e terceiros, excepto se aquelas tiverem já sido consolidadas»[193].

32. Em relação às empresas de seguros, instituições de crédito e outras instituições financeiras, o critério do volume de negócios, para aferir a dimensão comunitária da concentração, revelava-se extremamente inadequado[194]; daí a sua substituição, nos termos do n.° 3 do art. 5.°, por outros métodos.

No caso das instituições de crédito e outras instituições financeiras, o critério do volume de negócios total realizado a nível mundial é substituído por um décimo do total dos balanços (isto é, um décimo dos activos globais)[195], ao passo que o critério do volume total de negócios realizado na Comunidade e o volume de negócios global realizado num determinado Estado-membro é substituído pelo décimo total dos balanços, multiplicado pela relação entre os créditos sobre as instituições de crédito e sobre a clientela, resultantes de operações com

---

[191] Cfr. al. b) do Ponto II da Nota de Orientação, cit

[192] Cfr. al. d) do Ponto II da Nota de Orientação, cit.

[193] Cfr. al. e) do ponto II da Nota de Orientação, cit.

[194] A verdade é que, como salientaram C. JONES e GONZÁLEZ DÍAZ (cfr. ob. cit., pág. 33), as instituições financeiras não têm um volume de negócios em termos rigorosos, vindo a maioria do seu rendimento de juros, empréstimos e adiantamentos.

[195] Que será um critério mais revelador do peso económico da empresa em causa do que o teste do volume de negócios.

228 *O controlo das concentrações de empresas no direito comunitário*

residentes da Comunidade, ou de um certo Estado-membro (consoante se trate da substituição do limiar *de minimis* ou da regra de dois terços), e o montante total desses créditos (art. 5.°, n.° 3, al. a), do Regulamento n.° 4064/89). Este critério poderá, segundo o Conselho e a Comissão[196], ser substituído por um conceito de receitas bancárias, tal como figura na Directiva 86/635, que dá uma ideia mais precisa da realidade económica subjacente a estas instituições financeiras[197].

Observe-se, ainda, que não é indicada nenhuma noção de "instituições de crédito" ou de "outras instituições financeiras". Uma solução possível consiste em recorrer às referências dadas· na 1ª directiva sobre bancos, a Directiva 77/780[198]. É claro que esta solução tem o inconveniente[199] de alargar excessivamente o campo de actuação do art. 4.°, n.° 3, al. a), prejuízo esse, no entanto, mitigado pelo critério indicado no art. 5.°, n.° 3, al. a), que servirá para limitar a noção de instituições financeiras a entidades cuja actividade principal consista em tais transacções[200]. A maioria das decisões da Comissão neste plano pouco ou nenhum esclarecimento dão sobre tal questão; refiram-se, no entanto, como mais significativos os casos *Torras/Sarrio*[201], *Gecc/Avis*[202] e *Hong Kong & Shanghai Bank/Midland Bank*[203].

---

[196] Cfr. comentário ao art. 5.°, n.° 3, al. a), do Bol. CE, Suplemento 2/90, pág. 24.

[197] Cfr. art. 40, n.° 5, da Directiva do Conselho de 8 de Dezembro de 1986, 86/635/CEE, JOCE n.° L 372/1 de 31.12.86.

[198] Primeira Directiva do Conselho de 12 de Dezembro de 1977, 77/780/CEE, JOCE n.° L 322/30 de 17.12.77.

[199] John COOK e Chris S. KERSE, ob. cit., págs. 56 e 57.

[200] A aplicação desta disposição é exemplificada pela Comissão na Nota de Orientação I, sobre o cálculo do volume de negócios das instituições de crédito e de outras instituições financeiras – cfr. JOCE n.° L 219/19 de 14.8.90, cuja redacção se manteve no Regulamento (CE) n.° 3384/94.

[201] Onde a Comissão concluiu que «a detenção de títulos de taxa fixa, que se inseria nas actividades de investimento do Kuwait Investiment Office, devia ser considerada uma forma de concessão de crédito a terceiros. Consequentemente os títulos de taxa fixa constituem empréstimos e adiantamentos na acepção do n.° 3 do art. 5.° devendo, por isso, ser incluídos no cálculo do volume de negócios» – cfr. decisão da Comissão de 24 de Fevereiro de 1992, processo IV/M166, JOCE n.° C 58/20 de 5.3.92.

[202] Neste caso a Comissão afirmou que «o n.° 3 do art. 5.° não é aplicável aos contratos de *leasing* operacional, ao abrigo dos quais a Avis prestava um serviço global de aluguer contratual de veículos. Estes contratos, em que o risco de propriedade é assumido pelo locador e em que a propriedade não é transferida para o locatário no termo do contrato de locação, foram distinguidos dos contratos de locação financeira

Relativamente às empresas de seguros, o critério do volume de negócios é substituído pelo valor dos prémios ilíquidos emitidos, que incluem, nos termos do art. 5.º, n.º 3, al. b), «todos os montantes recebidos e a receber ao abrigo de contratos de seguro efectuados por essas empresas ou por sua conta, incluindo os prémios cedidos às resseguradoras e após dedução dos impostos ou taxas parafiscais cobrados com base no montante dos prémios ou no seu volume total». Por seu turno, o volume de negócios realizado na Comunidade e a regra de dois terços são substituídos pelos prémios ilíquidos pagos por residentes na Comunidade e por residentes num Estado-membro. Também sobre esta matéria, a Comissão elaborou uma nota de orientação, relativa ao cálculo do volume de negócios das empresas de seguros, com vista à resolução de certas dificuldades na aplicação das disposições do regulamento[204].

Por outro lado, se as empresas desenvolvem actividades mistas, por exemplo actividades bancárias, seguradoras e industriais, faz-se o cálculo do volume de negócios aplicando-se a cada tipo de actividades os diferentes métodos que lhe são adequados, e depois somam-se os montantes obtidos. Esta questão surgiu no caso *AG/Amev*[205] relativo à concentração de duas empresas de seguros. O problema resultava da prática de essas empresas investirem frequentemente parte dos prémios, recebidos no sector imobiliário, como forma de cobertura das reservas técnicas. Discutiu-se muito se o volume de negócios das actividades de seguros da AG e da Amev devia ser calculado com exclusão do volume de negócios obtido pelas empresas activas no sector imobiliário, e pertencentes aos grupos AG e Amev, caso em que

---

que funcionam principalmente como um empréstimo» – cfr. decisão da Comissão de 15 de Julho de 1992, processo IV/M234, JOCE n.º C 201/26 de 8.8.92 .

[203] Onde a Comissão esclarece que «os empréstimos e os adiantamentos deviam ser atribuídos geograficamente ao país em que se situava a sucursal do banco que contraía o empréstimo, não obstante o facto de os bancos, na avaliação do risco que se encontra no cerne das suas decisões de concessão de empréstimos, terem em conta o local da sede do banco contraente. Presume se que o local do banco contraente do empréstimo será o local em que o empréstimo será empregue» – cfr. decisão da Comissão de 21 de Maio de 1992, processo IV/M213, JOCE n.º C 157/18 de 24.6.92, e ainda 22.º Rel. Conc., 1992, ponto138.

[204] Nota de orientação II, JOCE n.º L 219/20 de 14.8.90, cuja redacção se manteve no Regulamento n.º 3384/94

[205] Decisão da Comissão de 21 de Novembro de 1990, processo n.º IV/M018, JOCE n.º C 304/27 de 4.12.90.

230 *O controlo das concentrações de empresas no direito comunitário*

não seria alcançado o limiar do volume total de negócios realizado a nível mundial. No entanto, se fosse incluído o volume de negócios das empresas no sector imobiliário, já seria atingida tal dimensão. A Comissão afastou o argumento das partes – que os investimentos no sector imobiliário não deveriam ser tomados em consideração dado que seria aplicável a regra especial, relativa ao cálculo do volume de negócios das empresas de seguro, prevista no n.º 3, al. b), do art. 5.º –, decidindo que esta disposição «(...) não constitui um limiar especial para as empresas de seguros mas apenas um método especial do cálculo do volume de negócios e não as isenta da aplicação das normas gerais previstas no art. 5.º. O n.º 4 do art. 5.º prevê que o volume de negócios de uma empresa deve ser calculado mediante a adição do respectivo volume de negócios da própria empresa e das outras empresas pertencentes ao mesmo grupo. Se uma empresa de seguros realiza outro tipo de actividades empresariais através de uma filial, esta actividade gera um volume de negócios que deve ser acrescentado ao volume de negócios da empresa de seguros (...). Neste caso, é irrelevante que o capital da filial seja obtido pela empresa de seguros a partir das reservas técnicas. Para efeitos dos limiares previstos no art. 1.º, os objectivos e os métodos de realização do volume de negócios são irrelevantes» [206].

Finalmente, põe-se o problema do cálculo de volume de negócios das empresas no sector público. A questão é abordada no 12.º considerando do preâmbulo do Regulamento n.º 4064/89, segundo o qual «no sector público», para calcular o «volume de negócios de uma empresa que participe na concentração, é necessário ter em conta as empresas que constituem um grupo económico dotado de poder de decisão autónomo, independentemente de quem detém o respectivo capital ou das regras de tutela administrativa que lhe são aplicáveis». Visa-se garantir, deste modo, nos termos da mesma disposição, o princípio da igualdade entre os sectores público e privado. Na prática, consegue-se, com estas indicações, limitar a complexidade do art. 5.º, n.º 4. É que, se aplicássemos esta disposição, sem os devidos cuidados ao sector público facilmente ficaria preenchido o limiar principal, dado que seriam consideradas empresas pertencentes ao mesmo grupo todas aquelas sob «a titularidade directa ou sob o controlo da mesma entidade pública, ainda que não respondessem a uma mesma estratégia industrial ou comercial de conjunto» [207]. Daí que

---

[206] Ponto 5 da decisão *AG/Amev*, cit.

[207] Jaime FOLGUERA CRESPO, *Algunas notas...*, ob. cit., pág. 5.

o 12.º considerando, ao fazer apelo à noção de grupo económico dotado de poder de decisão autónomo quando exclui o critério da titularidade do capital, como teste determinante no apuramento do volume de negócios da empresa em causa, apresente a solução mais sensata. Evita, assim, o risco de os Estados-membros serem considerados como a última "empresa-mãe" de empresas por ele participadas, dado que se teria de somar o volume de negócios de todas as empresas detidas pelo Estado, nos termos do art. 5.º, n.º 4[208]. Desta forma, no caso de "sociedades *holdings* públicas" não é necessariamente tido em conta o seu volume de negócios quando uma das suas filiais participa numa operação de concentração[209]. Mas, atingindo esta os limiares previstos no art. 1.º, as empresas participantes na concentração são obrigadas[210] a notificá-la, à Comissão, na forma indicada no complexo Formulário CO[211].

Em síntese, podemos afirmar que:

1. A fixação dos limiares, definidores da dimensão comunitária da concentração, em montantes muito elevados, fruto de um compromisso político, reduzem o campo de actuação da Comissão, pondo em causa

---

[208] Horst SATZKY, ob. cit., pág. 931.

[209] Foi o que sucedeu, por exemplo, no caso *Aérospatiale-Alenia/de Havilland,* em que a Comissão não teve em conta o volume de negócios da "sociedade *holding* pública" IRI, atendendo apenas ao volume de negócios da empresa-mãe da Alenia. Sobre esta questão, cfr. Mario SIRAGUSA e Romano SUBIOTTO, *Le contrôle...,* ob. cit., pág. 66.

[210] O sistema de notificação obrigatória era igualmente seguido entre nós, nos termos do art 3.º do DL 428/88, sendo a sua violação sancionada de uma forma excessiva nos termos do art 8.º, que estabelecia a nulidade dos negócios jurídicos, afastando-se, portanto, do sistema mais flexível do regulamento comunitário que só prevê a imposição de sanções pecuniárias. Esta solução é modificada no DL 371/93, cit., que deixa de mencionar a nulidade e prevê, em sua substituição, uma coima no art. 37.º, n.º 3, al. c), para os casos de falta de notificação. O sistema de notificação obrigatória é ainda o adoptado pela legislação alemã (cfr. secção 23 e 24 do GWB, cit. por A. Bercovitz, *General Report of the 14th Congress of the FIDE,* Madrid, 1990, pág. 354), e opõe-se ao sistema de notificação facultativa instituído, por exemplo, nas legislações espanhola, no art. 15 da Ley 16/1989, e francesa, no art. 40 da Ordonnance n.º 86-1243 de 1 de Dezembro de 1986 (cit. por AAVV; *Merger control in the EEC...,* Kluwer, 1993, pág. 38).

[211] Cfr. art. 2.º, n.º 1, do Regulamento (CE) n.º 3384/94, que revogou o Regulamento (CEE) n.º 2367/90 da Comissão de 25 de Julho de 1990, relativo à notificação, prazos e audições previstos no Regulamento n.º 4064/89, JOCE n.º L 219/5 de 14.8.90.

232 *O controlo das concentrações de empresas no direito comunitário*

o princípio do *one stop shop* e, consequentemente, a delimitação clara das competências nacionais e comunitárias.

2. A opção pelo critério do volume de negócios – ressalvada, obviamente, a fixação de testes diferentes para sectores específicos –, sem ligação directa com os reflexos da concentração sobre o mercado, aliada às dificuldades sentidas na definição, para efeitos do cálculo do volume de negócios, de empresa em causa, bem como na identificação do grupo a que ela pertence, parecem comprometer, de certa forma, os objectivos de eficácia, segurança e simplicidade do regulamento, que se detém, assim, muito aquém das expectativas criadas.

3. De facto, as finalidades que a Comissão se propunha prosseguir com a adopção do regulamento ficaram limitadas pelos compromissos políticos que aquela autoridade se viu obrigada a aceitar. Por outro lado, a manutenção das reticências dos Estados – em aceitarem a redução dos limiares –, que fazem finca pé no princípio da subsidiariedade[212] e invocam a inflação como factor de uma erosão gradual do valor real dos limiares, levou a Comissão a propor ao Conselho o adiamento da revisão prevista no n.° 3 do art. 1.° o mais tardar até ao final de 1996, mantendo, deste modo, infelizmente em nossa opinião, situações de equilíbrio precário[213].

33. Preenchidos os limiares determinantes da dimensão comunitária da operação, o regulamento não é automaticamente aplicado. De facto, é ainda requisito da sua aplicação a configuração da operação em causa como concentração. A noção de concentração vem definida no art. 3.° do regulamento, cujo n.° 1 dispõe:

«1. Realiza-se uma operação de concentração:

a) Quando duas ou mais empresas anteriormente independentes se fundem; ou

b) Quando:

– uma ou mais pessoas, que já detêm o controlo de pelo menos uma empresa, ou

– uma ou mais empresas adquirem directamente ou indirectamente, por compra de partes de capital ou de elementos do activo, por

---

[212] Cfr. Ignacio CASTRO LLAMAS, *Control de concentraciones en la Comunidade Europea*, Bol. ICE, n. 2365, Abril 1993, pág. 1047.

[213] Cfr. pág. 24 do relatório da Comissão ao Conselho sobre a aplicação do regulamento relativo ao controlo das operações de concentração, COM (93) 385.

O controlo comunitário das concentrações com base no reg. n.º4064/89   233

via contratual ou por qualquer outro meio, o controlo do conjunto ou de partes de uma ou de várias outras empresas»[214].

O regulamento comunitário enuncia dois critérios alternativos a seguir na definição de concentração[215]: esta pode resultar da forma adoptada pela operação (fusão)[216] ou do resultado visado, isto é, são tidos em conta os efeitos económicos da operação (aquisição de controlo)[217]. Essencial, segundo o Conselho, é que o conceito de concentração seja definido «de modo a só abranger as operações de que

---

[214] Entre nós, a noção de concentração era dada pelo art. 2.º do DL 428/88 que, depois de referir os casos de fusão e cisão-fusão como operações de concentração, fazia ainda apelo nessa definição ao conceito essencial de «obtenção de influência determinante». Com o DL 371/93 de 29/10, esta noção vai ser alterada de forma a seguir praticamente passo por passo o conceito dado no art. 3.º do regulamento comunitário (cfr. art. 9.º do DL). Regimes diferentes são os seguidos pela legislação espanhola, que não dá qualquer noção de concentração – esta tradição levou a que parte da doutrina espanhola fosse muito crítica quanto à noção de concentração dada pelo regulamento afirmando que a opção do regulamento peca por excessivo casuísmo, e que a segurança jurídica pode ser só aparente, pelo que preferível teria sido estabelecer uma noção ampla baseada no controlo de uma empresa por outra e deixar o resto à interpretação jurisprudencial; cfr., neste sentido, Ricardo ALONSO SOTO, *El control de las concentraciones de empresas en la nueva ley española de defensa de la competencia*, GJ, n.º 85, Octobre 1990, pág. 9 –, e pela legislação alemã que optou por uma enumeração casuística dos casos considerados como operações de concentração – cfr. a secção 23 do GWB, cit. por AAVV, *Merger control in the EEC...*, Kluwer, 1993, pág. 46.

[215] Cfr. Laurence IDOT, *Commentaire...*, ob. cit., pág. 31.

[216] A definição da concentração a partir da técnica utilizada, (em que a enumeração clássica das formas jurídicas de realização de concentrações abrange, além das fusões, a aquisição de participações e de activos) como critério de definição rígido que é, garante a segurança jurídica das empresas, apesar de ter a desvantagem de poder comprometer a eficácia do controlo visado (cfr. Louis VOGEL, *Droit de la ...*, ob. cit., ponto 364). Por outro lado, são igualmente razões de segurança, isto é, de garantia de autonomia de acção das empresas, que levaram os autores do regulamento a optar por um controlo directo das operações de concentração em detrimento de um sistema de controlo do grau de concentração, privilegiador da eficácia económica do controlo (para um estudo aprofundado desta questão, cfr. Louis VOGEL, *Droit de la ...*, ob. cit., pontos 363 e 364).

[217] Este segundo critério inverte os valores do primeiro, isto é, a sua formulação lata privilegia a eficácia do controlo a exercer pelas autoridades comunitárias, em detrimento da segurança jurídica das empresas. Por outras palavras a livre iniciativa das empresas é sacrificada a razões de eficácia de controlo. Sobre esta questão, cfr. Louis VOGEL, *Droit de la ...*, ob. cit., pontos 364 e segs., e Robert KOVAR, *The EEC...*, ob. cit., pág. 81.

234   O controlo das concentrações de empresas no direito comunitário

resulte uma alteração duradoura da estrutura das empresas em causa (...) [218] [sendo necessário] excluir do âmbito de aplicação do presente regulamento as operações que têm como objecto ou efeito a coordenação do comportamento concorrencial das empresas que se mantêm independentes, [devendo ser estas últimas examinadas], à luz dos arts. 85.° e 86.° do Tratado» [219]. A noção de concentração do regulamento parte, portanto, da distinção entre comportamento e estrutura para limitar a aplicação do regulamento a esta última hipótese, reservando a aplicação dos arts. 85.° e 86.° ao primeiro tipo de situações [220].

Note-se, desde logo, que os agentes económicos envolvidos na realização da concentração diferem consoante o tipo de operação em causa. Assim, enquanto no caso de uma fusão os «actores» terão de ser empresas, a situação é diferente na hipótese de aquisição de controlo. Nesta segunda modalidade de concentração, o controlo pode ser adquirido por uma ou mais empresas ou por uma ou mais "pessoas", desde que estas detenham pelo menos o controlo de uma empresa [221].

---

[218] Note-se que o regulamento nada diz sobre a sua aplicação a concentrações verticais ou conglomeradas; no entanto, o comissário LEON BRITTAN afirmou publicamente que o aplicaria a tais situações – cfr. LEON BRITTAN *apud* Barry HAWK, *The EEC merger regulation: the first step toward one-stop merger control,* ALJ, vol. 59, n.° 1, 1990, pág. 207.

[219] Considerando 23 do preâmbulo do Regulamento n.° 4064/89.

[220] A distinção operada reflectiria a intenção de certas delegações governamentais excluírem o controlo das concentrações do âmbito de actuação da Comissão ou dos tribunais nacionais, com base nos artigos 85.° e 86.°, para o que teria contribuído a utilização do art. 235.° como fundamento do Regulamento. Por outras palavras, a política de concentrações seria um domínio autónomo e independente, pelo menos parcialmente, do domínio dos artigos 85.° e 86.°. Cfr., neste sentido, A. WINCKLER e Sophie GERONDEAU, *Étude critique du règlement sur le contrôle des concentrations d'entreprises,* RMC n.° 339, 1990, pág. 546. É claro que este argumento não é decisivo, visto que o regulamento também se baseia no art 87.°.

[221] Saliente-se que, no caso *Air France/Sabena* (decisão da Comissão de 5 de Outubro de 1992, IV/M157, JOCE n.° C 272/5, de 21.10.92), relativo a um acordo entre a Air France, a sociedade anónima belga, e o Estado belga, que visava conferir à Air France uma participação de cerca de 37% no capital da Sabena, através da criação da EC Finacta – o Estado belga está presente no acordo através da Sabena, cujo controlo detinha sozinho até ao acordo –, a Comissão vai considerar o Estado «uma pessoa». Esta ficção foi considerada necessária visto que o regulamento de 1989 não prevê a possibilidade de os Estados serem proprietários de uma empresa. Assim, a Comissão tratou o assunto como empresa comum entre o Estado belga e a Air France.

O controlo comunitário das concentrações com base no reg. n.º4064/89   235

Deste modo, apesar de o regulamento se dirigir, sem fazer qualquer tipo de ressalva, a "pessoas" é-lhes dado, por razões lógicas, um tratamento diferenciado das outras destinatárias do regulamento[222]. É claro que, se a "pessoa" for considerada uma "empresa", pelas autoridades comunitárias, à luz das decisões adoptadas no âmbito dos arts. 85.º e 86.º, deixa de ser necessário operar a tal divergência de soluções. Saliente-se ainda que a referência a "pessoas" não é observada ao longo de todo o regulamento. Assim, se disposições há em que essa menção não é esquecida – pense-se por exemplo no art. 11.º, n.º 2, que estipula expressamente que a Comissão pode formular um pedido de informações «a uma pessoa» –, outras negligenciaram a consideração de tal destinatário, como é o caso do art. 5.º que, para efeitos do cálculo do volume de negócios, não tem em consideração o peso económico das empresas controladas por uma pessoa que adquira outra empresa. Estas discrepâncias poderão talvez ser solucionadas com a revisão do regulamento[223]. De qualquer modo, parece que se tratará de uma hipótese essencialmente teórica, dada a fixação de limiares muito elevados para a obtenção de uma dimensão comunitária[224].

A primeira modalidade de operações de concentração referida no art. 3.º, do regulamento de 1989, é a fusão. Não existe, contudo, no texto do regulamento, nenhuma definição de tal conceito. Parece, *a priori*, que será de afastar qualquer tentativa para interpretar de forma lata essa operação, sob pena de fazermos coincidir as duas modalidades de concentração[225]. Daí que uma noção restritiva de "fusão" implique necessariamente um apelo à terceira directiva do Conselho, relativa à fusão de sociedades anónimas[226], cujos arts. 3.º e 4.º definem a fusão como «a operação pela qual várias sociedades, por meio da sua

---

[222] De facto, não é possível conceber a fusão entre duas pessoas ou a sua aquisição por outras pessoas ou empresas; tal será, obviamente, incompatível com a dignidade da pessoa humana. É claro que, se a questão for deslocada para o plano das actividades desenvolvidas, já se poderá aceitar, como afirmam Pierre BOS e outros (cfr. ob. cit., pág. 149), que indivíduos fundam a sua actividade económica ou concedam o controlo da sua actividade económica a outros indivíduos ou empresas.

[223] No mesmo sentido, cfr. Pierre BOS e outros, ob. cit., pág. 149.

[224] Neste sentido, Aurélio PAPPALARDO (*Concentrations* ..., ob. cit., pág. 23), que considera pouco provável o controlo de empresas com um volume de negócios tão elevado por uma pessoa singular, sem que esta dê ao controlo a forma societária.

[225] Sobre esta questão cfr. Dominique BERLIN, ob. cit., pág. 66.

[226] Directiva 78/855/CEE, JOCE n.º L 295/36, de 20.10.78.

236   *O controlo das concentrações de empresas no direito comunitário*

dissolução sem liquidação, transferem para outra (que será pré-existente, caso de fusão mediante incorporação, situação referida no art. 3.°, ou uma sociedade criada *ex novo,* no caso de fusão mediante constituição de uma nova sociedade, hipótese prevista no art. 4.°) todo o seu património activo e passivo, mediante a atribuição aos accionistas da sociedade incorporada (ou aos seus accionistas, no caso de fusão mediante constituição) de acções da sociedade incorporante (ou de acções da nova sociedade, na hipótese do art. 4.°) e, eventualmente, de uma quantia em dinheiro não superior a 10% do valor nominal das acções atribuídas ou, na falta de valor nominal, do seu valor contabilístico». Esta orientação foi, aliás, confirmada pela Comissão, na decisão *Renault/Volvo* [227].

Por outro lado, o art. 3.°, n.° 1, limita os poderes de controlo das autoridades comunitárias às fusões entre *empresas anteriormente independentes* [228]. Como interpretar esta exigência de independência? Devemos entender que a fusão entre duas empresas em que uma delas já detinha o controlo da outra não deve ser abrangida pelo regulamento? Qual a solução para a operação de fusão entre empresas pertencentes ao mesmo grupo? E se as empresas pertencentes ao mesmo grupo, implicadas na fusão, estivessem sujeitas ao controlo de uma terceira empresa (empresa-mãe), nos termos do art. 3.°, n.° 3? A solução seria diferente se as empresas implicadas na fusão estivessem sujeitas ao controlo de empresas-mãe diferentes? A questão da aplicação do regulamento às fusões entre empresas do mesmo grupo não suscita o consenso da doutrina.

Contra a aplicação do regulamento a tais situações, alega-se que a noção de independência utilizada é uma noção económica [229], pelo que se conferia aos grupos de sociedades «imunidade» no caso de reestruturação interna. Deste modo, as «concentrações intra-grupos» estariam fora do campo de actuação do regulamento comunitário [230]. Estes argumentos seguem, no fundo, o raciocínio subjacente à exclusão dos acordos intra-grupos do campo de aplicação do art. 85.°. Dito de outro modo, afirma-se que, se uma das duas empresas que se fundem

---

[227] Decisão da Comissão de 7 de Novembro de 1990, cit.

[228] Sublinhado nosso.

[229] Neste sentido, cfr. Françoise SERRAS e outros, *Droit communautaire et international des groupements,* JCP, 15820, 1990, pág. 458.

[230] Françoise SERRAS e outros, ob. cit, pág. 458, e Laurence IDOT, *Commentaire* ..., ob. cit., pág. 31.

O *controlo comunitário das concentrações com base no reg. n.º4064/89*   237

detiver já o controlo da outra, ou se uma terceira empresa já controlava aquelas que se vão fundir, a fusão não produz qualquer modificação substancial na estrutura do mercado[231]. Isto significa que o regulamento não deve ser aplicado, dado que a sua *ratio* não quer abranger situações em que a fusão é apenas aparente, visto que na realidade as empresas já estavam «concentradas». Logo, tal operação formal seria, em princípio, desprovida de reflexos na estrutura do mercado[232].

Numa perspectiva diferente sublinha-se que o simples facto de uma empresa pertencer a um grupo não significa por si só a perda de autonomia de acção da empresa em causa sobre o mercado, além de que a aplicação do regulamento a essas situações equivaleria à instituição de uma «zona de imunidade» demasiado alargada[233].

A partir do quadro traçado parece-nos que a melhor solução será considerar que as fusões no interior de um grupo ficam fora do regulamento quando tais operações tiverem apenas um carácter formal[234]. Isto significa que, nos casos em que a operação realizada não é meramente aparente, se deve efectuar o controlo dessa concentração nos termos do regulamento comunitário.

Nesta aproximação à noção de "fusão", importa ainda destacar a figura designada por "participações cruzadas"[235]. Os esclarecimentos sobre o tratamento jurídico desta figura têm de ser procurados na Comunicação da Comissão 90/C 203/06, relativa às operações com carácter de concentração e de cooperação[236]. Aí começa-se por explicar que a noção de concentração dada pelo art. 3.º, n.º 1, se refere não só às «concentrações com carácter legal mas também às concentrações

---

[231] Assim Jean Bernard BLAISE, *Concurrence – Contrôle des* ..., ob. cit., pág. 748.

[232] Chega à mesma conclusão, apesar de trilhar um caminho diferente, Aurélio PAPPALARDO – *Concentrations...*, ob. cit., págs. 17 e 18. O autor faz apelo à coincidência da noção de empresa com o conceito de unidade económica para justificar a exclusão do campo do art. 3.º, n.º 1, al. a) da situação da fusão entre duas empresas no seio de um grupo, alegando que as partes na fusão e a empresa-mãe formam uma unidade económica, logo uma única empresa independente.

[233] Assim, Louis VOGEL, *Le nouveau...*, ob. cit., pág. 715.

[234] Sobre esta questão, cfr. ainda Jean Bernard BLAISE, *Concurrence – Contrôle des...*, ob. cit., pág. 748.

[235] Nos termos da Comunicação 90/C 203/06, pág. 14.

[236] Comunicação da Comissão relativa às operações com carácter de concentração e de cooperação nos termos do Regulamento (CEE) n.º 4064/89 do Conselho, de 21 de Dezembro de 1989, relativo ao controlo das operações de concentração, 90/C 203/06, JOCE n.º C 203/10 de 14.8.90.

238   *O controlo das concentrações de empresas no direito comunitário*

económicas», considerando-se abrangidos nessa expressão os esquemas de direcção recíproca e de participações cruzadas entre empresas ou grupos com vista à aproximação entre essas empresas ou grupos autónomos[237]. No entanto, para reconhecer a existência dessas concentrações económicas, a Comissão exige que «as empresas ou grupos em questão estejam não só sujeitos a uma gestão económica única e permanente, mas também integrados numa unidade económica genuína, caracterizada, internamente, por uma compensação de lucros e perdas entre as várias empresas no âmbito dos grupos e, externamente, por uma responsabilidade conjunta»[238]. Saliente-se, ainda, que a Comissão afirma poder resultar da troca de títulos uma concentração, mesmo que entre as empresas associadas não seja criada «uma relação de empresa-mãe-filial» e mesmo que mantenham a sua personalidade jurídica[239]. Determinante para que a "troca de títulos", isto é, para que o "cruzamento de participações" origine uma operação de concentração propriamente dita, e não uma cooperação industrial ou comercial entre as empresas ou grupos, é que tal troca fundamente uma verdadeira representação de cada uma das empresas nos órgãos da outra, permitindo-lhes exercer uma influência decisiva sobre a outra empresa[240]. A apreciação da influência resultante da troca de participações será, então, feita nos termos gerais. Uma decisão particularmente ilustrativa da aplicação destes princípios é o caso *AG/Amev*[241], relativo a uma operação de concentração prevista entre a Compagnie financière et de réassurance du groupe AG e a NV Amev. A operação consistia na reunião de todas as participações e actividades de ambos os grupos em duas sub-*holdings*. A AG e Amev adquiririam então, respectivamente, 50% das acções dessas sub-*holdings* e ambas as empresas-mãe continuariam a existir unicamente

---

[237] Pontos 40 e 41 da Comunicação 90/C 203/06.

[238] Ponto 41 da Comunicação 90/C 203/06.

[239] Ob. cit., loc. cit.

[240] É ainda à luz dos princípios das participações cruzadas que a Comissão manda apreciar a participação simultânea dos mesmos membros nos órgãos de gestão ou de fiscalização de várias empresas, dado que a representação de uma empresa nos órgãos de decisão de outra empresa pode conduzir, tal como no caso das participações cruzadas, à coordenação do comportamento concorrencial entre as empresas em causa ou à sua concentração. A qualificação jurídica dependerá das circunstâncias do caso concreto – cfr. pontos 42 a 45 da Comunicação 90/C 203/06.

[241] Decisão da Comissão de 21 de Novembro de 1990, cit.

O controlo comunitário das concentrações com base no reg. n.º4064/89   239

enquanto sociedades gestoras de participações sociais independentes, funcionando as duas sub-*holdings* como um único grupo com uma administração única, em que os órgãos de decisão do novo grupo seriam constituídos por um número equitativo de membros, designados, respectivamente, pela AG e pela Amev [242]. A Comissão considerou que a operação constituía uma concentração de um ponto de vista económico, na acepção do n.º 1, al. b), do art. 3.º do regulamento relativo às operações de concentração [243].

A segunda modalidade de operações de concentração vem referida no art. 3.º, n.º 1, al. b), do regulamento comunitário, e consiste na aquisição do controlo do conjunto ou de partes de uma ou várias empresas. Esta hipótese, formulada em termos extremamente amplos, abrange quer a aquisição de controlo directo quer indirecto [244], que se pode obter por certos processos clássicos, como a compra de partes de capital ou de elementos do activo, ou por via contratual [245] ou ainda por *«qualquer outro meio».* A aquisição de controlo pode, portanto, resultar da aquisição, por uma empresa, de participações noutra empresa – em que ambas mantêm a sua personalidade jurídica, mas ficam a ser membros de um "grupo" que detém o controlo "através de um órgão de direcção comum" [246] –, ou da aquisição de activos [247], que

---

[242] Ponto 1 da referida decisão.

[243] Ponto 2 da referida decisão.

[244] A aquisição de controlo indirecto visa abranger aquelas situações em que a empresa que adquire o controlo (empresa A), através da compra de capital ou activos de uma outra empresa (B), é por sua vez controlada por outra empresa (C). Esta última adquire o controlo indirecto de B através de A. Nesse caso, a empresa C pode vir a ser considerada como empresa em causa, para efeitos do art. 1.º do Regulamento n.º 4064/89.

[245] A referência aos «contratos» merece duas pequenas observações. Por um lado, procura-se abranger aí contratos diferentes daqueles que dão origem a uma fusão ou a uma compra de participações ou de activos, sob pena de tal referência ser redundante. São geralmente considerados incluídos nessa disposição os contratos de gestão, de licença de direitos de propriedade exclusiva, de fornecimento exclusivo, etc. Por outro lado, parece pacífico que tais contratos só darão origem a uma operação de concentração quando, além de relações contratuais entre as partes, se estabelecerem verdadeiros vínculos institucionais. Neste sentido, cfr., por todos, Dominique BERLIN, ob. cit., pág. 70.

[246] Alexis JACQUEMIN, *Horizontal concentration...*, ob. cit., ponto 14.

[247] A Comissão considera que em causa está apenas a transferência unilateral de activos. Já a troca de activos visará, geralmente, uma coordenação do comportamento concorrencial como, por exemplo, os acordos de especialização – cfr. Comunicação 90/C 203/06, ponto III, n.º 4.

deve ser acompanhada de «clientela, trabalhadores ou tecnologia que confira uma quota de mercado» (sem a qual se não pode falar na aquisição de controlo), ou ainda de "qualquer outro meio" deixando-se, assim, uma porta aberta à «imaginação dos juristas»[248]. Daí que se tenha levantado a hipótese, curiosa e pouco vulgar, de saber se podem ser qualificadas, para efeitos do regulamento, como concentrações, situações em que é adquirido o controlo de uma empresa, sem haver compra de capital ou elementos do activo, devido, apenas, à actuação de terceiros[249]. Seria o caso de o capital de uma empresa se encontrar nas mãos de vários accionistas minoritários que, por isso, não detinham o controlo da empresa. Se um desses accionistas resolvesse vender a sua participação de forma dispersa, os outros accionistas poderiam, eventualmente, daí em diante, encontrar-se na posse de um controlo de facto sobre a dita empresa. O problema que se põe é o de saber se este controlo, obtido de forma "passiva", dá origem a uma operação de concentração, nos termos do regulamento, que as empresas tenham a obrigação de notificar à Comissão. Parece difícil dar-se uma resposta afirmativa, uma vez que o sistema de controlo comunitário foi pensado, *a priori*, para situações "activas", isto é, casos em que os beneficiários do controlo desenvolveram uma certa actuação com vista à sua obtenção. Há assim quem defenda, para estes casos, uma certa «solução de compromisso»: se a cessão da participação resultar de um acordo entre o cedente e os outros accionistas minoritários, existirá a obrigação de notificar tal operação à Comissão; já não haverá tal obrigação se a cessão resulta de uma decisão unilateral do accionista cedente[250].

34. A realização de uma operação de concentração, através da aquisição de controlo de outra empresa, tem como elemento nuclear a noção de "controlo". O art. 3.º, n.º 3, do regulamento de 1989, define esse conceito em termos extremamente abrangentes, ao dispor que:

«3. Para efeitos de aplicação do presente regulamento, o controlo decorre dos direitos, contratos ou outros meios que conferem, isoladamente ou em conjunto, e tendo em conta as circunstâncias de facto e de direito, a possibilidade de exercer uma influência determinante sobre a actividade de uma empresa (...)».

---

[248] D. BERLIN, ob. cit., pág. 67.

[249] Cfr. Dominique BERLIN, ob. cit., ponto 137.

[250] Assim, Dominique BERLIN, ob. cit., loc. cit.

O controlo comunitário das concentrações com base no reg. n.º4064/89   241

Essencial para a aquisição de controlo é, portanto, a obtenção da *possibilidade de exercer uma influência determinante*. Definir o alcance desta expressão revela-se, desta forma, uma tarefa premente, antes de passarmos ao estudo das formas mais significativas de controlo. O recurso às decisões da Comissão, que contribuiram de forma decisiva para a interpretação dessa noção, mostra-se, deste modo, imprescindível[251].

A noção de controlo, essencial para a identificação de uma operação de concentração, encontra-se, como já referimos, formulada no art. 3.º, n.º 3, do regulamento de 1989, em termos extremamente latos, o que é compreensível se atendermos ao objectivo de o regulamento conferir à Comissão um poder de fiscalização o mais amplo possível. Tal finalidade apresenta, como reverso da medalha, a necessidade de serem utilizados conceitos gerais, ambíguos, criadores de situações de incerteza jurídica[252]. Na tentativa de delimitação do alcance do conceito de controlo, surgem-nos, nomeadamente, as

---

[251] Saliente-se que o alcance desta noção, já antes do regulamento de 1989, foi objecto de discussão pelas autoridades comunitárias. Como exemplo particularmente elucidativo de uma noção formal de controlo, podemos apontar a Comunicação da Comissão sobre acordos de pequena importância 86/C 231/02, cit., onde, no ponto 9 b), enuncia os instrumentos considerados susceptíveis de operar tal controlo. Assim, nos termos dessa disposição, são consideradas empresas participantes «as empresas em que uma parte no acordo, directa ou indirectamente: possui mais de metade do capital ou do activo comercial; tem o poder de exercer mais de metade dos direitos de voto; tem o poder de nomear mais de metade dos membros dos órgãos de [vigilância] ou dos órgãos que representam a empresa legalmente; ou tem o direito de gerir os negócios da empresa (...)». Contrapondo-se a esta noção formal, encontramos uma definição material de controlo no acórdão *Metro II* (acórdão de 22 de Outubro de 1986, processo 75/84, *Metro SB c. Comissão das Comunidades Europeias*, Col. 1986, pág 3021). Esta distinção entre controlo formal/material parece ter passado para o Regulamento n.º 4064/89. De facto, enquanto no seu art. 3.º, n.º 3, encontramos uma noção material de controlo, semelhante à do acórdão *Metro II,* uma vez que aquela disposição exige que na averiguação da existência do controlo se tenham em conta as circunstâncias de facto e de direito, no art. 5.º, n.º 4, do mesmo regulamento deparamos aparentemente com uma noção formal de controlo. De acordo com esta última norma, a sua aplicação depende da verificação formal de uma das situações aí previstas, isto é, baseia-se, como afirmam Pierre BOS e outros (ob. cit., pág. 154), «na ficção legal do controlo social».

[252] Por outro lado, o carácter elevado dos limiares da dimensão comunitária da operação e a exclusão dos regulamentos de execução dos arts. 85.º e 86.º acabam por reduzir, de certa forma, a eficácia de um tal controlo.

242 *O controlo das concentrações de empresas no direito comunitário*

seguintes questões: A noção de controlo contida no art. 3.°, n.° 3, deve ser lida em termos estritamente legais ou poderá igualmente configurar-se como um controlo de facto? E qual deve ser o "alvo" desse controlo? Atendendo a que a aquisição de controlo se traduz na "possibilidade de exercício de uma influência determinante", será necessário o exercício efectivo de tal poder? Qual é, então, o momento decisivo em que se deve considerar adquirido o controlo? E a quem deve ser imputada tal aquisição?

Em primeiro lugar, observe-se que o conceito de controlo, enunciado pelo art. 3.° do Regulamento n.° 4064/89, excede claramente os limites de uma noção formal, legalista. Na verdade, ainda que razões de segurança jurídica pudessem justificar um conceito formal, os autores do regulamento optaram por uma definição mais ampla, mais adequada aos objectivos de um controlo eficaz, que permitisse abranger situações em que a concentração efectuada se baseasse num mero controlo de facto. A escolha desta solução insere--se, aliás, na visão económica do fenómeno concentracionista, inscrita no regulamento [253], que se preocupa com as operações que dão origem a concentrações, seja qual for o processo utilizado [254]. Essencial é o resultado obtido: se a apreciação dos factos permite concluir pela aquisição da possibilidade de exercício de uma influência determinante sobre uma empresa, há uma operação de concentração [255]. Saliente-se, ainda, que há situações – por exemplo quando uma empresa detém mais de metade do capital ou dos activos da outra empresa – em que se

---

[253] São particularmente elucidativas, a este propósito, as declarações feitas pela Comissão no 22.° Rel. Conc., 1992, em que afirma prosseguir «a sua prática normal de apreciar o conteúdo económico de uma operação em vez de considerar como factor decisivo a forma jurídica escolhida» – cfr. pág. 125.

[254] Cfr., nomeadamente, o art. 3.°, n.° 3, do regulamento de 1989, que enuncia – a título meramente exemplificativo, como o comprova o facto de terminar com a cláusula geral «ou por qualquer outro meio» – vários instrumentos através dos quais se pode obter o controlo.

[255] Trata-se, como afirma Jean Bernard BLAISE (*Concurrence – Contrôle..., ob. cit., pág. 749*) «de um critério material muito flexível apoiado numa apreciação de facto e não de um critério formal». Também Bernard Van de Walle de GHELCKE (ob. cit., ponto 24) considera que se optou «por uma aproximação concreta e não puramente formal (que seria fundada em elementos como a maioria no capital ou nos órgãos de gestão) da noção de controlo». Este entendimento é, aliás, confirmado pelas decisões da Comissão – cfr., por exemplo, a decisão *Renault/Volvo*, cit.

O *controlo comunitário das concentrações com base no reg. n.º4064/89*   243

pode presumir a existência de uma influência determinante[256]. Mas, mesmo a presença dessa presunção, não nos parece afastar a necessidade de a Comissão proceder a uma análise da situação concreta[257]. No plano oposto, outras situações há que se apresentam extremamente duvidosas. Referimo-nos aos casos de aquisições de participações minoritárias por uma determinada empresa. Aí, a possibilidade de essa empresa exercer uma influência determinante dependerá necessariamente da análise das «circunstâncias de facto e de direito» (art. 3.º, n.º 3).

Aceite geralmente sem grandes discussões uma noção de controlo que não se apresenta contida dentro das malhas de uma visão legalista, surge depois a questão da identificação do objecto do controlo. O que equivale a perguntar: sobre que actividade económica deve incidir a influência determinante exercida pela empresa? O controlo exercido por uma certa empresa tem de abranger todas as actividades da empresa controlada ou só aquelas que forem mais importantes? E que tipo de actividades devem ser consideradas mais significativas?

Parece pacífico na doutrina[258] que, para se reconhecer o controlo de uma empresa sobre outra, não é necessário que a primeira exerça uma influência decisiva sobre todas as actividades da segunda – basta que detenha uma influência sobre certo ramo de actividade relevante dessa empresa[259]. É, aliás, nesta perspectiva que se entende a referência

---

[256] Presunção igualmente válida, nos termos da Comunicação 90/C 203/06 (cfr. ponto 12), se a empresa tiver o direito de designar mais de metade dos membros dos órgãos de direcção ou de fiscalização, ou controlar mais de metade dos votos num destes órgãos ou ainda se tiver direito a gerir sozinha a actividade da empresa.

[257] Neste sentido Jean Patrice de La LAURENCIE, *Le contrôle communautaire des acquisitions internationales: l'application du nouveau règlement européen sur les concentrations*, DPCI, Vol. 18, n.º 1, 1992, pág. 75. Aliás, a Comissão já declarou, como veremos mais tarde, numa questão relativa à averiguação da existência de um controlo conjunto, que, apesar de possuir uma participação maioritária, a empresa em causa não podia exercer individualmente uma influência determinante devido a certas circunstâncias de direito e de facto. Contra, afirmando que, tendo os participantes igual participação na empresa comum, a exigência (de controlo conjunto) está preenchida automaticamente, cfr. Antony T. DOWNES e Julian ELLISON, ob. cit., pág. 137. Cfr. *infra,* ponto 37.

[258] Assim, entre muitos, cfr. C. JONES e GONZÁLEZ DÍAZ, ob. cit., pág. 6, e Pierre BOS e outros, ob. cit., pág.146.

[259] Observe-se que o facto de a al. b) do n.º 1 do art. 3.º não exigir, ao contrário do que se passa com a al. a) da mesma disposição, que as empresas sejam anterior-

244 O controlo das concentrações de empresas no direito comunitário

feita no art 3.º, n.º 1, al. b), à realização de uma operação de concentração resultante da aquisição do controlo de «partes» de uma empresa[260]. O verdadeiro problema é encontrar um critério delimitador do círculo de actividades relevantes. Note-se que a questão não é nova, tendo sido, aliás, objecto de estudo pelas autoridades comunitárias. A este propósito, a Comissão já afirmou que não é necessário o exercício de uma influência sobre «todas as decisões diárias da empresa controlada», bastando o direito de controlar «as decisões estratégicas» que afectam a vida da empresa controlada[261].

Observe-se, ainda, que o controlo exercido nos termos do art. 3.º do regulamento não se confunde com a noção de controlo fixada na jurisprudência *Philip Morris*. De facto, afigura-se-nos que a noção de controlo, no caso *Philip Morris,* fica aquém do conceito fixado no regulamento. A noção fixada no art. 3.º do regulamento vai, portanto, além do "controlo do comportamento comercial da outra empresa". Dito ainda de outro modo, nos termos do Regulamento n.º 4064/89 e da Comunicação da Comissão 90/C 203/06, não devemos considerar a noção de controlo limitada ao exercício de uma influência decisiva sobre o comportamento comercial da empresa controlada, como foi sugerido no acórdão *Philip Morris*; pode, antes, abranger «todo o destino da empresa»[262], manifestando-se nomeadamente nas suas

---

mente independentes levou a que certos autores, como por exemplo Jean Bernard BLAISE (*Concurrence – Contrôle* ..., ob. cit., pág. 749), apresentassem hipóteses que consideramos, pelo menos, "originais". Este autor afirmou que «o texto [art. 3.º parágrafo primeiro] não precisa se a empresa sobre a qual o controlo é adquirido deve ter preexistido à operação de concentração. Pode, assim, conceber-se que uma empresa adquira activos com o auxílio dos quais ela constitua em seguida uma empresa de que terá o controlo. No silêncio do texto uma tal operação pode ser considerada, na nossa opinião, como uma operação de concentração». Sobre esta questão, cfr. igualmente John COOK e Chris S. KERSE, ob. cit., pág. 36.

[260] Qual o entendimento a dar a tal conceito? Deverá identificar-se a noção de parte com a de filial? No sentido de que a parte sobre a qual incide o controlo deve ser capaz de funcionar por si como uma empresa, cfr. John COOK e Chris S. KERSE, ob. cit., pág. 35. Sobre esta questão, cfr. ainda Aurélio PAPPALARDO, *Concentrations...*, ob. cit., págs. 23 e 24.

[261] Cfr., por exemplo, a decisão *Mitchell Cotts/ Sofiltra*, cit., ponto 18 .

[262] Neste sentido, cfr. Pierre BOS e outros (ob. cit., pág.161), que afirmam claramente que a conduta comercial está contida no conjunto de actividades sobre as quais pode ser exercido o controlo.

O controlo comunitário das concentrações com base no reg. n.º4064/89   245

decisões relativas aos mais variados aspectos, sejam eles, por exemplo, produção, investigação, investimento ou aquisições. Este entendimento, que nos parece ser o mais razoável, é ainda favorecido pelo facto de as disposições indicadas se limitarem a falar, em geral, das «actividades» da empresa sobre as quais é exercido o controlo[263], sem nada concretizar, contentando-se com uma remissão para «as circunstâncias de facto e de direito do caso concreto»[264]. Por outro lado, a própria prática da Comissão parece apontar neste sentido, como o revela, por exemplo, a utilização da noção lata de controlo na decisão *Eridania/ISI*[265].

Igualmente problemática é a questão de saber qual o "grau" de controlo que a empresa tem de adquirir para poder "exercer uma

---

[263] Art. 3.º do Regulamento de 1989 e ponto 9 da Comunicação 90/C 203/06.

[264] São, no entanto, indicadas, a título meramente exemplificativo (como decorre da palavra «nomeadamente» utilizada no art. 3.º), duas situações em que se pode traduzir o exercício do controlo. A primeira, referida no art. 3.º, n.º 3, al. a), diz-nos que pode haver controlo quando se pode exercer uma influência determinante sobre «direitos de propriedade ou de uso ou de fruição sobre a totalidade ou parte dos activos de uma empresa». Recorde-se que, para as transacções de parte dos activos de uma empresa serem abrangidas pelo regulamento comunitário, não basta a transferência isolada de certos activos – é necessário que seja acompanhada simultaneamente da transferência de pessoal, direitos de propriedade industrial, etc; só nessas hipóteses se preenche a norma, isto é, só aí se pode falar de parte dos activos de uma empresa. É preciso, portanto, uma certa ligação entre esses activos e a empresa, exigência que não causa surpresas, já que o art. 3.º, n.º 1, estipula que se realiza uma concentração quando é adquirido o «controlo do conjunto ou de partes» de uma empresa. Saliente- -se, ainda, que, segundo o ponto 7 da Comunicação 90/C 202/06, convém distinguir se estamos perante uma aquisição unilateral de activos ou acções, caso em que existe uma forte presunção a favor da aplicação do Regulamento, ou face a uma aquisição recíproca de activos ou acções, situação que resultará normalmente «de um acordo entre as empresas em questão relativo aos seus investimentos, produção ou vendas e serve para coordenar o seu comportamento concorrencial» (ponto 47 da referida Comunicação). A segunda hipótese, prevista na al. b) do art. 3.º, n.º 3, refere-se ao controlo exercido sobre «direitos ou contratos que conferem uma influência determinante na composição nas deliberações ou nas decisões dos órgãos de uma empresa». Esta disposição visa abranger, nomeadamente, os casos de criação de uma empresa comum, hipótese que será analisada mais tarde.

[265] De facto, nessa decisão a Comissão parece confirmar a ideia de que controlo significa mais do que ter uma influência decisiva sobre o comportamento comercial da empresa, quando fala em «influência determinante na gestão quotidiana» da outra empresa – cfr. decisão Eridania/ISI, cit.

246 *O controlo das concentrações de empresas no direito comunitário*

influência decisiva". O que vale por perguntar: basta que a empresa adquirente possua direitos contratuais que lhe confiram o direito de voto nas decisões estratégicas a adoptar pela empresa controlada, ou é necessário o seu exercício efectivo? Dito de outro modo: quando é que o controlo é possível? É possível quando é meramente potencial ou tem de ser actual? Parece-nos que a melhor solução, que é aliás a seguida pela Comissão, é considerar a concentração realizada no momento da aquisição de direitos que permitem à empresa adquirente determinar o comportamento estratégico da empresa adquirida[266], sendo dispensada a prova do exercício dessa influência. Por outras palavras, não é preciso que a influência seja efectiva no momento da conclusão do acordo[267], sendo suficiente que a empresa adquirente possa, ainda que de forma *potencial,* exercer o controlo[268].

Neste momento, convém distinguir os casos em que a empresa tem a "possibilidade de exercer uma influência determinante" daqueles em que apenas tem a "possibilidade de adquirir uma influência decisiva"[269]. Deste modo, a Comunicação da Comissão relativa às restrições acessórias distingue as operações de concentração das operações que *preparam* o estabelecimento do controlo nos termos definidos no art. 3.° do regulamento, ficando estas fases preparatórias sujeitas aos arts. 85.° e 86.°[270]. É preciso, portanto, distinguir as situações em que a operação conduz à possibilidade de exercício de uma influência determinante, como é o caso da aquisição de uma participação maioritária em que se presume geralmente a aquisição de uma influência determinante, dos casos em que as operações se limitam a preparar o estabelecimento dessa influência, ficando, assim, fora do campo de actuação do regulamento. Um exemplo desta segunda hipótese é o lançamento de uma OPA. De facto, só com a aceitação da OPA é que a "possibilidade de aquisição do controlo" se transforma em "possibilidade de exercício do controlo".

---

[266] Neste sentido, cfr. Jean Patrice de La LAURENCIE, *Le contrôle...,* ob. cit., pág.74. Decisivo é, portanto, o momento em que a empresa adquirida perde a sua autonomia concorrencial.

[267] O que parece ser confirmado a nível processual pelo disposto no Formulário CO do Regulamento de execução.

[268] Neste sentido, cfr. Dominique BERLIN, ob.cit, pág. 74.

[269] Dominique BERLIN, ob. cit., loc. cit.

[270] Cfr. Sylvaine POILLOT-PERUZZETTO, *Premier bilan sur la pratique décisionnelle de la Comission dans l'application du règlement relatif au contrôle des concentrations,* RTDC, n.° 1, Janvier-Mars 1992, págs. 61 e 62.

O controlo comunitário das concentrações com base no reg. n.º4064/89   247

São ainda particularmente ilustrativas desta distinção as decisões da Comissão adoptadas nos casos *CONAGRA/IDEA* [271] e *ICI/ /Tioxide* [272]. No primeiro caso, a Comissão considerou que a aquisição, pela Conagra, de 20% do capital de IDEA lhe conferia um controlo conjunto sobre esta, devido aos acordos acessórios à aquisição da participação minoritária estabelecidos entre os accionistas. Nessa decisão o facto de a Conagra ter o direito de opção de adquirir mais 30% da IDEA não parece ter sido considerado relevante pela Comissão, que se absteve de lhe fazer qualquer referência, parecendo considerar que a existência da opção em si não é susceptível de conduzir à aquisição de controlo. Deste modo, a simples existência desse direito, enquanto não for exercido, não permite a aquisição de controlo nos termos do art. 3.º do regulamento [273]. No segundo caso, a operação notificada à Comissão referia-se a um acordo entre a ICI e a Cookson, celebrado em 21 de Outubro de 1990, nos termos do qual a ICI adquiriria 50% das acções da Cookson na Tioxide, com efeitos a partir de 1 de Janeiro de 1991. Este acordo estava sujeito a certas condições "suspensivas", como é o caso da aprovação dos accionistas da Cookson, em assembleia geral, e o da necessidade de certas autorizações, para eventuais acordos financeiros celebrados pela Cookson [274]. Não obstante, a Comissão considerou o acordo celebrado entre a ICI e a Cookson como um acordo juridicamente relevante, nos termos do art. 4.º, n.º 1, «dado que não [podia] ser objecto de rescisão unilateral e [tinha] por objectivo a criação de uma relação jurídica» entre as partes [275]. Por outras palavras, o facto de um certo acordo estar sujeito a condições suspensivas não impediu a Comissão de considerar a concentração realizada antes da verificação dessas condições, sendo relevante, para efeitos da obrigação de notificação, o momento da celebração do dito acordo.

---

[271] Decisão da Comissão de 30 de Maio de 1991, processo IV/M010, JOCE n.º C 175/18 de 6.7.91.

[272] Decisão da Comissão de 28 de Novembro de 1990, processo IV/M023, JOCE n.º C 304/24, de 4.12.90.

[273] Neste sentido, Sylvaine POILLOT-PERUZZETTO, ob.cit., pág. 62. Veja-se, ainda, a decisão *Banesto/Totta* (decisão da Comissão de 14 de Abril de 1992, processo IV/M192, JOCE n.º C 107/19 de 28.4.92) sobre um processo gradual de aquisição de controlo conjunto.

[274] Ponto 6 da decisão *ICI/Tioxide,* cit.

[275] Ponto 6 da referida decisão. Cfr. *infra,* ponto 52.

248 *O controlo das concentrações de empresas no direito comunitário*

Por último, na apreciação da existência de uma influência determinante, cabe ainda referir quem podem ser os seus adquirentes. O art. 3.º, n.º 4, do regulamento de 1989, dispõe:

«O controlo é adquirido pela pessoa ou pessoas ou pelas empresas:

a) Que sejam titulares desses direitos ou beneficiários desses contratos;

ou

b) Que não sendo titulares desses direitos ou beneficiários desses contratos tenham o poder de exercer os direitos deles decorrentes».

Esta disposição pouco, ou mesmo nada, segundo alguns autores[276], acrescenta às soluções que resultam da leitura conjugada do n.º 3 do art. 3.º do regulamento comunitário com o n.º 1 do mesmo artigo. Tem, no entanto, a vantagem de, na sua al. b), esclarecer que podem ser considerados como detentores do controlo pessoas que não são os titulares jurídicos dos direitos sociais. Essencial é que sejam considerados os «dirigentes de facto»[277] da sociedade controlada, exigência que está, aliás, em perfeita sintonia com a concepção material de controlo, estabelecida no art. 3.º, n.º 3, do regulamento.

Note-se, por fim, que esta noção lata de controlo, que tem como consequência imediata a abertura do conceito de concentração, alargando o campo de actuação da Comissão, apresenta, contudo, a desvantagem de criar zonas de insegurança jurídica que só poderão ser esvanecidas com o evoluir da prática decisória das autoridades comunitárias.

35. Dentro da noção lata de controlo, o regulamento distingue duas formas de exercício de uma influência decisiva: o controlo exclusivo e o controlo conjunto. Entre estes dois pólos podem surgir situações de transição de um controlo exclusivo para conjunto e vice--versa.

A aquisição de controlo exclusivo realiza-se, geralmente, através da compra de activos ou de participações noutra empresa, que conferem ao adquirente a maioria dos direitos de voto na empresa controlada[278].

---

[276] No sentido de a desnecessidade da disposição em causa ser formulada autonomamente, cfr. Pierre Bos e outros, ob.cit., pág. 164.

[277] Cfr. Jean Bernard BLAISE, *Concurrence – Contrôle des ...*, ob. cit., pág. 749.

[278] Cfr. ainda as outras hipóteses referidas no ponto 12 da Comunicação 90/C 203/06.

Quando o adquirente não detém a maioria absoluta das acções da empresa controlada, a solução é mais complicada. De facto, no caso de participações minoritárias a determinação da existência de controlo dependerá das circunstâncias de facto e de direito da situação concreta. É claro que normalmente bastará uma participação de 30% no capital da outra empresa, estando disperso o restante capital, para se obter um controlo de facto[279]. Aliás, a Comissão parece orientar-se neste sentido, como o demonstram as decisões adoptadas nos casos *Renault/Volvo*[280], *Arjomari Prioux,*[281] e *CCIE/GTE*[282]. Enquanto no primeiro caso a Comissão considerou que a aquisição pela Renault e pela Volvo de 20 a 25% das acções da outra parte «não originava, por si, o controlo exclusivo de uma parte em relação à outra»[283], no caso *Arjomari Prioux* afirmou que o facto de a Arjomari passar a deter 39% das acções da WTA era suficiente para aquela poder exercer uma influência determinante sobre a actividade da WTA, dado que as restantes acções da WTA estavam dispersas por 107 000 accionistas, não possuindo nenhum destes mais de 4% do capital emitido, e só 3 accionistas é que possuíam mais de 3% desse capital[284]. Determinante, nesta última decisão da Comissão, foi, portanto, o facto de as restantes participações se encontrarem largamente dispersas pelo público. Refira-se, por fim, o caso *CCIE/GTE*, em que a autoridade comunitária reconheceu que um accionista minoritário, isto é, a empresa adquirente obteve apenas 19% dos direitos de voto da empresa alvo, passava a deter o controlo exclusivo da empresa devido à existência de especiais circunstâncias de facto, como por exemplo ficar com um lugar permanente no Conselho de Administração, nomear o presidente e o administrador delegado, etc.

Em síntese, podemos afirmar que, para a aquisição de participações minoritárias ser capaz de conferir um controlo de facto, é necessário a sua conjugação com outros factores, como a dispersão do

---

[279] O accionista que detém tal participação poderá, normalmente, controlar a assembleia geral, principalmente se as restantes participações da empresa estiverem amplamente dispersas pelo público. Cfr., por todos, John COOK e Chris S. KERSE, ob. cit., pág. 21, e ainda C. JONES e GONZÁLEZ DÍAZ, ob. cit., pág. 8.

[280] Decisão da Comissão de 7 de Novembro de 1990, cit.

[281] Decisão da Comissão de 10 de Dezembro de 1990, cit.

[282] Decisão da Comissão de 25 de Setembro de 1992, processo IV/M258, JOCE n.° C 258/10 de 7.10.92.

[283] Ponto 2 da decisão *Renault/Volvo*, cit.

[284] Ponto 4 da decisão *Arjomari Prioux*, cit.

250 *O controlo das concentrações de empresas no direito comunitário*

restante capital, certo tipo de modelos de votos, ou a realização de acordos acessórios[285], que atribuam à empresa adquirente certos direitos ou poderes determinantes de tal influência[286-287].

36. Além destes casos de controlo exclusivo, que podemos contrapor aos de controlo conjunto, podem ainda surgir situações designadas pela Comissão como «alterações do tipo de influência determinante». São os casos em que se verifica, por exemplo, a passagem de um controlo conjunto para um controlo exclusivo. Foi o que sucedeu, nomeadamente, nas decisões *ICI/Tioxide*[288] e *ABB/ /Brel*[289]. O primeiro caso refere-se à aquisição, pela ICI, do controlo exclusivo da Tioxide, uma vez que, antes do acordo, a Cookson e a ICI detinham cada uma 50% do capital social da Tioxide[290]. Ora, esta passagem de um controlo conjunto para exclusivo foi considerada, pela Comissão, uma concentração na acepção do n.º 1, al. b), do art. 3.º, com o seguinte argumento: «a influência determinante exercida *exclusivamente* é substancialmente diferente da influência determinante exercida *conjuntamente*, visto que neste último caso devem ser tomados em consideração os interesses potencialmente diferentes da outra parte ou partes em questão(...) [assim] ao transformar o tipo de influência determinante exercida pela ICI sobre a Tioxide, a transacção implicará uma transformação duradoura da estrutura das partes em causa(...)»[291-292]. No segundo caso, a situação era semelhante, tendo

---

[285] Aliás, foi a existência de certos acordos entre os accionistas que levou a Comissão a decidir no caso *CONAGRA/IDEA*, cit, que a aquisição pela CONAGRA de 20% do capital de IDEA lhe dava o controlo conjunto sobre a IDEA, tratando-se, portanto, de uma operação de concentração.

[286] Cfr., por todos, John COOK e Chris S. KERSE, ob. cit., pág. 21.

[287] Observe-se que, nos casos em que a participação minoritária não dá origem a um controlo exclusivo da empresa adquirente, pode tal participação, eventualmente, conjugada com os poderes de outro(s) accionista(s), fundamentar uma situação de controlo conjunto.

[288] Decisão da Comissão de 28 de Novembro de 1990, cit.

[289] Decisão da Comissão de 26 de Maio de 1992, processo IV/M221, JOCE n.º C 142/18 de 4.6.92.

[290] Ponto 3 da decisão *ICI/Tioxide*, cit.

[291] Pontos 2 e 4 da decisão *ICI/Tioxide*, cit.

[292] Cfr. ainda as decisões *Solvay-Laporte/Interox* (decisão da Comissão de 30 de Abril de 1992, processo IV/M197, JOCE n.º C 165 de 2.7.92), relativa à divisão de uma empresa comum, em que a passagem de um controlo conjunto a exclusivo, através

O controlo comunitário das concentrações com base no reg. n.º4064/89   251

sido o controlo exclusivo obtido pela ABB, que anteriormente dispunha do controlo conjunto da Brel [293].

Observe-se que esta solução, defendida pela Comissão, foi pensada para a hipótese mais provável de o controlo conjunto ser exercido efectivamente por dois (ou mais) accionistas. Pode, porém, dar-se o caso de um dos accionistas deter o controlo de uma forma "passiva", ou seja, apesar de possuir 50% do capital da empresa controlada, não interfere de forma significativa nas decisões estratégicas dessa empresa. Será que aí o controlo é exercido em conjunto? Parece que, nessa hipótese, não poderemos sequer falar, rigorosamente, de um controlo conjunto. Logo, quando o accionista "passivo" vende as suas participações ao accionista "activo" dá-se uma mera alteração formal, visto que na realidade o segundo accionista pôde sempre exercer um controlo exclusivo. Nesta situação, em nossa opinião, não se poderá, portanto, falar, de uma concentração resultante de uma alteração do tipo de influência determinante [294].

Saliente-se, por fim, que estes casos, em que há uma transformação do controlo, nem sempre produzirão um impacto apreciável na concorrência [295], como aliás o demonstra, de forma significativa, a

---

da divisão de activos, foi igualmente considerada pela Comissão como configurando duas operações de concentração separadas, e *Campsa* (decisão da Comissão de 19 de Dezembro de 1991, processo IV/138, JOCE n.º C 334/23, de 28.12.91), que trata de um problema semelhante. Neste último caso, a Campsa era propriedade de três empresas, Repsol, Cepsa/Ertoil e Petromed. A divisão do activo da Campsa pelos três accionistas, de acordo com as suas participações no capital, levou a que a Comissão afirmasse a existência de uma concentração, nos termos do art. 3.º do Regulamento n.º 4064/89.

[293] Note-se que esta prática foi seguida no caso *Solvay-Laporte/Interox*, cit., em que a cisão da empresa comum foi considerada como configurando duas operações de concentração. No plano oposto, temos o caso *Mannesmann/Hoech* (decisão da Comissão de 12 de Novembro de 1992, processo IV/M222, JOCE n.º L 114/34 de 8.5.93), onde várias transacções foram consideradas como uma única operação de concentração.

[294] Parece ser esta, igualmente, a tese defendida por John COOK e Chris S. KERSE – cfr. ob. cit., pág. 27.

[295] Trata-se, de qualquer forma, como afirmam C. JONES e GONZÁLEZ DÍAZ, de uma consequência altamente improvável – cfr. ob. cit., pág. 12. No mesmo sentido, referindo-se a uma hipótese ligeiramente diferente – ao caso de uma empresa controlada de facto por vários accionistas, em que um deles desiste da sua participação, sem que isso implique necessariamente uma alteração da influência determinante conjunta dos restantes –, defendendo que a Comissão deve ser tolerante nessas

252 O controlo das concentrações de empresas no direito comunitário

decisão de compatibilidade adoptada pela Comissão no caso *ICI/Tioxide*, visto que a aquisição do controlo exclusivo da Tioxide pela ICI não criava nem reforçava uma posição dominante[296]. Note-se que esta questão se prende com a apreciação da compatibilidade da concentração e não com a aplicação do teste jurisdicional, pelo que será referida mais tarde. Também a situação inversa, passagem de um controlo exclusivo para conjunto, será analisada posteriormente, no capítulo relativo às empresas comuns.

37. Contrapostas às situações de aquisição de controlo exclusivo, surgem as hipóteses de aquisição de controlo conjunto. O regulamento nada diz quanto aos critérios qualificadores desse controlo conjunto, mas a referência a tal modalidade de controlo está contida na redacção dada ao n.º 1 do art. 3.º, que reconhece que uma empresa pode ser controlada por uma ou *mais* empresas, e aos seus n.ºs 3 e 4, que estipulam que o controlo decorre dos direitos, contratos ou outros meios que conferem nomeadamente às *empresas* a possibilidade de exercer uma influência determinante sobre outra empresa.

Antes de entrarmos na análise do regime aplicável aos casos de aquisição de controlo conjunto – o que equivale praticamente a dizer: situações de criação de uma empresa comum –, importa fazer uma breve referência a uma questão conexa. Trata-se da aquisição conjunta que vem referida no preâmbulo do Regulamento n.º 4064/89[297], segundo o qual «não se dá coordenação do comportamento concorrencial na acepção do presente regulamento quando duas ou mais empresas acordam em adquirir em comum o controlo de uma ou mais outras empresas, tendo como objecto e efeito repartir entre si as empresas ou os seus activos». Note-se que subjacente ao regime das aquisições conjuntas está a distinção entre cooperação e concentração[298]. De facto, o 24.º considerando do preâmbulo do regulamento afirma, por um lado, estar em causa uma operação de

---

situações quando as partes não procedam à notificação devida, cfr. John Cook e Chris S. Kerse, ob. cit. pág. 27.

[296] Pontos 19 e 20 da decisão da Comissão de 28 de Novembro de 1990, cit.

[297] Cfr. considerando 24 do preâmbulo do Regulamento de 1989.

[298] A aquisição em comum de empresas só fica sujeita ao regime das empresas comuns se a operação de aquisição é seguida de um período de controlo em comum, com uma duração não curta. Note-se, por outro lado, que, se a repartição de activos é feita a favor de terceiros, a operação não é uma concentração.

O controlo comunitário das concentrações com base no reg. n.º4064/89   253

concentração a realizar em duas fases sucessivas: «a estratégia comum limita-se à aquisição do controlo; para constituir uma concentração à aquisição deve seguir-se a separação clara das empresas ou activos em causa»[299]; exige, portanto, que o acordo que tem por objectivo a divisão dos activos ou da empresa entre em vigor *imediatamente* após a aquisição[300]. Por outro lado, não afasta o tratamento dessas situações como empresas comuns com carácter de cooperação, verificando-se certas condições[301]. Surge então a questão de saber se os acordos que rodeiam a aquisição comum devem ser considerados verdadeiros acordos de cooperação, para efeitos de aplicação do art. 85.°. Antes da entrada em vigor do regulamento a Comissão parecia inclinar-se para tratar a aquisição comum à luz do art. 85.° e não do art. 86.°[302]. Com a publicação da Comunicação 90/C 203/05, a Comissão esclareceu que, quer os acordos estabelecidos entre os participantes na aquisição comum, em não apresentarem separadamente ofertas concorrentes sobre a mesma empresa ou em não adquirirem o seu controlo por outra forma, quer os acordos relativos à divisão da empresa ou dos seus activos[303], devem ser considerados restrições acessórias à operação de concentração[304], alterando, assim, a posição defendida na decisão *Irish Distillers Group*[305] e optando, deste modo, por uma visão tolerante dos acordos necessários à realização da aquisição comum.

Num plano diferente, deparamos com a hipótese de criação de uma empresa comum, que é o exemplo típico da aquisição de controlo conjunto. Observe-se, desde já, que a criação de uma empresa comum não significa a aplicação automática do regulamento. De facto, como

---

[299] Ponto IV, n.º 1, da Comunicação n.º 90/C 203/05, relativa às restrições acessórias às operações de concentração – JOCE n.º C 203/05, de 14.8.90.

[300] Ponto 48 da Comunicação 90/C 203/06. Quanto ao significado de «imediatamente», cfr. C. JONES e GONZÁLEZ DÍAZ, ob. cit., pág. 11.

[301] Note-se que, se o acordo não tiver apenas por objectivo a divisão dos activos da empresa nem entrar em vigor num período muito curto, são aplicáveis, às empresas que adquirem em conjunto uma outra, os princípios que regem a apreciação de uma empresa comum, podendo então vir ainda a aplicar-se o regulamento, se ela tiver carácter de concentração. Cfr. ponto 48 da Comunicação 90/C 203/06.

[302] Recorde-se o caso *Irish Distillers Group*, cit., em que a Comissão se inclinou para atribuir à oferta um carácter de cooperação em vez de concentração.

[303] Assim, por exemplo, os acordos com vista à divisão das unidades de produção ou das redes de distribuição – cfr. ponto 3 da Comunicação 90/C 203/05.

[304] Ponto IV, n.ºs 2 e 3, da Comunicação 90/C 203/05.

[305] 18.º Rel. Conc., 1988, ponto 88.

254　*O controlo das concentrações de empresas no direito comunitário*

esclarece o art. 3.°, n.° 2, do Regulamento n.° 4064/89, «uma operação, incluindo a criação de uma empresa comum, que tenha por objecto ou efeito a coordenação do comportamento concorrencial de empresas que se mantêm independentes não constitui uma concentração». Já a «criação de uma empresa comum que desempenhe de forma duradoura todas as funções de uma entidade económica autónoma e que não implique uma coordenação do comportamento concorrencial, quer entre as empresas fundadoras, quer entre estas e a empresa comum, constitui uma operação de concentração, na acepção da alínea b) do n.° 1». Os princípios básicos estabelecidos nesta disposição, e desenvolvidos pelas Comunicações da Comissão, que permitem distinguir as empresas comuns com carácter de concentração daquelas com carácter de cooperação, não surgem num vazio jurídico. Com efeito, já antes da entrada em vigor do regulamento, a Comissão estabelecera certas directrizes quanto ao regime a aplicar às empresas comuns. Todavia, na ausência de mecanismos adequados ao controlo das concentrações, viu-se obrigada a recorrer a certas disposições do Tratado, nomeadamente ao art. 86.° e ao art. 85.°. O nosso estudo desta questão desdobrar-se-á essencialmente em dois momentos: em primeiro lugar, procederemos à análise do regime jurídico das empresas comuns, à luz do Tratado CE, e depois desenvolveremos o seu tratamento com a entrada em vigor do regulamento de 1989.

Saliente-se, antes de mais, que a qualificação da empresa comum [306] como concentrativa ou cooperativa se afigura essencial à luz da teoria do *double standard* [307], que estabelece a aplicação de regras diferentes consoante as situações concretas forem consideradas uma *entente* ou uma concentração. Enquanto as primeiras estariam sujeitas a um regime de proibição automática, as segundas só excepcionalmente seriam interditas, visto que lhes eram associadas substanciais vantagens económicas [308]. A teoria do *double standard* foi abordada

---

[306] Doravante designada por EC.

[307] Assim, Barry HAWK, *Joint Ventures under EEC law*, FILJ, Vol. 15, n.° 2, 1991-92, pág. 322.

[308] Para um estudo comparado da teoria do *double standard* no direito americano e no direito comunitário, cfr. L. VOGEL, *Droit de la...*, ob. cit., pontos 253 a 296. Este autor destaca diferenças significativas entre a formulação dada à teoria do duplo *standard* no direito comunitário e no direito americano a três níveis, a saber, quanto às premissas de que partem, quanto às suas consequências e quanto à sua fundamentação. Muito resumidamente, podemos enunciá-las da seguinte forma: enquanto no direito

O controlo comunitário das concentrações com base no reg. n.º4064/89   255

pela primeira vez no plano comunitário com o Memorando da Comissão de Dezembro de 1965, onde a autoridade comunitária se baseou fundamentalmente na conjugação do critério da transferência de propriedade com o da estrutura da empresa, para distinguir as duas realidades. A Comissão considerava que as operações de concentração se realizavam geralmente através da aquisição da propriedade de empresas[309-310], implicando uma alteração permanente na estrutura das

---

comunitário a teoria do duplo *standard* tem como premissas a definição categórica dos conceitos jurídicos *«ententes»* e «concentrações» (estas são definidas no Memorando da Comissão por três vectores: modificação irreversível da propriedade, perda da autonomia económica das empresas, e o seu agrupamento sob uma direcção única), e é destes conceitos jurídicos que parte para a realidade económica, o que significa que uma operação económica pode ser desmembrada em várias categorias jurídicas às quais apenas corresponde uma norma jurídica, entendimento que favorece a segurança jurídica em detrimento da flexibilidade de aplicação do regime jurídico, no direito americano percorre-se o caminho inverso – considera-se que definições categóricas cindem a realidade económica de forma arbitrária, ao aplicar regimes jurídicos diferentes a comportamentos que podem ter os mesmos efeitos; afasta-se, assim, quaisquer veleidades de definição, afirmando que a diferença entre «entente» e «concentração» não é uma questão de natureza mas de grau. As consequências serão, portanto, diferentes. Enquanto no direito comunitário se afirma, em relação às concentrações, um tratamento mais favorável, isto é, invoca-se a inadequação do art. 85.º como instrumento de controlo das concentrações, para afastar a sua aplicação, no direito americano existem dois domínios de controlo, isto é, faz-se uma aplicação diferenciada da norma, consoante a operação tenha carácter de concentração ou de cooperação. Por outras palavras, no direito americano a teoria concretiza-se no seio do próprio *Sherman Act*, ou seja, não se excluem as concentrações do regime das *ententes*; faz-se é uma aplicação diferenciada da norma consoante estejam em causa elementos concentrativos, a que se aplica a "regra da razão", ou cooperativos, sujeitos à proibição *per se*. As diferentes premissas e consequências resultariam, segundo L. VOGEL, de, no caso do direito comunitário, a teoria em causa ser vista como um instrumento de realização de uma certa política económica, ou seja, favorecem-se os fenómenos concentrativos com vista ao reforço das estruturas industriais europeias para se aumentar a sua competitividade face às empresas de Estados terceiros, nomeadamente Japão e Estados Unidos, ao passo que no direito americano é vista como uma mera teoria económica neutra. Concluindo, apesar de o resultado visado, de certa forma, ser o mesmo nos dois ordenamentos jurídicos – dar um tratamento mais favorável às operações de concentração –, os métodos utilizados divergem.

[309] Cfr. pág. 669 do Memorando da Comissão de Dezembro de 1965. Esta teoria vai ser criticada por alargar demasiado a noção de concentração, esquecendo que mesmo as *ententes* anti-concorrenciais podem envolver a transferência de propriedade.

256 _O controlo das concentrações de empresas no direito comunitário_

empresas, que perdiam a sua autonomia económica e eram reagrupadas sob uma direcção única, enquanto as _ententes_ seriam acordos entre empresas que permaneciam autónomas quanto ao seu comportamento no mercado[311]. Desta forma, o art. 85.° devia ser aplicável apenas às _ententes,_ revelando-se em relação às concentrações um instrumento inadequado[312]. As razões desta tese já foram atrás amplamente explicitadas[313], pelo que nos dispensamos de repeti-las. Por outro lado, a Comissão revelava-se atenta às desvantagens que podiam resultar, a nível da concorrência, de um aumento do poder económico das empresas implicadas na operação de concentração[314], afirmando, aí, a aplicação do art. 86.°[315].

Neste sentido, cfr. Tilman E. LUEDER, _Joint ventures under the merger control regulation: what is a 'concentrative' joint venture?_, "Elsa Law Review", vol. III n.° 2, 1992, pág. 155.

[310] Aliás, a própria Comissão aplicou o art 85.° a empresas comuns que envolviam a transferência da propriedade.Cfr., neste sentido, o caso _De Laval/Stork_ (decisão da Comissão de 25 de Julho de 1977, processo IV/27.093, JOCE n.° L 215/11 de 23.8.77).

[311] Note-se que, no Memorando de Dezembro de 1965 (cfr. pág. 669), a Comissão ainda fala em «alteração da estrutura interna das empresas», critério que vai ser posteriormente substituído por «alteração da estrutura do mercado», passando a estabelecer-se a dicotomia entre concentrações e cooperação nos seguintes termos: a primeira implica uma alteração permanente na estrutura do mercado, reduzindo, geralmente, o número de concorrentes enquanto a cooperação implica uma coordenação transitória de comportamentos, mantendo-se o número de empresas independentes no mercado. Este critério distintivo será extremamente difícil de aplicar às empresas comuns, que, dada a sua natureza ambivalente, podem ser vistas como concentração ou como cooperação.

[312] A Comissão afasta-se, com estas afirmações, das posições seguidas no direito americano. De facto, apesar de também este reconhecer a necessidade de se afirmar a especificidade dos fenómenos de concentrações, as consequências que daí retira são diferentes. No direito americano não encontramos uma afirmação semelhante àquela feita pela Comissão, no Memorando de Dezembro de 1956, quanto à não aplicação do 85.° às concentrações; antes pelo contrário, o direito americano relativo às _ententes_ foi sempre considerado aplicável às concentrações.

[313] Cfr. _supra_, ponto 9.

[314] Cfr. pág. 5 do Memorando de Dezembro de 1965, onde a Comissão afirmou expressamente que «as fusões de empresas podem impedir a concorrência de funcionar».

[315] Como já salientámos, a Comissão afirmou no Memorando que _ententes_ e concentrações são realidades distintas e que, portanto, devem estar sujeitas a regimes

O controlo comunitário das concentrações com base no reg. n.º4064/89   257

A passagem desta distinção teórica e categórica, entre *ententes* e concentrações, para a prática mostra-se difícil de efectuar. Os obstáculos surgem com particular acuidade à luz de certos fenómenos mistos, como é o caso significativo das empresas comuns, em que encontramos reflexos das duas realidades. Saliente-se, desde já, que não é fácil encontrar uma definição de empresa comum[316], dada a diversidade de formas que pode assumir[317]. Hoje, a questão do seu tratamento jurídico é abordada directamente em três comunicações da Comissão: 90/C 203/05, 90/C 203/06 e 93/C 43/02.

O elemento determinante da noção de empresa comum, segundo a Comissão, é a existência de um controlo conjunto[318]. A autoridade

---

diversos. Um outro problema é saber se o critério, e o alcance da distinção, tem razão de ser; sobre esta questão, cfr. Berthold GOLDMAN e Antoine LYON-CAEN, *Droit Commercial européen,* 4ª ed., Paris, Dalloz, 1983, pontos 608 e segs.

[316] Cfr. de qualquer modo a noção dada por Joseph F. BRODLEY (*Joint Ventures and antitrust policy,* HLR, vol. 95, n.º 5, March 1982, pág. 1523), que serviu de inspiração quer à generalidade da doutrina quer à Comissão.

[317] De acordo com uma imagem particularmente ilustrativa dada por J.F. VERSTRYNGE (*Problèmes relatives aux filiales communes,* CDE, n.1, 1979, pág. 13), «a empresa comum é como se fosse um copo contendo um líquido; a simples visão do copo não permite compreender a natureza do líquido nele contido», ou seja, «a empresa comum é uma forma jurídica que pode cobrir um número infinito de modelos de cooperação entre empresas, modelos cujo conteúdo não é desde logo definido pela simples palavra empresa comum». Sobre esta questão, cfr. ainda John E. FERRY, *Joint research and developement and other joint ventures* , ALJ, Vol. 54, 1985, pág. 681, e Jonathan FAULL, *Joint ventures under the EEC competition rules,* ECLR, vol. 5, n, 1, 1984, pág. 359. Por outro lado, a criação de regulamentos de isenção por categorias, visando em geral os acordos constitutivos de uma EC, é manifestamente impossível dada a variedade de situações que aí podem ser abrangidas, como o demonstra a esclarecedora imagem dada por J. F. VERSTRYNGE. Parece, então, que as soluções terão de ser, necessariamente, casuísticas. Nesta linha, a Comissão publicou recentemente um regulamento – o Regulamento (CEE) n.º 151/93 da Comissão, de 23 de Dezembro de 1992, JOCE n.º L 21/54 de 29.1.93 – que visa modificar certos regulamentos de isenção por categorias – o Regulamento n.º 417/85, relativo aos acordos de especialização, o Regulamento n.º 418/85, relativo aos acordos R&D, e os Regulamentos n.ºs 2349/84 e 556/89, relativos às licenças de patente e de saber-fazer – visando estender o alcance da isenção colectiva às ECs com carácter de cooperação que desenvolvem todas as actividades de uma empresa normal, nomeadamente a venda, bem como aplicar o regime dos acordos de licença relativos às actividades de uma EC em que participem duas partes.

[318] A existência ou não de personalidade jurídica da EC é irrelevante. A título meramente exemplificativo, podemos referir a decisão *De Laval-Stork,* cit., onde foi

258 O controlo das concentrações de empresas no direito comunitário

comunitária já tinha afirmado, no 4.º relatório sobre a política de concorrência, que a EC devia ser entendida em geral como uma empresa sujeita ao controlo conjunto de duas ou mais empresas economicamente independentes entre si[319]. A EC pode, assim, constituir um fenómeno de concentração de empresas[320] ou pode ser um meio de cooperação entre as empresas fundadoras e, nessa medida, apresentar-se como uma *entente*. É este carácter "ambivalente"[321] da empresa comum, cobrindo normalmente realidades que traduzem «uma cooperação mais profunda que uma *entente* mas menos profunda que uma concentração»[322], que a torna particularmente complexa. Daí que a Comissão tenha optado, no 6.º relatório sobre a política da concorrência, por uma atitude extremamente prudente perante este fenómeno, afirmando que a qualificação da EC como *entente* ou concentração só pode ser feita caso a caso[323], tendo em conta o contexto económico[324], declaração que aliás se coaduna com o propósito da autoridade comunitária, já anteriormente explanado[325], e mais uma vez aqui confirmado[326], de, na aplicação das normas comunitárias da concorrência, atender não à forma jurídica escolhida pelas partes mas à situação económica em causa.

Numa primeira fase, a Comissão desenvolve a teoria da concentração parcial, também designada por «teoria do abandono

---

criada uma EC que, sendo uma sociedade em nome colectivo de direito holandês, não tinha personalidade jurídica .

[319] 4.º Rep. Comp., 1974, ponto 37. Observe-se que, como já foi aliás sublinhado por Michel GLAIS e Philippe LAURENT (cfr. *La filiale commune et l'article 85 du Traité de Rome*, RMC, n.º 231, Novembre 1979, pág. 495, nota 1), esta definição deixa de fora as filiais controladas em conjunto por sociedades do mesmo grupo.

[320] Como nota Christine PAULEAU, parece ser sobretudo essa a qualificação que lhes é dada pela Comissão no Memorando – cfr. *Les entreprises communes et le droit européen de la concurrence,* RIDE, 2, 1992, pág. 209. No mesmo sentido, cfr. Anand PATHAK, *The EC Comission's approach to joint venture's a policy of contradictions,* ECLR, 5, 1991, pág. 174.

[321] Louis VOGEL, *Droit de la ...,* ob. cit., ponto 297.

[322] Cfr. J.F. VERSTRYNGE, ob. cit., pág. 14.

[323] Esta distinção entre EC concentrativa e cooperativa seria, como afirmou B. HAWK, o resultado da experiência alemã – cfr. *The EEC...,* ob. cit., pág. 202.

[324] Ponto 53 do 6.º Rapp. Conc., 1976.

[325] Memorando da Comissão, cit., pág 669 .

[326] Ponto 54 do 6.º Rapp. Conc., 1976.

O controlo comunitário das concentrações com base no reg. n.º4064/89 259

completo»[327], como critério qualificador da categoria de empresas comuns que escapam à proibição do art. 85.º, n.º 1. Os pilares desta teoria são essencialmente o 6.º relatório da Comissão sobre a política de concorrência e a decisão *SHV Chevron*[328]. Nesta decisão, duas sociedades – a SHV e a Chevron – tinham, com participações iguais no capital, criado, por meio de uma *holding,* "filiais comuns" para garantir a distribuição de produtos em certos países. Para tal, as empresas fundadoras transferiram para as empresas comuns, com uma duração de pelo menos 50 anos, a totalidade das suas redes de distribuição e o conjunto dos correspondentes activos. As empresas-mãe perderam, em consequência, a sua independência económica no mercado, onde só podiam actuar através da sua empresa comum[329]. O facto de a SHV e de a Chevron permanecerem concorrentes em mercados de produtos vizinhos não afectava a sua qualificação como concentração parcial, dado que se tratava de produtos técnica e economicamente distintos do mercado onde operavam as empresas comuns que tinham ainda carácter autónomo[330]. A Comissão considerou, deste modo, que estava perante uma concentração parcial, pelo que o art. 85.º seria inaplicável[331].

No 6.º relatório, a Comissão restringe ainda mais o campo de aplicação da concentração parcial[332]. Para se verificar esta situação, têm de se preencher duas condições: desde logo, é necessário que «os fundadores desapareçam completamente e definitivamente do sector de actividade da empresa comum»[333]; e, por outro lado, o funcionamento da empresa comum não deve «enfraquecer a concorrência noutros sectores, e nomeadamente em sectores vizinhos, nos quais os participantes permaneçam oficialmente independentes»[334] – por outras

---

[327] Expressão adoptada por Tilman E. LUEDER, ob.cit., pág. 160.

[328] Decisão da Comissão de 20 de Dezembro de 1974, cit.

[329] 4.º Rep. Comp., 1974, ponto 41 A esta situação de concentração parcial, em que as empresas-mãe se retiram do mercado onde opera a EC, contrapõe a Comissão a figura de concentração total, quando as empresas-mãe deixam de ser economicamente independentes no mercado depois da concentração.

[330] Ponto 56 do 6.º Rapp. Conc., 1976.

[331] O art. 86.º não foi, por seu turno, considerado susceptível de ser aplicado dado que empresa não estava em posição dominante.

[332] Cfr. 6.º Rapp. Conc., 1976, pontos 55 e segs.

[333] Ponto 55 do 6.º Rapp. Conc., 1976.

[334] Ponto 55 do 6.º Rapp. Conc. e pontos 114 a 119 do 4.º Rep. Comp., 1974.

260   *O controlo das concentrações de empresas no direito comunitário*

palavras, não deve dar origem a um "efeito de grupo"[335]. Só a verificação destes pressupostos assegura, segundo a Comissão, a ausência de coordenação de comportamentos concorrenciais entre as sociedades fundadoras, ou entre elas e a empresa comum[336].

Por outro lado, a autoridade comunitária sublinha ainda que as empresas comuns podem ser igualmente consideradas *ententes*. Tal será, nomeadamente, o caso das empresas comuns que apenas servem para reagrupar certas funções das sociedades participantes, como por exemplo a compra ou a venda em comum, ou sociedades comuns de investigação[337], bem como o caso da própria *criação* da empresa comum[338], que será uma unidade económica autónoma desempenhando todas as funções de uma empresa, mas em que as empresas fundadoras, depois da sua criação, permanecem pelo menos concorrentes potenciais da empresa comum[339]. O art. 85.º só não será aplicado à criação de empresas comuns entre concorrentes actuais ou potenciais se as empresas fundadoras transferirem todo o seu activo para EC e se tornarem meras sociedades *holding,* ou se a transferência de activo é limitada a certos sectores de actividades, exercidos até então autonomamente pelos fundadores, desde que as empresas-mãe desapareçam completa e definitivamente do sector de actividade da EC[340].

Se a elaboração da teoria da concentração parcial mostra, de facto, uma certa preocupação, por parte da Comissão, em seguir a dicotomia afirmada no Memorando, mesmo aí podemos constatar que essa separação não é perfeita. Com efeito, esta doutrina, cujos princípios foram estabelecidos na decisão *SHV Chevron* e confirmados no 6.º relatório da Comissão sobre a política de concorrência, aponta

---

[335] O efeito de grupo consiste, em termos gerais, na possibilidade de coordenação do comportamento das empresas-mãe no mercado onde permanecem como entidades independentes depois da criação da empresa comum.

[336] Ponto 55 do 6.º Rapp. Conc., 1976.

[337] Como, por exemplo, organizações de compra em comum, balcão de venda em comum, sociedades comuns de investigação e desenvolvimento – cfr. ponto 54 do 6.º Rapp. Conc., 1976.

[338] Como salientou Anand S. Pathak, até esse momento o art. 85.º só era aplicado a acordos que acompanhavam a criação da empresa comum – cfr. *The EC Comission's...,* ob. cit., pág. 174.

[339] Ponto 55 do 6.º Rapp. Conc., 1976.

[340] Ob. cit., loc. cit.

O controlo comunitário das concentrações com base no reg. n.º4064/89   261

para uma visão mais restritiva da noção de EC como concentração[341], relativamente à definição dada no Memorando de Dezembro de 1965, com o consequente alargamento do campo de aplicação do art. 85.º. Para que a operação seja considerada uma concentração, é preciso, portanto, uma modificação estrutural permanente do mercado, objectivo que só se consegue com a retirada irreversível[342] das empresas fundadoras do mercado da empresa comum[343], aliada ao não enfraquecimento da concorrência entre todas as empresas participantes na concentração. A partir da decisão *SHV Chevron,* limita-se o princípio da não aplicação do art. 85.º às empresas comuns com carácter de concentração[344], ou seja, ela marca o fim de um período de aceitação clara da dicotomia entre EC cooperativas, sujeitas ao art. 85.º, e concentrativas, sujeitas ao art. 86.º. Daí em diante, a Comissão encaminha-se para o esbatimento progressivo das diferenças entre as duas realidades, de modo a consumir a eventual dimensão "concentracionista" da EC na sua dimensão de "cooperação", com a consequente aplicação sistemática do art. 85.º.

O desejo de a Comissão alargar os seus poderes de controlo não ficou satisfeito com a adopção de uma noção restritiva de empresas comuns com carácter de concentração. Não se aplicando a tais situações o art. 85.º e mostrando-se extremamente limitado o recurso ao art. 86.º, atendendo às dificuldades no preenchimento dos

---

[341] Observe-se que a designação EC com carácter de concentração só surge mais tarde com as Comunicações 90/C 203/05 e 90/C 203/06.

[342] Esta condição, «retirada irreversível do mercado da EC», é criticada, com certa razão, por Anand S. PATHAK, que a considera, em certos casos, nomeadamente nas situações de OPAs e aquisições de participação, perfeitamente irrealista – cfr. *The EC Comission's..,* ob. cit., págs. 171 a 183

[343] Enquanto no Memorando da Comissão o critério determinante era a modificação da estrutura das empresas, a decisão *SHV/Chevron* atende à alteração da estrutura do mercado quando fala em modificação irreversível, não em relação às alterações de propriedade entre as empresas, mas como a impossibilidade de as empresas fundadoras regressarem ao mercado.

[344] Enquanto no Memorando a Comissão considerava aplicável o art. 85.º às restrições que não pudessem ser consideradas acessórias da concentração, afastando tal norma quanto às restrições que dependiam do efeito de grupo, na decisão *SHV/Chevron* afirmou que o art. 85.º podia ser aplicado aos efeitos restritivos produzidos nos mercados vizinhos dos do acordo, nos quais as empresas fundadoras se mantêm activas, parecendo reduzir, deste modo, o alcance dos princípios enunciados no Memorando. Cfr., neste sentido, L. VOGEL, *Droit de la ...,* ob. cit., ponto 301.

262 O controlo das concentrações de empresas no direito comunitário

pressupostos para a sua aplicação – necessidade de pelo menos uma das empresas participantes na concentração deter previamente uma posição dominante no mercado, bem como a eliminação ou pelo menos criação de entraves substanciais à concorrência, devido à realização de tal operação, requisitos confirmados, aliás, pelo Tribunal no acórdão *Continental Can* –, o controlo das empresas comuns concentrativas pela Comissão revelar-se-ia, a maioria das vezes, uma tarefa impossível. A autoridade comunitária procurou então explorar novos caminhos, quer através da proposta de um regulamento comunitário específico, e como tal adequado ao controlo das concentrações, quer pelo aproveitamento de instrumentos existentes no âmbito do Tratado CE, quer ainda pela eliminação prática da teoria da concentração parcial. Revelando-se a primeira solução particularmente morosa[345], a Comissão alargou o campo de aplicação do art. 85.° às empresas comuns de tal forma que a distinção operada quanto ao seu carácter concentrativo ou cooperativo deixou praticamente de ter sentido. Estabelecendo sistematicamente, de forma explícita ou implícita, o carácter cooperativo da EC, mesmo quando os elementos da concentração prevaleciam claramente, a Comissão conseguia justificar no plano teórico a aplicação do art. 85.°, ainda que isso implicasse uma qualificação artificial da empresa comum «concentrativa» como *entente*. O alargamento do campo de aplicação do regime das *ententes* coincide, portanto, com o desaparecimento, na prática, da noção de concentração parcial delineada, nomeadamente, na decisão SHV Chevron, aliada à extensão do conteúdo das características coope- rativas da EC.

Para a aplicação do art. 85.° à criação de uma empresa comum é necessário, desde logo, que as empresas fundadoras sejam concorrentes pelo menos potenciais. O conceito de "concorrência potencial" assume, deste modo, uma importância vital na distinção entre cooperação e concentração. Consciente disto, a Comissão utilizou-o como justifi- cação privilegiada na afirmação do carácter cooperativo da EC, mesmo que isso implicasse o alheamento dos factos do caso concreto. Na tentativa de demonstrar sistematicamente a manutenção da concor- rência potencial entre as empresas participantes na operação, a auto- ridade comunitária qualifica como concorrentes potenciais empresas que, antes da criação da EC, estavam em vias de se tornar concorrentes

---

[345] Cfr. *supra,* ponto 23.

O controlo comunitário das concentrações com base no reg. n.º4064/89   263

reais, isto é, tinham possibilidades tecnológicas e financeiras para entrarem no mercado. Foi o que sucedeu nomeadamente no caso *Kewa*[346], onde a Comissão afirmou que as empresas participantes na EC, apesar de não serem nesse momento concorrentes efectivos, pelo facto de não deterem a tecnologia necessária, eram, porém, concorrentes potenciais[347]. Por outro lado, salientou, ainda, nessa decisão, que «a criação de uma EC era indispensável, visto que na ausência de uma estrutura desse tipo, que tem por efeito diminuir o investimento necessário e portanto o risco aí conducente, nenhum dos participantes procederia ao esforço para passar rapidamente ao estádio industrial»[348]. Como conciliar estas duas afirmações, à primeira vista contraditórias? É, de facto, difícil qualquer tentativa de justificação desta contradição entre a situação de facto, em que não existem concorrentes potenciais, e as declarações da Comissão, que se contenta com uma «potencialidade simplesmente virtual»[349], manifestamente insuficiente quando na realidade as empresas não têm meios para entrar em concorrência[350].

Um outro exemplo particularmente ilustrativo desta atitude é o caso *Vacuum Interrupters*[351], que foi também duramente criticado pelas incongruências reveladas[352]. Deste modo, sublinharam-se as contra-

---

[346] Decisão da Comissão de 23 de Dezembro de 1975, processo IV/26.940/b, JOCE n.º L 51/15 de 26.2.76 .

[347] Cfr. ponto II, n.º 1, da decisão *Kewa*, cit.

[348] Ponto III, n.º 3, da decisão *Kewa*, cit.

[349] Expressão utilizada por J. VAN UYTVANCK para cobrir os casos de grandes empresas que com certas dimensões e conhecimentos técnicos sempre se tornarão concorrentes potenciais – cfr. *Problèmes relatives aux filiales communes*, CDE, n. 1, 1979, págs. 33 e 34. No mesmo sentido pronunciou-se Jurgen LINDERMANN que criticou a «definição excessiva», isto é, demasiado lata, de concorrência potencial utilizada pela Comissão – cfr. *A practical critique of the EEC joint research rules and proposed joint venture guideline*, FCLI capítulo 15, 1987, pág. 342.

[350] No caso *Kewa*, como salientou acertadamente J. VAN UYTVANCK (ob.cit, pág. 32), a Comissão alheou-se, sem razão, da consideração dos riscos financeiros, riscos comerciais e meios necessários para concorrer, limitando-se a valorizar a existência de tal tecnologia.

[351] Decisão da Comissão de 20 de Janeiro de 1977, processo IV/27.442, JO n.º L 48/32 de 19.2.77.

[352] Cfr. especialmente, Valentine KORAH, *Collaborative joint ventures for research and development where markets are concentrated: the competition rules of the common market and the invalidity of contracts*, FILJ, Vol. 15, 1991-92, pág. 262.

dições da Comissão, ao declarar inicialmente o art. 85.°, n.°1, aplicável ao caso, afirmando que as empresas fundadoras eram concorrentes potenciais a nível do fabrico[353], quando na realidade tal não era verdade como ela própria veio a reconhecer na análise do art. 85.°, n.° 3, ao aceitar o argumento apresentado pela EC, a Vacuum Interrupters, em apoio do seu pedido de isenção, de que «o esforço técnico e financeiro necessário para fabricar este tipo de interruptor em condições comerciais válidas e num prazo razoável não podia ser realizado se as duas partes contassem apenas com os seus próprios recursos»[354]. Ou seja, ao aceitar que as empresas fundadoras não podiam desenvolver de forma independente a actividade confiada à EC, a Comissão estava a reconhecer que elas nunca poderiam ser concorrentes potenciais. O desejo da autoridade comunitária em não deixar sem controlo estes casos conduziu, assim, à estranha situação da aplicação do art. 85.°, n.° 1, a empresas comuns com carácter de concentração, como sucedeu no caso *Vacuum Interrupters*.

A «arbitrariedade» das soluções adoptadas mostrou-se particularmente acentuada quando entre as empresas fundadoras da EC existiam relações verticais ou conglomeradas, em vez de horizontais. Em tais situações, a dificuldade sentida pela Comissão em detectar relações concorrenciais entre as empresas-mãe levou-a mesmo a socorrer-se da «relação concorrencial mais próxima» existente[355]. Foi o que sucedeu no caso *Fibras Ópticas*[356], relativo à criação de várias empresas comuns, entre a sociedade americana Corning Glass Works, dedicada à produção de fibras ópticas, e as sociedades europeias produtoras de cabos, cujo objectivo era o fabrico e a venda de fibras ópticas. Na análise dos «acordos de *joint ventures*», a Comissão sublinhou que «quando os acordos foram celebrados as partes não eram na realidade concorrentes reais ou potenciais no mercado de fibras ópticas ou cabos ópticos», concluindo que não havia «restrição nem distorção da concorrência entre as sociedades-mãe e as *joint ventures*»[357]. Debatendo-se com argumentos insuficientes para aplicar o art. 85.° ao caso em apreço, a Comissão mostrou-se particularmente

---

[353] Ponto 15 da decisão *Vacuum Interrupters,* cit.

[354] Ponto 22 n.° 5 da decisão *Vacuum Interrupters*, cit .

[355] Anand S. PATHAK, *The EC Comission's...*, ob. cit., pág. 177.

[356] Decisão da Comissão de 14 de Julho de 1986, processo IV/30.320, JOCE n.° L 236/30, de 22.8.86.

[357] Pontos 46 e 47 da decisão *Fibras Ópticas,* cit.

O controlo comunitário das concentrações com base no reg. n.º4064/89   265

"criativa" e foi buscar essa justificação às próprias relações das várias empresas comuns com uma das empresas fundadoras, a sociedade americana Corning. E concluiu que «as principais restrições e distorções da concorrência encontravam-se, naquele caso, na relação entre as joint ventures», ou seja, «devido a essa rede de *joint ventures* interligadas e à dependência tecnológica das *joint ventures* relativamente a um sócio comum [a sociedade americana Corning] não é de esperar que haja concorrência entre elas na mesma medida em que haveria se fossem concorrentes independentes com sócios e tecnologias diferentes»[358]. Assim, tendo tais acordos por «efeito previsível» a restrição e distorção da concorrência, a Comissão considerou aplicável a proibição do art. 85.º, n.º 1[359]. Estas conclusões da autoridade comunitária são asperamente censuradas por Anand Pathak, que as denomina constitutivas de um «verdadeiro paradoxo»[360]. É que da análise dos factos do caso resultava que a criação da EC não restringia a concorrência, como declarou a Comissão, antes a promovia[361-362].

O facto de a Comissão se mostrar pouco rigorosa no exame desse requisito, dispensando uma análise cuidadosa dos factos concretos, origina conclusões baseadas em pressupostos frequentemente contraditórios. Deste modo, chovem as críticas quanto aos testes aplicados, acusados de serem altamente «teóricos», «obscuros e sem fundamento em textos legais»[363], baseados numa simples «presunção não escrita» de que «empresas internacionais podem entrar em qualquer mercado em que estão seriamente interessadas dado os seus avultados recursos financeiros e tecnologia avançada»[364]. Procurando

---

[358] Pontos 48 e 52 da decisão *Fibras Ópticas*, cit .

[359] Ponto 56 da decisão *Fibras Ópticas*, cit.

[360] Cfr. Anand S. PATHAK, *The EC Comission's...*, ob. cit., pág. 179.

[361] As razões justificativas de uma conclusão oposta à da Comissão foram explanadas de uma forma clara por Anand S. PATHAK – cfr. *The EC Comission's...*, ob. cit., pág. 179.

[362] Aparentemente contraditório é também o caso *Iveco/Ford,* onde a Comissão, no considerando 24, diz que a EC «não pode ser considerada como uma nova concorrente independente» e no considerando a seguir já lhe reconhece tal qualidade quando afirma que «a partir da entrada em vigor dos acordos relativos à criação da EC mantém-se uma relação concorrencial entre a Ford UK e a Iveco ou a EC». Cfr. decisão da Comissão de 20 de Julho de 1988, processo IV/31.902, *Iveco-Ford*, JOCE n.º L 230/39, de 19.8.88.

[363] Christine PAULEAU, ob. cit., pág. 212.

[364] Nicholas GREEN, Trevor C. HARTLEY e John USHER, *The legal foundations of the single european market*, Oxford University Press, 1991, pág. 281.

266   *O controlo das concentrações de empresas no direito comunitário*

redimir-se destas acusações, a Comissão enunciou, no 13.° relatório sobre a política de concorrência, quatro questões relativas ao investimento, produção, risco e vendas, que funcionariam como forma de objectivar a sua apreciação no caso concreto[365]. Na prática, apesar da tentativa ensaiada no 13.° relatório, a Comissão continuou, por vezes, a desenvolver noções bastante irrealistas, nomeadamente a de concorrência potencial.

Note-se que não é só em relação à «concorrência potencial» que a Comissão se mostra defensora de uma interpretação extremamente liberal; antes tal posição parece ser igualmente a adoptada quanto à verificação do "efeito de grupo"[366], bem como relativamente ao exame do conceito, algo vago, de "restrição inerente".

Quanto ao "efeito de grupo", entendido geralmente como a coordenação de comportamentos das empresas-mãe em mercados onde permanecem como independentes depois da criação da EC[367-368], surge

---

[365] Cfr. 13.° Rapp. Conc., 1983, onde a Comissão afirma a sua decisão de avaliar a concorrência potencial «de uma forma tão realista quanto possível». Assim, para apreciar se, no caso em apreço, a criação de uma EC de produção restringe ou não a concorrência potencial, a Comissão pode colocar, acerca de cada uma das partes, certas questões, como por exemplo saber se as despesas de investimento exigidas ultrapassam a capacidade de financiamento de cada uma das partes; ou se as partes estão familiarizadas com as técnicas ligadas aos processos de produção; ou ainda se, tendo em conta a procura real ou potencial, cada uma das partes está em condições de fabricar sozinha o produto, ou finalmente se cada uma das partes é capaz de assumir sozinha os riscos técnicos e financeiros ligados às operações de produção – cfr. ponto 55 do 13.° Rapp. Conc., 1983. Apesar de as indicações dadas pela Comissão se referirem a ECs de produção, a doutrina parece aceitar a sua aplicação – *mutatis mutandis* – aos outros tipos de ECs. Cfr., neste sentido, Jonathan FAULL, *Joint ventures under the EEC competition rules*, ECLR, vol. 5, n.° 1, 1984, pág. 361.

[366] Neste sentido, cfr. J. VAN UYTVANCK, ob. cit., pág 34.

[367] Barry HAWK, *Joint Ventures...*, ob. cit., pág. 322.

[368] Note-se que são várias, como salienta L. VOGEL (*Droit de la...*, ob. cit., págs. 287a 290), as restrições da concorrência que encontram a sua causa no facto de a EC e as sociedades-mãe pertencerem ao mesmo grupo de sociedades. É possível distinguirem-se três níveis de restrições: em primeiro lugar, elas podem surgir no plano das relações das empresas fundadoras com a EC, quer na medida em que aquelas restringem as suas possibilidades de concorrerem em relação a uma empresa que lhes pertence, quer impedindo a EC de lhes fazer concorrência (como afirma Barry HAWK, com a criação da EC deve considerar-se eliminada a concorrência entre as empresas--mãe e a EC, no mercado da EC, devendo esta perda da concorrência, segundo o mesmo autor, ser medida na análise dos efeitos da concentração no mercado da EC, –

O controlo comunitário das concentrações com base no reg. n.º4064/89   267

a questão de saber se essas relações entre as empresas fundadoras, que podem restringir a concorrência, devem ser qualificadas como tendo carácter de cooperação, ficando, por isso, sujeitas ao regime das *entes, ou se devem ser consideradas como fenómenos de concentração, caindo, então, sob a alçada do regulamento. Grande parte da doutrina inclina-se para atribuir-lhes carácter de concentração[369], desde que a EC realize uma verdadeira integração económica entre os fundadores e não seja um mero disfarce para um acordo de cooperação[370]. O critério fundamental para aferir se a restrição cai ou não no campo de aplicação do art. 85.º seria o da necessidade de tais restrições para a criação e desenvolvimento da actividade da EC. Dito de outro modo, só ficarão fora do alcance do regime das *ententes* as restrições justificadas pelo contrato constitutivo da EC e pela sua actividade[371].

No âmbito do Tratado de Paris, a Comissão parece confirmar o carácter de concentração destas restrições quando, na decisão *Sidmar,* declara que «é inevitável no exercício do controlo em conjunto que, por exemplo, no momento da fixação dos preços dos produtos da empresa controlada, as empresas que exercem o controlo tenham em conta os seus próprios preços para os mesmos produtos ou produtos similares e se entendam entre elas para todos os preços (efeito de grupo). Dado que este fenómeno é *inerente* a esse controlo seria absurdo, pelo menos na prática, querer considerá-lo de qualquer modo como uma limitação autónoma da concorrência nos termos do art. 65.º»[372]. O "efeito de grupo" aparece, desta forma, *primo conspectu*, como uma consequência inerente ao controlo conjunto sobre a empresa comum, que deve ser apreciado como parte da transacção em geral e não como uma restrição separada. A não aplicação do art. 65.º do Tratado de Paris, no

---

cfr. *Joint Ventures* ..., ob. cit., pág. 322); em segundo lugar, podem existir restrições no plano das relações do grupo com terceiros (uma vez que a colaboração desenvolvida entre a EC e as suas fundadoras terá geralmente por efeito excluir terceiros); e, finalmente, as restrições podem aparecer no plano das relações entre as empresas fundadoras (consequência essa designada por «spillover effect» ou «efeito de grupo»).

[369] Assim, entre muitos, Pierre VAN OMMESLAGHE – cfr. *L'application des articles...*, ob. cit., pág. 501, e L. VOGEL, *Droit de la...*, ob. cit., ponto 316. Contra, cfr. M. WAELBROECK e outros, *Le droit de la Communauté...*, ob. cit., págs. 260 e segs.

[370] P. VAN OMMESLAGHE, *L'application des articles...*, ob. cit., pág. 501.

[371] Neste sentido, cfr. Pierre VAN OMMESLAGHE, *L'application des articles...*, ob. cit., pág. 501, e Louis VOGEL, *Droit de la...*, ob. cit., ponto 315. É claro que a delimitação exacta desses limites será sempre uma tarefa extremamente difícil.

[372] Decisão «Sidmar», cit. por J. F. VERSTRYNGE, ob. cit., pág. 20.

268 *O controlo das concentrações de empresas no direito comunitário*

caso *Sidmar*, que corresponderia, no Tratado de Roma, ao art. 85.º, e a afirmação subsequente de que tais limitações deviam ser apreciadas à luz do art. 66.º do Tratado de Paris, relativo às concentrações, seria, para certo sector da doutrina, a confirmação do carácter de concentração dessas restrições[373]. Mas se tal argumento se mostrasse insuficiente, dado que a decisão *Sidmar* foi adoptada no âmbito da CECA, onde o art. 66.º permitia o controlo das concentrações, podia ainda, segundo alguns autores[374], invocar-se, em defesa da não aplicação do art. 85.º do Tratado CE a tais restrições, a teoria dos acordos intra-grupo[375].

Já a prática da Comissão no âmbito do Tratado de Roma parece desprezar os argumentos apresentados no domínio do Tratado de Paris a favor do carácter de concentração dessas restrições. De facto, a autoridade comunitária manteve a sua tendência expansionista quanto à aplicação do art. 85.º às empresas comuns, continuando a fazer uma interpretação lata e por vezes irrealista dos requisitos de aplicabilidade desta disposição. Uma análise das suas decisões, particularmente do caso *GEC-Weir Sodium Circulators*[376], é bastante elucidativa quanto ao controlo abrangente por ela pretendido. Na realidade, a Comissão declarou, aí, numa atitude considerada manifestamente «negativa»[377], que «mesmo na ausência de disposições expressas (...) a criação de uma empresa comum tem geralmente um efeito sensível sobre o comportamento das sociedades-mãe que detêm uma parte importante na EC. No domínio coberto pela EC e nos domínios conexos, essas partes terão tendência para coordenar o seu comportamento, e as decisões que normalmente adoptariam, e as actividades que elas teriam exercido de forma independente, encontrar-se-ão influenciadas. Por

---

[373] Assim, L. VOGEL, *Droit de la...*, ob. cit., ponto 315. Contra, defendendo a não transposição das considerações feitas no âmbito da decisão «Sidmar», proferidas no contexto do Tratado CECA, para o domínio do Tratado CE, cfr. J. F. VERSTRYNGE, ob. cit., págs. 20 e 21.

[374] Assim, L. VOGEL, *Droit de la...*, ob. cit., ponto 316, e Pierre VAN OMMESLAGHE, *L'application des articles ...*, ob. cit., pág. 501.

[375] Recorde-se que esta teoria exclui do regime da proibição das ententes os acordos celebrados no seio de um grupo, desde que a "filial" envolvida não tenha verdadeira autonomia na determinação da sua actuação no mercado. Cfr. *supra*, ponto 16.

[376] Decisão da Comissão de 23 de Novembro de 1977, processo IV/29.428, JOCE n.º L 327/26 de 20.12.1977 – cfr. ponto II.

[377] J. VAN UYTVANCK, ob. cit., pág. 34.

O *controlo comunitário das concentrações com base no reg. n.º4064/89*   269

conseguinte, quando as sociedades contratantes são concorrentes actuais ou potenciais, a sua participação numa EC arrisca-se a entravar a concorrência entre elas, e isso quer o acordo comporte ou não disposições restritivas expressamente previstas para esse efeito» [378]. Deste modo, a Comissão considera, ainda, sob sua tutela o controlo das restrições resultantes da cooperação entre as empresas fundadoras em mercados vizinhos do da EC. Isto é sugerido pelas afirmações de que «a existência de uma EC num determinado domínio pode abrir novas perspectivas às sociedades-mãe que têm interesses conexos noutros domínios e convidá-las a estender o campo das suas actividades comuns, restringindo, assim, a concorrência entre elas noutros domínios» [379]. Ora, esta submissão, pura e simples, dos efeitos restritivos em causa ao art. 85.º, sem que a Comissão tenha perdido tempo a analisar os factos e a provar o seu carácter suplementar face ao acordo constitutivo da EC, mostra claramente a tendência da autoridade comunitária para continuar a política até aqui desenvolvida de utilizar o art. 85.º como instrumento de controlo das empresas comuns, mesmo que com carácter de concentração, dadas as limitações do art. 86.º e a inexistência, na época, de um mecanismo adequado a tal controlo.

Esta atitude expansionista manifesta-se ainda na desaprovação demonstrada em relação a certas restrições necessariamente inerentes à criação da EC. Referimo-nos, em especial, ao caso *De Laval-Stork* [380], onde a Comissão estabelece a existência de restrições à concorrência

---

[378] Ponto II, n.º 2, al. a) e al. i) da decisão *GEC-Weir Sodium Circulators*, cit. Louis VOGEL (*Droit de la...*, ob. cit., ponto 316) opera aqui uma distinção, a nível das restrições existentes nas relações entre as empresas fundadoras e a EC, que poderá justificar a aplicação do art. 85.º, n.º 1. Segundo o autor, é preciso distinguir duas situações: por um lado, os casos em que a sociedade-mãe limita a sua própria liberdade de acção no mercado, presumindo-se então que a filial é autónoma, não se aplicando à restrição a justificação da teoria dos acordos intra-grupos; e, por outro lado, os casos em que a sociedade-mãe restringe a liberdade da acção sobre o mercado da filial, pelo que esta encontrar-se-ia numa situação de dependência, funcionando então a dita teoria. Segundo o autor, «é esta diferença de resultado que talvez explique que a Comissão se funde sempre na auto-limitação das empresas-mãe para estabelecer a existência de uma restrição da concorrência nas relações mães-filial e nunca quando as restrições foram impostas pelos fundadores à EC». Cfr., neste sentido, por exemplo, a decisão *GEC-Weir Sodium Circulators*, cit.

[379] Ponto II, n.º 2 , al. e), da decisão da Comissão de 23 de Novembro de 1977, cit.

[380] Decisão da Comissão de 25 de Julho 1977, processo IV/27.093, JOCE n.º L 215/11 de 23.8.77.

quando «cada um dos associados controla 50% do activo da filial comum e daí resulta, bem como do próprio texto do acordo, que todas as decisões importantes relativas à actividade da filial comum sobre os mercados em causa devam ser adoptadas com o consentimento dos dois associados. Uma tal prática implica, por si só, certos efeitos que estão em contradição com a livre concorrência devido à concertação que ela exige entre as duas empresas no seio da filial comum»[381]. Considerar como restrição da concorrência, sujeita ao art. 85.°, a simples participação de 50% de cada uma das empresas fundadoras na EC, quando tal consequência é inerente à sua própria criação, é mais um dos resultados estranhos a que conduz a política da Comissão relativamente à aplicação do art. 85.°[382]. Desta forma, as dificuldades encontradas por uma EC que queira escapar ao controlo do art. 85.° são, *a priori,* insuperáveis.

Esta tendência da autoridade comunitária, para a aplicação fácil do art. 85.° do Tratado sem se esforçar por uma análise rigorosa dos

---

[381] Cfr. decisão *De Laval-Stork*, cit., ponto II, n.° 6. Saliente-se que os factos presentes na decisão *De Laval-Stork* são semelhantes aos existentes na decisão *SHV-Chevron*, visto que em ambos os casos as empresas fundadoras detinham 50% da EC criada. As conclusões a que a Comissão chegou foram, no entanto, diferentes. Enquanto no último caso a autoridade comunitária concedeu um certificado negativo aos interessados, no primeiro caso declarou o art. 85.°, n.° 1, aplicável à situação. Qual a razão desta política à primeira vista contraditória? Note-se, desde já, que há quem defenda – assim, J. F. VERSTRYNGE, ob cit., págs. 19 e 20 – que a posição da Comissão no caso *De Laval-Stork* não se modificou substancialmente em relação à decisão *SHV/Chevron* quanto à actividade de extracção da matéria-prima no mar do Norte, que era uma actividade no mercado de um produto vizinho, visto que aí a SHV Chevron não podia ser considerada um concorrente potencial dado não ter acesso à capacidade de refinagem necessária para tratar tal matéria. No entanto, em relação às actividades de comercialização num mercado vizinho, este autor já reconhece que a Comissão modificou a sua posição. As razões da alteração da política seguida pela Comissão prendem-se, sobretudo, em nossa opinião, com as limitações sentidas pela autoridade comunitária na aplicação do art. 86.° às ECs com carácter de concentração. Daí que ela tente geralmente estabelecer o carácter cooperativo da EC, o que lhe permitiria um controlo mais eficaz das ECs através do recurso ao art. 85.°.

[382] Louis VOGEL ilustrou claramente as «falhas» da argumentação apresentada pela Comissão quando afirmou que, «sob pena de negar toda a distinção entre comportamentos e estruturas e de aceitar de forma definitiva a absorção completa da noção de concentração pela de *entente,* deve aceitar-se que a criação de uma nova entidade económica retira o espaço de concorrência inserido no interior desta do domínio de aplicação do direito das ententes» – cfr. *Droit de la...,* ob. cit., ponto 314.

O controlo comunitário das concentrações com base no reg. n.º4064/89   271

factos, parece inverter-se nos anos 80, ainda antes da entrada em vigor do regulamento. De facto, no fim dessa década registam-se tentativas da Comissão no sentido de efectuar uma análise mais realista dos factos dos casos em apreço. Lança-se, assim, numa investigação mais rigorosa da estrutura das empresas em causa, nomeadamente nas decisões *Mitchell Cotts/Sofiltra*[383] e *Elopak/Metal Box-Odin*[384].

Apesar desta "boa vontade", há alturas em que a Comissão regressa a uma análise superficial dos factos, como sucedeu, por exemplo, na decisão *Cekacan*[385], em que tornou a utilizar o conceito vago de «restrição inerente» para justificar o recurso ao art. 85.º.

O facto de a autoridade comunitária decidir, geralmente, aplicar o art. 85.º, n.º 1, sugeria que os resultados finais produzidos seriam gravosos para as empresas, devido ao funcionamento sistemático da sanção de nulidade prevista no art. 85.º, n.º 2. Na realidade, tal prática não se verificou, visto que a Comissão abstraiu da existência dessa disposição e desenvolveu um tratamento favorável das empresas comuns, à luz do art. 85.º, n.º 3. Salvo situações verdadeiramente excepcionais, como a decisão *Wano Schwarzpulver*[386], que já foi aliás considerada uma verdadeira concentração parcial[387] – e onde a Comissão rejeitou a aplicação do art. 85.º, n.º 3, alegando que os acordos não só não reservavam aos utilizadores uma parte equitativa do lucro daí resultante como davam às partes a possibilidade de eliminarem a concorrência relativamente a uma parte substancial dos produtos em causa[388] –, a política seguida foi no sentido de considerar permanentemente preenchidos os quatro requisitos do art. 85.º, n.º 3, concedendo às empresas interessadas a almejada isenção, não

---

[383] Decisão da Comissão de 17 de Dezembro de 1986, cit.; cfr. esp. pontos 18 e segs.

[384] Decisão da Comissão de 13 de Julho de 1990, processo IV/32.009, JOCE n.º L 219/15 de 8.8.90.

[385] Decisão da Comissão de 15 de Outubro de 1990, processo IV/32.681, JOCE n.º L 299/64 de 30.10.90, onde a Comissão afirma que as cláusulas de abastecimento em causa «têm necessariamente um efeito restritivo» (ponto 37 da decisão), terminando, no entanto, por conceder uma isenção mediante certa alteração do acordo (ponto 48 da decisão).

[386] Decisão de 20 de Outubro de 1978, processo IV/29.133, 78/921/CEE, JOCE n.º L 322/26 de 16.11.78.

[387] Assim, Valentine KORAH, *Joint Ventures (exemption or clearence), mergers and partial mergers,* FCLI, capítulo 18, 1988, pág. 450.

[388] Cfr. o ponto III, n.ºs 1 e 4, da decisão *Wano Schwarzpulver,* cit.

272 *O controlo das concentrações de empresas no direito comunitário*

ignorando, portanto, as vantagens aliadas geralmente à opção pela criação de uma EC[389]. Deste modo, o recurso sistemático ao art. 85.°, n.° 3, permite-lhe alcançar, na prática, os mesmos resultados a que chegaria se as empresas comuns com carácter de concentração tivessem beneficiado *ab initio* do princípio do privilégio das concentrações, defendido no Memorando, segundo o qual as concentrações deviam ser beneficiadas dado que geralmente se revelam vantajosas, sendo raro comportarem riscos inadmissíveis para a concorrência[390]. Significa isto que o processo utilizado, pela Comissão, para obter os fins desejados é indiferente? O recurso sistemático ao mecanismo de isenção, previsto no art. 85.°, n.° 3, desempenha com eficácia o papel que teria um instrumento destinado ao controlo das concentrações? Parece evidente que não. O monopólio detido pela Comissão quanto à aplicação do art. 85.°, n.° 3, a inflação de notificações, a incapacidade da autoridade comunitária para conferir rapidamente isenções, aliada à insegurança jurídica a que se encontram sujeitas as empresas, devido à transformação dessa disposição num instrumento de controlo das concentrações sem a tal estar adaptado, são disso exemplo evidente. Acrescem problemas processuais, já referidos aquando da análise do Memorando[391], resultantes de um sistema de isenção limitado no tempo, geralmente sujeito a condições e que, revelando-se adequado às *ententes,* é problemático quando aplicado às concentrações. Esta inaptidão é, no fundo, a consequência de a estrutura do art. 85.° visar finalidades diferentes das do controlo das concentrações[392]. Logo, a análise da EC com carácter de concentração à luz do art. 85.° vai alterar

---

[389] Por exemplo, a possibilidade de se superarem dificuldades técnicas e financeiras, a facilidade no acesso a novos mercados, a diminuição de riscos ligados, nomeadamente, ao desenvolvimento de produtos de alta tecnologia, etc.

[390] Neste sentido, cfr. Louis VOGEL, *Droit de la...,* ob. cit., ponto 322.

[391] Cfr. *supra,* ponto 9.

[392] Como nota Louis VOGEL, «se a contribuição de uma concentração para a eficácia económica é presumida, ela representa, contudo, um perigo para a concorrência devido ao aumento do poder económico que confere às empresas participantes. Ora, no âmbito do direito das *ententes,* a hierarquia de perigos, e correlativamente a dos objectivos do controlo, é inversa; a contribuição para o progresso técnico é duvidosa, enquanto que o ganho de poder económico constitui uma preocupação marginal. Apesar dos esforços manifestados pela Comissão, a apreciação do poder económico das empresas participantes na criação de uma empresa comum permanece frequentemente insuficiente em relação aos imperativos de um verdadeiro controlo da concentração» – cfr. *Droit de la..,* ob. cit., ponto 324.

O controlo comunitário das concentrações com base no reg. n.º4064/89   273

a leitura que normalmente é feita desta disposição. As condições do art. 85.º, n.º 3, consideradas geralmente de difícil verificação, quando aplicadas aos fenómenos efémeros de cooperação, passam a ser interpretadas de forma extremamente liberal na presença de uma EC com carácter substancial de concentração (ainda que formalmente qualificada pela Comissão como uma *entente*), conduzindo, em regra, a uma decisão favorável à EC, tornando, deste modo, a «proibição automática», estabelecida no seu n.º 1, a excepção[393]. Além de inverter os papéis tradicionalmente atribuídos a estes dois números do art. 85.º, acusa-se a Comissão de "utilizar" as empresas comuns como instrumentos de uma certa política industrial[394], facto que gera, por vezes, decisões contraditórias. Desta forma, com o intuito de subtrair certas empresas comuns, consideradas produtoras de vantagens económicas substanciais, à proibição automática do art. 85.º, n.º 1, a autoridade comunitária afasta a aplicação de tal disposição, ou declara verificadas as condições do art. 85.º, n.º 3, ainda que os factos do caso concreto demonstrem precisamente o contrário. Foi o que sucedeu, por exemplo, nos casos *United Reprocessors*[395] e *Kewa*[396], em que as necessidades de planificação comunitária da política energética prevaleceram sobre os perigos da eliminação total, ainda que temporária, da concorrência[397]. Na decisão referida em primeiro lugar, estava em causa um acordo relativo à coordenação dos investimentos das partes no domínio da recuperação de combustíveis nucleares, bem como a criação de uma EC, a United Reprocessors GmbH (URG), que visava a oferta de serviços de recuperação de combustíveis nucleares e a prossecução de uma política comercial determinada em comum por esses parceiros[398]. A Comissão reconheceu que «sem o acordo de coordenação dos investimentos há, com efeito, que recear que certos Estados tomem sem tardar e de forma dispersa decisões de financiar

---

[393] Neste sentido, Louis VOGEL, *Droit de la...*, ponto 323, e Christine PAULEAU, ob. cit, pág. 218.

[394] Neste sentido, J. VAN UYTVANCK, ob. cit., pág. 32, e Michel GLAIS e Philippe LAURENT, *La filiale commune...*, ob. cit., pág. 502.

[395] Decisão da Comissão de 23 de Dezembro de 1975, processo IV/26.940/a, JOCE n.º L 51/7 de 26.2.76.

[396] Decisão de 23 de Dezembro de 1975, processo IV/26.940/b. JOCE n.º L 51/15 de 26.2.76.

[397] M. GLAIS e Philippe LAURENT, *La filiale commune...*, ob. cit., pág. 502.

[398] Ponto II, n.ºs 1 e 2, da decisão *United Reprocessors*, cit.

274 *O controlo das concentrações de empresas no direito comunitário*

fundos orçamentais de instalações quer de dimensão demasiado pequena quer prematuras face ao mercado, (...)[e que isso] causaria à Comunidade um prejuízo certo, estruturando-se então o sector de recuperação sobretudo com base nas necessidades nacionais»[399] e aceitou, por isso, que durante um «período transitório (...) a concorrência de fábricas europeias diferentes daquelas agrupadas no seio da URG ou de fábricas não europeias deva ser considerada pouco eficaz[400], com vista a favorecer a rapidez de integração dos países da Comunidade num domínio estratégico do desenvolvimento económico»[401]. As mesmas razões – necessidade de promover a integração europeia num sector chave da economia, como é o da energia – levaram a Comissão a declarar, na decisão *Kewa,* o art. 85.°, n.° 1, inaplicável, ainda que à custa de consideráveis restrições da concorrência[402].

Apesar desta atitude manifesta de favorecimento das empresas comuns, adoptada pela Comissão[403], não podemos deixar de condenar o processo utilizado, quer porque a concentração, sendo um fenómeno que afecta a estrutura das empresas, ao exigir investimentos avultados para produzir resultados cujos benefícios muitas vezes só são detectados a longo prazo, não se coaduna com o sistema de controlo do art. 85.°, que estabelece, nomeadamente, um regime de isenções

---

[399] Ponto III, n.° 3, al. a) da decisão *United Reprocessors*, cit.

[400] Ponto III, n.° 4, da decisão *United Reprocessors*, cit. Embora depois afirme que «o acordo não dá às partes a possibilidade de eliminarem a concorrência nos termos do art. 85.° n.° 3» – cfr. ponto III, n.° 4, parte final, da referida decisão.

[401] M. GLAIS e Philippe LAURENT, *La filiale commune...,* ob. cit., pág. 502.

[402] A Comissão aceita, portanto, «a cláusula que impõe que cada parte opere no domínio do mercado da EC (...) apenas através da EC», considerando-a «indispensável para garantir o seu bom funcionamento» – cfr. ponto III, n.° 3, da decisão *Kewa,* cit.

[403] Como o demonstra, aliás, o desembaraço com que a Comissão considera provados os requisitos do art. 85.°, n.° 3. De facto, já reconheceu "com facilidade" que a EC contribuía para melhorar a produção quando permitia «reajustar a capacidade de produção das empresas» (assim, no caso *ENI/Montedison*, decisão da Comissão de 4 de Dezembro de 1986, processo IV/31.055, JOCE n.° L 5/13, de 7.1.87 – cfr. ponto B), ou quando a EC «estendia ou completava a gama de produtos» (cfr. pontos 30 e segs. da decisão *Iveco Ford,* cit.), ou ainda quando «normalizava os produtos intermediários» e «melhorava a produção e distribuição dos produtos» (cfr. decisão da Comissão de 22 de Dezembro de 1977, processo IV/29.236, *Sopelem Vickers,* JOCE n.° L 70/47 de 13.3.78.

O controlo comunitário das concentrações com base no reg. n.º4064/89   275

limitado no tempo[404] e sujeito a encargos por vezes pesados[405], quer porque a análise desenvolvida pela Comissão nesta matéria se apresenta frequentemente contraditória, quer ainda porque o clima de incerteza jurídica assim gerado não parece merecer atenção por parte do Tribunal de Justiça[406].

Esta situação recebe, à primeira vista, as condições para a sua alteração com a publicação do Regulamento n.º 4064/89, na medida em que é introduzido, a nível comunitário, um controlo destinado especificamente às operações de concentração. Preenchida a lacuna existente no Tratado de Roma nesta matéria, a Comissão poderia abandonar sem remorsos a política expansionista seguida até esse momento relativamente à aplicação do art. 85.º[407]. Todavia, se é verdade que o regulamento visa representar um passo significativo em questões de rapidez, simplicidade e segurança[408], no tratamento jurí-

---

[404] Note-se que a Comissão procurou superar esta dificuldade, estabelecendo prazos de isenção assaz longos. Assim, cfr., por exemplo, o prazo máximo de 15 anos fixado nas decisões, já citadas, *Kewa* (art. 3.º) e *United Reprocessors* (art. 3.º).

[405] Cfr., por exemplo, art. 2.º da decisão *De Laval-Stork*, cit, e o art. 2.º da decisão *Kewa*, cit.

[406] De facto, encontramos uma vazio jurisprudencial sobre estas questões. Na verdade, como nota Christine PAULEAU, é praticamente impossível o Tribunal manifestar-se nestas questões porque a Comissão concede, geralmente, a todas as ECs um certificado negativo ou uma isenção – cfr. ob.cit., pág. 223.

[407] Que, estabelecendo a proibição automática das *ententes,* parece dever ser interpretado restritivamente. No mesmo sentido, cfr. J. VAN UYTVANCK, ob. cit., pág. 31.

[408] O regulamento visa, sobretudo, como já afirmámos, três grandes objectivos. Em primeiro lugar, quer estabelecer um controlo eficaz que garanta às empresas uma maior estabilidade. Daí a instituição, a nível processual, de um sistema de notificação prévia, aliado a prazos muito curtos para a adopção das decisões, bem como a criação de um órgão destinado à aplicação do Regulamento – o *Task Force* Concentrações – que foi dotado para o efeito dos meios humanos e técnicos mais desenvolvidos. O segundo objectivo consiste em estabelecer uma clara repartição de competência entre a Comissão e os Estados-membros, com o intuito de se evitar a aplicação de legislações nacionais proteccionistas, bem como o aparecimento de decisões divergentes, resultantes de um duplo controlo, nacional e comunitário. Este princípio, designado por "one stop shop", balcão único, ou ainda "guichet unique", vai sofrer, porém, várias excepções, como teremos oportunidade de referir. Finalmente, houve a preocupação de abranger, no campo de aplicação do Regulamento, as ECs com carácter de concentração ainda que tivessem certos efeitos cooperativos, pelo que as autoridades comunitárias criaram, ou melhor recuperaram, para o efeito, a noção de "restrição acessória".

276   *O controlo das concentrações de empresas no direito comunitário*

dico do fenómeno das concentrações, entre as quais ocupam um lugar de destaque as empresas comuns com carácter de concentração, os resultados práticos produzidos parecem ficar aquém das expectativas criadas. Com efeito, o regulamento, desde logo, "falhou", como veremos, no estabelecimento de uma distinção clara entre as empresas comuns cooperativas e concentrativas[409]. Serão talvez estas as razões que justificam que, pelo menos numa primeira fase, a Comissão não se tenha afastado grandemente das soluções tradicionalmente defendidas nessa matéria.

O regulamento de 1989 estabelece, no seu art. 3.º, n.º 2, que a criação de uma EC pode, verificadas certas condições, constituir uma operação de concentração. A noção geral de EC é referida na Comunicação da Comissão 203/06[410]. Aí se estabelece que «as empresas comuns são empresas controladas conjuntamente por várias outras empresas, as empresas-mãe»[411], mantendo-se, portanto, a concepção restritiva defendida anteriormente pela Comissão no 4.º relatório sobre a política de concorrência[412-413].

São, fundamentalmente, três os elementos da EC que a Comissão vai desenvolver ao longo da Comunicação. Em primeiro lugar, uma EC deve ser uma *empresa*, ou seja, «um conjunto organizado de recursos humanos e materiais destinado a prosseguir numa base duradoura, um objectivo económico definido»[414]. A Comissão retoma, assim, a definição dada anteriormente pelo Tribunal, no acórdão *Mannesman*[415], com uma diferença significativa, a exigência de

---

[409] Neste sentido, Barry HAWK, *The EEC ...*, ob. cit., pág. 202.

[410] Note-se que as disposições da Comunicação, não sendo vinculativas, teriam, contudo, o interesse de indiciar as posições adoptadas pela autoridade comunitária na matéria. No caso concreto da Comunicação 90/C 203/06, a Comissão segue por vezes, contudo, de forma incompreensível, caminhos distintos dos enunciados nesse documento, atitude que origina uma indesejável insegurança para as empresas interessadas em utilizar o mecanismo das ECs.

[411] Cfr. ponto 7 da Comunicação 90/C 203/06.

[412] Cfr. Christine PAULEAU, ob. cit., pág. 229.

[413] Parece manter-se a preocupação da Comissão, já manifestada anteriormente, em não deixar escapar a generalidade das ECs ao controlo mais exigente do art. 85.º, relativamente ao regime instituído pelo Regulamento n.º 4064/89. Saliente-se, no entanto, a interpretação flexível da noção de EC com carácter de concentração que tem sido feita, na prática, pela Comissão.

[414] Ponto 8 da Comunicação 90/C 203/06.

[415] Acórdão de 13 de Julho de 1962, cit.

O controlo comunitário das concentrações com base no reg. n.º4064/89   277

«autonomia jurídica», feita inicialmente pela jurisprudência do Tribunal, é abandonada na Comunicação, em sintonia, aliás, com a determinação da Comissão de atender à realidade económica e não à veste jurídica atribuída pelas partes[416]. Quanto às exigências de uma actividade organizada e de um escopo económico, não apresentam grandes dificuldades de interpretação, ao contrário da referência a uma base duradoura. De facto, este último elemento, igualmente presente no art. 3.º, n.º 2, do regulamento, e que era aliás referido frequentemente na prática da Comissão, ainda que sob designações diversas[417], é assaz controverso. É que esta característica é identificada pela Comissão com o requisito da autonomia da EC em relação às empresas-mãe, isto é, o carácter «duradouro» da EC seria um indício de que ela é uma entidade económica independente, pelo que lhe devia ser atribuída natureza concentrativa e não cooperativa[418]. A exigência de uma «base duradoura» não seria, portanto, caracterizadora do conceito de EC, antes funcionaria como factor de distinção entre concentrações e *ententes;* logo, não devia ter sido incluída na noção prévia de EC. Deste modo, afirma-se que transpor aquela característica das empresas comuns concentrativas para a noção geral de EC significa não só que se reduz o hiato entre as duas figuras, como ainda se permite que as empresas comuns cooperativas sem uma base duradoura possam escapar ao controlo do direito comunitário quando, na verdade, sendo *ententes,*

---

[416] Cfr. ponto 53 do 6.º Rapp. Conc., 1976. Recorde-se, ainda, que a exigência de autonomia jurídica vai ser "convertida" pelo Tribunal numa exigência de autonomia económica – cfr. acórdãos *Béguelin*, cit., e *Centrafarm*, cit.

[417] Cfr., por exemplo, a decisão *SHV Chevron*, cit., e a decisão *De Laval--Stork*, cit.

[418] Cfr., nomeadamente, o ponto 17 da Comunicação 90/C 203/06 da Comissão, segundo o qual «uma EC existe numa base duradoura se se destina e tem capacidade para desenvolver a sua actividade por um período de tempo ilimitado, ou pelo menos longo. Se não for esse o caso não existirá, geralmente, qualquer alteração a longo prazo das estruturas das empresas-mães (...)». Logo, nesta última hipótese a EC não terá carácter de concentração. Já na Comunicação relativa ao tratamento das ECs com carácter de cooperação, a Comissão afirmou que a actividade das ECs «pode ser limitada no tempo ou não [e que] quanto menores forem os limites materiais e temporais da cooperação prevista, mais forte será a influência que esta exercerá sobre a política comercial das empresas fundadoras nas suas relações recíprocas e igualmente nas suas relações com terceiros (...)» – cfr. ponto 3 da Comunicação 93/C 43/02, JOCE n.º C 43/2 de 16.2.93.

278   *O controlo das concentrações de empresas no direito comunitário*

restringirão normalmente a concorrência, independentemente da sua duração[419-420].

Por outro lado, a empresa comum tem de ser *controlada por outras empresas*. A Comunicação 90/C 203/06 define o controlo como «a possibilidade de [as empresas exercerem], directa ou indirectamente, uma influência determinante sobre as actividades da EC»[421], recuperando, deste modo, a noção ampla dada pelo art. 3.°, n.° 3, do Regulamento n.° 4064/89.

Finalmente, é ainda necessária a existência de um *controlo conjunto*. Trata-se de uma característica intrínseca ao conceito de EC, como o reconhece expressamente a Comissão na Comunicação 90/C 203/06[422], sem a qual não se pode falar em EC para efeitos do Regulamento n.° 4064/89. Nos termos da Comunicação, só existe controlo conjunto «quando se exige o acordo das empresas-mãe quanto a decisões respeitantes às actividades da EC(...)»[423]. O essencial é, portanto, a «determinação conjunta das actividades comerciais da EC»[424] e não a posse de participações iguais no capital da EC. É claro que o facto de as empresas-mãe deterem 50% das participações e dos votos da EC vai, em princípio, obrigá-las a exercer o controlo de forma conjunta, mesmo que não tenham estabelecido quaisquer acordos, «para evitar votos de bloqueio recíprocos quanto a decisões que

---

[419] Cfr., por todos, GALÁN CORONA *apud* Jeronimo Maillo GONZALEZ-ORUS, *La nocion de filial comun en el derecho comunitario de la competencia a la luz del reglamento sobre el control de las operaciones de concentracion*, RIE, Vol. 19, n. 2, 1992, pág. 575, e Anand S. PATHAK (*The EC Comission's...*, ob. cit., pág. 173), que aponta como solução possível eliminar a categoria das ECs cooperativas e passar a aplicar-se o regulamento às EC concentrativas e o art. 85.° aos acordos para criação de EC que disfarcem «carteis», bem como aos acordos restritivos considerados não acessórios da EC concentrativa. Numa perspectiva próxima deste último autor encontra-se Barry HAWK, que considera a distinção estabelecida pelo regulamento entre EC cooperativas e concentrativas, baseada na distinção efectuada pela lei alemã sobre «carteis», verdadeiramente «metafísica» – cfr. *European Economic Community merger Regulation* , ALJ, vol. 59, n.° 1, March 1991, pág. 460.

[420] A favor de uma noção ampla de empresa que incluisse as actividades ocasionais, cfr. Jeronimo Maillo GONZALEZ-ORUS, ob. cit., pág. 575.

[421] Ponto 9 da Comunicação 90/C 203/06.

[422] Ponto 11 da Comunicação 90/C 203/06.

[423] Ponto 11 da Comunicação 90/C 203/06.

[424] Ponto 12 da Comunicação 90/C 203/06.

O controlo comunitário das concentrações com base no reg. n.º4064/89   279

afectam a actividade da EC»[425]. Mas, mesmo na ausência dessa paridade, pode, ainda, falar-se em controlo conjunto, atendendo às circunstâncias legais e de facto. A Comissão já se pronunciara expressamente nesse sentido na decisão *Amersham/Buchler*[426], onde afirmou a existência de um controlo conjunto, apesar de as duas empresas fundadoras disporem de 60% e 40% do capital da EC. Desta forma, mesmo que uma empresa fundadora detenha uma participação maioritária na EC, pode existir um controlo conjunto, tendo por base «acordos[427], ou um esquema de concertação[428] entre as empresas-

---

[425] Ponto 13 da Comunicação 90/C 203/06. Note-se que nos referimos aqui a duas empresas-mãe, mas o raciocínio mantém-se se forem três ou mais as empresas fundadoras, visto que sem a sua cooperação surgem os bloqueios; cada uma tem, portanto, um direito de veto. A existência de um direito de veto sobre as decisões mais importantes, ou a necessidade de uma maioria qualificada para tais decisões, que não é detida individualmente por uma das partes, como sucedeu, por exemplo, no caso *Varta Bosch,* cit., serão indícios de um controlo conjunto.

[426] Decisão da Comissão de 29 de Outubro de 1982, processo IV/30.517, JOCE n.º L 313/34, de 10.11.1982 – cfr. ponto 2. Cfr. ainda a decisão *Olivetti/Canon*, onde, apesar de a Olivetti ter mais de 50% dos votos da EC, a Comissão considerou que existia um controlo conjunto (decisão de 22 de Dezembro de 1987, processo IV/32.306, JOCE n.º L 52/51 de 26.2.88, esp. ponto 21).

[427] De facto, mesmo que o controlo conjunto não esteja consagrado explicitamente nos estatutos de constituição da EC, pode resultar, por exemplo, de acordos formais entre as empresas fundadoras em que a empresa-mãe com uma participação maioritária acorde em conferir à outra empresa minoritária o direito de participar no controlo da EC. Foi o que sucedeu, por exemplo, no caso *Thomas Cook/LTU/West LB*, em que os dois accionistas detinham 90% e 10% do capital da Thomas Cook, mas, atendendo à celebração do acordo que previa o consentimento de ambas as partes em relação às decisões estratégicas da EC, a Comissão concluiu que havia um caso de controlo conjunto (cfr. decisão da Comissão de 14 de Julho de 1992, processo IV/M229, JOCE n.º C 199//12 de 6.8.92). Uma situação semelhante ocorreu no caso *Eucom/ Digital*, em que uma repartição de participações na ordem dos 75% e 25% foi acompanhada de um acordo de accionistas que previa o controlo conjunto da EC (decisão da Comissão de 18 de Maio de 1992, processo IV/M211, JOCE n.º C140/20 de 3.6.92). Saliente-se ainda que estes casos, segundo a Comissão, devem distinguir-se daqueles em que se verificam diferentes alianças no processo de tomada de decisões, como sucedeu no caso *Eureko e Koipe/Elosua*, visto que, existindo um controlo conjunto, não há mudanças de aliança (cfr. decisão da Comissão de 28 de Julho de 1992, processo IV/M103, JOCE n.º C 227/10 de 3.9.92). Refira-se, finalmente, o caso *James River/Rayne,* em que um accionista foi substituído por outro que adquiriu o controlo conjunto, tendo a operação sido considerada uma concentração (cfr. decisão

280   *O controlo das concentrações de empresas no direito comunitário*

-mãe»[429-430]. São, por conseguinte, indiferentes os meios através dos quais se processa o controlo: podem ser direitos adquiridos na EC[431], contratos ou outros meios[432]. O fundamental é o exercício conjunto de uma influência decisiva sobre as decisões estratégicas da EC. Deste modo, a definição destas decisões é essencial para se apurar a existência de um controlo conjunto. Isto significa que só depois de se averiguar quais são as decisões mais importantes que têm de ser tomadas em conjunto pelas empresas fundadoras, isto é, para as quais

---

da Comissão de 13 de Fevereiro de 1992, processo IV/M162 JOCE n.° C 43/19 de 18.2.92).

[428] No caso, por exemplo, de as participações da EC estarem bastante dispersas, mas entre os accionistas minoritários haver um grupo que se «harmoniza» para exercer uma política comum face à EC – cfr. Dominique BERLIN, ob.cit., pág. 87.

[429] Ponto 13 da Comunicação 90/C 203/06.

[430] O problema da definição de controlo no domínio das ECs, particularmente nos casos em que se baseia na aquisição de participações minoritárias, recorda-nos automaticamente a jurisprudência *Philip Morris*. A questão que se coloca é a de saber se o acórdão poderá ter relevo no domínio do Regulamento n.° 4064/89. Parece-nos que a melhor solução é afastar tal hipótese, visto que o caso referido no acórdão envolve níveis de influência que ficam aquém do conceito de controlo utilizado no Regulamento. Ou seja, o primeiro parágrafo do art. 3.°, n.° 2, parece excluir as hipótese do tipo *Philip Morris*. No mesmo sentido, cfr. Jean Patrice de La LAURENCIE, *Le nouveau ...*, ob. cit., pág. 145. Para este autor, a partir da entrada em vigor do Regulamento a Comissão devia abandonar a jurisprudência *Philip Morris* e as situações do tipo *Carnaud/Sofreb* (17.° Rel. Conc., 1987, ponto 70) cairiam, a partir desse momento, na alçada do regulamento comunitário. Note-se, contudo, que nem toda a experiência desenvolvida pelas autoridades comunitárias à luz do Tratado CE será, em nossa opinião, desprovida de interesse para efeitos da aplicação do regulamento comunitário. De facto, como nota com razão James S. VENIT (*The «merger» control...*, ob. cit., pág. 37), já se poderão aplicar, na análise da noção de controlo conjunto, para efeitos do Regulamento de 1989, as orientações dadas pela Comissão em decisões anteriores. Assim, por exemplo, os princípios estabelecidos no caso *Mitchell Cotts/Sofiltra*, cit., onde a Comissão considerou que um investimento minoritário podia dar origem a uma influência decisiva, mantêm-se válidos no preenchimento da noção de «controlo conjunto» à luz do Regulamento de 1989. Há que distinguir, portanto, os casos de mera influência ou coordenação, pertencentes ao domínio do *Philip Morris,* das situações de influência decisiva, da alçada do regulamento comunitário .

[431] Cfr., neste sentido, o caso *Sanofi/Sterling Drug,* decisão da Comissão de 10 de Junho de 1991, cit.

[432] Ponto 11 da Comunicação 90/C 203/06.

O controlo comunitário das concentrações com base no reg. n.º4064/89 281

se exige unanimidade ou maioria qualificada, é que se sabe se há ou não controlo conjunto [433].

Na sequência do exposto, pode colocar-se a questão de saber se é possível estabelecer-se um critério geral que permita afirmar a existência de um controlo conjunto cujo exercício envolva um accionista minoritário. A Comissão parece ter seguido, nesta matéria, o seguinte critério: existirá um controlo conjunto quando o accionista minoritário tiver *direitos que ultrapassam a protecção normal dos interesses dos accionistas minoritários* nos Estados-membros da Comunidade, de forma que decisões importantes fiquem sujeitas ao consentimento do accionista[434-435]. Mas quais são os direitos que ultrapassam a protecção normal dos accionistas? É claro que há certos direitos que são, geralmente, inerentes à posse de uma determinada

---

[433] Sendo necessária a unanimidade ou a maioria qualificada para a adopção de certas decisões estratégicas, isso significa que o direito das empresas-mãe de vetarem essas decisões implica, em princípio, a existência de um controlo conjunto entre as fundadoras. O que foi, aliás, confirmado pela Comissão, nomeadamente no caso ELF/BC/CEPSA, decisão da Comissão de 18 de Junho de 1991, processo IV/M098, JOCE n.º C 127/8 de 3.7.91. Neste caso, as decisões estratégicas relativas à política de investimento, aquisições, etc, tinham de ser tomadas por maioria qualificada de 75%, pelo que a Comissão considerou que havia um controlo conjunto da EC, atendendo a que ambas as empresas-mãe tinham um direito de veto. É claro que a possibilidade que as empresas fundadoras têm de vetar certas decisões não significa que elas venham efectivamente a fazê-lo. Devemos considerar relevante a intenção das partes? O Tribunal parece tê-lo feito na decisão *Philip Morris,* onde, apesar de a Philip Morris ter o direito de vetar certas decisões importantes, isso foi considerado uma possibilidade demasiado hipotética, tendo o Tribunal, por conseguinte, concluído pela inexistência de controlo, afirmando tratar-se de um mero investimento passivo. Cfr. *supra,* ponto 19.

[434] Cfr., neste sentido, quer a decisão *CONAGRA/IDEA* (cit., ponto 14) – onde a Comissão afirma que a exigência de maioria qualificada significa que a EC não pode actuar sem o consentimento da Conagra; logo os direitos desta «ultrapassam a protecção normal dos interesses dos accionistas minoritários nos Estados-Membros comunitários e dá à Conagra o direito de exercer em conjunto com a *holding* uma influência decisiva» na EC – quer as decisões *Elf-Enterprise* (decisão da Comissão de 24 de Julho de 1991, processo IV/M088, JOCE n.º C 203/14 de 2.8.91) e *Eridania/ISI,* cit.

[435] Note-se que este critério foi utilizado pela Comissão em decisões em que estava em causa a existência de um controlo conjunto, mas cremos que nenhuma razão impede a sua aplicação às hipóteses de controlo exclusivo. No mesmo sentido, cfr. Jeronimo Maillo GONZALEZ-ORUS, ob.cit., pág. 582.

282 *O controlo das concentrações de empresas no direito comunitário*

participação no capital de uma empresa e que visam, portanto, manter o valor integral dos investimentos feitos, como os direitos de voto, de participar nas assembleias gerais, direitos de preferência, direito aos lucros, etc, enquanto outros, que fazem parte de um conjunto à partida indefinido, ficam fora desse círculo. Podemos, talvez, procurar uma certa orientação para esta questão quer nas disposições da Comunicação 90/C 203/06 e dos relatórios sobre a política de concorrência quer nas decisões da Comissão. Nos termos da Comunicação 90/C 203/06, «(...) só se pode presumir a existência de um controlo conjunto se as circunstâncias de facto e de direito, e em especial a convergência de interesses económicos, demonstrarem a existência de uma política comum deliberada das empresas-mãe em relação à EC» [436]. Ora, caso as participações de capital sejam diferentes, a situação de controlo conjunto pode ser garantida, como já referimos, por direitos, contratos, ou quaisquer outros meios. O essencial é serem concedidos direitos importantes aos accionistas minoritários que lhes permitam sujeitar ao controlo conjunto, de duas ou mais empresas-mãe, as actividades comerciais da empresa em causa [437]. Tal será o caso, segundo a Comissão, «quando o detentor de uma participação minoritária tem os mesmos direitos de voto e uma representação igual nos orgãos de direcção e de fiscalização e/ou tem direito de veto, directo ou indirecto, sobre decisões comerciais estratégicas» [438]. Deste modo, já considerou direitos que ultrapassam a protecção normal dos accionistas minoritários, com vista a proteger os seus investimentos, o poder de vetar decisões comerciais estratégicas, como a «adopção de orçamentos anuais e planos estratégicos», bem como «a aprovação do lançamento de novos produtos e a remuneração e selecção do pessoal de direcção» [439], «a designação do órgão de decisão» [440], «o pedido de licenças de petróleo ou concessões para a exploração» [441], etc. Por outro lado, a autoridade comunitária afirmou, ainda, a existência de um controlo conjunto quando tinham de ser tomadas por acordo as decisões relativas «à aprovação de planos orçamentais detalhados para a empresa comum» e «a nomeação e destituição dos directores e

---

[436] Comunicação 90/C 203/06, cit., ponto 13.
[437] 21.º Rel. Conc., pág. 383.
[438] 21.º Rel. Conc., pág. 383.
[439] Decisão *CONAGRA/IDEA*, cit.
[440] Decisão *Eridania/ISI*, cit.
[441] Decisão *ELF/Enterprise*, cit.

O controlo comunitário das concentrações com base no reg. n.º4064/89   283

membros dos órgãos de administração e de fiscalização das filiais da nova empresa»[442].

Estabelecida a existência de uma EC, importa operar a sua qualificação como concentração ou cooperação. Resulta do regulamento e da Comunicação 90/C 203/06 que a EC só terá carácter de concentração verificando-se dois requisitos: a EC deve desempenhar de forma duradoura todas as funções de uma entidade económica autónoma e, por outro lado, é necessária a inexistência de coordenação do comportamento concorrencial entre as próprias empresas-mãe e entre elas e a EC[443].

A primeira condição, que a Comissão qualificou na Comunicação como positiva, desdobra-se numa autonomia que podemos considerar, por um lado, funcional e, por outro, de decisão[444]. Existirá *autonomia funcional,* nos termos da Comunicação, quando a EC «agir como fornecedor e comprador independente no mercado». Já «as empresas comuns que só assumem das empresas-mãe responsabilidades parciais específicas não devem ser consideradas concentrações, visto que são meramente instrumentos auxiliares das actividades comerciais das empresas-mãe»[445-446]. Depois ainda, serão consideradas violações à autonomia funcional da EC os fornecimentos ou vendas que a EC faz

---

[442] Assim, na decisão *Varta Bosch,* cit., ponto 3.

[443] No sentido de que a segunda condição engloba a primeira, tornando-a por isso redundante, cfr. L. GYSELEN, ob. cit., pág. 11. Este autor alega que, se uma EC não desempenhar de forma duradoura todas as funções de uma entidade económica autónoma, servirá sempre às empresas-mãe de instrumento para coordenar o seu próprio comportamento concorrencial ou esse e o da EC. Por outro lado, sublinha que, no caso de as empresas actuarem no mesmo sector, é difícil saber-se quando é que pode haver uma influência determinante de uma empresa sobre a outra sem haver coordenação dos seus comportamentos concorrenciais.

[444] Distinção operada por Mario SIRAGUSA e Romano SUBIOTTO, *The EEC merger ...,* ob. cit., pág. 61, bem como por Henry LESGUILLONS e Caroline GRAVISSE, *Two years of application of the EEC concentration regulation,* RDAI, n.º 8, 1992, pág. 982.

[445] Ponto 16 da Comunicação 90/C 203/06. Assim, no caso *Flachglas/Vegla* a Comissão concluiu que, uma vez que a EC só desempenhava uma função auxiliar das actividades das sociedades-mãe, a operação não constituía uma concentração – cfr. decisão da Comissão de 1 de Maio de 1992, processo IV/M168, JOCE n.º C 120/30 de 12.5.92.

[446] Como nota L. GYSELEN (ob. cit., pág.11), o adjectivo auxiliar assume um significado decisivo: a EC só terá carácter de concentração se desempenhar todas as funções de uma entidade económica, desde que não sejam auxiliares das actividades das empresas fundadoras.

284 *O controlo das concentrações de empresas no direito comunitário*

exclusivamente às empresas-mães[447]. Sublinhe-se, também, que a EC só terá autonomia funcional «se tiver capacidade para desenvolver a sua actividade por um período de tempo ilimitado, ou pelo menos longo», pois só assim fica assegurada a alteração a longo prazo das estruturas das empresas-mãe. A Comissão esclarece, a este propósito, que mais importante que o período de tempo acordado à EC[448], que é de facto um indício significativo da autonomia da EC, são os «recursos humanos e materiais da EC que, pela sua natureza e quantidade, devem assegurar a existência e a independência da EC a longo prazo»[449]. Assim, por exemplo, o «investimento de recursos financeiros substanciais», a «concessão de um saber-fazer técnico ou comercial», ou ainda «a transferência de actividades para a EC», são fundamentais para garantir a independência da EC a longo prazo. De facto, só a verificação deste requisito consagra uma verdadeira integração económica das actividades das empresas fundadoras da EC[450-451], originando uma alteração permanente da estrutura do mercado[452].

---

[447] Ponto 16 da Comunicação 90/C 203/06. Note-se, no entanto, que, se os compromissos forem provisórios, a Comissão já os aceita como restrições acessórias à operação de concentração. Cfr., neste sentido, a decisão *Courtaulds/SNIA* (decisão da Comissão de 19 de Dezembro de 1991, processo IV/M113, JOCE n.° C 233/16 de 24.12.91.), em que foi aceite o acordo de fornecimento entre a Courtaulds e a EC.

[448] Que a proposta da Comunicação fixava em cerca de 20 anos – cfr. Pierre Bos e outros, ob. cit., pág. 186 . A referência a este período não foi mantida, no entanto, na versão definitiva.

[449] Comunicação 90/C 203/06, cit., ponto 17.

[450] Assim, no caso *Elf Atochem/Rohm & Haas* (decisão da Comissão de 28 de Julho de 1992, processo IV/M160, JOCE n.° C 201/27 de 8.8.92), a consideração dos recursos humanos e materiais foi decisiva para a Comissão afirmar que a EC tinha carácter de concentração.

[451] Neste sentido, cfr. Christopher JONES (ob. cit., pág. 393), para quem as dificuldades levantadas com a prova de que a EC desempenha de forma duradoura todas as funções de uma entidade económica autónoma, prova essa que não era aliás exigida à luz da teoria da concentração parcial, podem ser substancialmente atenuadas, ou pelo menos tornadas compreensíveis, se a considerarmos expressão das alterações na estrutura do mercado. É claro que este teste é apenas um dos critérios a ter em conta na apreciação dessas alterações e, se for utilizado com a interpretação sugerida, permite garantir uma certa continuidade em relação à prática da Comissão anterior ao Regulamento de 1989.

[452] Cfr. C. JONES e GONZÁLEZ DÍAZ (ob. cit., pág. 55), que afirmam que a alteração da estrutura da empresa ocorre sempre que criada a EC, independentemente

O controlo comunitário das concentrações com base no reg. n.º4064/89   285

Além disso, apesar de o regulamento dar um tratamento sistematicamente separado às duas condições que caracterizam a EC concentrativa, pensamos que certos factores explicativos do requisito positivo são igualmente válidos para a segunda condição. Isto significa que a exigência de que a EC prossiga de forma duradoura todas as actividades de uma entidade económica autónoma é igualmente um factor a considerar na apreciação da ausência de coordenação de comportamentos concorrenciais, entre as empresas-mãe, restritivos da concorrência[453]. Este critério foi utilizado pela Comissão em certas decisões, quer para justificar a qualificação da EC como uma operação de concentração, como sucedeu, por exemplo, no caso *Renault/Volvo*[454], quer para afastar o seu carácter de concentração, como sucedeu na decisão *Baxter/Nestlé/Salvia*[455], onde a autoridade comunitária argumentou que a transferência de licenças e de *know-how* para a EC tinha uma duração limitada, pelo que a EC não podia exercer a suas actividades de forma duradoura.

A *autonomia de decisão* verificar-se-á, nos termos da Comunicação, quando a EC «exercer a sua própria política comercial», isto é, quando for livre de determinar, de forma independente, «o seu comportamento concorrencial e em função dos seus interesses económicos»[456]. Essa autonomia não será contestada «apenas porque as empresas-mãe se reservam o direito de tomar certas decisões essenciais para o desenvolvimento da EC, nomeadamente decisões relativas a alterações do objecto social, aumentos ou reduções do capital ou aplicação dos lucros»[457]. A influência exercida pelas empresas-mãe tem, assim, de se limitar à estrutura da empresa, devendo abster-se de qualquer intervenção em relação à política comercial da EC, que deve ser prosseguida autonomamente por esta. Mas será, na verdade, possível separar as duas questões? Como é que se consegue conciliar esta ideia de autonomia decisória com a exigência de um controlo conjunto das empresas-mãe, inerente à

---

do seu carácter de concentração ou cooperação, já a alteração permanente da estrutura do mercado só ocorre se existir uma verdadeira EC concentrativa.

[453] No mesmo sentido, C. JONES e GONZÁLEZ DÍAZ, ob. cit., pág. 55.

[454] Cfr. decisão da Comissão Renault/Volvo, cit.

[455] Decisão da Comissão de 6 de Fevereiro de 1991, processo IV/M058, JOCE n.º C 37/11 de 13.2.91.

[456] Ponto 18 da Comunicação 90/C 203/06.

[457] Ponto 19 da Comunicação 90/C 203/06.

286 O controlo das concentrações de empresas no direito comunitário

própria noção de EC? Estas dúvidas, quanto à existência de empresas comuns em que as empresas-mãe abandonem, de facto, toda a influência sobre a sua política comercial, são sentidas pela generalidade da doutrina[458]. O poder de designar os dirigentes sociais, que é uma prerrogativa da qualidade de accionistas, concede necessariamente às empresas-mãe, como salientam com razão Mario Siragusa e Romano Subiotto, uma influência sobre a EC bem mais

---

[458] Assim, entre muitos, Mario SIRAGUSA e Romano SUBIOTTO, *Le contrôle ...*, ob. cit., pág. 60, William SIBREE, *EEC merger control and joint ventures*, ELR, April 1992, pág. 95, e Christine PAULEAU, ob.cit., pág. 232. Mais radical parece ser a posição de Jaime Perez-Bustamante KÖSTER (*Las filiales comunes concentrativas en el reglamento (CEE) n. 4064/89 sobre el control de las operaciones de concentracion entre empresas*, GJ, 69, Diciembre 1991, pág. 6), ao defender que «afirmar que as empresas-mãe devem excluir toda a participação na estratégia do mercado comum da filial comum é absolutamente fictício (...) a análise da autonomia da filial deveria ter--se limitado a verificar se as empresas-mãe deixaram de operar no mercado da filial comum, ou em mercados actual ou potencialmente ligados a este último: os restantes critérios só contribuem para fomentar a falta de transparência nas relações de concorrência mães-filiais» . No mesmo sentido, cfr. Barry HAWK, que afirma que «a autonomia da empresa comum (que é um importante elemento do teste) não tem nada a ver com a política económica ou de concorrência e deveria ser rejeitada como sendo um conceito analítico desnecessário e confuso». Além disso, este elemento, segundo o mesmo autor, poderia conduzir a resultados inadmissíveis; e reforça o seu ponto de vista fornecendo os seguintes exemplos: «considerem os seguintes dois casos: num primeiro caso as empresas-mãe não eram concorrentes actuais ou potenciais, devendo, portanto, a empresa comum ser considerada como tendo carácter de "concentração" quer a empresa comum seja autónoma ou não; a exigência de autonomia é irrelevante de um ponto de vista económico e concorrencial. Num segundo caso, os pais são concorrentes actuais ou potenciais mas a empresa comum é autónoma, A autonomia devia tornar a EC com carácter de concentração?» – cfr. *Concentrative/Cooperative joint ventures metaphysics and the law*, EBLR, vol. 3, n. 1, 1992, págs. 3 e 4. Finalmente, recorde-se Dominique BERLIN, para quem falar de autonomia da entidade económica criada é insistir em algo que, já antes do Regulamento, se mostrava inadequado. Segundo o autor, não se pode considerar essencial a incidência da influência da operação sobre a estrutura interna das empresas. O critério de concentração deve incidir, sobretudo, na alteração da estrutura do mercado e menos na estrutura interna da empresa. Por outro lado, é difícil conciliar a ideia de que a EC só é concentrativa se for uma entidade económica autónoma com a ideia de que a EC é uma entidade onde as decisões são tomadas em comum por sociedades fundadoras. A contradição resolve-se ainda, segundo este autor, se considerarmos que a ideia de controlo não tira toda a autonomia à empresa – cfr. D. BERLIN, ob.cit, pág. 85.

ampla do que a Comissão parece considerar[459]. Isto quer dizer que deparamos com exigências contraditórias? O requisito de um controlo em conjunto pelas empresas fundadoras, inerente ao próprio conceito de EC, não afastará a ideia de autonomia de decisão da EC? Em resposta, já foi sugerida a seguinte solução de compromisso: saber se há autonomia de decisão da EC é, no fundo, uma questão de «grau»[460]; deve, portanto, entender-se que a uma «dependência financeira e estatutária» se contrapõe uma «independência comercial» que a Comissão traduz na mera necessidade de uma actividade praticada pela própria EC[461]. Outra solução avançada para sanar esta aparente contradição seria considerar a exigência de uma «entidade económica autónoma» apenas à luz do requisito de «uma alteração estrutural permanente» do mercado[462]. A verdade é que, apesar das amplas explanações feitas pela Comissão acerca da necessidade da existência de uma autonomia de decisão, na sua prática decisória o papel desempenhado por esse critério parece ser pouco relevante[463]. Desta forma, já considerou, por exemplo, na decisão *Aérospatiale Alenia/de Havilland*[464], como prova suficiente da independência da EC a transferência de uma actividade inteira das empresas-mãe para a EC, afirmando que a EC desempenhava todas as funções de uma entidade económica autónoma[465].

Daí que, apesar de a condição positiva ser referida em primeiro lugar, é à condição negativa que a Comissão dá prioridade na análise do carácter de concentração da EC[466]. A EC não pode ter por objecto

---

[459] M. SIRAGUSA e R. SUBIOTTO, *Le contrôle...*, ob. cit., pág. 60.

[460] Neste sentido, William SIBREE, ob.cit, pág. 95. Este autor interpreta o regulamento da seguinte forma: «The regulation does *not say* that the joint venture "must be an autonomous economic entity": it says it must *perform all the functions* of such an entity. That is rather a different concept. The parents may well have influence, for example, through their appointees to the board, but the joint venture mus act *as if* it were autonomous».

[461] No mesmo sentido, cfr. Dominique BERLIN, ob. cit., pág. 89.

[462] Assim, Cristopher JONES, *In* AAVV, *Procedures and enforcement under EEC merger regulation*. Panel Discussion, FCLI, capítulo 21, 1991, pág. 476.

[463] Cfr., no entanto, a situação excepcional do caso *Mitsubishi/Ucar*, decisão de 4 de Janeiro de 1991, processo IV/M024, JOCE n.° C 5/7 de 9. 1. 91.

[464] Decisão da Comissão de 2 de Outubro de 1991, cit.

[465] Cfr. ainda a decisão *Varta Bosh*, cit., bem como a decisão *Mitsubishi/UCAR*, cit.

[466] Atitude que merece o beneplácito da maioria da doutrina. Assim, Tilman E. LUEDER, ob. cit., pág. 165, e Barry HAWK, *Joint ventures* ..., ob. cit., pág. 318. Solução

esta que nos parece igualmente razoável, dado que, como nota Barry HAWK, o critério da autonomia apresenta certas deficiências teóricas e práticas. Assim, segundo este autor, a verificação do requisito da autonomia não afasta o risco de restrições da concorrência, visto que não é pelo facto de a EC ser autónoma que deixa de haver o risco de restrição da concorrência se as empresas-mãe continuarem a ser concorrentes actuais ou potenciais. Do mesmo modo, se as empresas-mãe não são concorrentes da empresa comum porque saíram do mercado, ou seja, se a EC não tiver autonomia, isso não devia impedir, segundo o mesmo autor, a sua qualificação como concentração. Esta posição era igualmente defendida por outros autores, como por exemplo Christopher JONES (ob. cit., pág. 395), que consideravam incompreensível o facto de se deixar de aplicar o regime mais favorável das concentrações só porque a EC recebeu conselhos das empresas-mãe, quando estas se retiraram de forma completa e irreversível do mercado, e a EC constitui uma estrutura permanente. Assim, para este autor, «o argumento de que as empresas-mãe estariam de facto a coordenar o seu comportamento naquele mercado é irrelevante se não houver 'efeito de grupo' nas suas operações; tal cooperação é a própria essência da concentração» – cfr. ob. cit., pág. 396. O teste essencial, quer na teoria da concentração parcial, quer no Regulamento n.º 4064/89, é o das relações concorrenciais entre as empresas-mãe e a EC. Aliás, este teste encontra-se igualmente referido no acórdão *Philip Morris,* onde o Tribunal afirmou que o art. 85.º era aplicável à aquisição por uma empresa de uma participação minoritária no capital de uma empresa concorrente se a aquisição conduzisse a uma coordenação de comportamento comercial. Ora, a ausência de coordenação de comportamentos como requisito da não aplicação do art. 85.º manteve-se ao longo dos tempos, ainda que sob fórmulas diferentes: na teoria da concentração parcial fala-se em «retirada irreversível do mercado», enquanto no Regulamento de 1989 se fala em «ausência de coordenação do comportamento», mas parece-nos que a interpretação a dar é a mesma. Note-se, ainda, que, na prática, é muito difícil traçar a fronteira entre a aquisição de controlo de uma empresa, que tem por efeito a coordenação dos seus comportamentos concorrenciais, e os casos de aquisição de controlo de uma empresa que não origina tal coordenação. Segundo Robert KOVAR (cfr.*The EEC ...,* ob. cit., págs. 86 e 87), há duas características que permitem distinguir uma aquisição de participações «cooperativa» de uma «concentrativa»: por um lado, no primeiro caso a influência é recíproca, enquanto no segundo caso a influência resultante da aquisição é unilateral; por outro lado, só no caso de a aquisição ter carácter de concentração é que se exige que a influência seja decisiva, isto é, que confira controlo nos termos do art. 3.º, n.º 3, do regulamento, enquanto isso já não é exigido no outro caso. Ora determinar quando é que a influência é decisiva não é uma questão fácil. De qualquer modo, podemos afirmar, com Jacques H. J. BOURGEOIS e Bernd-Jan DRIJBER (ob. cit., pág. 19), que o campo de aplicação do Regulamento n.º 4064/89 começa onde termina o do art. 85.º, na interpretação que lhe foi dada no caso *Philip*

O controlo comunitário das concentrações com base no reg. n.º4064/89   289

ou efeito a coordenação do comportamento entre as empresas-mãe («coordenação horizontal»)[467], nem entre as empresas-mãe e a EC («coordenação vertical»). A existência dessa coordenação significa que não se verifica a segunda condição, de natureza negativa, exigida pela Comunicação para o reconhecimento do carácter de concentração da EC. Tal coordenação será, para alguns autores, a consequência provável da conjugação dos critérios definidores da EC concentrativa[468]. E a verdade é que a utilização da EC como instrumento para a coordenação do comportamento das empresas no mercado afasta a aplicação do regulamento comunitário[469], isto é, aplica-se-lhe o regime das *ententes* e não o das concentrações. A resolução deste problema terá de passar pela difícil tarefa, como reconheceu a Comissão[470], da

---

Morris. É igualmente neste sentido que Pierre Bos e outros (cfr. ob. cit., pág. 87) afirmam que a noção de controlo para efeitos do acórdão *Philip Morris*, isto é, «o controlo da conduta comercial de uma outra empresa», não tem o mesmo significado de controlo para efeitos do Regulamento de 1989, ou seja, a noção de controlo dada pelo regulamento como o poder de «exercer uma influência determinante» é mais lata do que a utilizada no caso *Philip Morris*.

[467] L. GYSELEN, ob. cit., pág. 12.

[468] Assim, Charles-Étienne GUDIN e Bernard GRELON (*Le droit européen des concentrations et les entreprises communes*, RAE, n.º 2, 1991 pág. 15), utilizando o seguinte raciocínio: a EC é controlada em conjunto na sua estrutura em relação às operações relativas ao seu objecto social, ao seu capital ou aos seus lucros; mas, por outro lado, a EC permanece livre de determinar a sua política comercial no mercado em relação às actividades que lhe foram atribuídas pelas empresas-fundadoras; logo, sendo a EC independente, no plano comercial, em relação às empresas-mãe, poderá, em cooperação com as empresas-mãe, restringir a concorrência no mercado violando, assim, a proibição do art. 85, n.º 1.

[469] Para Barry HAWK a exigência da Comissão de que não haja efeito de grupo noutros mercados devia ser definida de forma mais rigorosa (cfr. *Concentrative/Cooperative joint ventures metaphysics and the law*, EBLR, vol. 3 n.º 1, 1992, pág. 5), pois que a expressão «efeito de grupo» ou «spillover effect», segundo o autor, refere-se essencialmente ao «efeito cooperativo» entre as empresas-mãe, não parecendo correcto aplicá-la a um efeito cooperativo entre a EC e as empresas-mãe quer no mercado da EC quer fora desses mercados. Por outro lado, este autor distingue, tal como aliás Louis VOGEL (cfr. *Droit de la...*, ob. cit., pág. 287), três tipos de riscos anti-concorrenciais associados às ECs, a saber: risco de concorrência actual ou potencial no mercado da EC quando uma ou ambas as empresas-mãe aí concorriam antes da operação; «spillover effects» em mercados diferentes da EC ; efeitos verticais ou de exclusão (cfr. B. HAWK, *Concentrative/Cooperative ...*, ob. cit., pág.7).

[470] Ponto 23 da Comunicação 90/C 203/06.

290 O controlo das concentrações de empresas no direito comunitário

demarcação da fronteira entre «a concordância de interesses numa EC» e «a coordenação do comportamento concorrencial incompatível com a noção de concentração».

A autoridade comunitária presume a existência de um risco de coordenação quando as empresas-mãe, ou uma delas, continuam a actuar no mercado da EC, ou quando a EC opera nos mercados vizinhos, a montante ou a jusante dos mercados das empresas-mãe[471]. O risco de coordenação nesses casos só será eliminado se as empresas-mãe transferirem «a totalidade de determinadas actividades para a EC e se [retirarem] de forma permanente do mercado»[472], ou, no caso de as empresas-mãe não terem actuado no mercado da EC[473], se se estabelecer que «não penetrarão [nele] num futuro previsível»[474]. A Comissão parece retomar, deste modo, os critérios utilizados antes da entrada em vigor do regulamento: só a retirada das empresas-mãe do mercado da EC e dos mercados vizinhos, onde estão em concorrência, é que permite confirmar a presença de uma EC com carácter de concentração. Desta forma, as críticas feitas anteriormente à prática decisória da Comissão mantêm-se[475]: a Comunicação transforma

---

[471] Ponto 19 da Comunicação 90/C 203/06. Quando as empresas-mãe continuem a actuar em mercados vizinhos do da EC, a colaboração no mercado da EC pode conduzir à coordenação do comportamento concorrencial das empresas-mãe nesses mercados vizinhos. Este problema surgiu, nomeadamente, no caso *Lucas Eaton* (decisão da Comissão de 9 de Dezembro de 1991, processo IV/M149, JOCE n.° C328/15 de 17.12.91), onde a Comissão, depois de examinar os factos, acabou por concluir pela ausência de coordenação do comportamento concorrencial.

[472] Pontos 20 *in fine* e 25 da Comunicação 90/C 203/06.

[473] Assim, no caso *Ahold/Jeronimo Martins* (decisão da Comissão de 29.9.92, processo IV/M263, JOCE n.° C 261/10 de 10.10.92), relativo à venda a retalho de produtos alimentares em Portugal, em que uma das sociedades-mãe, a Ahold, manteve uma parte importante de retalhista de produtos alimentares noutros mercados geográficos, mas não tinha quaisquer actividades em Portugal, a Comissão afirmou que, dado não existir qualquer interacção entre estes diferentes mercados geográficos, não havia qualquer risco de coordenação do comportamento concorrencial entre a Ahold e a empresa comum no mercado português de venda a retalho de produtos alimentares.

[474] Ponto 31 da Comunicação 90/C 203/06. O risco de coordenação do comportamento concorrencial é, ainda, reduzido se as empresas-mãe limitarem a sua influência a certas decisões da EC e expressarem mais os seus interesses financeiros do que de mercado.

[475] Note-se que a questão de saber se os critérios fixados no Regulamento "coincidem" com os existentes à luz da teoria da concentração parcial não colhe o

O controlo comunitário das concentrações com base no reg. n.º4064/89   291

automaticamente empresas comuns concentrativas em empresas comuns cooperativas se as empresas-mãe não saírem do mercado relevante, ainda que não haja a presença de quaisquer acordos restritivos[476]. É particularmente representativa desta situação a decisão *Apollinaris/Schweppes*[477-478]

As razões apresentadas pela Comissão parecem, portanto, difíceis de aceitar quando existe uma verdadeira integração económica – as empresas-mãe transferiram recursos substanciais para a EC e houve uma verdadeira integração do activo – e, sobretudo, quando os factos citados na decisão não provam a existência de qualquer coordenação

---

consenso da doutrina. Assim, para Chantal RUBIN (ob. cit., pág 5), os critérios utilizados no Regulamento para considerar a EC concentrativa diferenciam-se dos utilizados anteriormente pelas autoridades comunitárias, a saber, retirada completa e definitiva das empresas-mãe do domínio de actividade das ECs e ausência de concorrência actual ou potencial entre as empresas-mãe. Já Jean Patrice de La LAURENCIE (cfr.*Le nouveau...*, ob. cit., pág. 144, nota 7), por seu turno, faz corresponder à exigência de uma «modificação permanente da estrutura do mercado», feita ao abrigo da teoria da concentração parcial, a expressão «duradoura», mencionada no art. 3.º, n.º 2, do Regulamento de 1989, devendo o requisito da «retirada das empresas-mãe do mercado» formulado anteriormente ser considerado incluído na noção mais geral da ausência de «coordenação do comportamento concorrencial» referida no art. 3.º, n.º 2, do Regulamento de 1989. No mesmo sentido, cfr. Dominique BERLIN (ob.cit., pág. 83), que afirma que «a exigência da retirada das empresas fundadoras do mercado no qual opera a EC parece encontrar uma correspondência na exigência de que a operação 'não deve implicar uma coordenação do comportamento concorrencial' quer entre as empresas fundadoras quer entre estas e a EC». Em nossa opinião, as soluções do regulamento sofrem claramente influência da experiência desenvolvida pela Comissão à luz do Tratado, especiamente a condição negativa, o que não significa que não se tenha vindo a observar uma certa evolução nos critérios seguidos pela autoridade comunitária nesta matéria.

[476] Neste sentido, cfr. Anand S. PATHAK, *The EC Comission's* , ob, cit., pág. 174. Este autor defende que as posições adoptadas pela Comissão na Comunicação significam que o carácter de concentração da EC passa a ser determinado pelas relações concorrenciais das empresas-mãe antes da criação da EC.

[477] Decisão da Comissão de 24 de Junho de 1991, processo IV/M093, JOCE n.º C 203/14 de 2.8.91.

[478] Cfr. ainda decisão *BSN/Nestlé/Cokoladovny* (decisão da Comissão de 17 de Fevereiro de 1992, processo IV/M040, JOCE n.º C 47/23 de 21.2.92), onde a Comissão viu igualmente um risco de coordenação dos comportamentos entre as empresas fundadoras e a EC, pelo facto de aquelas não se terem retirado do mercado a favor da EC.

292 *O controlo das concentrações de empresas no direito comunitário*

entre as empresas[479]. Por outro lado, a utilização do critério da «retirada permanente» das empresas-mãe[480] tem ainda de ser conjugada com a aplicação, em certas decisões, dos princípios da Comunicação relativa às restrições acessórias. Recorde-se, por exemplo, os casos *Mitsubishi/UCAR*[481] e *ASKO/Omni*[482], em que a Comissão afirmou que as empresas comuns tinham carácter de concentração devido ao acordo de não concorrência celebrado pelas empresas fundadoras em relação à EC, considerando, portanto, a conclusão de tal acordo decisiva para a verificação do requisito da retirada das empresas fundadoras. Estas decisões encontram-se, portanto, em sintonia com a Comunicação 90/C 203/05, sobre as restrições acessórias à operação de concentração, que dispõe: «na medida em que a obrigação de não concorrência, assegurada pelas empresas fundadoras a favor da empresa comum, se destina a expressar a realidade da retirada duradoura dos fundadores do mercado atribuído à empresa comum deve, por conseguinte, ser reconhecida como parte integrante da operação de concentração»[483-484].

---

[479] A reintrodução das incertezas e contradições existentes anteriormente leva--nos a colocar a seguinte questão: Se as empresas não vão concorrer no mercado relevante por que é que a Comissão exige que as empresas-mãe se retirem do mercado para reconhecer a natureza de concentração à EC? Dito de outro modo: Não existirão situações em que a simples presença das empresas-mãe no mercado da EC ou em mercados vizinhos não dê necessariamente origem a uma concertação? Parecem-nos assaz pertinentes, a este propósito, os exemplos apresentados por Mario SIRAGUSA e Romano SUBIOTTO (cfr. *Le contrôle* ..., ob. cit., pág. 61), no sentido de que tal risco é eliminado em várias situações.

[480] Observe-se que, a este propósito, já se afirmou (Anand S. PATHAK, *The EC Comission's...*, ob. cit., pág. 175) que a interpretação feita pela Comissão na Comunicação, de que a inexistência de coordenação do comportamento concorrencial só se verifica com a retirada permanente das empresas-mãe do mercado relevante, não tem qualquer apoio directo no texto do Regulamento.

[481] Decisão da Comissão de 4 de Janeiro de 1991,cit.

[482] Decisão da Comissão de 21 de Fevereiro de 1991, processo IV/M065, JOCE n.º C 51/12 de 27.2.91.

[483] Cfr. ponto V, n.º A, da Comunicação 90/C 203/05.

[484] Todavia, no caso de a cláusula de não concorrência não ficar estipulada expressamente pelas partes, mas existir uma «realidade de não concorrência», a Comissão pode ignorá-la, afirmando o carácter cooperativo da EC. Segundo L. GYSELEN (ob. cit., pág. 13), esta «realidade» pode resultar de comportamentos tácitos ou pura e simplesmente do bom senso das empresas-mãe.Cfr. ainda a decisão

O controlo comunitário das concentrações com base no reg. n.º 4064/89   293

Significa isto que a questão de saber se restrições, como a cláusula da não concorrência, ligadas à operação de concentração, devem ser validamente toleradas, passa pela sua classificação como restrições acessórias, desempenhando aí um papel determinante o princípio da proporcionalidade, segundo o qual as restrições acessórias só são aceites se não forem mais restritivas do que o necessário para proteger o objectivo visado. A cláusula de não concorrência, por exemplo, será, em princípio, considerada válida se tiver os limites geográficos da EC e for confinada no tempo[485].

Em síntese, as expectativas criadas com a entrada em vigor do Regulamento n.º 4064/89, quanto a um tratamento jurídico das empresas comuns caracterizado pela rapidez, simplicidade e segurança, ficaram frustradas pela sobrevivência das contradições e incertezas existentes nessa matéria. Daí que certos autores, como Anand S. Pathak, sugiram que a única solução possível seria eliminar-se a categoria das empresas comuns cooperativas, com a interpretação que lhe é dada pela Comissão, e passar a aplicar-se o Regulamento n.º 4064/89 às empresas comuns concentrativas e o art. 85.º às empresas comuns que disfarcem *ententes,* bem como aos acordos restritivos considerados não acessórios da EC concentrativa. E, se a Comissão se mostrar renitente, caberá ao Tribunal desempenhar tal tarefa, uma vez que a distinção entre concentrações em que as empresas fundadoras saem do mercado e concentrações em que elas permanecem nele não tem qualquer apoio no regulamento do Conselho[486].

Apollinaris/Schweppes, cit., onde a Comissão qualificou a EC como cooperativa, apesar de existir uma verdadeira integração económica das empresas fundadoras, porque não havia uma cláusula explícita que consagrasse a obrigação de não concorrência. A Comissão considerou nesse processo que o facto de as empresas-mãe se manterem activas no mercado de produtos da EC, ainda que tivessem saído do seu mercado geográfico, significava que podiam regressar a esse mercado. Ou seja, a operação não podia ser declarada compatível à luz do regulamento, embora pudesse ser autorizada nos termos do art 85.º, n.º 3. Para uma visão crítica desta decisão, cfr. Christine PAULEAU, ob. cit, pág. 242. Sobre esta questão, cfr. ainda Anand S. PATHAK, *The EC Comission's...,* ob. cit., pág. 176.

[485] Como afirmam sugestivamente Antony DOWNES e Julian ELLISON, as restrições serão geralmente consideradas acessórias da EC concentrativa quando visem «suavizar o trajecto para a autonomia económica» – cfr. ob. cit, pág. 139.

[486] Anand S. PATHAK, *The EC Comission's...,* ob. cit., págs. 173, 176 e 180. Segundo este autor, «não há razão, depois da entrada em vigor do regulamento, para continuar a existir separadamente a categoria da EC cooperativa baseada em factores

294   *O controlo das concentrações de empresas no direito comunitário*

Todavia, estas dificuldades vão ser, de certa forma, atenuadas à medida que a Comissão introduz novos critérios na análise da EC com carácter de concentração, nomeadamente dos riscos de coordenação. Desta forma, afirmou, desde logo, nas decisões *Elf/BC/CEPSA*[487] e *Thomson/Pikilgton*[488], que não havia o risco de coordenação do comportamento concorrencial das empresas envolvidas na operação, pois que a sua participação no mercado relevante era *insignificante*. A autoridade comunitária introduz, portanto, um critério *de minimis* na análise da condição negativa[489]: se as empresas-fundadoras actuarem no mercado geográfico da EC mas o fizerem de uma forma insignificante, não se presume o risco de coordenação, ou seja, tendo pouca importância, os elementos de cooperação não afastam a qualificação da EC como concentração[490].

Em segundo lugar, a Comissão sublinhou, no caso *Thomson/ /Pikilgton,* que não havia risco de coordenação se uma das empresas fundadoras permanecesse activa no mercado da EC ou em mercados vizinhos, desde que ela conservasse, através de acordos com as outras empresas fundadoras, a responsabilidade de determinar o comporta- mento no mercado da EC; nesse caso, a EC teria carácter de concen-

---

como a não retirada das empresas-mãe do mercado da EC, pois que se a preocupação é a a coordenação nos mercados vizinhos, ela é comum às EC cooperativas e concentrativas (...). Se, porém, a preocupação é a coordenação entre as empresas-mãe e a EC, só porque as empresas-mãe não abandonaram o mercado da EC, esse risco pode ser eliminado, ou diminuído, examinando os acordos que acompanham a criação da EC sem aplicar o art. 85.° à própria criação da EC». A proposta de A. PATHAK, para se eliminar a categoria das ECs cooperativas, não vai ser seguida pela Comissão. De facto, a Comissão, na Comunicação sobre as restrições acessórias, afirma, desde logo, a predominância dos aspectos cooperativos sobre os concentrativos e, por outro lado, na Comunicação 93/C 43/02, relativa às ECs com carácter de cooperação, confirma a dicotomia entre as ECs cooperativas e concentrativas.

[487] Cfr. decisão da Comissão Elf/BC/Cepsa, cit.

[488] Decisão da Comissão de 23 de Outubro de 1991, processo IV/M086, JOCE n.° C 279/19 de 26.10.91.

[489] Neste sentido, cfr. Mario SIRAGUSA e Romano SUBIOTTO, *Le contrôle* ..., ob. cit., pág. 61, e William SIBREE, ob. cit, pág. 98.

[490] A Comissão considera, por vezes, a presença das empresas-mãe em mercados vizinhos como um indício da coordenação do comportamento das empresas-mãe com a EC concluindo que a EC é cooperativa. Este raciocínio parece-nos dificilmente conciliável com o desenvolvimento da regra *de minimis* em relação às ECs. No mesmo sentido, cfr. Anand S. PATHAK, *EEC merger regulation enforcement during 1992,* ELR, 1993, pág. 144 .

tração. Esta teoria, designada por «liderança industrial»[491], assenta, portanto, nos seguintes pressupostos: apenas uma das empresas-mãe se mantém no mercado da empresa comum enquanto a outra fica inactiva, ou se retira de forma duradoura desse mercado, e essa empresa fundadora fica responsável pelo comportamento, no mercado, da EC. Com esta interpretação, a Comissão desvaloriza, sem dúvida, o requisito negativo. Todavia, trata-se, ainda, de um critério pouco claro. De facto, parece estranho que, só se mantendo activa uma empresa--mãe, possa existir um controlo conjunto. Por outro lado, se a empresa que fica no mercado controla o comportamento da EC, como é que esta pode ter carácter de concentração, se lhe falta autonomia?

De qualquer modo, este critério marca uma nova etapa em matéria da empresas comuns. É que, com este teste, a Comissão afastou-se quer da posição seguida em decisões anteriores[492], quer dos princípios enunciados na Comunicação 90/C 203/06[493], onde considerava essencial a retirada de todas as empresas fundadoras para a eliminação do risco de coordenação[494]. Ora, o desfasamento cada vez

---

[491] Anand S. PATHAK, *EEC merger regulation ...,* ob. cit., pág. 145.

[492] Cfr., por exemplo, a decisão *Du Pont/Merck* (21.º Rel. Conc., 1991, ponto 85), onde a Comissão considerou a EC cooperativa, com o argumento de que uma das empresas comuns não se retirou do mercado.

[493] Cfr. ponto 33 da Comunicação 90/C 203/06, que exige que *todas* as empresas fundadoras se retirem do mercado para se poder afirmar excluído o risco de qualquer coordenação. Parece que, depois de um período inicial em que a Comissão seguiu os princípios enunciados na Comunicação, estamos, actualmente, perante uma fase de contestação desses princípios, como o demonstram as decisões *ELF/BC/CEPSA*, cit., e Thomson/*Pikilgton.*

[494] Este afastamento perpetuado pela Comissão em relação aos princípios enunciados na Comunicação, através de decisões isoladas, levou certos autores, como por exemplo W. SIBREE (cfr. ob. cit., pág. 91), a defenderem um controlo jurisdicional dessas situações. Na verdade, ainda que a Comunicação não tenha efeitos vinculativos, o facto de a Comissão se afastar dos princípios aí declarados aumenta a confusão e as contradições existentes na matéria. Por outro lado, a longa duração do processo de recurso para o Tribunal de 1ª instância, aliada ao facto de a generalidade das decisões da Comissão serem favoráveis às empresas, torna tal solução uma hipótese muito remota. Uma solução alternativa, apontada pelo mesmo autor, para afastar a incerteza derivada de decisões contraditórias, seria a revogação pela Comissão da Comunicação actual e a publicação de novas orientações logo que possível – cfr. L GYSELEN, ob. cit., pág. 102. A Comissão parece ter sido sensível a estas críticas, como o demonstram as suas declarações no COM (93) 385.

296 *O controlo das concentrações de empresas no direito comunitário*

maior entre os princípios enunciados na Comunicação e a evolução prática seguida pela Comissão aconselhariam, em nossa opinião, a substituição da Comunicação 90/C 203/06.

Por outro lado, cabe salientar que o critério a seguir na avaliação dos riscos de coordenação passa a centrar-se na análise do papel desempenhado pelas outras empresas fundadoras que se retiraram do mercado: não há risco de coordenação do comportamento concorrencial entre as partes ou entre a EC e uma empresa-mãe se a outra empresa-mãe que se retira tem apenas um interesse financeiro e não comercial na EC[495]. Vale isto por dizer que normalmente não há coordenação entre a EC e a empresa-mãe quando a empresa-mãe que apenas tem um interesse financeiro na EC sai do mercado, permanecendo no mercado da EC a outra empresa fundadora, que tem um interesse comercial na EC. Neste caso, não pode haver risco de coordenação do comportamento concorrencial entre a EC e a empresa-mãe que fica no mercado, porque essa empresa-mãe tem o controlo de facto do comportamento comercial da EC. Foi o que a Comissão afirmou mais uma vez na decisão *Ericsson/Kolbe*[496].

Observe-se, ainda, que esta doutrina parece ter sofrido certas alterações no caso *Mannesmann/ Hoesch*[497], onde a Comissão considerou a EC concentrativa, apesar de não ter feito qualquer referência à «liderança industrial» da empresa-mãe que não saiu do mercado.

Por último, a Comissão estabeleceu, como terceiro critério orientador da sua política em matéria de empresas comuns, que, se a coordenação do comportamento concorrencial entre as empresas-mãe ocorrer em mercados geográficos não comunitários, e não tiver efeitos apreciáveis sobre a concorrência no interior da Comunidade Europeia,

---

[495] L. GYSELEN, ob. cit., pág. 13.

[496] Foi o que sucedeu no caso *Ericsson/Kolbe* (decisão da Comissão de 22 de Janeiro de 1992, processo IV/M133, JOCE n.° C 27/14 de 4.2.92), onde a Comissão chegou à conclusão de que a Ericsson assumiu a *responsabilidade geral pela EC do ponto de vista industrial* e que o interesse da Kolbe na EC se revestiu mais de carácter financeiro do que comercial; consequentemente, seria pouco provável que houvesse uma coordenação do comportamento concorrencial de empresas que permanecem independentes.

[497] Decisão de 12 de Novembro de 1992, processo IV/M222, JOCE n.° L 114/34 de 8.5.93.

O controlo comunitário das concentrações com base no reg. n.º4064/89   297

a empresa comum é considerada como tendo carácter de concentração, apesar dessa coordenação[498].

Além destes critérios gerais, a autoridade comunitária tipifica, na Comunicação 90/C 203/06, quatro situações exemplificativas da distinção entre EC com carácter de cooperação e de concentração[499]. Em primeiro lugar, refere os casos em que as empresas comuns adquirem actividades pré-existentes das empresas-mãe, configurando duas situações: as empresas-mãe transferem toda a actividade para a EC, tornando-se, normalmente, sociedades de controlo, caso em que a Comissão, regra geral, se inclina para afirmar o carácter de concentração da EC[500], como sucedeu, por exemplo, na decisão *AG/Amev*[501]; ou as empresas fundadoras transferem apenas parte das suas actividades para a EC, caso em que a qualificação da operação como concentração dependerá da análise da situação das empresas--mãe, ou seja, é preciso verificar se elas podem ou não ser concorrentes nos mercados de produto a montante, a jusante ou vizinhos[502]. Uma segunda hipótese serão aquelas situações em que as empresas comuns empreendem novas actividades por conta das empresas-mãe. Nestes casos, podia pensar-se que, tratando-se de «actividades novas», não haveria qualquer risco de coordenação. A Comissão confirma que realmente é assim, desde que se tenham certas cautelas: é preciso que as empresas-mãe não tenham penetrado no mercado da EC e que não penetrem nele num futuro previsível por «carecerem de meios organizacionais, técnicos ou financeiros, ou porque à luz de todas as circunstâncias objectivas, uma operação deste tipo não representaria uma alternativa realista em termos comerciais»[503]. Foi, aliás, com base neste último argumento – de que o retorno da empresa-mãe não seria

---

[498] Cfr. COM (93) 385, de 28 de Julho de 1993, relatório da Comissão ao Conselho sobre o regulamento relativo ao controlo das operações de concentração, II, ponto 21.

[499] Ponto 24 da Comunicação 90/C 203/06.

[500] Pontos 25 e segs. da Comunicação 90/C 203/06

[501] Note-se que esta decisão se refere a uma situação que certos autores (assim Sylvaine POILLOT-PERUZZETTO, ob. cit, pág. 61) consideram situar-se a meio caminho entre as EC e as participações cruzadas, ou seja, tanto podia enquadrar-se numa situação como noutra. A Comissão apenas reconhece tratar-se de uma operação de concentração sem falar em EC ou participações cruzadas.

[502] Cfr. pontos 25 a 30 da Comunicação 90/C 203/06.

[503] Cfr. pontos 31 e 32 da Comunicação 90/C 203/06.

298   *O controlo das concentrações de empresas no direito comunitário*

uma alternativa realista em termos comerciais – que a Comissão afirmou o carácter de concentração da EC na decisão *Dräger/ /IBM/HMP* [504]. Em terceiro lugar, a Comunicação refere aquelas situações em que a EC penetra no mercado das empresas-mãe. Nesta hipótese, a Comissão considera que se deve presumir, até prova em contrário, a existência de uma coordenação do comportamento concorrencial entre as empresas-mãe ou entre estas e a EC [505]. Finalmente, é feita referência aos casos em que as empresas comuns operam em mercados a montante, a jusante, ou vizinhos. Nos dois primeiros casos, deve considerar-se provável a coordenação no domínio da política de compras ou de vendas entre as empresas-mãe, afastando-se, em princípio, esse risco se as empresas-mãe não forem concorrentes. Já na hipótese de as empresas-mãe e a EC actuarem em mercados vizinhos, a existência, ou não, do risco de coordenação dependerá da análise concreta dos mercados em causa [506-507]. A verdade é que, apesar do esforço da Comissão em elaborar certas orientações gerais, a aplicação dos princípio enunciados caso a caso é uma «necessidade inelutável» [508] que terá, por conseguinte, as desvantagens de um sistema casuístico.

Saliente-se, ainda, que esta análise desenvolvida pela Comissão quanto às características das empresas comuns com carácter de concentração, que as diferenciam das empresas comuns com carácter

---

[504] Cfr. decisão da Comissão de 28 de Junho de 1991, processo IV/M101, Dräger/IBM/HMP, JOCE n.° C 236/6 de 11.9.91. Recorde-se que nem sempre foi esta a posição seguida pela Comissão. De facto, antes da entrada em vigor do Regulamento n.° 4064/89, a Comissão chegou a afirmar a existência de uma concorrência potencial entre as empresas-mãe, apesar de não ser uma hipótese realista, visto essas empresas não disporem dos meios necessários para isso (foi o que se passou por exemplo na decisão *Vacuum Interrupters*, cit.); tal situação começou a alterar-se anos mais tarde, com o caso *Elopak*, cit.

[505] Ponto 33 da Comunicação 90/C2 03/06.

[506] Pontos 34 a 36 da Comunicação 90/C 203/06.

[507] Como nota Louis VOGEL esta distinção entre as situações de cooperação e concentração é puramente instrumental, ou seja, essencial para a caracterização da EC concentrativa é a impossibilidade de as empresas-mãe entrarem ou regressarem ao mercado da EC, e não a modificação da estrutura interna das empresas. Assim, logo que um risco elevado de coordenação acompanha a concentração, ela é considerada uma *entente* quaisquer que sejam as suas características intrínsecas – cfr. *Le nouveau...*, ob. cit., pág. 716.

[508] Robert KOVAR, *The EEC ...*, ob. cit., pág. 85.

O controlo comunitário das concentrações com base no reg. n.º4064/89   299

de cooperação, se afirma necessária, no domínio comunitário, devido à divergência de regimes existentes, cuja aplicação cumulativa parece ser excluída[509]. Enquanto no primeiro caso estaremos perante uma verdadeira operação de concentração, à qual será aplicado o Regulamento n.º 4064/89, no segundo caso a operação será analisada à luz dos outros regulamentos de execução do art. 85.º do Tratado.

Na prática, a distinção entre EC como operação de concentração e como *entente,* que é, no fundo, o corolário da fronteira traçada entre «coordenação do comportamento» e «alteração da estrutura», é muito difícil de realizar. Por exemplo, no caso de uma operação mista, em que está presente simultaneamente o carácter concentrativo e cooperativo da EC, qual deverá ser o regime aplicável? Será, aí, defensável a aplicação cumulativa dos dois regimes?

A Comissão aponta a solução a seguir na Comunicação relativa às restrições acessórias às operações de concentração, onde esclarece, desde logo, que «não haverá processos paralelos na Comissão, um destinado ao controlo da operação de concentração, nos termos do regulamento, e outro à aplicação dos arts. 85.º e 86.º às restrições acessórias dessa operação»[510]. Deste modo, se os aspectos cooperativos forem considerados meras restrições acessórias à operação de concentração, será apenas aplicado o regulamento[511].Todavia, se os dois aspectos, concentração e cooperação, forem "dissociáveis", serão analisados separadamente, à luz do regulamento e do art. 85.º[512]. Um exemplo desta aplicação dualista é a decisão *Renault/Volvo,* em que a Comissão considerou existir uma situação de concentração em relação

---

[509] Cfr. considerando 23 do preâmbulo do Regulamento n.º 4064/89.

[510] Ponto 1 da Introdução da Comunicação 90/C 203/05 relativa às restrições acessórias à operação de concentração, JOCE n.º C 203/05 de 14.8.90.

[511] Segundo Barry HAWK (*Concentrative/Co-operative* ..., ob. cit., pág. 4), as duas características da restrição acessória – ser "necessária" e "indispensável" – devem ser consideradas sinónimos; logo, restrição inseparável será acessória e, portanto, sujeita ao Regulamento. Sobre esta questão, cfr. *infra*, ponto 50. Por outro lado, sublinhe-se que o critério da indispensabilidade deve ser obviamente objectivo e não subjectivo sob pena de ser susceptível de manipulações pelas partes.

[512] A aplicação cumulativa dos dois regimes tem a desvantagem de implicar mais custos para as partes. No plano processual, as diferenças parecem, no entanto, ter sido atenuadas com a nova Comunicação da Comissão 93/C 43/02, relativa ao tratamento das empresas comuns com carácter de cooperação – JOCE n.º C 43/02 de 16.2.93.

300 *O controlo das concentrações de empresas no direito comunitário*

aos camiões e autocarros e um caso de cooperação quanto aos veículos automóveis [513-514].

---

[513] Uma outra solução seria determinar-se o carácter predominantemente "concentracionista" ou "cooperativista" da EC e aplicar-lhe o regime correspondente. Neste sentido, cfr. Dominique Berlin, ob. cit., pág. 88. Esta solução teria a vantagem de garantir uma maior segurança às empresas envolvidas na operação, nomeadamente quanto às obrigações (por exemplo, notificações) a cumprir. Mas poderia, por outro lado, dar origem a certas distorções intencionais da realidade.

[514] Neste contexto, questão que, desde logo, nos sai a caminho é a da possível existência de soluções preferíveis às apontadas pela Comissão quanto à distinção entre EC com carácter de cooperação e de concentração. Note-se, desde já, que não há consenso na doutrina sobre esta matéria. Certo sector, em que tem um papel de destaque Barry Hawk, defende a opção por critérios formais, isto é, baseados na aquisição de participações ou activos acima de certos limiares, que dariam uma maior segurança do que os critérios substanciais utilizados na Comunicação. Para Barry Hawk, os critérios utilizados pelas autoridades comunitárias não parecem capazes de distinguir, numa perspectiva racional, entre tipos de restrição ao comércio *funcionalmente* diferentes, situação que, segundo o autor, se explicaria pelo facto de, no Direito Comunitário, ao contrário do direito *anti-trust* dos Estados Unidos, não ser a *função* da restrição que determina o regime legal aplicável. Ou seja, no direito norte americano, se a restrição da concorrência for justificada por razões válidas de eficiência (baseada numa integração económica dos recursos), a restrição – quer se revele através de um comportamento quer através de uma estrutura – será analisada à luz da *rule of reason* (em que será feito o balanço entre vantagens e desvantagens da restrição). A restrição só é *per se* proibida se não há uma justificação económica plausível (concentração ou cooperação – para a integração de recursos de duas entidades anteriormente independentes). Assim, a distinção económica comportamento/estrutura não implica necessariamente a aplicação de regimes legais totalmente diferentes. Concluindo, é a *função* da restrição, segundo Barry HAWK, e não a sua *forma* (estrutura/comportamento) que é o factor distintivo. A questão fundamental não é, portanto, saber se a EC deve ser tratada como concentração ou cooperação, mas sim a existência de uma verdadeira integração de recursos de produção, de distribuição, etc, que faz presumir a eficácia económica da operação. Na opinião deste autor, só o «formalismo» existente no domínio do direito comunitário é que pode justificar a distinção entre EC cooperativas e concentrativas, visto que «advogados experientes em matéria *anti-trust* não percebem a distinção nem a aplicam com um certo grau de confiança [e] os economistas vêem-na mais como um exemplo das "perversões" que os advogados fazem da economia (...)». Desta forma, «apesar de a distinção EC concentrativa/cooperativa não visar criar normas substantivas opera no plano material, no sentido que pode ser determinante na colocação de uma transacção sob a tutela do teste mais tolerante do regulamento ou sob a égide do teste mais restritivo e confuso do art. 85.°.

Em conclusão, podemos afirmar que a qualificação prévia e artifial da EC como tendo carácter de concentração ou de cooperação tem importantes efeitos práticos. Desde logo, estando associado à aplicação do regime das *ententes* uma proibição automática, um processo de isenção extremamente lento, bem como a inexistência de limiares que afastem um controlo comunitário da operação, ao qual se contrapõe o sistema bastante mais flexível e rápido do regulamento sobre o controlo das concentrações, existe o perigo de as empresas distorcerem as suas opções económicas numa tentativa de conferirem à EC "um carácter mais concentracionista", que a tornasse objecto de controlo pelo regime mais liberal. O tratamento discriminatório que as diferentes soluções legais, designadamente a nível processual, podiam causar às empresas comuns foi uma crítica constante da doutrina[515]. De

---

Assim, numa perspectiva da política *anti-trust* a distinção pode conduzir a aplicar consequências diferentes a casos factualmente idênticos» – cfr. *Concentrative/Co-Operative...*, ob. cit., págs. 6 e 7. Além disso, perante o regime mais restritivo das *ententes,* «as empresas são encorajadas a concentrarem de forma completa e permanente as suas operações concorrentes, em vez de se comprometerem através de operações parciais de duração limitada, ou através de empresas comuns "cooperativas", que criam a longo prazo menos riscos nefastos sobre a concorrência, e que todavia apresentam oportunidades iguais, para a integração económica, às fusões e aquisições». Daí que seja urgente a «*bright line shareholding test*» que corrija tais defeitos. Barry Hawk e Henry Huser propõem, nomeadamente, como critério atributivo do carácter de concentração à transacção, "an acquisition of the voting stock of any entity, as a result of which the acquiring entity holds (...) more than 25% of the total outstanding voting stock or other voting interests of the acquired entity». Cfr. Barry HAWK e Henry L. HUSER, *A bright line shareholding test to end the nightmare under the EEC merger regulation, CMLR*, vol. 30, n.° 6,1993, pág. 1161 e 1173. Prevendo, todavia, a falta de adesão a tal solução, Barry Hawk propõe a «*second best solution*», que seria afastar os critérios de autonomia e focar a análise nas relações concorrenciais das partes. Cfr. *Concentrative/Co-operative...*, ob. cit., págs. 6-7.

Num plano oposto, encontramos aqueles, como Cristopher JONES, que defendem um teste substancial que, embore crie certos custos e incertezas, traduza a distinção económica. Deste modo, o critério preferível seria aquele que distingue os dois tipos de empresas comuns, com base no exame, caso a caso, do efeito da operação sobre o comportamento concorrencial das empresas envolvidas e na existência ou não de alterações estruturais permanentes. Cfr. Christopher JONES, ob. cit., pág. 400.

[515] Cfr., por todos, Jaime Perez-Bustamante KÖSTER, ob. cit, pág. 7. Este autor afirma a necessidade de se introduzirem regras processuais específicas no Regulamento n.° 17, ou de se estender o campo de aplicação do Regulamento 4064/89 às EC cooperativas.

302 *O controlo das concentrações de empresas no direito comunitário*

facto, do ponto de vista substancial, se uma EC com carácter de cooperação produz, sem restringir sensivelmente a concorrência no mercado comum, as mesmas vantagens, no plano da eficiência, que uma EC com carácter de concentração, o tratamento conferido deve ser o mesmo, isto é, o n.º1 do art. 85.º do Tratado não deve ser aplicado a essa EC cooperativa, tal como, se se tratasse de uma EC com carácter de concentração, beneficiaria de uma decisão de compatibilidade à luz do regulamento. Daí que a Comissão, numa tentativa de harmonizar os regimes existentes e evitar um tratamento desigual, tenha publicado recentemente uma Comunicação relativa às empresas comuns cooperativas, na qual, depois de dar uma definição geral de EC com carácter de cooperação, em sintonia com o art. 3.º, n.º 2, do regulamento de 1989[516], reafirma que «a verificação do carácter de cooperação de uma empresa comum não tem efeitos jurídicos materiais. Significa unicamente que a compatibilidade da empresa comum com os n.ºs 1 e 3 do art. 85.º deve ser apreciada no âmbito de um processo baseado no Regulamento n.º 17, ou nos Regulamentos (CEE) n.º 1017/68, (CEE) n.º 4056/86, ou (CEE) n.º 3975/87»[517].

---

[516] Cfr. ponto 10 da Comunicação 93/C 43/02, que dispõe:

«De acordo com o n.º 2 do art. 3.º do Regulamento (CEE) n.º 4064/89 têm carácter de cooperação as empresas comuns que não constituem uma concentração de empresas. De acordo com o segundo parágrafo, do n.º 2, do referido artigo não constituem uma operação de concentração:

– as empresas comuns cuja actividade não se prevê assumir um carácter duradouro, nomeadamente quando é limitada de forma imediata pelos fundadores a um período de curta duração

– as empresas comuns que não desempenham todas as funções de uma unidade económica autónoma e, em especial, aquelas a quem os fundadores se limitam a confiar certas funções determinadas, entre as funções normalmente realizadas por uma empresa,

– as empresas comuns que desempenham todas as funções de uma unidade económica autónoma, desde que impliquem uma coordenação do comportamento concorrencial dos fundadores entre si ou com a empresa comum».

[517] Note-se que a Comunicação delimita, ainda, pela negativa o âmbito do princípio da proibição das *ententes,* enunciando as empresas comuns que não têm por objecto ou por efeito o entrave da concorrência (ponto 15 da Comunicação 93/C 43/02), para finalmente recuperar os critérios utilizados no 13.º relatório sobre a política de concorrência (ponto 19 da referida Comunicação) quanto à apreciação da eventual existência de uma concorrência potencial entre os fundadores da EC. Sobre esta questão, cfr. Valentine KORAH, *Collaborative joint ventures...,* ob. cit., pág 250, B.

O controlo comunitário das concentrações com base no reg. n.º4064/89   303

38. Definida pela positiva a noção de concentração, importa agora delimitar a sua dimensão negativa. Estão à partida excluídas da noção de concentração as operações que não têm por objecto a aquisição do controlo, ou seja, os casos em que «o adquirente do controlo não tem vocação para exercê-lo»[518]. São essencialmente três as situações exeptuadas pelo art. 3.º, n.º 5. Desde logo, não é realizada uma operação de concentração «quando quaisquer instituições de crédito, outras instituições financeiras ou companhias de seguros, cuja actividade normal englobe a transacção e negociação de títulos por conta própria ou de outrem, detenham a título temporário, participações que tenham adquirido numa empresa para fins de revenda» (art. 3.º, n.º 5, al. a). Estas situações são designadas geralmente por «aquisições de participações especulativas»[519], estando a sua exclusão subordinada a duas condições: por um lado, exige-se que a detenção das participações seja temporária; é preciso, por conseguinte, «que tal alienação ocorra no prazo de um ano a contar da data da aquisição», podendo tal período, a pedido, «ser prolongado pela Comissão sempre que as referidas instituições ou companhias provem que aquela realização não foi razoavelmente possível no prazo concedido»

HAWK e H. L. HUSER, ob. cit., pág. 1168, e Frank L. FINE, *The Comission's Draft Guidelines for Joint Ventures: On the Road to Transparency?*, ECLR, Vol. 13, 2, 1992, pág. 52. Este último autor considera que a questão da concorrência actual ou potencial pouco mais fez que «reestabelecer o critério nebuloso publicado em 1983. (...) A Comissão mostrou que estes critérios são tudo menos definitivos. Se (...) uma parte pode ser considerada concorrente potencial só porque a tecnologia básica necessária podia ser obtida através de uma licença de terceiras partes, onde é que isso deixa o critério da proposta da Comunicação extraido do 13.º relatório sobre a política de concorrência, quando as empresas fundadoras conhecerem a tecnologia aplicada? (...) Esses precedentes mostram que o teste da concorrência actual ou potencial tem as fronteiras muito mal definidas». Particularmente ilustrativo desta confusão sobre a noção de «concorrente potencial» é o caso *BBC Brown/Boveri*, decisão da Comissão de 11 de Outubro de 1988, processo IV/32.386, JOCE n.º L 301/67 de 4.11.88 – cfr. esp. pontos 16 e segs.

[518] Laurence IDOT, *Commentaire ...*, ob. cit., pág. 33.

[519] Recorde-se que a aplicação do Regulamento só será excluída quando se verifique um destes casos especulativos, mantendo-se, no entanto, a sua aplicação ao sector bancário e financeiro em geral, como o mostra a decisão *BNP/Dresdner Bank*, decisão da Comissão de 4 de Fevereiro de 1991, processo IV/M021, JOCE n.º C 34/20 de 9.2.91.

304 *O controlo das concentrações de empresas no direito comunitário*

(art. 3.°, n.° 5, al. a))[520]; e, por outro, é necessário que as instituições em causa «não exerçam os direitos de voto inerentes a essas participações com o objectivo de determinar o comportamento concorrencial da referida empresa ou desde que apenas exerçam tais direitos de voto com o objectivo de preparar a alienação total ou parcial da referida empresa ou do seu activo ou a alienação dessas participações». Com estas exigências quer-se garantir que os estabelecimentos se limitem a desenvolver as suas actividades habituais, isto é, que actuem apenas como «investidores financeiros a curto prazo»[521], e, ainda, evitar a constituição de grupos industriais dominados por bancos[522].

Em segundo lugar, o regulamento não será aplicado às situações em que «o controlo for adquirido por uma pessoa mandatada pela autoridade pública, por força da legislação de um Estado-membro sobre liquidação, falência, insolvência, cessação de pagamentos, concordata ou qualquer outro processo análogo» (art. 3.°, n.° 5, al. b). A exclusão do regulamento neste caso justifica-se devido ao carácter provisório desse tipo de situações e, principalmente, porque os interesses de ordem pública, subjacentes às legislações nacionais, relativas a esses processos, devem prevalecer sobre os objectivos do regulamento[523].

Finalmente, deverão ser afastadas, nos termos do art. 3.°, n.° 5, al. c), as operações realizadas por «sociedades de participação financeira referidas no n.° 3, do art. 5.°, da quarta Directiva 78/660//CEE, com a redacção dada pela Directiva 84/569/CEE (...) [desde que] o direito de voto, correspondente às partes detidas, exercido, designadamente, através da nomeação dos membros dos órgãos de direcção e fiscalização das empresas em que detêm participações, o seja exclusivamente para manter o valor integral desses investimentos e não para determinar directa ou indirectamente o comportamento concorrencial dessas empresas». O afastamento destes casos é

---

[520] Cfr., por exemplo, a decisão *Kelt/American Express,* decisão da Comissão de 20 de Agosto de 1991, processo IV/M116, JOCE n.° C 223/38 de 28.8.91, onde a Comissão não aplicou o art. 3.°, n.° 5, porque os bancos não iriam cumprir o prazo de um ano.

[521] Pierre Bos e outros, ob. cit, pág. 201.

[522] A excepção foi ainda pensada para beneficiar situações comuns na Alemanha, onde empresas privadas são muitas vezes vendidas através dos bancos – cfr. John Cook e Chris S. Kerse, ob. cit., pág. 36.

[523] Dominique Berlin, ob. cit., pág. 77.

O controlo comunitário das concentrações com base no reg. n.º4064/89   305

justificado uma vez que tais sociedades se dedicam à aquisição de participações nas empresas com objectivos puramente financeiros, não tendo geralmente a intenção (ou mesmo a possibilidade) de influenciar decisivamente as empresas em que investiram[524]. É para garantir que as suas finalidades são puramente financeiras que o regulamento exige que a aquisição de controlo não vise a determinação do comportamento concorrencial das empresas alvo.

Note-se que todas estas situações têm em comum o facto de as aquisições efectuadas não terem por objectivo a obtenção da possibilidade de exercício de uma influência determinante nos termos do art. 3.º do Regulamento n.º 4064/89, ou seja, não há nestes casos uma modificação duradoura da estrutura das empresas participantes, nos termos do 23.º considerando do preâmbulo do regulamento de 1989.

Em síntese, podemos afirmar que:

1. O regulamento comunitário enuncia dois critérios alternativos a seguir na definição de concentração. Tal conceito pode ser preenchido considerando-se a forma utilizada pela operação – fusão – ou, em alternativa, atentando-se no resultado visado, isto é, tendo-se em conta os efeitos económicos da operação – aquisição do controlo da empresa. Esta última condição pode assumir a forma de controlo exclusivo, de controlo conjunto ou ainda traduzir-se na passagem de um nível de controlo para outro.

2. O controlo conjunto pode ser exercido através da criação de uma empresa comum. Ora, a análise desta figura, dado o seu carácter ambivalente, revela-se particularmente espinhosa. Com efeito, já antes da entrada em vigor do Regulamento n.º 4064/89 a Comissão distinguia, com certa dificuldade, atendendo à falta de clareza dos critérios formulados, as empresas comuns cooperativas, sujeitas ao art. 85.º do Tratado CE, das empresas comuns concentrativas, configuradas de acordo com a teoria da concentração parcial, que caíam sob a alçada do art. 86.º do Tratado CE. As limitações à aplicação desta última disposição levaram a autoridade comunitária a recorrer ao art. 85.º, interpretando extensivamente e por vezes de forma irrealista a noção de EC cooperativa. Ora, esta aplicação "fácil" do

---

[524] Essa exclusão já não se aplica aos casos de fusões entre as SGPS ou à aquisição de uma empresa cujas participações são detidas por uma SGPS – cfr. John COOK e Chris S. KERSE, ob. cit., pág. 38.

306 *O controlo das concentrações de empresas no direito comunitário*

art. 85.° conduziu, desta forma, a Comissão a qualificar verdadeiras operações de concentração como empresas comuns cooperativas, às quais depois concedia isenções nos termos do art. 85.°, n.° 3.

3. O tratamento favorável dado às empresas comuns através do recurso sistemático ao art. 85.°, n.° 3, não isenta de críticas, em nossa opinião, o processo utilizado. Com efeito, a atitude da Comissão parece-nos condenável, quer porque inverte os papéis dos dois números do art. 85.°, quer porque é um reflexo da assimilação das duas categorias de empresas comuns, sob a veste de cooperação, negligenciando o seu carácter de concentração, que pode exigir um tratamento específico.

4. Com a entrada em vigor do regulamento comunitário, mantêm--se as dificuldades na distinção, artificial, entre empresas comuns com carácter de cooperação e de concentração. A Comissão procurou atenuar os problemas que rodeiam a sua aplicação elaborando várias Comunicações neste domínio. Destacam-se, nomeadamente, as Comunicações relativas às operações com carácter de concentração e de cooperação, às restrições acessórias e às empresas comuns com carácter de cooperação. Na prática, tais Comunicações[525], em vez de eliminarem as incertezas existentes na matéria, criaram novas zonas de insegurança, nomeadamente com as dificuldades na interpretação dos requisitos aí formulados, quanto à autonomia funcional, e de decisão, da EC com carácter de concentração e à inexistência de coordenação do comportamento concorrencial das empresas envolvidas, e com as discrepâncias entre os princípios formulados na Comunicação 90/C 203/06 e os argumentos justificativos utilizados nas decisões da Comissão. Estas incongruências, entre a prática da Comissão e os princípios estabelecidos na Comunicação relativa às operações com carácter de concentração e de cooperação, têm vindo a acentuar-se; daí que, em nossa opinião, fosse aconselhável a sua substituição por uma nova Comunicação.

5. Os obstáculos à compreensão das características da EC com carácter de concentração, bem como a aparente exigência no preenchimento dessas características, sugeriam a existência de um número reduzido de empresas comuns sob a alçada do regulamento.

---

[525] Mantiveram-se, em grande parte, as contradições neste campo, facto que levou B. HAWK a afirmar, com razão, que as decisões da Comissão são geralmente mais compreensíveis à luz da anterior teoria da concentração parcial – cfr. *The EEC ...,* ob. cit., pág. 202.

A verdade é que, na aplicação dos princípios realizadores da dicotomia entre empresas comuns com carácter de cooperação e de concentração, a Comissão se mostrou extremamente liberal na apreciação destas últimas, mantendo a política, anterior ao regulamento, de lhes conceder o tratamento mais favorável possível, quer através de uma interpretação lata da condição positiva da EC concentrativa, quer com a introdução de um conceito *de minimis* na análise da condição negativa, quer ainda com a criação da "teoria da liderança industrial". A maioria das decisões adoptadas pela Comissão foram, portanto, no sentido de atribuir carácter de concentração às empresas comuns[526]; para essas conclusões terá ainda contribuído o trabalho, algo distorcedor, desenvolvido previamente pelas partes, e favorecido pela Comissão, no sentido de conferir um "ar" de concentração à operação[527].

6. Note-se, ainda, que a interpretação flexível, desenvolvida pela Comissão, se coaduna com a preocupação da Comunidade Europeia em afastar os obstáculos jurídicos que desencorajassem as empresas de recorrer à criação de empresas comuns, consideradas um dos meios privilegiados para o desenvolvimento e crescimento da indústria europeia face aos concorrentes de Estados terceiros. É também nesta perspectiva, de incentivo às empresas comuns, que se deve situar a Comunicação da Comissão relativa às empresas comuns cooperativas, na sua tentativa de harmonização dos regimes de empresas comuns com carácter de concentração e de cooperação, procurando evitar um tratamento desigual entre elas, não justificado por razões substanciais.

7. Definida pela positiva a noção de concentração, o regulamento procede à sua delimitação pela negativa, estabelecendo como critério decisivo o facto de as aquisições efectuadas não terem por objectivo o exercício de uma influência determinante, nos termos do art. 3.° do regulamento, não se verificando, portanto, uma modificação permanente na estrutura das empresas participantes, nos termos do 23.° considerando do preâmbulo do regulamento.

---

[526] Hans-Jörg NIEMYER, *European merger control: the emerging administrative practice of the EEC Comission*, FILJ, Vol. 15, n.° 2, pág. 404.

[527] Neste sentido, cfr. Sylvaine POILLOT-PERUZZETTO, ob.cit, pág. 56, e, principalmente, Antony DOWNES e Julian ELLISON, ob. cit, pág. 58.

4. A REPARTIÇÃO DE COMPETÊNCIAS ENTRE A COMISSÃO E OS ESTADOS-MEMBROS À LUZ DO REGULAMENTO SOBRE O CONTROLO DAS CONCENTRAÇÕES

> **Sumário: 39** – *Referência sumária à questão da divisão de poderes entre a Comissão e os Estados-membros no domínio do direito da concorrência.* **40** – *A consagração do princípio da competência exclusiva da Comissão no Regulamento n.° 4064/89.* **41** – *Os desvios consagrados a tal princípio. Competências nacionais excepcionais: A) A cláusula dos interesses legítimos; B) A cláusula alemã: condições substanciais e formais para a sua aplicação.* **42** – *(cont.) Competências comunitárias alargadas: a cláusula holandesa.*

39. No campo da concorrência, o direito comunitário coexiste com os direitos nacionais, sendo a linha divisória dos respectivos poderes estabelecida pelos arts. 85.° e 86.° do Tratado CE, que exigem a "afectação do comércio entre os Estados-membros" como condição de aplicabilidade[528]. Não se verificando este requisito, o caso concreto não está sujeito ao direito comunitário, aplicando-se exclusivamente a respectiva legislação nacional da concorrência.

---

[528] A noção de afectação de comércio é tradicionalmente interpretada como um "critério flexível de jurisdição e divisão de responsabilidades" (cfr., por todos, Jonathan FAULL, *Effect on trade between member states and community: member states jurisdiction*, FCLI, capítulo 22, 1990, pág. 507) Já foi sugerido, contudo, que a interpretação extremamente lata dada pelo Tribunal à noção de afectação de comércio entre os Estados-membros (aplicada mesmo quando os efeitos da prática restritiva se produziram, aparentemente, apenas dentro de um Estado-membro) acaba por reduzir (ou mesmo eliminar, segundo Françoise SERRAS – cfr. *L' application du droit communautaire de la concurrence par les juridictions nationales,* RCC, 1990, pág. 25) o seu papel repartição de competências, aumentando, por outro lado, o risco de conflitos de jurisdições devido à «vocação» crescente para a aplicação do direito

310   *O controlo das concentrações de empresas no direito comunitário*

Podem, todavia, existir situações sujeitas à aplicação simultânea do direito comunitário e do direito nacional[529]. São os casos de "jurisdição paralela", em que se desenvolve ao mesmo tempo um processo nacional e um processo comunitário, baseados nos mesmos factos. Esta questão foi abordada no acórdão *Walt Wilhelm*[530], onde a autoridade alemã -Bundeskartellamt- aplicou a respectiva lei nacional contra as restrições da concorrência, apesar de a Comissão ter dado início ao processo à luz do art. 85.º do Tratado CE. O Tribunal reconheceu, nesse acórdão, que «uma mesma *entente* pode, em princípio, ser objecto de dois processos paralelos, um perante as autoridades comunitárias, em aplicação do art. 85.º do Tratado CE, e o outro perante as autoridades nacionais, em aplicação do direito interno» (3.º considerando). Esta concepção seria, além disso, «confirmada pela disposição do art. 87.º, n.º 2, al. e), que dá competência ao Conselho para definir as relações entre as legislações nacionais e as disposições comunitárias da concorrência, de onde resulta que as autoridades nacionais em matéria de concorrência podem igualmente actuar em relação a situações susceptíveis de serem objecto de uma decisão da Comissão» (4.º considerando). Note-se, porém, que a autoridade comunitária estabeleceu limites ao princípio enunciado, quando declarou que a «aplicação paralela do sistema nacional só poderá ser aceite na medida em que não cause prejuízo à aplicação uniforme, em todo·o mercado comum, das regras comunitárias em matéria de ententes e ao pleno efeito dos actos adoptados em aplicação dessas regras» (4.º considerando)[531]. O Tribunal afirmou, deste modo,

---

comunitário. Neste sentido, cfr. Anne PIROCHE, *Les autorités nationales et le droit communautaire de la concurrence* , RCC, n.º 51, Septembre-Octobre, 1989, pág. 13.

[529] Surgem, assim, problemas delicados devido às eventuais divergências existentes entre os dois ramos de direito, as quais, como notou Joel RIDEAU, estão ainda longe de estarem integralmente resolvidas pelas «reformas dos direitos nacionais» inspiradas pela regulamentação comunitária – cfr. Joel RIDEAU, *Droit communautaire de la concurrence et droits nationaux de la concurrence. Tableau d'un patchwork juridique*, RAE, n.º 3, 1991, págs. 15 e 16.

[530] Acórdão do Tribunal de Justiça de 13 de Fevereiro de 1969, processo 14-68, *Walt Wilhelm e outros c. Bundeskartellamt*, Rec. 1969, pág. 1.

[531] A doutrina consagrada no acórdão *Walt Wilhelm* teria para alguns autores a vantagem de superar a rigidez de propostas como a «teoria da exclusão recíproca» (que afirma o primado do direito comunitário, afastando a aplicação paralela das duas ordens jurídicas, nacional e comunitária) ou a «teoria da dupla barreira» (que declara que a aplicação da norma comunitária não preclude a aplicação paralela e autónoma do

O *controlo comunitário das concentrações com base no reg. n.º4064/89*   311

o primado da lei comunitária sobre a lei nacional[532] e, em consequência, declarou que «no caso de as decisões nacionais serem incompatíveis com uma decisão adoptada pela Comissão no fim do processo por ela iniciado, as autoridades nacionais são obrigadas a respeitar os seus efeitos» (7.º considerando). Daí que, nos casos de conflitos de decisões, em que há, por exemplo, uma decisão comunitária a proibir uma entente à luz do art. 85.º e , por outro lado, é adoptada uma decisão nacional a autorizá-la com base no respectivo direito nacional, o Tribunal considere que o princípio do primado do direito comunitário impede as autoridades nacionais de isentarem a entente em causa[533], estabelecendo, desta forma, uma espécie de "dupla barreira mitigada"[534].

No plano inverso, quando a Comissão não levanta quaisquer objecções ao caso concreto, nos termos do direito comunitário da concorrência, que as autoridades nacionais querem proibir, aplicando

---

direito nacional, isto é, aplicam-se concorrentemente as duas ordens jurídicas). Cfr. neste sentido Massimo BENEDETELLI, *Sul rapporto fra diritto comunitario e diritto italiano della concorenza (riflessioni in margine al disegno di legge n.º 3755 ed al regolamento comunitario sulle concentrazioni,* "Il Foro Italiano", 1990, pág. 246. Note-se, porém, que a «teoria da exclusão recíproca» parece coadunar-se com o objectivo do «one stop shop» do regulamento comunitário (ou seja, competência exclusiva da Comissão para aplicar o regulamento às concentrações de dimensão comunitária). Há, no entanto, excepções a esse princípio, nomeadamente, nos arts. 9.º e 21.º, n.º 3.

[532] Cfr. o 6.º considerando do acórdão, onde o Tribunal afirma que «os conflitos entre a norma comunitária e as normas nacionais em matéria de entente devem ser resolvidos pela aplicação do princípio do primado da norma comunitária».

[533] Uma outra forma de afastar possíveis conflitos é eliminar a própria ideia de "jurisdições paralelas". É o regime estabelecido, nomeadamente, nos arts. 65.º e 66.º do Tratado CECA. Sem se adoptar uma posição tão radical, podem diminuir-se os riscos de conflito através de uma estreita cooperação entre a Comissão e as autoridades nacionais. Neste sentido, cfr. Jacques H. J. BOURGEOIS e Bernd LANGEHEINE, *Jurisdictional issues: EEC merger regulation. Member state laws and articles 85-86.º,* FCLI, Capítulo 26, 1991, pág. 592.

[534] Jacques H.J. BOURGEOIS e Bernd LANGEHEINE, *Jurisdictional issues: EEC merger regulation...,* ob. cit., pág. 592. Dito de outro modo, uma *entente* só pode ser objecto de uma decisão nacional de isenção se não houver uma decisão comunitária a proibi-la. A *entente* para ser autorizada tem, portanto, de passar por uma barreira nacional e por uma comunitária. Já na hipótese inversa, em que há uma decisão comunitária de isenção da operação, o Tribunal não aceita uma eventual proibição emitida pela autoridade nacional, isto é, recusa a existência de uma barreira nacional.

as respectivas legislações nacionais sobre concorrência, podemos distinguir várias situações. Em primeiro lugar, temos as decisões de isenção. Da jurisprudência do Tribunal parece que podemos extrair indícios no sentido de serem consideradas "acções positivas" da Comissão que, como tal, devem prevalecer sobre medidas nacionais contrárias[535]. Desta forma, é particularmente significativo o facto de a autoridade comunitária não ter subscrito, no acórdão *Walt Wilhelm*, a posição do advogado geral, que qualificava as decisões de isenção como verdadeiras abstenções da Comissão. Com efeito, o Tribunal considerou, aí, que tais decisões se inscreviam no âmbito de uma acção positiva, ainda que indirecta, da Comissão, com vista à promoção de um desenvolvimento harmonioso das actividades económicas, que se impõe às autoridades dos Estados-membros, impedindo-as de tomarem decisões mais severas. Esta posição do Tribunal será confirmada no acórdão *Giry e Guerlain*[536], onde declara que «a aplicação das disposições do direito nacional da concorrência não poderá ser aceite quando põe em causa uma isenção concedida por decisão ou regulamento por categoria»[537]. Hipótese algo diversa é aquela em que não há uma decisão formal de isenção da operação, mas a Comissão fez saber, de modo informal, que não se opunha à sua realização. Algumas orientações sobre esta questão foram dadas no acórdão *Giry e Guerlain*, onde o Tribunal afirmou que a simples existência de uma carta informal, em que a Comissão declarava a sua intenção de não intervir no caso concreto com base no art. 85.º, não impedia as autoridades nacionais de aplicarem, a tal situação, disposições da legislação nacional da concorrência, ainda que fossem eventualmente mais restritivas que o direito comunitário existente nessa matéria[538].

---

[535] No mesmo sentido, defendendo, de certa forma, a teoria da «barreira simples» ou «barreira única», nos termos da qual um comportamento que beneficie de uma decisão favorável da Comissão não pode ser proibido a nível nacional, cfr. Anne PIROCHE (ob.cit., pág. 13). Esta autora sustenta que os Estados não podem ser «mais severos» do que a Comissão, sob pena de a isenção comunitária ficar desprovida de efeitos.

[536] Acórdão do Tribunal de Justiça de 11 de Julho de 1980, processos apensos 253/78 e 3 /79, *Procurador da República c. Giry e Guerlain*, Rec. 1980, pág. 2327.

[537] E se, no momento em que o processo é apreciado a nível nacional, a Comissão ainda não tiver concedido a autorização? Parece que, nesse caso, a melhor solução será – havendo, obviamente, indícios seguros no sentido de uma decisão favorável da Comissão – a jurisdição nacional suspender a sua decisão até ser proferida a decisão comunitária. Neste sentido, cfr. Joel RIDEAU, ob. cit., pág. 18.

O controlo comunitário das concentrações com base no reg. n.º4064/89 313

Note-se que a análise desenvolvida pelo Tribunal se centra, essencialmente, na ausência do carácter de decisão das cartas informais, deixando em aberto a questão da sua aplicação aos casos dos certificados negativos. A falta de soluções jurisprudenciais nestes casos levou a que se sugerisse[539] a extensão, a tais situações, da solução defendida no acórdão *Giry e Guerlain* .

40. O Regulamento n.º 4064/89 estabelece, no art. 21.º, a repartição de competências entre o direito comunitário e o direito nacional, adoptando como critério a "dimensão comunitária" da operação. Às concentrações de "dimensão comunitária" será apenas aplicado o regulamento comunitário, enquanto as operações "sem dimensão comunitária" serão da competência exclusiva das legislações nacionais[540]. A esta repartição de «competências legislativas» corresponde uma repartição de «competências orgânicas», ou seja, tal como a Comissão tem competência exclusiva para aplicar o regulamento comunitário,[541] as legislações nacionais sobre a concor-

---

[538] Cfr. o considerando 18 do acórdão *Giry e Guerlain*, onde o Tribunal declarou que «o facto de uma prática ter sido julgada como não caindo na esfera da proibição do art. 85.º n.ºs 1 e 2, cujo campo é limitado às *ententes* que são susceptíveis de afectar o comércio entre os Estados-membros, não é de modo algum obstáculo a que tal prática seja considerada pelas autoridades nacionais sob o ângulo dos efeitos restritivos que ela pode produzir no âmbito interno».

[539] Assim, entre muitos, Joel RIDEAU, ob. cit., pág. 18. Note-se que parte da doutrina entende que os certificados negativos não vinculam as autoridades nacionais, pelo que estas podiam aplicar as respectivas legislações nacionais às *ententes* em causa. Observe-se, no entanto, que há quem distinga duas situações no âmbito dos certificados negativos: se ele foi concedido porque o comportamento não afectava o comércio entre os Estados-membros o direito nacional será aplicável; se foi concedido porque não entravava a concorrência, esse comportamento já não poderá ser proibido com base na lei nacional. Neste sentido, cfr. Françoise SERRAS, ob. cit., pág. 25.

[540] Cfr os 27.º e 28.º considerandos do preâmbulo do Regulamento n.º 4064/89, onde se afirma, respectivamente, que «os Estados-membros não podem aplicar a sua legislação nacional sobre concorrência às operações de concentração de dimensão comunitária», devendo verificar-se «(...) a aplicação exclusiva do presente regulamento às operações de concentração de dimensão comunitária».

[541] O regime estabelecido afasta-se, assim, do fixado no art. 9.º, n.º 3, do Regulamento n.º 17, segundo o qual «enquanto a Comissão não der início a qualquer processo nos termos dos artigos 2.º, 3.º ou 6.º, as autoridades dos Estados-membros têm competência para aplicar o disposto no n.º 1 do artigo 85.º e no artigo 86.º (...)».

314   *O controlo das concentrações de empresas no direito comunitário*

rência só podem ser aplicadas pelas autoridades nacionais. Tal princípio de competência exclusiva, designado, igualmente, por «*balcão único*»,«*one stop shop*» ou «*guichet unique*», significa, portanto, que o exame das operações de concentração de dimensão comunitária é da competência exclusiva da Comissão, não podendo os Estados-membros aplicar as suas legislações nacionais a este tipo de operações. Afasta-se, desta forma, a fórmula da "jurisdição paralela", aceite, em princípio, pelo Tribunal no acórdão *Walt Wilhelm*[542].

Com a consagração de um sistema único de controlo das operações de concentração com dimensão comunitária, procura-se, sobretudo, assegurar a simplicidade do processo de controlo e garantir a segurança jurídica, evitando-se decisões contraditórias entre a Comissão e as autoridades nacionais. Observe-se, porém, que o princípio da competência exclusiva não é absoluto. Com efeito, trata-se de mais uma matéria reveladora do carácter de compromisso do regulamento. De facto, enquanto os Estados-membros possuidores de mecanismos nacionais de controlo das concentrações – entre os quais se contavam a Alemanha e o Reino Unido[543] – se mostravam desejosos de aplicar as respectivas legislações nacionais às operações com efeitos nos seus territórios, defendendo, por isso, uma aplicação residual do direito comunitário, isto é, procuravam garantir a defesa dos seus interesses nacionais, que uma análise comunitária tenderia a relativizar, os outros Estados, desprovidos de instrumentos nacionais nesse campo – como por exemplo a Itália[544] e os países do Benelux[545] –, viam a actuação da

---

[542] E cuja aplicação, no domínio das concentrações, tinha sido defendida, de certa forma, por autores como Stephen HORNSBY, antes da entrada em vigor do regulamento – cfr. *National and Community control of concentrations in a single market: should Member States be allowed to impose stricter standards?*, ELR, October 1988, esp. págs 316 e 317. Este autor sustentava que as autoridades nacionais deviam poder proibir as concentrações que a Comissão desejava autorizar ou isentar. No caso de surgir um conflito de decisões, a solução, proposta pelo autor, seria o recurso ao art. 100.° A do Tratado CE, introduzido pelo Acto Único Europeu, bem como o recurso, em princípio raro, pela Comissão, aos arts. 52.° e/ou 5.° do Tratado CE, com base no processo do art. 169.° do mesmo Tratado, contra o Estado que aplicou uma proibição nacional contra o objectivo de um mercado único.

[543] Robert KOVAR, *The EEC...*, ob. cit., pág. 95.

[544] Que, recorde-se, tem desde 1990 uma regulamentação específica, com vista a proteger a concorrência no mercado italiano. Cfr. a Lei n.° 287, de 10 de Outubro de 1990, cit. por AAVV, *Merger control in the EEC...*, Kluwer, 1993, págs. 104 e segs.

[545] Robert KOVAR, *The EEC...*, ob. cit., pág. 95.

O controlo comunitário das concentrações com base no reg. n.º4064/89   315

Comissão como o único meio de garantir um certo controlo das concentrações, incluindo aquelas desprovidas de dimensão comunitária. A divergência de interesses entre os vários Estados levou o legislador comunitário não só a conceder competências excepcionais às autoridades nacionais, em relação a projectos de concentração notificados à Comissão, como também a alargar o campo de actuação da Comissão a situações *a priori* não cobertas pela *ratio* do regulamento.

41. A) Uma primeira brecha ao princípio da competência exclusiva é aberta pelo art. 21.º, n.º 3, do regulamento de 1989, que dispõe: «os Estados-membros podem tomar as medidas apropriadas para garantir a protecção de interesses legítimos para além dos contemplados no presente regulamento, desde que esses interesses sejam compatíveis com os princípios gerais e com as demais normas do direito comunitário». Este desvio ao princípio do «one stop shop» é visto como uma compensação a dar aos Estados-membros por terem abdicado dos seus poderes em matéria de controlo das concentrações, permitindo-lhes salvaguardar a consideração de factores extra-
-concorrenciais num instrumento comunitário que, aparentemente, favorece os factores concorrenciais.

Observe-se, em primeiro lugar, que os interesses que podem ser invocados pelos Estados devem ser diferentes dos contemplados no próprio regulamento [546]. Esta exigência é confirmada pela Comissão, no comentário ao art. 21.º, n.º 3, quando declara que a cláusula dos interesses legítimos apenas permite aos Estados «intervirem em relação a determinados aspectos das operações de concentração que afectem o território da sua jurisdição a títulos diferentes dos que são objecto do presente regulamento» [547]. Note-se, em segundo lugar, que é necessário

---

[546] Tais "interesses" seriam, segundo Jean Bernard BLAISE (*Concurrence – Contrôle des...*, ob. cit., pág. 773), os referidos no art. 2.º do Tratado CE, a saber: a preservação da concorrência efectiva, a possibilidade de escolha dos fornecedores e utilizadores, a protecção dos consumidores e o desenvolvimento do progresso técnico e económico. Por outro lado, ainda segundo o mesmo autor, não deve ser considerado um interesse legítimo, para efeitos do art. 21.º, n.º 3, a defesa da aplicação do direito nacional da concorrência. No mesmo sentido, de que o Estado não pode invocar razões ligadas à concorrência para proibir a concentração, cfr. C. JONES e GONZÁLEZ-DÍAZ, ob. cit., pág. 50.

[547] Bol. CE, Suplemento 2/90, pág. 24. A Comissão afirma aí, por outro lado, que «a cláusula não cria direitos novos na esfera dos Estados-membros limitando-se a

que tais interesses sejam compatíveis com os princípios gerais do direito comunitário e com as demais normas de direito comunitário (ou seja, o conjunto de direito derivado e originário que vincula os Estados--membros). Por fim, a Comissão afirmou que as proibições ou restrições colocadas à realização de operações de concentração não deviam constituir «nem um meio de discriminação arbitrária, nem uma restrição disfarçada ao comércio entre os Estados-membros» [548].

Uma outra questão é saber qual a extensão a dar a essa excepção. De facto, a utilização de uma cláusula geral como a de "qualquer outro interesse público" (art. 21.º, n.º 3, terceiro parágrafo) parece permitir aos Estados intervirem quando quiserem, restringindo significativamente a competência exclusiva da Comissão sobre as concentrações de dimensão comunitária. Daí que se tenha consagrado uma solução de compromisso [549]: o regulamento estabelece três categorias restritivas de interesses legítimos que permitem a intervenção dos Estados-membros, devendo qualquer outro interesse ser notificado à Comissão e obter previamente o seu reconhecimento, antes de poder ser protegido pelo Estado-membro que o invocou.

O regulamento começa, portanto, por indicar três categorias de interesses que considera legítimos: «a segurança pública, a pluralidade dos meios de comunicação social e as regras prudenciais» (art. 21.º, n.º 3). Se o "interesse legítimo" invocado corresponder a uma destas noções, o Estado pode actuar, adoptando as medidas necessárias à protecção desse interesse. A intervenção do Estado não está sujeita a prazos nem a condições formais, isto é, não há qualquer obrigação, imposta pelo regulamento aos Estados, de consultarem a Comissão antes de agirem [550]. É claro que isto não põe em causa a necessidade de serem respeitados os princípios gerais de direito comunitário, nomeadamente o da proporcionalidade. Note-se, por último, que o

---

sancionar o reconhecimento no direito comunitário dos poderes reservados que actualmente são os seus (...)». A redacção desta declaração foi muito criticada por Dominique BERLIN (ob. cit., pág. 129), que sublinhou não estarem em causa «domínios de competência nacional reservados» em que estivesse excluída a intervenção do direito comunitário.

[548] Bol. CE. Suplemento 2/90, pág. 25.

[549] John COOK e Chris S. KERSE, ob. cit., pág. 132.

[550] Jacques Philippe GUNTHER e Gide Lyorette NOUEL, *Une concentration de taille européenne exclut-elle l'application des droits nationaux?*, AC, n.º 269, Novembre 1991, pág.13, e Chantal RUBIN, ob. cit., pág. 18.

O controlo comunitário das concentrações com base no reg. n.º4064/89   317

contéudo destas noções se encontra precisado pela Comissão nos comentários feitos, no Boletim CE, ao n.º 3 do art. 21.º[551].

Além destas três categorias de interesses legítimos, o art. 21.º, n.º 3, prevê uma situação indeterminada, isto é, a possibilidade de os Estados invocarem «qualquer outro interesse público»[552]. Este terá de ser comunicado à Comissão pelo Estado-membro em causa e «será por ela reconhecido após a análise da sua compatibilidade com os princípios gerais e demais normas do direito comunitário antes de as referidas medidas poderem ser tomadas» (art. 21.º, n.º 3). As medidas que o Estado pretende adoptar serão, deste modo, examinadas, nomeadamente, à luz dos princípios da necessidade e da proporcionalidade, segundo os quais elas devem «satisfazer a exigência de adequação ao objectivo e limitar-se ao estritamente indispensável para se garantir a protecção do interesse legítimo em questão», devendo os Estados «escolher face a medidas alternativas a que é objectivamente menos

---

[551] A Comissão estabelece aí que as três categorias específicas de interesses legítimos devem ser interpretadas restritivamente. Assim, a noção de «segurança pública» permite «a um Estado-membro intervir no caso de uma operação de concentração que prejudique os interesses essenciais da sua segurança e que se relacionam com a produção ou comércio de armas, munições e material de guerra». Note-se que o regulamento não afasta a possibilidade de os Estados invocarem o art. 223.º do Tratado CE relativo à defesa nacional. Por outro lado, a Comissão acrescenta que «aos interesses da defesa propriamente dita podem-se adicionar considerações mais amplas sobre a segurança pública tanto na acepção do artigo 224.º como do artigo 36.º. Assim, o imperativo de segurança pública, de acordo com a interpretação do Tribunal, poderia abranger a segurança do aprovisionamento do país em produtos ou serviços julgados de interesse vital ou essencial para a protecção da saúde da população». Quanto ao critério da «pluralidade dos meios de comunicação social», a Comissão diz que «corresponde à preocupação legítima de manter fontes diversificadas de informação com vista a uma pluralidade de opinião e multiplicidade de expressão». Finalmente, a autoridade comunitária declara que os Estados podem ainda invocar «as regras prudenciais», relativas, designadamente, «às prestações de serviços financeiros, cuja aplicação é em geral confiada aos órgãos nacionais de controlo dos bancos, sociedades de bolsa e seguradoras. Estas regras dizem respeito, por exemplo, à integridade das pessoas, à regularidade das operações e às operações de solvência. Esses critérios prudenciais específicos são, aliás, objecto de um esforço de harmonização mínima, empreendido com vista a assegurar a existência de 'regras de jogo' uniformes em toda a Comunidade» – cfr. Bol. CE, Suplemento 2/90, pág. 25.

[552] Dominique BERLIN, apoiando-se no art. 36.º, sugere, a título de exemplo, o interesse da «protecção do ambiente, tesouros nacionais tendo um valor artístico, histórico ou arqueológico» – cfr. ob. cit., pág. 134.

318 *O controlo das concentrações de empresas no direito comunitário*

restritiva para atingir o objectivo proposto»[553]. A «Comissão notificará o Estado-membro interessado da sua decisão no prazo de um mês a contar da referida comunicação» (art. 21.°, n.° 3, terceiro parágrafo)[554]. Se a autoridade comunitária reconhecer a legitimidade do interesse invocado, o Estado poderá adoptar as respectivas medidas. Caso contrário, apenas poderá recorrer da decisão da Comissão, que recusa reconhecer o interesse invocado como legítimo, para o Tribunal, nos termos do art. 173.° do Tratado CE e, se for necessária a aplicação de medidas provisórias, pode invocar ainda o art. 186.° do mesmo Tratado.

Observe-se, por outro lado, que a cláusula dos interesses legítimos «não implica que os Estados-membros possam autorizar concentrações que a Comissão tivesse proibido nos termos do presente regulamento»[555]. Este princípio visa resolver conflitos derivados de competências concorrentes entre a autoridade comunitária e as autoridades nacionais. É indubitável que, sem ele, o controlo comunitário das concentrações se tornaria ineficaz. Já a hipótese inversa, a de uma operação considerada compatível com o mercado comum pela Comissão ser proibida pelas autoridades nacionais para "garantir a protecção de interesses legítimos", é mais controversa. E a declaração da Comissão de que «a aplicação desta cláusula confirma a possibilidade de os Estados-membros (...) proibirem uma operação de concentração ou condicionarem a sua realização a condições e encargos suplementares»[556] acentuou a discórdia no seio da doutrina. Com efeito, enquanto uns defendem ser aceitável o risco de certas concentrações serem «tornadas inoperantes» a nível nacional, quando tinham sido autorizadas a nível comunitário[557], outros[558] afirmam que

---

[553] Bol. CE, Suplemento 2/90, pág. 25.

[554] Note-se que, ao contrário da solução prevista no art. 9.°, n.° 5, relativamente à cláusula alemã, em matéria de interesses legítimos não se prevê nenhuma consequência para o facto de a Comissão não adoptar qualquer decisão no prazo.

[555] Bol. CE, Suplemento 2/90, pág. 25

[556] Cfr. Boletim CE, Suplemento 2/90, pág. 25.

[557] Assim, Jacques H.J. BOURGEOIS e Bernd LANGEHEINE, ob. cit, pág. 598. No mesmo sentido, cfr. Martijn VAN EMPEL, *Merger control in the EEC*, WCLER, vol. 13, n.° 3, March 1990, pág. 20. Este autor considera, no entanto, que, se aceitarmos que uma concentração «aprovada pela Comissão possa ainda ser condenada a nível nacional», estamos a regressar à «indesejada» teoria da dupla barreira. No mesmo sentido, afirmando que tal solução evoca a teoria da dupla barreira, cfr. Laurence IDOT, *Commentaire ...*, ob. cit., pág. 36.

O controlo comunitário das concentrações com base no reg. n.º4064/89   319

a tese da Comissão dificilmente poderá ser conciliada com a solução consagrada para uma situação semelhante, ocorrida à luz do art. 85.º[559]. Para este último sector da doutrina, se equipararmos as decisões de compatibilidade, à luz do art. 6.º, n.º 1, als. b) e c), do regulamento, às decisões de isenção das *ententes,* proferidas ao abrigo do art. 85.º, n.º 3, do Tratado CE, deve exigir-se que, em ambos os casos, a decisão da Comissão seja respeitada pelas autoridades nacionais. Uma solução apontada, com certas reservas, por Dominique Berlin, para resolver esta aparente contradição entre as afirmações da Comissão, à luz do regulamento de 1989, e as soluções existentes anteriormente, seria «considerar que a decisão de compatibilidade não implica nenhuma apreciação positiva da concentração; tratar-se-ia, apenas, de uma constatação de não incompatibilidade que deixaria aos Estados a liberdade de intervirem»[560].

B) Um outro desvio ao princípio da competência exclusiva vem estabelecido no art. 9.º do regulamento, que prevê, em certas condições, a remessa, às autoridades dos Estados-membros, de um caso de concentração com dimensão comunitária. Esta excepção, designada por cláusula alemã – visto ter sido proposta pela delegação alemã[561], ainda que depois tivesse recebido o apoio do Reino Unido[562] –, visava acalmar os receios dos Estados quanto à perda de jurisdição em matéria de concentrações que, apesar de terem dimensão comunitária, só produziam efeitos restritivos no interior de um Estado-membro[563]. Queria-se evitar, deste modo, que as autoridades nacionais ficassem

---

[558] Assim, Dominique BERLIN, ob. cit., pág. 131.

[559] É claro que é muito discutível a questão da aplicação da jurisprudência relativa ao art. 85.º ao domínio das concentrações, visto que não foi, obviamente, pensada para tais casos, na época ainda incipientes. Sobre esta questão, cfr. Stephen HORNSBY, ob. cit., págs. 361 e segs.

[560] Dominique BERLIN, ob. cit., pág.131.

[561] Esta mostrava-se extremamente preocupada com a possibilidade de a acção comunitária se revelar menos rigorosa que o regime alemão de controlo das concentrações. Sobre esta questão, cfr. Cristopher BRIGHT, *The european merger control regulation: Do member states still have an independent role in merger control?,* ECLR, Vol. 12, 4,1991, págs. 141 e segs..

[562] Jean Patrice de La LAURENCIE, *Le nouveau...,* ob. cit., pág. 143.

[563] Hoje, a Comissão considera que a remessa prevista no art 9.º «demonstrou ser uma característica útil, mesmo necessária, do regulamento a fim de dar aplicação ao princípio da subsidiariedade». Cfr. documento de trabalho dos serviços da Comissão,

320   O controlo das concentrações de empresas no direito comunitário

impedidas de salvaguardar a concorrência efectiva no seu território, aplicando os respectivos instrumentos nacionais para o controlo de tais situações[564]. A Comissão, apesar de no início se ter oposto fortemente a esta solução, argumentando que o «controlo paralelo com as autoridades nacionais enfraquecia o objectivo da aplicação uniforme das normas de concorrência na Comunidade», acaba por aceitar o compromisso[565], sublinhando, porém, com o apoio do Conselho, que este desvio ao princípio do «one stop shop» é excepcional[566], estando sujeito a certos requisitos substanciais e formais.

---

não publicado, versão 17.5.93, relativo ao "Exame de aplicação do regulamento (CEE) n.º 4064/89 do Conselho de 21 de Dezembro de 1989 relativo ao controlo das operações de concentração entre empresas". O princípio da subsidiariedade, considerado por alguns autores existente num «estado embrionário» nos Tratados CEE e CECA (assim, Jean-Baptiste MATTÉI, *La pratique décisionnelle de la Communauté Européenne au quotidien*, RAE, n.º 1, 1993, pág. 50), tendo depois sido explicitado no art. 130.º R do Tratado CE, introduzido pelo Acto Único Europeu, e desenvolvido no art. 3.º B do Tratado de Maastricht, significa que a Comunidade não intervém em domínios que não sejam da sua competência exclusiva, se os objectivos podem ser capazmente realizados pelos Estados-membros.

[564] Louis CARTOU, *Le contrôle communautaire des concentrations de «dimension communautaire»*, "Les Petites Affiches", n.º 35, 21 Mars 1990, pág. 10. Note-se, contudo, que esta cláusula já foi acusada, por um certo sector da doutrina, de ser «contrária à filosofia do regulamento e ao desenvolvimento de uma política europeia de concentrações». Neste sentido, cfr. James KIRKBRIDE, *The merger regulation – An acceptable compromise?*, EBLR, vol. 2, n.º 3, March 1991, pág. 57.

[565] Cfr. SLAUGHTER and MAY, *The new EEC merger control regulation*, "European Mergers", February/March 1990, pág. 4.

[566] Cfr. Bol. CE, Suplemento 2/90, pág. 24. Assim, declararam em conjunto que, «quando um mercado distinto consitui uma parte substancial do mercado comum, o processo de remissão previsto no art. 9.º deve ser aplicado apenas em casos excepcionais. Dever-se-á, com efeito, partir do princípio de que uma concentração que cria ou reforça uma posição dominante numa parte substancial do mercado comum deverá ser declarada incompatível com este último. O Conselho e a Comissão consideram que tal aplicação do artigo 9.º deverá ser circunscrita aos casos em que os interesses de concorrência do Estado-membro interessado não possam ser satisfatoriamente protegidos de outro modo». A verdade é que esta excepção pode vir a ser invocada com maior frequência do que se pensava, na medida em que pode ser utilizada pela empresa alvo ou por um terceiro como uma "arma" para fazer fracassar a proposta. Neste sentido, cfr. William ELLAND, *The merger control regulation and its effect on national merger controls and the residual application of articles 85 and 86*, ECLR, Vol.12, 1, 1991, pág. 23. Na prática, tudo dependerá da maneira como a

O controlo comunitário das concentrações com base no reg. n.º4064/89   321

A competência das autoridades nacionais, neste domínio, depende da prova que consigam fazer da existência do risco que uma operação de concentração corre «de criar ou reforçar uma posição dominante que tenha como consequência a criação de entraves significativos a uma concorrência efectiva num mercado no interior do seu território, que apresente todas as características de um mercado distinto, quer se trate ou não de uma parte substancial do mercado comum» (art. 9.º, n.º 2). São, portanto, duas as condições substanciais de aplicabilidade da cláusula alemã: a existência de um mercado distinto e o risco que a operação corre de criar, ou reforçar, uma posição dominante que entrave a concorrência efectiva nesse mercado. Note-se, desde logo, que o regulamento retoma aqui as noções já utilizadas no âmbito do art. 2.º («criação ou reforço de uma posição dominante» e «entrave significativo a uma concorrência efectiva»), fazendo apelo, por outro lado, ao conceito novo de "mercado distinto", que se revela, desta forma, essencial para a aplicação da dita cláusula[567]. Na apreciação desse risco e da existência de um mercado distinto, a Comissão tem em conta o mercado relevante de produtos ou serviços (art. 9.º, n.º 3) bem como o mercado geográfico (na acepção do n.º 7, do art. 9.º). Esta norma dispõe que o mercado distinto será circunscrito ao território de um Estado-membro[568], ou a uma parte dele, onde as

---

Comissão apreciar as concentrações de dimensão comunitária. Se ela se revelar "pouco exigente", parece que certos Estados poderão usar o art. 9.º como um meio de a pressionar a tomar decisões "mais fortes" no plano da concorrência. No mesmo sentido, cfr. Cristopher BRIGHT, ob. cit., pág. 144.

[567] Note-se que a noção de "mercado distinto" foi preferida à de "mercado local". Sobre as razões dessa preferência, cfr. Miguel Angel PEÑA CASTELLOT, *El reglamento comunitario de control de concentraciones*, Bol. ICE, n.º 2221, Febrero 1990, pág. 723. Por outro lado, a Comissão já manifestou o seu desejo de ver definida restritivamente a noção de mercado distinto, declarando, no Memorando de 22 de Dezembro de 1989, que o art. 9.º visaria sobretudo «mercados pequenos, 'locais', e que excepcionalmente podia ser aplicado a mercados nacionais isolados do resto da Comunidade, devido por exemplo aos elevados custos de transporte» – cit. por William ELLAND, *The merger control regulation and its effect ...*, ob. cit., pág. 22.

[568] O facto de o art. 9.º, n.º 2, se referir a um "mercado no interior do seu território" suscitou a questão de saber se o mercado distinto devia ser "menos" do que o território do Estado-membro. Sobre esta questão, cfr. C. JONES e GONZÁLEZ DÍAZ, ob. cit., pág. 39. Observe-se, apenas, que, contra esse entendimento restritivo, se afirmou que seria contrário aos objectivos do art. 9.º do Regulamento de 1989 e que se devia dar relevo ao facto de ter sido abandonada a referência, feita na proposta de regulamento, a

condições de concorrência são suficientemente homogéneas e diferentes das existentes em territórios vizinhos. Os critérios de delimitação do mercado baseiam-se em elementos concorrenciais, nomeadamente a natureza e característica dos produtos ou serviços em causa, a existência de barreiras à entrada, as preferências dos consumidores, a existência de diferenças consideráveis, entre o território em causa e os territórios vizinhos, de preços e de partes de mercados das empresas. Finalmente, observe-se que, além de demonstrarem a existência de um mercado distinto, os Estados têm de provar a verificação de entraves significativos à concorrência efectiva para poderem aplicar as respectivas legislações nacionais [569].

No caso de o mercado distinto não constituir uma parte substancial do mercado comum, surge a questão de saber se a Comissão é obrigada a remeter o caso para as autoridades nacionais. Aurélio Pappalardo [570] responde afirmativamente a esta questão, salientando que, uma vez que o processo do art. 8.° não pode conduzir a uma declaração de incompatibilidade (art. 8.°, n.° 3) nem de compatibilidade (art. 8.°, n.° 2), dado que as decisões visadas no art. 8.° pressupõem que a operação de concentração em causa observe o critério definido no art. 2.°, o qual exige que o «entrave significativo à concorrência efectiva» ocorra «no mercado comum ou numa parte substancial dele», a Comissão não pode escolher entre enviar o processo ou não, sob pena de surgirem lacunas no controlo das concentrações. Ou seja, a Comissão, nesses casos, tem a obrigação de enviar o processo às autoridades nacionais, pois que seria a única forma de evitar lacunas no controlo das concentrações. Este argumento é, porém, refutado por Jacques Bourgeois e Bernd Langeheine, que afirmam o carácter de *lex specialis* do art. 9.°, n.° 3, al. a), em relação

---

mercados locais. Por outro lado, alegou-se, ainda, que os próprios Estados-membros pareciam aceitar a possibilidade de o seu território nacional ser identificado com a noção de mercado distinto (cfr. por exemplo a decisão *Varta/Bosch*, cit.) e que a Comissão considerou, no caso *Tarmac/Steeley* (decisão de 12 de Fevereiro de 1992, processo IV/M180, JOCE n.° C 50/25 de 25.2.92), que o mercado em causa abrangia todo o território da Grã-Bretanha.

[569] No sentido de que a prova deste requisito "comunitário" tem a vantagem de garantir uma certa harmonização do controlo europeu das concentrações, cfr. Chantal RUBIN, ob. cit., pág. 11.

[570] Aurélio PAPPALARDO, *Concentrations...*, ob. cit., pág. 38. No mesmo sentido, cfr. Rainer BECHTOLD, *Die Grundzüge der neuen EWG – Fusionkontrolle*, RIW, Heft 4/36 Jahrgang April 1990, pág. 262.

O controlo comunitário das concentrações com base no reg. n.º4064/89   323

ao art. 2.º, permitindo, desta forma, à Comissão a defesa da concorrência efectiva no mercado relevante, ainda que este não seja uma parte substancial do mercado comum[571]. Além disso, segundo estes autores, os casos em que a Comissão aplica o regulamento a mercados distintos que não são uma parte substancial do mercado comum serão situações muito raras. Em nossa opinião, esta interpretação da cláusula alemã, ainda que venha a ter uma aplicação reduzida, não será a mais razoável, pelo menos de *jure condendo*, quer porque se afasta da exigência feita tradicionalmente em matéria de concorrência, quer porque parece ignorar a *ratio* do art. 2.º como limite à competência da Comissão[572]. Por outro lado, pensamos que a Comissão não se preocupará, normalmente, em aplicar o regulamento a mercados distintos de pequenas dimensões geográficas, por via de regra com um alcance diminuto, onde será mais adequada a aplicação das legislações nacionais.

Provadas as condições substanciais, o Estado terá de actuar no âmbito de um processo algo complexo. Em primeiro lugar, a Comissão, nos termos do art. 19.º, n.º 1, do regulamento de 1989, começa por enviar uma cópia da notificação da operação de concentração no prazo de três dias úteis. O Estado-membro tem, então, três semanas, a contar da data da recepção dessa cópia, para informar a Comissão, que o comunicará às empresas envolvidas, de que a operação de concentração corre o risco de criar ou reforçar uma posição dominante susceptível de entravar a concorrência num mercado distinto (art. 9.º, n.º 2). Note-se, desde já, que o Estado não é obrigado a fazer tal comunicação à Comissão, apenas tem a faculdade de a fazer, mas, se não fizer especificamente o pedido, não é possível a remessa. Se o Estado se decidir a fazer a comunicação, a Comissão pode considerar que estão reunidas as duas condições de fundo ou não. Na primeira hipótese, a Comissão pode decidir ocupar-se «ela própria do caso tendo

---

[571] Jacques BOURGEOIS e Bernd LANGEHEINE, ob. cit., pág. 599.

[572] Tal solução, que constitui, sem dúvida, uma derrogação dos princípios gerais estabelecidos nos arts. 85.º e 86.º do Tratado CE, ao alargar a jurisdição da Comissão aos casos de mercados distintos que não são uma parte substancial do mercado comum, é aparentemente defendida por Robert KOVAR – cfr.*The EEC...*, ob. cit., pág. 97. Contra a aplicação do art. 9.º aos mercados locais, manifestou-se, porém, Cristopher BRIGHT (ob. cit., pág. 142), alegando que «o limite da jurisdição da Comissão resulta da sua competência, à luz do art. 2.º, para tratar apenas concentrações de dimensão comunitária, que afectam todo ou uma parte substancial do mercado comum».

em vista preservar ou restabelecer uma concorrência efectiva no mercado em causa», ou pode remeter «o caso[573] para as autoridades competentes do Estado-membro em causa com vista à aplicação da [respectiva] legislação nacional sobre a concorrência»[574]. Saliente-se, portanto, que, mesmo verificando-se as duas condições substanciais, a Comissão não tem a obrigação de remeter o processo, pode fazê-lo ou não. Se o processo for enviado, as autoridades do Estado-membro podem aplicar a respectiva legislação nacional, verificando-se duas condições: o Estado-membro apenas pode tomar as «medidas estritamente necessárias para preservar ou restabelecer uma concorrência efectiva no mercado em causa» (art. 9.°, n.° 8)[575] e as autoridades competentes devem «[publicar] os relatórios ou [anunciar] as conclusões do exame da operação (...) o mais tardar quatro meses depois da remessa da Comissão»[576] (art. 9.°, n.° 6). Já na hipótese de a

---

[573] Levantou-se, a este propósito, a questão de saber se "remeter o caso" significava enviar todos os aspectos da operação de concentração de dimensão comunitária para o Estado-membro que efectuou o pedido ou se só deviam ser objecto de remessa os aspectos da concentração que afectassem o "mercado distinto" em causa. Esta questão surge com particular acuidade quando são vários os Estados que pedem a jurisdição da concentração. Parece que, como afirma Cristopher BRIGHT (ob. cit., pág. 143), "remeter o caso" só significa enviar os "aspectos do caso" relacionados com o mercado distinto num certo Estado, uma vez que, nos termos do art. 9.°, n.° 8, do Regulamento de 1989, o Estado-membro só pode tomar as medidas «estritamente necessárias para preservar ou restabelecer uma concorrência efectiva no mercado em causa», isto é, o Estado só pode intervir para proteger a concorrência no mercado distinto no seu território.

[574] Note-se que, antes de a Comissão adoptar uma decisão, os Estados têm, nos termos do art. 19.°, n.° 2, certos mecanismos para fazer valer as suas opiniões – têm acesso ao dossier da Comissão e é-lhes dada oportunidade para se pronunciarem em todas as fases do processo até à adopção de uma decisão pela autoridade comunitária.

[575] O facto de não ter sido instituído nenhum processo para se verificar a "proporcionalidade" das medidas adoptadas pelos Estados-membros foi muito criticado por certos autores. Neste sentido, cfr., por exemplo, Robert KOVAR, que afirmou ser «lamentável uma tal omissão, ainda que a Comissão pudesse recorrer aos seus poderes à luz do art. 169.°» do Tratado. Teria sido preferível, segundo o mesmo autor, a instituição de um mercanismo semelhante ao estabelecido no art. 100.° A, n.° 4, do Tratado CEE, introduzido pelo Acto Único Europeu – cfr. The EEC..., ob. cit., pág. 97.

[576] Note-se que o prazo de 4 meses é estipulado não para a emissão de uma decisão final pela autoridade nacional competente, mas para a a publicação do relatório ou das conclusões de exame, solução que o Conselho justifica no 27.° considerando do preâmbulo do regulamento comunitário, ao afirmar que, sem pôr em causa a

O controlo comunitário das concentrações com base no reg. n.º4064/89   325

Comissão considerar que não existe um mercado distinto, ou que o risco invocado não é real, recusará a remessa ao Estado-membro (art. 9.º, n.º 3). Os poderes da Comissão estão, deste modo, imbuídos de uma certa discricionariedade, circunstância que não obsta a que as suas decisões estejam sujeitas ao controlo do Tribunal de Justiça (art. 9.º, n.º 9)[577].

Quanto aos prazos de que a Comissão dispõe para a adopção das decisões, importa distinguir duas situações: se a Comissão não deu início ao processo, nos termos do art. 6.º, n.º 1, al. b), deve adoptar uma decisão de remessa [578] ou de recusa de remessa[579] no prazo de seis semanas a contar da recepção da notificação; se, pelo contrário, deu início ao processo, nos termos do art. 6.º, n.º 1, al. c), mas não promoveu as diligências preparatórias para a adopção das medidas necessárias, ao abrigo do n.º2, 2.º parágrafo, e dos n.ºs 3 e 4, do art. 8.º, à preservação ou restabelecimento de uma concorrência efectiva no mercado em causa, terá de adoptar uma decisão de remessa ou de recusa de remessa no prazo máximo de três meses a contar da notificação (art. 9.º, n.º 4). A exigência, nesta última hipótese, da "não promoção de diligências preparatórias" significa que a atitude abstencionista, por parte da Comissão, deve ser considerada uma condição suplementar de remessa do processo para o respectivo Estado? Parece, de facto, que deve ser esse o entendimento a dar à disposição em causa, pelo que, se a Comissão iniciou diligências preparatórias, não pode ser aceite o pedido de remessa[580].

---

necessidade de os Estados-membros interessados agirem rapidamente, reconhece que «o presente regulamento não pode fixar um prazo único para a adopção das medidas a tomar devido à diversidade das legislações nacionais».

[577] O Estado-membro que vê recusado o pedido de remessa poderá recorrer da decisão da Comissão para o Tribunal de Justiça e pode pedir-lhe simultaneamente a aplicação de medidas provisórias para aplicar a sua legislação nacional, nos termos do art. 186.º do Tratado CE(art. 9.º, n.º 9). Será que esta possibilidade de recurso poderá ser estendida às empresas que queiram recorrer das decisões de Comissão, nos termos do art. 173.º? Chantal RUBIN afirma que sim, alegando que é uma solução que decorre do direito comum – cfr. ob.cit., pág. 12.

[578] A qual pode ser objecto de recurso por outro Estado-membro, nos termos do art. 173.º, primeiro parágrafo, do Tratado CE.

[579] A qual pode ser atacada pelo Estado-membro em causa através do art. 173.º, n.º 1, do Tratado CE.

[580] No mesmo sentido, cfr. Jacques Philippe GUNTHER e Gide Loyrette NOUEL, ob. cit., pág. 12, e Aurélio PAPPALARDO, *Concentration...*, ob. cit., pág. 40. Este último

326 *O controlo das concentrações de empresas no direito comunitário*

Pode dar-se, ainda, o caso de a Comissão, no prazo de três meses, não ter adoptado uma decisão de remessa ou de recusa de remessa, nem ter promovido as diligências preparatórias, devendo, então, presumir-se que a Comissão decidiu remeter o caso para o Estado-membro em causa (art. 9.°, n.° 5). Note-se que esta disposição só prevê, expressamente, a remessa tácita para o Estado-membro no caso de a Comissão ter dado início ao processo, nos termos do art. 6.°, n.° 1, al. c), sem tomar no fim uma decisão, deixando, assim, em aberto a solução a dar às situações em que a Comissão não deu início ao processo, nos termos do art. 6.°, n.° 1, al. b), nem tomou qualquer decisão no prazo de seis semanas, previsto no art. 9.°, n.° 4, al. a)[581]. Uma solução discutida seria aplicar-lhes analogicamente a consequência prevista no art. 9.°, n.° 5[582-583].

---

autor justifica essa solução da seguinte forma: «se a Comissão já avançou de forma suficiente em direcção à adopção de medidas destinadas a modificar, ou a proibir, uma operação não seria lógico permitir uma intervenção nacional que iria no mesmo sentido». Quanto à noção de diligências preparatórias, cfr. Bol. CE, Suplemento 2/90, pág. 24.

[581] Chantal RUBIN, ob. cit., pág. 13.

[582] Neste sentido, cfr. Chantal RUBIN, ob. cit., pág. 13, e Anand S. PATHAK, *EEC concentration...*, ob. cit., pág. 122. Contra tal solução, cfr. Aurélio PAPPALARDO, *Concentration...*, ob. cit., pág. 39. Este autor distingue os casos em que é proferida uma decisão nos termos do art. 6.°, n.° 1, al. a) (de não aplicação do regulamento), em que o Estado é livre de intervir em relação à concentração em causa, dos casos em que é emitida uma decisão, nos termos do art. 6.°, n.° 1, al. b) (que conduz a uma declaração de compatibilidade), tornando desprovida de objecto a comunicação, nos termos do art. 9.°. Fica, deste modo, impedida a adopção de uma medida nacional contrária à operação considerada. Assim, no silêncio do regulamento, a única solução seria o Estado apresentar um recurso para o Tribunal de Justiça. No mesmo sentido, Dominique BERLIN afirma claramente (cfr. ob. cit., pág. 124), que não é possível essa aplicação analógica, alegando que o reenvio automático «é uma derrogação à liberdade de escolha prevista no art. 9.°, n.° 4, al. b)» ao passo que, no caso do art. 9.°, n.° 4, al. a), a Comissão não dá início ao processo nos termos do art. 6.°, n.° 1, al. b), decidindo não se opôr a essa operação de concentração e declará-la compatível com o mercado comum. Logo, segundo o autor, «é impossível imaginar que a decisão de compatibilidade, adoptada pela Comissão nos termos do art. 6.°, n.° 1, al. b), possa ser conciliada com a remessa automática para as autoridades nacionais, com todos os riscos de decisões contraditórias que essa remessa implica». O princípio do primado do direito comunitário afastaria, portanto, a hipótese de remessa automática.

[583] Por outro lado, o facto de o art. 9.° do Regulamento de 1989 não ter tido em conta o impacto do art. 6.°, n.°1, al. b) levanta um problema ainda maior, segundo

O controlo comunitário das concentrações com base no reg. n.º4064/89   327

Questionou-se, ainda, se esta cláusula permitia a existência de processos paralelos. Parece que a melhor solução será afastar-se essa hipótese, ou seja, a Comissão remete o caso para os Estados-membros ou fica com ele[584], evitando-se, deste modo, o risco de conflitos de decisões.

Observe-se, por fim, que, tal como outras disposições do regulamento, o art. 9.º será revisto, por unanimidade, «o mais tardar antes do final do quarto ano seguinte à data de adopção do presente regulamento» (art. 9.º, n.º 10). Há quem defenda[585] que a evolução mais provável será no sentido do desaparecimento desta disposição, tanto mais que a revisão dos limiares para a aplicação do regulamento aponta para a sua redução, diminuindo, desta forma, o domínio de preocupações que a cláusula alemã visa proteger. Estas previsões parecem-nos, todavia, difíceis de realizar, pelo menos nos tempos mais próximos, atendendo quer às dificuldades levantadas pelos Estados à revisão do regulamento quer ao interesse manifestado pela Comissão em manter essa disposição.

Anand S. PATHAK, que é o de saber se as decisões do art. 6.º, n.º 1, al. b) e do art. 9.º se excluem mutuamente ou não. Para este autor, o regulamento comunitário parte da ideia da exclusão mútua, como o demonstra o art. 9.º, ao estabelecer que a Comissão ou rejeita o pedido, e adopta a decisão nos termos do art. 6.º, n.º 1, al. b), ou "segue" o art. 9.º e rejeita a solução do art. 6.º, n.º 1, al. b), e neste último caso trata o caso nos termos do art. 9.º, n.º 3, al. a) ou o remete para o Estados, nos termos do art. 9.º, n.º 3, al b). Ora, estas asserções podem suscitar dificuldades se aceitarmos que o "mercado distinto" não é necessariamente uma parte substancial do mercado comum (solução que, como já referimos, nos parece muito duvidosa). Daí que a melhor solução, segundo A. PATHAK, seja a de limitar o art. 9.º, n.º 3, al. a) aos casos em que o mercado distinto é uma parte substancial do mercado comum e reservar o art. 9.º, n.º 3, al. b), para todos os casos em que o "mercado distinto" não é uma parte substancial do mercado comum. Cfr. A PATHAK, *EEC concentration...*, ob. cit., pág. 122.

[584] Neste sentido, cfr. LEON BRITTAN, *The law...*, ob. cit., pág. 355. Contra, afirmando a possibilidade de a Comissão conduzir uma investigação paralela depois de ter permitido que um Estado-membro aplicasse a sua própria lei ao mercado distinto, cfr. Terence P. STEWART e Delphine A. ABELLARD, *Merger control in the European Community. The EC regulation «on the control of concentrations between undertakings» and implementing guidelines*, NJ of IL&B, Vol. 11, n.º 2, Fall 1990, pág. 329.

[585] Assim, Marc DASSESSE, *Selected Aspects of European Econmic Community law on investments and acquisitions in Europe*, IL, Summer 1991, vol. 25, n.º 2, pág. 379.

328 *O controlo das concentrações de empresas no direito comunitário*

Até hoje[586] a cláusula alemã foi invocada 5 vezes. Em 1991, no caso *Varta /Bosch*, o Bundeskartellamt informou a Comissão, nos termos do n.° 2 do art. 9.° do regulamento, de que a operação de concentração proposta ameaçava criar uma posição dominante que teria como consequência a criação de entraves significativos a uma concorrência efectiva no mercado alemão. A Comissão nada teve de decidir relativamente ao pedido de remessa, visto que promoveu atempadamente as diligências preparatórias (comunicação de objecções), de forma a adoptar, ela própria, as medidas necessárias para preservar ou restabelecer a concorrência efectiva no mercado em causa, tendo emitido uma decisão final, nos termos do art. 8.°, n.° 2, 2.° parágrafo[587]. Ainda no mesmo ano, num processo diferente, o *Alcatel/AEG Kabel,*[588] o Bundeskartellamt solicitou de novo a remessa, com base no facto de os mercados alemães de cabos de telecomunicações e de cabos de alimentação representarem mercados geográficos distintos e ameaçarem criar ou reforçar uma posição dominante, correspondente a um oligopólio de três fornecedores. A Comissão não considerou que o mercado alemão fosse um mercado geográfico distinto e rejeitou o pedido de remessa[589]. Em 1992, a Comissão recebeu mais três comunicações dos Estados-membros nos termos do art. 9.°. No caso *Tarmac/Steetley*[590], as autoridades britânicas informaram a Comissão de que a proposta de criação da empresa comum ameaçava criar ou reforçar uma posição dominante, entravando a concorrência efectiva no mercado de tijolos, em mercados locais no Nordeste e no Sudeste da Inglaterra e no mercado de telhas de argila na Grã Bretanha. A Comissão, pela primeira vez, decidiu que o processo devia ser objecto de reenvio, concluindo que «os mercados de tijolo tinham carácter local e as questões de concorrência se circunscreviam exclusivamente ao território do Reino Unido», e que no caso do «mercado de telhas de argila (...) embora abrangesse todo o território da Grã-Bretanha o reduzido nível de fluxos comerciais (...) entre a Grã--Bretanha e o resto da Comunidade tinha por efeito que as consequências

---

[586] Maio de 1993, data em que foi publicado o 22.° relatório sobre a política da concorrência 1992, na versão Com (93) 162.

[587] Cfr. 21.° Rel. Conc., 1991, pág. 404.

[588] Decisão de 18 de Dezembro de 1991, processo IV/M165, JOCE n.° C 6/23 de 10.1.92.

[589] 21.° Rel. Conc., 1991, pág. 404.

[590] Decisão de 12 de Fevereiro de 1992, processo IV/M180, JOCE n.° C 50/25 de 25.2. 92.

O controlo comunitário das concentrações com base no reg. n.º4064/89   329

económicas da operação de concentração se circunscreviam material-mente ao Reino Unido»[591]. Nos outros dois casos, *Mannesmann/Hoesch*[592] e *Siemens/Philips*[593], a Comissão não teve necessidade de se pronunciar sobre o pedido de remessa feito pelas autoridades alemãs[594].

42. Além da competência para aplicar o regulamento a concentrações com dimensão comunitária, a Comissão pode, ainda, intervir em relação a operações sem essa dimensão que, à partida, seriam da competência exclusiva das autoridades nacionais. Este alargamento das competências da Comissão encontra-se previsto no art. 22.º, n.º 3, do regulamento de 1989, que estabelece que um Estado-membro pode pedir à autoridade comunitária para aplicar o regulamento a uma concentração, sem dimensão comunitária, que cria ou reforça uma posição dominante, dando, assim, origem a entraves significativos a uma concorrência efectiva no território desse Estado-membro. Consagra-se, deste modo, a situação inversa à prevista no art 9.º, relativo à remessa de uma concentração com dimensão comunitária para as autoridades nacionais. O art. 22.º, n.º 3, é fruto de um compromisso político, isto é, foi introduzido como contrapartida da fixação dos limiares do art. 1.º em níveis muito elevados, a pedido de certos Estados, como a Grécia, a Itália e, especialmente, a Bélgica e a Holanda (daí a designação de cláusula holandesa), que, não possuindo mecanismos nacionais de controlo das concentrações, queriam evitar lacunas no tratamento daquelas que não atingissem a dimensão comunitária na acepção do art. 1.º do regulamento[595]. A Comissão recebeu o primeiro pedido, à luz do art 22.º, para investigar uma

---

[591] 22.º Rel. Conc., pág. 181.

[592] Decisão de 12 de Novembro de 1992, cit.

[593] Decisão de de 23 de Dezembro de 1992, processo IV/M238. Cfr. 22.º Rel. Conc. pág. 159.

[594] No primeiro caso, a Comissão tomou atempadamente as medidas preparatórias (comunicação de uma declaração nos termos do art. 18.º), com o objectivo de apreciar, ela própria, a questão, tendo adoptado uma decisão final nos termos do art. 8.º, n.º 2, em que autorizava a operação de concentração. No caso *Siemens/Philips,* a operação foi abandonada pelas partes, pelo que não foi necessária qualquer decisão. Cfr. 22.º Rel. Conc., págs. 181 e 182.

[595] Cfr. Joel RIDEAU, ob. cit., pág. 17. Note-se que o interesse de tal disposição parece encontrar-se cada vez mais reduzido à medida em que os Estados vão adoptando legislação sobre o controlo das concentrações. Assim o fez, por exemplo, Portugal em 1988, a Espanha em 1989 e a Itália em 1990.

330   *O controlo das concentrações de empresas no direito comunitário*

concentração sem dimensão comunitária, em 1992, no caso *British Airways/Dan Air*[596]. Nesse caso, o governo belga comunicou à Comissão, nos termos do art. 22.°, a aquisição pela British Airways da empresa Dan Air. A Comissão declarou a operação admissível, aplicando o art 22.° em conjugação com o art. 6.°, n.° 1, al. b), visto que a concentração em causa não criava nem reforçava uma posição dominante tendo como resultado um entrave significativo à concorrência efectiva no mercado belga.

Note-se que a Comissão só pode actuar se um Estado lhe solicitar o exercício do controlo comunitário sobre a operação. A autoridade comunitária terá, então, jurisdição sobre todas as concentrações, independentemente da dimensão das partes, sendo suficiente que a concentração afecte o comércio entre os Estados-membros. Aliás, a autoridade comunitária já declarou que «não tenciona intervir no que se refere a operações que se situem abaixo de um volume de negócios mundial de dois mil milhões de ecus ou abaixo de um nível de volume de negócios comunitário mínimo de 100 milhões de ecus, ou que não correspondam ao limiar de dois terços previsto no n.° 2 do artigo 1.° *in fine* por considerar que tais operações de concentração não seriam em princípio susceptíveis de afectar o comércio entre Estados-membros»[597]. Estas afirmações, feitas, sobretudo, por razões de segurança jurídica, devem ser apreciadas com um olhar crítico, quer porque o comércio pode ser afectado abaixo dos quantitativos indicados, quer ainda porque o art. 22.°, n.° 3, não impõe quaisquer restrições aos poderes da Comissão com base no volume de negócios das partes; aliás, dá-lhe poderes para investigar as concentrações que não têm dimensão comunitária, nos termos do art. 1.°[598]. Logo, se a Comissão insistir em recusar o pedido do Estado-membro ao abrigo da cláusula holandesa, com a justificação de que as partes não preenchem certo volume de negócios, o Estado pode recorrer da decisão, nos termos do art. 173.° do Tratado CE[599].

O pedido feito pelo Estado, ao abrigo do art. 22.°, n.° 3, deve ser efectuado no prazo de um mês a contar da data em que a operação de

---

[596] Decisão da Comissão de 17 de Fevereiro de 1993, processo n.° IV/M278. Cfr. *EEC Merger Control Reporter*, Kluwer, May 1993.

[597] Bol. CE, Suplemento 2/90, pág. 25

[598] Neste sentido, cfr. Martin HEIDENHAIN, *Control of concentrations without community dimension according to article 22 (2) to (5) Council Regulation 4064/89*, FCLI, capítulo 19, 1991, pág. 417.

[599] Neste sentido, cfr. Martin HEIDENHAIN, ob. cit .loc. cit.

O controlo comunitário das concentrações com base no reg. n.º4064/89 331

concentração foi comunicada ao Estado-membro ou realizada (n.º 4, do art. 22.º). Esta disposição pode conduzir a resultados estranhos. De facto, pode não ser possível o controlo se o Estado não tomar conhecimento da operação, nesse prazo, porque as partes conseguiram manter a situação confidencial. Por outro lado, deve considerar-se que o Estado só toma conhecimento da operação se for notificado pelas partes ou bastará que saiba da sua existência, ainda que informalmente, através dos concorrentes ou terceiros? Note-se que esta cláusula foi pensada para os Estados que não têm mecanismos de controlo das concentrações, pelo que será muito estranho que as partes envolvidas numa tal operação a notifiquem ao Estado. Logo, parece-nos que a solução mais razoável será considerar-se suficiente o simples "conhecimento indirecto" da operação, através, por exemplo, dos elementos que as partes tiveram de dar a conhecer a certos organismos nacionais (repartições de finanças, bolsa, etc,) para obterem as autorizações necessárias à realização da operação[600]. Se um Estado--membro efectuar o pedido, a Comissão, se verificar que se trata de uma operação de concentração, tal como vem definida no art. 3.º, mas sem dimensão comunitária, que cria ou reforça uma posição dominante entravando a concorrência no dito Estado, pode, na medida em que essa concentração afecte o comércio entre os Estados-membros, declarar a operação compatível, acompanhando-a de condições e obrigações[601], ou declará-la incompatível, ou ainda ordenar a separação da empresa ou activos agrupados, ou a cessação do controlo conjunto (art. 22.º, n.º 3)[602]. As decisões de incompatibilidade e desconcentração podem ser objecto de recurso pelas empresas, nos termos do art. 173.º, segundo parágrafo, visto que são afectadas directa e individualmente, bem como pelos Estados, nos termos do art. 173.º, primeiro parágrafo. Observe-se, ainda, que a Comissão tem um mês para decidir se inicia o processo (art. 22.º, n.º 4). Se resolver iniciar o processo, deve decidir, no período suplementar, se a concentração é compatível com o mercado comum ou não[603].

---

[600] Neste sentido, cfr. Dominique BERLIN, ob. cit., pág. 138.

[601] Note-se que as empresas podem recorrer destas decisões para o Tribunal de 1ª instância.

[602] No sentido de que a aplicação do regulamento é uma faculdade e não uma obrigação, cfr. Dominique BERLIN, ob. cit, pág.139.

[603] Note-se que, no contexto da cláusula holandesa, está excluída a aplicação dos arts. 4.º e 7.º (cfr. art. 22.º, n.º 4, do Regulamento de 1989).

332 *O controlo das concentrações de empresas no direito comunitário*

Por outro lado, nos termos do art. 22, n.° 5, se a Comissão declarar a operação incompatível, «limitar-se-á a tomar as medidas necessárias para preservar ou restabelecer uma concorrência efectiva no território do Estado-membro a pedido do qual a Comissão interveio», ou seja, as decisões da autoridade comunitária vêem o seu alcance limitado ao território do Estado autor do pedido. É que os outros Estados-membros com legislações nacionais sobre concentrações, e que são igualmente afectados pela operação, também podem adoptar uma decisão para a mesma situação. É, aliás, esse o sentido da declaração do Conselho e da Comissão – que «o disposto nos n.°s 3 a 5 do artigo 22.° não prejudica a capacidade de os Estados-membros, que não aquele a cujo pedido a Comissão intervém, aplicarem as suas legislações nacionais nos respectivos territórios»[604]. Note-se, porém, que a eventual sobreposição de jurisdições, daí resultante, pode conduzir a decisões contraditórias entre a Comissão e as autoridades do Estado-membro e tornar ainda mais onerosa a posição das partes. Estas situações serão, sobretudo, frequentes quando a operação é realizada no território de um Estado e só indirectamente afecta as condições de concorrência do Estado que recorre à cláusula holandesa. A criação do mercado único favorece este tipo de casos já que aumenta o número de concentrações que afectam simultaneamente os mercados em mais do que um Estado.

Uma solução apontada, para resolver o risco de conflito de decisões, seria dividir-se a operação em várias "partes nacionais" que ficariam sujeitas às respectivas jurisdições;[605] só que, na prática, tal solução revelar-se-ia a maioria das vezes impossível. Uma outra forma de se reduzir os riscos resultantes da sobreposição de jurisidições seria estreitarem-se, de modo constante, as relações entre a Comissão e as autoridades nacionais nos termos do art. 19.°[606].

Observe-se, por fim, que os vários problemas levantados por esta cláusula serão talvez eliminados, ou pelo menos minorados, com a revisão dos limiares referidos no n.° 2, do art. 1.°, adiada para 1996[607].

---

[604] Bol. CE Suplemento 2/90, pág. 26.

[605] Assim, Martin HEIDENHAIN, ob. cit., pág. 420.

[606] Assim, Jacques BOURGEOIS e Bernd LANGEHEINE, ob. cit., pág. 602.

[607] A favor do seu desaparecimento, cfr. Dominique BERLIN, ob. cit., pág. 142. Contra, arguindo que não são evidentes as vantagens do seu desaparecimento, especialmente enquanto existirem Estados sem um controlo adequado das concentrações, cfr. Pierre BOS e outros, ob. cit., págs. 370 e 371.

Em conclusão, podemos afirmar que:

1. O Regulamento n.° 4064/89 consagra, no art. 21.°, o princípio do «one stop shop», que estabelece a competência exclusiva da Comissão para aplicar o regulamento comunitário às concentrações com dimensão comunitária, não podendo os Estados-membros aplicar as suas legislações nacionais a essas operações. Afasta-se, deste modo, a teoria da "jurisdição paralela", referida pelo Tribunal no acórdão *Walt Wilhelm.*

2. Os arts. 21.°, n.° 3, e 9.°, do regulamento de 1989, alargam, no entanto, a competência dos Estados-membros, ao permitirem a aplicação, em certas condições, das legislações nacionais em relação às concentrações de dimensão comunitária. Estes desvios ao princípio do «one stop shop» visam compensar os Estados-membros por terem "abdicado" de certos poderes nacionais, com a adopção do regulamento comunitário.

3. Note-se que ambas as cláusulas devem ser interpretadas restritivamente, sob pena de ser posta em causa a aplicação uniforme das normas de concorrência na Comunidade. De qualquer forma, os obstáculos levantados pelos Estados à redução dos limiares do art. 1.° do regulamento e a apreciação favorável feita pela Comissão à aplicação que tem sido efectuada dessas cláusulas apontam para a sua manutenção, pelo menos nos tempos mais próximos.

4. Um outro desvio ao princípio da competência exclusiva está consagrado no art. 22.° do mesmo regulamento, que alarga a competência da Comissão, ao permitir-lhe aplicar o regulamento comunitário às concentrações sem dimensão comunitária. Esta cláusula, pensada para os Estados-membros sem legislação nacional adequada ao controlo das concentrações, revela-se difícil de aplicar na prática, quer porque o recurso ao art. 22.°, n.° 3, pressupõe o conhecimento da operação pelo Estado, o que pode não suceder, quer porque a concentração em causa, além de afectar o Estado que recorre ao art. 22.°, n.° 3, pode produzir efeitos num outro Estado possuidor de legislação nacional nesse campo, originando uma sobreposição de jurisdições.

5. As dificuldades na aplicação desta cláusula poderão, talvez, ser atenuadas com a revisão do regulamento, adiada para 1996. Aliás a utilidade do art. 22.°, n.° 3, tem tendência para diminuir à medida que aumenta o número de Estados-membros possuidores de legislação nacional sobre o controlo das concentrações.

5. A APLICAÇÃO DO REGULAMENTO NAS RELAÇÕES ECONÓMICAS INTERNACIONAIS

Sumário: 43 – *A posição adoptada pelo Tribunal de Justiça no acórdão Wood Pulp sobre o campo de aplicação do direito comunitário.* **44** – *Ausência de critérios claros sobre a aplicação do regulamento a empresas não comunitárias. Doutrina da execução vs teoria dos efeitos?* **45** – *O acordo sobre o Espaço Económico Europeu.*

43. Em direito internacional, há dois fundamentos indiscutíveis da competência dos Estados: a nacionalidade e a territorialidade[608]. Este último abrange o princípio de que o Estado tem jurisdição sobre os actos que tenham origem no seu território, mesmo que a sua consumação ocorra no estrangeiro (princípio da territorialidade subjectiva); tal princípio foi ainda alargado no sentido de a jurisdição do Estado abranger igualmente actos praticados no estrangeiro, mas cujos efeitos se produziram no seu próprio território (princípio da territorialidade objectiva)[609]. O problema que se põe é o de saber se podemos aplicar, no domínio do direito económico, esta ideia de territorialidade objectiva – também designada por teoria dos efeitos[610] –, isto é, se o Estado terá competência para conhecer os efeitos que se produzam no seu território, resultantes de comportamentos que não se verificaram nesse território. A questão discutida no direito comunitário da concorrência é, portanto, a de saber se a Comunidade tem jurisdição

---

[608] A análise detalhada do princípio da territorialidade extravasa manifestamente o âmbito do nosso estudo. Assim, para uma análise cuidada das relações do direito comunitário com a noção de territorialidade, cfr. Jean GROUX, *Territorialité et droit communautaire*, RTDE, n.°1, Janviers-Mars 1987, págs. 5 e segs.

[609] Richard WHISH, *Competition Law,* 2ª ed., Butterworths, Edinburgh,1989, pág. 379, e Wilmer G. F. LANGE e John Byron SANDAGE, *The Wood Pulp decision and its implications for the scope of EC competition law*, ob. cit, págs. 138-139.

[610] É conhecida ainda por princípio do efeito territorial ou do efeito interno. Cfr. CASEIRO ALVES, ob. cit., pág. 145.

336   *O controlo das concentrações de empresas no direito comunitário*

sobre os efeitos, que ocorreram no seu território, resultantes de uma operação realizada num Estado terceiro[611]. Enquanto nos Estados Unidos a jurisprudência parece ter aceite a teoria dos efeitos[612-613], na Comunidade Europeia o Tribunal tem-se esquivado a responder a este problema, procurando soluções alternativas menos polémicas.

O problema da aplicação da teoria dos efeitos em direito comunitário surgiu, com particular acuidade, em relação à aplicação dos arts. 85.º e 86.º do Tratado CE. Nos termos destas disposições, a prática restritiva deve afectar o comércio entre os Estados-membros, tendo por objectivo ou *efeito* entravar a concorrência no mercado comum. A redacção dada às disposições do Tratado sugeria que o critério de aplicação do direito comunitário da concorrência é o da localização dos efeitos anti-concorrenciais no território do mercado comum, sendo indiferente a nacionalidade ou localização geográfica das empresas envolvidas[614]. Todavia, o Tribunal, nos processos em que

---

[611] Richard WHISH, ob. cit. loc. cit., e LANGE e SANDAGE, ob. cit., loc. cit.

[612] Cfr. o acórdão *Alcoa* onde o juiz Learned Hand declarou o *Sherman Act* aplicável aos comportamentos de empresas estrangeiras estabelecidas no exterior dos Estados Unidos, na medida em que esses comportamentos produzissem efeitos nos Estados Unidos, cit. por Rui Manuel MOURA RAMOS, *Da lei aplicável ao contrato de trabalho internacional,* Almedina, Colecção Teses, 1990, pág. 52. Note-se que a teoria dos efeitos, com a dimensão absoluta que lhe é dada pelo acórdão *Alcoa,* suscita certas dificuldades, nomeadamente conflitos de jurisdições. Assim, houve várias tentativas para definir melhor o seu alcance. Destaque-se, especialmente, o *Restatement of Foreign Relations Law of the United States* e o *Antitrust Guide for International Operations.* Este último refere a necessidade de os efeitos serem "substanciais" e "previsíveis", características que foram acolhidas, para qualificar o teste dos efeitos como critério de competência dos orgãos comunitários, pelos advogados-gerais Henri Mayras, no acórdão *ICI/Comissão,* cit., e Marco Darmon no acórdão *Wood Pulp,* cit. Para um estudo mais detalhado do alcance da doutrina dos efeitos no direito norte--americano, cfr. ainda Paul DEMARET, *L'extraterritorialité des lois et les relations transatlantiques: une question de droit ou de diplomatie?*, RTDE, n.º 1, Janvier-Mars, 1985, pág 1.

[613] Esta teoria tem, no entanto, sido criticada por certo sector da doutrina, que a considera pouco compatível com a soberania dos Estados. Sobre esta questão, cfr. Dominique BERLIN, ob. cit pág. 51.

[614] Assim, por exemplo, B. GOLDMAN e LYON CAEN, que subscrevem a designação, dada pela Comissão, de «teoria do efeito interno» – cfr. ob cit., pontos 775 e 777. No mesmo sentido, cfr. José PÉREZ SANTOS, *The territorial scope of article 85*

O controlo comunitário das concentrações com base no reg. n.º4064/89   337

se levantou a possibilidade de aplicação da teoria dos efeitos, contornou sistematicamente o assunto, deixando a questão em aberto. Deste modo, no acórdão *ICI/Comissão*[615] preferiu recorrer à teoria da unidade económica do grupo, formado pelas filiais comunitárias e empresas-mãe estrangeiras, para justificar a aplicação do direito comunitário – afirmando que as três empresas não comunitárias, Geigy, Sandoz e ICI, participaram num acordo de fixação de preços ilegal através das suas filiais estabelecidas na Comunidade que eram controladas pelas empresas-mãe – [616], apesar de o advogado-geral Henri Mayras lhe ter sugerido a adopção da teoria dos efeitos limitada aos efeitos «qualificados», isto é, aos efeitos «directos», «imediatos», «previsíveis» e «substanciais»[617]. Por outro lado, no acórdão *Béguelin,*

---

of the EEC Treaty , FCLI, capítulo 25, 1990, pág. 573. Já a utilização da expressão "aplicação extraterritorial do direito da concorrência" suscita reservas à generalidade da doutrina, visto que o elemento de conexão que determina a competência do direito comunitário está localizado no território do mercado comum. Sobre esta questão, cfr. B. GOLDMAN e A. LYON-CAEN, ob. cit. loc. cit.

[615] Acórdão de 14 de Julho de 1972, cit.

[616] Recorde-se que a tese da unidade económica foi muito criticada, quer por abstrair das diferentes personalidades jurídicas das empresas envolvidas, em nome de uma visão económica da questão, quer porque o Tribunal a considerava aplicável, afirmando simplesmente que a empresa-mãe controlava a filial, com muito poucas provas. Para mais desenvolvimentos sobre esta questão, cfr. Richard WHISH, ob. cit., págs. 387 e 388.

[617] Este caso é considerado, de certa forma, um marco na polémica questão da aplicação "extraterritorial" do direito comunitário da concorrência. De facto, a Comissão afirmou expressamente, no caso *Matérias Corantes* (decisão de 24 de Julho de 1969, processo IV/26.257, JOCE n.º L 195/11 de 7.8.69), que a lei comunitária podia ser aplicada em todos os casos em que fossem desenvolvidas práticas anti--concorrenciais no mercado comum, mesmo quando tais empresas estivessem situadas fora da Comunidade (cfr. pág 135 da decisão). O Tribunal, por seu turno, revelou-se extremamente cauteloso e não se pronunciou contra ou a favor da teoria dos efeitos. Para justificar a aplicação do art. 85.º no caso *ICI/Comissão*, disse, apenas, que as empresas estabelecidas fora da Comunidade tinham operado no mercado comum através das suas filiais localizadas na Comunidade. Há duas interpretaçoes possiveis desta jurisprudência, segundo Robert KOVAR: uma é basear o acórdão na ideia de unidade económica formada pelas filiais e sociedades-mãe, para considerar as empresas-mãe situadas na Comunidade; a outra é afirmar que o Tribunal reconheceu que a realização de práticas restritivas da concorrência tinha ocorrido na Comunidade – cfr. Robert KOVAR, *The EEC...,* ob. cit., pág. 76. Observe-se que a decisão do Tribunal, no caso *Wood Pulp,* referiu expressamente esta segunda interpretação. De facto, o

338   *O controlo das concentrações de empresas no direito comunitário*

o Tribunal menciona a possibilidade de justificar a aplicação do direito comunitário pela teoria dos efeitos, quando afirma que «o facto de uma das empresas participantes no acordo estar sediada num país terceiro não constitui obstáculo à aplicação do art. 85.°, desde que o acordo produza os seus efeitos no território do mercado comum» (11.° considerando)[618]. Note-se, no entanto, que o caso concreto se referia a um acordo de concessão exclusiva em que uma das partes estava estabelecida na Comunidade; logo, a declaração do Tribunal não pode ser vista como um argumento decisivo a favor da aplicação da teoria dos efeitos em matéria de concorrência. Mais tarde, no caso *Wood Pulp,* a Comissão torna a invocar a teoria dos efeitos[619], apoiada

---

Tribunal disse aí que o 85.° era aplicado a empresas não comunitárias que actuavam directamente na Comunidade, implementando acordos de preços fixos, em detrimento das empresas comunitárias. Note-se que houve quem inferisse dessas afirmações que o critério determinante seria o desenvolvimento de uma actividade comercial no território comunitário, não bastando, portanto, a produção de efeitos nesse território. Cfr., neste sentido, Jean SCHAPIRA e outros, ob. cit., pág. 311. Sobre esta questão, recorde-se ainda a proposta de regulamento sobre o controlo das concentrações de 1973, que estipulava a necessidade de pelo menos uma das empresas estar estabelecida na Comunidade para o Regulamento ser aplicado. A disposição do texto de 1973 não passou para versão definitiva. De facto, no regulamento de 1989 as únicas referências geográficas estão no art. 1.°, quanto à localização do limiar *de minimis* e quanto à regra de 2/3, e no art. 2.°. Na ausência de uma exigência similar à formulada na proposta de 1973, já se afirmou que concentrações entre empresas não comunitárias sem «escritórios» na comunidade podiam, talvez, cair na alçada do Regulamento de 1989. Neste sentido, cfr. Frank L. FINE, *EC merger control: an analysis of the new regulation,* ECLR, 2, 1990, pág. 48. Há, no entanto, quem não se encontre totalmente convencido quanto às vantagens de o regulamento comunitário seguir a teoria dos efeitos. Assim Robert KOVAR (ob. cit., pág. 77) que acentua, por um lado, o facto de as concentrações afectarem a estrutura das empresas, enquanto os arts. 85.° e 86.° se referem a fenómenos de comportamento, e invoca, por outro, as justificações apresentadas por Jeremy LEVER e Paul LASOK. Estes, por seu turno, distinguem a jurisdição exercida pela Comissão sobre comportamentos no mercado de empresas de Estados-terceiros e a jurisdição exercida sobre alterações na estrutura industrial do Estado-terceiro. Segundo estes autores, se reconhecessemos tal jurisdição à Comissão na 2ª hipótese, ela estaria a ingerir-se na estrutura industrial de um Estado soberano, facto que seria inadmissível – cfr. J. LEVER e P. LASOK, *Mergers and joint ventures in the EEC,* Yearbook of European Law, 6, 1986, Clarendon Press, 1987, págs. 156 e 157.

[618] Acórdão Béguelin, já citado.

[619] Nesta decisão (de 19 de Dezembro de 1984, processo IV/29 725, *Wood Pulp,* JOCE n.° L 85/1 de 26.3.85), a Comissão afirmou que «o art. 85.° do Tratado aplica-se

O controlo comunitário das concentrações com base no reg. n.º4064/89   339

também desta vez pelas conclusões do advogado-geral Marco Darmon. O Tribunal, por seu turno, evitou de novo a questão[620], afirmando que, uma vez que o acordo foi implementado na Comunidade, não havia necessidade de recorrer à doutrina dos efeitos, já que a questão podia ser resolvida pelo «princípio da territorialidade, que é universalmente reconhecido em direito internacional público» (18.º considerando)[621]. Deste modo, a aplicação do direito comunitário não depende da localização no território da Comunidade dos intervenientes na *entente* ou da formação da *entente* exige apenas que aí se verifique a *execução* da *entente*. Por outras palavras, o dircito comunitário poderá aplicar-se a uma operação concluída no estrangeiro entre empresas não comunitárias, desde que a execução dessa operação ocorra no território

---

às práticas restritivas susceptíveis de afectar as trocas entre os Estados-membros, mesmo quando as empresas e associações partes nas práticas restritivas estão estabelecidas ou tenham a sua sede fora da Comunidade, e mesmo quando essas práticas restritivas afectem mercados fora da Comunidade» – cfr. ponto 79. E acrescentou que «se é verdade que a teoria dos efeitos é ainda contestada em direito internacional, a Comissão entende que o é sobretudo pelo Reino Unido e não a nível da OCDE nem de outros direitos nacionais. A Comissão considera que, neste contexto, a Comunidade não deverá estar vinculada por um critério de competência mais restrito do que aquele que é aceite em relação aos Estados. Por fim, a Comissão faz questão de sublinhar que a Comunidade é competente porque os efeitos em causa eram directos, substanciais e intencionais, e que não exige uma competência mais extensa do que a admitida em relação aos Estados» – cfr. pág 5213 do relatório para a audiência do acórdão *Wood Pulp*, cit.

[620] Parece-nos que o Tribunal não consagrou a teoria dos efeitos no acórdão *Wood Pulp* (acórdão de 27 de Setembro de 1988, processos apensos 89, 104, 114, 116, 117 e 125 a 129/85, *Ahlström/Comissão*, Col 1989, pág. 5193), pelo menos com o alcance do acórdão *Alcoa*. No mesmo sentido, cfr. Walter VAN GERVEN, *EC jurisdiction in antitrust matters: The Wood Pulp judgment*, FCLI 1990, pág. 467, e Laurence IDOT, *Arrêt du 27 Septembre 1988 – Note*, RTDE, 1989, pág. 347, e ainda Wilmer LANGE e John SANDAGE, *The Wood Pulp decision and its implications for the scope of EC competition law*, CMLR, 26, 1989, pág. 158.

[621] Cfr. ainda o 16.º considerando do acórdão *Wood Pulp,* onde o Tribunal declarou que «(...) uma infracçao ao artigo 85.º, como é o caso da celebração de um acordo que tenha por efeito restringir a concorrência no mercado comum, implica dois elementos de comportamento: a formação do acordo e a respectiva execução. Fazer depender a aplicabilidade das proibições estabelecidas pelo direito da concorrência do lugar da formação da *entente* redundaria evidentemente em fornecer às empresas um meio fácil para se subtrairem às referidas proibições. O que é determinante é, por isso, o lugar da execução do acordo».

340 *O controlo das concentrações de empresas no direito comunitário*

comunitário [622-623]. Todavia, o Tribunal continua a deixar em aberto a questão de saber se uma prática restritiva da concorrência, formada e executada fora da Comunidade, mas produzindo efeitos dentro dela, estará sujeita à aplicação das normas comunitárias [624].

44. Com o aparecimento do regulamento comunitário, relativo ao controlo das concentrações de empresas, a questão da adopção da teoria dos efeitos encontra-se mais uma vez em foco.

Saliente-se, desde já, que o regulamento não possui uma disposição específica estipulando o regime da sua aplicação a empresas não comunitárias [625]. A exigência formulada na proposta de 1973, para a aplicação do controlo comunitário, de que pelo menos uma das empresas envolvidas na operação de concentração estivesse «estabelecida no interior do mercado comum» (art. 1.°, n.° 1) – revelando-se, assim, insuficiente o critério da localização dos efeitos consagrado nos arts. 85.° e 86.° do Tratado – não foi transposta para a versão definitiva do texto do regulamento. De facto, neste apenas

---

[622] Cfr. considerandos 16 e segs. do acórdão *Woop Pulp*, cit.

[623] Esta tese, designada por doutrina da execução, é muito criticada por certos sector da doutrina. Assim, por exemplo, W. VAN GERVEN e J. P. SANTOS apontam-lhe um importante limite: o critério de implementação não poderá ser aplicado a comportamentos anti-concorrenciais por omissão, visto que aí o nexo com a Comunidade será muito ténue – cfr. Walter VAN GERVEN, *EC jurisdiction...*, ob. cit., pág. 471, e José PÉREZ SANTOS, *in* AAVV, *Jurisdiction and mergers under EEC competition law,* Panel Discussion, FCLI, capítulo 26, 1990, pág. 586.

[624] Apesar de uma jurisdição baseada em critérios puramente territoriais parecer actualmente insuficiente, dada a interdependência da economia mundial. Para mais desenvolvimentos sobre esta questão, cfr. Wilmer G. F. LANGE e John Byron SANDAGE, *The Wood Pulp decision and its implications.for the scope of EC competition law*, ob. cit., pág. 164.

[625] Note-se que o art. 24.° do Regulamento de 1989, relativo à sua relação com países terceiros, trata de um outro problema. Esta disposição consagra um princípio de reciprocidade: verifica se a aplicação não discriminatória do regulamento às empresas de países terceiros tem uma contrapartida na aplicação, por esses países terceiros, da sua legislação nacional a operações em que participam empresas comunitárias. Saliente-se, no entanto, que não há um mecanismo sancionatório automático. Nos termos do n.° 3 do art. 24.°, a Comissão, verificando «que um país terceiro não concede às empresas comunitárias um tratamento comparável ao concedido pela Comunidade às empresas desse país terceiro, pode apresentar propostas ao Conselho com vista a obter (...) possibilidades de tratamento comparáveis para as empresas da Comunidade».

O controlo comunitário das concentrações com base no reg. n.º4064/89   341

encontramos referências ao mercado comum nas disposições relativas à determinação da dimensão comunitária da operação (art. 1.º, n.º 2, al. b), nos termos do qual, para a operação ter dimensão comunitária, é preciso, nomeadamente, que o volume de negócios total realizado individualmente *na Comunidade* por pelo menos duas das empresas em causa seja superior a 250 milhões de ecus)[626], e aos efeitos anti--concorrenciais da operação[627] (art. 2.º, n.º 3, nos termos do qual devem ser declaradas incompatíveis com o mercado comum as operações de concentração que criem ou reforcem uma posição dominante de que resultem entraves significativos à concorrência efectiva *no mercado comum*[628] ou numa parte substancial deste).

O facto de as disposições do regulamento que contêm referências geográficas não requererem a presença no mercado comum das empresas envolvidas na concentração suscitou o problema da sua aplicação a concentrações entre empresas não comunitárias, sem sede no território da Comunidade, que restringissem a concorrência no território comunitário[629].

Certo sector da doutrina defende que o campo de aplicação do regulamento se baseia na teoria dos efeitos, invocando a redacção dada aos arts. 1.º e 2.º do regulamento comunitário, que não fazem qualquer exigência quanto à localização das empresas no território comunitário, ao contrário do que sucedia na proposta de 1973[630-631].

---

[626] Sublinhado nosso.

[627] Para Jacques BOURGEOIS (cfr.*EEC Control over international mergers*, Yearbook of European Law, 10, 1990, pág. 117-119), o regulamento só será aplicado se os efeitos forem substanciais (uma posição dominante entravando significativamente a concorrência no mercado comum), imediatos (a concentração deve criar ou reforçar a posição dominante) e previsíveis.

[628] Sublinhado nosso.

[629] Cfr. Frank L FINE, *EC merger control: an analysis...*, ob. cit., pág. 48.

[630] Assim C. JONES e GONZÁLEZ DÍAZ, ob. cit., pág. 89. Para estes autores, as autoridades comunitárias terão jurisdição sobre concentrações que tenham efeitos directos substanciais e razoavelmente previsíveis na Comunidade, retomando assim os critérios referidos pelo advogado geral no acórdão *ICI/Comissão*, que, por sua vez, se inspirou na legislação americana. Note-se, ainda, que, para estes autores, a diferença existente em matéria de concentrações, entre o critério da «execução», subscrito pelo Tribunal no acórdão *Wood Pulp,* e o critério dos "efeitos directos, substanciais e previsíveis" é, no fundo, uma «questão de semântica» e, como tal, «não é importante» – cfr. pág. 90.

[631] Apesar de ter desaparecido, na versão definitiva do Regulamento, a exigência de que pelo menos uma das empresas implicadas na concentração tenha a sua sede na

342 *O controlo das concentrações de empresas no direito comunitário*

Todavia, contra uma interpretação literal das disposições do regulamento, como fundamento da teoria dos efeitos, há quem invoque o 11.º considerando [632] do preâmbulo [633], que exige o desenvolvimento de «actividades substanciais na Comunidade» quando a concentração é realizada «entre empresas que não têm o seu domínio de actividade na Comunidade». Deste modo, sustenta-se a aplicação, *mutatis mutandis,* do princípio estabelecido na jurispudência *Wood Pulp* no domínio das concentrações, que se poderia formular nos seguintes termos: o regulamento será aplicado às concentrações realizadas entre empresas não comunitárias sempre que elas sejam executadas no território comunitário [634]. Esta solução teria ainda a vantagem de afastar certos obstáculos à aplicação "extraterritorial" [635] do controlo das concentrações baseado na teoria dos efeitos, nomeadamente os riscos de

---

Comunidade, há quem considere que a ligação ao território comunitário estará sempre assegurada, presumindo, com base no critério do volume de negócios realizado na Comunidade, que os efeitos restritivos estarão geralmente localizados na comunidade. Cfr., neste sentido, Laurence IDOT, *Commentaire..., ob. cit.*, pág. 35

[632] Este teste aparecia no art. 1.º, n.º 2, da proposta de Abril de 1988; logo, a sua passagem para o preâmbulo do regulamento de 1989 seria um indício significativo, para certos autores, de que a Comissão não tenciona, à partida, aplicar o teste geográfico. Sobre esta questão, cfr. Frank L FINE, *EC merger control: an analyses...,* ob. cit., pág.48, e especialmente Laurence IDOT, *Commentaire..., ob. cit.,* pág. 34. Este último afirma que actualmente só se pode dar relevo ao teste do volume de negócios.

[633] O 11.º considerando dispõe: tendo em conta «que há operação de concentração de dimensão comunitária quando o volume de negócios total do conjunto das empresas em causa ultrapassa, tanto a nível mundial como na Comunidade, um dado nível e quando pelo menos duas das empresas em causa têm o seu domínio de actividade exclusivo ou principal num Estado-membro diferente ou quando, ainda que as empresas em causa operem principalmente num único Estado-membro, pelo menos uma delas desenvolve actividades substanciais em pelo menos outro Estado-membro; que é igualmente o caso quando as operações de concentração são realizadas por empresas que não têm o seu domínio de actividade na Comunidade, mas que nela desenvolvem actividades substanciais».

[634] Dominique BERLIN, ob. cit., pág. 52. Este autor acrescenta, ainda, aí, que tal execução tem de ser qualificada, nomeadamente pelos limiares do art. 1.º.

[635] Esta expressão, como já referimos, deve ser utilizada com muitas reservas, porque pode criar certos equívocos. De facto, é preciso sublinhar que, ao contrário do que é sugerido pelo seu teor literal, o elemento de conexão que determina a competência do direito comunitário se encontra localizado no território do mercado comum. Sobre esta questão, cfr. B. GOLDMAN e A. LYON-CAEN, ob. cit. págs. 871 e segs.

O controlo comunitário das concentrações com base no reg. n.º4064/89   343

conflitos de jurisdições e «envolvimento na estutura industrial de um Estado soberano». Os argumentos invocados podem ser resumidos nos seguintes termos: «em regra, a lei da concorrência do Estado é dirigida à definição de condutas permitidas (ou proibidas) que nele ocorrem, ou que, quando muito, têm efeitos no mercado nacional; os Estados estão pouco preocupados com a conduta de empresas estabelecidas no seu território em relação a mercados de exportação, a não ser que existam igualmente efeitos no mercado doméstico (...) [assim], a reivindicação da jurisdição sobre a conduta no mercado de empresas estabelecidas em países terceiros, que têm efeitos na Comunidade, não implica necessariamente um conflito entre os interesses da Comunidade e os do país terceiro em causa. A questão é completamente diferente quando a Comunidade se propõe reivindicar jurisdição sobre alterações na estrutura industrial de um terceiro país. Neste caso não é possível separar a actividade das empresas em causa no mercado de exportação da actividade no mercado doméstico: a reivindicação da jurisdição implica necessariamente o envolvimento das autoridades comunitárias na formação da estrutura industrial de um Estado soberano»[636].

Há que reconhecer, sem dúvida, que o exercício das competências das autoridades comunitárias depara com os limites fixados pelos princípios gerais de Direito Internacional Público. No entanto, é imprescindível distinguir, aqui, dois planos: o da *jurisdictio* e o do *imperium*. Como é sabido, o *imperium*, isto é, o poder de execução da Comunidade, está limitado ao território do mercado comum, não podendo ultrapassar as suas fronteiras, sob pena de atentar contra a soberania de terceiros Estados. Já no plano da *jurisdictio,* ou da competência normativa, os poderes da Comunidade podem basear-se na mera localização do efeito anti-concorrencial no território comunitário. Isto significa que as autoridades comunitárias não podem, obviamente, proceder a verificações ou executar sanções no território de terceiros Estados – ainda que elas se possam efectuar junto das filiais existentes no interior do território comunitário ou fora dele com a colaboração voluntária das empresas condenadas – mas podem verificar uma infracção e ordenar a sua cessação ou pedir ao terceiro Estado que aplique sanções aos infractores, desde que isso não implique a violação de um interesse legítimo do terceiro Estado. É que se estiverem em causa "interesses legítimos" do terceiro Estado, a injunção ditada pelas

---

[636] Cfr. Jeremy LEVER e Paul LASOK,ob. cit., págs. 156 e 157.

344 *O controlo das concentrações de empresas no direito comunitário*

autoridades comunitárias arrisca-se a ser puramente platónica[637]. Quer dizer, a distinção entre "condenação" e "execução" de uma sanção nem sempre é fácil de se estabelecer; daí que tenha de ser temperada por uma ideia de moderação que "incite a Comissão a não renunciar à sua injunção, mas a modelar o seu conteúdo de forma a respeitar os interesses legítimos do Estado estrangeiro"[638].

Dito isto, parece-nos que, à partida, a contestação sofrida pela teoria dos efeitos, em matéria de controlo das concentrações, deve ser vista com reservas. Desde logo, o texto do regulamento comunitário não faz qualquer referência à necessidade de as empresas participantes na concentração se encontrarem localizadas na Comunidade ou de a realização da operação ocorrer no território comunitário. Como é sabido, apenas encontramos referências ao mercado comum no art. 1.º, n.º 2, al. b), e no art. 2.º, n.º 3, do regulamento de 1989. Por outro lado, não se percebe a dualidade de critérios dos Estados que aceitam a adopção da teoria dos efeitos pelas legislações nacionais, mas recusam a sua aplicação pelas autoridades comunitárias. Podemos referir, meramente a título de exemplo, a legislação portuguesa, que estabelece no art. 1.º, n.º 2, do DL 371/93, que, «sob reserva das obrigações internacionais do Estado português, o presente diploma é aplicável às práticas restritivas da concorrência que ocorram em território nacional ou que neste tenham ou possam ter efeitos», perfilhando, assim, claramente a teoria dos efeitos. Além disso, a atitude abstencionista do Tribunal, quanto à sua adopção no âmbito do direito comunitário da concorrência, não significa que noutros campos ele não se tenha mostrado favorável a essa teoria. De facto, no acórdão *Walrave* o Tribunal afirmou a sua aplicação, a propósito do princípio da não discriminação[639], e, em nossa opinião, não há razão para afastar a sua

---

[637] Já o pedido de informações feito pelas autoridades comunitárias, a empresas estrangeiras, é um problema de difícil resolução, principalmente quando os ordenamentos nacionais condenarem a prestação de informações e de documentos económicos a entidades estrangeiras. No sentido de que a existência de uma tal lei não torna, por si só, ilegítimo o pedido de informações, devendo a resposta ser dada caso a caso, ainda que origine uma grande insegurança, atendendo à ponderação dos interesses legítimos invocados pelo Estado e os prosseguidos pela Comunidade, cfr. GOLDMAN e LYON-CAEN, ob. cit., pág. 884.

[638] GOLDMAN e LYON-CAEN, ob. cit., págs. 880 a 887.

[639] Cfr. considerando 28 do acórdão de 12 de Dezembro de 1974, processo 36-74, *Walrave e Koch c. Association Union cycliste internationale*, Rec. 1974, pág. 1405.

O controlo comunitário das concentrações com base no reg. n.º4064/89   345

transposição para o domínio da concorrência[640]. Finalmente, observe--se que o recurso à teoria dos efeitos se revela necessário para garantir a aplicação eficaz do direito comunitário pela Comissão[641].

Afirmada, no plano teórico, a possibilidade de aplicação do regulamento, com base na teoria dos efeitos, quando descemos aos casos concretos verificamos que esse tipo de situação é praticamente inexistente. De facto, são praticamente inconcebíveis operações de concentração que desencadeiem efeitos directos, substanciais e previsíveis na Comunidade, sem que, aí, tenham um vínculo assaz forte, através de filiais, aí, localizadas, ou pela execução da operação no território do mercado comum. Daí que nos inclinemos para concordar com aqueles autores que sublinham a irrelevância prática da teoria dos efeitos, face à doutrina da execução, em matéria de controlo das concentrações[642].

Por outro lado, nas decisões *BNP/Dresdner Bank-Czecho-Slovakia*[643] e *Kyowa/Saitama*[644], as operações de concentração foram notificadas à Comissão, uma vez que as empresas participantes preenchiam os limiares do art. 1.º, ainda que a Comissão afirmasse expressamente, no primeiro caso, que a operação apenas produzia efeitos verdadeiramente «marginais» no interior do mercado comum. O que equivale a dizer que as concentrações de dimensão comunitária terão de ser notificadas à Comissão desde que tenham um *efeito* no mercado comum, *concretizado pelo critério do volume de negócios*[645], ainda que tais situações tenham geralmente um fraco impacto no mercado comunitário, não merecendo, em regra, grande interesse para as autoridades comunitárias. Isto é, ainda que não produza efeitos significativos na Comunidade, a concentração, apresentando um

---

[640] No mesmo sentido, cfr. as conclusões do advogado geral Marco Darmon no acórdão *Wood Pulp*, cit., pág. 5217.

[641] Sobre a questão da utilização a teoria dos efeitos como «garantia da eficácia das leis económicas», cfr. Paul DEMARET, ob. cit., pág. 33.

[642] C. JONES e GONZÁLEZ DIAZ, ob. cit., pág. 90.

[643] Decisão da Comissao de 26 de Agosto de 1991, processo IV/M124, JOCE n.º C 266/28 de 31.8.91.

[644] Decisão da Comissão de 26 de Agosto de 1991, processo IV/M124, BNP/Dresdner Bank (Czechoslowakia), JOCE n.º C 266/28 de 31.8.91, e decisão da Comissão de 7 de Março de 1991, Kyowa/Saitama, processo IV/M069, JOCE n.º C 66/13 de14.3.91.

[645] Jean Patrice de La LAURENCIE, *Le contrôle...*, ob. cit., pág.67.

346   *O controlo das concentrações de empresas no direito comunitário*

vínculo, mesmo que ténue, com a Comunidade, traduzido na dimensão comunitária da operação, suscita a aplicação do regulamento. Nesta medida, o campo de aplicação do regulamento pode ser considerado mais vasto do que o que resultaria da aplicação da teoria dos efeitos.

45. Em Outubro de 1991, foi celebrado um acordo entre os doze Estados-membros da Comunidade e os sete Estados-membros da EFTA, a CECA e a CE, com vista a criar um espaço económico europeu (EEE) em 1993[646]. Este objectivo foi, porém, bloqueado pela opinião do Tribunal de Justiça, em Dezembro de 1991[647], emitida na sequência de um pedido apresentado pela Comissão para apreciar a compatibilidade do acordo com o Tratado CE. O Tribunal considerou que o sistema judicial previsto no acordo sobre a criação do EEE era incompatível com o Tratado criador da CE. Foram, assim, reabertas as negociações do acordo, que culminaram em 14 de Fevereiro de 1992 com a adopção de uma série de alterações à versão original. Depois de ser, de novo, examinado pelo Tribunal[648], o acordo foi finalmente assinado em 2 de Maio de 1992, no Porto[649].

Não iremos proceder a uma análise detalhada deste documento, visto que ultrapassa manifestamente o âmbito do nosso trabalho, mas, de qualquer forma, torna-se necessário fazer aqui referência àquelas disposições que têm pontos de contacto com o regulamento comunitário – referimo-nos, especialmente, ao art. 57.º do acordo e ao protocolo 24.

Saliente-se, em primeiro lugar, que o princípio da competência exclusiva, consagrado no regulamento para as concentrações de

---

[646] Os juízos suscitados na doutrina sobre este acordo não são unânimes. Considerando o estreitar das relações entre aos Estados da CE e os da EFTA como um factor de «progresso (...) notável pela sua extensão e originalidade», cfr. Armando TOLEDANO LAREDO, *The EEA agreement: an overall view*, CMLR, 29, 1992, pág. 1213. Contra, cfr. Henry G. SCHERMERS (*Comentário às opiniões 1/91, de 14 de Dezembro de 1991 e 1/92, de 10 de Abril de 1992 do Tribunal de Justiça*, CMLR, 29, 1992, pág. 1005), que afirmou que o acordo consistia num «esforço demasiado grande para combinar o incombinável», destinando-se, em sua opinião, a ser aplicado, apenas, durante um período provisório visto que haveria uma tendência para os Estados da EFTA se tornarem membros da Comunidade, como o comprovariam os pedidos entretanto apresentados nomeadamente pela Austria, Suécia, Finlândia.

[647] Opinião I/1991, de 14.12.91, CMLR, 1992, págs. 991 e segs.

[648] Opinião I/1992, de 10.4.92, CMLR, 1992, págs. 1002 e segs.

[649] Publicado no DR n.º 291, 18.12.92.

O controlo comunitário das concentrações com base no reg. n.º4064/89 347

dimensão comunitária, passou a incluir os países da EFTA. A extraordinária concessão feita por estes países significa que a Comissão será a única entidade competente para apreciar as concentrações que atinjam uma dimensão comunitária. Por outro lado, em relação a certas concentrações com os limiares estabelecidos no art. 57.º, n.º 2, al. b), o órgão de fiscalização da EFTA será a única autoridade competente nos países da EFTA para a sua apreciação, sendo tal jurisdição concorrente com a dos Estados-membros, com base nas suas legislações nacionais. Este novo órgão pode ser, assim, considerado o "guardião" do acordo[650] para os países da EFTA, desempenhando, no fundo, funções paralelas às da Comissão na Comunidade Europeia.

Por outro lado, sublinhe-se que os arts. 6.º e 7.º do protocolo 24 do acordo são o «espelho»[651] dos arts 9.º e 21.º do regulamento comunitário, transpondo aqueles mecanismos para os países da EFTA. O art 6.º permite à Comissão remeter para o Estado-membro da EFTA os casos que ameacem criar ou reforçar uma posição dominante num mercado distinto, limitado ao território da EFTA, para ele aplicar a legislação nacional, enquanto o art. 7.º reconhece aos países da EFTA o direito de adoptarem as medidas necessárias para protegerem interesses legítimos, diferentes dos considerados no regulamento comunitário[652].

Finalmente, saliente-se que os aspectos processuais mais relevantes vêm referidos nos arts. 1.º, n.º 1(troca de informações), 2.º (processo de cooperação), 8.º (investigação) e 9.º (segredo profissional) do protocolo 24.

---

[650] Assim, Cristophe REYMOND, *Institutions, decision-making procedure and settlement of disputes in the european economic area*, CMLR, 30, 1993, pág. 468, e Sven NORBERG, *The agreement on a european economic area*, CMLR, 29,1992, pág. 1171.

[651] Armando TOLEDANO LAREDO, ob. cit., pág. 1206.

[652] Refira-se, ainda, como uma manifestação, significativa, desta tendência para a realização da difícil tarefa de harmonização da execução das várias legislações existentes sobre a concorrência, o acordo realizado entre o governo dos Estados Unidos da América e a Comissão das Comunidades Europeias, relativo à aplicação das respectivas leis da concorrência, celebrado em 23 de Setembro de 1991. Este acordo foi, aliás, objecto de um recurso para o Tribunal pela República Francesa, que alegava a falta de poderes da Comissão.

348 *O controlo das concentrações de empresas no direito comunitário*

Em síntese, podemos afirmar que:

1. O princípio da territorialidade, enquanto factor de conexão, não permite resolver actualmente todos os problemas ligados à dimensão de comércio internacional. Uma das soluções apontadas para se superar a rigidez desse princípio é o recurso à teoria dos efeitos, nomeadamente em matéria de direito económico.

2. A teoria dos efeitos tem sido defendida, de forma corrente, pela Comissão, ao nível da aplicação do direito da concorrência. Já o Tribunal rodeia sistematicamente a questão, como sucedeu, por exemplo, no acórdão *Wood Pulp,* onde declarou que o critério determinante para a aplicação do direito comunitário da concorrência é «o lugar da execução do acordo».

3. Com a entrada em vigor do Regulamento n.° 4064/89, e na ausência de disposições específicas sobre o seu campo de aplicação, discute-se a utilidade da teoria dos efeitos. À partida, tal teoria não só não é afastada pelo regulamento comunitário, como é aceite na generalidade das legislações nacionais. Logo, o poder normativo reconhecido aos Estados, com base na localização dos efeitos «anti--concorrenciais», não deve ser recusado à Comunidade. Acresce que o Tribunal reconheceu a teoria dos efeitos, em relação ao princípio da não discriminação, no acórdão *Walrave,* jurisprudência que, em nosso entender, pode ser transposta para o direito da concorrência. Note-se, por fim, que o recurso à teoria dos efeitos se revela necessário para garantir a aplicação eficaz do direito comunitário pela Comissão.

4. Na prática, dificilmente são concebíveis operações de concentração que produzam efeitos directos, substanciais e previsíveis na Comunidade, sem terem com ela um vínculo significativo, através de filiais aí localizadas, ou pela execução da operação no território do mercado comum. Daí que seja reduzido o interesse da teoria dos efeitos em matéria de controlo das concentrações.

5. Por último, cabe atentar no facto de a concentração ter de ser notificada à Comissão, uma vez atingida a dimensão comunitária, ainda que os efeitos produzidos no interior do mercado comum sejam verdadeiramente marginais. Nesta medida apenas, podemos dizer que o campo de aplicação do regulamento tem um alcance mais vasto do que aquele que resultaria da aplicação da doutrina dos efeitos.

6. APRECIAÇÃO SUBSTANCIAL DAS OPERAÇÕES DE CONCENTRAÇÃO

> **Sumário: 46** – *O critério de apreciação das concentrações: A criação ou reforço de uma posição dominante. (A noção de posição dominante tem o mesmo significado que lhe é dado no âmbito do art 86.º ou deverá ser considerada um teste novo?)* **47** – *(cont.) A existência de entraves significativos à concorrência efectiva. A) Requisito adicional ou mero corolário da criação ou reforço de uma posição dominante? B) Condições dos entraves: 1) a uma concorrência efectiva; 2) com carácter significativo.* **48** – *Possibilidade de derrogação da proibição? As teorias em confronto: balanço económico vs balanço concorrencial.* **49** – *"Posição dominante colectiva" – Uma nova dimensão do controlo das concentrações?* **50** – *As restrições acessórias à operação de concentração: A) As restrições devem ser directamente relacionadas com a operação; B) As restrições devem ser necessárias; C) Exemplos típicos.*

46. Delimitado o campo de aplicação do Regulamento n.º 4064/89 às operações de concentração com dimensão comunitária, a etapa seguinte consistirá na averiguação dos critérios substanciais fixados pelo dispositivo comunitário para a apreciação da compatibilidade da concentração com o mercado comum. A escolha do teste substancial a aplicar pela Comissão, consagrado no art. 2.º do regulamento de 1989, foi uma questão extremamente polémica, discutida vigorosamente ao longo dos 16 anos que precederam a adopção do texto definitivo do regulamento[653]. O que, aliás, é

---

[653] Recorde-se, a este respeito, as várias alterações sofridas pelo art. 2.º ao longo do moroso processo de adopção do regulamento comunitário. Assim, saliente-se, especialmente, que, desde a proposta de 1973, se afirmava como critério determinante da declaração de incompatibilidade da operação a «criação ou reforço de

350 *O controlo das concentrações de empresas no direito comunitário*

compreensível, atendendo ao papel nevrálgico desempenhado por esse critério, no contexto do controlo das concentrações, enquanto centro de confronto de interesses de política concorrencial e industrial. A redacção definitiva do art. 2.º é, indubitavelmente, reflexo do compromisso desses vários interesses.

O teste substancial adoptado pelo regulamento comunitário encontra-se, portanto, estabelecido no art. 2.º, cujo n.º 3 dispõe: «devem ser declaradas incompatíveis com o mercado comum as operações de concentração que criem ou reforcem uma posição dominante de que resultem entraves significativos à concorrência efectiva no mercado comum ou numa parte substancial deste». Não se verificando esta situação, a concentração será declarada compatível com o mercado comum, nos termos do n.º 2 do mesmo artigo. A Comissão só tem, deste modo, duas alternativas – ou declara a operação incompatível com o mercado comum ou a declara compatível –, não havendo solução intermédia. Também não há, à partida, qualquer presunção de compatibilidade ou incompatibilidade da concentração com o mercado comum, o regulamento mostra-se neutro face a tal fenómeno. Aliás, o comentário feito pela Comissão ao art. 2.º, de que «a decisão de compatibilidade não é senão a contrapartida da decisão da incompatibilidade»[654], parece apontar neste sentido[655]. Por

---

uma posição dominante no mercado comum ou numa parte substancial dele», fazendo-se depois referência ao teste do «entrave à concorrência efectiva» (art. 1.º, n.º 1, da proposta de 1973, cit.), abrindo-se, porém, a possibilidade da autorização da concentração quando a operação «se revelasse indispensável para a realização de um objectivo considerado como prioritário no interesse geral da Comunidade». Observe-se que, enquanto a referência à criação ou reforço da posição dominante se mantém ao longo das várias alterações das propostas, o critério do entrave à concorrência efectiva se perde nessas várias modificações e só é recuperado com a proposta de Novembro de 1988. Finalmente, note-se que a possibilidade de autorização das concentrações declaradas incompatíveis sofre um revés em 1989, a que não foram estranhas as pressões da delegação alemã, e é afastada na versão definitiva de 1989. Cfr. *supra*, pontos 22 e 23.

[654] Bol. CE, Suplemento 2/90, pág. 23.

[655] A atitude neutra demonstrada pelo regulamento face às operações de concentração não deveria ser afastada, segundo certos autores, devido à declaração de compatibilidade consagrada no art. 10.º, n.º 6 do Regulamento, quando a Comissão não tomar as decisões necessárias nos devidos prazos, visto que essa norma seria mais uma sanção para o comportamento negligente da Comissão do que um juízo de valor

O controlo comunitário das concentrações com base no reg. n.º4064/89   351

outro lado, o art. 2.º afasta-se das soluções consagradas nas propostas de regulamento, ao estipular a «apreciação da operação numa só etapa»[656]. Não foi, portanto, adoptada, na versão definitiva do art. 2.º, a possibilidade que a Comissão tinha anteriormente de autorizar certas concentrações, incompatíveis com o mercado comum, quando as vantagens produzidas superassem os danos à concorrência[657]. Note-se que este facto vai ser considerado, por certo sector da doutrina, um importante argumento a esgrimir na querela sobre a ponderação de interesses, da política industrial e da política concorrencial, a efectuar na apreciação da concentração de dimensão comunitária.

A primeira condição, referida no art. 2.º, a ter em conta na apreciação da concentração é averiguar se a operação conduz à criação ou ao reforço de uma posição dominante. A demonstração de tal situação exige, necessariamente, a delimitação prévia do mercado relevante, facto que permitirá à Comissão apreciar o grau de poder económico das empresas concentradas[658]. Entende-se por mercado

---

sobre a operação em causa. Cfr., neste sentido, Bernd LANGEHEINE, *Substantive review under the EEC merger regulation,* FCLI, capítulo 22, 1991, pág. 484.

[656] James S. VENIT, *The «merger» control...,* ob. cit., pág. 19

[657] Cfr. JOCE n.º C130/4, de 1988, art. 2.º/4, e JOCE n.º C 22/14, de 1989, art 2.º/3 que permitiam, à semelhança do art. 85.º, n.º 3, do Tratado CE, que a autoridade comunitária, depois de detectar a criação ou reforço de uma posição dominante, autorizasse a operação desde que preenchidas certas condições.

[658] Um outro método de apreciação do grau de poder económico de uma empresa consiste na análise do seu comportamento, em vez de se procurar situar a empresa num determinado mercado. Trata-se, como afirma L. GYSELEN (cfr. ob. cit., pág. 28), teoricamente, de um «método mais directo para medir o grau de poder económico de uma empresa». Em vez de colocá-la num determinado mercado, analisa a sua *performance.* É que «todo o monopolizador que maximiza o lucro aumenta o seu *output,* até ao nível em que o seu custo de produção marginal (crescente) iguala o rendimento marginal (decrescente). Ou seja, [ao contrário das empresas em concorrência] vende a um preço que excede o custo de produção médio». Só que os mercados reais são mais complexos do que os modelos teóricos, e este método, que examina o poder monopolístico atendendo ao nível dos preços de venda, é falível. Desde logo, porque nem sempre o objectivo das empresas é maximizar o lucro, como referiu o Tribunal no acórdão *Hoffmann-La-Roche* (cfr. considerandos 39 e 74). Na verdade, a empresa em posição dominante pode baixar os preços como forma de pressionar os concorrentes. Por outro lado, é muito difícil afirmar quando é que a diferença entre o preço de venda de uma empresa e o dos concorrentes é excessivo. Daí que a solução preferível, na prática, como afirma L. GYSELEN, seja situar a empresa

352   *O controlo das concentrações de empresas no direito comunitário*

relevante[659] aquele onde as empresas participantes na operação exercem as suas actividades, podendo ser definido quer em termos de produtos quer em termos geográficos[660]. Note-se que estas noções já foram analisadas à luz do art. 86.°. Serão de estender as considerações aí tecidas a propósito do *relevant market* ao campo do regulamento comunitário?

Quanto ao mercado de produtos, podemos encontrar alguma orientação na secção 6 do Formulário CO do regulamento de execução[661], que, fazendo apelo a critérios já conhecidos, dispõe: «o mercado de produto relevante compreende todos os produtos e/ou serviços considerados permutáveis ou substituíveis pelo consumidor devido às suas características, preços e utilização pretendida». O critério da sucedaneidade, já anteriormente utilizado, ao abrigo, nomeadamente, do art. 86.°, assume, deste modo, uma função essencial

---

num ou em vários mercados relevantes e avaliar o seu poder económico a partir de indícios relativos à estrutura do mercado – cfr. ob. cit. pág. 28.

[659] Trata-se de uma construção artificial, criada, como sublinhou FISHER, com o intuito de facilitar a aplicação das leis *antitrust* – cfr. Franklin M. FISHER, *Horizontal Mergers: Triage and treatment*, Economic Perspectives, vol. 1, n.° 2, Fall 1987, pág. 26.

[660] O conceito de mercado relevante no direito comunitário, especialmente à luz do art. 86.° do Tratado CE, difere da noção americana dada pelas *U.S. Merger Guidelines* de 1984, que define tal mercado como um grupo de produtos em que o monopolista hipotético podia impor de forma vantajosa um «pequeno mas significativo e não transitório aumento de preço», através do seguinte método: «o departamento de justiça começa com cada produto (definido restritivamente) produzido ou vendido por cada empresa concentrada e pergunta [isto é simula uma situação] o que aconteceria se um monopolista hipotético desse produto impusesse um "pequeno mas significativo e não temporário" aumento de preço (geralmente um aumento de preço de 5% com a duração de um ano). Se fossem muitos os compradores que se desviassem para outros produtos, o monopolista hipotético não consideraria lucrativo impor esse aumento de preço. O departamento soma este produto substituto ao original e pergunta de novo a mesma questão até identificar o grupo de produtos a que a empresa monopolista hipotética pudesse impor vantajosamente um "pequeno mas significativo e não temporário" aumento de preço. O departamento considera, assim, como o mercado de produto relevante o mais pequeno grupo de produtos que satisfazem esse teste» – cfr. Terence P. STEWART e Delphine A. ABELLARD, ob. cit., pág. 337, especialmente nota 280. Note-se que esta avaliação da intensidade da concorrência potencial é obviamente muito subjectiva.

[661] Regulamento (CE) n.° 3384/94 da Comissão, cit., que vem substituir o Regulamento (CEE) n.° 2367/90 da Comissão.

O controlo comunitário das concentrações com base no reg. n.º 4064/89   353

na determinação do mercado relevante, para efeitos de aplicação do regulamento. Trata-se de um critério com duas vertentes: uma diz respeito ao lado da procura, assumindo um carácter acentuadamente estático, privilegiando, assim, a consideração da concorrência actual no mercado; a outra refere-se ao lado da oferta, tendo um carácter dinâmico, preocupando-se, sobretudo, com a avaliação do grau de concorrência potencial[662]. A Comissão faz apelo às duas, na definição do mercado relevante, ainda que pareça referir-se com mais frequência à primeira vertente. Deste modo, na generalidade dos casos, procede à análise das alternativas disponíveis para os consumidores, atendendo às diferenças das características do produto, dos preços[663], bem como às diferentes funções por eles desempenhados[664]. Já são mais raras as decisões onde examina a sucedaneidade do lado da oferta, isto é, em que avalia se os fornecedores, em sectores de produtos relacionados, podem mudar rapidamente a sua produção, ou parte dela, para o sector

---

[662] Repare-se que o Formulário CO só se refere de forma explícita à vertente estática, relativa à procura, facto que levou certos autores, como Mario SIRAGUSA e Romano SUBIOTTO, a denunciarem, com base na omissão dos critérios a nível da oferta, uma diferença de testes relativamente aos utilizados anteriormente, nomeadamente na decisão *Continental Can,* ao abrigo do art. 86.º. Para estes autores, a Comissão, ao basear-se nos critérios a nível da procura, revelaria uma tendência para definir o mercado de produtos em termos extremamente estreitos – cfr. *Le contrôle...,* ob. cit., pág. 72. Vejam-se, no entanto, as considerações feitas pela Comissão acerca da substituibilidade no 22.º Rel. Conc., em que refere vários casos, nomeadamente *Du Pont/ICI* (decisão da Comissão de 30 de Setembro de 1992, processo IV/M214, JOCE n.º L 7/13, de 13.1.93) e *Nestlé/Perrier* (decisão da Comissão de 22 de Julho de 1992, processo IV/M190, JOCE n.º L 356/1, de 5.12.92), onde teve em conta as duas vertentes (procura e oferta). Cfr. pág. 134 do 22.º Rel. Conc., 1992.

[663] Cfr. decisão *Du Pont/ICI,* cit., onde a Comissão distinguiu os dois mercados (de fibras em geral e de fibras de nylon), atendendo à diferença de características e de preço. Este relevo dado ao lado da procura justifica-se, em parte, devido ao impacto imediato sobre o consumidor nessas circunstâncias. Ao passo que, do lado da oferta, a análise é feita a longo prazo, isto é, vai apreciar-se a evolução da produção.

[664] Cfr., por exemplo, a decisão *Tetra Pak/Alfa Laval* (decisão da Comissão de 19 de Julho de 1991, processo IV/M068, JOCE n.º L 290/35 de 22.10.91), onde a Comissão considerou que, para o empacotamento de leite e sumos, as máquinas de empacotamento não asséptico ou asséptico que utilizam vidro ou plástico não constituíam substitutos reais e razoáveis para as máquinas de empacotamento asséptico que utilizam cartão. A fraca elasticidade da procura resultaria, segundo a Comissão, das dificuldades dos compradores (estabelecimentos de lacticínios e produtores de sumos) em mudarem de um produto para outro.

354   *O controlo das concentrações de empresas no direito comunitário*

do produto em causa. Refira-se, porém, a título de exemplo, a decisão *Steetley Tarmac*[665], onde a Comissão parece ter tido em conta esse elemento na delimitação do mercado, ao afirmar que não se deviam distinguir os mercados em causa, visto que «os custos de *marketing* e técnicos, suportados pelos produtores com a mudança de produção, não seriam significativos»[666]. Por outro lado, a Comissão autonomiza os mercados de produtos onde as condições de concorrência são diversas, apesar de os próprios produtos serem substituíveis entre si ou serem mesmo idênticos. Trata-se, geralmente, de casos em que são vendidos produtos virtualmente idênticos a diferentes clientes[667], sendo destinados a uma utilização diferente[668]. Saliente-se, finalmente, a referência feita pela Comissão, em algumas das suas decisões, aos acórdãos

---

[665] Cfr. pág. 134, do 22.° Rel. Conc., 1992.

[666] Mas qual a razão do diverso tratamento das duas vertentes do critério da sucedaneidade? Segundo Luc GYSELEN, a justificação residirá nas diferentes funções por elas desempenhadas. Enquanto a sucedaneidade do lado da procura tem um papel primordial na definição do mercado relevante, onde as empresas participantes na operação de concentração desenvolvem actividades actualmente concorrentes, a sucedaneidade do lado da oferta visará antes delimitar as barreiras de entrada nesse mercado, permitindo, deste modo, aferir o grau de concorrência potencial aí existente. Assim, para este autor, «(...) o segundo teste de sucedaneidade [do lado da oferta] não serve na realidade para definir um mercado relevante mas para corrigir a apreciação preliminar que é feita, com base no primeiro teste de sucedaneidade [do lado da procura], do poder económico das empresas em causa sobre o mercado relevante. Com efeito, uma vez calculadas as quotas de mercado detidas por essas empresas, conclui--se *prima facie* que elas detêm uma posição dominante quando possuem uma quota de mercado substancial que ultrapassa claramente as dos seus concorrentes; contudo, dominar um mercado implica impor aí 'a lei', nomeadamente controlando efectivamente a formação dos preços. Ora, uma empresa que aumentando os preços atrai imediatamente novos concorrentes não se encontra em posição dominante. O teste da sucedaneidade do lado da oferta serve precisamente para medir a [o grau de contestação] da posição – aparentemente dominante – ocupada pelas empresas concentradas», cfr. ob. cit., pág. 28.

[667] Cfr. a decisão *Magneti Marelli/CEAC* (decisão da Comissão de 29 de Maio de 1991, processo IV/M043, JOCE n.° C 222/38 de 20.8.91), ponto 9.

[668] Cfr. o caso *Eridania/ISI,* cit., em que o açúcar fornecido aos utilizadores industriais (grandes quantidades, com custos de transporte relativamente baixos) e o açúcar fornecido a retalho (em sacos de quilo), apesar de o produto ser idêntico, foi considerado, em certa medida, sujeito a diferentes condições de concorrência. Cfr. 21.° Rel. Con. 1991, pág. 388.

O controlo comunitário das concentrações com base no reg. n.º4064/89   355

do Tribunal[669] que analisam o conceito de *relevant market,* facto que parece ser mais um indício da manutenção da validade dos princípios estabelecidos na jurisprudência anterior[670].

Quanto à noção de mercado geográfico, encontramos-lhe referências no art. 9.º do regulamento de 1989, que contém a cláusula alemã, bem como na secção 6 do Formulário Co do regulamento de execução. O art. 9.º apela a certos conceitos conhecidos, ao estabelecer que «o mercado geográfico de referência é constituído por um território no qual as empresas envolvidas intervêm na oferta e procura de bens e serviços, no qual as condições de concorrência são suficientemente homogéneas e que pode distinguir-se dos territórios vizinhos especialmente devido a condições de concorrência sensivelmente diferentes das que prevalecem nesses territórios. Nessa apreciação é conveniente tomar em conta, nomeadamente, a natureza e as características dos produtos ou serviços em causa, a existência de barreiras à entrada, as preferências dos consumidores, bem como a existência, entre o território em causa e os territórios vizinhos, de diferenças consideráveis de partes de mercado das empresas ou de diferenças de preços substanciais»[671]. Os critérios do regulamento estão, portanto, sobretudo centrados sobre a procura, apesar de a jurisprudência do Tribunal, especialmente nos casos *Continental Can* e *Michelin,* chamar a atenção para o lado da oferta. A solução para este desfasamento, segundo certo sector da doutrina, seria sublinhar o papel específico desempenhado pelo art. 9.º, afastando-se a sua aplicação em geral[672]. Essa disposição deveria, então, limitar-se à definição restrita

---

[669] Cfr., por exemplo, a referência feita ao acórdão *Michelin,* na decisão da Comissão *Magnetti Marelli/Ceac,* cit., ponto 10.

[670] No sentido de que o Regulamento das concentrações nada traz de inovador quanto à definição de mercado relevante, cfr. Jean-Luc DÉCHERY, *Le règlement communautaire sur...,* ob. cit., pág. 317. No mesmo sentido, defendendo uma solução de continuidade em relação à jurisprudência anterior, cfr. Pierre BOS e outros, ob. cit., pág. 218.

[671] Note-se que o facto de ambas as disposições utilizarem conceitos semelhantes não significa, evidentemente, que, por cada vez que a Comissão considere que o território de um Estado-membro constitui um mercado relevante, esse mercado deva ser entendido como "mercado distinto", nos termos do art. 9.º, devendo a Comissão remeter a concentração em causa para as autoridades competentes dos Estados-membros.

[672] Neste sentido, cfr. James S. VENIT – *The «merger» control...,* ob. cit., pág. 29 –, que sustentava que a cláusula alemã acentuava certas «particularidades locais» e, por

356   *O controlo das concentrações de empresas no direito comunitário*

de mercados locais ou nacionais como «mercados distintos». Todavia, o afastamento do art. 9.° não resolve a questão, visto que o problema se mantém ao nível do Formulário CO, que utiliza critérios semelhantes[673].

Na prática, as várias decisões da Comissão[674] referem as duas vertentes (ainda que por vezes favoreça a análise do lado da procura) e na sua maioria acabam por identificar mercados relevantes com uma dimensão nacional[675] e não comunitária[676]. Isto será, em parte, o resul-

---

isso, afastava-se quer da prática anterior, seguida pelo Tribunal de Justiça à luz das disposições do Tratado, quer das decisões da Comissão.

[673] J. VENIT, *in* AAVV, *Substantive review under merger regulation*, Panel Discussion, FCLI, capítulo 25, 1991, pág. 569.

[674] Cfr. decisão *Varta Bosch*, cit., ponto 17, onde a Comissão define o mercado geográfico como o território em que as condições de concorrência são suficientemente homogéneas a ponto de divergirem da concorrência noutros Estados-membros.

[675] Cfr. decisão *Alcatel/Telettra* (decisão de 12 de Abril de 1991, processo IV/M042, JOCE n.° L 122/48 de 17.5.91), onde o mercado espanhol de equipamentos de transmissão foi considerado como constituindo um mercado separado, por duas razões: o operador de telecomunicações espanhol, a Telefonica, tradicionalmente só fazia aquisições aos fornecedores estabelecidos localmente e existiam relações verticais entre a Telefonica e os seus dois maiores fornecedores, que consistiam em participações minoritárias detidas pela Telefonica no capital desses dois fornecedores, que permitiam a estes dois uma posição privilegiada no mercado espanhol e criavam uma barreira à entrada de outros clientes – cfr. pág. 390 do 21.° Rel. Con. 1991. Nos processos *Elf Ertoil* (decisão da Comissão de 29 de Abril de 1991, processo IV/M063, JOCE n.° C 124/13 de 24.5.91) e *Elf/BC/Cepsa* (decisão da Comissão de 18 de Junho de 1991, processo IV/M029, JOCE n.° C172/8 de 3.7.91), relativos a produtos petrolíferos, a Comissão tornou a separar o mercado espanhol do resto da Comunidade, com base no facto de a produção e distribuição de produtos petrolíferos em Espanha estarem sujeitas a um monopólio estatal. Cfr. ainda a decisão *Varta Bosch* (relativa a baterias de arranque no mercado de substituição), onde, apesar de não haver barreiras técnicas ou jurídicas à entrada, a Comissão considerou que os mercados alemão e espanhol constituíam dois mercados geográficos distintos, com base em elementos estruturais (como diferenças de preços, distribuição de diferentes tipos, diferenças na estrutura da procura). Cfr., finalmente, o caso *Promodes/Dirsa*, cit., onde a Comissão considerou o conjunto de mercados locais como uma parte substancial do mercado comum e afirmou a existência de mercados locais devido aos custos de transportes, como nos casos *Steetley/Tarmac* (decisão da Comissão de 12 de Fevereiro de 1992, processo IV/M075, JOCE n.° C 50/25 de 25.2.92), *Promodes/BRMC* (decisão da Comissão de 13 de Julho de 1992, processo IV/M099, JOCE n.° C 32/14 de 10.9.92) e *Waste Management International plc/SAE* (decisão da Comissão de 21 de Dezembro de 1992, processo IV/M 283, JOCE n.° C 10/5 de 15.1.93).

O controlo comunitário das concentrações com base no reg. n.º4064/89   357

tado das imperfeições de um mercado interno que está longe de se encontrar verdadeiramente integrado [676]. Espera-se que tal tendência se venha a inverter com a progressiva realização do mercado interno [678] e o consequente desaparecimento das justificações dos mercados nacionais [679]. Observe-se, ainda, que o mercado geográfico a definir não se encontra sujeito às fronteiras do mercado único. Na realidade, a própria Comissão já considerou que o mercado geográfico relevante podia ser o mercado mundial [680]. Aliás, a consideração de mercados mais vastos

---

[676] A existência de mercados relevantes a nível comunitário foi estabelecida pela Comissão em certas decisões como o caso *Mannesmann/Bogge* (decisão de 23 de Setembro de 1991, processo IV/M134, JOCE n.º C 265/8 de 11.10.91), *Solvay/Laporte Interox* (decisão da Comissão de 30 de Abril de 1992, processo IV/M097, JOCE n.º C 165/26 de 2.7.92)), *Péchiney/VIAG* (decisão da Comissão de 10 de Agosto 1992 processo IV/M168 JOCE n.º C 307/7 de 25.11.92) e *BTR/Pirelli* (decisão da Comissão de 17 de Agosto de 1992, processo IV/M253, JOCE n.º C 265/5, de 14.10.92.), atendendo, nomeadamente, a factores como um elevado número de entregas intra--comunitárias, presença de importantes fornecedores, em vários Estados-membros, com quotas de mercado significativas, reduzida variação de preços entre os Estados--membros, políticas de aquisição a nível europeu por parte dos consumidores, custos de transporte relativamente baixos, etc. Cfr. 22.º Rel. Conc., ponto 241.

[677] Claus-Dieter EHLERMANN, *Deux ans d'application du contrôle des concentrations – bilan et perspectives,* RMCUE, n.º 366, 1993, pág. 244.

[678] Esta tendência para os mercados se tornarem sobretudo europeus afirmar--se-á, principalmente, com os melhoramentos a nível de transportes e o desaparecimento de barreiras regulamentares e técnicas. Cfr., neste sentido, Michael J. REYNOLDS, *EC merger control regulation: the first six months,* IFLR, April 1991, pág. 27.

[679] A Comissão considerou, nomeadamente, como factores reveladores de um mercado geográfico nacional, elevados custos e dificuldades de transportes, a existência de diferenças de preços, níveis reduzidos de comércio internacional, barreiras técnicas e legais à entrada, exigência de especificações nacionais, sistemas nacionais de aprovação, barreiras linguísticas ou culturais, compradores públicos com fortes preferências nacionais de compras, importância das marcas comerciais nacionais, e diferentes canais de distribuição e métodos de *marketing* em diversos Estados-membros – cfr. 21.º Rel. Conc., 1991, pág. 392. Cfr. ainda as decisões *Inchape/IEP* (decisão da Comissão de 21 de Janeiro de 1992, processo IV/M182 JOCE n.º C 21/27 de 28.1.92) e *Torras Sarrio,* cit., onde a Comissão considerou que a necessidade de uma estreita proximidade entre o fornecedor e o cliente indicava mercados de carácter sobretudo nacional.

[680] Cfr., por exemplo, a decisão *Aérospatiale-Alenia/De Havilland,* cit., onde os aviões turbo-hélice de transporte regional foram considerados como um mercado mundial, de um ponto de vista económico. Cfr. ainda a decisão *Sextant/BGT-VDO*

358 *O controlo das concentrações de empresas no direito comunitário*

está prevista no próprio regulamento, que refere a necessidade de a Comissão, na apreciação da operação, ter em conta a «estrutura de todos os mercados em causa» e a «concorrência real ou potencial das empresas situadas no interior *ou no exterior da Comunidade*» (art. 2.º, n.º 1, al. a) [681-682].

Esta disposição foi, desde logo, interpretada pela Comissão, quanto à «estrutura de todos os mercado em causa», como referindo-se aos mercados quer no interior quer no exterior da Comunidade [683]. Trata-se de uma menção difícil de compreender quando articulada com o objectivo do controlo das concentrações, nos termos do art. 2.º do regulamento comunitário – o de defesa da concorrência dentro da Comunidade, que parece sugerir que o mercado geográfico relevante se devia confinar ao mercado comum ou a uma parte substancial dele. Uma interpretação possível do art. 2.º, avançada por Jean-Luc Déchery, é considerar que o mercado mundial é apenas um factor a ter em conta na apreciação geral da operação [684]. Note-se que este entendimento parece introduzir objectivos de política económica no critério material do art. 2.º, nomeadamente a consideração de mercados mundiais de produtos e serviços e da concorrência incrementada na Comunidade por empresas situadas fora dela. Ora, tal orientação suscita questões muito complexas. Desde logo, cabe inquirir se a Comissão deverá ter

---

(decisão da Comissão de 21 de Dezembro de 1992, processo IV/M290, JOCE n.º C 9/3 de 14.1.93), onde a Comissão reconheceu a existência de um mercado mundial para o equipamento de aeronaves civis. Note-se que a Comissão já afirmou repetidamente, nos seus relatórios sobre a política de concorrência (cfr. especialmente o 22.º Rel. Conc., 1992, pág. 140), que a identificação de mercados locais, nacionais, regionais, comunitários e mundiais, nos vários mercados de produtos considerados, e que a determinação do mercado geográfico relevante onde os fornecedores concorrem constitui uma apreciação de carácter económico. É claro que o facto de o mercado relevante ter dimensão mundial não significa um alargamento dos poderes da Comissão, cuja apreciação terá de estar obviamente limitada ao território comunitário.

[681] Sublinhado nosso.

[682] Note-se que as referências feitas no art. 2.º, n.ºs 2 e 3, ao «mercado comum» ou a «uma parte substancial deste» não estabelecem nenhuns limites à apreciação das concentrações tendo por referência mercados que ultrapassam as fronteiras comunitárias, apenas delimitam negativamente a competência territorial da Comissão Ou seja, esta só pode, obviamente, apreciar operações cujos efeitos restritivos se produzem dentro da Comunidade.

[683] Bol. CE, Suplemento 2/90, pág. 23.

[684] Jean-Luc Déchery, *Le règlement comunautaire sur le...*, ob. cit., pág. 317.

O controlo comunitário das concentrações com base no reg. n.º4064/89   359

em conta a concorrência internacional, na apreciação da operação, e aceitar, em certos casos, restrições à concorrência comunitária. Dito ainda de outra forma – será que deve ter em conta a necessidade de as empresas comunitárias aumentarem a sua competitividade para poderem concorrer, a nível internacional, em mercados dentro e fora da Comunidade? Isso não implicará a aceitação da ideia de «campeões europeus», capazes de concorrer com multinacionais americanas e japonesas?

Numa perspectiva, aparentemente, diferente, isto é, contra a eliminação da concorrência comunitária com fundamento na concorrência internacional, insere-se, em princípio, James Venit[685], sublinhando que é preciso não esquecer que a referência ampla, feita pelo art. 2.º, aos mercados situados no exterior da Comunidade, está ligada ao objectivo da manutenção de uma concorrência efectiva *dentro do* mercado comum. Todavia, este autor acaba por aceitar, na prática, certas restrições à concorrência comunitária, nomeadamente nos casos em que a não autorização da concentração impedisse as empresas comunitárias de concorrerem com sucesso no mercado internacional, contra concorrentes que já se encontram activos no mercado comunitário, daí decorrendo consequências desvantajosas para a estrutura concorrencial na Comunidade. Equivale isto a dizer que a Comissão deveria atender à aptidão das empresas comunitárias para concorrerem no mercado mundial, quando se provasse que, sem a concentração em causa, havia o risco de a estrutura da concorrência na Comunidade ser «dominada por um rival estrangeiro»[686].

Mais categóricas são as declarações de William Elland: «a competitividade das indústrias comunitárias no contexto da concorrência internacional será um importante factor na determinação da questão de saber se a concentração será ou não autorizada». Para este autor o Conselho tinha claramente em mente a capacidade da indústria comunitária de concorrer com as multinacionais americanas e japonesas, quando fez essa referência no art. 2.º[687].

Esta linha de argumentação é criticada por Bernd Langeheine, que lhe aponta as seguintes deficiências: dificilmente serão concebíveis

---

[685] James S.VENIT, *The «merger» control...*, ob. cit., págs. 33 e 34.

[686] James S.VENIT, *The evaluation of concentrations under Regulation 4064/89: the nature of the beast,* FCLI, Capítulo 24, 1991, pág. 560.

[687] William ELLAND, *The merger control regulation (EEC) n.º 4064/89,* ECLR, 3,1990, pág. 116.

360 *O controlo das concentrações de empresas no direito comunitário*

situações em que a concorrência, em mercados mundiais, não se estenda ao comunitário, e em que o potencial de terceiros países em relação à R&D, ou relativamente aos investimentos, não seja tido em conta na apreciação da posição dominante; por outro lado, enquanto o mercado não se encontrar verdadeiramente integrado, a eliminação da concorrência comunitária com base em objectivos estratégicos à escala mundial será geralmente contraproducente. Finalmente, o autor interroga-se como é que se pode esperar que empresas que não estão sujeitas a uma concorrência efectiva dentro da Comunidade estejam aptas a concorrer em mercados internacionais[688]. Daí que perfilhe a tese de que o regulamento comunitário só se encontra preocupado com a concorrência existente *na Comunidade*[689], pelo que considerações sobre a competitividade das empresas comunitárias no mercado internacional só serão atendíveis quando se revelem necessárias para garantir a existência de uma concorrência efectiva a nível comunitário. Vale isto por dizer que o argumento da concorrência internacional não deve ser utilizado para justificar restrições à concorrência comunitária.

Note-se que a questão da ponderação de factores como a concorrência internacional deve ser enquadrada no problema mais geral da opção a fazer entre um balanço económico ou um balanço concorrencial, na apreciação das concentrações. Esta polémica será abordada mais tarde, pelo que deixaremos a questão, por agora, em aberto[690].

Para terminarmos a análise da noção de mercado geográfico, faremos apenas duas pequenas observações quanto à prática seguida pela Comissão nesta matéria. Note-se, desde já, que a Comissão, além de operar uma análise estática da operação, baseada nas características estruturais do mercado, que indirectamente revelam uma certa homogeneidade das condições de concorrência numa certa área geográfica, propõe desenvolver, de acordo com o regulamento comunitário, uma abordagem dinâmica da questão, tendo em atenção as futuras evoluções estruturais do mercado, especialmente a provável

---

[688] Cfr. B. LANGEHEINE, *Substantive review...*, ob. cit., págs. 493 e 494.

[689] Este autor recorda a referência inicial, feita no art. 2.°, n.° 1, al. a) do Regulamento de 1989 bem como em vários considerandos do preâmbulo, especialmente a menção feita no 5.° considerando, à necessidade de uma defesa da concorrência efectiva *no* mercado comum – cfr. ob. cit. loc. cit.

[690] Cfr. *infra*, ponto 48.

O controlo comunitário das concentrações com base no reg. n.º4064/89   361

continuação ou desaparecimento das barreiras comerciais aí existentes. Por outro lado, a autoridade comunitária defende uma «economia de meios» na apreciação da concentração, ou seja, deixa frequentemente em aberto o problema da delimitação dos mercados relevantes de produto ou geográfico, quando conclui que, mesmo efectuando uma definição mais restritiva, não é criada ou reforçada uma posição dominante[691]. Esta atitude já foi considerada uma manifestação clara da sua intenção de aplicar os critérios *de minimis*, estabelecidos no art 2.º, n.ºs 2 e 3[692], e considerando 15 do preâmbulo do regulamento de 1989[693].

Definido o *relevant market*, importa agora dar consistência ao conceito de posição dominante. Na ausência de uma definição no regulamento, e existindo uma longa jurisprudência sobre esta noção à luz do art. 86.º[694], nada mais natural do que colocar-se a questão de saber se o teste utilizado no regulamento comunitário pode beneficiar das interpretações feitas pelo Tribunal nessa matéria. À primeira vista, parece que os critérios para a apreciação da posição dominante, referidos no art. 2.º, n.º1, al. b), se baseiam naqueles que foram utilizados anteriormente no âmbito do art. 86.º do Tratado CE[695]. Nesta medida, pode afirmar-se que a análise da operação à luz do regulamento não difere substancialmente da avaliação efectuada ao abrigo do art. 86.º. O que parece ser, aliás, confirmado em certas decisões da Comissão, nomeadamente no caso *Renault/Volvo*, onde a posição dominante foi definida como o «poder [de a empresa] (...) ganhar uma influência apreciável sobre a determinação do preço sem perder as quotas do mercado»[696], que estão em sintonia com a noção clássica seguida pela jurisprudência do Tribunal, segundo a qual a

---

[691] Cfr 21.º Rel. Conc., 1991, pág. 387.

[692] Ou seja, a exigência, feita na parte final desses números, de que da criação ou reforço da posição dominante resultem entraves *significativos* à concorrência efectiva.

[693] Neste sentido cfr. Pierre Bos e outros, ob. cit., pág. 219.

·[694] Cfr. os acórdãos *United Brands, Hoffmann-la-Roche* e *Michelin*, cit. Cfr. *supra,* ponto 10.

[695] No sentido de que o critério utilizado no Regulamento deverá ser considerado «aproximadamente» equivalente ao utilizado no art. 86.º, cfr. Bernd LANGEHEINE, *Substantive review...*, ob. cit., pág. 488, bem como Claus-Dieter EHLERMANN (ob. cit., pág. 244), que afirma, com toda a segurança, que «é claro que as duas noções são idênticas».

[696] Cfr. a decisão *Renault Volvo*, cit., pontos 14 e 18, e ainda a decisão *Aerospatiale-Alenia/de Havilland*, cit., pontos 53 e 72

362 O controlo das concentrações de empresas no direito comunitário

posição dominante consiste na possibilidade de uma empresa entravar a concorrência efectiva, no mercado comum, resultante da sua capacidade para agir com independência dos seus fornecedores, concorrentes ou consumidores[697].

Todavia, é preciso, no entanto, não esquecer, como nota Luc Gyselen, que o art. 86.° do Tratado CE desempenha uma função «punitiva»[698], visto que se dirige aos comportamentos abusivos, das empresas, já cometidos, ou seja, a factos pertencentes ao passado, ao passo que o art. 2.° do regulamento visa, principalmente, desenvolver uma função «preventiva», dirigida à avaliação dos efeitos futuros da operação de concentração, que só não será autorizada se houver uma «alta probabilidade» de criar ou reforçar uma posição dominante, de que resultam entraves significativos para a concorrência efectiva. Isto equivale a dizer que, enquanto a análise a efectuar nos termos do art. 86.° se centra em comportamentos abusivos já consumados, isto é, procurando determinar se a empresa tem uma posição dominante no momento em que é apreciada a operação (e não se ela terá essa posição amanhã)[699], o exame do art. 2.° do regulamento realiza-se sobretudo a nível estrutural e foca os efeitos prováveis da operação; trata-se, portanto, de uma análise virada para o futuro[700].

Observe-se, ainda, que o art. 86.° não proíbe a criação de uma posição dominante mas apenas a sua exploração abusiva. Logo, o art. 2.° do regulamento, ao abranger os casos de «criação» de uma posição dominante[701] através de uma operação de concentração, que entrava a

---

[697] Cfr. ainda a noção de posição dominante, à luz do art. 86.°, dada na decisão *Akzo*, onde a ênfase não foi posta na independência da empresa em posição dominante mas na sua aptidão para eliminar rivais ou colocar barreiras à entrada (cfr. pontos 67 e segs. da decisão da Comissão de 14 de Dezembro de 1985, processo IV/ 30 698, JOCE n.° L 374/1 de 31.12.85).

[698] Luc GYSELEN, ob. cit., pág. 35.

[699] Trata-se, como afirma Luc GYSELEN (ob. cit., pág. 35), de uma perspectiva estática a curto prazo, enquanto que a apreciação das concentrações já se inscreve numa perspectiva a longo prazo, isto é, quer – se evitar que, ao concentrarem as suas activi-dades, as empresas adquiram um poder económico que lhes permita agir, de forma duradoura, independentemente dos outros operadores económicos.

[700] Cfr. 21.°, Rel. Conc. 1991, pág. 393.

[701] Consagrando portanto a solução defendida quer a nível americano (cfr. *Clayton Act* art. 7.°, al. 1) quer por certas legislações europeias (cfr. nomeadamente a secção 24 do GWB, cit. por AAVV, *Merger control in the EEC...*, KLUWER, 1993, pág. 61).

O *controlo comunitário das concentrações com base no reg. n.º4064/89*   363

concorrência no mercado comum[702], alarga o campo de actuação da Comissão[703].

Em síntese, podemos afirmar que o teste aplicável nos termos do art. 2.º do regulamento será, aproximadamente, o mesmo do fixado no art. 86.º do Tratado CE. Com efeito, ambas as disposições se dirigem à apreciação do perigo que o poder económico das empresas em posição dominante pode representar para a concorrência efectiva no mercado comunitário, utilizando nesse exame frequentemente os mesmos critérios. Por outro lado, é preciso ter igualmente presente que o regulamento, tendo sido criado especificamente para o controlo das concentrações, tem uma função preventiva, dirigindo-se à salvaguarda da estrutura concorrencial do mercado e aos efeitos prováveis da operação[704].

---

[702] Louis VOGEL (*Le nouveau...*, ob. cit., pág. 721), a este propósito, salienta que o regulamento, ao falar em «criação e reforço» de uma posição dominante, optou por uma «orientação estruturalista do controlo», ou seja, serão «menos os comportamentos da empresa em posição dominante que a posição dominante em si» que são considerados susceptíveis de causar prejuízos à concorrência. Por outro lado, sublinha-se, ainda, uma certa discriminação criada pelo regulamento entre os casos de criação de uma posição dominante devido ao crescimento interno e os casos em que tal posição é criada devido à absorção de um concorrente ou por uma operação de fusão, aplicando-se o Regulamento, apenas, nestas últimas hipóteses. Cfr., neste sentido, Jaime FOLGUERA CRESPO, *Algunas notas...*, ob. cit., pág. 6 e Gustavo OLIVIERI, *Il controlo sulle concentrazioni di dimensione comunitaria. Il caso Aérospatiale-Alenia/de Havilland*, "Rivista del Diritto Commerciale e del Diritto Generale delle Obligazioni", n.º 5/6, Maggio-Giugnio 1992, pág 231.

[703] Esta inovação parece ser de aplaudir, visto não fazer sentido em termos económicos, distinguir os casos em que já existia uma posição dominante, pelo que se poderia aplicar a proibição do art. 86.º, dos casos em que tal posição não existia, ficando portanto isenta de qualquer controlo através do art. 86.º, quando ambas as situações seriam susceptíveis de produzir efeitos nefastos sobre a concorrência. Aliás, o alcance do art. 86.º já tinha sido alargado pelo Tribunal no acórdão *Continental Can* aos casos de reforço de posição dominante. Deste modo, a extensão da norma em causa aos casos de criação de uma situação de domínio não representam mais do que um pequeno avanço esperado nesta matéria. Note-se, por outro lado, que o art. 2.º do Regulamento difere do art. 86.º (e também do art. 85.º) do Tratado CE, pelo facto de não fazer qualquer referência à afectação de comércio intra-comunitário, facto que, no fundo, se explica tendo em conta que essa função é desempenhada pelo limiar de transnacionalidade do art. 1.º do Regulamento n.º 4064/89.

[704] Observe-se, no entanto, que o facto de o fenómeno poder ser visto sob diferentes perspectivas não significa, como sublinhou James VENIT (*The «merger» control...*, ob. cit., pág. 23), que o fenómeno seja em si mesmo diferente.

364 *O controlo das concentrações de empresas no direito comunitário*

Resolvida esta questão prévia, importa agora identificar os critérios utilizados na prática pela Comissão para determinar a criação ou reforço de uma posição dominante. Antes, porém, convém fazermos três pequenas observações.

Em primeiro lugar, é preciso acentuar que o art. 2.°, n.° 3, do regulamento comunitário só visa abranger as situações em que há a *criação* ou o *reforço* de uma posição dominante, e não aquelas em que a empresa participante na concentração já possuía uma posição dominante que não é reforçada por tal operação. Nestes casos, as operações serão, evidentemente, declaradas compatíveis com o mercado comum. Embora à primeira vista tais situações pareçam ser raras, a verdade é que existem várias decisões da Comissão nesse sentido [705]. Uma decisão particularmente ilustrativa da aplicação destes princípios é o caso *Tetra Pak/Alfa Laval* [706], onde a Comissão detectou a posse de uma posição dominante pela Tetra Pak, que detinha 90% do mercado de locação e venda de máquinas de empacotamento asséptico que utilizam cartão, e afastou a aplicação do regulamento com o argumento de que a concentração não reforçava a posição dominante detida pela empresa no mercado.

Uma segunda nota refere-se à questão de saber se o reforço de uma posição dominante abrange apenas os casos em que o aumento do poder económico ocorre no mercado onde a empresa em causa já possuía uma posição dominante, ou se visará igualmente a hipótese em que esse aumento se verifica num mercado diferente daquele onde a empresa detinha uma situação de domínio, sem criar neste segundo mercado uma posição dominante [707]. Será que podemos, de certa forma, transpor para o domínio do regulamento o raciocínio desenvolvido ao abrigo de certa jurisprudência criada à luz do art. 86.° do Tratado, segundo a qual podiam ser considerados abusos proibidos pelo art. 86.° certos comportamentos anti-concorrenciais praticados num certo mercado apesar de a empresa deter uma posição dominante num outro

---

[705] Cfr., por exemplo, a decisão *AT & T/NCR*, decisão da Comissão de 18 de Janeiro de 1991, processo n.° IV/M050, JOCE N.° C 16/20, de 24.1.91.

[706] Decisão da Comissão de 19 de Julho de 1991, processo n.° IV/M068, JOCE n.° L 290/35, de 22.10.91.

[707] É óbvio que, se a empresa que detém uma posição dominante no mercado A realiza uma operação de concentração no mercado B em virtude da qual cria uma posição dominante neste mercado B, já não é necessário discutir o possível reforço dessa posição no mercado A.

mercado? Pretende alguma doutrina que a melhor solução é afastar essa hipótese, afirmando que o regulamento apenas será aplicável aos casos em que o «reforço» da posição concorrencial da empresa se dá no mesmo mercado, ou num mercado relacionado, onde essa empresa já detinha uma posição dominante[708]. Deste modo, se estão em causa mercados distintos, como por exemplo no caso de uma concentração conglomerada entre uma empresa dominante num mercado e uma outra empresa operacional num mercado completamente diferente, não se pode falar em reforço da posição dominante da primeira empresa. Já se os mercados estiverem relacionados, como por exemplo na hipótese de uma empresa possuir uma posição dominante no mercado relativamente a um determinado produto X e adquirir o controlo de uma empresa que tem por objecto o produto Y utilizado na fabricação de produto X, pode considerar-se que houve um reforço da posição dominante da empresa em causa[709].

Finalmente, surge a questão de saber se o regulamento poderá ser aplicado às situações em que a criação, ou reforço, da posição dominante só se verificará no futuro, visto que o art. 2.º, n.º 3, do regulamento comunitário parece exigir que a criação ou reforço sejam a consequência imediata da operação. A Comissão já declarou a aplicação do regulamento aos casos em que a operação realizada é susceptível de criar ou reforçar uma posição dominante no futuro[710]. Aliás, na análise das operações, ela dedica particular atenção aos efeitos prováveis da concentração, atitude que está em perfeita sintonia com um controlo das concentrações dirigido para a estrutura do mercado e realizado de forma prospectiva.

Feitas estas observações preliminares, passamos, de imediato, à análise dos critérios utilizados, na prática, pela Comissão para aferir

---

[708] Cfr., por todos, B. LANGEHEINE, *Substantive review...*, ob. cit., pág. 515.

[709] Bernd LANGEHEINE, *Substantive review...*, ob. cit., pág. 516.

[710] Cfr. a decisão *AT&T/NCR*, cit., onde a Comissão procurou determinar se era provável que a operação aumentasse no futuro a posição de NCR, através de uma transferência de *know-how* técnico e comercial, e a decisão *Tetra Pak/Alfa Laval,* cit., onde a Comissão procurou verificar se a possibilidade de uma só empresa oferecer máquinas de acondicionamento e tratamento conferia à sociedade resultante da fusão vantagens sobre os seus concorrentes, de modo a que, passado um certo tempo, ela adquirisse uma posição dominante sobre os mercados delimitados, e a decisão TNT/Canada Post, cit., onde a autoridade comunitária afirmou que, apesar de a quota de mercado ser insignificante, o factor tempo, combinado com outros elementos, permitiria o desenvolvimento de uma posição dominante.

366   *O controlo das concentrações de empresas no direito comunitário*

uma posição dominante. Um primeiro critério a ter em conta consiste na determinação da quota de mercado detida pela empresa em causa. Trata-se, na verdade, de um factor importante, mas que de forma alguma pode ser considerado um elemento exclusivo nessa apreciação, como, aliás, o reconhecem o próprio Tribunal[711] e a Comissão[712], até porque a parte de mercado «não é um factor constante e a sua importância varia de mercado para mercado atendendo à estrutura desses mercados»[713]. O direito comunitário afasta-se, assim, do método vigente nos Estados Unidos, baseado no *Herfindahl-Hirshman Index*[714], que estabelece em termos quantitativos o critério de incompatibilidade da operação de concentração com a concorrência[715].

Saliente-se, por outro lado, que o critério das partes de mercado detidas pela empresa pode funcionar como um indício positivo de uma situação de domínio ou pode, pelo contrário, fazer presumir a inexistência dessa posição. Desta forma, o considerando n.º 15 do preâmbulo, do regulamento, designado por «*safe harbour*» (porto seguro)[716], estabelece uma presunção de compatibilidade das operações de concentração «quando a parte de mercado das empresas em causa não ultrapassa 25% nem no mercado comum, nem numa parte substancial deste»[717]. Trata-se de uma disposição que visa

---

[711] Cfr., nomeadamente, o acórdão *United Brands,* cit., onde o Tribunal declarou que a posição dominante «resulta em geral da reunião de vários factores que considerados isoladamente não seriam necessariamente considerados determinantes».

[712] Cfr. o Memorando da Comissão, cit.

[713] Cfr. o acórdão *Hoffman-La-Roche*, cit.

[714] Doravante designado "HHI".

[715] As *U.S. Merger Guidelines* de 1984 estabelecem que o departamento usará na interpretação do mercado o HHI da concentração do mercado. O HHI é calculado somando as quotas de todas as partes de mercado individuais existentes no mercado. A *Merger Guidelines* dá, em seguida, um exemplo da forma como calcular o HHI e estabelece os critérios gerais a seguir no caso de concentrações horizontais: «se o HHI após a concentração for abaixo de 1000 o mercado é considerado pouco concentrado ou mesmo não concentrado e o departamento não pode atacar a concentração, se o HHI após concentração se situar entre os 1000 e 1800 o departamento atacará, em princípio, uma concentração produzindo um aumento do HHI em mais de 100, e finalmente se o HHI após a concentração se estabelecer acima de 1800 o departamento é capaz de atacar a concentração produzindo um aumento do HHI em mais de 50» – cit. por Terence P. STEWART e Delphine A. ABELLARD, ob. cit, pág. 338, notas 292 e 293.

[716] Terence P. STEWART e Delphine A. ABELLARD, ob. cit, pág. 339.

[717] Este critério já se encontrava anteriormente formulado no texto das propostas de Regulamento. A sua passagem para os considerandos do preâmbulo, na versão

O controlo comunitário das concentrações com base no reg. n.º4064/89   367

simplificar a actuação da Comissão, estabelecendo um *princípio de minimis*: abaixo do limiar de 25%, presume-se (presunção que é ilidível)[718] que a concentração é compatível com o mercado comum. Tem sido bastante discutido o interesse prático desta presunção de compatibilidade. Para alguns, como é o caso de Jeremy Lever[719], uma vez que o limiar aí fixado se afasta da prática seguida pelas autoridades comunitárias – recorde-se que a jurisprudência do Tribunal tem sido no sentido de identificar uma posição dominante à luz do art. 86.º a partir de quotas de mercado na ordem dos 40%[720] – será difícil atribuir-lhe algum relevo prático, afirmação que nos parece um pouco excessiva. De facto, na medida em que o Tribunal nunca afirmou expressamente que se deviam afastar como indício de uma posição dominante os casos em que as quotas de mercado detidas pelas empresas variem entre 25% a 40%, não se pode dizer que o 15.º considerando se afaste da prática jurisprudencial existente nesta matéria. Além disso, a própria Comissão já declarou que podia vir a ser identificada eventualmente uma posição dominante nos casos em que as quotas de mercado variam entre os 20% e os 40%[721]. O 15.º considerando vem, assim, confirmar o que tinha sido sugerido pela Comissão. Por outro lado, consagrando uma mera presunção refutável, são concebíveis hipóteses em que existe uma situação de domínio apesar de as partes de mercado em causa serem inferiores a 25%. É claro que, nessa situação, sendo menor a

---

definitiva do texto do regulamento, sob a forma de presunção, explica-se, segundo Jean-Luc DÉCHERY (*Le règlement communautaire sur le ...*, ob. cit., pág. 318), porque, instituindo o regulamento um sistema de notificação prévia, era preciso evitar incertezas resultantes das dificuldades em conhecer as quotas de mercado a nível comunitário.

[718] Neste sentido, cfr. Pierre BOS e outros, ob. cit., pág. 211. Podem, assim, existir situações excepcionais, em que, apesar de as partes de mercado em causa, resultantes da concentração, não atingirem os 25%, criam ou reforçam uma posição dominante, capaz de entravar significativamente a concorrência. Cfr., no mesmo sentido, Anthony McCLELLAN e Philippe JAMBRUN, *Fusions, entreprises communes et autres acquisitions dans le Marché Commun*, RMCUE, n.º 356, Mais 1992, pág. 237.

[719] Jeremy LEVER, *Substantive review under EEC merger regulation: a private perspective*, FCLI, capítulo 23, 1991, págs. 511 e segs.

[720] Cfr. ainda ponto 150 do 10.º Rapp. Conc, 1980. Repita-se, no entanto, mais uma vez, que não é pelo facto de existirem partes de mercado na ordem dos 40% que se verificam automaticamente situações de domínio.

[721] Nota 4 da pág. 111 do 10.º Rapp. Conc., 1980.

368 *O controlo das concentrações de empresas no direito comunitário*

importância da quota de mercado, os outros critérios qualificadores da posição de domínio terão uma actuação mais significativa.

Mais pertinente é a questão de saber se as empresas que beneficiam da presunção do considerando 15 estão obrigadas a notificar à Comissão a operação de concentração a realizar[722]. Aparentemente tal não seria necessário, visto que a operação de concentração se presume compatível com o mercado comum. No entanto, não foi esta a solução adoptada pelo regulamento. Com efeito, o art. 4.º do regulamento de 1989 impõe a obrigação de notificação de *todas* as concentrações, e é preciso não esquecer que a questão da compatibilidade da operação é apreciada num momento posterior à notificação, altura em que será tida em conta a aplicação ou não da *presunção de minimis* estabelecida no 15.º considerando. As empresas que caiam sob a alçada da presunção não ficam, portanto, isentas da obrigação de notificação. Esta obrigação veio, contudo, a ser atenuada com a publicação do regulamento de execução[723] que, na secção 6 do Formulário CO, isenta as empresas da obrigação de fornecerem informações sobre os mercados de referência quando as operações de concentração horizontais conduzirem a uma parte de mercado conjunta que não atinja os 15%, ou tratando-se de concentrações verticais as suas partes de mercado individuais ou combinadas não atinjam os 25%[724]. Consagra-se, deste modo, uma presunção «quase irrefutável»[725] de ausência de uma posição dominante. O que significa, em termos práticos, que os critérios relativos às partes de mercado foram, de certa forma, ainda mais reduzidos: no caso de concentrações horizontais, os limiares das quotas de mercado desceram de 25% para

---

[722] Cfr. Frank L. FINE, *All eyes on the new EC merger regulation*, Commerce in Belgium, October 1990, pág.12.

[723] Regulamento (CEE) n.º 2367/90, que foi substituido pelo regulamento (CE) n.º 3384/94, cit. Daí que as disposições doravante referidas pertençam a este último diploma.

[724] Este valores sofreram, portanto, uma alteração em relação aos que estavam fixados no regulamento n.º 2367/90, cit. De facto, enquanto na secção 5 do Regulamento n.º 2367/90 se estipulava um regime idêntico para as concentrações verticais e horizontais – isto é, quando as quotas de mercado, resultantes da operação, não fossem superiores a 10%, as empresas estavam dispensadas de fornecer informações sobre os mercados de referência, hoje o Regulamento n.º 3384/94 elevou esse valor para 15% no caso das concentrações horizontais e 25% quanto às concentrações verticais.

[725] Neste sentido, Dominique BERLIN, ob. cit., pág. 191. Ou seja, a presunção só será afastada em situações verdadeiramente excepcionais.

15%. As justificações geralmente apontadas para esta solução baseiam--se em razões de conveniência administrativa[726], isto é, procura-se facilitar o papel da Comissão na aplicação do regulamento.

Em síntese, quanto maiores forem as partes de mercado anteriormente existentes, mais facilmente se presume a criação ou reforço de uma posição dominante. A importância das partes de mercado dependerá, ainda, da própria evolução do mercado em causa, tendo já a Comissão afirmado, a este propósito, que se deve dar mais relevo às partes de mercado quando existem num mercado que já atingiu a «maturidade» do que quando se situam num mercado «em desenvolvimento»[727]. Note-se, porém, que não se trata de um factor decisivo[728], uma vez que apenas nos elucida quanto ao poder actual da empresa, segundo uma aproximação meramente estática à noção de posição dominante, quando a perspectiva seguida pelo regulamento exige, igualmente, a consideração de elementos dinâmicos como a concorrência potencial[729]. O poder no mercado da nova entidade

---

[726] Cfr. Pierre BOS e outros, ob. cit., pág. 236.

[727] Assim, no processo *Tetra Pak/Alfa Laval*, cit., a Comissão considerou que a Tetra Pak detinha uma parte de mercado muito elevada, e durante um período de tempo considerável, num mercado com um significativo grau de maturidade. Já nos novos mercados em desenvolvimento a existência de partes de mercado elevadas não foi considerada extraordinária. Refira-se, ainda, a decisão *Digital/Philips* (decisão da Comissão de 2 de Setembro de 1991, processo IV/M 44, JOCE n.º C 235/13, de 10.9.91), onde a Comissão declarou que a existência de partes de mercado elevadas em mercados de grande crescimento e envolvendo tecnologia moderna não indiciam necessariamente um poder de mercado.

[728] A adição das partes de mercado resultantes da concentração é, de facto, um elemento considerado pela Comissão, mas não é decisivo, como o ilustra, aliás, perfeitamente a decisão *Alcatel/Telettra*, onde, apesar de existirem partes de mercado muito elevadas, na ordem dos 80%, a Comissão nega a existência de uma posição dominante devido à capacidade de reacção do mercado – cfr. esp. pontos 48 e 49 da decisão cit.

[729] Para cuja necessidade a Comissão já tinha alertado no 10.º relatório da política de concorrência, onde afirmou que, na determinação da existência de uma posição dominante, deveriam ser consideradas as partes de mercado detidas pelos concorrentes bem como as diferenças existentes entre a posição da empresa em análise e a posição dos seus concorrentes mais próximos. Esta comparação do primeiro produtor com o segundo e terceiros seguintes é criticada especialmente por A. WINCKLER e S. GERONDEAU, que chamam a atenção para o facto de a doutrina económica actual a considerar uma leitura simplista. Para estes autores, a melhor solução seria ter em conta toda a distribuição e não só a soma das partes das duas ou

370 *O controlo das concentrações de empresas no direito comunitário*

resultante da concentração depende, por conseguinte, do poder dos seus concorrentes, sendo necessário comparar as respectivas quotas [730], bem como avaliar as barreiras à entrada de novos concorrentes potenciais [731]. Desta forma, quanto maior a capacidade de reacção dos concorrentes, isto é, quanto mais rápida e flexivelmente responderem à procura acrescida dos seus produtos, aumentando a sua produção, maiores serão os limites à liberdade de acção da nova entidade resultante da concentração [732].

Ao lado da capacidade de reacção dos concorrentes interessa, igualmente, analisar a capacidade de resposta dos consumidores. A fidelidade da clientela, o número e força dos compradores, o seu profissionalismo, são, portanto, alguns dos factores a ter em conta na determinação da capacidade que a empresa objecto de concentração tem de agir sobre o mercado de forma independente dos consumidores [733], nomeadamente a possibilidade de aumentar os preços sem que os clientes se desviem automaticamente para os seus concorrentes.

---

três primeiras empresas, que é, aliás, o princípio que está na base do indíce de HHI utilizado nas *US Merger Guidelines* de 1982 e 1984. Sugerem, assim, que a Comissão devia igualmente ter em conta toda a estrutura, bem como o peso relativo de todos os oferentes – cfr. A. WINCKLER e S. GERONDEAU ob. cit., pág. 547.

[730] Sobre esta comparação, a Comissão já afirmou, na decisão *Varta Bosch,* cit., que, quanto mais elevada for a parte de mercado absoluta detida por uma empresa, maior será a possibilidade de os seus concorrentes se adaptarem ao comportamento concorrencial da sociedade *leader.* Segundo a Comissão, serão indícios significativos as diferenças de «força» entre a empresa objecto de concentração e os concorrentes, bem como a dispersão dos concorrentes, visto que a restante concorrência não permite compensar o poder da empresa objecto da concentração.

[731] Trata-se, de facto, de um factor decisivo, como o demonstra a decisão *Mannesmann/Hoesch,* cit., onde a Comissão afirmou que, apesar de existirem fortes indícios de que a concentração criaria uma posição dominante na fase inicial da operação, «esta posição apenas subsistiria por um período de tempo limitado devido à elevada probabilidade de aparecimento de novos concorrentes o que rapidamente enfraqueceria a posição da empresa» – cfr. 22.º Rel. Conc, 1992, ponto 254.

[732] Assim, à manutenção de concorrentes «não conformistas», na terminologia de M. SIRAGUSA e R. SUBIOTTO (*Le controle...,* ob. cit., pág. 92), isto é, de concorrentes com capacidade de reacção, deve ser dada uma importância especial, visto que contrabalançam o poder de domínio da nova entidade. Aliás, parece ser esta a atitude da Comissão, nomeadamente na decisão *Varta Bosch*, cit.

[733] Foi a existência de um forte poder de compra que influenciou de forma determinante a decisão da Comissão no sentido de autorizar a operação de concentração no caso *Alcatel/Telettra,* cit. Neste processo, a posição de mercado muito

O controlo comunitário das concentrações com base no reg. n.º4064/89   371

Por outro lado, como afirmámos, desempenha, igualmente, um papel significativo, na averiguação da posição dominante da empresa, a avaliação da concorrência potencial existente. Exigindo a posição dominante a prova de uma apreciável liberdade de acção da empresa em causa, esta deve ficar subtraída ao controlo da concorrência quer actual quer *potencial*[734]. Na apreciação da concorrência potencial será ainda determinante a análise das barreiras à entrada no mercado[735].

Finalmente, importa sublinhar o firme propósito manifestado pela Comissão, na decisão *Aérospatiale-Alenia/De Havilland*, de se pautar por critérios exigentes na apreciação da concorrência potencial como contrapeso da posição dominante da empresa em causa[736]. Este rigor

---

forte da Alcatel era compensado pelo poder de compra da Telefonica, o comprador de equipamento de telecomunicações. A Telefonica foi considerada capaz de, num futuro próximo, aumentar as suas aquisições a outros fornecedores. Logo, o facto de a Telefonica não estar dependente da Alcatel, podendo pressionar a nova entidade, foi considerado como contrapeso da forte posição no mercado detida pela Alcatel. Cfr. 21.º Rel. Conc., 1991, pág. 396. Já a fidelidade da clientela a certas marcas ou serviços são considerados indícios de uma posição dominante. Neste sentido, cfr. a decisão *Magneti Marelli*, cit.

[734] A Comissão refere, no 21.º Rel. Conc., pág. 397 e 398, as seguintes formas de concorrência potencial: «expansão da capacidade por parte dos concorrentes já estabelecidos, possibilidade de se efectuarem importações de outro mercado geográfico, alteração da produção de um mercado de produto vizinho, entrada inteiramente nova no mercado, autoprodução dos compradores, concorrência potencial de um mercado a jusante se a parte representada pelos custos do produto a montante no produto final for importante». Destas, a concorrência potencial mais provável e poderosa é constituída, segundo a Comissão, pelas duas primeiras categorias.

[735] Um exemplo de barreiras «estruturais» à entrada, consideradas importantes factores a ter em conta na determinação da posição dominante, é o acordo de distribuição exclusiva a longo prazo (cfr., neste sentido, a decisão *Fiat/Ford*, cit).

[736] Aliás, a Comissão declarou nessa decisão que devia «existir uma forte probabilidade de uma grande e rápida entrada no mercado» – cfr. 21.º Rel. Conc, 1991, pág. 397. Quanto à intensidade da entrada no mercado, a Comissão declarou no processo *Tetra Pak/Alfa Laval*, cit, que «a ameaça de entrada deve ser suficientemente intensa para privar a empresa detentora de uma elevada parte de mercado da capacidade de agir de forma consideravelmente independente em relação à pressão do mercado». Neste processo, a Comissão considerou que existiam elevadas barreiras técnicas e comerciais (como a existência de patentes, necessidade de experiência reconhecida nesses assuntos, etc) que impediam os potenciais novos concorrentes de limitarem consideravelmente a liberdade de acção da Tetra Pak. Quanto ao período de

372 O controlo das concentrações de empresas no direito comunitário

parece-nos necessário, uma vez que a apreciação da concorrência potencial envolve sempre um certo grau de incerteza quanto à sua realização e duração.

Além destes factores utilizados na análise clássica da noção de posição dominante, o regulamento faz, ainda, apelo a um outro método, ao estabelecer que o poder de mercado da empresa deve ser apreciado em função dos efeitos da concentração. Procura-se, assim, detectar a criação ou reforço da posição dominante a partir dos efeitos da concentração, que podem ser horizontais, verticais ou conglomerados[737-738]. A apreciação dos efeitos horizontais da concentração consiste, geralmente, num exame estático da situação através da soma das partes das empresas no mercado, ao contrário da análise efectuada em relação aos efeitos verticais e conglomerados, onde a Comissão desenvolve uma aproximação mais dinâmica[739]. As concentrações verticais entre fornecedores e clientes podem ainda dar origem a dois

---

tempo necessário para avaliar a expansão da capacidade ou de novas entradas no mercado, só deviam ser consideradas, segundo a Comissão, «a expansão ou as entradas a curto prazo». Cfr. pág. 397 do 21.º Rel. Conc.

[737] Dominique BERLIN (ob. cit., pág. 204) afirma, a este propósito, que o regulamento consagra um novo método, ou seja, o método utilizado pelo regulamento afasta-se do aplicado à luz do art. 86.º, na medida em que «a determinação de uma posição dominante em relação ao art. 86.º faz-se atendendo a critérios de estrutura e de comportamento mas não de resultado». Já no âmbito do regulamento tais critérios – nomeadamente, a dimensão da empresa, poder financeiro, importância do volume de negócios – vão ser considerados, segundo a autora, na apreciação da aquisição ou reforço de uma posição dominante.

[738] Quanto aos efeitos horizontais de uma concentração, a Comissão verifica sobretudo qual o crescimento das partes de mercado das empresas concentradas no mercado relevante. Tais efeitos surgem, nomeadamente, quando as empresas participantes na concentração desenvolvem actividades no mesmo mercado, isto é, fornecem produtos ou serviços idênticos ou substituíveis. Note-se que os efeitos horizontais podem surgir mesmo quando estão em causa concentrações verticais ou conglomeradas, tal como os efeitos verticais podem resultar de concentrações verticais quer horizontais. Os efeitos verticais são aqueles que resultam da união de diferentes actividades que podem ir da produção ao consumo final. Finalmente, os efeitos conglomerados resultam de concentração de mercados de produtos ou serviços diferentes. Sobre esta questão, cfr., por todos, Charles-Étienne GUDIN, *La négociation Comission/Entreprises dans le cadre du contrôle communautaire des concentrations,* RAE, n.º 1, 1993, pág. 27.

[739] Pierre BOS e outros, ob. cit., pág. 223.

O controlo comunitário das concentrações com base no reg. n.º4064/89   373

tipos de efeitos: exclusão nos mercados a montante (acesso aos fornecimentos) ou a jusante (acesso às vendas)[740], através do reforço das barreiras à entrada. A Comissão avalia, portanto, os riscos de exclusão da concorrência, tendo em conta a limitação ao acesso ao fornecimento ou às vendas[741]. Finalmente, quanto às concentrações conglomeradas[742], tendo por domínio privilegiado as *holdings,* a posição dominante será, sobretudo, o «efeito do crescimento do poder financeiro e comercial do grupo»[743].

---

[740] As concentrações verticais podem originar, segundo a Comissão, que «os concorrentes fiquem dependentes relativamente aos seus fornecimentos, da empresa verticalmente integrada, correndo-se assim o risco de o acesso aos fornecimentos ficar excluído ou passar a ser mais difícil ou oneroso elevando assim os custos dos concorrentes. Isto pode dar origem ao enfraquecimento ou à exclusão de concorrentes e, consequentemente, à criação de uma posição dominante no mercado a jusante. Saber se é esse o caso depende da parte de mercado detida pela empresa objecto de concentração e da disponibilidade de fontes de abastecimento alternativas com suficiente capacidade de produção(...). De igual forma é possível que as concentrações através de integração vertical produzam efeitos quanto ao acesso ao mercado de vendas. Se a empresa a jusante adquirida representar um grande volume do total do mercado de aquisições, a concentração pode excluir outros concorrentes em relação a essa parte do mercado e reforçar assim a empresa objecto de concentração no mercado a montante. Saber se é esse o caso depende do volume do mercado excluído». Cfr. pág. 401 do 21.º Rel. Conc., 1991.

[741] Note-se que, como salienta Luc GYSELEN, estes dois tipos de distorção não resultam directamente da concentração. É que as concentrações verticais – ao contrário do que se passa nas horizontais – não são susceptíveis de conduzir em si mesmo à criação ou reforço de uma posição dominante. Ou seja, «depois de realizada a concentração é necessário que as empresas intervenientes adoptem um comportamento que produza efectivamente os efeitos de exclusão: o cliente terá de subscrever um contrato de compra exclusivo ou o vendedor deve parar de vender ou discriminar contra os concorrentes do seu cliente». Ao elemento estrutural acresce, portanto, segundo o autor, um elemento de comportamento. Estas duas etapas, acrescenta o mesmo autor, têm igualmente de verificar-se no caso de efeitos conglomerados – cfr. ob. cit., pág. 39.

[742] Estes efeitos existem quando as actividades das empresas participantes na concentração se exercem em mercados distintos. Aqui não é possível obviamente somar as partes de mercado, visto que os mercados são diferentes. São, no fundo, situações que fazem lembrar os casos do art. 86.º, al. d), do Tratado CE (vendas conjuntas), em que uma empresa com uma posição dominante no mercado de um produto usa a venda desse produto para aumentar a sua parte de mercado noutro produto.

[743] Veja-se, por exemplo, o caso *Matsushita/MCA* (decisão da Comissão de 18 de Janeiro de 1991, processo IV/M037, JOCE n.º C 12/15, de 18 1. 91), onde a Comissão

374   *O controlo das concentrações de empresas no direito comunitário*

O art. 2.°, n.° 1 combina[744], deste modo, critérios estáticos, geralmente associados a uma visão quantitativa e de curta duração, como, por exemplo, o critério das quotas de mercado, com critérios dinâmicos, fruto de uma visão qualitativa e em regra de longa duração, como, por exemplo, os requisitos da concorrência potencial, do progresso técnico, etc, sem estabelecer qualquer prioridade a observar na aplicação de tais factores, solução que tem a vantagem de conceder à Comissão uma maior flexibilização no seu plano de actuação, mas acarreta o inconveniente da adopção de decisões menos previsíveis.

47. A) O segundo critério, estabelecido no art. 2.°, para a apreciação da operação de concentração, consiste na existência de «entraves significativos à concorrência efectiva no mercado comum ou numa parte substancial deste». Questão que desde logo nos sai a caminho é a de saber qual é a relação deste requisito com a condição, inicial, da necessidade de criação ou reforço da posição dominante. Deverá ser visto como um requisito autónomo ou será um mero corolário da primeira condição? Será um teste novo ou uma mera repetição da exigência que a concentração crie ou reforce uma posição dominante?

As dificuldades na interpretação desta segunda condição prendem-se com a noção de posição dominante dada pela jurisprudência à

---

afirmou que a operação dava origem a uma concentração conglomerada, e que o possível perigo era nomeadamente o reforço de uma posição dominante pela combinação de recursos financeiros e outras capacidades. No caso em apreço, a autoridade comunitária autorizou a operação atendendo a que os perigos enunciados, particularmente o primeiro, não se verificavam, visto que existiam concorrentes com forte capacidade financeira no mercado.

[744] Sylvaine POILLOT-PERUZZETTO chama ainda, a este propósito, a atenção, de forma muito pertinente, para o facto de existir uma certa confusão quanto ao papel desempenhado pelos vários critérios, que se repetem, tanto servem para determinar o mercado geográfico, como o mercado de produto, como o efeito da operação de concentração sobre a concorrência – cfr. ob. cit., pág. 83. Assim, por exemplo, «o critério da existência ou não de barreiras à entrada» permite definir o mercado geográfico tal como o efeito horizontal da operação» (cfr., por exemplo, neste sentido, o caso *La Redoute /Empire*, decisão da Comissão de 25 de Abril de 1991, processo IV/M080, JOCE n.° C156/10 de 14.6.91). O mesmo se passa com o critério do «nível de preços», que serve para definir paralelamente o mercado de produtos, o mercado geográfico e os efeitos sobre a concorrência (cfr., por exemplo, a decisão *Renault/ /Volvo*, cit).

O controlo comunitário das concentrações com base no reg. n.º4064/89 375

luz do art. 86.º. É que o Tribunal definiu-a, várias vezes[745], como o poder económico detido por uma empresa que lhe permite entravar a concorrência efectiva existente no mercado relevante. Logo, posição dominante e entrave da concorrência estariam, assim, de tal forma ligados que poderiam mesmo ser vistos como «as duas faces da mesma moeda»[746]. Ora, a coincidência das duas noções, defendida, nomeadamente, por Michel Glais[747] e Aurelio Pappalardo[748], significa que basta constatar-se a criação ou reforço de uma posição dominante para automaticamente se considerar provado o entrave significativo à concorrência efectiva, devendo a operação de concentração ser declarada incompatível com o mercado comum.

Contra esta interpretação invocam-se geralmente argumentos muito válidos. Desde logo, sublinha-se que, ainda que a existência de entraves significativos à concorrência seja a consequência normal da criação ou reforço da posição dominante, tal identidade não existe forçosamente. Por outro lado, atendendo aos prazos curtos estabelecidos no regulamento para a apreciação da operação, a Comissão terá, normalmente, tendência para identificar a posse de certas partes de mercado com a presença de uma posição dominante, isto é, presume a existência de uma situação de domínio sem perder tempo a verificar se daí resultam entraves significativos à concorrência[749]. Acresce que a apreciação, pela Comissão, da concentração, à luz do regulamento, implica a previsão de como se comportarão os mercados depois da alteração estrutural. Ora, a consideração de efeitos futuros imbui a sua análise de um certo grau de incerteza que necessita, portanto, de ser contrabalançado com uma apreciação flexível das concentrações. Só que esta maleabilidade na avaliação das operações será eliminada com a proibição automática das concentrações, que criam ou reforçam uma

---

[745] Cfr. os acórdãos *United Brands, Hoffman-La Roche* e *Michelin,* já citados.

[746] Bernd LANGEHEINE, *Substantive review* , ob. cit., pág. 485.

[747] Michel GLAIS, *L'application du règlement communautaire relatif au contrôle de la concentration: premier bila*n, REI n.º 60, 1992, pág. 96.

[748] Aurelio PAPPALARDO, *Le règlement CEE sur le contrôle des concentrations,* RIDE 1990 n.º 1, págs. 23 e 24. No mesmo sentido, cfr. Claudio MENIS, *Il regolamento CEE n.º 4064/89 relativo al controllo delle operazioni di concentrazione tra imprese,* DCDSI, 1990, pág. 714 e J-B BLAISE, *Concurrence – controle des opérations...,* ob. cit., pág. 765.

[749] Neste sentido, cfr. F. FINE, *The appraisal criteria of the EC merger control regulation*, ECLR, vol. 12, 1991, pág. 148.

376 *O controlo das concentrações de empresas no direito comunitário*

posição dominante, centrada, apenas, numa análise estática da situação – e não dinâmica, como exige o art. 2.º [750]. Por último, invocam-se, contra a identificação das duas condições, as decisões da Comissão, como prova de uma apreciação a dois níveis: existência da criação ou do reforço de uma posição dominante a que se seguiria a demonstração do entrave significativo à concorrência [751].

Desta forma, é sugerida uma outra interpretação do teste do entrave significativo: para se determinar a incompatibilidade da operação de concentração com o mercado comum não basta afirmar-se a criação ou reforço da posição dominante, é ainda necessária uma análise complexa, que tenha em conta os efeitos adversos resultantes de tal posição para a concorrência efectiva. O que equivale a dizer que o teste do «entrave significativo» deve ser visto como um critério *adicional* [752], isto é, *qualificativo* da posição dominante. É preciso que de um certo grau de domínio criado ou reforçado resultem entraves inaceitáveis à concorrência para que a operação seja proibida. Este entendimento, que parece ter sido acolhido pela doutrina maioritária [753],

---

[750] Cfr., por todos, Bernd LANGEHEINE, *Substantive review...*, ob. cit., pág. 485.

[751] Tratando-se, de facto, em nossa opinião, da solução mais adequada, é preciso, porém, não esquecer que a prática da Comissão não parece primar pela uniformidade de método, pelo menos numa análise mais superficial De facto, há decisões como a *Cargill/Unilever* (decisão da Comissão de 20 de Dezembro de 1990, processo IV/M 026, JOCE n.º C 327/14, de 29.12.90), onde a Comissão parece dedicar-se apenas ao estudo do teste da criação ou reforço de uma posição dominante, enquanto noutros casos – cfr. nomeadamente a decisão *Promodes/Dirsa* – parece ficar esquecida da prova da existência da posição dominante, só prestando atenção ao teste do entrave significativo.

[752] Logo, não bastará a criação ou reforço de uma posição dominante para a concentração ser proibida. A asserção inversa é formulada por Jean Luc DÉCHERY (*Le règlement...*, ob. cit., pág. 318) nos seguintes termos: «também não bastará que a nova entidade resultante da concentração entrave significativamente a concorrência efectiva, sem criar ou reforçar uma posição dominante, para que a operação seja proibida». Esta hipótese seria rara, segundo o autor, mas poderia talvez ocorrer através de uma concentração vertical. Note-se, ainda, que o facto de o critério do entrave significativo ser considerado um teste adicional ao de posição dominante não significa que se faça num segundo momento temporal. Aliás, basta-nos atentar nas decisões da Comissão para nos apercebermos de que ela procede a um exame global da operação sem separar os diversos factores que se encontram intrinsecamente ligados.

[753] Assim, entre muitos, James S. VENIT, *The evaluation of concentrations...*, ob. cit., pág. 546, Bernd LANGEHEINE, *Substantive review...*, ob. cit., pág. 486, F. FINE *The*

O controlo comunitário das concentrações com base no reg. n.º4064/89   377

bem como pela própria Comissão[754], baseia-se nos seguintes argumentos: o art. 2.º, n.ºs 2 e 3, coloca a tónica nos «efeitos» da criação ou reforço da posição dominante (nomeadamente quanto à estrutura futura do mercado), e não na posição dominante «em si»[755]; por outro lado, a redacção do art. 2.º afastou-se da que lhe tinha sido dada na proposta de 1988[756], tendo sido introduzido o conceito «significativo», facto que, aliado à expressão «de que resultam», apoiaria a tese de que o critério do «entrave significativo» é um teste adicional; finalmente, alega-se que só esta interpretação concede à Comissão uma maior flexibilidade na apreciação das concentrações. Por todas estas razões, parece-nos que a segunda interpretação será a mais adequada.

B) Uma outra questão consiste na análise dos elementos integrantes deste novo teste. É preciso, portanto, definir o que se

---

appraisal criteria..., ob. cit., pág. 149, José RIVAS DE ANDRÈS, *El reglamento comunitario sobre el control de las operaciones de concentración de empresas. Una primera aproximáción*, Noticias/C.E.E., Noviembro 1990, ano VI, pág. 22, e Pierre de MONTALEMBERT, *Le contrôle des opérations de concentration en france et au niveau communautaire*, DPCI, 1990, vol. 16, n.º 4, pág. 742.

[754] Assim, o comissário Sir LEON BRITTAN (*The law and policy of merger control in the EEC*, ELR, 1990, pág. 354), a propósito da questão de saber se a apreciação substancial nos termos do Regulamento se bastava com o teste da posição dominante ou se era necessário, simultaneamente, um teste novo do entrave significativo à concorrência, afirmou que, sendo o controlo das concentrações uma área nova, «o Conselho não deseja criar um teste puro de posição dominante. Uma posição dominante em si não é proibida. Podemos interrogar-nos se é possível uma posição dominante sem o efeito de entravar a concorrência efectiva. Em nossa opinião, geralmente tal não é possível. Contudo, o factor dinâmico tempo é aqui igualmente importante. (...). O ponto de partida para qualquer análise será, certamente, o art. 86.º e a jurisprudência do Tribunal sobre essa disposição até que surjam novos casos à luz do regulamento de 1989, parece-me, assim, que um entendimento do art. 86.º é o que é necessário para se começar a análise de uma concentração sob o regulamento. Além disso deve começar a desenvolver-se uma análise do entrave significativo à concorrência que a concentração pode criar (...)».

[755] O facto de esta disposição acentuar os efeitos e não a posição dominante aproxima-a mais da jurisprudência *Continental Can* do que do acórdão *Michelin*, o que é, aliás, compreensível, visto que o Regulamento visa alterações de estrutura, isto é, operações de concentrações e não comportamentos abusivos.

[756] Cfr. art. 2.º, n.º 2, da proposta de Regulamento de Novembro de 1988, JOCE n.º C 22/14, de 1988.

378   *O controlo das concentrações de empresas no direito comunitário*

entende por «concorrência efectiva», bem como delinear o conteúdo do conceito de entrave «significativo». Não encontramos nenhuma destas noções nas disposições do regulamento[757], pelo que o seu estudo terá de se basear na prática das autoridades comunitárias.

A *concorrência efectiva*, também designada por eficaz ou praticável, e que corresponde, aliás, à expressão anglo-saxónica *"workable competition"*[758], é o modelo de concorrência que se opõe geralmente ao esquema da concorrência perfeita, teórica e abstracta. O Tribunal utilizou, várias vezes, essa expressão nas suas decisões[759] e definiu-a como «a dose de concorrência necessária para que sejam respeitadas as exigências fundamentais e prosseguidos os objectivos do Tratado, em particular a formação de um mercado único, realizando condições semelhantes às de um mercado interno (...); esta exigência aceita que a natureza e a intensidade da concorrência possam variar em função dos produtos ou serviços em causa e da estrutura [do mercado]». Desta noção sobressai o carácter relativo da concorrência efectiva, dependente, portanto, das condições de mercado[760], o que

---

[757] Cfr., no entanto, as referências feitas nos considerandos 4 e 5 do preâmbulo à necessidade de uma «concorrência dinâmica», que contribua pela sua natureza «para aumentar a competitividade da indústria europeia, para melhorar as condições de crescimento e para elevar o nível de vida na Comunidade», bem como a exigência de que «o processo de reestruturação não acarrete um prejuízo duradouro para a concorrência».

[758] Cfr., no entanto, Pierre Bos e outros (ob. cit., pág. 209), que distinguem o conceito para efeitos de aplicação dos arts. 85.° e 86.°, atendendo às diferentes funções neles desempenhadas.

[759] Cfr. os acórdãos *Béguelin,* cit, pág. 949, e *LTM/MBU,* cit, pág. 337.

[760] Note-se que a existência de uma posição dominante no mercado comum ou numa parte dele não implica que os efeitos da concentração se produzam no mesmo mercado. Ou seja, o mercado relevante, para efeitos de determinação da existência de uma posição dominante, pode ser diferente daquele onde se produz um entrave significativo à concorrência. Esta situação traduz, no fundo, a transposição do raciocínio já existente à luz do art. 86.° de que o mercado onde se verificava a posição dominante podia ser diferente daquele onde se praticava o abuso. Tal constatação levou certos autores, como por exemplo Dominique Berlin – ob.cit., pág. 223 –, a levantarem a questão de saber se, verificando-se a existência de uma posição dominante no mercado X e produzindo-se os efeitos nocivos no mercado Y, identificado com uma região ou uma parte de um Estado, poderia falar-se em incompatibilidade da operação com o mercado comum. Note-se que, na prática, serão muito raras as situações de produção de efeitos num espaço geográfico tão limitado, dada a dimensão das empresas exigida pelo art. 1.° do regulamento comunitário. Por outro lado, saliente-se que o

O controlo comunitário das concentrações com base no reg. n.º4064/89 379

atribui, de certa forma, um carácter contingente ao controlo das concentrações. Por outras palavras, a concorrência efectiva será apenas a concorrência possível atendendo à situação económica concreta[761].

Quanto ao conceito de entrave «*significativo*», também ele não é inovador, recordando-nos a noção de restrição «sensível» referida a propósito do regime das ententes. De facto, a Comunicação da Comissão relativa aos acordos de pequena importância, que escapam à proibição do art. 85.º, n.º 1,[762] é particularmente ilustrativa da ideia de que nem todo o «atentado» à concorrência é proibido. A expressão «significativo» parece introduzir, assim, no regulamento, à semelhança do que acontecia na prática anterior[763], um limiar *de minimis* na apreciação da operação pela Comissão e confere uma dimensão dinâmica à análise da concentração. Quando procuramos, no entanto, objectivar esse limiar deparamos com inúmeras dificuldades, que resultam do facto de o termo «significativo» no âmbito do direito

---

conceito de "parte substancial do mercado comum" não é só uma noção geográfica, antes é também delimitado em função de factores como a estrutura e evolução da produção e do consumo, hábitos dos consumidores, etc.

[761] Recorde-se que, numa economia de mercado, a protecção da concorrência é uma garantia essencial da liberdade de acção dos operadores económicos e dos consumidores. A defesa destes objectivos pode efectuar-se por uma dupla via: ou através da noção de concorrência-condição, segundo a qual a concorrência é o meio indispensável para garantir o desenvolvimento económico e deve ser preservada a todo o custo; ou por meio da noção de concorrência-meio, que foi o conceito seguido pelo direito comunitário, em que a concorrência não é uma finalidade em si, antes pode ser afastada em nome do progresso económico e social. Cfr. L. M. PAIS ANTUNES, *Concurrence in* Dictionnaire Juridique des Communautés Européennes, publicado sob a direcção de Ami Barav e Christian Philip, Paris, PUF, 1993, págs 267 e segs.

[762] Recorde-se a Comunicação da Comissão de 3 de Setembro de 1986, relativa aos acordos de pequena importância, 86/C 231/02, JOCE n.º C 231/2 de 12.9.86.

[763] Neste sentido, cfr. C. JONES, *The EC merger...*, ob. cit., pág. 167. Contra o entendimento do teste "entrave significativo" como um requisito *de minimis* – cfr. Guido IANNUZZI, *Competition and the EEC's ultimate aims: their relationship within the merger regulation 4064*, RISEC, April 1992, n.º 4, anno XXXIX, págs. 378 e segs. Este autor defende que esse critério, sendo adicional à exigência da criação ou reforço de uma posição dominante, deveria ter uma dimensão qualitativa, isto é, na apreciação da operação não se consideraria existir um entrave significativo à concorrência, conduzindo a uma decisão de incompatibilidade, quando a Comissão entendesse que a concentração em causa promovia o progresso técnico ou económico ou os objectivos estabelecidos no 13.º considerando do preâmbulo. Estes interesses deviam prevalecer sobre a finalidade de salvaguarda da concorrência.

380   *O controlo das concentrações de empresas no direito comunitário*

comunitário não se apoiar em critérios quantitativos, ao contrário do que se passa por exemplo nos Estados Unidos, onde vigora o método HHI. Estamos, desta forma, mais uma vez perante uma noção relativa, devendo o carácter «significativo» do entrave ser apreciado em função do contexto concreto da concorrência efectiva. A Comissão já aplicou, aliás, esta noção na decisão *Aerospatiale-Alenia/de Havilland*[764], onde, apesar de não a ter definido expressamente, indicou considerá-la um elemento essencial na apreciação dinâmica da operação em causa[765].

Resultando um entrave significativo para a concorrência efectiva da criação ou reforço da posição dominante, a operação de concentração será declarada incompatível com o mercado comum, nos termos do art. 2.°, n.° 3. Note-se que no decurso do processo de apreciação da concentração os intervenientes na operação poderão desenvolver negociações com a Comissão no sentido de evitarem aquela decisão. Se as partes acederem em modificar a operação no sentido indicado pela Comissão, a decisão final será geralmente de compatibilidade. É claro que as partes podem recusar-se a aceitar as condições impostas pela autoridade comunitária, caso em que apenas lhes restará atacar contenciosamente a decisão de incompatibilidade, solução que implicará sempre um processo moroso e incerto. Observe-se, finalmente, que a Comissão, ao impor certas condições às empresas, como requisito prévio da decisão de compatibilidade, está a agir sobre o grau de concentração no mercado, ou seja, está a modificar a sua estrutura. Daí que já se tenha afirmado[766] que a Comissão não se limita a

---

[764] Decisão de 2 de Outubro de 1991, cit.

[765] Uma outra questão é a de saber se a Comissão, no momento da avaliação da operação, pode suspender a sua apreciação e ter em conta factores extra-concorrenciais e subordinar a decisão de compatibilidade à aceitação de certas condições. Apesar de a Comissão não fazer directamente referência a factores extra-concorrenciais nas suas decisões, ela parece aceitar a ideia de que o cumprimento de certas condições pelas empresas participantes na operação faz desaparecer o carácter significativo do entrave. Parece apontar neste sentido a decisão *Alcatel/Telettra*, cit. – cfr. esp. ponto 46.

[766] Assim, Charles-Étienne GUDIN, que alerta para o perigo de a Comissão se substituir às decisões das empresas, cfr. *La pratique décisionnelle de la «task force» concentration (Un an d'application du règlement)sur le contrôle des concentrations entre entreprises*, RAE n.° 1,1992, pág. 50. No mesmo sentido, Dominique BERLIN (ob. cit., pág. 219) afirma que o Regulamento visa não só «a concorrência efectiva existente em função da qual é apreciada a operação», como ainda «a concorrência efectiva desejada»; daí que «a actuação da Comissão não se limite a regular o mercado,

apreciar a compatibilidade da operação com a «concorrência efectiva existente», antes está a orientá-la em função da «concorrência desejada».

Um problema final é o de saber se a concentração pode ser aceite atendendo às vantagens económicas produzidas, que compensariam os entraves significativos à concorrência. Trata-se, no fundo, da questão de, na aplicação do teste do entrave significativo, entrarem, ou não, em linha de conta factores extraconcorrenciais. A solução deste problema depende da opção que fizermos entre o método do balanço económico e do balanço concorrencial.

48. Saber se a apreciação da concentração se deve basear apenas em factores ligados à concorrência ou se deve ter igualmente em conta interesses relacionados com a política social e industrial[767],

---

mas se destine também a orientá-lo com vista a essa concorrência desejável dentro dos limites estabelecidos no regulamento e dos resultantes de um eventual controlo pelo Tribunal».

[767] Note-se que a base legal da política industrial comunitária no Tratado de Roma só surgiu com a entrada em vigor do Acto Único Europeu. Com efeito, ao contrário do Tratado CECA e Euratom, que tinham elementos específicos de política industrial sectorial, o Tratado de Roma não se pronunciava sobre tal questão. Uma das razões desse facto residiria nas diferentes visões, do problema, dos Estados-membros. À perspectiva de um desenvolvimento industrial assente num mercado regido por uma concorrência efectiva, defendida pela Alemanha, opunha-se a visão intervencionista do Estado sustentada pela França. Daí que só com o Acto Único Europeu é que passou a existir um capítulo consagrado à investigação e desenvolvimento tecnológico. Destaque-se, aí, o art. 130.°, al. f), que dispõe: «a Comunidade assume o objectivo de reforçar as bases científicas e tecnológicas da indústria europeia e de favorecer o desenvolvimento da sua competitividade internacional». Mas, além de considerações económicas, a política industrial baseia-se igualmente em razões políticas, sendo muitas destas tratadas na Comunidade como «verdades absolutas» (Ernst Joachim MESTMÄCKER, *Merger control in the common market: between competition policy and industrial policy*, FCLI, capítulo 20, 1989, pág. 11). As categorias mais importantes da política industrial foram resumidas por E. J. MESTMÄCKER nos seguintes termos: «cooperação transnacional e concentração no mercado comum como os meios ideais da realização da integração europeia; promoção do progresso tecnológico independente do mercado e da concorrência, não devendo tal progresso ser politicamente controlado; evolução do poder das empresas de dimensões semelhantes em indústrias – chave para melhorar a estrutura concorrencial no mercado comum, tendo-se em conta a competitividade dessas empresas em relação à competitividade internacional» – cfr. ob. cit., loc. cit. Note-se, ainda, que, como sublinha Claus-Dieter EHLERMANN

382 O controlo das concentrações de empresas no direito comunitário

foi uma questão muito discutida no seio do Conselho. Manifesta-vam-se aí, principalmente, duas tendências: uma, apologista de uma apreciação fundada apenas em considerações relacionadas com a concorrência, sustentada especialmente pela Comissão, Alemanha e Reino Unido; outra, defendida pela França e por países do sul da Europa, nomeadamente Portugal, Espanha e Itália, segundo a qual o exame da operação devia ainda incluir considerações de política industrial[768]. Determinar qual das teses apresentadas foi consagrada no regulamento é uma tarefa extremamente árdua, dado que é possível encontrar argumentos nos dois sentidos.

Invoca-se, por um lado, o facto de o regulamento ter abandonado o sistema de apreciação em duas etapas, consagrado em propostas anteriores, como um indício do afastamento do balanço económico[769], isto é, a apreciação da operação devia ser alheia a interesses de política industrial. Na verdade, as referências, feitas na proposta de Novembro de 1988, ao facto de poder ser concedida uma autorização às concentrações que, «mesmo impedindo uma concorrência efectiva, contribuíam para a realização dos objectivos de base do Tratado, de tal maneira que, globalmente, os ganhos económicos prevaleçam sobre os entraves à concorrência», apontavam para o método do balanço económico. Deste modo, se as operações contribuíssem «para melhorar a produção e a distribuição, a promoção do progresso técnico ou económico, ou melhorar a estrutura competitiva no interior do mercado comum, compensando os entraves à concorrência», podiam ser autorizadas. Ora, o abandono, no regulamento de 1989, desta possibi-

---

(ob.cit., pág. 247), as medidas de política industrial comunitária são diferentes das medidas que os Estados-membros podem adoptar dentro dos limites do direito comunitário para prosseguir a sua própria política industrial, nomeadamente exercendo os poderes conferidos pelo art. 90.° do Tratado CE (cfr. considerando 12.° do regulamento de 1989), bem como os poderes do art. 235.° do Tratado CE (considerando 28.° do preâmbulo, regulamento de 1989) ou os poderes existentes no âmbito do art. 21.° do regulamento comunitário. De qualquer modo, para este autor, as medidas estatais não podem autorizar concentrações proibidas pela Comissão (princípio do primado do direito comunitário) mas podem ter em conta tais razões para proibir, no território nacional, operações autorizadas pela Comissão. Sobre esta questão, cfr. *supra*, ponto 41.

[768] P. THIEFFRY, *The new EC Merger Control Regulation*, 24, IL, 1990, pág. 543.

[769] Assim, Jean-Patrice de la LAURENCIE, *Le nouveau règlement...*, ob. cit., pág. 145 e Edward F. GLYNN JR, *An american enforcer looks at the EEC merger proposal*, ALJ, vol. 59, 1990, pág. 239.

O controlo comunitário das concentrações com base no reg. n.º4064/89   383

lidade levou certos autores, como é o caso de Alexis Jacquemin, a afirmar com profunda convicção que «o regulamento que entrou em vigor em 21 de Setembro de 1990 adopta uma posição muito clara: não deixa à Comissão nenhuma possibilidade de aceitar uma fusão anti-concorrencial sob o pretexto de que ela permite obter benefícios colectivos». Aliás, para este autor, «o sistema europeu do controlo das concentrações é sem dúvida o menos ambíguo de todas as regulamentações existentes neste domínio»[770]. Todavia, esta conclusão algo simplista é posta em causa com a análise do art. 2.º do regulamento e, especialmente, do 13.º considerando do preâmbulo. De facto, quaisquer tentativas de soluções «fáceis» encontram-se, em nosso entender, irremediavelmente frustradas, atendendo às múltiplas referências feitas pelo regulamento comunitário a factores não concorrenciais.

Particularmente significativas são as alusões feitas no art. 2.º, n.º 1, al. b), aos «interesses dos consumidores intermédios e finais» bem como à «evolução do progresso técnico e económico». Note-se que, embora a primeira expressão tenha certas ligações à política de concorrência, visto que esta terá como objectivo satisfazer os interesses dos consumidores[771], o apelo ao «progresso técnico e económico» parece, pelo contrário, poder entrar em conflito com imperativos concorrenciais[772].

Esta última referência encontra a sua origem no art. 85.º, n.º 3, do Tratado CE[773], facto que parece sugerir a disponibilidade da autoridade comunitária para ter em conta factores que visam objectivos como a «defesa da eficiência». É que, no âmbito do art. 85.º, n.º 3, a Comissão realiza um certo balanço económico, confirmando que no sistema comunitário a concorrência é um meio e não um fim em si mesma. Deverá, com isto, entender-se que a consideração dos benefícios de eficiência resultantes do progresso técnico e económico, nos termos do

---

[770] Alexis JACQUEMIN, *Stratégies d'entreprise et politique de la concurrence dans le marché unique européen*, REI n.º 57,1991, pág. 22.

[771] Assim, Louis VOGEL, *Le nouveau droit...*, ob. cit., pág. 722.

[772] Louis VOGEL, ob. cit. loc. cit.

[773] São geralmente invocados como exemplos de progresso técnico e económico, à luz do art. 85.º, a investigação e desenvolvimento de novas tecnologias, a aceleração da sua aplicação industrial (cfr., neste sentido, a decisão *Olivetti/Canon*, cit., ponto 54), o acesso a novos mercados geográficos ou de produtos (cfr., neste sentido, a decisão *De Laval-Stork,* cit., ponto 71) e menores custos .

384 *O controlo das concentrações de empresas no direito comunitário*

art. 2.º, permite à Comissão declarar uma operação de concentração compatível com o mercado comum, ainda que entrave de forma significativa a estrutura concorrencial? A questão que se coloca actualmente, e que era no fundo a que ocorria a propósito do art. 85.º, n.º 3, é, portanto, a de saber se a expressão «progresso técnico e económico» não abrirá as portas a considerações de política industrial no seio da política de concorrência.

Pretende alguma doutrina que a referência feita no regulamento ao progresso técnico tem que ser interpretada no contexto da política da concorrência[774], invocando como justificação os dois elementos estabelecidos no art. 2.º, n.º 1, al. b). Aí se diz, em primeiro lugar, que é preciso que a evolução do progresso técnico e económico seja vantajosa para os consumidores[775], o que dificilmente se poderá considerar o caso quando a nova entidade resultante da concentração entravar a concorrência através, por exemplo, do aumento dos preços. Por outro lado, exige-se que esse progresso não constitua um obstáculo à concorrência. Isto significa, para Louis Vogel, que a aproximação da referência, feita no art. 2.º, ao progresso técnico e económico, ao disposto no art. 85.º, n.º 3, é legítima para definir o conteúdo dessa noção[776], mas já não para determinar o seu alcance[777], isto é, a noção

---

[774] LEON BRITTAN, *The law and policy...*, ob. cit., pág. 353.

[775] A referência aos interesses dos consumidores é compreensível visto que um dos objectivos do controlo das concentrações é aumentar o bem estar dos consumidores através da defesa de uma concorrência efectiva. Saliente-se, ainda, que serão um auxiliar precioso os desenvolvimentos desta noção à luz do art. 85.º, n.º 3. Recorde-se, finalmente, que as vantagens para os consumidores não se limitam à redução de preços mas podem assumir as mais diversas configurações, como melhoramentos no sistema de serviços e distribuição, etc. Cfr. *supra*, ponto 16.

[776] O que foi, aliás, confirmado pela Comissão no Bol. CE, Suplemento 2/90, pág. 23. A autoridade comunitária afirmou aí a necessidade de o «conceito de progresso técnico e económico dever ser entendido à luz dos princípios consagrados no n.º 3 do art 85.º do Tratado, tal como interpretados pela jurisprudência do Tribunal de Justiça».

[777] Veja-se, no entanto, a solução defendida por Manfred CASPARI, *1992-EEC Competition law and industrial policy*, FCLI, capítulo 9, 1990, pág. 174. Este autor considera que no regulamento comunitário é dada prioridade à defesa da concorrência, como o ilustraria o facto de o art. 2.º sujeitar a consideração da evolução do progresso técnico, pela Comissão, à condição de ele «não constituir um obstáculo à concorrência efectiva», parecendo ser um requisito mais exigente do que o formulado no art. 85.º, n.º 3, do Tratado CE, que fala em «eliminação da concorrência». Para este autor, o art. 85.º, n.º 3, consagra uma «solução opcional», ou seja, dá primazia à concorrência

O controlo comunitário das concentrações com base no reg. n.º4064/89   385

de progresso técnico e económico não permite «isentar» uma concentração restritiva da concorrência; é apenas um elemento a ter em conta na apreciação dessa restrição[778]. É ainda significativo, para Chantal Rubin, o facto de a referência ao progresso técnico e económico ter natureza meramente «indicativa», ao passo que as «concentrações que criem ou reforcem uma posição dominante 'devem' ser declaradas incompatíveis», nos termos do n.º 3 do mesmo artigo, ou seja, trata-se de uma disposição «imperativa»[779-780]. Assim, para certo sector da doutrina, o «progresso técnico e económico» nunca poderá ser visto como «defesa legítima» de concentrações que criam ou reforçam uma posição dominante[781]. Deste modo, as concentrações num mercado não competitivo, ainda que conduzam a um tal progresso, não devem ser autorizadas, visto que num mercado não competitivo não se pode esperar ver qualquer progresso do tipo visado pela política de concorrência, ou seja, havendo progresso técnico, ele será confinado à empresa em posição dominante[782]. Estas afirmações fundamentam a opção por um balanço concorrencial, que em termos puristas significaria o afastamento da consideração de factores extra-concorrenciais, ou pelo menos a sua redução a um papel insignificante.

---

mas permite uma grande flexibilidade a favor da racionalização económica através de cooperação industrial limitada, como acordos de especialização e investigação. Assim, em sua opinião, a consideração pela autoridade comunitária de interesses de «política industrial» não é «chocante», uma vez que eles não devem ser vistos «como estando em conflito com a concorrência, apenas introduzem elementos dinâmicos na economia, permitindo a longo prazo o desenvolvimento da concorrência»; daí que, nesta perspectiva, muitos dos acordos autorizados pela Comissão nem sequer deviam ter sido considerados abrangidos pelo art. 85.º, n.º 1, do Tratado CE.

[778] Louis VOGEL, Le nouveau droit..., ob. cit., pág. 722 .

[779] Chantal RUBIN, ob. cit., pág. 10.

[780] Saliente-se, ainda, a posição algo radical de F. FINE (EC merger control: an analysis..., ob. cit., pág. 150), que nega o interesse prático de tal factor, reduzindo-o a um mero compromisso político sem viabilidade prática.

[781] Cfr., por todos, LEON BRITTAN, Competition policy and merger control in the single european market, Grotius, 1991, págs. 47 e 48.

[782] "Negligenciando", porém, a posição de Leon Brittan, cfr. Margarida AFONSO, A catalogue of merger defenses under european and United States antitrust law, HILJ, vol. 33, n.º 1, Winter 1992, pág 32. Esta autora salienta o facto de a Comissão ser um órgão colegial cujos membros não dispõem de uma posição comum sobre o assunto; logo, o facto de Brittan ser defensor incondicional de critérios puramente concorrenciais não significa necessariamente que será essa a opinião que prevalecerá na Comissão.

Contra esta escolha, manifestaram-se Margarida Afonso e, principalmente, Guido Iannuzzi[783], alegando que o regulamento aceita a defesa de objectivos não concorrenciais. Neste sentido, invocam, além das referências a factores extraconcorrenciais no regulamento comunitário, o facto de o regulamento se basear no art. 235.° do Tratado CE[784]. Na verdade, de acordo com este entendimento, o apelo feito pelo regulamento ao art. 235.° só tem sentido se este for considerado como o meio mais adequado de abrir as portas a factores extraconcorrenciais[785], uma vez que, se o regulamento pretendesse apenas significar a passagem de um controlo das concentrações *a priori* para um controlo *a posteriori,* os seus autores não teriam necessidade de recorrer a tal disposição. Por fim, a favor de um verdadeiro balanço económico[786], destacam a cláusula espanhola, isto é, o 13.° considerando do preâmbulo do regulamento, que dispõe: «(...) a

---

[783] Margarida AFONSO, ob. cit., págs. 32 a 34, e Guido IANNUZZI, ob.cit. pág. 376.

[784] Uma outra questão é a de saber se os factores indicados no art. 2.° devem ser considerados exaustivos. Apesar de a ausência da expressão "nomeadamente" parecer apontar nesse sentido, a generalidade da doutrina entende, com razão, que o art. 2.° não é taxativo, podendo ser tidos em consideração outros factores, como, por exemplo, os elementos integrados nos considerandos do preâmbulo do regulamento comunitário. Neste sentido, cfr., por todos, Enzo Moavero MILANESI, *Il nuovo regolamento CEE sul controllo delle concentrazion tra imprese,* RDS, anno 35.°, 1990, pág. 1153. Por outro lado, a Comissão já afirmou a sua intenção de não ter em conta, em cada decisão, todos os factores referidos no art. 2.°, n.° 1, do Regulamento de 1989, limitando-se a considerar aqueles que forem relevantes para a apreciação do caso concreto (Edward GLYNN JR., ob. cit., pág. 238).

[785] Sobre o papel dos factores extraconcorrenciais na apreciação do critério do entrave significativo à concorrência, refiram-se, especialmente, as teses elaboradas por Bernd LANGEHEINE e por Jean-Luc DÉCHERY. O primeiro defende que, apesar de o factor progresso desempenhar de certa forma um papel residual no balanço efectuado pela Comissão, que ele considera concorrencial, poderá ter interesse em casos – fronteira, como factor de contrapeso à existência de um entrave significativo à concorrência, levando a Comissão a autorizar a concentração – cfr. B. LANGEHEINE *Substantive review...,* ob. cit., pág. 495. Jean Luc DÉCHERY, por seu turno, advoga uma espécie de "regra de razão" americana, em que a evolução do progresso técnico e económico funcionaria como um factor exoneratório da decisão de incompatibilidade, podendo ser evocado na análise da situação de concorrência – cfr. *Le règlement communautaire...,* ob. cit., pág. 320.

[786] Trata-se de uma expressão que tem origem na experiência francesa e que foi utilizada pelo advogado-geral Verloren VAN THEMAT, no âmbito do acórdão do Tribunal de 17 de Janeiro de 1984,*VBVB/Comissão,* cit., pág. 89.

O controlo comunitário das concentrações com base no reg. n.º4064/89   387

Comissão deverá enquadrar a sua apreciação no âmbito geral da realização dos objectivos fundamentais referidos no artigo 2.º do Tratado, incluindo o objectivo de reforço da coesão económica e social da Comunidade, referido no artigo 130.º A do Tratado»[787].
Mais uma vez, estamos perante uma disposição de alcance dúbio. Dito de outro modo: será que a referência, no preâmbulo, à «coesão económica e social» permite a utilização do regulamento para a promoção de objectivos de «dimensão» regional, em detrimento de interesses concorrenciais? Estando em causa regiões, ou mesmo Estados-membros menos desenvolvidos, a Comissão deve ter em conta, na sua apreciação, tais factores?
Observe-se, em primeiro lugar, que, apesar de a alusão a factores extraconcorrenciais se encontrar feita em considerandos, que não têm força obrigatória, isso não a torna desprovida de interesse, pois o Tribunal já afirmou, a este propósito, que os considerandos de um regulamento são importantes para a interpretação das suas disposições substanciais[788]. O seu relevo é, ainda, confirmado pelos comentários da Comissão ao artigo 2.º, onde declara a sua intenção de, na apreciação da operação, «ter nomeadamente em conta a competitividade das empresas situadas em regiões caracterizadas por uma grande necessidade de reestruturação, devido, nomeadamente, a um atraso de desenvolvimento»[789]. Esta afirmação parece sugerir que a Comissão estaria disposta a aceitar a criação ou reforço, pelas empresas, de posições dominantes em regiões menos desenvolvidas, ainda que entravassem a concorrência, para elevar o nível de competitividade dessas empresas, de forma a equipará-lo ao existente noutros mercados geográficos da Comunidade.
Para os defensores de um balanço económico, entre os quais se destaca, mais uma vez, Guido Iannuzzi, pelas posições claras que

---

[787] Estes objectivos consistirão, nos termos do art. 2.º do Tratado CE, num «desenvolvimento harmonioso das actividades económicas no seio da Comunidade», numa «expansão económica contínua e equilibrada», num «maior grau de estabilidade», num «aumento acelerado do nível de vida» e «em relações mais estreitas entre os Estados que a integram», bem como, nos termos do art. 130.º A, do Tratado CE, no «reforço da coesão económica e social da Comunidade» e ainda «em reduzir a diferença entre as diversas regiões e o atraso das regiões menos favorecidas».

[788] Cfr. o acórdão *Hydrotherm* , de 12 de Julho de 1984, cit.

[789] Bol. CE, Suplemento 2/90, pág. 23.

388   *O controlo das concentrações de empresas no direito comunitário*

assumiu nesta matéria[790], a tese sugerida pela Comissão seria a única razoável. Neste sentido, invocam, desde logo, os arts. 2.° e 3.° do Tratado CE, que consideram ser particularmente elucidativos quanto ao papel instrumental desempenhado pela concorrência, em função dos objectivos últimos desse Tratado. Por outro lado, o papel desempenhado pelo 13.° considerando não devia ser meramente decorativo; antes devia ligar-se ao 8.° considerando do preâmbulo, que diz que o regulamento se deve basear principalmente no art. 235.° do Tratado CE, por força do qual a Comunidade se pode dotar dos poderes de acção necessários à realização dos seus objectivos. Dito de outro modo, o facto de o regulamento se basear igualmente no art. 235.° do Tratado CE exigia que o Conselho determinasse os objectivos comunitários em função dos quais estabeleceu o regime de controlo das concentrações. Esses objectivos, para este sector da doutrina, estariam indicados no 13.° considerando do preâmbulo do regulamento, nos termos do qual a preservação da concorrência não é uma finalidade em si, mas apenas um objectivo a prosseguir de acordo com os objectivos últimos do Tratado, estabelecidos no art. 2.°. Em síntese, o facto de a Comissão ter em consideração factores ligados, nomeadamente, a uma política industrial estaria dentro das suas competências, visto que o regulamento se fundamenta não só no art. 87.° mas também no art. 235.°[791].

No plano contrário, surgem aqueles, como Leon Brittan, que desvalorizam o interesse do 13.° considerando do preâmbulo do regulamento[792], acentuando que a Comissão estabelece, desde logo, no

---

[790] Neste sentido, cfr. Guido IANNUZZI, ob. cit., págs. 376 e segs, Jean-Paul KEPPENNE, ob. cit., págs. 51 e 52, e Margarida AFONSO, ob. cit., pág. 37. J-B BLAISE, por seu turno, defende uma aplicação restritiva do método de balanço económico, que apenas teria aplicação na determinação dos encargos e condições impostos por uma decisão de autorização – cfr. *Concurrence – Contrôle...*, ob. cit., págs 743 e segs..

[791] Assim, Jacques BOURGEOIS e Berend DRIJBER, ob. cit., pág. 18, e Guido IANNUZZI, ob. cit., págs. 376 e 377.

[792] Defendendo claramente o método do balanço concorrencial, cfr. Charles-Étienne GUDIN, *La négociation Comission/Entreprises dans le cadre du contrôle communautaire des concentrations*, RAE, n.° 1993 n.° 1, págs. 20, e 29, Bernd LANGEHEINE, *Substantive review...*, ob. cit., págs. 499 e segs e Jeremy LEVER, *Substantive review under EEC merger regulation: a private perspective*, FCLI, capítulo, 23, 1991, págs. 509 e segs., e ainda L. RITTER, F. RAWLISON, W. BRAUN, *EEC Competition Law*, Kluwer, 1991 pág. 365, Kurt E. MARKET, *German Antitrust Law and the Internationalization of markets*, WCLER, Vol. 13, 1989, pág. 46, Stephen

O controlo comunitário das concentrações com base no reg. n.º4064/89   389

1.º considerando desse preâmbulo, que os objectivos do Tratado devem ser realizados através do «estabelecimento de um regime que garanta que a concorrência não seja falseada no mercado comum». A referência ao objectivo de coesão económica e social só surgia, portanto, depois de a Comissão ter sublinhado a «necessidade de preservar e incentivar uma concorrência efectiva no mercado comum». O autor não deixa de reconhecer um papel importante à concorrência, na realização da coesão económica e social, mas considera que seria «retrógrado e paternal» querer subtrair as regiões pobres da Comunidade à concorrência, numa altura em que «em toda a Europa, dentro e fora das fronteiras da Comunidade, se exige maior escolha e eficiência» e isto apenas pode ser conseguido através «da economia de mercado juntamente com estruturas políticas democráticas»[793]. Deste modo, o 13.º considerando parece ser remetido para um papel extremamente marginal.

Não foi esta, todavia, a posição seguida pelo Tribunal, que, nas suas decisões, reconhece à Comissão a faculdade, senão mesmo o dever, de, na avaliação da operação, considerar os interesses presentes no 13.º preâmbulo do regulamento comunitário. Neste sentido, aponta, por exemplo, a decisão *Nestlé/Perrier*[794], onde o Tribunal de 1ª instância afirmou que, «tal como resulta do considerando 13.º, do Regulamento n.º 4064/89, a Comissão, para estabelecer se as operações de concentração são ou não compatíveis com o mercado comum, em função do seu efeito sobre a estrutura da concorrência na Comunidade, deve colocar a sua apreciação no âmbito geral da realização dos objectivos fundamentais visados no art. 2.º do tratado, incluindo aí o do reforço da coesão económica e social da Comunidade visado no art. 130.º-A do Tratado».

Pode concluir-se, por conseguinte, que o maior ou menor relevo do 13.º considerando do regulamento, que traduz, no fundo, a aceitação ou a recusa de um balanço económico, depende da filosofia adoptada no conflito de interesses que resultam do facto de as «concentrações de empresas» terem sido, desde sempre, objecto, simultaneamente, de

---

WEATHERIILL, *The changing law and practice of UK and EEC merger control*, OJLS, vol. 11, n.º 4, Winter 1991, pág 542.

[793] LEON BRITTAN, *The law...*, ob. cit., pág. 353.

[794] Decisão da Comissão de 22 de Julho de 1992, processo IV/M.190, JOCE n.º L 356/1 de 3.12.92. e Despacho do presidente do Tribunal de Primeira Instância de 15 de Dezembro de 1992.

390   *O controlo das concentrações de empresas no direito comunitário*

uma política concorrencial e industrial, prosseguindo finalidades muitas vezes contraditórias. Assim, ao lado de um sistema de controlo das concentrações no seio de uma política de concorrência, que tem por finalidade a preservação das estruturas do mercado compatíveis com um regime de concorrência efectiva, coexiste a visão do fenómeno das concentrações como promotor do progresso técnico e económico – com que se identificam muitas vezes as empresas de grandes dimensão –, da competitividade internacional, da realização do mercado interno[795] ou, em termos gerais, como meio de realização de «políticas globais»[796]. Daí que se reconheça ao fenómeno das concentrações uma dupla dimensão: uma dimensão designada por *«económica liberal»*[797] – que procura estabelecer um equilíbrio quanto à tensão existente no plano concorrencial – ou seja, entre a visão das concentrações como um fenómeno saudável, em que as empresas «menos apetrechadas» são eliminadas pela concorrência de empresas de maiores dimensões e «mais bem apetrechadas», e a visão das concentrações como

---

[795] Para uma análise mais detalhada das relações entre a política de concorrência e a realização do mercado interno, cfr. Manfred CASPARI *1992 – EEC competition law...*, ob. cit., págs. 169 e segs. Este autor recorda que o mercado interno, ao alargar o campo do mercado geográfico, bem como o número de intervenientes no mercado, aumenta a própria concorrência e, nesta medida, a política do mercado interno pode ser vista como política de concorrência. Por outro lado, como nota o mesmo autor, o mercado interno pode dar origem a fenómenos de grandes dimensões, permitindo o surgimento de concentrações que criam ou reforçam a posição dominante das empresas envolvidas, o que poderá causar graves prejuízos à concorrência. Assim, uma outra dimensão da relação entre a política de mercado interno e a política de concorrência é a que se extrai da constatação que o mercado interno não é um objectivo em si, mas tem por finalidade económica aumentar a eficiência e a estabilidade da economia, bem como equiparar o nível das regiões pobres às regiões mais ricas, sendo o meio mais adequado de realizar estes objectivos o sistema de uma concorrência não falseada,estabelecido no art. 3.°, al. g), que é essencial não só porque elimina barreiras ao mercado interno, mas ainda porque constitui a base da organização económica do mercado interno, que deve ser observada pelas empresas e autoridades públicas. Finalmente, este autor salienta que a política da concorrência em si não garante estabilidade económica nem resolve os problemas sociais; logo, tem de haver limites à aplicação de tal política.

[796] Ernst Joachim MESTMÄCKER, *Merger control in the common market: between competition policy and industrial policy*, FCLI capítulo 20, 1989, pág. 6.

[797] Hervé DUMEZ e Alain JEUNEMAITRE, *Entre economie et politique: le probleme des concentrations dans la CEE*, Analyses de la S.E.D.E.I.S, n.° 64, Juillet 1988, pág. 154.

fenómenos que, não estando sujeitos a qualquer controlo, podem acabar por eliminar a própria concorrência, dando origem a situações de domínio – equilíbrio esse que é conseguido através de uma liberdade vigiada de tais fenómenos[798] –, ao lado da qual coexiste necessariamente uma dimensão «*política*», segundo a qual são ainda autorizadas, por razões de interesse público, em diversas legislações nacionais, as concentrações que produzem entraves à concorrência[799].

A articulação destas duas dimensões é feita, na generalidade das legislações nacionais, através da conjugação da actuação de um organismo independente – que tem por missão apreciar a operação de concentração a nível económico, procedendo a um balanço das suas vantagens e desvantagens concorrenciais, em função do qual a operação será ou não proibida – com o exame efectuado por uma entidade com cariz político, que avalia a outra "face" da operação, baseando-se, para tal, em considerações de ordem política (emprego, política energética, etc), as quais se forem consideradas preponderantes no caso em apreço podem levar à autorização da concentração[800].

---

[798] Cfr. C. D. EHLERMANN, ob. cit., pág. 247. Este autor refere, como exemplo do carácter ambivalente dos efeitos das concentrações, a criação de economias de escala. Assim, afirma que «as economias de escala são em princípio pró-concorrenciais porque reduzem os custos da empresa e permitem fazer mais concorrência reduzindo os preços». Assim, se a empresa não adquire uma posição dominante, «a pressão da concorrência forçá-la-á a manter essa posição (...) e a partilhar as vantagens com o consumidor». Por outro lado, como aliás reconhece o próprio autor, «as economias de escala podem igualmente constituir barreiras à entrada de concorrentes e contribuir, com outros factores, para a criação de uma posição dominante». Nesse caso, a «empresa pode explorar as economias de escala com vantagem só para si sem partilhar essa vantagem com os consumidores».

[799] Trata-se de uma noção vaga, como o reconhecem aliás H. DUMEZ e A. JEUNEMAITRE, que terá de ser preenchida com o recurso a textos legislativos e à jurisprudência. Estes autores baseiam-se na experiência inglesa para destacar, a título meramente exemplificativo, certas razões em que estariam presentes tais interesses públicos, a saber: o desenvolvimento do emprego em regiões "deprimidas", o melhoramento da balança comercial ou de pagamentos e a produção de efeitos positivos ,nomeadamente a nível da investigação e desenvolvimento – cfr. ob. cit. loc. cit.

[800] O regime alemão será, sem dúvida, o melhor exemplo desta articulação. O *Bundeskartellamt* é um organismo independente de "natureza quase jurisdicional", que aprecia as concentrações com base em factores concorrenciais, em função dos quais a operação é ou não proibida. Em seguida, o *dossier* é transmitido ao Ministro da Economia, que procede a uma análise dos seus efeitos benéficos, com base em

392 *O controlo das concentrações de empresas no direito comunitário*

O problema, a nível comunitário, surge, com particular acuidade, devido ao carácter do órgão encarregado de apreciar a operação: a Comissão. De facto, a ausência, aí, de um carácter político coloca a seguinte questão: será que podemos, ou devemos, confiar à Comissão esta dupla análise? Dito ainda de outro modo: aceitando esse duplo exame pela Comissão, não estaremos a pôr em causa a transparência do sistema, que a nível nacional resulta do reconhecimento, claro, do carácter político do órgão que, no segundo momento, aprecia a operação?

Contra a concessão à Comissão de poderes para decidir esta dupla dimensão da concentração, manifestaram-se certos Estados, vendo nela uma transferência de soberania. As preocupações que resultariam de confiar essa dupla decisão a um mesmo organismo são explanadas concisamente por Alexis Jacquemin nos seguintes termos: «o papel de uma autoridade *anti-trust* eficaz é determinar se existe uma restrição à concorrência e, na hipótese afirmativa, se é quantitativamente substancial. Não deve aplicar aí simultaneamente critérios de política industrial relativos aos efeitos sobre o comércio internacional, sobre o emprego ou sobre o progresso técnico. Misturar as duas perspectivas, como tal se arrisca a ser o caso, (...) conduz a combinar critérios dificilmente comparáveis, a elaborar compromissos subreptícios e julgamentos de oportunidade próprios do poder político[801], [daí] resultando uma confusão de objectivos e de tarefas, bem como uma quase impossibilidade de um controlo democrático das opções adoptadas»[802] Daí que, para este autor, seja preferível distinguir dois níveis de actuação: «por um lado, o órgão encarregado da aplicação das regras de concorrência apreciaria, com toda a autonomia, se tecnicamente, com base num conjunto de critérios mais ou menos quantificáveis, a operação de concentração conduzia a uma restrição sensível da concorrência. Por outro lado, um órgão distinto, do tipo ministerial, poderia intervir, ainda que a autoridade *anti-trust* tivesse concluído pela existência de uma restrição quantitativamente

---

considerações extra-concorrenciais, nomeadamente políticas, podendo acabar por autorizar uma operação anteriormente proibida. Cfr. AAVV, *Merger control in the EEC...*, Kluwer, 1993, pág 68.

[801] Revela-se, deste modo, o receio de que a Comissão, ao ter em conta factores ligados a considerações de política industrial e regional, além de factores concorrenciais, fique sujeita à pressão política.

[802] A. JACQUEMIN, *Concentrations et fusions d'entreprises dans la CEE*, REP, 1981, pág. 262.

O controlo comunitário das concentrações com base no reg. n.º4064/89 393

importante, com base em motivos de política económica. Este órgão ministerial podia não rejeitar a conclusão [da autoridade *anti-trust*], mas considerar, com base numa decisão fundamentada, que a oportunidade sócio-económica do momento justificava uma tal restrição (...) evitavam-se, assim, confrontos intermináveis baseados em afirmações pouco verificáveis e pouco quantificáveis, em termos de efeitos económicos e sociais de uma operação de concentração, e deixava-se ao executivo a preocupação de colocar a escolha política final fundada numa motivação explícita» [803].

Esta sugestão, inspirada manifestamente no modelo alemão, será, porém, de difícil aplicação na Comunidade Europeia, onde, desde logo, não é fácil falar-se de objectivos de política industrial comuns a todos os Estados. Além disso, a criação de um novo órgão comunitário, que apreciasse a dimensão política da operação parece debater-se com dificuldades substanciais. Aliás, é significativo o facto de a solução de criação de um órgão independente, proposta pela delegação alemã nas negociações da União Europeia, não ter sido seguida pelas outras delegações. Esta proposta de modificar a estrutura institucional existente, confiando a um órgão independente, com poderes autóno-mos, o controlo das concentrações, não é igualmente aceite pela Comissão [804], que argumenta que a criação de um tal órgão necessitaria de ter uma base jurídica no Tratado, que não existe actualmente, pelo que a questão teria de ficar adiada até ao novo encontro constitucional, em 1996.

Perante as dificuldades na «transposição» do modelo alemão para o âmbito comunitário, avançou-se uma solução alternativa. Sugeriu-se um compromisso que afastasse as objecções levantadas por certos Estados quanto ao que eles entendiam ser uma transferência da sua soberania. Esse compromisso resultaria de uma maior participação dos Estados-membros no processo de decisão para a definição da política transnacional das concentrações, que fixaria claramente as compe-tências dos Estados e da Comissão nessa matéria, garantindo, desse modo, a transparência do sistema e facilitando o controlo judicial [805]. Na prática, esta solução não foi bem sucedida, mantendo, ainda hoje, os Estados as suas reticências quanto ao alargamento do campo de actuação do regulamento, dificultando, por exemplo, a redução dos limiares da dimensão comunitária da operação.

---

[803] A. JACQUEMIN, *Concentrations...*, ob. cit., págs. 262 e 263
[804] Cfr. Claus-Dieter EHLERMANN, ob. cit., pág. 248.

394 O controlo das concentrações de empresas no direito comunitário

Face aos vários problemas expostos, será que devemos aceitar o mecanismo do puro balanço concorrencial? Será que a Comissão se deve limitar a apreciar as concentrações com base em factores concorrenciais, em função dos quais proibirá, ou não, a operação? Pretendem alguns que o balanço a efectuar deve ser claramente concorrencial, e deste modo o direito comunitário aproxima-se, indubitavelmente, do direito norte-americano, ao excluir quaisquer considerações de política económica ou social na apreciação dos entraves anti-concorrenciais[806]. Depois ainda, a favor de tal balanço, apontam a filosofia defendida por certos autores da «bíblia económica comunitária»[807-808], para os quais os efeitos benéficos da integração

---

[805] A. JACQUEMIN, *Concentration and merger in the EEC: Towards a system of control, in* "European merger control. Legal and economic analyses on multinational enterprises", vol. 1, 1982, pág. 209.

[806] O tratamento das concentrações no direito americano faz-se à luz do art. 7.° do *Clayton Act,* que dispõe: «é proibido a qualquer pessoa que [desenvolva] o comércio, ou uma actividade qualquer que afecte o comércio, adquirir, directa ou indirectamente, a totalidade ou parte de acções ou de outros capitais societários de uma outra pessoa e a toda a pessoa dependente da competência da Comissão Federal do Comércio adquirir todos ou parte dos activos de uma outra pessoa igualmente envolvida no comércio ou numa actividade qualquer que afecte o comércio, quando o efeito dessa aquisição comporta o risco de enfraquecer notavelmente a concorrência ou tende a criar um monopólio num ramo qualquer do comércio numa parte qualquer do país» – cit. por Louis VOGEL, *Droit de la concurrence...,* ob. cit., ponto 367. Esta norma tem sido interpretada pela jurisprudência como sendo uma proibição pura e simples das concentrações restritivas da concorrência, pelo que o direito americano não permitiria qualquer tipo de isenção com base em factores extra-concorrenciais.

[807] Expressão de Michel GLAIS, *L'application du règlement...,* ob. cit., pág. 96.

[808] Assim, C. D. EHLERMANN (ob. cit., pág. 247) afirma que na filosofia do regulamento, faltando uma concorrência efectiva, deixa de haver garantias que «os ganhos de eficiência resultantes de concentrações (...) sejam efectivamente realizados numa base duradoura e partilhados equitativamente com os consumidores. O regulamento tem em conta os ganhos de eficiência abaixo de [certos limites], dado que o regulamento não proíbe *todas* as restrições da concorrência (...) mas apenas as posições dominantes que *entravam significativamente a concorrência efectiva.* (...). *Presume-se* que *todas* as concentrações produzem ganhos de eficiência [sinergias, reduções de custos, melhor competitividade das empresas dentro e fora da Comunidade, etc], o que justifica o seu tratamento mais favorável no plano da concorrência, que é designado por *«privilégio das concentrações»* (...) que é expressamente reconhecido pelo 4.° considerando do regulamento». Para este autor, não há dicotomia entre política de concorrência e política industrial, na medida em que

O controlo comunitário das concentrações com base no reg. n.º4064/89   395

europeia, a nível da inovação, passam, sobretudo, pelo reforço da concorrência e não por fenómenos de grande dimensão, considerados pouco concorrenciais. Daí a necessidade de «um controlo prévio e rápido das fusões susceptíveis de reduzir substancialmente a concorrência à escala comunitária» [809]. Nesta perspectiva, o regula-

---

o jogo de concorrência no mercado interno é reconhecido como uma pré-condição de uma maior competitividade internacional. A contradição só poderia surgir, em sua opinião, se se enaltecesse uma política industrial que favorecesse a emergência de «campeões europeus», nos quais deveriam ser concentrados todos os recursos de um sector que não seriam sujeitos a uma concorrência efectiva. Esta aproximação não estaria, portanto, em conformidade com a «estratégia de política industrial adoptada pela Comunidade e que considera que a melhor forma de promover a competitividade é aplicando medidas horizontais destinadas a melhorar a o comportamento das estruturas da oferta (nomeadamente pela formação, infra-estruturas, investigação – desenvolvimento e estabilidade monetária) (...) este programa rejeita, por outro lado, as intervenções sectoriais como essencialmente contra produtivas». Finalmente, salienta que autorizar tal operação com base em factores extra-concorrênciais extravasaria manifestamente os poderes da Comissão.

[809] Comissão das Comunidades Europeias, *1992 – La nouvelle économie europèenne, Économie Europèenne*, n.º 35, Mars 1988, págs. 148 e segs. e 187 e segs. Os economistas europeus estariam assim, segundo M. GLAIS, pouco confiantes na «robustez» do processo concorrencial, revelando-se «conservadoramente receosos» que se mantivessem as posições de força detidas pelas grandes empresas com as inerentes desvantagens, especialmente a criação de situações desfavoráveis às PME, ameaçadas pelas «práticas predadoras» que a grandes empresas tentariam realizar. Afastaram, deste modo, segundo o autor, «a visão mais liberal defendida pela escola de Chicago», que considera o processo concorrencial «suficientemente robusto para poder correr livremente, isto porque o mundo está em permanente mutação, o que aliado à rápida evolução tecnológica leva a que a existência de um monopólio considerado perigoso não justifique a intervenção das autoridades concorrenciais porque se terá provavelmente esfumado antes de as medidas adoptadas pelas autoridades terem produzido efeitos» – cfr . M. GLAIS, ob. cit., pág. 97. Assim, a passagem, nos últimos anos, nos Estados Unidos, de uma regulamentação exigente para uma jurisprudência mais tolerante, designada por Barry HAWK como uma «verdadeira revolução» (cfr.*1992 and EEC competition policy*, Antitrust Summer, 1990, pág. 26), em que um marco fundamental foi o acrescido relevo dado às teorias da escola de Chicago, parece que não se repetirá na CE, visto que são substancialmente diferentes as preocupações subjacentes à lei comunitária, que visa valores sociais e políticos diferentes dos interesses da legislação norte-americana, defensora da concorrência como um fim em si mesma. De facto, como nota B. HAWK, a influência da escola de Chicago sobre a política europeia da concorrência encontra-se limitada devido às diferenças existentes

396   *O controlo das concentrações de empresas no direito comunitário*

mento devia dar preferência a um reforço da concorrência, na linha da protecção e desenvolvimento das PME, assegurando a «difusão do poder económico» em detrimento da «eficiência económica»[810].

Contra a equiparação do regime comunitário ao americano, afirma--se, com razão, que o direito comunitário prossegue finalidades diferentes do direito americano. Desde logo, a concorrência não é, aí, vista como um fim em si mesma. De facto, como já referimos, o direito comunitário adoptou a concepção da concorrência-meio, isto é, a concorrência não é o único meio, a preservar a todo o custo, de assegurar o desenvolvimento económico; antes pode ser sacrificada em nome de outros valores. Além disso, não podemos negligenciar a experiência da generalidade das legislações nacionais, sobre o controlo das concentra-ções[811], que permitem, com base em factores económicos e sociais, a

---

entre a Comunidade Europeia e os Estados Unidos, divergências essas que podem ser de ordem legislativa (por exemplo o desdobramento da análise das operações, nos termos dos n.°s 2 e 3 do art. 85.° do Tratado CE, no âmbito da CE, ao contrário do que se passa na legislação norte-americana), de ordem política (com efeito, o objectivo de um mercado único é inexistente no direito americano) e quanto ao entendimento da noção de concorrência (que, no direito comunitário, inclui considerações políticas e sociais, como preocupações de lealdade, que estão excluídas do direito norte-americano, ou seja, as autoridades comunitárias construiram a condição «restrição da concorrência» como abrangendo não só «a concorrência» mas também a restrição da «liberdade concorrencial» das partes no acordo ou de terceiros – cfr., neste sentido, B. HAWK, *La révolution antitrust américaine: une leçon pour la communauté économique europèenne?*, RTDE, n.° 1, 1989 pág. 5 e Walter VAN GERVEN, *EC jurisdiction...*, ob. cit., págs. 472 e 473 – afastando-se, deste modo, a Comissão e o Tribunal do direito *antitrust* americano, cujo objectivo é proteger a concorrência e não os concorrentes); e finalmente há diferenças na aplicação do direito da concorrência (a um sistema mais centralizado, na figura da Comissão, caracterizado pela existência de processos informais, contrapõe-se, nos Estados Unidos, um processo mais formalista, num sistema assaz descentralizado). Sobre esta questão, cfr. ainda B. HAWK, *La révolution antitrust américaine: une leçon pour la Communauté économique europèenne*, RTDE 25, 1989, págs. 6 e 7 , 17 e 18.

[810] M. GLAIS, ob. cit., pág. 98.

[811] Assim, a *Ordonnance Francesa,* de 1 de Dezembro de 1986, dá um grande peso a factores não concorrenciais, permitindo às autoridades francesas procederem a um verdadeiro balanço económico, pesando as vantagens e desvantagens da concen-tração (cfr. art 41 da *Ordonnance* de 1986, cit por AAVV, *Merger control...*, Kluwer, 1993, pág. 41), ao contrário, por exemplo, da legislação alemã, que prevê a apreciação da operação pelo *Bundeskartellamt,* que se baseia apenas em factores concorrenciais (cfr. a secção 24 do G.W.B.cit. por A. BERCOVITZ, *General report...*, ob. cit., pág. 357),

O controlo comunitário das concentrações com base no reg. n.º4064/89   397

autorização das operações de concentração. Ou seja, a defesa de um balanço concorrencial puro, que não tivesse em consideração factores económicos e sociais, seria, em nossa opinião, uma estranha solução a nível comunitário, quando os Estados adoptam, no âmbito das suas legislações, o método do balanço económico. Deste modo, parece-nos que a solução mais razoável será aceitar que a Comissão, na apreciação de uma operação de concentração, à luz do regulamento comunitário, desenvolva um certo balanço económico.

Esta questão surgiu, pela primeira vez, com a decisão da Comissão que declarou incompatível a operação com o mercado comum: o caso *Aerospatiale-Alenia/de Havilland*[812]. Trata-se de uma decisão extremamente polémica, em que foi muito criticada a apreciação da operação desenvolvida pela Comissão, que foi acusada de ter, aí, negligenciado os imperativos industriais da Europa[813]. Recorde-se que a Comissão se referiu, em certos considerandos da decisão, a factores económicos, tendo apreciado os argumentos

---

ainda que depois o "Ministro da economia" possa autorizar a operação por razões de interesse público. Entre nós, o DL 428/88 dava um enorme peso aos factores concorrenciais, como o demonstravam as referências, no art. 4.º, às «distorções da concorrência», à possibilidade de a operação «reduzir o número ou gama de fornecedores ou consumidores», «criar condições conducentes à situação de monopólio ou quase monopólio», «criar condições de maior redução ou eliminação da concorrência», etc. Já o DL 371/93, de 29/10, estabelece, no art. 10.º, um critério de proibição das concentrações decalcado sobre o do regulamento comunitário. O n.º 1 do art. 10.º dispõe: «são proibidas as operações de concentração de empresas sujeitas a notificação prévia que criem ou reforcem uma posição dominante no mercado nacional de determinado bem ou serviço, ou numa parte substancial deste, susceptível de impedir, falsear ou restringir a concorrência». No entanto, ao contrário do Regulamento n.º 4064/89, este DL prevê, no n.º 2 do art. 10.º, a possibilidade de serem autorizadas as operações de concentração quando se verifiquem os pressupostos do art. 5.º (que tem o título sugestivo de 'balanço económico') bem como no caso de se verificar o reforço da competitividade internacional das empresas participantes na operação de concentração.

[812] Decisão da Comissão de 2 de Outubro de 1991, cit.

[813] No sentido de que, na decisão em apreço, a Comissão se limitou a aplicar um teste baseado apenas em critérios concorrenciais, cfr. Leonard HAWKES, *The EC Merger Control Regulation. Not an Industrial Policy Instrument: the De Havilland Decision*, ECLR, vol. 13, 1992, pág. 37, e T. A. DOWNES e D. S. MACDOUGALL, *Significantly Impeding Effective Competition: Substantive Appraisal under the Merger Regulation*, ELR, vol. 19, n.º 3, June 1994, pág. 298.

398   *O controlo das concentrações de empresas no direito comunitário*

invocados pelas partes – que apontavam como um dos seus objectivos na aquisição da de Havilland a diminuição de custos, bem como a obtenção de uma vantagem com a redução dos riscos de flutuação de divisas (considerandos 65 e 68) –, para no fim declarar que «não [considerava] que a operação de concentração proposta [contribuísse] para o desenvolvimento do progresso técnico e económico [referido no] n.º 1, al. b), do artigo 2.º do regulamento»[814]. Todavia, ao afirmar a incompatibilidade da operação de concentração com o mercado comum, a autoridade comunitária sublinhou que não se pronunciava sobre a pertinência dessas considerações para a apreciação, nos termos do art. 2.º do regulamento sobre as concentrações, parecendo, deste modo, querer deixar em aberto a questão do balanço a efectuar à luz do art. 2.º[815].

---

[814] Cfr., nomeadamente, os considerandos 69 e 79 da decisão, onde a Comissão afirma que, mesmo que tal progresso técnico se verificasse, isso não constituiria uma vantagem para o consumidor, visto que a operação de concentração proposta se tornaria, ao longo do tempo, ainda mais prejudicial aos clientes, à medida que a posição dominante se transformasse em monopólio.

[815] A decisão da Comissão vai ser muito censurada por Laurence IDOT e Chantal MOMÉGE, que afirmam conduzir a soluções distorcidas. Segundo estes autores, «o que à luz do art. 85.º n.º 3 poderia aparecer como justificação da operação torna-se aqui [no âmbito de aplicação do regulamento] num reforço do poder económico», ou seja, os argumentos económicos apresentados pelas partes foram retidos pela Comissão «não como justificação da operação mas como uma vantagem concorrencial que reforçava a posição da de Havilland» Um exemplo, considerado pelos autores particularmente ilustrativo desta situação, é o objectivo expresso pelas partes de, com a aquisição da sociedade de Havilland, obterem «a cobertura de toda a gama de aviões de transporte regional» (cfr. ponto 32 da decisão), situação que permitiria reduzir os custos para os vendedores que criam e racionalizam o serviço comercial e para os clientes, visto que «em termos de procura, as companhias aéreas tiram vantagens em termos de custos do facto de adquirirem diferentes modelos ao mesmo vendedor», lógica essa que decorre do facto de «os custos fixos suportados pela transportadora em relação a cada fabricante de aviões com que essa transportadora lida (...) incluírem os custos fixos relativos à formação de pilotos e mecânicos, bem como os custos de manutenção de diferentes inventários internos de peças, etc». Estes argumentos, se fossem invocados no âmbito do 85.º, n.º 3, seriam decisivos, segundo estes autores, para a concessão da isenção, enquanto à luz do regulamento são considerados «um indício da criação ou reforço da posição dominante». Cfr. Laurence IDOT e Chantal MOMÉGE, *Faut-il réviser le règlement sur le contrôle des concentrations? Brefs propos sur l'affaire de Havilland*, EUROPE, Janvier 1992, n.º 1, especialmente págs 7 e 8. Sobre esta questão, cfr. ainda Gustavo OLIVIERI, ob. cit., págs. 230 a 233.

O controlo comunitário das concentrações com base no reg. n.º4064/89 399

Em conclusão, podemos afirmar que, apesar de a Comissão declarar, com base em critérios concorrenciais, a operação de concentração, no caso de Havilland, incompatível com o mercado comum, parece deixar uma porta aberta à consideração, no futuro, de factores não exclusivamente concorrenciais, quando afirma que não se pronuncia sobre a pertinência de tais factores para o balanço a efectuar à luz do art. 2.º do Regulamento. Daí que não se deva considerar excluída a possibilidade de a Comissão, no futuro, no âmbito dos seus poderes discricionários, nomeadamente na concretização do teste de um entrave significativo à concorrência efectiva, ter em conta as várias referências feitas ao longo do regulamento a interesses extraconcorrenciais, efectuando desse modo um certo balanço económico.

49. Problema diferente é o de saber se o teste substancial do regulamento abrangerá as operações em mercados muito concentrados, onde não é possível determinar a existência de uma empresa *leader*, visto que o poder no mercado se encontra nas mãos de um pequeno número de empresas, quando o conceito de "posição dominante" se encontra tradicionalmente associado à ideia do poder de "uma" empresa actuar no mercado de forma independente dos outros intervenientes. Parte da doutrina[816] mostra-se céptica quanto à aplicação do regulamento como mecanismo de controlo de situações oligopolistas, atendendo à tendência manifestada anteriormente pelo Tribunal, especialmente à luz do art. 86.º, para não subscrever expressamente os argumentos da Comissão sobre a necessidade de se controlar tais situações, e ao facto de o regulamento se revelar omisso nessa matéria.

Em nossa opinião, estes argumentos são pouco consistentes. Desde logo, ainda que o Tribunal nunca tenha aplicado o art. 86.º às situações de posição dominante colectiva – questão que é extremamente controversa visto que o Tribunal, no caso *Vidro Plano,* reconheceu tal possibilidade, em termos de princípio[817] –, isso nunca

---

[816] No sentido de que é uma questão «muito duvidosa», cfr. Margot HORSPOOL e Valentine KORAH, *Competition*, ABull, 1992, pág. 344. Contra a aplicação do regulamento a situações de oligopólio, manifestaram-se ainda M. SIRAGUSA e R. SUBIOTTO, *The EEC merger control regulation: the Comission's evolving case law*, CMLR, 28, 1991, pág 918, apoiando-se no facto de a letra do art. 2.º, n.º 3, do Regulamento de 1989 não prever tais situações.

[817] Cfr. *supra,* ponto 10.

400　*O controlo das concentrações de empresas no direito comunitário*

determinaria, por si só, a inaplicabilidade do regulamento a tais casos. Na verdade, é preciso reconhecer que o regulamento se funda, principalmente, no art. 235.° do Tratado CE, fazendo uma aproximação ao problema das concentrações numa perspectiva estrutural e não de comportamento, como o art. 86.°. A jurisprudência do Tribunal à luz do art. 86.° nunca poderá, portanto, ser considerada um argumento decisivo no sentido da não aplicação do regulamento a "oligopólios estreitos"[818]. Como também não parece ser determinante o facto de o regulamento não fazer qualquer referência expressa à noção de "posição dominante colectiva", visto que sempre se afirmará a necessidade da sua aplicação às concentrações que "criam ou reforçam" oligopólios estreitos para se poderem realizar os objectivos do art. 3.°, al. g), do Tratado CE, de preservação e desenvolvimento da concorrência efectiva[819]. Invoca-se, deste modo, a necessidade de o regulamento não abrir lacunas[820] que resultariam da não concessão de poderes à Comissão para actuar em situações de oligopólio[821]. O perigo da existência de lacunas será tanto maior quanto o risco de restrições à concorrência no mercado comunitário daqui a poucos anos, senão mesmo já hoje, resulta menos de uma empresa em posição dominante com uma elevada quota de mercado do que de várias empresas em oligopólio sem haver uma empresa *leader*. Aliás, já antes da entrada em vigor do regulamento se defendia[822] uma solução semelhante à existente no modelo germânico e americano, em que a autoridade encarregada da aplicação do direito da concorrência procurava, essencialmente, prevenir a criação de estruturas que conduzissem ao paralelismo, consciente ou inconsciente, de

---

[818] J. VENIT, *The evaluation...*, ob. cit., pág. 541.

[819] Este foi, aliás, um dos argumento apresentados pela Comissão na decisão *Nestlé Perrier*, cit.

[820] Que surgiriam inevitavelmente se a Comissão mantivesse a sua tendência para só considerar em posição dominante a empresa que estivesse em primeiro lugar no mercado. Neste sentido, cfr. Barry HAWK, *European Economic Community...*, ob. cit., pág. 463.

[821] Assim, Derek RIDYARD, *Joint dominance and the oligopoly blind spot under the EC merger regulation*, ECLR, Vol. 13, July/August 1992, pág. 161.

[822] Assim, Paul PIGASSOU, ob. cit., pág. 137, e James VENIT, *in* AAVV, *Substantive review under merger regulation*, Panel Discussion, FCLI, capítulo 25, 1991, pág. 568. Este último autor chama a atenção para a difícil definição do tipo de mercados que devem ser sujeitos a controlo, sustentando dever tratar-se especialmente de «mercados estagnados, com maturidade, e elevadas barreiras à entrada».

O controlo comunitário das concentrações com base no reg. n.º4064/89   401

comportamentos, dado que, depois de alterada a estrutura do mercado e verificados os efeitos nefastos, a aplicação de medidas de desconcentração tinha inúmeros inconvenientes. Se esta solução for aceite, alarga-se definitivamente o campo de actuação da Comissão a situações até agora fora do alcance dos seus poderes.

E qual tem sido o entendimento defendido pela Comissão nesta matéria? Antes da entrada em vigor do regulamento, a Comissão pronunciou-se a favor da aplicação das disposições do Tratado CE aos casos de "posição dominante colectiva", alegando que as «fusões podem favorecer a aparição de uma colusão; as operações horizontais (...) reduzem o número de concorrentes; as operações de tipo vertical ou conglomerado, (...) podem erguer barreiras à entrada de novas firmas»[823]. Após a entrada em vigor do regulamento, a Comissão abordou inicialmente a questão, de forma cautelosa, na decisão *Alcatel/AEG Kabel,*[824] relativa ao pedido de remessa apresentado pelas autoridades alemãs, nos termos do art. 9.º, que alegaram que a operação de concentração criaria uma situação de posição dominante com carácter de oligopólio, visto que os três fornecedores (Alcatel/AEG, Siemens e Felten& Guillaume) detinham mais de 50% das vendas totais do mercado alemão de cabos de alimentação. A Comissão recusou o pedido de remessa e na sua decisão afirmou, pela primeira vez, que, «ao contrário da legislação alemã, o regulamento das concentrações, ainda que aplicável a uma posição dominante com características de oligopólio, não contém uma presunção legal de posição dominante com carácter de oligopólio no caso de três empresas deterem uma parte de mercado conjunta que exceda os 50%. A Comissão teria, assim, de demonstrar que não se podia esperar uma concorrência efectiva entre os membros do oligopólio devido a razões estruturais»[825]. No caso em apreço, a autoridade comunitária considerou que havia circunstâncias que impediam a criação ou reforço de uma situação de posição dominante com carácter de oligopólio, deixando em aberto a questão de saber se o critério substancial do art. 2.º se estendia aos casos de posição dominante colectiva. A dúvida vai manter-se ainda em algumas decisões posteriores[826], onde a Comissão

---

[823] 16.º Rel. Conc., 1986, págs. 237 e 238.

[824] Decisão de 18 de Dezembro de 1991, cit.

[825] 21.º Rel. Conc., 1991, pág. 394.

[826] Cfr., especialmente, as decisões *Rhône Poulenc/SNIA* (decisão da Comissão de 10 de Agosto de 1992, processo IV/M206, JOCE n.º C 212/23 de 18.8.92), *Thorn*

402   *O controlo das concentrações de empresas no direito comunitário*

continua a concluir pela inexistência da criação ou reforço de uma posição dominante num mercado oligopolista, levando certos autores a especular sobre a existência de uma atitude defensiva da Comissão, no sentido de evitar «desafios legais, (e possíveis falhanços)», até encontrar um caso verdadeiramente consistente[827].

Esta situação parece finalmente concretizar-se no caso *Nestlé/Perrier*[828], onde a Comissão considerou que «a estrutura de mercado relevante, resultante da concentração entre a Nestlé e a Perrier, seguida por uma venda da nascente Volvic à BSN, criaria uma posição dominante duopolística [Nestlé/Perrier e BSN] no mercado francês de águas engarrafadas, que impediria significativamente a concorrência efectiva, e causaria provavelmente um prejuizo considerável aos consumidores» (considerando 131)[829]. Note-se que a Comissão não procurou provar que, antes da concentração, havia um domínio oligopolista do mercado pela Nestlé, Perrier e BSN, mas visou apenas demonstrar a existência de um grau elevado de concentração no mercado, capaz de enfraquecer a concorrência de preços entre os fornecedores. Logo, a manutenção e desenvolvimento da concorrência nesse mercado exigia uma protecção especial que não seria compatível com a concentração proposta inicialmente pela Nestlé. Daí que a Nestlé se tenha oferecido para alterar o projecto inicial de concentração, assumindo o compromisso de vender uma carteira de marcas, e fontes, com capacidade de 300 milhões de litros por ano, a um concorrente diferente da BSN (considerando 136 e seguintes). A Comissão declarou, então, que, cumpridas estas condições, seria criado um

---

EMI/Virgin Music (decisão da Comissão de 27 de Abril de 1992, processo IV/M202, JOCE n.° C 120/30 de 12.5.92) e *Linde/Fiat* (decisão de 28 de Setembro de 1992, processo IV/M256, JOCE n.° 258/10 de 7.10.92.), onde a Comissão analisou a «posição de dominação oligapolística» das empresas em causa, mas afastou depois tal hipótese, atendendo, nomeadamente, à natureza dos produtos e aos parâmetros da concorrência no mercado em causa.

[827] Cfr. Derek RIDYARD, *Joint dominance...*, ob. cit., pág. 163.

[828] Decisão da Comissão de 22 de Julho de 1992, processo IV/M.190, Nestlé/Perrier, JOCE n.° L 356/1, de 3.12.92.

[829] Note-se, ainda, que «se o acordo da Volvic não fosse concretizado a operação de concentração proposta, entre a Nestlé e a Perrier, criaria uma posição dominante para a nova entidade», isto é, «com ou sem acordo da Volvic a concentração criaria uma posição dominante que entravaria a concorrência» – cfr. considerandos 132 e 135 da decisão Nestlé/Perrier, cit.

O interesse desta decisão reside no facto de, pela primeira vez, ter sido aplicado, a concentrações susceptíveis de conduzirem a um poder de mercado colectivo, o art. 2.°, n.° 3, do regulamento comunitário. A Comissão apoiou a sua decisão fundamentalmente nos seguintes argumentos: por um lado, declarou que o Conselho lhe dá poderes para tratar as concentrações e preencher lacunas de acordo com o objectivo do art. 3.°, al. g), do Tratado CE, finalidade que ficaria comprometida se as situações de oligopólio não fossem controladas. Na verdade, seria subvertido o objectivo do art. 3.°, al. g), do Tratado CE, se o regulamento pudesse ser afastado com a mera divisão, entre duas empresas, do poder decorrente de uma posição dominante (considerando 114). Por outro lado, alegou que a omissão, no regulamento, de uma referência a tais situações não podia ser decisiva para afastar um controlo que já existia anteriormente. De facto, não se pode esquecer que vários sistemas nacionais aplicam o controlo das concentrações a posições dominantes oligopolistas. Ora, não faz sentido que tais sistemas tenham abandonado esse tipo de controlo sem que exista um substituto a nível comunitário (considerando 115). Finalmente, afastou eventuais objecções quanto à violação do princípio da certeza jurídica, sublinhando que o regulamento institui um sistema de controlo *a priori* que, por definição, não permite a realização de concentrações antes de serem autorizadas pela Comissão (considerando 116).

A decisão da Comissão não foi, porém, aceite pacificamente, tendo sido acusada de estabelecer critérios obscuros e imprevisíveis[830] e de proceder a uma «alteração legislativa do regulamento» sem ter poderes para isso, visto que o art. 2.°, n.° 3, não abrange a noção de posição dominante colectiva, além de que a referência aos 25%, no considerando 15.°, só faz sentido se for prevista para situações que não são de oligopólio[831].

---

[830] Assim, vejam-se especialmente as críticas feitas por Antoine WINCKLER e Marc HANSEN ao teste da "probabilidade" utilizado na decisão, segundo o qual o regulamento será aplicado quando a alteração da estrutura de mercado torne a *"entente"* mais fácil. Segundo os autores a aplicação do regulamento a tais situações exige linhas de orientação, para se evitar a insegurança jurídica. Cfr. *Collective dominance under the EC merger control regulation*, 30, CMLR 1993, pág. 828.

[831] A. PATHAK, *EEC merger regulation...*, ob. cit., pág. 159.

404   *O controlo das concentrações de empresas no direito comunitário*

A verdade é que estes argumentos não parecem ser totalmente decisivos. Em primeiro lugar, observe-se que o «*safe harbour*» é uma mera presunção que pode ser ilidida pelas partes, tendo sido estabelecida sobretudo com o objectivo de "facilitar" o trabalho das autoridades comunitárias. Por outro lado, a aplicação do regulamento aos casos de oligopólio afigura-se essencial, como afirma a Comissão, para se evitarem lacunas, visto que de outro modo o objectivo do art. 3.°, al. g), ficaria comprometido. De facto, o estabelecimento de um regime que garanta que a concorrência não seja falseada no mercado comum, considerado um dos objectivos essenciais da Comunidade para a realização das finalidades do art. 2.° do Tratado CE, exige a possibilidade de serem controladas posições dominantes oligopolistas. Por último, é preciso acentuar que estamos perante questões relativamente novas – quer a aplicação do regulamento quer a própria noção de posição dominante colectiva –, sendo de esperar que as dificuldades diminuam, com a experiência a adquirir, com o decorrer do tempo.

Observe-se, finalmente, que a decisão da Comissão foi objecto de recurso, para o Tribunal de 1.ª instância, a pedir a sua suspensão e a aplicação de medidas provisórias. Um dos argumentos invocados pelos recorrentes foi que a Comissão excedeu as suas competências, ao introduzir, no exame da operação de concentração, a noção de "posição dominante oligopolista", que não entra nas previsões do Tratado nem nas do Regulamento n.° 4064/89. O Tribunal não entrou, todavia, na apreciação do fundo da questão, considerando que não estavam preenchidas as condições para a concessão de medidas provisórias, e rejeitou o recurso[832].

50. Uma questão final, em matéria de apreciação das operações de concentração, prende-se com a eventual aplicação do regulamento

---

[832] Cfr. o despacho do Presidente do Tribunal de 1ª instância de 15 de Dezembro de 1992, processo T-96/92, *Comité Central d'Entreprise de la Sociéte Générale des Grandes Sources e outros c. Comissão das Comunidades Europeias*, col. 1992-II, pág. 2579. A mesma sorte teve, aliás, o pedido de suspensão da decisão, feito pela sociedade Vittel e Pierval. De facto, por despacho do Presidente do Tribunal de 1ª instância, de 6 de Julho de 1993, no processo T-12/93, *Comité Central d'Entreprise de la société anonyme Vittel, e Comité d'établissement de Pierval*, o pedido foi rejeitado com o argumento que não se verificavam no caso as condições para a concessão de medidas provisórias col. 1993-II, pág. 785.

O *controlo comunitário das concentrações com base no reg. n.º4064/89*   405

às restrições acessórias dessas operações. A noção de restrições acessórias encontra-se definida no regulamento como «as restrições directamente relacionadas e necessárias à realização da operação de concentração»[833]; logo, a «decisão que declara a concentração compatível abrange igualmente as necessárias restrições directamente relacionadas com a realização da concentração»[834]. Com este conceito procura-se evitar, por razões de eficácia de controlo e de maior segurança jurídica das empresas, a existência de processos paralelos na Comissão, um destinado ao controlo das concentrações, nos termos do Regulamento n.º 4064/89, e outro relativo à aplicação dos arts. 85.º e 86.º e às restrições acessórias, nos termos do Regulamento n.º 17[835]. É claro que nem sempre será possível a identificação de uma restrição acessória com base, apenas, nos dois critérios indicados no regulamento, revelando-se, nesses casos, necessária a investigação da prática seguida pela Comissão, nesta matéria, sendo, ainda, indícios valiosos quer a jurisprudência existente anteriormente quer os princípios enunciados pela Comissão, na Comunicação relativa às restrições acessórias[836].

Antes da entrada em vigor do regulamento, a questão das restrições acessórias tinha sido abordada pelas autoridades comunitárias à luz do art. 85.º do Tratado CE. A Comissão tratou a questão no caso *Reuter/BASF*[837], onde, apesar de rejeitar a cláusula de não concorrência com a duração de oito anos por conduzir à eliminação da concorrência, reconheceu, no plano dos princípios, a possibilidade de as restrições acessórias às actividades comerciais serem compatíveis com o art. 85.º.

---

[833] Considerando 25 do preâmbulo do Regulamento de 1989.

[834] Art. 8.º, n.º 2, do Regulamento de 1989. Sublinhe-se que, de acordo com a Comissão, esta regra não é somente aplicável às decisões ao abrigo do art. 8.º mas também às decisões adoptadas durante a primeira fase do processo e ao abrigo do n.º 1, al b), art. 6.º. Cfr. pág. 402 do Rel. Conc., 1991.

[835] Comunicação da Comissão relativa às restrições acessórias às operações de concentração, 90/C 203/05, JOCE n.º C 203/5 de 14.8.90, I, Introdução, ponto 1.

[836] Note-se que o campo de actuação da Comissão não se encontra limitado à execução do regulamento; antes deverá ser considerado, como afirma Donald L. HOLLEY (*Ancillary restrictions in mergers and joint ventures*, FCLI, capítulo 20, 1991, págs. 424 e 426), «baseado em princípios gerais da lei comunitária». Para este autor, a importância da Comunicação transcende, assim, claramente, a do regulamento.

[837] Decisão da Comissão de 26 de Julho de 1976, processo IV/M28.996, JOCE n.º L 254/40 de 17.9.76 – cfr. art. 1.º.

Por seu turno, o Tribunal afirmou, no caso *Remia*[838], onde estavam igualmente em causa cláusulas de não concorrência, que elas poderiam ter efeitos benéficos sobre a concorrência, incrementando, por exemplo, o número de empresas no mercado, sendo compatíveis com as disposições do Tratado desde que fossem «necessárias para a transferência da empresa cedida e que a sua duração e o seu campo de aplicação [fossem] estritamente limitados a este objectivo»[839-840].

Estes princípios fixados na jurisprudência comunitária vão influenciar decisivamente as indicações estabelecidas na Comunicação da Comissão, relativa às restrições acessórias, que estabelece certos critérios orientadores da apreciação desenvolvida pela autoridade comunitária com vista a conferir às empresas uma certa segurança nesta matéria. A Comissão começa por afirmar, na Comunicação, que «as restrições devem ser apreciadas com base no regulamento relacionado com esta operação, independentemente do tratamento de que seriam objecto à luz dos artigos 85.° e 86.°, no caso de serem consideradas isoladamente ou num outro contexto económico» (I. Introdução, ponto 2). Esta declaração chama a atenção para o facto de o tratamento dado a uma restrição à luz dos arts. 85.° e 86.° poder não ser o mesmo que lhe seria fornecido nos termos do regulamento, uma vez que o contexto económico será diferente, ou seja, uma restrição pode ser considerada acessória num certo contexto e não noutro. Por outro lado, a Comissão declara a sua intenção de ter em conta, dentro dos limites estabelecidos pelo regulamento, «as práticas empresariais e as condições necessárias à realização das operações de concentração»(I.Introdução, ponto 2).

---

[838] Acórdão de 11 de Julho de 1985, processo 42/84, *Remia BV e outros c. Comissão das Comunidades Europeias*, Rec. 1985, pág 2545.

[839] Cfr., especialmente, ponto 1 do sumário do acórdão *Remia*, cit.

[840] Note-se que esta técnica que, segundo Robert KOVAR, «consiste em determinar os compromissos necessários à realização do objecto da convenção que é em si mesmo lícita», não é inovadora, encontrando-se certas referências a esse mecanismo no acórdão de 25 de Outubro de 1977, processo 25/76, *Metro SB c. Comissão*, Rec. 1977, pág 1875 (R. KOVAR, *Le droit communautaire de la concurrence et la «règle de la raison»*, RTDE, 23.° ano, 1987, pág. 243). Veja-se ainda, nesta matéria, o caso *Pronuptia,* onde o Tribunal afirmou que as «cláusulas indispensáveis para impedir que o 'know how' transmitido e a assistência prestada pelo licenciante beneficiem os seus concorrentes não constituem restrições à concorrência na acepção do art. 85.°, n.° 1» – cfr. considerando 27 do acórdão de 28 de Janeiro de 1986, processo 161/84, Col. 1986, pág. 353.

O controlo comunitário das concentrações com base no reg. n.º4064/89 407

Em seguida, a autoridade comunitária fixa certos critérios objectivos a ter em conta na apreciação da restrição. A Comunicação começa por esclarecer o que se deve entender por restrições acessórias: «as "restrições" em causa são as acordadas entre as partes na operação e que limitam a sua própria liberdade de acção no mercado. Não se trata de restrições em detrimento de terceiros. Se estas restrições forem uma consequência inevitável da própria operação de concentração devem ser avaliadas juntamente com ela, nos termos do art. 2.º do regulamento. Se, pelo contrário, estas restrições em relação a terceiros forem dissociáveis da operação podem, se for caso disso, ser objecto de um exame da sua compatibilidade com os artigos 85.º e 86.º do Tratado CE » (II. Princípios de apreciação, ponto 3). Assim, uma operação de concentração que origine restrições em detrimento de terceiros, como por exemplo a redução das fontes de abastecimento, que sejam consideradas uma consequência inevitável da própria concentração, deverá ser apreciada em conjunto com as restrições mas sem que devam ser qualificadas como restrições acessórias[841]. Se não forem vistas como uma «consequência inevitável» da concentração, serão «separadas» da operação, isto é, deixarão de beneficiar do tratamento mais favorável do regulamento e serão apreciadas à luz dos arts. 85.º e 86.º do Tratado.

A) Para se afirmar a existência de uma restrição acessória à concentração, têm de se verificar necessariamente dois requisitos: as restrições devem ser «directamente relacionadas» e «necessárias». A Comunicação define, de forma assaz clara, as restrições «directamente relacionadas» como «restrições subordinadas, em termos de importância, em relação ao objecto principal da operação. Não podem ser restrições substanciais de natureza completamente diferente das resultantes da própria concentração. Também não se pode tratar de disposições contratuais que figurem entre os elementos constitutivos da concentração, como as que criam uma unidade económica entre partes anteriormente independentes ou estabelecem o controlo comum de duas empresas sobre uma outra empresa. Enquanto parte integrante da operação de concentração, estas disposições constituem o próprio objecto da apreciação a realizar nos termos do regulamento» (II, ponto 4). Finalmente, estabelece que o conceito de restrição directamente

---

[841] Donald HOLLEY, ob. cit., pág. 434.

408 *O controlo das concentrações de empresas no direito comunitário*

relacionada exclui, no caso das «concentrações que são realizadas por fases (...), [as] disposições contratuais relativas às fases anteriores ao estabelecimento do controlo, na acepção dos n.ºs 1 e 3, do artigo 3.º, do regulamento, em relação às quais continuam a ser aplicáveis os artigos 85.º e 86.º, enquanto não estiverem reunidas as referidas condições do artigo 3.º» bem como «as restrições adicionais acordadas na mesma altura, sem ligação directa com a operação. Não basta, igualmente, que estas restrições adicionais se insiram no mesmo contexto que a operação de concentração» (II, ponto 4, segundo e terceiros parágrafos).

B) Por outro lado, as restrições têm ainda de ser «necessárias à realização da operação de concentração», o que significa que, na falta deste requisito, a operação não se poderia realizar ou realizar-se-ia «em condições mais aleatórias, a custos substancialmente mais elevados, num prazo consideravelmente maior ou com muito menos possibilidades de êxito» (II, ponto 5). Este segundo critério parece ser o mais importante e o mais difícil de aplicar. A utilização de cláusulas gerais, como "condições mais aleatórias", "custos substancialmente mais elevados", "prazo consideravelmente maior" e "muito menos possibilidade de êxito", parecem permitir à Comissão uma maior flexibilidade na apreciação do requisito da necessidade. Por outro lado, como afirma a autoridade comunitária, a apreciação «deve ser feita de modo objectivo» (II, ponto 5), querendo com isto dizer que ela não fica vinculada, obviamente, à qualificação das restrições como acessórias feita pelas partes. Saliente-se, ainda, que na apreciação da "necessidade da restrição" deverá ter-se em conta o princípio da proporcionalidade, com vista a «garantir que a (...) duração e o (...) âmbito de aplicação material e geográfico [da restrição] não excedem os limites razoavelmente exigidos para a realização da operação de concentração»(II, ponto 6)[842]. Finalmente, a comunicação afirma que, «quando existam meios alternativos para atingir o fim legítimo pretendido, as empresas

---

[842] O princípio da proporcionalidade é, normalmente, considerado um dos princípios gerais de direito com particular interesse na esfera económica, que envolve frequentemente a imposição de sanções pecuniárias como garantia da realização de certos objectivos económicos. Por outro lado, sublinhe-se que este princípio deixa uma ampla margem de manobra ao Tribunal, pelo que «nem sempre será fácil prever» quando é que o Tribunal o vai aplicar – cfr., por todos, T. C. HARTLEY, *The foundations of european community law,* 2ª ed., 1988, págs 146 e 147.

devem escolher, pois, aquele que é objectivamente menos restritivo para a concorrência» (II, ponto 6)[843].

C) A Comunicação presta, ainda, uma atenção especial às restrições acessórias habituais no caso de cessão de uma empresa, em especial às cláusulas de não concorrência, licenças de direitos de propriedade industrial e comercial e de saber-fazer, e finalmente aos acordos de aquisição e de fornecimento[844].

As cláusulas de não concorrência são, nos termos da Comunicação, restrições acessórias, que «são impostas ao cedente no âmbito de operações de concentração realizadas por cessão de uma empresa ou de parte de uma empresa (...) [e] servem para garantir a transferência para o adquirente do valor integral dos activos cedidos que, em geral, compreendem os bens corpóreos e outros activos incorpóreos como clientela que o cedente angariou ou o saber-fazer que desenvolveu (...). Contudo, esta proibição de concorrência só é justificada pelo objectivo legítimo prosseguido de realização da operação de concentração, na medida em que a sua duração, a sua aplicação territorial e o seu âmbito de aplicação material e pessoal[845] não excederem o que é razoavelmente necessário para esse fim» (III.A., ponto1).

Quanto à duração da cláusula, a Comissão afirmou, na Comunicação, que considera "aceitável" um «período de cinco anos, quando a

---

[843] Donald HOLLEY critica esta solução, alegando que «a aplicação do teste "não haver solução menos restritiva" implica um juízo de valor com base em parâmetros incertos», que parece especialmente difícil num processo relacionado com concentrações à luz do regulamento, dado os prazos curtos em que têm de ser adoptadas as decisões. Em apoio das suas críticas, o autor invoca, ainda, o facto de este teste, que era exigido na jurisprudência norte-americana para a teoria das restrições acessórias, parecer ter actualmente tendência para desparecer – cfr. ob. cit., págs 439 e 440.

[844] Saliente-se que as operações de concentração que incluem restrições acessórias são aproximadamente metade das apreciadas pela Comissão e que a grande maioria das restrições se integram numa das categorias de «restrições habituais» – cfr. 22.º Rel. Conc., pág. 156.

[845] Quanto ao âmbito geográfico e material da cláusula de não concorrência, deve limitar-se «à zona em que o cedente tinha introduzido os produtos ou serviços antes da cessão, ou aos produtos e serviços que eram objecto da actividade económica da empresa visto que não parece objectivamente necessário proteger o adquirente da concorrência do cedente em territórios anteriormente não ocupados ou em relação a produtos ou serviços que o cedente continua a praticar depois da cessão» – cfr. Comunicação 90/C 203/05, Ponto III A, n.os 3 e 4.

410 *O controlo das concentrações de empresas no direito comunitário*

cessão da empresa abrange as existências e o saber-fazer, e um período de dois anos, quando abrange unicamente as existências», permitindo, no entanto, às partes a demonstração da necessidade de períodos alargados (III.A, ponto 2). Assim, nos processos *Magneti Marelli/CEAC*[846] e *Fiat/Ford New Holland*[847], a Comissão aceitou uma obrigação de não concorrência durante 5 anos por parte do vendedor e no processo *Viag/Continental Can*[848], durante três anos, podendo os vendedores, após esses períodos, reentrar no mercado e concorrer com o adquirente[849]. Por outro lado, no caso *Dräger/IBM/HMP*[850], a obrigação de não concorrência, com a duração de 18 meses, das empresas-mãe em relação à nova EC foi igualmente aceite pela Comissão como parte integrante da operação de criação da EC. Finalmente, saliente-se que a Comunicação só considera restrições acessórias as que se estabelecem nomeadamente em relação às "suas filiais e seus agentes comerciais"; já a protecção do cedente será analisada à luz dos arts. 85.º e 86.º (III.A, pontos 5 e 6).

As licenças de direitos de propriedade industrial e comercial e de saber-fazer são referidas em segundo lugar na Comunicação, no âmbito das restrições acessórias habituais no caso de cessão de empresas. Os acordos de licença visam, segundo a Comunicação, garantir ao adquirente a utilização plena dos activos cedidos, quando o cedente quer «manter a titularidade de tais direitos, a fim de os explorar noutras actividades que não foram objecto de transferência» (III.B, ponto 1)[851].

---

[846] Decisão da Comissão de 29 de Maio de 1991, processo IV/M043, JOCE n.º L 222/38 de 10.8.91. Cfr. ainda 21.º Rel. Conc., 1991, pág. 402.

[847] Decisão da Comissão de 8 de Fevereiro de 1991, processo IV/M009, JOCE n.º C 118/14 de 3.5.91.

[848] Decisão da Comissão de de 6 de Junho de 1991, processo IV/M081, JOCE n.º C 156/10 de 14.6.91.

[849] Cfr. pág. 403 do 21.º Rel. Conc., 1991. Cfr. ainda o caso *Digital/Kienzle* (decisão da Comissão de 25 de Fevereiro de 1991, processo IV/M057, JOCE n.º C 56/16 de 5.3.91), em que a Comissão aceitou a obrigação de não concorrência durante um período adicional de dois anos após a venda da participação minoritária do vendedor – pág. 403, do 21.º Rel. Conc., 1991.

[850] Decisão da Comissão de 28 de Junho de 1991, processo IV/M101, JOCE n.º C 236/6 de 11.9.91.

[851] Também, de forma semelhante, no caso de EC com carácter de concentração pode haver transferência de tecnologia das empresas-mãe para a EC através de licenças. Aliás, a Comissão já disse que certas licenças exclusivas eram precisas no caso de criação de EC como forma de garantir a cada empresa-mãe que a outra devotará todos os esforços à EC .

O controlo comunitário das concentrações com base no reg. n.º4064/89   411

A Comunicação esclarece, ainda, que «estas licenças podem limitar-se a determinadas aplicações técnicas, na medida em que correspondam às actividades da empresa cedida. Normalmente não se considera necessário que as licenças incluam restrições territoriais de fabrico que correspondam à localização dos activos cedidos». Por outro lado, afirma que «as licenças podem ser concedidas por todo o período correspondente à vigência legal da patente ou dos direitos similares ou ao período de vida económica normal do saber-fazer. Como estas licenças equivalem economicamente a uma cessão parcial de direitos não devem ser limitadas temporalmente» (III.B, ponto 2). As restrições aos contratos de licença que escapem ao regime do regulamento serão apreciadas segundo o art. 85.º, sendo possível que tais cláusulas beneficiem das isenções por categorias, verificando-se as respectivas condições (III.B, ponto 3). A Comissão afirma que serão aplicados analogicamente estes princípios, no caso de licenças de marcas, denominações comerciais e direitos conexos (III.B, ponto 4).

Finalmente, a Comunicação refere os acordos de aquisição e de fornecimento como podendo constituir restrições acessórias à operação de concentração. A Comissão chama aí a atenção para o facto «de uma cessão de empresas ou de partes de empresas» conduzir frequentemente «à ruptura dos fluxos tradicionais de aprovisionamento e de fornecimento internos», alertando para a necessidade de manter, pelo menos por um período transitório, relações idênticas, entre cedentes e adquirentes, às existentes anteriormente, no âmbito da unidade económica do cedente. A finalidade destes acordos, é «assegurar a continuidade de aprovisionamento de qualquer das partes relativamente aos produtos necessários às actividades mantidas ou (...) adquiridas», bem como garantir a continuidade dos pontos de venda de qualquer das partes. Quanto à duração dos acordos deverá, segundo a Comunicação, «limitar-se a um período necessário para substituir as relações de dependência por uma posição autónoma no mercado» [852]

---

[852] Assim, na decisão *TNT/Canada Post* (decisão da Comissão de 2 de Janeiro de 1991, processo IV/M102, JOCE n.º C 322/19 de 13.12.91), a Comissão aceitou que a empresa comum tivesse acesso exclusivo durante dois anos a certas estações de correio, com base no facto de tal exclusividade ser necessária para transferir o valor das actividades das empresas-mãe para a EC; e na decisão *Courtaulds/SNIA* (decisão da Comissão de 19 de Dezembro de 1991, processo IV/M113, JOCE n.º C 333/16 de 24.12.91), onde a Comissão afirmou que deviam ser consideradas restrições acessórias certos serviços transitórios e acordos entre as partes intervenientes na concentração. Cfr. 21.º Rel. Conc., 1991, pág. 403.

412 *O controlo das concentrações de empresas no direito comunitário*

(III.C, pontos 2 e 4). Não haverá, assim, «justificação geral para obrigações de aquisição ou de fornecimento a título exclusivo» (III, C, ponto 3). A Comissão vai aplicar estes princípios na decisão *Otto/Grattan*,[853] onde a empresa Otto devia continuar a fornecer, durante algum tempo, certos serviços[854].

Note-se, por fim, que, apesar de a maioria das restrições se enquadrarem nas categorias habituais previstas no regulamento, há casos em que tal não sucede. Assim, a Comissão já considerou como restrições acessórias a uma operação de concentração uma «cláusula de não contratação de determinado trabalhador»[855], «contratos que têm por objecto fixar obrigações recíprocas das partes quando as capacidades produtivas da EC estão integradas num complexo industrial que continua a pertencer a uma das sociedades-mãe»[856] e «acordos necessários para a viabilidade da empresa comum», nomeadamente a utilização de serviços informáticos comuns[857].

Em síntese, podemos afirmar que:

1. O teste substancial adoptado pelo regulamento comunitário para a apreciação das concentrações encontra-se estabelecido no art. 2.°, cujo n.° 3 dispõe: «devem ser declaradas incompatíveis com o mercado comum as operações de concentração que criem ou reforcem uma posição dominante de que resultem entraves significativos à concorrência efectiva no mercado comum ou numa parte substancial deste».

2. Exige-se, deste modo, em primeiro lugar, que a operação de concentração crie ou reforce uma posição dominante. Este teste deverá

---

[853] Decisão da Comissão de 21 de Março de 1991, processo IV/M090, JOCE n.° C 93/6 de 11.4.91.

[854] Saliente-se, finalmente, que a Comissão já aceitou considerar como restrições acessórias a utilização de informações de negócios confidenciais; veja-se, neste sentido, a decisão *Inchape/IEP*, cit.

[855] Foi o que sucedeu, nomeadamente, nos casos *Solvay Laporte/Interox,* cit., e *BRT/Pirelli*, cit.

[856] Assim, nas decisões *Elf Atochem/Rohm & Haas* (decisão da Comissão de 28 de Julho de 1992, processo IV/M160, JOCE n.° C 201/27 de 8.8.92) e *CCIE/GTE* (decisão da Comissão de 25 de Setembro de 1992 Processo IV/M 258, JOCE n.° C 258/10 de 7.10.92).

[857] Assim, no caso *British Airways/Tat*, decisão da Comissão de 27 de Novembro de 1992, processo IV/M259 JOCE n.° C 326/16 de 11.12.92.

ser aproximado, em nosso entender, do fixado no art. 86.° do Tratado CE, visto que ambas as disposições se dirigem à apreciação do perigo que o poder económico das empresas em posição dominante pode representar para a concorrência efectiva, mas tendo igualmente presente que o regulamento se dirige à estrutura do mercado e aos efeitos prováveis da operação de concentração, ao contrário do que se passa no art. 86.°.

3. Em segundo lugar, é necessária a existência de entraves significativos à concorrência efectiva. Esta exigência deve ser vista, em nossa opinião, como um teste adicional ao anterior. Não basta, portanto, a criação ou reforço da posição dominante, é ainda preciso que daí resultem entraves significativos para a concorrência efectiva para a operação ser proibida. Note-se, por outro lado, que o carácter "significativo" do entrave confere à Comissão uma certa discricionariedade na apreciação da operação, revelando-se um mecanismo particularmente adequado à consideração de factores extraconcorrenciais.

4. Desta forma, na discussão sobre se o método seguido pelo art. 2.° é o do balanço económico ou do balanço concorrencial, pensamos que a solução mais razoável será aceitar que a Comissão, na apreciação de uma operação, à luz do art. 2.°, do regulamento comunitário, desenvolva um certo balanço económico. O que equivale a dizer que a Comissão deve ter em conta, na apreciação da concentração, nos termos do art. 2.°, os factores mencionados, nomeadamente, no 13.° considerando do preâmbulo (reforço da coesão económica e social) e no art. 2.° do regulamento comunitário (especialmente a evolução do progresso técnico e económico).

5. Por outro lado, o critério material estabelecido no art. 2.°, que realiza o objectivo do art. 3.°, al. g), do Tratado CE, de garantir que a concorrência não seja falseada no mercado comum, deve, igualmente, em nossa opinião, poder aplicar-se aos casos de posição dominante colectiva em mercados oligopolistas. De facto, só a aplicação do regulamento a essas situações evitará o aparecimento de lacunas.

6. Note-se, finalmente, que foram razões de eficácia de controlo, de segurança das empresas, e, sobretudo, de maior facilidade na aplicação do regulamento, que levaram a Comissão a publicar uma Comunicação relativa às restrições acessórias à operação de concentração, a qual denota claramente a influência da jurisprudência fixada anteriormente nessa matéria.

7. CONTROLO PROCESSUAL DAS CONCENTRAÇÕES

Sumário: 51 – *Contactos informais.* **52** – *A notificação.* **53** – *Consequências da notificação: A) Suspensão da concentração; B) O início da contagem do prazo.* **54** – *(cont.) Decisões no fim da primeira fase processual.* **55** – *A segunda fase processual.* **56** – *Os poderes da Comissão: de investigação e sancionatórios.* **57** – *Garantias dos particulares.* **58** – *Relações com os Estados-membros.*

51. As regras processuais sobre o controlo das concentrações vêm estabelecidas no Regulamento n.° 4064/89 e no Regulamento (CE) n.° 3384/94, que revogou o Regulamento (CEE) n.° 2367/90[858]. O processo, que se afigura extremamente complexo, consiste, em linhas gerais, numa notificação prévia[859] obrigatória, seguida de um procedimento em duas etapas: um período inicial, assaz curto, em que a Comissão, depois de um exame preliminar, decide se dará início ao processo e, em caso afirmativo, a abertura de uma segunda etapa que termina com uma decisão de compatibilidade ou de incompatibilidade da operação com o mercado comum. Se, em muitos aspectos, o regime

---

[858] O Regulamento (CEE) n.° 2367/90, da Comissão, de 25 de Julho de 1990, relativo às notificações, prazo e audições previstos no Regulamento (CEE) n.° 4064/89 do Conselho, relativo ao controlo das operações de concentração de empresas, JOCE n.° L 219/5 de 14.8.90, foi revogado pelo Regulamento (CE) n.° 3384/94, da Comissão, de 21 de Dezembro de 1994, JOCE n.° L 377/1, de 31.12.94, doravante designado por regulamento de execução.

[859] Era o sistema igualmente seguido entre nós no art 3.°, n.° 1, do DL 428/88, que impunha a obrigação de notificar ao Ministro do Comércio e Turismo «a intenção de aquisição», e que se mantém no art 7.° do DL 371/93 de 29/10, devendo, no entanto, a notificação passar a ser dirigida à Direcção Geral de Concorrência e Preços, nos termos do art 30.°, que é, juntamente com o Conselho da Concorrência um dos órgãos de defesa da concorrência. O mesmo regime é seguido pela lei irlandesa – cfr. art. 5.° do *1978 Act,* alterado pelo *1991 Act,* cit. por AAVV, *Merger control in the EEC...,* Kluwer, 1993, pág. 86.

416 O controlo das concentrações de empresas no direito comunitário

fixado se assemelha ao existente no Regulamento n.° 17,[860] há, no entanto, necessariamente diferenças significativas, entre as quais podemos destacar a existência de um sistema de notificação prévia obrigatória, a necessidade de serem observados prazos restritos, bem como o facto de, por razões de segurança jurídica, todos os processos terminarem com uma decisão formal, o que elimina praticamente a possibilidade de decisões ou acordos informais, como é o caso das «comfort letters». A complexidade e a especificidade do processo, entre outras razões, levaram à criação de uma nova entidade dentro da DG IV[861] encarregada da aplicação do regulamento: a *Task Force* Concentrações. Por outro lado, são estas características, especialmente a fixação de prazos curtos e a complexidade do processo, que favorecem o desenvolvimento de contactos informais com a Comissão, antes e durante o processo.

O pedido de contactos informais para o debate da operação projectada, que pode ser feito em qualquer altura, antes mesmo da notificação, e a título estritamente confidencial[862], está em perfeita sintonia com o espírito do controlo preventivo das concentrações. A procura de soluções de compromisso, nem sempre fáceis, entre o incentivo das concentrações comunitárias e a defesa de uma concorrência efectiva no mercado comum, será efectuada, deste modo, o mais cedo possível. A Comissão dá, assim, a possibilidade às partes de apresentarem os seus argumentos e discutirem eventuais dificuldades processuais quanto à forma de notificação, esclarecendo-as, nomeadamente, quanto à dispensabilidade de certos documentos[863], e sobre eventuais dificuldades substanciais, relacionadas designadamente com o cálculo do volume de negócios e com o carácter concentrativo ou cooperativo da empresa comum, permitindo-lhes, deste modo, pouparem despesas e tempo quando a operação em discussão não exige a notificação nos termos do regulamento. Por outro lado, os contactos informais permitem às partes afastarem eventuais objecções levantadas pela Comissão à operação, transformando, muitas

---

[860] Comparem-se, especialmente, os arts. 11.° a 20.° do regulamento de 1989 com os arts. 10.° a 21.° do Regulamento n.° 17.

[861] A DG IV é a direcção-geral encarregada principalmente da aplicação e execução das regras da concorrência.

[862] Regulamento de execução, 8.° considerando.

[863] É claro que, se esta dispensa não estiver formalizada, por exemplo por escrito, as partes poderão ter muitas dificuldades em provar que cumpriram as suas obrigações.

O controlo comunitário das concentrações com base no reg. n.º4064/89   417

vezes, uma operação à partida susceptível de ser declarada incompatível em compatível com o mercado comum[864]. A Comissão, por seu turno, pode não só ganhar tempo – convencendo as empresas, nesta fase prévia, a procederem às alterações que considere necessárias para declarar a operação compatível no prazo de um mês, em vez de chegar ao mesmo resultado depois do desenrolar do processo no prazo de quatro meses[865] – como ainda evitar a imposição de condições ou encargos à operação cujo cumprimento teria de ser vigiado. O espírito de cooperação e simplificação que preside a este sistema de diálogo informal, geralmente prévio à notificação, tem inegáveis vantagens, nomeadamente a de atenuar a rigidez dos prazos e das sanções para o incumprimento das obrigações impostas nos termos do regulamento.

52. Ultrapassada a fase dos contactos informais, entramos na fase processual propriamente dita, cujo ponto de partida será a notificação feita à Comissão. Esta notificação, que será obrigatória e prévia visa garantir um «controlo eficaz» de todas as concentrações[866]. Se este processo não é totalmente novo -visto que já existia um sistema de notificações no direito comunitário da concorrência- apresenta, no entanto, a particularidade de consagrar uma obrigação geral e não uma mera faculdade, deixada à apreciação das partes[867].

A notificação deve ser feita obrigatoriamente no prazo de uma semana a partir da data em que ocorra o primeiro dos seguintes acontecimentos: conclusão do acordo, publicação do anúncio da oferta pública de aquisição ou de troca, ou a aquisição de uma participação de controlo[868]. Se o primeiro acontecimento a ocorrer for a conclusão de um acordo, surge a questão de saber[869] se o prazo começa a contar a partir do momento em as partes expressam o seu mútuo consenso, ainda que a concentração esteja sujeita a condições suspensivas,

---

[864] Sobre esta questão, cfr. Colin OVERBURY e Cristopher JONES, *EEC merger regulation procedure: a practical view,* FCLI, cap. 17, 1991, pág. 354.

[865] Regulamento n.º 4064/89, art. 10.º.

[866] Regulamento n.º 4064/89, considerando 17 do preâmbulo, e art. 4.º, n.º 1, que dispõe: «as operações de concentração de dimensão comunitária *devem* ser notificadas à Comissão».

[867] Afastando-se, deste modo, do disposto no art. 4.º do Regulamento n.º 17, em relação à obtenção de uma isenção individual nos termos do art 85.º, n.º 3, do Tratado CE.

[868] Regulamento n.º 4064/89, art. 4.º.

[869] Bernard Van de Walle de GHELCKE, *Le règlement...,* ob. cit., págs. 253 e 254.

interpretação que parece ser apoiada pela redacção do art 4.° do Regulamento n.° 4064/89, ou se o prazo só começa a correr quando o acordo se torna eficaz, isto é, quando começa a produzir efeitos entre as partes. A Comissão parece ter optado pela primeira solução na decisão *ICI/Tioxide*, uma vez que, apesar de o acordo entre a ICI e a Cookson de 21 de Outubro de 1990 estar sujeito a determinadas condições, a autoridade comunitária considerou que a concentração notificada era abrangida pelo regulamento [870-871]. Note-se que esta decisão tem, ainda, o mérito de esclarecer as dúvidas existentes quanto à noção de acordo. Enquanto no art. 85.° do Tratado CE a noção de acordo abrange, em certas condições, os *gentlemen's agreements* [872], no regulamento comunitário este conceito terá um alcance mais restrito. Assim, a Comissão declarou, na decisão *ICI/Tioxide,* que «o 'acordo' referido no n.° 1, do art. 4.°, do regulamento relativo às operações de concentração, deve ser um acordo *juridicamente vinculativo* entre as partes em causa», sendo esse o caso quando o acordo «não pode ser objecto de rescisão unilateral e tem por objectivo a criação de uma relação jurídica que poderá ser invocada por ambas as partes» [873]. Observe-se, por outro lado, quanto à oferta pública de aquisição ou troca, que o prazo para a notificação começa a correr desde a publicação do seu anúncio. Esta solução não significa, obviamente, que esse anúncio seja considerado uma operação de concentração, visto que tal oferta pode vir a ser retirada, provocar outras ofertas ou revelar-se mesmo um insucesso, mas apenas que se procurou garantir a segurança

---

[870] Decisão *ICI/Tioxide*, cit., pontos 6 e 7.

[871] Esta interpretação deve, no entanto, ser aceite com cautelas, como reconhecem C. JONES e GONZÁLEZ DÍAZ, sob pena de se afirmar a obrigação de notificação imediata de todos os acordos concluídos, sujeitos a condições suspensivas com vista a tornarem-se eficazes largos anos mais tarde, solução que conduziria ao resultado estranho de a Comissão ter de apreciar hoje o impacto de uma operação sobre um mercado que poderia sofrer alterações até ao momento de se tornar eficaz a concentração – cfr. ob. cit., págs. 193-194. Parece-nos, aliás, que a Comissão esteve atenta a este problema, quando na decisão apelou para que as partes «assegurassem o preenchimento das condições supra – mencionadas o mais brevemente possível e o mais tardar até 30 de Abril de 1991». Recorde-se que o acordo entre a ICI e a Cookson foi celebrado em 21 de Outubro de 1990, sendo, portanto, o prazo fixado para a verificação das condições inferior a um ano – cfr. ponto 6 da decisão.

[872] Cfr.*supra,* ponto 16.

[873] Ponto 6 da decisão cit.

O controlo comunitário das concentrações com base no reg. n.º4064/89   419

e a celeridade exigidas pelos processos relativos a tais ofertas[874]. Finalmente, quanto ao caso da aquisição de uma participação de controlo, o prazo para a sua notificação começa a correr desde a aquisição da participação.

Quanto às pessoas com legitimidade para fazerem a notificação, o art. 1.º, n.º 1, do regulamento de execução, dispõe: «as notificações serão apresentadas pelas pessoas ou empresas referidas no n.º 2, do artigo 4.º do Regulamento (CEE) n.º 4064/89». Esta disposição, por seu turno, esclarece que as «partes» obrigadas à notificação não devem ser confundidas com as «empresas em causa», para efeitos do cálculo do volume de negócios. Assim, as concentrações que consistam numa fusão ou no estabelecimento de um controlo em comum devem ser notificadas conjuntamente pelas partes intervenientes na operação, que, para o efeito, devem utilizar um único formulário[875]. Nos restantes casos, a notificação será feita pela pessoa, ou pela empresa, que pretende adquirir o controlo do conjunto ou de partes de uma ou mais empresas e não pela empresa cujo controlo vai ser adquirido[876].

Observe-se, ainda, que as notificações devem ser «apresentadas na forma indicada no Formulário CO», estabelecido em anexo ao regulamento de execução[877]. A quantidade de informações aí solicitadas ultrapassa largamente a simples descrição da operação de concentração[878], o que, aliado ao seu carácter exaustivo e rigoroso[879], é

---

[874] Cfr. C. JONES e GONZÁLEZ DÍAZ, ob. cit., pág. 194.

[875] Art. 2.º, n.º 1, do regulamento de execução.

[876] A Comissão esclareceu, ainda, que cada uma das partes que preencher a notificação é responsável pela exactidão das informações prestadas – cfr. Anexo I, parágrafo B, do regulamento de execução.

[877] Regulamento de execução, art. 2.º. Refira-se especialmente o n.º 2 dessa disposição, que dispõe que «as notificações, em vinte exemplares, e os documentos anexos, em quinze exemplares, serão enviados à Comissão para o endereço indicado no formulário CO», e o seu n.º 4, que estipula que «as notificações serão efectuadas numa das línguas oficiais da comunidade».

[878] Assim, as várias secções do regulamento de execução que exigem as mais variadas informações, desde as relativas às partes autoras da notificação (secção 1), até aos mercados afectados (secções 7 e 8), passando pelos elementos da operação de concentração (secção 2), demonstram claramente a intenção de a Comissão obter informações, sobre o enquadramento económico da operação notificada, necessárias ao julgamento a efectuar.

[879] Cfr. o art. 3.º do regulamento de execução, que exige que as informações sejam «exactas e completas», requisito que será por vezes difícil de cumprir, atendendo

420 *O controlo das concentrações de empresas no direito comunitário*

dificilmente conciliável com os curtos prazos estabelecidos no regulamento comunitário[880]. Os autores da notificação terão, assim, todo o interesse em preparar as informações o mais cedo possível[881], desenvolvendo eventualmente para o efeito contactos informais com a Comissão. Os consideráveis encargos impostos às partes, com o fornecimento de tão grande número de informações, terão como contrapartida a vantagem do cumprimento, pela Comissão, dos prazos curtos de decisão estabelecidos no regulamento, podendo as empresas interessadas vir a beneficiar de uma decisão favorável no prazo de um mês a contar da notificação. O art. 4.º, n.º 1, do regulamento de execução estabelece, a este propósito, que «as notificações produzem efeitos na data da sua recepção pela Comissão»[882], sendo completado

---

ao rigor das informações exigido, pelo menos, no formulário CO. Esta dupla exigência – informações numerosas e em prazos muito curtos –, dificilmente conciliável, levou a que se afirmasse ironicamente que «as autoridades comunitárias parecem reaver numa mão o que concedem com a outra» (Louis VOGEL e Joseph VOGEL, *Le droit européen des affaires*, Dalloz, 1992, pág. 108).

[880] Note-se que já em relação à proposta da forma de notificação da concentração se tinha sugerido a redução das exigências feitas pelo Form. CO, atendendo, nomeadamente, ao facto de que, sendo as exigências feitas em função da dimensão das partes e não da dimensão da operação, o sistema de controlo abarcaria transacções relativamente pequenas, onde o encargo de fornecer as informações exigidas tornaria a operação desvantajosa. Neste sentido, cfr. Harry M. REASONER, *Comments of the american bar association section of antitrust law with respect to the draft form notification of a concentration*, ALJ, 1990, vol. 59, pág 266.

[881] De outra forma, será necessário, como já se afirmou, consultar «no último minuto» um exército de advogados, "especialistas" em direito da concorrência» (Ronald W. DAVIES, *Corporate M & A strategy and the new EEC merger control program*, Antitrust, Winter, 1990, pág. 17).

[882] A data em que a notificação começa a produzir efeitos é essencial, uma vez que é a data a partir da qual começa a correr o prazo de suspensão de três semanas previsto no art 7.º do Regulamento n.º 4064/89, o prazo de um mês para as decisões, nos termos do art. 6.º, n.º 1 (art. 10.º n.º 1), do regulamento de 1989, e ainda o prazo de 3 dias úteis que a Comissão tem para transmitir às autoridades competentes dos Estados-membros cópias das notificações, nos termos do art. 19.º, n.º 1, do regulamento de 1989. É, deste modo, essencial determinar a data da recepção da notificação pela Comissão. Sobre tal questão, dispõe o art 21.º, n.º 1, do regulamento de execução: «(...) as notificações devem ser entregues à Comissão no endereço indicado no Formulário CO, ou enviadas por carta registada para o endereço indicado no Formulário CO, antes de terminado o prazo previsto no n.º 1, do art. 4.º do regulamento (CEE) n.º 4064/89. As informações suplementares solicitadas para

O controlo comunitário das concentrações com base no reg. n.º4064/89   421

pelo seu n.º 2, que prevê, para os casos de as informações fornecidas serem incompletas – sendo consideradas igualmente como incompletas as informações inexactas ou deturpadas[883] – , a fixação de um «prazo apropriado» pela Comissão para que os autores da notificação as possam completar. Neste caso, a notificação produzirá efeitos «na data da recepção de informações completas pela Comissão»[884]. Na prática, a árdua tarefa de fornecimento de informações é, em parte, facilitada, pela Comissão, no caso de as partes não estarem habilitadas, de boa fé, a responder a qualquer pergunta ou de apenas poderem responder parcialmente, ao permitir-lhes assinalar tais factos e indicar os respectivos motivos[885], e ao dar-lhes a possibilidade de solicitarem a

---

completar as notificações nos termos do n.º 2, do art. 4.º, do presente regulamento (...) devem ser recebidas pela Comissão no endereço acima mencionado ou enviadas por carta registada antes de terminado o prazo fixado em cada caso (...)». O n.º 3 da referida disposição prevê ainda que, se o último dia de um prazo previsto no n.º 1 for um dia em que devam ser recebidos documentos e não for um dia útil, na acepção do art. 22.º, o prazo terminará no final do dia seguinte. Isto é, se o último dia for um sábado, um domingo ou um feriado legal no país de expedição, o prazo terminará no final do dia útil seguinte nesse país.

[883] Regulamento de execução, art. 4.º, n.º 3. O fornecimento de indicações inexactas ou deturpadas permite, ainda, à Comissão a imposição de coimas nos termos do art. 14.º do Regulamento n.º 4064/89, bem como a revogação da decisão fundada, em informações inexactas (art. 8.º, n.º 5, al. a) do mesmo regulamento). As decisões de revogação da Comissão podem ser objecto de recurso pelas empresas, nos termos do art. 173.º, segundo parágrafo, do Tratado CE, e pelos Estados, nos termos do seu parágrafo primeiro.

[884] Saliente-se que, mesmo sendo feita uma notificação completa, não terminam aí as obrigações das partes. Assim, o art. 4.º, n.º 3, do regulamento de execução estabelece, ainda, que «quaisquer alterações de carácter material dos factos constantes da notificação de que os seus autores tomem ou devessem ter tomado conhecimento devem ser comunicadas à Comissão imediatamente e independentemente de terem sido solicitadas». A violação desta disposição implica a suspensão do prazo de 4 meses para a decisão final da segunda etapa do processo, mas ainda aí é preciso que a Comissão tenha pedido ou solicitado informações (ctr. o art. 9.º, n.º 1, al. c) do regulamento de execução).

[885] Esta concessão tem particular interesse para os casos de uma OPA hostil, em que o oferente tenha dificuldades no acesso às informações pedidas devido à pouca colaboração da empresa – alvo. Cfr., neste sentido, Alberto ALONSO UREBA, *Incidencia en el régimen sobre ofertas Públicas de Adquisición del Derecho Comunitario sobre el control de operaciones de concentración, in* "La lucha por el control de las grandes sociedades. Las ofertas públicas de aquisicion", 1992, pág 272. O seu interesse

422 _O controlo das concentrações de empresas no direito comunitário_

dispensa de informações que não considerem necessárias para a análise do caso em apreço[886].

É, igualmente, tendo em conta os encargos que a obrigação de notificação acarreta para as partes, bem como as incertezas frequentes existentes quanto à qualificação da operação como concentração ou cooperação, que o art. 5.° do regulamento de execução prevê a possibilidade da sua conversão. Assim, nos termos desta disposição, «se a Comissão verificar que a operação notificada não constitui uma operação de concentração na acepção do art. 3.°, do Regulamento (CEE) n.° 4064/89, informará por escrito as partes notificantes (...)», que poderão solicitar à Comissão que considere a notificação, nomeadamente, como um pedido de certificado negativo nos termos do art 2.° do Regulamento n.° 17, ou uma notificação com vista à concessão de uma isenção segundo o art. 85.°, n.° 3, nos termos do art. 4.° do Regulamento n.° 17[887-888]. Note-se que o art. 5.° apenas prevê a conversão da notificação à luz do Regulamento n.° 4064/89 para um

---

é ainda inegável para os casos em que – se aceitarmos a aplicação "extraterritorial" do regulamento, segundo a teoria dos efeitos, ainda que entendida em sentido diferente do formulado, em termos puros, no acórdão _Alcoa_ – as empresas, participantes na concentração, se encontram fora da Comunidade e não têm dentro dela uma filial, permitindo-se, deste modo, a simplificação das notificações. Cfr., aparentemente neste sentido, Alberto BERCOVITZ, _El control de las concentraciones de empresas en la Comunidad Europea_, GJ de la CEE 1990, pág 193.

[886] Regulamento de execução, anexo I, parágrafo A, e art 3.°, n.° 2, do mesmo regulamento.

[887] Repare-se que esta disposição tem um enorme interesse, visto que permite harmonizar as regras processuais relativas à aplicação dos arts. 85.° e 86.° do Tratado CE com as do controlo das concentrações. Infelizmente, o mesmo não foi pensado para as relações com o Tratado CECA. De facto, esta possibilidade aberta pelo art. 5.° do regulamento de execução devia ter sido igualmente prevista em relação ao regime de controlo preventivo das concentrações, estabelecido no âmbito do Tratado CECA. A sua omissão conduz às desvantagens já assinaladas, nomeadamente a de os interessados numa operação terem de efectuar duas notificações, uma no âmbito do regulamento comunitário e outra no âmbito do Tratado CECA. Cfi. _supra_, ponto 7, e _infra,_ ponto 63.

[888] Note-se que este pedido feito pelas partes poderá resultar de uma resposta afirmativa à questão posta pela Comissão, nos termos da secção 9.6. do Formulário CO, que dispõe: «No caso de a Comissão considerar que a operação notificada não constitui uma concentração na acepção do art 3.°, do Regulamento (CEE) n.° 4064/89, pretende que o caso seja tratado como um pedido [na acepção do artigo 2.°] ou como uma notificação [na acepção do artigo 4.° do Regulamento n.° 17]»?

O controlo comunitário das concentrações com base no reg. n.º4064/89   423

dos outros regulamentos e já não a situação inversa. A Comissão pode, ainda, exigir que «as informações que constam da notificação sejam complementadas num prazo apropriado por ela fixado, na medida do necessário para apreciar a operação com base nos regulamentos acima referidos. Considerar-se-á que o pedido ou a notificação preenche as condições previstas em tais regulamentos desde a data da notificação original quando as informações complementares forem recebidas pela Comissão no prazo fixado» (art. 5.º, n.º 2)[889].

Apesar das várias concessões estabelecidas nos arts. 4.º e 5.º do regulamento pode suceder que a notificação não seja efectuada no prazo previsto. Saliente-se, desde já, que está afastada a sanção da invalidade da operação para essas situações. A sanção para a omissão de notificação, prevista no regulamento, consiste na possibilidade de a Comissão impor coimas no montante de 1 000 a 50 000 ecus[890]. Na sua prática decisória, a Comissão tem-se mostrado relutante em aplicar estes poderes sancionatórios, revelando-se consciente da complexidade das normas estabelecidas no regulamento[891]. Particularmente ilustrativa deste estado de espírito é a decisão *Torras/Sarrio*[892-893], onde, apesar de o acordo de aquisição ter sido concluído em Fevereiro

---

[889] Observe-se que o mecanismo previsto no art. 5.º não pode ser utilizado pelas partes para contornar os processos mais morosos do art. 85.º do Tratado CE. Assim, a possibilidade de transferência da notificação do art. 5.º só actua nos casos em que as partes, estando de boa fé, notificaram, por erro, a transacção nos termos do regulamento.

[890] Regulamento n.º 4064/89, art. 14.º. Parece que será de aplicar, neste âmbito, o Regulamento n.º 2988/74 de 26 de Novembro de 1974, relativo à prescrição em matéria da concorrência. Cfr., neste sentido, Michael REYNOLDS e Elizabeth WEIGHTMAN, *European Economic Community, in* "International Mergers. The Antitrust Procedure", London, Sweet & Maxwell, 1991, pág 17. Assim, o art. 1.º, n.º 1, do Regulamento n.º 2988/74 (Regulamento do Conselho n.º 2988/74, de 26 de Novembro de 1974, JOCE n.º L 319/1), que estabelece que o poder de a Comissão aplicar multas ou sanções prescreve no prazo de três anos quanto à intracção da obrigação de notificação, seria aplicável em matéria de concentrações, na ausência de disposições específicas no Regulamentos n.º 4064/89 e no regulamento de execução.

[891] Neste sentido, considerando ainda que a Comissão só aplicará sanções a atrasos na notificação quando parecer que há uma recusa intencional das partes em notificar, cfr. SLAUGHTER e MAY, *EEC merger control regulation – A progress report,* "European Mergers", January 1991, págs. 19 e 20.

[892] Decisão da Comissão de 24 de Fevereiro de 1992, processo IV/M0166, *Torras Sarrio*, JOCE n.º C 58/20 de 5.3.92.

[893] Cfr. C. JONES e GONZÁLEZ DÍAZ, ob. cit., pág. 198.

424 *O controlo das concentrações de empresas no direito comunitário*

de 1991 e a operação ter sido notificada quase um ano depois, em Janeiro de 1992, e de o acordo ter sido posto em execução sem observar o prazo de suspensão do art. 7.º, a Comissão decidiu não aplicar as coimas previstas no art 14.º, invocando, nomeadamente, as dificuldades no cálculo do volume de negócios da sociedade *holding*. Nos casos em que a Comissão, contrariando esta tendência, decidir aplicar coimas, as suas decisões estarão, obviamente, sujeitas ao controlo do Tribunal de Justiça[894]. Note-se, por outro lado, que, quando a concentração tiver sido realizada sem ter sido cumprida a obrigação de notificação, a Comissão pode ordenar a sua «desconcentração» nos termos do art. 8.º, n.º 4, do regulamento de 1989[895].

Observe-se, finalmente, que, com o objectivo de permitir que os terceiros sejam ouvidos, o art. 4.º, n.º 3, do Regulamento n.º 4064/89 estabelece a obrigação de a Comissão publicar «o facto da notificação, indicando os nomes dos interessados, a natureza da operação de concentração, bem como os sectores económicos envolvidos», sempre que verifique que a operação notificada é abrangida pelo regulamento[896]. A Comissão deverá ainda, nos termos dessa disposição, ter em conta «o interesse legítimo das empresas na não divulgação dos seus segredos comerciais». Nessa publicação a Comissão convida os terceiros interessados a apresentarem-lhe, num determinado prazo, quaisquer observações relativas à operação projectada. Visa-se, assim, que todos os interessados tenham a oportunidade de solicitar ser ouvidos na segunda fase do processo[897].

---

[894] Regulamento n.º 4064/89, art. 16.º.

[895] Uma outra questão é a de saber se, não sendo notificada uma operação, a Comissão pode ser obrigada a iniciar uma investigação, para determinar se a operação é incompatível com o mercado comum, com base em queixas de terceiros. Parece que esta hipótese é de afastar, já que o Regulamento de 1989, ao contrário do Regulamento n.º 17, não permite queixas ou objecções de terceiros. Assim, na falta de notificação, não há prazos para a Comissão iniciar o processo ou declarar a operação incompatível com o mercado comum. Esta questão será analisada mais tarde, a propósito das garantias dos particulares – cfr. *infra,* ponto 57.

[896] Na prática, podemos constatar que a Comissão, mesmo quando considera que o regulamento não se aplica à concentração, tem o «costume» de publicar a notificação.

[897] Regulamento n.º 4064/89, art. 18.º, n.º 4. O art. 4.º, n.º 3, do Regulamento de 1989 assemelha-se, assim, ao art 19.º, n.º 3, do Regulamento n.º 17, que estabelece a obrigação de a Comissão publicar o essencial do conteúdo do pedido ou da notificação em causa, quando se propuser emitir um certificado negativo ou proferir uma decisão de isenção, convidando os terceiros interessados a apresentarem as suas observações.

O controlo comunitário das concentrações com base no reg. n.º4064/89   425

53. A) A notificação tem como consequência imediata a suspensão da concentração. Ou seja, abre-se um prazo de três semanas durante o qual a operação de concentração não pode ser realizada[898]. Quer-se, deste modo, garantir os efeitos da decisão, que poderiam ser postos em causa se a concentração pudesse ser imediatamente realizada após a notificação. De facto, eventuais medidas de «desconcentração» podiam revelar-se difíceis de executar, podendo as partes realizar actos cujos efeitos anti-concorrenciais dificilmente poderiam ser eliminados. O efeito suspensivo é, portanto, automático, mas cessa de igual modo automaticamente se a Comissão não tiver decidido prorrogar a suspensão da realização da concentração até à adopção de uma decisão final[899]. A Comissão pode, por sua própria iniciativa, prorrogar o efeito suspensivo ou «decidir tomar outras medidas intercalares» com vista a assegurar «o efeito útil de qualquer decisão a tomar ulteriormente ao abrigo dos n.ºs 3 e 4 do art. 8.º» (art. 7.º, n.º 2). O facto de esta disposição só se referir às decisões da Comissão que declarem incompatível a concentração (art. 8.º, n.º 3), ou às decisões que ordenem a «desconcentração» (nos termos do art. 8.º, n.º 4), significa que a Comissão não pode prolongar o efeito suspensivo com vista a garantir o efeito útil de outras decisões? O problema surge, com particular acuidade, nos casos em que é activado o mecanismo do art. 9.º do Regulamento n.º 4064/89, sendo o prazo para a Comissão decidir de seis semanas[900], ou seja, pode existir um período de três

---

[898] Regulamento n.º 4064/89, art. 7.º, n.º 1. Esta disposição estabelece, ainda, que uma concentração não pode ser realizada antes da notificação, obrigação que parece difícil de cumprir, quando conjugada com o disposto no art 4.º, n.º 1, segundo o qual a concentração deve ser notificada à Comissão no prazo de uma semana depois da «aquisição de uma participação de controlo». Ou seja, o art. 4.º, n.º 1, vem permitir, deste modo, a execução de uma concentração (nos termos do art. 3.º, n.º 1, al. b)) antes de ser feita a notificação. Esta aparente contradição justifica-se, como salientam John COOK e Chris KERSE, devido ao carácter residual da aquisição de uma participação de controlo, dissociada de uma oferta pública de aquisição ou de um acordo, pelo que a melhor solução será fazer prevalecer a solução do art. 4.º sobre a do art. 7.º – cfr. ob. cit. pág. 123.

[899] Regulamento n.º 4064/89, art. 7.º, n.º 2. Note-se que a decisão de prorrogação resulta, geralmente, da iniciativa da Comissão, mas nada impede que possa existir um pedido de terceiros interessados, nomeadamente concorrentes ou uma empresa alvo de uma OPA hostil, ou mesmo do próprio Estado no sentido da Comissão manter o efeito suspensivo.

[900] Art. 10.º, n.º 1, do Regulamento n.º 4064/89.

426   *O controlo das concentrações de empresas no direito comunitário*

semanas em que, apesar de ter cessado o efeito suspensivo, a Comissão ainda não decidiu o pedido de remessa apresentado pelo Estado-membro. Estas dúvidas foram, em parte, resolvidas pela Comissão no sentido da aplicação da faculdade estabelecida no art. 7.º, n.º 2, do regulamento de 1989, às situações do art. 9.º, na decisão *Alcatel/AEG Kabel*[901-902], onde decidiu continuar a suspensão da operação, adoptando depois a decisão de não remeter o caso para o Estado-membro, nos termos do art. 9.º, n.º 3, do regulamento de 1989[903]. Parece-nos que igual solução seria de aplicar nos casos em que a decisão final fosse de remessa do caso para as autoridades nacionais competentes, dado que só com a decisão da Comissão de prolongar a suspensão é que será geralmente garantido o efeito útil das decisões adoptadas mais tarde pelas autoridades nacionais, consideradas a *longa manu* da Comissão na defesa da concorrência efectiva[904]. Um outro caso de desfasamento de prazos resultará da conjugação do art. 7.º com o art. 10.º do Regulamento n.º 4064/89. Nos termos desta última disposição, a Comissão tem o prazo de um mês, depois da notificação, para adoptar as decisões do art 6.º; logo, tem ainda uma semana, depois de expirado o prazo de três semanas do efeito suspensivo, para decidir iniciar o processo, mesmo que não tenha decidido prolongar o prazo nos termos do art. 7.º, n.º 2. Ainda que esta hipótese tenha poucas probabilidades de se verificar na prática, coloca-se a questão de saber quando é que os interessados podem realizar a operação. Parece-nos que, apesar de nada impedir as partes de realizarem a operação, visto ter expirado o prazo de três semanas do efeito suspensivo, a melhor solução será atrasarem, quando tal for possível, a realização da operação até terminar o prazo de um mês, para evitarem a eventual aplicação de decisões ao abrigo do art. 8.º, n.º 4. É claro que todas estas dificuldades seriam facilmente resolvidas mediante o alinhamento do

---

[901] Decisão da Comissão de 18 de Dezembro de 1991, processo IV/M0165, JOCE n.º C 6/23 de 10.1.92.

[902] Cfr. 21.º, Rel. Conc, págs. 403-404.

[903] Existiram ainda vários outros casos em que a Comissão decidiu prorrogar a suspensão da realização de uma operação, adoptando depois, regra geral, a decisão de iniciar o processo nos termos do art. 6.º, n.º 1, al. c). Vejam-se, nomeadamente, os casos *Aerospatiale-Alenia/de Havilland*, cit., ponto 2, *Tetra Pak/Alfa Laval*, cit. (cfr. IP (91) 220 de 13 de Março de 1991), *Nestlé/Perrier,* cit, ponto 2, e *Du Pont/ICI,* cit., também ponto 2.

[904] C. JONES e GONZÁLEZ DÍAZ, ob. cit., pág. 203.

O controlo comunitário das concentrações com base no reg. n.º4064/89   427

prazo da suspensão pelos prazos estabelecidos para as decisões a adoptar nos termos dos arts. 6.º e 9.º, evitando-se decisões de prorrogação da suspensão só para eliminar o desfasamento dos prazos[905].

Saliente-se, ainda, que, antes de tomar uma decisão nos termos do art. 7.º, n.º 2, do Regulamento n.º 4064/89, a Comissão deve, segundo o art. 18.º, n.º 1, do mesmo regulamento, dar a oportunidade aos interessados e aos terceiros de se pronunciarem. Atendendo, no entanto, à necessidade de uma actuação imediata, bem como aos prazos curtos que a Comissão tem de observar para o efeito, o n.º 2 do art. 18.º abre uma excepção à regra geral, prevendo que «as decisões de prorrogação da suspensão ou de dispensa da suspensão referidas nos n.ºs 2 e 4 do artigo 7.º podem ser tomadas, a título provisório, sem dar às pessoas, empresas, e associações de empresas interessadas a oportunidade de se pronunciarem previamente, na condição de a Comissão lhes fornecer essa oportunidade o mais rapidamente possível após a tomada da decisão». Esta obrigação é explicitada no art. 12.º, n.º 2, do regulamento de execução, nos seguintes termos: se a Comissão «tiver tomado a título provisório uma das decisões referidas no n.º 1 sem ter dado previamente às partes (...) a possibilidade de se pronunciarem (...) comunicar-lhes-á imediatamente e em qualquer caso antes do final da suspensão em curso o texto da decisão provisória e fixar-lhes-á um prazo para apresentarem as suas observações[906]. Depois de as partes (...) se terem pronunciado, a Comissão tomará uma decisão definitiva, através da qual revogará, alterará ou confirmará a sua decisão provisória». Pode, no entanto, dar-se o caso de as partes não se terem pronunciado no prazo que lhes foi fixado, estabelecendo a mesma disposição que, nessa situação, «a decisão provisória da Comissão tornar-se-á definitiva no final desse prazo».

Por outro lado, abriu-se uma excepção à regra geral da suspensão com vista à protecção das ofertas públicas. Assim, o art. 7.º, n.º 3, do Regulamento n.º 4064/89, dispõe que «os n.os 1 e 2 não prejudicam a realização de uma oferta pública de compra ou de troca que tenha sido

---

[905] No mesmo sentido, E. GONZÁLEZ DÍAZ, *La aplicabilidad del reglamento 4064/89 sobre el control de concentraciones, a las ofertas públicas de adquisición con especial referencia a los artículos 4 y 7* , *in* "La lucha por el control de las grandes sociedades. Las ofertas públicas de adquisición", Ed. Deusto, 1992, pág 297.

[906] O que as partes podem fazer por escrito ou oralmente, nos termos do art. 11.º, n.º 3, do regulamento de execução.

428 *O controlo das concentrações de empresas no direito comunitário*

notificada à Comissão de acordo com o n.° 1 do artigo 4.° desde que o adquirente não exerça os direitos de voto inerentes às participações em causa ou os exerça apenas tendo em vista proteger o pleno valor do seu investimento com base numa dispensa concedida pela Comissão nos termos do n.° 4». Tem-se considerado, com razão, que esta excepção é plenamente justificada, visto que as OPA não são formas comuns de concentração, uma vez que as empresas que realizam as OPA precisam de segurança, confidencialidade e rapidez[907]. Acrescenta-se, ainda, que a não aquisição de participações da empresa alvo podia implicar a perda dessas participações em benefício de outros oferentes que não estivessem sujeitos ao regulamento comunitário[908].

Quanto aos outros modos de aquisição de controlo, os efeitos suspensivos só são desencadeados em relação à execução do acordo[909]. É, no entanto, extremamente difícil determinar o momento em que começa a execução do acordo. Tem-se defendido, acertadamente, a este propósito, que não se deve considerar uma infracção ao art. 7.° a realização das formalidades necessárias ao carácter exequível do acordo, como por exemplo a obtenção de certas autorizações ou aprovações. Já serão consideradas, no entanto, infracções ao art. 7.° os actos que implementam o conteúdo do acordo[910].

O art. 7.°, n.° 4, do regulamento de 1989, permite ainda a dispensa da obrigação de suspensão[911]. Este número tem de ser conjugado com o n.° 3 desse art. 7.°, que prevê expressamente a possibilidade de a Comissão conceder uma derrogação do efeito suspensivo, no caso de ofertas públicas, quando o oferente se propõe a exercer os seus direitos

---

[907] Assim, Jean-Patrice de La LAURENCIE, *Les offres publiques d'acquisition et le controle des concentrations*, RCC, n.° 51, 1989, pág.7.

[908] Neste sentido, C. JONES e GONZÁLEZ DÍAZ, ob. cit., pág. 201.

[909] O efeito suspensivo deve entender-se em relação ao acordo como a suspensão da *execução* do referido acordo, e em relação às aquisições de uma participação de controlo como o *não exercício dos direitos de voto inerentes a essa participação.*

[910] Cfr., por todos, Dominique BERLIN, ob. cit., pág. 256.

[911] Esta disposição estabelece que a «Comissão pode, a pedido, dispensar das obrigações previstas nos n.ᵒˢ 1, 2, e 3, com vista a evitar a ocorrência de um prejuízo grave numa ou mais empresas implicadas numa operação de concentração ou em terceiros. A dispensa pode ser acompanhada de condições e obrigações destinadas a assegurar condições de concorrência efectiva. A dispensa pode ser pedida e concedida a qualquer momento, quer antes da notificação, quer depois da transacção».

O controlo comunitário das concentrações com base no reg. n.º4064/89 429

de voto «apenas para manter o pleno valor do seu investimento»[912-913]. A autoridade comunitária, na sua prática decisória, tem concedido várias derrogações ao efeito suspensivo imposto pelo n.º 1 do art. 7.º do Regulamento n.º 4064/89; refiram-se apenas, a título exemplificativo, os casos *Kelt/American Express*[914], *Nestlé/Perrier* e *ElfAquitaine/Minol*[915]. O primeiro ilustra uma situação em que a derrogação do efeito suspensivo foi solicitada antes da notificação da operação proposta. Este caso referia-se a uma operação de recuperação de uma empresa em sérias dificuldades financeiras, através de uma reestruturação financeira efectuada por um sindicato de oito bancos, podendo o atraso nessa reestruturação causar sérios prejuízos às partes interessadas na operação, como reconheceu a Comissão[916]. No segundo

---

[912] É muito discutida a questão de saber se, em relação à hipótese prevista no art. 7.º, n.º 3, do Regulamento de 1989, a derrogação concedida ao adquirente que queira exercer o seus direitos de voto só deve ser concedida se os direitos de voto apenas são exercidos para garantir o pleno valor do investimento *e* quando doutro modo ocorreriam prejuízos graves para as empresas implicadas na concentração ou terceiros (assim, Pierre Bos e outros, ob. cit., pág. 271), ou se, pelo contrário, a Comissão devia conceder a dispensa, quando é para proteger o pleno valor do investimento sem ser necessária a prova de que a perda de valor dá origem a um prejuízo grave (assim, E. González Díaz, *La aplicabilidad...*, ob. cit., pág. 298), ou ainda se a derrogação pode ocorrer quando o adquirente não exerce os seus direitos de voto para manter o valor do seu investimento, mas antes para evitar prejuízos graves (assim, Pierre Ommeslaghe, *Le règlement...*, ob. cit., ponto 28). Parece que, de acordo com uma interpretação literal da disposição em causa, a melhor solução será a primeira, dado que o art. 7.º, n.º 3, remete expressamente para o seu n.º 4, ou seja, a dispensa concedida pela Comissão, para que o adquirente exerça os direitos de voto inerentes à participação com vista a proteger o pleno valor do seu investimento, deve ser feita nos termos do n.º 4 do art. 7.º, que prevê a possibilidade de a Comissão conceder dispensas para evitar a «ocorrência de um prejuízo grave».

[913] Note-se que a dispensa do efeito suspensivo inicial de três semanas será, à partida, mais fácil de obter do que a dispensa do prolongamento da suspensão. De facto, parece fazer pouco sentido que a Comissão, depois de considerar necessário prorrogar o prazo da suspensão, venha a adoptar uma dispensa em manifesta contradição com a decisão anterior.

[914] Decisão da Comissão de 20 de Agosto de 1991, processo IV/MO116, JOCE n.º C 223/38, de 28.8.1991.

[915] Decisão da Comissão de 4 de Setembro de 1992, processo IV/M235, JOCE n.º C 232/14, de 10.9.92.

[916] 21.º Rel. Conc., 1991, pág. 403.

430 *O controlo das concentrações de empresas no direito comunitário*

caso, a Nestlé solicitou uma derrogação relativa ao exercício dos direitos de voto na assembleia geral anual dos accionistas da Perrier, sendo a derrogação concedida apenas em relação a três resoluções de carácter específico, alcance e duração limitados[917]. No último caso, foi apresentado um pedido pela Elf Aquitaine, que pretendia adquirir a Minol ao Treuhandstalt. Na pendência da conclusão da operação de aquisição, o Treuhandstalt autorizou um acordo entre a Minol e a Elf Aquitaine, ao abrigo do qual esta última auxiliaria o conselho de administração da Minol na gestão da empresa, tendo a Comissão concedido a derrogação solicitada relativamente à suspensão da operação[918].

Finalmente, observe-se que, no caso de as empresas violarem os efeitos da notificação, isto é, infringirem a obrigação de suspender a realização da concentração ou violarem a decisão da Comissão quanto ao seu prorrogamento, ficarão sujeitas, desde logo, a sanções com carácter pecuniário. O Regulamento n.º 4064/89 permite à Comissão impor, nos termos do art. 14.º, n.º 2, coimas «de um montante máximo de 10% do volume total de negócios das empresas em causa». Estes valores são igualmente válidos no caso de não serem respeitadas as obrigações impostas por decisões tomadas nos termos do n.º 4 do art. 7.º do mesmo regulamento. No caso de atraso no cumprimento dessas obrigações, a Comissão pode ainda aplicar sanções pecuniárias compulsórias, de um montante máximo de 100 000 ecus por dia de atraso, nos termos do art. 15.º, n.º 2, do regulamento de 1989. A fixação de níveis tão elevados para as sanções pecuniárias parece ser susceptível de garantir um efeito dissuasor. As decisões da Comissão, fixando uma coima ou uma sanção pecuniária compulsória, estão sujeitas ao controlo do Tribunal de justiça, nos termos do art. 16.º do Regulamento n.º 4064/89 que, no exercício da competência de plena jurisdição, nos termos do art. 172.º do Tratado CE, poderá «suprimir, reduzir, ou aumentar a coima ou a sanção pecuniária compulsória aplicada». Note-se que este recurso não visa a decisão da Comissão em si, a qual só poderá ser atacada mediante recurso de anulação, nos termos do art. 173.º do Tratado CE. Por outro lado, visto que nem o recurso de plena jurisdição nem o da anulação têm efeito suspensivo, as empresas terão geralmente interesse em recorrer simultaneamente ao

---

[917] 21.º Rel. Conc., 1991, pág. 180.
[918] 22.º Rel. Conc., 1992, pág. 158.

O controlo comunitário das concentrações com base no reg. n.º4064/89   431

art. 185.º do Tratado CE, pedindo ao Tribunal a suspensão da execução da decisão da Comissão.

O art. 7.º, n.º 5, do Regulamento n.º 4064/89, estabelece, de uma forma pouco clara, que a violação do efeito suspensivo não afecta a validade da transacção realizada, a qual dependerá somente da decisão tomada ao abrigo do n.º 1, al. b), do art. 6.º (decisão da Comissão de não se opor à concentração, declarando-a compatível com o mercado comum,) ou dos n.ºs 2 ou 3 do art. 8.º (decisão de compatibilidade ou incompatibilidade) ou ainda da presunção estabelecida no n.º 6 do art. 10.º (onde se considera que a operação é declarada compatível) do mesmo regulamento. Este artigo tem sido interpretado no sentido de que a concentração realizada em violação do efeito suspensivo será inválida, entendida esta expressão como referindo-se à nulidade, quando a Comissão a declarar incompatível com o mercado comum. Ou seja, a nulidade seria uma consequência directa da declaração de incompatibilidade e não da violação da suspensão[919]. Observe-se, porém, que se trata de uma solução particularmente pesada quando relacionada com a declaração de incompatibilidade, nos termos do art. 8.º, n.º 3, que não prevê tal consequência.

Por outro lado, com o intuito de proteger a validade das transacções no interesse da segurança jurídica, como exige o 17.º considerando do preâmbulo, o art. 7.º, n.º 5, segundo parágrafo, estipula que «o presente artigo não produz qualquer efeito sobre a validade das transacções de títulos, incluindo os que são convertíveis noutros títulos, admitidos à negociação num mercado regulamentado e controlado pelas autoridades reconhecidas pelos poderes públicos, com funcionamento regular e directa ou indirectamente acessível ao público, salvo se os compradores ou vendedores souberem ou deverem saber que a transacção se realiza sem que sejam observados os n.ºs 1 e 2». Na prática, no caso de uma OPA, o oferente estará geralmente em condições de saber que se trata de uma concentração de dimensão comunitária, pelo que raramente beneficiará desta excepção ao art. 7.º.

B) Uma outra consequência da notificação é a abertura do prazo de um mês para a adopção das decisões referidas no n.º 1 do art. 6.º do Regulamento n.º 4064/89. O art. 10.º, n.º 1, do mesmo regulamento, dispõe, a este propósito, que «esse prazo começa a correr no dia

---

[919] Neste sentido, C. JONES e GONZÁLEZ DÍAZ, ob. cit., pág. 207.

432 *O controlo das concentrações de empresas no direito comunitário*

seguinte ao da recepção da notificação[920] ou, caso as informações a facultar na notificação estejam incompletas, no dia seguinte ao da recepção das informações completas. Este prazo é alargado para seis semanas no caso de ter sido apresentado à Comissão um pedido de um Estado-membro de acordo com o n.º 2, do artigo 9.º».

Durante este lapso de tempo, a Comissão procede a um primeiro exame do *dossier* da notificação, no termo do qual ela pode adoptar uma das seguintes decisões: decisão de que a concentração não é abrangida pelo presente regulamento (art. 6.º, n.º 1, al. a); decisão de não se opor à operação de concentração, declarando-a compatível com o mercado comum (art. 6.º, n.º 1, al. b)); decisão de iniciar o processo (art. 6.º, n.º 1, al. c)). Tendo adoptado uma destas decisões, a Comissão informará sem tardar as empresas em causa e as autoridades dos Estados-membros (art. 6.º, n.º 2), não existindo, contudo, a obrigação de as publicar, como sucede com as decisões do art. 8.º[921].

54. A Comissão pode, em primeiro lugar, considerar, nos termos do art. 6.º, n.º 1, al. a), à semelhança do que sucede no art. 2.º do Regulamento n.º 17, em relação à concessão de um certificado negativo, que a concentração não se encontra abrangida pelo Regulamento n.º 4064/89. Esta decisão poderá ocorrer em dois casos: a concentração notificada não tem uma dimensão comunitária nos termos do art. 1.º do regulamento comunitário, foi o que sucedeu, por exemplo, no caso *Arjomari-Prioux*[922], ou a operação não constituiu

---

[920] Atente-se, ainda, no art. 6.º do regulamento de execução, que estabelece que «os prazos referidos no n.º 1 do art. 10.º do Regulamento (CEE) n.º 4064/89 começam a correr no início do dia útil (...) seguinte àquele em que a notificação produz efeitos». Finalmente, recorde-se o art 7.º do mesmo regulamento, que dispõe: «1. O prazo previsto no n.º 1, do primeiro parágrafo, do art. 10.º do Regulamento (CEE) n.º 4064/89 termina no mês seguinte ao mês do início do prazo, no final do dia que tenha o mesmo número que o dia em que o prazo começou a correr. Se este dia não existir nesse mês, o prazo terminará no final do último dia do mês». Se este último não for um dia útil, o «prazo terminará no final do dia útil seguinte» (art 7.º n.º 4). Se no decurso do prazo existirem feriados, «estes prazos serão prolongados por um número de dias úteis correspondentes» (art 8.º).

[921] Apesar de não haver tal obrigação, a Comissão tem, na prática, anunciado uma breve comunicação no Jornal Oficial, declarando ter adoptado uma decisão nos termos do art. 6.º.

[922] Cfr. decisão de 10 de Dezembro de 1990, cit., ponto 7.

O controlo comunitário das concentrações com base no reg. n.º4064/89   433

uma concentração nos termos do art. 3.º do regulamento, assim, por exemplo, no caso *Apollinaris/Schweppes*[923]. Um outro caso particularmente interessante, no âmbito do art. 6.º, n.º 1, al a), foi a decisão *Mediobanca Generali*[924], relativa à aquisição pela Mediobanca de uma participação no capital da Generali, que elevava a sua participação de 5, 98% para 12, 84%. A Comissão considerou que o regulamento comunitário não era aplicável dado que a Mediobanca não era capaz de exercer um controlo, nos termos do art. 3.º, sobre a Generali[925-926]. Observe-se, ainda, que nestes casos ficará sempre aberta a porta à aplicação dos arts. 85.º e 86.º do Tratado CE.

Em segundo lugar, pode a Comissão verificar que a operação não suscita sérias dúvidas[927] quanto à sua compatibilidade com o mercado comum e decidir não se opor a essa operação, declarando-a compatível com o mercado comum. Esta decisão terá como consequência lógica o afastamento das disposições do Tratado CE. A decisão de compatibilidade nos termos do art. 6.º, n.º 1, al. b), distingue-se, no entanto, da decisão de compatibilidade adoptada com base no art. 8.º, n.º 2, uma vez que a possibilidade de a Comissão revogar a decisão tomada só está prevista para este último caso (art. 8.º, n.º 5). Já é mais

---

[923] Decisão da Comissão de 24 de Junho de 1991, processo IV/M093, JOCE n.º C 203/14 de 2.8.1991.

[924] Decisão da Comissão de 19 de Dezembro de 1991 processo IV/M159, JOCE n.º C 334/23 de 28.12.91.

[925] Note-se que os accionistas da Generali solicitaram à Comissão a reabertura do processo, pedido esse rejeitado pela autoridade comunitária, por carta de 13 de Julho de 1992. Os accionistas recorreram da carta da Comissão para o Tribunal de 1ª instância, que rejeitou o pedido pelo acórdão de 28 de Outubro de 1993. Cfr. o acórdão do Tribunal de 1ª instância (2ª secção), de 28 de Outubro de 1993, processo T-83/92, *Zunis Holding SA, Finan Srl, e Massinvest SA c. Comissão das Comunidades Europeias*, col. 1993-II, pág. 1169.

[926] A importância deste acórdão, como teremos oportunidade de referir, reside no facto de o Tribunal, apesar de não apreciar o problema de fundo, relativo à noção de concentração, tecer certas considerações quanto à possibilidade de terceiros recorrerem da decisão da Comissão. Cfr. especialmente os considerandos 36 a 40 do acórdão de 28 de Outubro de 1993, cit.

[927] O regulamento não define esta expressão, mas a Comissão tem considerado que a concentração não levanta dúvidas sérias quando, com base nas informações de que dispõe, relativas às empresas, mercado relevante, condições de mercado, etc, não há indicações de que a operação criará ou reforçará uma posição dominante susceptível de entravar significativamente a concorrência efectiva.

434 *O controlo das concentrações de empresas no direito comunitário*

polémica a questão de saber se a decisão adoptada à luz do art. 6.°, n.°1, al. b), pode ser acompanhada de condições e obrigações, como sucede com a decisão tomada à luz do art. 8.°[928]. Parece que a melhor solução, como afirmam Cristopher Jones e González Díaz, é dar uma resposta afirmativa[929]. De facto, aponta neste sentido a analogia das situações visadas pelas duas disposições[930] e, por outro lado, evitar-se-ia com esta solução que a Comissão tivesse de abrir a segunda fase do processo só para impor condições, não se onerando, portanto, as partes ou a Comissão com uma segunda fase processual[931-932]. Saliente-se, ainda, que tem sido esta geralmente a prática seguida pela Comissão; recorde-se, a este propósito, a decisão *Air France/Sabena*[933].

---

[928] Slaughter and May, *EEC merger control regulation-Progress report 2*, July 1991, European Mergers, pág. 16.

[929] C. Jones e González Díaz, ob. cit., pág. 230. Contra, cfr. Pierre Bos e outros (ob. cit., pág. 263), que afirmam a necessidade de a Comissão dar início ao processo se quiser impor condições aos participantes na operação. As objecções levantadas à imposição de condições com base no art. 6.°, n.° 1, al. b), residiam especialmente na diminuição das garantias dos particulares. Ora, parece-nos que este inconveniente poderia ser atenuado se a Comissão desse aos interessados e aos terceiros a possibilidade de serem ouvidos e consultasse ainda os Estados-membros, nos termos dos artigos 18.° e 19.° do regulamento de 1989.

[930] Com efeito, existem vários pontos de contacto entre as duas disposições, sendo um dos mais significativos o facto de a Comissão, na prática, abranger, na decisão de compatibilidade quer sob o art. 8.° quer sob o art. 6.°, as restrições acessórias à operação de concentração.

[931] É preciso não esquecer que a maioria das decisões adoptadas pela Comissão se baseiam no art. 6.°, n.° 1, al. b).

[932] Saliente-se, aliás, que a Comissão, no relatório apresentado ao Conselho (COM (93) 385), propôs as seguintes alterações ao art. 6.°, n.° 1, al. b): prever aí expressamente a possibilidade de a Comissão acompanhar as suas decisões de condições e obrigações; os compromissos adoptados na primeira fase poderiam, em certas condições, ser revelados a terceiros e publicados no JOCE e, no caso de não serem cumpridos, ficariam sujeitos às mesmas sanções que as previstas em relação às decisões do n.° 2 do art. 8.°; no caso de receber propostas definitivas numa fase adiantada, a Comissão poderia prolongar o prazo de um mês por mais um mês (cfr. pág. 16 do relatório).

[933] Decisão da Comissão de 5 de Outubro de 1992, IV/M157, JOCE n.° C 272/5, de 21.10.92. Nesta decisão, a operação de concentração consistia na aquisição de 37, 58% do capital social da Sabena pela Air France, permitindo a esta última partilhar com o Estado belga o controlo conjunto da Sabena. Apesar de a operação de concentração conduzir à criação de um monopólio em três rotas (Bruxelas/Lião, Bruxelas/Nice e

O controlo comunitário das concentrações com base no reg. n.º4064/89   435

Finalmente, quando a Comissão considerar que a operação abrangida pelo regulamento levanta sérias dúvidas, quanto à sua compatibilidade com o mercado comum, decidirá dar início ao processo que deverá terminar com uma decisão final formal (art. 8.º, n.º 1). Surgem, fundamentalmente, dois tipos de problemas na aplicação do art. 6.º, n.º 1, al. c). Por um lado, questiona-se se a Comissão, para recorrer a tal norma, tem de provar que naquele momento, e com base nas informações disponíveis, a operação poderia ser declarada incompatível com o mercado comum, nos termos do art. 8.º, n.º 3. No sentido de que será necessária essa prova, parece apontar a referência feita no art. 6.º, n.º 1, al. c), à existência de «dúvidas sérias»[934]. Por outro lado, discute-se se a análise do mercado relevante, com base na qual a Comissão sentiu sérias dúvidas e decidiu iniciar o processo, nos termos do art. 6.º n.º 1, al. c), poderá ser alargada durante a segunda fase processual, de forma a abarcar produtos e mercados geográficos afectados pela operação que não tinham sido considerados anteriormente. Parece que a melhor solução será aceitar essa extensão, atendendo não só aos curtos prazos estabelecidos, no regulamento comunitário, para a Comissão adoptar as respectivas decisões, como ao facto de o art. 6.º, n.º 1, al. c), não estabelecer quaisquer limitações à análise a desenvolver pela Comissão[935].

As decisões que terminam o exame preliminar, isto é, que fecham a primeira fase do processo à luz do art. 6.º, devem ser entregues por carta, só sendo tornadas disponíveis para as partes notificadas. Não são, por conseguinte, publicadas, ao contrário do que se prevê no art 8.º, apesar de terem que ser, evidentemente, fundamentadas[936]. Esta diferença de tratamento entre decisões que conduzem ao mesmo resultado – art. 6.º, n.º 1, al. b), e art. 8.º, n.º 2 – não nos parece, contudo, justificada, visto que, como já referimos, as situações visadas nessas disposições são indubitavelmente muito semelhantes.

Se a Comissão não tomou, no prazo de um mês, qualquer decisão, nos termos do art. 6.º, n.º 1, als. b) ou c), considera-se que a operação de concentração é declarada compatível com o mercado comum, nos

---

Bruxelas/Paris), a Comissão não se vai opor à operação, nos termos do art. 6.º, n.º 1, al. b), visto que recebeu compromissos das partes e dos governos francês e belga, no sentido de eliminarem o risco da criação de uma posição dominante nas três rotas em causa.

[934] Neste sentido, cfr. C. JONES e GONZÁLEZ DÍAZ, ob. cit., pág. 210.

[935] Neste sentido, cfr. C. JONES e GONZÁLEZ DÍAZ, ob. cit., loc. cit.

[936] Art. 190.º do Tratado CE.

436   *O controlo das concentrações de empresas no direito comunitário*

termos do art. 10.º, n.º 6. Trata-se, no fundo, da consequência lógica do princípio da competência exclusiva da Comissão, solucionando-se, deste modo, a sua omissão.

Observe-se, finalmente, que a decisão da Comissão de iniciar o processo, nos termos do art. 6.º, n.º 1, al. c), não pode ser objecto de recurso independente para o Tribunal, visto que é considerada uma medida preparatória nos termos da jurisprudência fixada no acórdão *IBM*[937].

55. Tendo adoptado a decisão de iniciar o processo, nos termos do art. 6.º, n.º 1, al. c), a Comissão continuará a análise dos efeitos da operação sobre o mercado até tomar uma decisão final, nos termos do art. 8.º, n.ºs 2 a 5, do Regulamento n.º 4064/89, com a qual termina a segunda fase processual. Note-se que a obrigação de a Comissão findar o processo através de uma decisão formal, normalmente no prazo de quatro meses depois da data do início do processo, contraria a tradição existente no domínio da concorrência onde abundam as «cartas administrativas de arquivamento». O processo iniciado nos termos do art. 6.º, n.º 1, al. c), deve terminar com uma das seguintes decisões:

– decisão que declara a compatibilidade da concentração com o mercado comum – art. 8.º, n.º 2;

-decisão que declara a concentração incompatível com o mercado comum – art. 8.º, n.º 3[938];

– decisão que ordena a «desconcentração», isto é, ordena a separação das empresas ou dos activos agrupados ou a cessação do controlo conjunto ou qualquer outra medida adequada ao restabelecimento de uma concorrência efectiva – art. 8.º, n.º 4[939].

---

[937] De facto, tal como afirmou o Tribunal nesse caso – acórdão de 11 de Novembro de 1981, processo 60/81, *International Business Machines Corporation c. Comissão das Comunidades Europeias*, Rec. 1981, pág. 2639 – «as eventuais ilegalidades» de actos preparatórios só podem ser invocadas num recurso dirigido contra o acto definitivo» (cfr. considerando 12).

[938] Note-se que pode igualmente ser adoptada uma decisão de incompatibilidade depois de ter sido revogada uma decisão de compatibilidade nos termos do art 8.º, n.ºs 5 e 6. O que significa que a decisão de compatibilidade que feche o processo não é, assim, necessariamente definitiva, visto que pode ser revogada, verificando-se as condições do art 8.º, n.º 5.

[939] Esta decisão pode ser tomada ao abrigo do art. 8.º, n.º 3, ou numa decisão distinta (cfr. art 8.º, n.º 4); de qualquer modo, só pode ser adoptada se a Comissão tiver decidido que uma concentração já realizada é incompatível com o mercado comum.

O controlo comunitário das concentrações com base no reg. n.º4064/89   437

Note-se, ainda, que o processo, de acordo com o art. 6.º, n.º 1, al. c), pode terminar com uma decisão de remessa ou de recusa de remessa do caso para as autoridades competentes do Estado-membro, nos termos do art. 9.º[940].

Saliente-se, mais uma vez, que as várias decisões adoptadas ao abrigo do art. 8.º terão de ser publicadas no Jornal Oficial, nos termos do art. 20.º do Regulamento n.º 4064/89, ao contrário do que se passa com aquelas adoptadas à luz do art. 6.º.

A primeira hipótese prevista pelo art. 8.º consiste na possibilidade de a Comissão adoptar uma decisão de compatibilidade. É discutido se ela estará dependente da existência de uma notificação prévia. A redacção do art. 8.º, n.º 2, do Regulamento n.º 4064/89, parece apontar nesse sentido, ao dispor que «quando verifique que uma operação de concentração *notificada* (...) corresponde ao critério do n.º 2 do art. 2.º, a Comissão tomará uma decisão declarando a compatibilidade da concentração (...)»[941]. Contra este argumento literal, alega-se o facto de a omissão da notificação, por si só, não acarretar a incompatibilidade da operação com o mercado comum, pelo que, apesar de não ter sido observada a obrigação de notificação prévia, imposta pelo art. 4.º, a concentração poderia vir a ser declarada compatível com o mercado comum. Por outro lado, note-se que, nestas hipóteses, para aplicar a decisão, nos termos do art 8.º, n.º 2, a Comissão tem de abrir o processo nos termos do art. 6.º, n.º 1, al. c), pelo que, em princípio, necessitará de pedir às empresas em falta as informações necessárias, exigidas pelo Formulário CO, para poder formar um juízo sobre a operação[942]. Dito de outro modo – em termos práticos, a decisão de compatibilidade, não havendo notificação prévia, pressupõe o acesso da Comissão às informações, como se tivesse havido uma notificação regular.

A decisão de compatibilidade, por outro lado, surge na sequência da decisão da Comissão de iniciar o processo nos termos do art. 6.º, n.º 1, al. c), pelo que tem como requisito prévio a existência de sérias dúvidas sentidas pela Comissão quanto à compatibilidade da operação

---

[940] Esta disposição já foi por nós analisada – cfr. *supra,* ponto 41.

[941] No sentido de que da letra do art. 8.º, n.º 2, «resulta, claramente, que a notificação (...) é condição prévia da declaração de compatibilidade», cfr. Pierre BOS e outros, ob. cit., pág. 275.

[942] Neste sentido, Dominique BERLIN, ob. cit, pág. 305.

438 _O controlo das concentrações de empresas no direito comunitário_

com o mercado comum. Estas dúvidas podem ser afastadas – como sugere o art. 10.°, n.° 2 – mediante alterações, às concentrações, introduzidas pelas empresas em causa. Assim, nos termos do art. 8.°, n.° 2, a Comissão, verificando que a operação notificada, depois de lhe terem sido introduzidas as alterações necessárias, pelas empresas em causa, não cria nem reforça uma posição dominante de que resultem entraves significativos à concorrência efectiva, deve declará-la compatível com o mercado comum. A decisão de compatibilidade abrangerá, como já referimos, as restrições acessórias necessárias e «directamente relacionadas com a realização da concentração» (art. 8.°, n.° 2, *in fine*). Note-se, ainda, que esta decisão deve ser adoptada logo que a Comissão considerar já não existirem as dúvidas sérias que a levaram a iniciar o processo, nos termos do art. 6.°, n.° 1, al. c), e o mais tardar no prazo máximo de quatro meses a contar da data do início do processo (art. 10.°, n.ºs 3 e 4) [943]. Já foi sugerido [944] que, no caso de a Comissão não tomar uma decisão, apesar de terem sido afastadas as dúvidas sérias, as empresas em causa podiam recorrer ao art. 175.° do Tratado CE. Parece-nos, todavia, que, atendendo ao curto prazo estabelecido no art. 10.°, n.° 3, e à declaração de compatibilidade prevista no art.10.°, n.° 6, tal possibilidade terá reduzido interesse prático [945].

A decisão de compatibilidade pode, por outro lado, ser revogada quando tiver sido fundada em informações inexactas, obtida fraudulentamente, ou as empresas envolvidas não respeitarem uma das obrigações previstas na decisão (art. 8.°, n.° 5, als. a) e b) do Regulamento n.° 4064/89). Nesses casos, a Comissão pode, nos termos do

---

[943] O prazo de quatro meses começa a correr «no início do dia útil seguinte ao dia de início do processo» (art. 6.°, n.° 2, do regulamento de execução) e termina no «quarto mês seguinte ao mês do início do prazo, no final do dia que tenha o mesmo número que o dia em que o prazo começou a correr. Se este dia não existir nesse mês, o prazo terminará no final do último dia do mês» (art. 7.°, n.° 3). O art. 7.°, n.° 4, do mesmo regulamento acrescenta que «se o último dia do prazo não for um dia útil na acepção do artigo 22.°, o prazo terminará no final do dia útil seguinte». Este período pode ainda ser alargado, na prática, se no decurso dos prazos existirem feriados legais ou feriados da Comissão, caso em que, nos termos do art 8.° desse regulamento, esses prazos «serão prolongados por um número de dias úteis correspondentes», ou se se verificar uma das situações, previstas no art 9.°, que determinam a suspensão desse prazo de quatro meses.

[944] Neste sentido, cfr. A. PAPPALARDO, *Concentrations entre entreprises...*, ob. cit., pág. 32.

[945] Assim, Pierre BOS e outros, ob. cit., pág. 276.

art 8.º, n.º 6, adoptar uma decisão de incompatibilidade sem estar sujeita ao prazo de quatro meses. Observe-se, no entanto, que, atendendo às alterações que podem ocorrer no mercado, depois da decisão de revogação, a Comissão pode considerar que já não é necessária a decisão de incompatibilidade. Note-se, ainda, que a possibilidade de revogação só está prevista expressamente em relação a uma declaração expressa de compatibilidade nos termos do art. 8.º, n.º 2, e não relativamente a uma declaração presumida nos termos do art.10.º, n.º 6 [946-947].

A Comissão pode, ainda, em matéria de controlo das concentrações de empresas, tal como sucede no campo da concorrência em geral, «fazer acompanhar a sua decisão de condições e obrigações destinadas a garantir que as empresas em causa respeitem os compromissos assumidos perante a Comissão com vista a alterarem o projecto inicial de concentração» (art. 8.º, n.º 2) [948]. Em várias das suas decisões ao abrigo do art. 8.º, n.º 2, como por exemplo nos casos

---

[946] Cfr. o art 8.º, n.º 5, que está redigido da seguinte forma: «A Comissão pode revogar a decisão por ela tomada ao abrigo do *n.º 2(...)*» (sublinhado nosso).

[947] No caso de uma declaração presumida de compatibilidade, há, porém, quem sugira que, mesmo depois de expirado o prazo de 4 meses, a eficácia dessa declaração de compatibilidade presumida, nos termos do art. 10.º, n.º 6, pode ser impedida através de uma declaração expressa de incompatibilidade, considerando que a sua inacção se baseou em falsos pressupostos fornecidos pelas empresas envolvidas. Cfr., neste sentido, Pierre Bos e outros, ob. cit., pág. 277. Parece que a solução proposta por estes autores é a que resulta, no fundo, da aplicação das possibilidades de revogação previstas no art. 8.º, n.º 5, aos casos de presunção de compatibilidade, baseados em atitudes fraudulentas das empresas.

[948] Segundo C. JONES e GONZÁLEZ DÍAZ (ob. cit., págs. 224 e 230), as condições podem ser de dois tipos: estruturais, quando se referem «a alterações na estrutura das empresas que dão origem a alterações na estrutura do mercado», e de comportamento, que se traduzem «em levar a empresa em causa a abandonar comportamentos anti-concorrenciais». Para estes autores, a Comissão só pode acompanhar a sua decisão de condições estruturais, visto que o regulamento visa mais controlar a estrutura do mercado do que o comportamento futuro das empresas em posição dominante, na medida em que para essas situações existe o art. 86.º. Em apoio desta tese, apontam os considerandos 7 e 14 do Regulamento n.º 4064/89 e a própria prática da Comissão que, ao abrigo do Regulamento, tem imposto condições estruturais, como a separação das empresas, a eliminação de vínculos pessoais e o termo dos acordos de licença.

440 *O controlo das concentrações de empresas no direito comunitário*

Alcatel/Telettra[949], *Varta Bosch*[950] e *Accor/Wagons Lits*[951], a Comissão sujeitou a declaração de compatibilidade a condições que se assemelham largamente aos compromissos por ela impostos ao abrigo dos arts. 85.º e 86.º do Tratado CE; recordem-se nomeadamente as obrigações exigidas pela Comissão nos casos *British Airways/British Caledonian*[952] e *Philip Morris*[953]. O não cumprimento dessas obrigações, deliberado ou negligente, pode originar a aplicação de coimas, nos termos do art. 14.º, n.º 2 ,al. a), do Regulamento n.º 4064/89.

Finalmente, discute-se, ainda, se os terceiros – concorrentes, clientes ou fornecedores, por exemplo – podem recorrer da decisão de compatibilidade da Comissão emitida nos termos do art. 8.º, n.º 2, ou na primeira fase do processo, nos termos do art. 6.º, n.º 1, al. b)[954]. O Tribunal tem aceitado que, nos casos nomeadamente de concorrência e de *dumping,* uma empresa, que não seja destinatária de uma decisão, tenha um interesse directo e individual nos termos do art. 173.º, segundo parágrafo, do Tratado CE. Digamo-lo de outro modo: se uma pessoa tem direito a queixar-se, sob o art. 3.º, n.º 2, al. b), do Regulamento n.º 17, pode, em princípio, apresentar um recurso nos termos do art. 173.º, segundo parágrafo, do Tratado CE. Sucede, porém, que o regulamento comunitário sobre o controlo das concentrações não lhes reconhece o direito de depositarem queixas, além de que possibilitar-lhes o recurso ao art. 173.º, segundo parágrafo, do Tratado CE aumentaria as longas incertezas e encargos das partes na operação. Daí que, para alguns, pareça muito duvidosa a possibilidade de os terceiros invocarem tal disposição do Tratado CE, para recorrerem de uma decisão de compatibilidade da Comissão.

Trata-se de uma questão com grande acuidade, visto que o Tribunal tem sido interpelado, à luz do Regulamento n.º 4064/89, por

---

[949] Decisão da Comissão de 12 de Abril de 1991, processo n.º IV/M042, JOCE n.º L 122/48 de 17.5.91 – cfr. art. 2.º.

[950] Decisão cit., art. 2.º.

[951] Decisão cit., art. 3.º.

[952] 18.º Rel. Conc., 1988, ponto 81.

[953] Cfr. *supra*, ponto 21.

[954] Sobre esta questão, cfr. D. BERLIN, ob. cit., ponto 687, P. BOS e outros, ob. cit., pág. 327, Martin HEIDENHAIN, *in* AAVV, *Procedures and enforcement under EEC merger regulation*, FCLI, capítulo 21, 1991, pág. 462 e B. LANGEHEINE, *Judicial review in the field of merger control*, JBL, 1992, págs. 128 e 129.

O controlo comunitário das concentrações com base no reg. n.º4064/89   441

requerentes que ultrapassam as categorias tradicionais existentes no âmbito da concorrência. Por outras palavras, perante o Tribunal surgem não só recursos apresentados por empresas concorrentes das que foram parte da operação de concentração (assim, por exemplo, o caso do recurso apresentado pela Air France de uma decisão, de 30 de Outubro de 1992, do porta-voz do comissário responsável pelas questões da concorrência, que declarava que a concentração projectada entre a British Airways e a Dan Air não tinha dimensão comunitária – cfr. *Air France/Comissão (Dan Air),* processo T-3/93, ainda não publicado), como ainda recursos apresentados por novas categorias de recorrentes, como é o caso dos apresentados por organismos representativos dos trabalhadores das empresas envolvidas na concentração (recorde-se, por exemplo, o processo T-96/92, em que o *comité central d'entreprise de la Société Vittel* e o *comité d'établissement de Pierval* pediram a anulação da decisão da Comissão de 22 de Julho de 1992, já referida), bem como o caso do recurso interposto pelos accionistas minoritários da Generali, no processo T-83/92, já referido, contra a decisão da Comissão de 13 de Julho de 1992 (na qual se recusou a reabrir o processo em que declarava que a aquisição pela Mediobanca de uma participação no capital da Generali não consituia uma concentração para efeitos do regulamento de 1989).

Ora, sobre este problema, o Tribunal já prestou certos esclarecimentos. Desde logo, quanto aos trabalhadores das empresas, o Tribunal, por despacho de 15 de Dezembro de 1992, declarou que não podia considerar o recurso manifestamente inadmissível, visto que o art. 18.º, n.º 4, do regulamento de 1989 dá aos representantes dos trabalhadores das empresas o direito de serem ouvidos (considerando 34)[955]. Por outro lado, relativamente aos accionistas minoritários, não adoptou a tese de que todo e qualquer accionista de uma empresa é um recorrente interessado em contestar a operação de concentração, antes esclareceu que os accionistas, para poderem recorrer da decisão da Comissão, tinham de invocar factos específicos justificativos da

---

[955] Cfr. ainda o considerando 33 do Despacho de 15 de Dezembro de 1992, cit., segundo o qual «nos casos em que um regulamento concede às empresas direitos processuais, que lhes permitem pedir à Comissão que constate uma infracção às normas comunitárias, ou apresentar observações no âmbito de um processo administrativo, tais empresas podem "recorrer" para protegerem os seus interesses legítimos». Note-se que, como sublinha o Tribunal, esta solução se inspira, nomeadamente, no acórdão Metro I, de 25 de Outubro de 1977, cit.

442 *O controlo das concentrações de empresas no direito comunitário*

circunstância de a operação de concentração os afectar directa e individualmente[956]. A solução do problema será, deste modo, dada pelo Tribunal, de forma casuística.

A segunda hipótese, prevista no art. 8.º, consiste na possibilidade de a Comissão adoptar uma decisão de incompatibilidade. Assim, quando a Comissão considerar que a operação de concentração cria ou reforça uma posição dominante de que resultem entraves significativos a uma concorrência efectiva, deve declará-la, no prazo de quatro meses, incompatível com o mercado comum (art. 8.º, n.º 3, e 10.º, n.º 3, do Regulamento n.º 4064/89)[957]. Este prazo pode ser «excepcionalmente suspenso sempre que a Comissão devido a circunstâncias[958] pelas quais seja responsável uma das empresas que participam na concentração tenha tido de solicitar uma informação (...) ou ordenar uma verificação por via de decisão»[959]. Este atraso na decisão da Comissão pode prejudicar as empresas, quando a autoridade comunitária, nos termos do art. 7.º, n.º 2, decida prolongar o efeito suspensivo da realização da concentração até à adopção da decisão final. Por outro lado, não há dúvidas de que a declaração de incompatibilidade pode ser adoptada, ainda que a concentração não tenha sido notificada, visto que o n.º 3 do art. 8.º omite qualquer referência à notificação. Deste modo, no caso de ser omitida a notificação a decisão de incompatibilidade não está dependente de prazos, o que suscita, aliás, vários problemas. Assim, por exemplo, na falta de notificação, depois de as partes serem informadas de que a Comissão começou o processo, aplicam-se prazos do art. 10.º? Parece que essa será a solução mais razoável. E quais os efeitos da declaração de incompatibilidade? Será a nulidade? Já foi

---

[956] Cfr. considerandos 36 a 40 do acórdão, cit. Sobre esta questão, cfr. ainda Jacques BIANCARELLI, *Le contentieux des concentrations devant le juge communautaire*, *in* Actes du séminaire organisé par le Tribunal de Première Instance des Comunautés Europèennes, les 22 et 23 Novembre 1993, "Le Contrôle Juridictionnel en matière de Droit de la Concurrence et des Concentrations".

[957] Esta decisão tem, portanto, efeitos declarativos e não constitutivos; logo, retroage ao momento da conclusão do projecto, tenha sido ou não notificado.

[958] Estas circunstâncias são referidas no art. 9.º do regulamento de execução, que identifica três situações originadoras da suspensão do prazo: as informações solicitadas pela Comissão não foram prestadas ou foram-no de forma incompleta; uma das empresas participantes na concentração recusou sujeitar-se a uma verificação ou colaborar nela; os autores da notificação não comunicaram à Comissão as alterações essenciais dos elementos indicados na notificação.

[959] Art. 10.º, n.º 4, do Regulamento de 1989.

O controlo comunitário das concentrações com base no reg. n.º4064/89   443

sugerido que «uma decisão de incompatibilidade adoptada pela Comissão, em aplicação por exemplo do art. 8.º, n.º 3, deveria por si só implicar a nulidade no plano civil de todas as operações que conduzissem à concentração declarada incompatível»[960]. Não há dúvida de que a decisão de incompatibilidade vincula as autoridades e jurisdições dos Estados ao impedi-las de autorizar a operação proibida[961]; pensamos, contudo, que será de afastar a sanção da nulidade automática visto que não encontra qualquer apoio no texto do regulamento, além de que a sanção de «desconcentração», prevista no art. 8.º, n.º 4, só faz sentido não havendo nulidade automática. Desta forma, a melhor solução, como afirma Dominique Berlin[962], será considerar que tal declaração torna os actos "ilegais", cabendo aos Estados-membros, e especialmente aos tribunais nacionais, retirar a consequência dessa "ilegalidade". Observe-se por fim que, se apesar da decisão de incompatibilidade da Comissão as partes realizarem a operação de concentração, ficarão sujeitas às pesadas coimas estabelecidas no art.14.º, n.º 2.

No caso de a concentração já ter sido realizada, a Comissão pode, nos termos do art. 8.º, n.º 4, «ordenar, numa decisão tomada ao abrigo do n.º 3 ou numa decisão distinta, a separação das empresas ou dos activos agrupados ou a cessação do controlo conjunto, ou qualquer outra medida adequada ao restabelecimento de uma concorrência efectiva»[963]. Note-se que, no caso de a declaração realizada nos termos do art. 8.º, n.º 4, ser feita numa decisão distinta, não está sujeita a prazos, facto que permite um prazo mais alargado do que o dos quatro

---

[960] Fernand-Charles JEANTET, *Le rôle préventif du côntrole communautaire des opérations de concentration*, Rec. DS, Janvier 1991, pág. 8.

[961] Cfr. *infra*, pontos 59 e segs.

[962] Cfr. Dominique BERLIN, ob. cit., pág. 318.

[963] Estas medidas de desconcentração parecem ser difíceis de aplicar aos casos de operações de concentração ligadas a uma OPA. A possibilidade de a Comissão aplicar medidas que limitem os direitos de voto em determinadas assembleias ou em função das matérias é, como afirma Alberto ALONSO UREBA, muito duvidosa – cfr. ob. cit., pág. 279. Veja-se, no entanto, a posição sustentada nesta matéria por E. GONZÁLEZ DÍAZ, que afirma não ter dúvidas sobre a oportunidade dessa aplicação, invocando o n.º 3.º do art. 7.º, bem como a possibilidade de a Comissão fazer acompanhar as suas decisões de condições e obrigações sempre que o objectivo final seja a preservação das condições de concorrência efectiva – cfr. *La aplicabilidad del reglemento...*, ob. cit., pág. 299.

444 *O controlo das concentrações de empresas no direito comunitário*

meses existente para a decisão de incompatibilidade. De qualquer maneira, parece óbvio que a Comissão deverá actuar num prazo razoável, sob pena de as partes poderem recorrer ao art. 175.° do Tratado CE. Se as partes não cumprirem as medidas de «desconcentração» ordenadas pela Comissão, ficarão sujeitas a coimas, nos termos do art. 14.°, n.° 2, al. c), bem como a uma sanção pecuniária compulsória, nos termos do art. 15.°, n.° 2, al. b). Na sua prática decisória, a Comissão tem-se mostrado, contudo, pouco inclinada a aplicar esta sanção de forma «autónoma». Observe-se, finalmente, que, no caso de a Comissão não tomar qualquer decisão nos prazos fixados nos termos dos n.ᵒˢ 2 ou 3 do art. 8.°, se considera que a operação de concentração é declarada compatível com o mercado comum (art. 10.°, n.° 6).

56. O cumprimento de prazos curtos, dentro dos quais a Comissão tem de adoptar a decisão, só será possível se as partes cooperarem no processo. A autoridade comunitária dispõe de meios para assegurar essa cooperação, tendo nomeadamente poderes de instrução e sancionatórios. Saliente-se, antes de mais, que os poderes da Comissão fixados no regulamento de 1989 são muito semelhantes aos que lhe são conferidos nos termos do Regulamento n.° 17; daí que, em nossa opinião, se deva permitir, em princípio, a transposição, *mutatis mutandis,* da jurisprudência fixada em geral em matéria de concorrência[964]. Deste modo, apesar de o regulamento comunitário afastar a aplicação dos regulamentos de execução dos arts. 85.° e 86.° do Tratado CE, cremos que deve ser aproveitada a experiência da jurisprudência desenvolvida nesse campo.

O regulamento de 1989 estabelece, essencialmente, dois poderes de instrução da Comissão – o poder de pedir informações e o poder de proceder às verificações necessárias –, não existindo uma hierarquia entre eles. De facto, o Tribunal já afirmou expressamente, no acórdão *National Panasonic*[965], que os dois poderes tinham funções distintas, não podendo ser hierarquizados; antes seriam duas possibilidades

---

[964] No mesmo sentido, cfr. B. RODRIGUEZ GALINDO, *L'application des règles de concurrence du traité CEE: les pouvoirs d'enquête de la Comission*, RMUE, 2, 1991, págs. 75 e 76, e Patrick THIEFFRY, Philip Van DOORN e Peter NAHMIAS, *La notification au titre du contrôle communautaire des concentrations entre entreprises*, RMUE, 2, 1991, pág. 64.

[965] Acórdão de 26 de Junho de 1980, processo 136/79, *National Panasonic (UK) Ltd, c. Comissão das Comunidades Europeias*, Rec. 1980, pág 2033.

O controlo comunitário das concentrações com base no reg. n.º4064/89   445

alternativas, cuja escolha dependia das circunstâncias do caso concreto[966]; e, no acórdão *AM&S*[967], esclareceu que a Comissão pode exigir os documentos que considere necessário conhecer para poder descobrir a infracção às regras da concorrência[968].

O poder de pedir informações vem referido no art. 11.º do Regulamento n.º 4064/89, cujo n.º 1 dispõe: «a Comissão pode obter todas as informações necessárias junto dos governos, das autoridades competentes dos Estados-membros, das pessoas referidas no n.º 1, al. b), do art 3.º, bem como das empresas[969] e associações de empresas». No caso das empresas, o n.º 4, da mesma disposição, esclarece ainda que «são obrigados a fornecer as informações solicitadas no que diz respeito às empresas, os seus proprietários ou os seus representantes e, no caso de pessoas colectivas, de sociedades ou de associações sem personalidade jurídica, as pessoas capazes de as representar, legal ou estatutariamente». Saliente-se, por outro lado, que é com vista a garantir a cooperação entre a Comissão e os Estados-membros que se prevê o envio de uma cópia do pedido de informações às autoridades dos Estados-membros. O envio desta cópia suscita o problema de saber se um Estado-membro[970] pode, com base no art. 223.º do Tratado CE, opor-se à divulgação pelas empresas das informações pedidas pela Comissão. Aceitando-se a resposta afirmativa, é preciso interpretar-se restritivamente as noções de «segurança» e «interesses essenciais», desde logo porque o mecanismo do art. 21.º, n.º 3, do regulamento já

---

[966] Acórdão *National Panasonic*, cit., considerando 12. Assim, segundo o Tribunal, «enquanto as informações que a Comissão julga oportuno conhecer não podem ser geralmente recolhidas sem a colaboração das empresas, e associações de empresas, que as detêm, as verificações, pelo contrário, não estão necessariamente ligadas a esta mesma condição. Elas visam, em geral, controlar (...) a realidade e o alcance das informações que a Comissão já dispõe, não pressupondo, portanto, necessariamente, uma colaboração prévia da parte das empresas ou associações de empresas(...)» – cfr. considerando 13.

[967] Acórdão do Tribunal de Justiça de 18 de Maio de 1982, processo 155/79, *AM & S Europe Limited, c. Comissão das Comunidades Europeias*, Rec. 1982, pág 1575.

[968] Acórdão *AM & S*, cit., considerando 17.

[969] Note-se que aqui nos referimos não só às empresas implicadas na operação mas também a terceiros, como, por exemplo, concorrentes ou clientes.

[970] Se o Estado não for membro da Comunidade, o problema já será resolvido com base nas coordenadas do Direito Internacional, cuja análise extravasa manifestamente o âmbito do nosso trabalho.

446 *O controlo das concentrações de empresas no direito comunitário*

tem em conta a protecção desses interesses legítimos, além de que a Comissão está sujeita a uma obrigação de confidencialidade. Observe--se, por fim, que o art 223.° só pode ser invocado pelos Estados e não pelas empresas.

O pedido de informações, previsto no art. 11.° do regulamento comunitário, desenrola-se num processo em duas etapas, à semelhança do que se passa com o art. 11.° do Regulamento n.° 17, sobre o qual o primeiro foi praticamente decalcado[971]. No acórdão *National Panasonic,* o Tribunal declarou em relação ao art. 11.° do Regulamento n.° 17 que essa disposição «prevê efectivamente para o exercício desse poder um processo em duas fases, em que a segunda, abrangendo uma decisão da Comissão 'que precisa as informações pedidas', só pode ser iniciada depois da primeira fase, caracterizada pelo envio de um pedido de informações às empresas ou associações de empresas, ter sido tentada sem sucesso», considerações estas que parecem aplicar-se em relação às disposições equivalentes do Regulamento n.° 4064/89[972]. Assim, numa primeira fase, a Comissão formulará por escrito um pedido, às entidades em causa, de todas as informações necessárias, nos termos do art .11.°, n.° 1, do Regulamento n.° 4064/89[973], acrescentando o seu n.° 3 que «a Comissão indicará os fundamentos jurídicos e o objecto do pedido, bem como as sanções previstas no n.° 1, al. c), do art. 14.° no caso de serem prestadas informações inexactas». O art. 11.°, n.° 4, do mesmo regulamento, com o objectivo de evitar a fuga das empresas à responsabilidade por omissão de informações, ou informações inexactas, refere as entidades obrigadas a fornecer as informações solicitadas. Sublinhe-se ainda que, nesta primeira fase processual, geralmente as empresas respondem espontaneamente ao pedido de informações feito neste quadro informal, mas, no caso de não

---

[971] Há, porém, certas diferenças exigidas pela especificidade do controlo das concentrações, nomeadamente a referência no art. 11.°, n.° 1, do Regulamento de 1989 às «pessoas referidas no n.° 1, al. b), do art 3.°», que não encontra obviamente correspondência na respectiva disposição do Regulamento n.° 17.

[972] Acórdão *National Panasonic,* cit., considerando 10. O que foi confirmado, posteriomente, no considerando 23 do acórdão *Orkem* (acórdão de 18 de Outubro de 1989, processo 347/87, *Orkem c. Comissão,* Col. 1989, pág. 3283).

[973] Quanto ao envio de documentos à Comissão, pelas partes interessadas ou por terceiros, o art. 16.°, n.°s 1 e 2, do regulamento de execução prevê que pode realizar--se por entrega em mão, recibo, carta registada com aviso de recepção, telecópia com pedido de aviso de recepção ou telex.

O controlo comunitário das concentrações com base no reg. n.º4064/89   447

cumprirem esse pedido, serão aplicadas sanções pecuniárias, passando o processo para uma segunda fase, em que a decisão da Comissão terá carácter formal[974].

Deste modo, só no caso de as informações solicitadas não serem prestadas no prazo devido ou serem efectuadas de forma incompleta (recorde-se que, se a Comissão considerar necessário passar a esta segunda fase, o prazo de quatro meses é suspenso, nos termos do art. 9.º do regulamento de execução, até à recepção das informações completas) é que a Comissão as requer, através de uma decisão com força jurídica obrigatória, nos termos do art. 189.º do Tratado CE. Essa decisão especificará, nos termos do art. 11.º, n.º 5, do Regulamento n.º 4064/89, «as informações exigidas, fixará um prazo adequado para a prestação de informações e indicará as sanções previstas no n.º 1, alínea c), do art 14.º e no n.º 1, alínea a) do artigo 15.º, bem como a possibilidade de recurso da decisão para o Tribunal de Justiça», sendo ainda enviada simultaneamente uma cópia da decisão à autoridade competente do Estado-membro (art.11.º, n.º 6, do mesmo regulamento).

Note-se, por outro lado, que este direito, de a Comissão exigir às empresas que lhe prestem todas as informações consideradas neces-sárias, tem, porém, um importante limite fixado pela jurisprudência do Tribunal de Justiça. Na verdade, este declarou, nos acórdãos *Orkem*[975] e *Solvay & Cie*[976], que «a Comissão não pode impor à empresa a obrigação de fornecer respostas através das quais esta seja levada a admitir a existência de uma infracção cuja prova compete à Comissão»[977]. Este "direito a não responder", ou "direito ao silêncio", justifica-se, segundo o Tribunal, pela necessidade de se «assegurar o respeito dos direitos da defesa que o Tribunal considerou como um princípio fundamental da ordem jurídica comunitária»[978].

---

[974] Note-se que, na primeira fase, o pedido da Comissão ainda não é considerado uma decisão juridicamente vinculativa, pelo que não pode ser objecto de recurso para o Tribunal, nos termos da jurisprudência fixada no acórdão *IBM/ Comissão*, cit., considerandos 12 e13.

[975] Acórdão do Tribunal de Justiça de 18 de Outubro de 1989, processo 347/87, *Orkem c. Comissão das Comunidades Europeias*, Col. 1989, pág 3283.

[976] Acórdão de 18 de Outubro de 1989, processo 27/88, *Solvay & Cie c. Comissão das Comunidades Europeias*, Col. 1989, pág 3355.

[977] Acórdão *Orkem*, cit., considerando 35, e *acórdão Solvay & Cie*, cit, ponto 2 do sumário.

[978] Acórdão *Orkem*, cit., considerando 32.

448 *O controlo das concentrações de empresas no direito comunitário*

Além destes pedidos de informação, com que geralmente a Comissão inicia o processo, ela pode, igualmente, proceder a todas as verificações que considere necessárias junto das empresas ou associações de empresas, nos termos do art. 13.° do Regulamento n.° 4064/89. Este processo de verificação possui duas fases (tal como o processo do pedido de informações): uma com carácter não obrigatório e outra ordenada através de uma decisão formal. Há, no entanto, uma diferença essencial entre os dois processos, esclarecida pelo Tribunal no acórdão *National Panasonic*, onde afirma que, no processo de verificação, ao contrário do que se passa no processo de pedido de informações, a Comissão pode ordenar logo uma investigação, através de uma decisão formal, sem ter de recorrer primeiro ao processo informal[979]. Saliente-se, ainda, que os poderes de verificação, conferidos aos agentes da Comissão, indicados no art. 13.°, n.° 1, do Regulamento n.° 4064/89, similares aliás aos estabelecidos no art. 14.°, n.° 1, do Regulamento n.° 17, são extremamente amplos, abrangendo a inspecção ou cópia de livros e outros documentos comerciais, a solicitação de explicações orais *in loco,* bem como o acesso a todas as instalações, terrenos e meios de transporte das empresas.

A verificação, nos termos do art. 13.°, n.° 2, do regulamento comunitário, far-se-á «mediante a apresentação de um mandato escrito que indicará o objecto e a finalidade da verificação bem como a sanção prevista no n.°1, alínea d), do artigo 14.°, no caso de os livros ou outros documentos comerciais exigidos serem apresentados de maneira incompleta». Assim, a empresa, nesta fase, não é obrigada a aceitar a visita dos agentes da Comissão; mas, se o fizer, deverá fornecer todos os documentos de forma completa, ou seja, há um dever de cooperação com os agentes da Comissão, não só de tornar possível o acesso aos documentos mas de apresentar todos os documentos necessários[980].

---

[979] É, assim, particularmente esclarecedor o considerando 11 do acórdão *National Panasonic,* cit, que estipula que o art. 14.° do Regulamento n.° 17 «não exclui (...) que a Comissão possa proceder a verificações sem adoptar uma decisão, através, apenas, de um mandato escrito dado aos seus agentes, mas não contém de resto nenhum elemento donde se infira que ela só pode adoptar uma decisão nos termos do n.°3 [do art. 14.°] se tentou previamente efectuar uma verificação por simples mandato. Enquanto que o art. 11.° subordina expressamente (...) a adopção de uma decisão [formal] ao pedido prévio de informações».

[980] Decisão da Comissão de 27 de Outubro de 1982, processo IV/AF 528, *Fédération nationale de l'industrie de la chaussure de France,* JOCE n.° L 319/12 de

O controlo comunitário das concentrações com base no reg. n.º4064/89   449

Se as empresas recusam sujeitar-se às verificações requeridas pela Comissão com base num mandato escrito, então a Comissão poderá ordenar tal verificação por via de decisão a que as empresas são obrigadas a sujeitar-se, nos termos do art. 13.º, n.º 3. Tal como para o pedido formal de informações, a decisão da Comissão que ordene a verificação «indicará o objecto e a finalidade da verificação, fixará a data em que esta se inicia e indicará as sanções previstas no n.º 1, alínea d), do artigo 14.º e no n.º 1, alínea b), do artigo 15.º, bem como a possibilidade de recurso da decisão para o Tribunal de Justiça». A decisão deve ainda ser notificada às empresas destinatárias, nos termos do art. 191.º do Tratado CE.

Neste momento, convém recordarmos o acórdão *Hoechst*[981], onde o Tribunal esclareceu certas questões relativas aos poderes de verificação da Comissão, bem como aos direitos de as empresas se oporem à verificação. Em primeiro lugar, note-se que o Tribunal afirmou, aí, que «tanto a finalidade do Regulamento n.º 17, quanto a enumeração, contida no seu art. 14.º, dos poderes atribuídos aos agentes da Comissão, tornam patente que as diligências de instrução podem ter um alcance bem lato. A este respeito o direito de acesso a todas as instalações da empresa surge revestido de especial importância na medida em que permite à Comissão recolher as provas das infracções às regras de concorrência nos locais em que normalmente se encontram, ou seja, nas instalações comerciais das empresas»[982]. Em segundo lugar, salientou que este direito de acesso implica «a faculdade de [a Comissão] procurar diversos elementos de informação, ainda que não conhecidos ou não totalmente identificados» no momento da adopção da decisão de verificação[983-984]. Por fim, o Tribunal sublinhou

---

16.11.81, onde a Comissão afirmou expressamente que «os responsáveis das empresas ou das associações de empresas não podem operar um escolha entre os documentos que considerem em relação com o objecto da investigaçao e os que consideram fora desse objecto» – cfr. ponto 8.

[981] Acórdão de 21 de Setembro de 1989, processos apensos 46/87 e 227/88, *Hoechst AG c. Comissão das Comunidades Europeias*, Col. 1989, pág 2859.

[982] Acórdão *Hoechst*, cit., considerando 26.

[983] Acórdão *Hoechst*, cit., considerando 27.

[984] Esta faculdade de procurar elementos de provas suplementares nesses locais foi aplaudida por parte da doutrina que, com o Tribunal, afirmou ser indispensável ao «exercício útil» dos poderes de investigação da Comissão. Assim, se a Comissão devesse identificar previamente cada um dos documentos que desejasse examinar no

450 *O controlo das concentrações de empresas no direito comunitário*

a necessidade de a intervenção das autoridades públicas na esfera de actividade privada de uma pessoa ser exercida dentro de certos limites. Desta forma, apesar de os agentes da Comissão disporem «da faculdade de exigir a apresentação dos documentos que solicitem, de entrar no locais (...) e de que lhes seja mostrado o conteúdo dos móveis que indiquem (...) não podem forçar o acesso a locais ou móveis ou obrigar o pessoal da empresa a garantir-lhes esse acesso, nem empreender buscas sem autorização dos responsáveis da empresa»[985]. No caso de existir oposição das empresas, os agentes da Comissão devem procurar o auxílio das autoridades nacionais, que têm «a obrigação de lhes fornecer a assistência necessária ao desempenho da sua tarefa», sendo da competência de cada Estado-membro regular as condições em que é prestada essa assistência[986].

Atendendo às considerações expostas, torna-se clara a necessidade de a Comissão entrar em contacto com o Estado mesmo antes de adoptar a decisão de verificação. Assim, nos termos do art. 13.º, n.º 4, do Regulamento n.º 4064/89, a Comissão deve avisar por escrito as autoridades nacionais da sua intenção de adoptar uma decisão formal e só depois de ter ouvido essas autoridades é que pode adoptar a decisão[987]. Por outro lado, quanto à assistência prestada pelas autoridades nacionais aos agentes da Comissão, é preciso atender à

âmbito da sua investigação, ela dependeria, totalmente, da colaboração das empresas, o que não é, certamente, a intenção dos autores do Regulamento n.º 17, cujos considerandos mostram que «ele quer conferir um poder de investigação com uma extensão útil à Comissão». Logo, só a solução consagrada no acórdão permite à Comissão «exercer uma vigilância eficaz das infracções ao direito da concorrência comunitário» (B. JANSEN, *Les pouvoirs d'investigation de la Comission des Comuunautés Européennes em matière de concurrence,* RMC, n.º 342, Décembre, 1990, pág. 698). No mesmo sentido, cfr. P. THIEFFRY e outros, *Les pouvoirs d'enquête...,* ob. cit., pág. 310. Contra a oportunidade das soluções seguidas pelo Tribunal, veja-se, no entanto, a doutrina alemã citada por Bernhard JANSEN, ob. cit., pág. 698, nota 12.

[985] Acórdão *Hoechst,* cit., considerando 31.

[986] Acórdão *Hoechst,* cit., considerandos 32 e 33.

[987] Defendendo que esta exigência da resposta do Estado deve ser interpretada flexivelmente, bastando a existência de contactos informais – como por exemplo uma conversa telefónica – , o que conseguiria evitar que a Comissão ficasse à espera da resposta do Estado e permitiria verificações surpresa, cfr. Dominique BERLIN, ob. cit., pág. 291.

O controlo comunitário das concentrações com base no reg. n.º4064/89   451

jurisprudência fixada nos acórdãos *Dow Chemical*[988] e *Dow Benelux*[989], que estabelece que os agentes da Comissão não podem pedir a concessão, com base no direito nacional, de poderes que não lhes são conferidos pelo direito comunitário, devendo, ainda, na sua actuação conjunta com as autoridades nacionais, em relação às diligências efectuadas sem a colaboração das empresas, «respeitar as garantias processuais previstas para esse efeito pelo direito nacional»[990].

Observe-se, por outro lado, que a obrigação de a Comissão informar, nos termos do art. 13.º, n.º 4, do Regulamento n.º 4064/89, as autoridades competentes do Estado-membro da diligência da verificação não existe em relação às empresas. De facto, o Tribunal afirmou expressamente, no acórdão *AKZO Chemie*[991], que «o objectivo do n.º 2 do art. 14.º do Regulamento n.º 17 é permitir à Comissão efectuar de surpresa diligências de instrução junto das empresas», afastando, portanto, a obrigação de a Comissão avisar previamente as empresas das verificações a realizar, evitando, deste modo, a sonegação de informações. O elemento surpresa revela-se essencial, já que seria uma ingenuidade acreditar-se que, podendo ser fixadas coimas elevadíssimas, as empresas alertadas sobre a investigação não tentassem fazer desaparecer as provas incriminatórias da infracção[992].

A Comissão pode, ainda, em vez de proceder às verificações necessárias no exercício das competências que lhe são atribuídas pelo regulamento comunitário, pedir às autoridades competentes dos Estados-membros para realizarem essas verificações. As autoridades nacionais agem, assim, em substituição da Comissão, não existindo

---

[988] Cfr. o acórdão do Tribunal de 17 de Outubro de 1989, processos apensos 97, 98, e 99/87, *Dow Chemical Iberica e outros c. Comissão das Comunidades Europeias*, Col. 1989, pág. 3165.

[989] Acórdão de 17 de Outubro de 1989, processo 85/87, *Dow Benelux NV c. Comissão das Comunidades Europeias*, Col. 1989, pág. 3137.

[990] Açórdão *Dow Chemical*, considerando 31, e acórdão *Dow Benelux*, considerando 45.

[991] Acórdão de 23 de Setembro de 1986, processo 5/85, *AKZO Chemie BV e AKZO Chemie UK LTD c. Comissão das Comunidades Europeias*, Col. 1986, pág. 2585, cfr. considerando 24.

[992] Julian JOSHUA, *The investigative powers of the EEC Comission in competition cases*, GP, Juin 1991, pág. 24. É claro que o carácter preventivo do controlo das concentrações reduz, em parte, o interesse do efeito surpresa dos poderes de investigação, nos termos do art. 14.º do Regulamento n.º 17.

452 *O controlo das concentrações de empresas no direito comunitário*

qualquer relação hierárquica entre elas, exercendo «os seus poderes mediante apresentação de mandato escrito emitido pela autoridade competente do Estado-membro em cujo território as verificações devam efectuar-se», nos termos do art. 12.°[993]. Esta faculdade, semelhante à fixada no art. 13.° do regulamento n.° 17, é, contudo, raramente utilizada[994]. Na verdade, a Comissão já declarou que só procederá a verificações na acepção dos arts. 12.° e 13.° «se circunstâncias especiais o exigirem»[995].

Saliente-se, finalmente, que estes poderes de investigação, apesar de se apresentarem bastante extensos, seriam desprovidos de eficácia se a Comissão não dispusesse igualmente de poderes sancionatórios relativamente à infracção das regras processuais. O regulamento prevê, a este propósito, sanções assaz pesadas – montantes cerca de 10 vezes superiores aos fixados no Regulamento n.° 17 – com o objectivo de dissuadir as empresas de violarem as obrigações que sobre elas recaem. As sanções previstas são, essencialmente, de dois tipos e podem ser aplicadas cumulativamente: as coimas, previstas no art. 14.°, que visam sancionar a violação das disposições do regulamento, e as sanções pecuniárias compulsórias, estabelecidas no art. 15.°, que querem forçar as empresas a cumprirem as suas obrigações. Observe-se que, enquanto no caso das coimas estamos perante sanções fixas e definitivas, no caso da sanção pecuniária compulsória estamos perante uma sanção temporária e indeterminada. Note-se, por fim, que ambas as disposições se subdividem em duas categorias (art.14.°, n.os 1 e 2 / art. 15.°, n.os 1 e 2), em função da gravidade da infracção.

57. Os poderes de investigação e sancionatórios da Comissão, que temos vindo a analisar, têm, obviamente, de realizar-se respeitando os direitos dos particulares. A protecção legal dos particulares em relação aos poderes da Comissão tem sido desenvolvida pela jurisprudência do Tribunal, nomeadamente com base nas disposições do Regulamento n.° 17. Também em matéria de controlo das concen-

---

[993] Art. 12.° do Regulamento n.° 4064/89. Esta disposição prevê, ainda, a possibilidade de os agentes da Comissão prestarem assistência aos agentes nacionais, que é, no fundo, a situação inversa da estipulada no art. 13.°, n.° 5.

[994] RODRIGUEZ GALINDO, *L'application des règles de...*, ob. cit., pág. 86.

[995] Bol. CE, Suplemento 2/90, pág. 24.

O *controlo comunitário das concentrações com base no reg. n.º4064/89*   453

trações as garantias dos particulares estão ressalvadas no Regulamentos n.º 4064/89 e no regulamento de execução, podendo ser agrupadas em dois grandes blocos: o direito ao sigilo e o direito a ser ouvido[996]. O direito ao segredo profissional está consagrado no art. 214.º do Tratado CE, sendo igualmente referido no art. 20.º do Regulamento n.º 17. O Tribunal, no acórdão *AM&S,* forneceu, ainda, certos esclarecimentos sobre o alcance da protecção desse direito, em relação a uma situação concreta em que estava em causa a confidencialidade da correspondência nas relações advogado/cliente. O Tribunal começou por reconhecer que o Regulamento n.º 17 protege, tal como os vários direitos internos, a confidencialidade da correspondência entre advogado e cliente, afirmando em seguida a limitação dessa protecção por duas condições: apenas é protegida a correspondência trocada entre o advogado e o cliente no âmbito e para os fins do direito de defesa do cliente[997], assim como só é salvaguardada a correspondência emanada de advogados independentes, ou seja, aqueles que não têm um vínculo de trabalho com o cliente[998].

O Regulamento n.º 4064/89 utiliza a expressão mais restrita de *sigilo comercial* no art. 17.º, cujo n.º 1 dispõe: «as informações obtidas nos termos dos artigos 11.º, 12.º, 13.º, e 18.º, só podem ser utilizadas para os efeitos visados pelo pedido de informações, de controlo ou de

---

[996] Note-se que segundo certos autores, como Dominique BERLIN, o respeito pelos direitos da defesa é menos invocado no âmbito de um processo que não visa investigar infracções mas apenas apreciar a compatibilidade da operação – cfr. D. BERLIN, ob. cit., pág. 325. De qualquer modo, também aí se procuram garantir os direitos de defesa, nomeadamente o direito de audiência das partes e de terceiros. Nesta linha se inscreve, aliás, a decisão da Comissão de 12 de Dezembro de 1994, relativa ao mandato dos conselheiros auditores no âmbito dos processo de concorrência que correm perante a comissão – cfr. JOCE n.º L 330/67 de 21.12.94

[997] Assim, nos termos do considerando 23 do acórdão *AM & S,* cit., o Tribunal afirma que o segredo profissional abrange «toda a correspondência trocada depois da abertura do processo administrativo (...) susceptível de conduzir a uma decisão de aplicação dos arts. 85.º e 86.º do Tratado CE (...) ou a uma decisão sancionatória, (...), podendo ser ainda estendido à correspondência anterior conexionada com o objecto de tal processo».

[998] Esta condição, formulada no considerando 24 do acórdão *AM & S,* cit., justificar-se-ia, segundo o Tribunal, atendendo a uma concepção do papel desempenhado pelo advogado, considerado como «colaborador da justiça e chamado a fornecer com toda a independência e no interesse superior da [justiça] a assistência legal de que o cliente precisa (...)».

454 *O controlo das concentrações de empresas no direito comunitário*

audição». Os legisladores do regulamento deram, assim, expressão às preocupações, com a preservação dos direitos de defesa, manifestadas pelo Tribunal no acórdão *Dow Benelux,* onde afirmou que esses direitos «ficariam gravemente comprometidos se a Comissão pudesse invocar, face às empresas, provas que, obtidas no decurso de diligências de instrução, fossem estranhas ao objecto ou à finalidade dessa instrução»[999]. Por outro lado, o disposto no art. 17.º, n.º 1, significa que as informações recolhidas pela Comissão, no âmbito do processo comunitário das concentrações, não podem ser utilizadas no campo do direito nacional, como prova, por exemplo, num processo fiscal[1000]. O n.º 2 do art. 17 dispõe: «sem prejuízo do n.º 3, do artigo 4.º, e dos artigos 18.º e 20.º, a Comissão e as autoridades competentes dos Estados-membros, bem como os seus funcionários e outros agentes, não podem divulgar as informações obtidas nos termos do presente regulamento que, pela sua natureza, estejam abrangidas pelo sigilo comercial». As empresas estão, assim, protegidas pela obrigação de sigilo estabelecida no art. 17.º, n.º 2, que impede, por exemplo, a divulgação de tais informações aos seus concorrentes. Esta disposição tem sido considerada essencial no equilíbrio procurado entre o interesse público, em controlar as estruturas do mercado através de um mecanismo de notificação prévia, e os interesses particulares, em não serem divulgadas informações aos concorrentes ou às autoridades públicas[1001]. Observe-se, finalmente, que os n.ºs 1 e 2 do art 17.º «não prejudicam a publicação de informações gerais ou estudos que não contenham informações individualizadas relativas às empresas ou associações de empresas» (art 17.º, n.º 3, do regulamento de 1989).

Além deste direito com um conteúdo "negativo", o regulamento consagra ainda direitos dos particulares com um conteúdo positivo. Saliente-se, em especial, o direito dos interessados e dos terceiros a serem ouvidos, nos termos do art.18.º do Regulamento n.º 4064/89. Esta disposição distingue o direito de audiência dos interessados do direito dos terceiros. Em relação aos primeiros a Comissão dá-lhes a oportunidade de se pronunciarem, nos termos do art. 18.º, n.º 1, enquanto os terceiros têm de solicitar ser ouvidos, sendo o pedido deferido nos termos do n.º 4 da mesma disposição. Note-se que a noção de "partes interessadas" abrange as empresas que participam

---

[999] Acórdão *Dow Benelux,* cit., considerando 18.

[1000] Cfr., por todos, Dominique BERLIN, ob. cit., pág. 326.

[1001] Cfr., por todos, C. JONES e GONZÁLEZ DÍAZ, ob. cit., pág. 234.

O *controlo comunitário das concentrações com base no reg. n.º4064/89*   455

directamente na concentração bem como aquelas que tiveram de proceder à notificação nos termos do art. 4.º, n.º 2, do regulamento de 1989. Além destas, parece que se deverá considerar igualmente interessada, no caso da aquisição de controlo de uma empresa por outra, a empresa adquirida, visto que está directamente envolvida na operação. Quanto à noção de terceiros, podemos recolher certas indicações no n.º 4 do art.18.º, que refere expressamente «os membros dos órgãos de administração ou de direcção das empresas visadas ou os representantes devidamente reconhecidos dos trabalhadores dessas empresas». Além destas categorias, outros terceiros poderão ser ouvidos desde que, nos termos da referida disposição, «comprovem ter um interesse suficiente». Quanto ao alcance desta expressão, podemos, talvez, buscar certo apoio na prática desenvolvida à luz do Regulamento n.º 17, segundo a qual basta, para se afirmar a «suficiência» de tal interesse, que o processo afecte directa ou indirectamente a situação de facto ou de direito dos terceiros.

O direito de audiência nasce com a comunicação feita por escrito, pela Comissão, nos termos do art. 13.º, n.º 2, do regulamento de execução, aos interessados sobre as objecções contra eles formuladas, para que possam contestá-la, no prazo fixado pela autoridade comunitária, apresentando os seus argumentos. Essa comunicação pode ser feita quando a Comissão decide prorrogar a suspensão da realização da concentração, concede uma derrogação do efeito suspensivo, decide acompanhar a decisão de compatibilidade de obrigações e condições, decide declará-la incompatível com o mercado comum, ordena a sua «desconcentração», revoga a decisão de compatibilidade ou, ainda, quando decide aplicar coimas ou sanções pecuniárias compulsórias, nos termos dos arts. 14.º e 15.º (art.18.º, n.º 1). Note-se que a comunicação de objecções, tal como a decisão do art. 6.º, n.º 1, al. c), é um acto preparatório, não estando, portanto, sujeito a recurso para o Tribunal.

Observe-se, ainda, que, apesar de o regulamento não o estabelecer de forma clara, a audição dos interessados contém duas fases, uma escrita e outra oral, sendo a passagem de uma etapa para a outra feita em moldes diferentes consoante o tipo de decisão em causa. Assim, no caso de a comunicação ser feita nos termos do art. 7.º, n.º 2, os interessados podem pronunciar-se por «escrito ou oralmente», nos termos do art. 11.º, n.º 3, do regulamento de execução, o que já foi considerado como uma hipótese alternativa deixada à escolha das partes, atendendo a que os prazos fixados são geralmente

456   *O controlo das concentrações de empresas no direito comunitário*

curtos [1002]. O processo de audição já será diferente no caso das comunicações feitas ao abrigo do art. 8.°. Nestes casos, a Comissão facultará, nos termos do art. 13.°, n.° 3, do regulamento de execução, o acesso ao processo a pedido das partes para prepararem as suas observações, situação que não está expressamente prevista para os casos do art. 7.°, n.° 2. O art. 12.°, n.° 4, acrescenta que as partes interessadas «pronunciar-se-ão por escrito», no prazo fixado, sobre as objecções contra elas formuladas pela Comissão, podendo ainda «expor todas as questões úteis ao processo e juntar todos os documentos adequados (...) [e] propor que a Comissão ouça pessoas susceptíveis de confirmarem os factos invocados». À fase escrita pode seguir-se uma fase oral se as partes a solicitarem (art. 14.°, n.° 1, do regulamento de execução), parecendo ser necessário que as partes comprovem, no âmbito do art. 8.°, um interesse suficiente na exposição oral, ao contrário dos casos em que a Comissão tenciona aplicar uma decisão ao abrigo dos arts. 14.° ou 15.° do Regulamento n.° 4064/89. Observe-se, finalmente, que o art. 18.°, n.° 3, é uma manifestação do princípio do contraditório, revelando-se essencial à garantia dos direitos de defesa dos particulares, quando estabelece que «a Comissão fundamentará as suas decisões exclusivamente em objecções relativamente às quais os interessados tenham podido fazer valer as suas observações».

58. A cooperação estreita entre a Comissão e os Estados manifesta-se ao longo de todo o Regulamento n.° 4064/89, nomeadamente nos casos de remessas feitas pela Comissão às autoridades dos Estados-membros (art. 9.°), na colaboração existente quanto ao pedido de informações (art. 11.°) e às situações de verificação (arts. 12.° e 13.°) e, ainda, na forma de condução do processo nos termos do art. 19.°, que tem aliás por epígrafe «ligação com as autoridades dos Estados-membros».

O art. 19.°, n.° 1, à semelhança do art. 10.° do Regulamento n.° 17, dispõe: «a Comissão transmitirá no prazo de três dias úteis às autoridades competentes dos Estados-membros cópias de notificações bem como (...) os documentos mais importantes (...)», acrescentando, no seu n.° 2, que a Comissão «conduzirá os processos referidos no presente regulamento em ligação estreita e constante com as autoridades competentes dos Estados-membros, que estão habilitadas a

---

[1002] Neste sentido cfr. Dominique BERLIN, ob. cit., pág. 335.

O controlo comunitário das concentrações com base no reg. n.º4064/89   457

formular quaisquer objecções sobre esses processo (...)» e estipulando, finalmente, no seu n.º 3, que, antes de ser tomada uma decisão ao abrigo do art. 8.º, n.ᵒˢ 2 a 5, 14.º, 15.º e 23.º, «será consultado um comité consultivo em matéria de concentrações de empresas».

Este comité será composto, nos termos do n.º 4 do art. 19.º, «por representantes dos Estados-membros. Cada Estado-membro designará um ou dois representantes (...) [e] pelo menos cada um desses representantes deve ter experiência em matéria de acordos e posições dominantes». Note-se que, com esta última referência, se faz apelo à necessidade de ser tida em conta, na aplicação do regulamento comunitário, a experiência das autoridades nacionais, sobretudo nos países com larga tradição no controlo das concentrações.

Finalmente, o n.º 5 do art. 19.º prevê que a consulta ao comité consultivo, sobre as matérias referidas no art. 19.º, n.º 3, «realizar-se-á durante uma reunião conjunta convocada e presidida pela Comissão». O comité consultivo formulará, depois, o seu parecer sobre o projecto de decisão da Comissão e pode recomendar a sua publicação (art. 19.º, n.ºs 6 e 7), o que aliás tem sido feito.

A cooperação entre a Comissão e os Estados-membros revela-se, deste modo, não só «normal» como «necessária e desejável»[1003].

Em síntese, podemos afirmar que:

1. As expectativas de um regulamento comunitário sobre o controlo das concentrações que oferecesse às empresas interessadas um regime processual seguro, simples e rápido, parecem, à primeira vista, ter sido frustradas.

2. De facto, a complexidade e a amplitude das informações exigidas, com a notificação da operação, no Formulário CO do regulamento de execução, oneram acentuadamente as partes que desejem realizar uma operação de concentração de dimensão comunitária. Situação que é agravada pelo poder de a Comissão impor pesadas coimas à prestação de informações inexactas ou ao incum primento dos prazos fixados.

3. Na prática, a tolerância demonstrada pela Comissão com a dispensa da comunicação de certas informações e na aplicação de

---

[1003] Assim, H. C. OVERBURY, *Estrecha y constante relación entre la Comissión y las autoridades nacionales en la aplicación de la reglamentación sobre concentraciones, in* "La lucha por el control de las grandes sociedades. Las ofertas públicas de adquisición", 1992, pág. 283.

458 *O controlo das concentrações de empresas no direito comunitário*

sanções, bem como o reforço dos contactos informais entre as partes e a autoridade comunitária, permitem, em nossa opinião, superar muitas das dúvidas e inconvenientes na aplicação do regulamento, cumprindo, em certa medida, os seus objectivos de rapidez, simplicidade e segurança.

4. Contribui, igualmente, para uma aplicação eficaz do regulamento comunitário, a preocupação demonstrada pela Comissão em observar os prazos estabelecidos no regulamento para a adopção de decisões formais, garantindo, assim, a celeridade do processo.

5. Note-se, por outro lado, que a segurança das empresas foi também atendida no regulamento que, ao lado do sistema de notificação prévia, refere a necessidade de serem salvaguardados os segredos profissionais das partes envolvidas na operação. A este direito de conteúdo negativo o regulamento acrescenta um outro com uma dimensão positiva, o direito de audiência das partes e dos terceiros o qual se encontra, em relação aos terceiros, formulado em termos mais restritivos.

6. Para garantir a eficácia do regulamento, a Comissão dispõe de poderes de investigação e sancionatórios, estruturados em termos semelhantes aos existentes ao abrigo do Regulamento n.° 17, pelo que, em nossa opinião, se deve aceitar a transposição, *mutatis mutandis,* da jurisprudência fixada em matéria de concorrência, à luz do Regulamento n.° 17.

7. Finalmente, refira-se a preocupação dos autores do regulamento em estabelecer uma cooperação constante entre a Comissão e os Estados-membros, atitude que se revela não só normal como desejável, nomeadamente num campo novo, a nível comunitário, como é o caso do regulamento sobre o controlo das concentrações, que poderá, assim, beneficiar da experiência adquirida pelos sistemas nacionais com tradição nessa matéria.

8. APLICAÇÃO RESIDUAL DAS DISPOSIÇÕES DOS TRATADOS?

Sumário: 59 – *A polémica querela da manutenção da validade das disposições do Tratado CE após a entrada em vigor do Regulamento n.° 4064/89.* **60** – *(cont.) Os arts. 85.° e 86.° do Tratado CE poderão continuar a ser aplicados pela Comissão?* **61** – *(cont.) Pelos tribunais nacionais?* **62** – *(cont.) Pelas autoridades dos Estados-membros?* **63** – *Qual a relação existente entre o art 66.° do Tratado CECA e o Regulamento n.° 4064/89?*

59. A questão de saber se as disposições do Tratado CE continuam a ser aplicáveis às operações de concentração depois da entrada em vigor do regulamento comunitário é muito discutida na doutrina[1004]. A querela centra-se, sobretudo, na interpretação a dar ao

---

[1004] A favor, em tese geral, da manutenção da aplicação dos arts. 85.° e 86.° depois da entrada em vigor do regulamento, cfr. Rainer BECHTOLD, ob. cit., pág. 261. No mesmo sentido, sustentando a aplicação dos arts. 85.° e 86.° depois da entrada em vigor do regulamento (precisando que a sua aplicação poderá ser feita pela Comissão, para as concentrações sem dimensão comunitária, e pelas autoridades nacionais, quaisquer que sejam as suas dimensões), cfr. Dominique MICHEL, *Le contrôle européen des concentrations:une certaine evolution*, RPS, 89.° ano, 1990, pág. 171. Defendendo a aplicação dos arts. 85.° e 86.° depois da entrada em vigor do regulamento, ainda que em termos mais limitados, com base nas disposições transitórias dos arts. 88.° e 89.°, cfr.: Giulio Rizza BAJARDO, *La normativa comunitaria sul controllo delle concentrazioni tra imprese alle luce delle disposizioni di attuazione del regolamento n.° 4064/89 e dei recenti documenti interpretativi della comission*, DCDSI, Anno XXIX NN. 1/2 – 1990, págs.739 e 740; Enzo Moavero MILANESI, *Spunti per uno studio del diritto antitrust della CE*, DCDSI, anno XXIX, n.° 3, Luglio Settembre 1990, pág. 379; Aurelio PAPPALARDO, *Il regolamento CEE sul controllo delle concentrazioni tra imprese*, Il foro italiano, vol. CXIII, Roma 1990, pág 216; Giorgio BERNINI, *Jurisdictional issues: EEC Merger Regulation member State Laws and articles 85-86*, FCLI, capítulo 27, 1991, págs. 622 e 624 (note-se que este autor, apesar de afirmar a

460 *O controlo das concentrações de empresas no direito comunitário*

art. 22.º, n.ᵒˢ 1 e 2, do Regulamento n.º 4064/89, que estipula o seguinte:

«1. Apenas o presente regulamento se aplica às operações de concentração definidas no artigo 3.º.

2. Os Regulamentos n.º 17, (CEE) n.º 1017/68, (CEE) n.º 4056/86 e (CEE) n.º 3957/ 87 não são aplicáveis às concentrações definidas no artigo 3.º».

Note-se que esta disposição não faz, directamente, nenhuma referência aos arts. 85.º e 86.º do Tratado, apenas declara inaplicáveis o conjunto dos regulamentos de execução de tais disposições. O abandono desses regulamentos desencadeou uma enorme discussão na doutrina, centrada na seguinte questão: o afastamento dos regulamentos de execução não será uma revisão «encapotada» do Tratado CE, com vista a afastar a aplicação dos arts. 85.º e 86.º às operações de concentração?

Uma certa corrente doutrinal, na qual se destaca James Venit [1005], afirma expressamente que a revogação dos regulamentos de execução

---

possibilidade de os arts. 85.º e 86.º serem aplicados ao controlo das concentrações, que reconhece como um facto da *realpolitik*, acusa simultaneamente tal possibilidade de ser inconsistente com o princípio do «one stop shop» – cfr. G. BERNINI, *in* AAVV, *Jurisdictional issues: EEC merger regulation, member state laws and articles 85-86*, Panel discussion, FCLI, 1991, capítulo 28, pág. 635); e ainda Jean-Marc le BOLZER, *The new EEC Merger Control policy after the adoption of Regulation 4064/89*, WCLER, vol. 2, July 1990, n.º 4, págs. 46 e 47; e finalmente Cécile FOY, *Le sort des articles 85 et 86 du traité CEE et le contrôle des concentrations*, DAE, n.º 503, Mars 1991, pág 63. Note-se que estes dois últimos autores – J. M. BOLZER e C. FOY – defendem que a Comissão e as autoridades nacionais podem e devem aplicar disposições do Tratado depois da entrada em vigor do regulamento, sem mencionar, porém, a base legal a utilizar.

Parecem defender o afastamento dos arts. 85.º e 86.º depois da entrada em vigor do regulamento Michael REYNOLDS, *From merger mayhem to merger miracle*, IFLR, January 1990, pág. 33 (afirma, no entanto, que, até surgir um claro corpo decisório nesta matéria, serão grandes as incertezas existentes), e Jean-Luc DÉCHERY (que defende o afastamento das disposições do Tratado porque o considera a única forma de evitar um duplo controlo que aumentaria a insegurança jurídica das empresas), *Le réglement communautaire instituant un contrôle des concentrations,* RCC, n.º 52, Nov-Déc 1989, pág. 2. Finalmente, contra a aplicação dos arts 85.º e 86.º depois da entrada em vigor do regulamento, vejam-se ainda as declarações de Jacques VANDAMME e Erwin SIMONS, *Le contrôle des concentrations dans la communauté européenne*, Courrier hebdomadaire CRISP, n.º 1293, 1990, pág. 36.

[1005] James VENIT, *The «merger» control...*, ob. cit., pág. 16.

O controlo comunitário das concentrações com base no reg. n.º4064/89   461

é «*ultra vires*», na medida em que foram ultrapassados os poderes concedidos, pelo art. 235.° do Tratado CE, aos autores do regulamento. A favor desta tese, alega que o afastamento dos regulamentos de execução priva terceiros quer do direito de apresentarem queixas à Comissão quer da possibilidade de invocarem o art. 85.° perante os tribunais nacionais, além de que as concentrações sem dimensão comunitária deixariam de ficar sujeitas a um controlo eficaz. O Regulamento n.° 4064/89 teria assim, na prática, reduzido o alcance da aplicação das disposições comunitárias existentes, ou seja, o art. 235.° tinha sido utilizado «para criar lacunas no Tratado» de uma forma inconsistente com o art. 3.°, al. g)[1006]. Esta opinião é igualmente partilhada por Willy Alexander, que recorda que o Tribunal de Justiça já afirmou várias vezes que certos regulamentos, como o Regulamento n.° 17, «são necessários para garantir que a concorrência não é falseada no mercado comum», além de permitirem «uma aplicação equilibrada e uniforme dos arts. 85.° e 86.° nos Estados-membros». Para este autor, o art. 22.° do regulamento comunitário implica uma «desistência dessas atribuições» conferidas à Comissão e às jurisdições nacionais. Ora, tal «renúncia (...) deve ser considerada incompatível com o princípio da irreversibilidade da atribuição de competências à Comissão», pelo que os n.ºs 1 e 2 do art. 22.° devem ser considerados «ilegais», na medida em que tal disposição «apenas serve para privar a Comissão de poderes, sem que isso contribua para a eficácia dos artigos 85.°e 86.°»[1007].

Repare-se que estes autores sugerem que a intenção dos legisladores do regulamento comunitário era afastar a aplicação das disposições do Tratado CE às operações de concentração. No entanto, tal não foi, nem podia ser, declarado expressamente no Regulamento n.° 4064/89. De facto, a base jurídica do regulamento, nomeadamente o art. 87.°, permite ao Conselho revogar os regulamentos de execução dos arts. 85.° e 86.° do Tratado CE, mas já não as próprias disposições do Tratado[1008]. Desta forma, deve, *primo conspectu*, continuar a

---

[1006] James VENIT, ob. cit., loc. cit.

[1007] Willy ALEXANDER, *Le contrôle des concentrations entre entreprises,* CDE, n.° 5-6, 1990, pág. 551.

[1008] Neste sentido, J. B. BLAISE, *Concurrence – contrôle des opérations...*, ob. cit., pág. 745, e C. JONES e GONZÁLEZ DÍAZ, que recordam que os regulamentos de execução dos arts 85.° e 86 podem ser revogados, pelo regulamento comunitário das concentrações, visto que ambos são actos de direito derivado – cfr. ob. cit., pág. 84.

462 *O controlo das concentrações de empresas no direito comunitário*

considerar-se possível, pelo menos a nível teórico, a aplicação das normas do Tratado[1009], através das disposições transitórias dos arts. 88.° e 89.° do Tratado CE. Na análise deste problema iremos distinguir, por razões de simplicidade expositiva, a aplicação dessas disposições pela Comissão, pelos tribunais nacionais e pelas autoridades dos Estados-membros.

60. Antes da entrada em vigor do regulamento, a Comissão aplicou as disposições do Tratado às operações de concentração, o que geralmente foi efectuado de forma difícil e imperfeita[1010]. Com o aparecimento do regulamento comunitário, procurou resolver algumas dessas deficiências e especialmente eliminar os vários controlos existentes a nível comunitário e nacional. A aplicação cumulativa de vários regimes implicava numerosos inconvenientes, nomeadamente a duplicação de formalidades processuais, o incremento de despesas para os interessados, a demora inerente ao julgamento dos processos e, eventualmente, o cúmulo de sanções. Um dos objectivos do regulamento era, portanto, garantir um sistema de «balcão único», afastando quer a aplicação das legislações nacionais relativamente às concentrações de dimensão comunitária, quer a aplicação das outras normas de concorrência do Tratado CE. Para resolver esta última situação, dada a impossibilidade de um instrumento de direito derivado (um regulamento comunitário) revogar a aplicação de disposições de direito originário (existentes no Tratado CE), os legisladores do regulamento declararam inaplicáveis os regulamentos de execução dessas disposições substanciais, o que suscitou diversos problemas. Desde logo, colocou-se a seguinte questão: será que com o afastamento dos instrumentos de execução dos arts. 85.° e 86.° se deverá considerar excluída a possibilidade de a Comissão utilizar tais mecanismos? A resposta implica a distinção de dois planos, um teórico e outro prático.

No plano dos princípios, apesar de o regulamento ter afastado a aplicação dos regulamentos de execução dos arts. 85.° e 86.° do

---

[1009] Como já referimos, em nossa opinião, a melhor interpretação do art. 85.° é aquela que lhe confere um alcance restritivo, excluindo a sua aplicação às operações de concentração. Logo, não seria preciso analisar o problema da sua aplicação residual depois da entrada em vigor do regulamento. Atendendo, porém, a que não se trata de uma questão pacífica na doutrina, estudaremos a hipótese da sua aplicação, ao lado da aplicação do art. 86.°, depois da entrada em vigor do regulamento.

[1010] Cfr. *supra*, ponto 12.

O controlo comunitário das concentrações com base no reg. n.º4064/89   463

Tratado CE, a Comissão tem, ainda, a possibilidade de recorrer a tais disposições através do art. 89.º[1011]. Este artigo estabelece que «a Comissão velará (...) pela aplicação dos princípios enunciados nos artigos 85.º e 86.º». Apesar de ser uma disposição transitória (concebida para permitir à Comissão aplicar as disposições do Tratado antes da criação dos regulamentos de execução), parece-nos, face às circunstâncias actuais, que mantém a sua validade[1012]. Podemos,

---

[1011] Saliente-se que esta disposição não é de aplicação fácil; isto porque a Comissão não tem poderes de investigação autónomos nem pode proferir decisões impondo sanções ou ordenando a cessação da infracção; antes se encontra numa posição de total dependência da cooperação dos Estados-membros. Os seus poderes de investigação desenvolver-se-ão em cooperação com as autoridades competentes dos Estados-membros, que lhe prestarão a necessária assistência, e, se a Comissão verificar que houve uma infracção, proporá os meios adequados para lhe pôr termo, podendo autorizar os Estados-membros a tomarem as medidas necessárias para resolverem a situação.

[1012] Contra, cfr. F. WIJCKMANS, que alega que o art. 89.º (tal como o art. 88.º), depois da adopção dos regulamentos de execução, deixou de ter sentido e não pode ser «devolvido à vida só porque houve uma revogação de tais regulamentos». Ou seja, «a partir do momento em que foram adoptados os regulamentos de execução os arts. 89.º e 88.º deixaram de ser operacionais» – cfr. F. WIJCKMANS *apud* Jacques BOURGEOIS e Bernd LANGEHEINE, *Jurisdictional issues...*, ob. cit., pág. 604. Este argumento não nos parece decisivo, visto que o objectivo do art. 89.º (tal como o do art. 88.º) é garantir a aplicação dos arts. 85.º e 86.º na ausência de disposições de execução, ou seja, o importante é garantir o efeito útil dos arts. 85.º e 86.º, independentemente da existência de regulamentos de execução. Cfr., no mesmo sentido, J. BOURGEOIS e B. LANGEHEINE, *Jurisdictional issues...*, ob. cit., pág. 604. Note-se, por outro lado, que, se a tese defendida por WIJCKMANS vingasse, o Conselho, através da declaração da não aplicação dos regulamentos de execução, feita no art. 22.º do regulamento de 1989, conseguiria o resultado surpreendente de afastar a aplicação de disposições de direito originário, os arts. 85.º e 86.º do Tratado CE. Também contra a hipótese de a Comissão utilizar o art. 89.º, manifestou-se L. IDOT (*Commentaire au règlement...*, ob. cit., pág. 38), sublinhando que o processo do art. 89.º nunca foi utilizado e, sobretudo, que só é possível na ausência de disposições adoptadas em aplicação do art. 87.º. Ora, como o regulamento se baseia parcialmente no art 87.º do Tratado CE, para este autor, pode contestar-se o recurso às disposições transitórias dos arts. 88.º e 89.º. Em nossa opinião, o primeiro argumento não é de todo procedente. Com efeito, não é por a autoridade comunitária ainda não ter tido ocasião de aplicá-lo que devemos condenar a possibilidade "teórica" de a Comissão recorrer ao art. 89.º. Quanto ao segundo argumento, parece-nos que tem certa razão F. FINE, quando diz que «é muito duvidosa» a questão de saber se o novo regulamento pode ser visto apenas como um mero

464   *O controlo das concentrações de empresas no direito comunitário*

portanto, afirmar que, pelo menos no plano *teórico,* os arts. 85.º e 86.º devem manter a sua validade depois da entrada em vigor do regulamento. De facto, neste momento, em que os limiares da dimensão comunitária da operação de concentração são muito elevados, uma outra solução que negasse, à partida, à Comissão, a faculdade de aplicar os artigos 85.º e 86.º do Tratado CE, poderia conduzir, em alguns casos, ao aparecimento de lacunas. Significa isto que aceitar a aplicação, esporádica, das disposições do Tratado CE, nesta fase, apesar de poder comprometer o princípio do *one stop shop,* é um mal menor, quando comparado com a inexistência de legislação específica, nomeadamente comunitária, para o controlo das concentrações que não atingem dimensão comunitária nos termos do regulamento de 1989.

Uma outra questão é saber se, em termos *práticos,* a autoridade comunitária está disposta a recorrer a tais disposições. Estas dúvidas surgiram com a declaração conjunta feita pelo Conselho e pela Comissão, nos termos da qual «por imperativos de precaução jurídica, este novo regulamento será apenas e exclusivamente aplicável às concentrações definidas no seu artigo 3.º»[1013]. A Comissão parece, assim, renunciar à aplicação dos arts. 85.º e 86.º às operações de concentração em geral (isto é, definidas nos termos do art. 3.º do regulamento), ainda que tais operações não atinjam uma dimensão comunitária. Esta conclusão algo surpreendente resultaria da referência isolada, feita na declaração conjunta do Conselho e da Comissão, ao art. 3.º do regulamento. Tal entendimento deve, no entanto, ser corrigido com as declarações feitas pela Comissão, segundo as quais «em princípio, não tenciona aplicar os artigos 85.º e 86.º do Tratado (...) às concentrações, definidas no artigo 3.º, de outra forma que não seja por meio do presente regulamento. Contudo, reserva-se o direito

---

regulamento de execução (cfr. FINE, *EC merger control...,* ob. cit., pág. 50). De facto, parece que o regulamento é algo mais do que um mecanismo de execução, como o indicia o facto de se apoiar igualmente no art 235.º do Tratado CE. Aliás, é significativo o facto de se basear principalmente no art. 235.º, atribuindo ao art. 87.º um papel secundário (cfr. considerando 8 do preâmbulo do Regulamento de 1989), bem como o reconhecimento, no preâmbulo do regulamento, que «os artigos 85.º e 86.º do Tratado, embora aplicáveis, segundo a jurisprudência do Tribunal de Justiça, a determinadas concentrações, não são todavia suficientes para impedir todas as operações susceptíveis de se revelar incompatíveis com o regime de concorrência não falseada previsto no regulamento» (considerando 6).

[1013] Bol. CE, Suplemento 2/90, pág. 26.

O controlo comunitário das concentrações com base no reg. n.º4064/89   465

de, em conformidade com os procedimentos estipulados no artigo 89.º do Tratado, intervir nas operações de concentração definidas no artigo 3.º que não possuam dimensão comunitária na acepção do artigo 1.º, em situações hipotéticas não previstas no artigo 22.º»[1014]. Por outro lado, note-se que nem todas as operações sem dimensão comunitária estariam sujeitas ao controlo dos arts. 85.º e 86.º, já que a Comissão manifestou a sua vontade de não intervir em relação a operações situadas «abaixo de um nível de volume de negócios mundial de dois mil milhões de ecus ou abaixo de um nível de volume de negócios comunitário mínimo de 100 milhões de ecus ou que não correspondam ao limiar de dois terços previsto no n.º 2, do artigo 1.º, *in fine,* por considerar que tais operações não seriam, em princípio, susceptíveis de afectar o comércio entre Estados-membros». Da conjugação das várias declarações da Comissão podemos deduzir que ela se encontra disposta a aplicar o regulamento comunitário apenas às concentrações com dimensão comunitária, reservando os arts. 85.º e 86.º do Tratado CE para as operações de concentração situadas entre os limiares indicados na declaração e os limiares fixados no regulamento, e renunciando, deste modo, ao controlo das operações abaixo desses limiares.

Esta solução, extraída de uma interpretação literal dos textos citados, tem a desvantagem de poder deixar sem controlo operações que, apesar de situadas abaixo dos limiares indicados, podem afectar o comércio intra-comunitário; e, sobretudo, chega ao resultado de operações de menores dimensões, em princípio menos perigosas para a concorrência, ficarem sujeitas aos esquemas mais rígidos e incertos dos arts. 85.º [1015] e 86.º do Tratado CE, e não ao regime mais favorável do regulamento comunitário[1016]. A justificação destas declarações encontrar-se-ia, segundo Louis Vogel, na intenção de a Comissão utilizar os arts. 85.º e 86.º como «argumentos na negociação» da redução dos

---

[1014] Bol. CE, Suplemento 2/90, pág. 25. Em nossa opinião, esta declaração vai revelar-se extremamente útil enquanto os limiares da dimensão comunitária da operação estiverem fixados em termos tão elevados. De facto, o campo de aplicação do regulamento encontra-se, neste momento, assaz reduzido. A diminuição dos limiares estava prevista para 1993; no entanto, as pressões dos Estados foram de tal forma que a Comissão propôs ao Conselho adiar mais uma vez esta espinhosa questão para 1996 – cfr. COM (93) 385.

[1015] Para quem aceite, obviamente, a sua aplicação ao controlo das concentrações.

[1016] Cfr. Dominique MICHEL, *Le contrôle européen...*, ob. cit., pág. 167.

466 O controlo das concentrações de empresas no direito comunitário

limiares da dimensão comunitária da operação, não devendo, portanto, ser considerados verdadeiros «princípios de acção»[1017].

61. Quanto à aplicação dos arts. 85.° e 86.° pelos tribunais nacionais, o Tribunal de Justiça já afirmou[1018] que se tratava de disposições directamente aplicáveis e que, como tal, podiam ser invocados perante os tribunais nacionais[1019]. A questão sofre, no entanto, alterações profundas com o afastamento dos regulamentos de execução dos arts. 85.° e 86.° do Tratado. Na análise do problema, convém distinguirmos a aplicação do art. 85.° pelos tribunais nacionais da aplicação do art. 86.°.

Na aplicação do art. 85.° pelos tribunais nacionais, na ausência de disposições comunitárias de execução, é necessário considerar-se a jurisprudência fixada pelo Tribunal de Justiça no acórdão *Bosch*[1020] e confirmada no acórdão *Lucas Asjes*[1021]. Deste modo, o Tribunal declarou que «os artigos 88.° e 89.° [do Tratado] não são de natureza a garantir uma aplicação tão completa e integral do artigo 85.° que o simples facto da sua existência permita concluir que este artigo teria produzido a totalidade dos seus efeitos desde a entrada em vigor do Tratado», ou seja, «o facto de o acordo, decisão ou prática concertada, ser susceptível de cair no âmbito de aplicação do artigo 85.° não basta para que seja imediatamente considerado proibido pelo n.° 1 desse artigo, e por consequência [considerado] nulo nos termos do

---

[1017] Assim, Louis VOGEL (*Le nouveau...*, ob. cit., pág. 720), que considera sintomático o facto de os limiares abaixo dos quais a Comissão declarou renunciar à aplicação das disposições do Tratado CE serem precisamente aqueles que ela desejava ver adoptados com a revisão do regulamento.

[1018] Acórdão de 30 de Janeiro de 1974, processo 127/73, BRT/SABAM, Rec. 1974, pág. 51, considerando 16.

[1019] A competência das jurisdições nacionais para aplicarem o direito comunitário da concorrência resulta, portanto, quer das disposições do Tratado e regulamentos de execução, que fazem a respectiva repartição de competências, quer do princípio do efeito directo das normas de direito comunitário, que foi afirmado, quanto aos artigos 85.° e 86.°, no considerando 16.° do acórdão de 30 de Janeiro de 1974, *BRT/SABAM*, processo 127/73, Rec. 1974, pág. 51.

[1020] Acórdão de 6 de Abril de 1962, processo 13-61, *Société Kledingverkoopbedrijf De Geus En Uitdenbogerd c. Société Bosch e Société Van Rijn*, Rec. 1962, pág. 89.

[1021] Acórdão de 30 de Abril de 1986, processos apensos 209 a 213/84, *Ministério Público c. Lucas Asjes e outros*, Col. 1986, pág. 1425.

n.° 2 do mesmo artigo»; é que «uma tal conclusão seria (...) contrária ao princípio geral da segurança jurídica (...) caso levasse a decretar a proibição e a nulidade de certos acordos antes mesmo de ter sido possível verificar se o conjunto do artigo 85.° se aplica a esses acordos»[1022]. Deste modo, segundo o Tribunal, «até à entrada em vigor de um regulamento ou directiva de aplicação dos artigos 85.° e 86.°, nos termos do artigos 87.°, a proibição prevista no n.° 1 do artigo 85.°, bem como a nulidade prevista no n.° 2 do mesmo artigo, apenas funciona relativamente aos acordos e decisões considerados pelas autoridades dos Estados-membros, com base no artigo 88.°, como incluídos no âmbito de aplicação do artigo 85.°, n.°1, e insusceptíveis de um levantamento da proibição nos termos do n.° 3 do mesmo artigo, ou relativamente aos quais a Comissão procedeu à constatação prevista no artigo 89.°, n.° 2»; isto é, «deve concluir-se que, na ausência de uma decisão tomada, ao abrigo do artigo 88.°, pelas autoridades nacionais competentes constatando que determinada [*entente*] (...) é proibida pelo art. 85.°, n.° 1, não podendo ser subtraída a essa proibição por aplicação do n.° 3 do mesmo artigo (...) ou na ausência de uma decisão da Comissão, nos termos do art. 89.°, n.° 2, que constate, relativamente a essa [*entente*], a existência de uma infracção ao artigo 85.°, n.° 1, um órgão jurisdicional nacional (...) não tem competência para declarar, por sua iniciativa, a incompatibilidade da concertação (...)» nos termos do artigo 85.°, n.° 1[1023]. Da jurisprudência citada podemos extrair a seguinte conclusão: na ausência de disposições de execução do art. 85.° do Tratado CE, os «terceiros» interessados (por exemplo um concorrente, ou a 'vítima') não podem invocar o art. 85.° perante os tribunais nacionais (a não ser que haja uma declaração das autoridades nacionais nos termos do art. 88.° ou uma decisão da Comissão à luz do art. 89.°, no sentido de que a operação em causa viola o art. 85.°, n.° 1)[1024].

[1022] Cfr. acórdão *Bosch*, cit., pág. 91, e acórdão *Lucas Asjes*, cit., considerandos 61, 63 e 64.

[1023] Acórdão *Lucas Asjes*, cit., considerandos 65 e 68.

[1024] Recorde-se que é com base nesta consequência que certos autores afirmam que o afastamento dos regulamentos de execução é *ultra vires,* na medida em que foram ultrapassados os poderes concedidos pelo art. 235.° do Tratado CE. Cfr. *supra,* ponto 59.

[1025] Acórdão de 11 de Abril de 1989, processo 66/86, *Ahmed Saeed Flugreisen e Silver Line Reisebüro c. Zentrale zur Bekämpfung unlauteren Wettbewerbs*, Col. 1989, pág 803.

468 *O controlo das concentrações de empresas no direito comunitário*

A situação apresenta-se de forma diferente em relação ao art. 86.° do Tratado CE. Com efeito, no acórdão *Ahmed Saeed*[1025], o Tribunal declarou que o art. 86.° era plenamente aplicável ainda que fossem inexistentes os regulamentos de execução[1026]. O que equivale a dizer que o art. 86.° é directamente aplicável pelos tribunais nacionais, não estando sujeito a quaisquer condições, como a exigência de uma decisão prévia das autoridades nacionais ou comunitárias a afirmar que a situação em causa viola o art. 86.°. Pode, portanto, ser invocado por terceiros e aplicado pelos tribunais nacionais, independentemente de existirem ou não disposições de execução à luz do art. 87.°[1027]. A razão do diferente tratamento dado às duas disposições do Tratado reside, segundo o Tribunal, no facto de o art. 85.° prever um mecanismo de isenção das práticas restritivas da concorrência, ao contrário do art. 86.°. Quer dizer: como o art. 86.° não permite quaisquer isenções, não há motivos para se afastar a sua aplicação pelos tribunais nacionais.

Na realidade, embora em termos teóricos os tribunais nacionais possam aplicar o art. 86 e a jurisprudência *Continental Can* às concentrações de empresas, na prática cremos que tais hipóteses serão bastante limitadas. Com efeito, no caso de as concentrações terem dimensão comunitária, a aplicação do regulamento comunitário

---

[1026] De facto, contra a tese, invocada pela Comissão e pelo governo britânico, de que, «não existindo as necessárias disposições de aplicação sistemática do art. 86.° e do art. 85.°, os abusos de uma posição dominante só podem ser perseguidos com recurso às disposições dos arts. 88.° e 89.° do Tratado» (considerando 31), o Tribunal declarou que «a manutenção da aplicabilidade das normas transitórias previstas nos arts. 88.° e 89.° apenas se justifica pela circunstância de os acordos decisões e práticas concertadas referidas no n.° 1 do art. 85.° poderem beneficiar de uma isenção nos termos do seu n.° 3 (...); ao invés, o abuso de posição dominante não é susceptível de isenção em caso algum – tal abuso é simplesmente proibido pelo Tratado e incumbe, conforme os casos, às autoridades nacionais competentes ou à Comissão tirar as devidas conclusões desta proibição no quadro das respectivas competências»; daí «impõe concluir-se que a proibição prevista no art. 86.° do Tratado se aplica plenamente (...)» (considerandos 32 e 33).

[1027] A sua invocação em matéria de concentrações terá, sobretudo, interesse, como salientam William Lee e Carole Callebaut-Piwnica, no caso de uma oferta pública de aquisição, para o concorrente ou para a empresa – alvo de uma oferta hostil – cfr. *The EC's new merger control: a force to be reckoned with*, M&A, vol. 2, n.°4, March/April 1990, pág. 22.

O controlo comunitário das concentrações com base no reg. n.º4064/89 469

torna, em regra, desnecessário o recurso ao art. 86.º [1028]. Já em relação às concentrações sem dimensão comunitária será mais provável a sua aplicação pelos tribunais nacionais, verificando-se os respectivos requisitos.

62. Finalmente, quanto à aplicação das disposições do Tratado pelas autoridades dos Estados-membros, importa em primeiro lugar recordar quem são essas entidades. É pacífico que a noção de "autoridades nacionais" abrange, desde logo, as autoridades administrativas encarregadas de aplicar o direito da concorrência (por exemplo, entre nós, a Direcção Geral da Concorrência e Preços e o Conselho da Concorrência, nos termos do DL 371/93), e os tribunais comuns, quando aplicam, a título principal, o direito da concorrência (isto é, quando julgam os recursos interpostos contra as decisões das autoridades administrativas nesse domínio) [1029].

Mais discutida era a questão de saber se os tribunais comuns, quando aplicavam as normas de concorrência, a título incidental, deviam ser considerados autoridades nacionais. A resposta foi dada pelo Tribunal no acórdão *BRT/SABAM,* onde declarou que deviam ser excluídas desse conceito as jurisdições nacionais, perante as quais podia ser invocado o efeito directo dos arts. 85.º, n.º 1, e 86.º [1030].

Esta discussão tinha relevo prático devido à redacção do art. 9.º, n.º 3, do Regulamento n.º 17, segundo o qual as autoridades dos Estados--membros só podiam aplicar o art. 85.º, n.º 1, e o art. 86.º enquanto a Comissão não tivesse iniciado o processo. Isto significa que, no recurso às disposições do Tratado pelas autoridades nacionais, temos de distinguir as situações em que o Regulamento n.º 17 é aplicado dos casos em que se encontra afastado. Na medida em que o Regulamento n.º 17 puder ser aplicado, as autoridades nacionais só podem recorrer aos arts. 85.º e 86.º enquanto a Comissão não iniciar o processo [1031], estando sempre, de

---

[1028] Neste sentido, cfr. J. COOK e C. KERSE, ob. cit., pág.140, e C. JONES e GONZÁLEZ DÍAZ, ob. cit., pág. 86.

[1029] Sobre esta questão, cfr. CASEIRO ALVES, ob. cit., pág. 130.

[1030] Acórdão de 30 de Janeiro de 1974, processo 127/73, *BRT c. SABAM,* Rec. 1974, pág. 51.

[1031] O Tribunal de Justiça afirmou, no acórdão *Brasserie de Haecht,* que o início de processo implicava «um acto de autoridade da Comissão manifestando a sua vontade de adoptar uma decisão» – cfr. acórdão de 6 de Fevereiro de 1973, processo 48/72, Rec. 1973, pág. 77.

470   *O controlo das concentrações de empresas no direito comunitário*

qualquer forma, excluída a concessão de isenções, nos termos do art. 85.°, n.° 3, por essas autoridades[1032]. Sendo afastados os regulamentos de execução, as autoridades nacionais podem recorrer aos arts. 85.° e 86.° nos termos do art. 88.° do Tratado CE, que se deverá considerar «ressuscitado» (à semelhança do que sucedeu com o art. 89.°) para o efeito[1033].

Observe-se, ainda, que em relação às concentrações com dimensão comunitária quer os Estados-membros quer a Comissão aceitam que o regulamento deve ser o único mecanismo de controlo, daí que nesses casos os arts. 88.° e 89.° não tenham interesse[1034-1035].

Se as operações não atingirem esse nível, as autoridades dos Estados-membros podem aplicar as disposições do Tratado com base no art. 88.°. Na prática, pensamos que elas terão tendência para aplicar as legislações nacionais sobre concentrações às operações em causa ou, na sua falta, recorrerão, quando possível, ao mecanismo previsto nos n.ºs 3 a 6 do art. 22.° do Regulamento n.° 4064/89[1036].

63. Quanto à relação do Regulamento n.° 4064/89 com o art. 66.° do Tratado CECA, faremos apenas duas observações. Em primeiro lugar, note-se que, tal como em relação ao Tratado CE se considerava que as suas disposições podiam ser aplicadas cumulativamente com as do Tratado CECA[1037], também em relação ao regulamento de 1989 se aceita a sua aplicação cumulativa com as disposições do Tratado CECA, nomeadamente com o art. 66.°, solução que apresenta certos inconvenientes. De facto, sendo os regimes

---

[1032] Cfr. o art. 9.°, n.ºs 1 e 3, do Regulamento n.° 17, que estipulam, respectivamente, que «(...) a Comissão tem competência exclusiva para declarar inaplicável o disposto no n.° 1 do artigo 85.°, nos termos do n.° 3 do artigo 85.° do Tratado» e que «enquanto a Comissão não der início a qualquer processo (...) as autoridades dos Estados-membros têm competência para aplicar o disposto no n.° 1 do artigo 85.° e no artigo 86.°, nos termos do artigo 88.° do Tratado».

[1033] Neste sentido, cfr. Enzo Moavero MILANESI, *Spunti per uno studio...*, ob. cit., pág. 379, e J. COOK e C. KERSE, ob. cit., pág 140. Cfr. ainda Pierre BOS e outros, que afirmam que o art. 88.° «teria chegado ao fim», pelo menos em relação às concentrações referidas no regulamento – ob. cit., págs. 373 e 374.

[1034] Cfr. Bol. CE, Suplemento 2/90, págs 25 e 26.

[1035] Art. 21.° do regulamento n.° 4064/89.

[1036] Neste sentido, cfr. J. BOURGEOIS e B. DRIJBER, *Le règlement CEE..*, ob. cit., pág. 23.

[1037] Cfr. *supra*, ponto 7.

O controlo comunitário das concentrações com base no reg. n.º4064/89 471

processuais diferentes, e não se prevendo em relação ao Tratado CECA disposições harmonizadoras do tipo das do art. 5.º do regulamento de execução, as partes implicadas numa operação de concentração que envolva actividades abrangidas pelos dois sistemas ficarão oneradas com a obrigação de fazer uma dupla notificação (nos termos do Tratado CECA e nos termos do Regulamento n.º 4064/89) [1038], além de se cindir artificialmente a operação [1039].

Por outro lado, estando próxima a extinção do Tratado CECA, surge a questão de saber qual será depois o tratamento jurídico a dar a tais situações. A intenção manifestada pela Comissão, a este respeito, foi no sentido de sujeitar, na medida do possível, as práticas desenvolvidas no âmbito da CECA ao regime das «políticas normais de concorrência», o que levanta certos problemas [1040]. Note-se, desde logo, que a aplicação das disposições existentes em matéria de concorrência no âmbito da CE ao domínio da CECA não pode ser feita automaticamente [1041]. Apontam-se, por isso, duas soluções para resolver, pelo menos em parte, as dificuldades existentes. Por um lado, sugere-se a alteração do Tratado CE bem como a do Regulamento n.º 4064/89, de forma a incluírem disposições específicas relativas ao sector do carvão e aço, e, por outro lado, afirma-se a necessidade de serem aí introduzidas disposições semelhantes à regra *de minimis* do art. 66.º, n.º 3, do Tratado CECA, para que as concentrações abaixo de certas dimensões possam ser logo autorizadas [1042].

[1038] Foi o que sucedeu no caso *Usinor/ASD*, cit. É claro que estas dificuldades são provisórias, visto que a extinção do Tratado CECA está próxima.

[1039] As dificuldades na aplicação cumulativa dos dois textos levou a que se sugerisse a exclusão, do campo do Regulamento de 1989, das concentrações abrangidas pelo art. 66.º do Tratado CECA. Cfr., neste sentido, Jean Paul KEPPENNE, ob. cit., pág. 61.

[1040] Cfr. 20.º Rel. Conc., 1990, ponto 122.

[1041] John HYDEN salienta, a este propósito, de forma pertinente, que uma diferença essencial entre os dois Tratados consiste no papel desempenhado pelas autoridades nacionais. O facto de a "Alta Autoridade" ter competência exclusiva para apreciar, nomeadamente, as concentrações no sector do carvão e do aço teve como contrapartida «a inibição da experiência das autoridades nacionais» quanto à apreciação de tais operações, circunstância que será mais um motivo de preocupação com a aplicação do regulamento das concentrações – cfr. John HYDEN, *The demise of the ECSC Treaty: some competition law implications*, ECLR 1991, págs. 164 e165.

[1042] John HYDEN, ob. cit., pág. 166.

472 O controlo das concentrações de empresas no direito comunitário

Em conclusão, podemos afirmar que:

1. Os arts. 85.° e 86.° do Tratado CE mantêm a sua validade após a entrada em vigor do regulamento comunitário, pelo menos num plano teórico, através da utilização das disposições transitórias dos arts. 88.° e 89.° do mesmo Tratado, respectivamente, pelas autoridades do Estados-membros e pela Comissão, podendo ainda, em certas condições, ser aplicadas pelos tribunais nacionais. Na prática, o recurso a tais disposições será raro.

2. De facto, em relação às concentrações com dimensão comunitária, quer os Estados-membros, quer a Comissão, aceitam que o regulamento comunitário deve ser o único aplicável, pelo que nesses casos os artigos 88.° e 89.° do Tratado CE serão desprovidos de interesse.

3. Já às concentrações sem dimensão comunitária poderão aplicar-se as disposições do Tratado CE, ainda que a tendência das autoridades dos Estados-membros seja, certamente, para a aplicação das legislações nacionais ou, na sua falta, e quando tal for possível, dos n.°s 3 a 6 do art. 22.° do regulamento de 1989.

4. As enormes incertezas suscitadas com o regime instituído, que numa larga zona não consegue assegurar o princípio do «one stop shop», terão, em nossa opinião, tendência para diminuir quando os limiares da dimensão comunitária das operações de concentração forem reduzidos (questão que ficou adiada para 1996). Nessa altura, a realidade «concentração de dimensão comunitária» será aproximada da realidade «concentração susceptível de afectar o comércio intra-comunitário», no entendimento quantitativo que lhe é dado pela Comisão. A convergência destas duas realidades constituirá, portanto, um passo decisivo para a consagração do princípio «one stop shop».

5. Finalmente, note-se que as disposições do regulamento comunitário são aplicáveis cumulativamente com as do Tratado CECA. Com a extinção deste, devem ser introduzidas disposições específicas no Regulamento n.° 4064/89, adequadas ao sector do carvão e do aço.

9. CONCLUSÕES GERAIS

Não vamos repetir, no termo deste trabalho, todos os passos percorridos. Parece-nos, no entanto, que seria útil salientar alguns dos aspectos mais directamente relacionados com as conclusões que fomos referindo. Assim, podemos afirmar que:

1. A necessidade de uma política comunitária da concorrência sã, isto é, não falseada, nos termos do art. 3.º, al. g), do Tratado CE, implica necessariamente a existência de um mecanismo de controlo das concentrações.

2. A lacuna existente no Tratado CE quanto a um sistema de controlo de concentrações não deve ser vista como uma omissão deliberada dos seus autores, mas apenas como a falta de oportunidade do seu tratamento, atendendo à insignificância do fenómeno das concentrações, no âmbito da CE, em 1957.

3. No Tratado CECA foram, sobretudo, razões de ordem política e económica que estiveram na origem da instituição de um sistema de controlo preventivo das concentrações. O regime de proibição *per se* das concentrações é, na prática, bastante atenuado pela política flexível seguida pela Comissão, tendo em conta a crise sentida no sector e o papel dissuasor do art. 66.º do Tratado.

4. Na apreciação efectuada, no âmbito da CECA, a Comissão não negligencia a consideração de factores como a reestruturação das empresas, ou a concorrência internacional, ainda que o balanço efectuado pela autoridade comunitária tenha um limite: só são autorizadas as operações que não comportem uma restrição sensível da concorrência. Daí o uso frequente de autorizações sujeitas a condições, consideradas um meio privilegiado para a obtenção do equilíbrio entre os grupos de grandes dimensões e a manutenção de um certo nível de concorrência no mercado.

5. Deste modo, a expressão "balanço económico" parece ser a mais adequada para designar a actividade desenvolvida pela Comissão no âmbito da CECA.

6. Por outro lado, a Comissão, decorrida cerca de uma década sobre a entrada em vigor do Tratado de Roma, aborda pela primeira

474   *O controlo das concentrações de empresas no direito comunitário*

vez, no Memorando de 1 de Dezembro de 1965, a questão da aplicação das disposições do Tratado CE em matéria de concorrência às operações de concentração.

7. Enquanto o grupo de peritos, consultados nesse Memorando, se manifestou, na generalidade, a favor da aplicação quer do art. 85.º quer do art. 86.º às operações de concentração, a Comissão só em parte seguiu esta orientação.

8. Com efeito, afasta a aplicação do art. 85.º a tais situações, baseando-se, essencialmente, em argumentos sistemáticos e teleológicos que não conseguem disfarçar a existência de uma vontade política deliberada de promover as concentrações enquanto instrumentos de realização dos objectivos do Tratado CE.

9. A crença nas virtudes desse fenómeno não é, contudo, absoluta, pelo que a Comissão declara aplicável às concentrações o art. 86.º do Tratado CE, parecendo introduzir, deste modo, no campo do direito comunitário, uma espécie de teoria do *double standard*.

10. O princípio afirmado no Memorando, da aplicação do art. 86.º às operações de concentração, vai ser concretizado, pela primeira vez, na decisão da Comissão *Continental Can* e confirmado no acórdão do Tribunal. De facto, o Tribunal aprova em termos teóricos a interpretação extensiva do art. 86.º – declarando que será um abuso punido por essa disposição o reforço do domínio efectuado por uma empresa em posição dominante através de uma concentração com outra empresa que elimine praticamente a concorrência no mercado –, não obstante ter anulado a decisão da Comissão.

11. Apesar do interesse da jurisprudência fixada, são raras as intervenções da autoridade comunitária com base nesse instrumento, situação que encontraria a sua justificação quer no facto de o art. 86.º não se aplicar aos casos de criação de uma posição dominante quer na ausência de uma sistema de isenção das concentrações, quer ainda na insegurança sentida pelas empresas devido à falta de um regime de notificação prévia.

12. As limitações na aplicação do art. 86.º conduziram a Comissão a apresentar ao Conselho, em 1973, uma proposta de regulamento para o controlo das concentrações. Os obstáculos levantados pelos Estados-membros foram, porém, de tal ordem que a Comissão inverteu o raciocínio defendido no Memorando e começou a sugerir a aplicação do art. 85.º às concentrações.

13. As dúvidas sobre a aplicação desta disposição nesses casos acentuam-se com o acórdão *Philip Morris*, que declara o art. 85.º

aplicável às aquisições de participações que permitem a uma empresa obter um controlo de direito ou de facto sobre o comportamento comercial da outra empresa.

14. Em nossa opinião, tendo em conta a situação de facto – aquisição de uma participação minoritária num concorrente – e as declarações do Tribunal nesse acórdão, bem como os inconvenientes na aplicação do art. 85.º às concentrações – em especial a sanção de nulidade e o perigo de perversão do mecanismo de isenção do art. 85.º, n.º 3 – e, sobretudo, as diferentes finalidades prosseguidas pelos mecanismos dirigidos ao controlo das *ententes* – sujeitas a uma proibição automática – e aqueles que têm por objecto as concentrações -que beneficiam do princípio da imunidadem –, deve afastar-se a aplicação do art. 85.º às operações de concentração.

15. Não vai ser esta, no entanto, a orientação seguida pela Comissão. De facto, depois do acórdão *Philip Morris* ela reforça as ameaças de aplicação do art. 85.º às concentrações. Esta atitude deve ser vista, em nosso entender, não como uma súbita crença na vantagem da aplicação de tal mecanismo, mas como um meio de pressão para forçar os Estados a adoptarem o regulamento comunitário.

16. Na realidade, trata-se de um mecanismo de pressão eficiente, pois que, ao fim de dezasseis anos a evitar a questão, os Estados, confrontados com a insegurança que resultaria da aplicação do art. 85.º, relançam os trabalhos para a criação de um instrumento comunitário de controlo das concentrações, que será finalmente adoptado em 21 de Dezembro de 1989.

17. As preocupações fundamentais do novo regulamento comunitário são, por um lado, promover um controlo eficaz das concentrações, que garanta às empresas uma maior estabilidade, e, por outro, efectuar uma clara repartição das competências nacionais e comunitárias, consagrando o princípio do «one stop shop». Para realizar este objectivo, apela ao critério da dimensão comunitária da operação de concentração. Desta forma, às concentrações com dimensão comunitária apenas será aplicado o regulamento comunitário, pela Comissão, ficando excluído o recurso às legislações nacionais.

18. Na prática, a fixação dos limiares da dimensão comunitária da concentração em montantes muito elevados, fruto de um compromisso político, reduzem o campo de actuação da Comissão, pondo em causa o princípio da competência exclusiva. A manutenção das reticências dos Estados, quanto à revisão desses limiares, que invocam o princípio

476   *O controlo das concentrações de empresas no direito comunitário*

da subsidariedade e a inflação como factor de erosão do valor real dos quantitativos fixados, levou a Comissão a propor ao Conselho o adiamento da revisão prevista no n.° 3 do art. 1.° até, o mais tardar, 1996, mantendo-se, deste modo, uma situação de equilíbrio precário capaz de comprometer o objectivo do regulamento de evitar jurisdições paralelas.

19. Note-se, ainda, que, para a aplicação do regulamento, a operação, além de revestir dimensão comunitária, tem de assumir carácter de concentração. O regulamento estabelece que a noção de concentração pode ser definida em função quer da forma utilizada pela operação (fusão), quer do resultado visado, isto é, atendendo-se aos efeitos económicos da concentração (aquisição do controlo de uma empresa). Embora esta última hipótese abranja as empresas comuns com carácter de concentração, as dificuldades na distinção, artificial, entre empresas comuns com carácter de concentração e de cooperação continuam por resolver após a entrada em vigor do regulamento. As Comunicações adoptadas pela Comissão neste campo, com vista a esclarecer os problemas que rodeiam essa distinção, revelam-se desencorajadoras. Na realidade, em vez de eliminarem as incertezas existentes na matéria criaram novas zonas de insegurança, para cuja situação contribuiu o facto de a própria Comissão se pautar, nas suas decisões em aplicação do regulamento, por testes diferentes dos enunciados nas Comunicações.

20. Existindo uma concentração com dimensão comunitária, o regulamento devia ser o único dispositivo legal aplicável, de acordo com o princípio do «one stop shop». Este princípio sofre, no entanto, restrições com a aplicação da cláusula dos interesses legítimos e da cláusula alemã. De facto, estas disposições, que visam compensar os Estados por terem "abdicado" de certos poderes com a adopção do regulamento comunitário, permitem-lhes aplicar as respectivas legislações nacionais a operações de concentração com dimensão comunitária. Todavia, tais normas devem ser interpretadas restritivamente, sob pena de porem em causa a aplicação uniforme do direito comunitário da concorrência.

21. Um outro desvio ao princípio da competência exclusiva é a cláusula holandesa, que alarga os poderes da Comissão, permitindo-lhe aplicar o regulamento às concentrações sem dimensão comunitária. Tal disposição procura, deste modo, acudir aos Estados sem legislação nacional adequada ao controlo das concentrações. Observe-se, no entanto, que a sua utilidade tem tendência para diminuir à medida que

aumenta o número de Estados possuidores de legislação nacional nesse campo.

22. Relacionada com o alcance do regulamento comunitário, está, também, a questão da sua aplicação nas relações económicas internacionais. Na ausência de uma solução expressa no texto do regulamento, discute-se a possibilidade do recurso à teoria dos efeitos. À partida, tal teoria tem a vantagem de salvaguardar a eficácia da aplicação do regulamento, para além de ser a solução consagrada na generalidade das legislações dos Estados-membros e ter sido defendida pelo Tribunal em relação ao princípio da não discriminação, jurisprudência que cremos poder ser transposta para o domínio da concorrência. Todavia, na prática, dificilmente são concebíveis operações de concentração que produzam efeitos directos, substanciais e previsíveis na Comunidade, sem terem com ela um vínculo significativo através de filiais aí localizadas ou pela execução da operação no território do mercado comum. Logo, o interesse da teoria dos efeitos, em matéria de controlo das concentrações, torna-se, bastante reduzido. Note-se, por outro lado, que o facto de a operação de concentração ter de ser notificada à Comissão, uma vez atingida a dimensão comunitária, ainda que os efeitos produzidos no interior do mercado comum sejam insignificantes, nos permite afirmar que o regulamento, nesses casos, tem um campo de aplicação mais vasto do que aquele que resultaria da aplicação da doutrina dos efeitos.

23. Identificada a situação como uma operação de concentração abrangida pelo regulamento, a Comissão procederá à sua apreciação nos termos do art. 2.º do regulamento comunitário, que estabelece que a operação é incompatível com o mercado comum verificando-se duas condições. Em primeiro lugar, exige que a operação de concentração crie ou reforce uma posição dominante no mercado comum. Este teste, em nossa opinião, deve ser aproximado do fixado no art. 86.º do Tratado CE, visto que ambas as disposições se dirigem à apreciação do perigo que o poder económico das empresas em posição dominante pode representar para a concorrência efectiva, utilizando nesse juízo substancialmente os mesmos critérios.

24. Em segundo lugar, devem existir entraves significativos à concorrência efectiva. Este requisito será, em nosso entender, um teste adicional que acresce ao anterior. Não basta, por conseguinte, a criação ou reforço da posição dominante da empresa; é, ainda, preciso que daí resultem entraves significativos para a concorrência efectiva para a operação ser declarada incompatível com o mercado comum. Note-se,

478   *O controlo das concentrações de empresas no direito comunitário*

por outro lado, que o preenchimento desta segunda condição permite à Comissão uma certa discricionariedade na apreciação da concentração, revelando-se, assim, um mecanismo particularmente adequado à consideração de factores extraconcorrenciais

25. Desta forma, relativamente à questão de saber se, no quadro do art. 2.° do regulamento comunitário, a autoridade comunitária deve proceder a um balanço concorrencial ou a um balanço económico, pensamos que a melhor solução será a Comissão, na apreciação da operação, efectuar um certo balanço económico. Vale isto por dizer que a Comissão deve ter em conta, na avaliação da concentração, factores que não são exclusivamente concorrenciais, nomeadamente os mencionados no 13.° considerando do preâmbulo (reforço da coesão económica e social) e no art. 2.° do regulamento comunitário (especialmente a evolução do progresso técnico e económico).

26. Observe-se, ainda, que o critério estabelecido no art. 2.°, que visa realizar o objectivo do art. 3.°, al. g), do Tratado, de que a concorrência não seja falseada no mercado comum, exige igualmente, em nosso entender, a aplicação do regulamento às situações de posição dominante colectiva. Na verdade, só esta solução permite evitar lacunas na defesa da concorrência, cujo perigo se manifesta, com particular acuidade, nos casos em que a empresa *leader* do mercado, com uma posição dominante individual, é substituída por empresas detentoras em conjunto de uma situação de domínio no mercado oligopolista.

27. Note-se, por outro lado, que os objectivos de eficácia do regulamento se manifestam, igualmente, a nível processual. De facto, o regulamento prevê um sistema de notificação prévia obrigatória e a fixação de prazos curtos, com vista a garantir a segurança jurídica das empresas que se queiram concentrar. Esta finalidade parece, contudo, ser posta em causa com a exigência, no Formulário CO, de informações numerosas e detalhadas, cujo incumprimento implica pesadas sanções para os infractores. Na prática, a Comissão tem-se mostrado flexível na utilização dos seus poderes de investigação e sancionatórios, recorrendo amplamente aos contactos informais com as partes, para resolver dificuldades de interpretação do regulamento e evitar os custos e a morosidade de um processo formal.

28. Saliente-se, por fim, que a questão da aplicação dos artigos 85.° e 86.° do Tratado CE, depois da entrada em vigor do regulamento, deve ser resolvida no sentido afirmativo. Dito de outro modo: deve continuar a afirmar-se, pelo menos num plano teórico, a validade

dessas normas mediante a utilização das disposições transitórias, artigos 88.° e 89.° do Tratado CE, pelas autoridades dos Estados--membros e pela Comissão, podendo, ainda, em certas condições, ser aplicadas pelos tribunais nacionais. Na prática, estas possibilidades dificilmente se concretizarão. Com efeito, em relação às concentrações com dimensão comunitária, quer a Comissão quer as autoridades dos Estados-membros aceitam que apenas será aplicável o regulamento comunitário. Já quanto às concentrações sem dimensão comunitária, podem, de facto, cair sob a alçada das disposições do Tratado CE, ainda que a tendência das autoridades dos Estados-membros seja para aplicarem as legislações nacionais ou, na sua falta, o mecanismo previsto no art. 22.°, n.°s 3 a 6, do regulamento comunitário.

29. As incertezas geradas com este regime terão, em nossa opinião, tendência para diminuir com a revisão do regulamento, em especial dos limiares da dimensão comunitária da operação, visto que se aproximará a realidade «concentração de dimensão comunitária» da realidade «concentração susceptível de afectar o comércio intra-comunitário». A convergência destas duas realidades será, assim, um passo decisivo para a consagração do princípio do «one stop shop» e da eficácia do regulamento comunitário.

ADENDA

Após a conclusão deste trabalho, a Comunicação 90/C 203/06, relativa às operações de concentração e de cooperação nos termos do Regulamento n.° 4064/89, foi substituída pela Comunicação 94/C 385/01, publicada no JO n.° C 385/01 de 31.12.94, cujas alterações reflectem, segundo a Comissão, o saber adquirido através da aplicação do regulamento das concentrações desde a sua entrada em vigor em 21 de Setembro de 1990. Além desta, foram ainda introduzidas a Comunicação 94/C 385/02, relativa ao conceito de concentração de empresas, publicada no JO n.° C 385/5 de 31.12.94, a Comunicação 94/C 385/03, relativa ao conceito de empresas em causa, publicada no JO n.° C 385/12 de 31.12.94 e a Comunicação 385/04, relativa ao cálculo do volume de negócios, publicada no JO n.° C 385/21 de 31.12.94. Estas comunicações, que reflectem igualmente a experiência granjeada pela Comissão aquando da aplicação do regulamento, *praxis* essa que fomos analisando ao longo do nosso texto, visam clarificar a sua interpretação sobre os conceitos utilizados, de forma a melhorar a transparência jurídica das decisões adoptadas, salvaguardando, desse modo, a segurança jurídica das empresas interessadas em recorrer a tais operações.

DECISÕES DA COMISSÃO, ACÓRDÃOS DO TRIBUNAL DE JUSTIÇA E DO TRIBUNAL DE PRIMEIRA INSTÂNCIA CITADOS (ORDENADOS CRONOLOGICAMENTE)

1961

Acórdão do Tribunal de Justiça de 22 de Março de 1961, Processos apensos 42 e 49-59, S.N.U.P.A.T./Alta Autoridade da CECA, Recueil 1961, pág. 103

1962

Acórdão do Tribunal de Justiça de 6 de Abril de 1962, Processo 13-61, Société Kleidingverkoopbedrijf De Geus En Uitdenbogerd/Société Bosch e Société Van Rijn, Recueil 1962, pág. 89

Acórdão do Tribunal de Justiça de 13 de Julho de 1962, Processos apensos 17 e 20-61, Klöckner-Werke AG e Hoesch AG/Alta Autoridade da CECA, Recueil 1962, pág. 615

Acórdão do Tribunal de Justiça de 13 de Julho de 1962, Processo 19-61, Mannesman AG/Alta Autoridade da CECA, Recueil 1962, pág.675

1963

Acórdão do Tribunal de Justiça de 16 de Dezembro de 1963, Processo 36-62, Société des Aciéries du Temple/Alta Autoridade da CECA, Recueil 1963, pág. 585

1966

Acórdão do Tribunal de Justiça de 16 de Junho de 1966, Processo 50-65, Acciaierie e Ferriere di Solbiate SpA./Alta Autoridade da CECA, Recueil 1966, pág. 210.

Acórdão do Tribunal de Justiça de 30 de Junho de 1966, Processo 56-65, Société Technique Minière/ Maschinenbau Ulm GmbH, Recueil 1966, pág. 338.

Acórdão do Tribunal de Justiça de 13 de Julho de 1966, Processos apensos 56 e 58-64, Établissements Consten SARL e Grundig-Verkaufs-Gmbh, Recueil 1966, pág.430

1967

Acórdão do Tribunal de Justiça de 12 de Dezembro de 1967, Processo 23-67, S.A. Brasserie de Haecht/Consorts Wilkin Janssen, Recueil 1967, pág. 526

484   *O controlo das concentrações de empresas no direito comunitário*

1968

Acórdão do Tribunal de Justiça de 29 de Fevereiro 1968, Processo 24-67, Parke Davis and Co./Probel, Reese, Beintema-Interpharm et Centrafarm, Recueil 1968, pág. 81

1969

Acórdão do Tribunal de Justiça de 13 de Fevereiro de 1969, Processo 14-68, Wilhelm/Bundeskartellamt, Recueil 1969, pág. 1

Decisão da Comissão de 18 de Junho de 1969, Processo IV/22548, Christiani & Nielsen, JOCE N.º L 165/12, de 5.7.69

Acórdão do Tribunal de Justiça de 9 de Julho de 1969, Processo 5-69, Völk/Vervaecke, Recueil 1969, pág. 295

Decisão da Comissão de 16 de Julho de 1969, Processo IV/26.623, Entente internationale de la quinine, JOCE N.º L 192/5, de 5.8.69

Decisão da Comissão de 24 de Julho de 1969, Processo IV/ 26.267, Matérias Corantes, JOCE N.º L 195/11, de 7.8.69

1970

Decisão da Comissão de 30 de Junho de 1970, Processo IV/24055, Kodak, JOCE N.º L 147/24, de 7.7.70

Acórdão do Tribunal de Justiça de 15 de Julho de 1970, Processo 41-69, ACF Chemiefarma/Comissão, Recueil 1970, pág. 661

1971

Acórdão do Tribunal de Justiça de 18 de Fevereiro de 1971, Processo 40-70, Sirena/Eda, Recueil 1971, pág 69

Acórdão do Tribunal de Justiça de 31 de Março de 1971, Processo 22-70, Comissão/Conselho, Recueil 1971, pág. 263

Decisão da Comissão de 2 de Junho de 1971, Processo IV/26760, GEMA, JOCE N.º L 134/15, de 20.6.71

Acórdão do Tribunal de Justiça de 25 de Novembro de 1971, Processo 22-71, Béguelin Import/G.L.Import Export, Recueil 1971, pág. 949

Decisão da Comissão de 9 de Dezembro de 1971, Processo IV/26811, Continental Can Company, JOCE N.º L 7/25, de 8.1.72

1972

Acórdão do Tribunal de Justiça de 14 de Julho de 1972, Processo 48-69, ICI/Comissão, Recueil 1972, pág.619

1973

Acórdão do Tribunal de Justiça de 6 de Fevereiro de 1973, Processo 48/72, SA Brasserie de Haecht/the spouses Wilkin-Janssen, Recueil 1973, pág. 77

Acórdão do Tribunal de Justiça de 23 de Fevereiro de 1973, Processo 6-72, Europemballage et Continental Can/Comissão, Recueil 1973, pág. 215

1974

Acórdão do Tribunal de Justiça de 30 de Janeiro de 1974, Processo 127/73, BRT/SABAM, Recueil 1974, pág. 51

Acórdão do Tribunal de Justiça de 6 de Março de 1974, Processos apensos 6 e 7-73, Commercial Solvents/Comissão, Recueil 1974, pág. 223

Acórdão do Tribunal de Justiça de 31 de Outubro de 1974, Processo 15-74, Centrafarm/Sterling Drug, Recueil 1974, pág. 1147

Acórdão do Tribunal de Justiça de 31 de Outubro de 1974, Processo 16-74, Centrafarm/Winthrop, Recueil 1974, pág. 1183

Acórdão do Tribunal de Justiça de 12 de Dezembro de 1974, Processo 36/74, Walrave/Union Cycliste International, Recueil 1974, pág. 1405

Decisão da Comissão de 20 de Dezembro de 1974, Processo IV/C/26872, SHV – Chevron, JOCE N.º L 38/14, de 12.2.75

1975

Acórdão do Tribunal de Justiça de 26 de Novembro de 1975, Processos 73-74, Papiers Peints/Comissão, Recueil 1975, pág. 1491

Acórdão do Tribunal de Justiça de 16 de Dezembro de 1975, Processos apensos 40 a 48, 50, 54 a 56, 111, 113 e 114/73, Suiker Unie e Outros/Comissão, Recueil 1975, pág. 1663

Decisão da Comissão de 23 de Dezembro de 1975, Processo IV/26.940/a, United Reprocessors, JOCE Nª L 51/7, de 26.2.76

Decisão da Comissão de 23 de Dezembro de 1975, Processo IV/26.940/b, KEWA, JOCE N.º L 51/15, de 26.2.76

1976

Decisão da Comissão de 26 de Julho de 1976, Processo IV/28.996, Reuter/Basf, JOCE N.º L 254/40 de 17.9.76.

1977

Decisão da Comissão de 20 de Janeiro de 1977, Processo IV/27.442, Vacuum Interrupters, JOCE N.º L 48/32, de 19.2.77

486   *O controlo das concentrações de empresas no direito comunitário*

Decisão da Comissão de 25 de Julho de 1977, Processo IV/27.093, De Laval-Stork, JOCE N.° L 215/11, de 23.8.77

Acórdão do Tribunal de Justiça de 25 de Outubro de 1977, Processo 25/76, Metro SB/Comissão, Recueil 1977, pág. 1875

Decisão da Comissão de 23 de Novembro de 1977, Processo IV/29.428, GEC-Weir Sodium Circulators, JOCE N.° L 327/26, de 20.12.77

Decisão da Comissão de 21 de Dezembro de 1977, Processo IV/29.236, Sopelem/Vickers, JOCE N.° L 70/47, de 13.3.78

1978

Acórdão do Tribunal de Justiça de 14 de Fevereiro de 1978, Processo 27/76, United Brands/Comissão, Recueil 1978, pág. 208

Decisão da Comissão de 6 de Junho de 1978, 78/538/CECA, ARBED, JOCE N.° L 164/14, de 21.6.78

Decisão da Comissão de 20 de Outubro de 1978, Processo IV/29.133, Wano Schwarzpulver, JOCE N.° L 322/26, de 16.11.78

1979

Acórdão do Tribunal de Justiça de 13 de Fevereiro de 1979, Processo 85/76, Hoffmann-La Roche/Comissão, Recueil 1979, pág. 461

Acórdão do Tribunal de Justiça de 27 de Setembro de 1939, Processo240/78, Eridania, Recueil 1979, pág. 2749.

1980

Acórdão do Tribunal de Justiça de 17 de Janeiro de 1980, Processo 792/79 R, Camera Care/Comissão, Recueil 1980, pág. 119

Acórdão do Tribunal de Justiça de 26 de Junho de 1980, Processo 136/79, National Panasonic/Comissão, Recueil 1980, pág. 2033

Acórdão do Tribunal de Justiça de 10 de Julho de 1980, Processos apensos 253/78 e 1 a 3/79, Procurador da República/Giry et Guerlain, Recueil 1980, pág. 2327

Acórdão do Tribunal de Justiça de 29 de Outubro de 1980, Processos apensos 209 a 215 e 218/78, Van Landewick/Comissão, Recueil 1980, pág. 3125

1981

Acórdão do Tribunal de Justiça de 16 de Junho de 1981, Processo 126/80, Maria Salonia/G. Poidomani e F. Giglio, Recueil 1981, pág. 1563

Decisão da Comissão de 18 de Junho de 1981, (81/492/CECA), Rogesa, JOCE N.° L 189/54, de 11.7.81

Acórdão do Tribunal de Justiça de 14 de Julho de 1981, Processo 172/80, Züchner/Bayerische Vereinsbank, Recueil 1981, pág. 2021

Acórdão do Tribunal de Justiça de 11 de Novembro de 1981, Processo 60/81, IBM/Comissão, Recueil 1981, pág. 2639

1982

Decisão da Comissão de 2 de Abril de 1982, 87/317/CECA, Usinor, Sacilor et Normandie, JOCE N.° L 139/1, de 19.5.82

Acórdão do Tribunal de Justiça de 18 de Maio de 1982, Processo 155/79, AM &S/Comissão, Recueil 1982, pág. 1575

Decisão da Comissão de 27 de Outubro de 1982, Processo IV/AF 528, Fédération nationale de l'industrie de la chaussure de France, JOCE N.° L 319/12, de 16.11.81

Decisão da Comissão de 29 de Outubro de 1982, Processo IV/30.517, Amersham Buchler, JOCE N.° L 314/14, de 10.11.92

1983

Acórdão do Tribunal de Justiça de 7 de Junho de 1983, Processos apensos 100 a 103/80, Musique Diffusion française/Comissão, Recueil 1983, pág. 1825

Acórdão do Tribunal de Justiça de 9 de Novembro de 1983, Processo 322/81, Michelin/Comissão, Recueil 1983, pág. 3461

1984

Acórdão do Tribunal de Justiça de 17 de Janeiro de 1984, Processos apensos 43 e 63/82, VBVB/Comissão, Recueil 1984, pág. 19

Acórdão do Tribunal de Justiça de 21 de Fevereiro de 1984, Processo 86/82, Hasselblad/Comissão, Recueil 1984, pág. 883

Acórdão do Tribunal de Justiça de 28 de Março de 1984, Processos apensos 29 e 30/83, CRAM e Rheinzink/Comissão, Recueil 1984, pág. 1679

Acórdão do Tribunal de Justiça de 12 de Julho de 1984, Processo 170/83, Hydrotherm/Compact, Recueil 1984, pág. 2999

Acórdão do Tribunal de Justiça de 11 de Outubro de 1984, Processo 103/83, USINOR/Comissão, Recueil 1984, pág. 3483

Acórdão do Tribunal de Justiça de 11 de Outubro de 1984, Processo 151/83, ALPA/Comissão, Recueil 1984, pág.3519

Decisão da Comissão de 12 de Dezembro de 1984, Processo IV/30.666, Mecaniver-PPG, JOCE N.° L 35/54, de 7.2.85

Decisão da Comissão de 19 de Dezembro de 1984, Processo IV/26.870, Importations d'aluminium d'Europe de l'Est, JOCE N.° L 92/1, de 30.3.85

488   *O controlo das concentrações de empresas no direito comunitário*

Decisão da Comissão de 19 de Dezembro de 1984, Processo IV/29.725, Pâte de Bois, JOCE N.º L 85/1, de 26.3.85

1985

Acórdão do Tribunal de Justiça de 30 de Janeiro de 1985, Processo 123/83, BNIC/Clair, Recueil 1985, pág. 392

Acórdão do Tribunal de Justiça de 11 de Julho de 1985, Processo 42/84, Remia/Comissão, Colectânea 1985, pág. 2545

Acórdão do Tribunal de Justiça de 17 de Setembro de 1985, Processos apensos 25 e 26/84, Ford/Comissão, Recueil 1985, pág. 2725

Decisão da Comissão de 14 de Dezembro de 1985, processo IV/30.698, ECS/Akzo Chemie, JOCE Nª L 374/1, de 31.12.85

1986

Acórdão do Tribunal de Justiça de 28 de Janeiro de 1986, Processo 161/84, Pronuptia, Colectânea 1986, pág. 353

Decisão da Comissão de 23 de Abril de 1986, Processo IV/31.149, Polipropileno, JOCE N.º L 230/1, de 18.8.86

Acórdão do Tribunal de Justiça de 30 de Abril de 1986, Processos apensos 209 a 213/84, Ministério Público/LucasAsjes, Colectânea 1986, pág. 1425

Decisão da Comissão de 14 de Julho de 1986, Processo IV/30320, Fibras Ópticas, JOCE Nª L 236/30, de 22.88.86

Acórdão do Tribunal de Justiça de 23 de Setembro de 1986, Processo 5/85, AKZO Chemie/Comissão, Colectânea 1986, pág. 2585

Acórdão do Tribunal de Justiça de 22 de Outubro de 1986, Processo 75/84, Metro/Comissão, Colectânea 1986, pág. 3021

Decisão da Comissão de 4 de Dezembro de 1986, Processo IV/31.055, ENI/Montedison, JOCE N.º L 5/13, de 7.1.87

Decisão da Comissão de 17 de Dezembro de 1986, Processo IV/31.340, Mitchell Cotts/Sofiltra, JOCE N.º L 41/31, de 11.2.87

1987

Acórdão do Tribunal de Justiça de 1 de Outubro de 1987, Processo 311/85, VVR/Sociale Dienst Van de Plaatselijke en Gewestelijke Overheidsdiensten, Colectânea 1987, pág. 3801

Acórdão do Tribunal de Justiça de 17 de Novembro de 1987, Processos apensos 142 e 156/84, BAT e Reynolds/Comissão, Colectânea 1987, pág. 4487

Acórdão do Tribunal de Justiça de 3 de Dezembro de 1987, Processo 136/86, BNIC/Aubert, Colectânea 1987, pág. 4789

Acórdãos e decisões 489

Decisão da Comissão de 22 de Dezembro de 1987, Processo IV/M32.306, Olivetti – Canon, JOCE N.º L 52/51, de 26.2.88

1988

Decisão da Comissão de 20 de Julho de 1988, Processo IV/31.902, Iveco/Ford, JOCE N.º L 230/39, de 19.8.88

Decisão da Comissão de 26 de Julho de 1988, Processo IV/31.043, Tetra Pak I, JOCE N.º L 271/27, de 4.10.88

Acórdão do Tribunal de Justiça de 27 de Setembro de 1988, Processos apensos 89, 104, 114, 116, 117 e 125 a 129/85, Ahlström/Comissão, Colectânea 1988, pág. 5193

Decisão da Comissão de 11 de Outubro de 1988, Processo IV/32.368, BBC Brown Boveri, JOCE N.º L 301/68, de 4.11.88

Decisão de 28 de Outubro de 1988, Processo IV/B-2/31.424, Hudson's Bay-Dansk Peldsdyravlerforening, JOCE N.º L 316/43, de 23.11.88

Decisão da Comissão de 7 de Dezembro de 1988, Processo IV/31.906, Vidro Plano, JOCE N.º L 33/44, de 4.2.89

Decisão da Comissão de 21 de Dezembro de 1988, Processo IV/31.851, Magill TV Guide/ITP/BBC e RTE, JOCE N.º L 78/43, de 21.3.89

1989

Acórdão do Tribunal de Justiça de 11 de Abril de 1989, Processo 66/86, Ahmed Saeed Flugreisen e Outros/Zentrale Zur Bekämfung Unlauteren Wettbewerbs, Colectânea 1989, pág. 803

Acórdão do Tribunal de Justiça de 11 de Julho de 1989, Processo 246/86, Belasco e Outros/Comissão, Colectânea 1989, pág. 2117

Acórdão do Tribunal de Justiça de 21 de Setembro de 1989, Processos apensos 46/87 e 227/88, Hoechst/Comissão, Colectânea 1989, pág. 2859

Acórdão do Tribunal de Justiça de 17 de Outubro de 1989, Processo 85/87, Dow Benelux/Comissão, Colectânea 1989, pág. 3137

Acórdão do Tribunal de Justiça de 17 de Outubro de 1989, Processos apensos 97, 98 e 99/87, Dow Chemichal Iberica e outros/Comissão, Colectânea 1989, pág. 3165

Acórdao do Tribunal de Justiça de 18 de Outubro de 1989, Processo 347/87, Orkem/Comissão, Colectânea 1989, pág. 3283

Acórdão do Tribunal de Justiça de 18 de Outubro de 1989, Processo 27/88, Solvay & Cie/Comissão, Colectânea 1989, pág. 3355.

Acórdão do Tribunal de Justiça de 19 de Outubro de 1989, Processo 142/88, Hoesch e Outros/Bergrhor, Colectânea 1989, pág. 3413

490   *O controlo das concentrações de empresas no direito comunitário*

Decisão da Comissão de 14 de Dezembro de 1989, Processo IV/32.202, APB (Association Pharmaceutique Belge), JOCE N.° L 18/35, de 23.1.90

1990

Acórdão do Tribunal de Primeira Instância de 10 de Julho de 1990, Processo T-51/89, Tetra Pak/Comissão, Col. 1990. pág. 309

Decisão da Comissão de 13 de Julho de 1990, Processo IV/32.009, Elopak/Metal Box-Odin, JOCE N.° L 219/15, de 8.8.90

Decisão de 15 de Outubro de 1990, Processo IV/32.681, Cekacan, JOCE N.° L 299/64, de 30.10.90

Decisão da Comissão de 7 de Novembro de 1990, Processo IV/M004, Renault/Volvo, JOCE N.° C 281/2, de 9.11.90

Decisão da Comissão de 21 de Novembro de 1990, Processo IV/M018, AG/Amev, JOCE N.° C 304/27, de 4.12.90

Decisão da Comissão de 28 de Novembro de 1990, Processo IV/M/023, ICI/Toxide, JOCE N.° C 304/27, de 4.12.90

Decisão da Comissão de 10 de Dezembro de 1990, Processo IV/M025, Arjomari/Wiggins Teape, JOCE N.° C 321/16, de 21.12.90

Decisão da Comissão de 17 de Dezembro de 1990, Processo IV/M027, Promodes/DIRSA, JOCE N.° C 321/16, de 21.12.90

Decisão da Comissão de 20 de Dezembro de 1990, Processo IV/M.026, Cargill/Unilever, JOCE C327/14, de 29.12.90

1991

Decisão da Comissão de 4 de Janeiro de 1991, Processo IV/M024, Mitsubishi/UCAR, JOCE N.° C 5/7, de 9.1.91

Decisão da Comissão de 10 de Janeiro de 1991, Processo IV/M037, Matsushita/MCA, JOCE N.° C 12/15, de 18.1.91

Decisão da Comissão de 18 de Janeiro de 1991, Processo IV/M050, AT&T/NCR, JOCE N.° C 16/20, de 24.1.91

Decisão da Comissão de 4 de Fevereiro de 1991, Processo IV/M021, BNP/Dresdner Bank, JOCE N.° C 34/20, de 9.2.91

Decisão da Comissão de 6 de Fevereiro de 1991, Processo IV/M058, Baxter/Nestlé Salvia, JOCE N.° C37/11, de 13.2.91

Decisão da Comissão de 8 de Fevereiro de 1991, Processo IV/M009, Fiat/Ford New Holland, JOCE N.° C118/14, de 3.5.91

Decisão da Comissão de 21 de Fevereiro de 1991, Processo IV/M065, Asko/Omni, JOCE N.° C 51/12, de 27.2.91

Acórdãos e decisões

Decisão da Comissão de 25 de Fevereiro de 1991, Processo IV/M057, Digital/Kienzle, JOCE N.° C 56/16, de 5.3.91

Decisão da Comissão de 7 de Março de 1991, Processo IV/M069, Kyowa/Saitama, JOCE Nª C 66/13, de 14.3.91

Decisão da Comissão de 21 de Março de 1991, Processo IV/M070, Otto/Grattan, JOCE N.° C 93/6, de 11.4.91

Decisão da Comissão de 12 de Abril de 1991, Processo IV/M042, Alcatel/Telettra, JOCE N.° L 122/48, de 17.5.91

Decisão da Comissão de 25 de Abril de 1991, Processo IV/M080, La Redoute/Empire Stores, JOCE N.° C 156/10, de 14.6.91

Decisão da Comissão de 29 de Abril de 1991, Processo IV/M063, Elf/Ertoil, JOCE N.° C 124/13, de 24.5.91

Decisão da Comissão de 29 de Maio de 1991, Processo IV/MO43, Magneti Marelli/CEAC, JOCE N.° L 222/38, de 20.8.91

Decisão da Comissão de 30 de Maio de 1991, Processe IV/M010, CONAGRA/IDEA, JOCE N.° C 175/18, de 6.7.91

Decisão da Comissão de 6 de Junho de 1991, Processo IV/M081, VIAG/Continental Can, JOCE N.° C156/10, de 14.6.91

Decisão da Comissão de 10 de Junho de 1991, Processo IV/M072, Sanofi/Sterling Drugs, JOCE N.° C 156/10, de 14.6.91

Decisão da Comissão de 18 de Junho de 1991, Processo IV/M098, ELF/BC/CEPSA, JOCE N.° C 172/8, de 3.7.91

Decisão da Comissão de 24 de Junho de 1991, Processo IV/M0093, Apollinaris/Schweppes, JOCE N.° C 203/14, de 2.8.91

Decisão da Comissão de 28 de Junho de 1991, Processo IV/M101, Dräger/IBM/HMP, JOCE N.° C 236/6, de 11.9.91

Decisão da Comissão de 19 de Julho de 1991, Processo IV/MO68, Tetra Pak/Alfa-Laval, JOCE N.° L 290/35, de 22.10.91

Decisão da Comissão de 24 de Julho de 1991, Processo IV/M088, ELF/Entreprise, JOCE N.° C 203/14, de 2.8.91

Decisão da Comissão de 30 de Julho de 1991, Processo IV/M062, Eridania/ISI, JOCE N.° C 204/12, de 3.8.91

Decisão da Comissão de 31 de Julho de 1991, Processo IV/MO12, Varta/Bosch, JOCE N.° L 320/26, de 22.11.91

Decisão da Comissão de 20 de Agosto de 1991, Processo IV/M0.116, Kelt/American Express, JOCE N.° C 223/38, de 28.8.91

Decisão da Comissão de 26 de Agosto de 1991, Processo IV/M 124, BNP/Dresdner Bank (Czechoslovakia), JOCE Nª C 266/28, de 31.8.91

492   *O controlo das concentrações de empresas no direito comunitário*

Decisão da Comissão de 2 de Setembro de 1991, Processo IV/M129, Digital/Philips, JOCE N.° C 235/13, de 10.9.91

Decisão da Comissão de 13 de Setembro de 1991, Processo IV/M130, Delta Airlines/Pan Am, JOCE N.° C 289/14, de 7.11.91

Decisão da Comissão de 23 de Setembro de 1991, Processo IV/M134, Mannesmann/Boge, JOCE C265/8, de 11.10. 91

Decisão da Comissão de 2 de Outubro de 1991, Processo IV/M.053, Aérospatiale--Alenia/de Havilland, JOCE N.° L 334/42, de 5.12.91

Decisão da Comissão de 17 de Outubro de 1991, Processo IV/M122, Paribas/MTH, JOCE N.° C 277/18, de 24.10.91

Decisão da Comissão de 23 de Outubro de 1991, Processo IV/M086, Thomson/Pilkington, JOCE N.° C 279/19, de 26.10.91

Acórdão do Tribunal de Primeira Instância de 24 de Outubro de 1991, Processo T-1/89, Rhône-Poulenc/Comissão, Col. 1991, pág. 1034.

Decisão da Comissão de 27 de Novembro de 1991, Processo IV/M156, Cereol/Continentale Italiana, JOCE N.° C 7/7, de 11.1.92

Decisão da Comissão de 2 de Dezembro de 1991, Processo IV/M102, TNT/Canada Post, JOCE N.° C 322/19, de 13.12.91

Decisão da Comissão de 9 de Dezembro de 1991, Processo IV/M149, Lucas/Eaton, JOCE N.° C328/15, de 17.12.91

Decisão da Comissão de 18 de Dezembro de 1991, Processo IV/M0165, Alcatel/AEG Kabel, JOCE N.° C 6/23, de 10.1.92

Decisão da Comissão de 18 de Dezembro de 1991, Processo IV/M138, CAMPSA, JOCE N.° C334/23, de 28.12.91

Decisão da Comissão de 19 de Dezembro de 1991, Processo IV/M113, Courtaulds/SNIA, JOCE N.° C 333/16, de 24.12.91

Decisão da Comissão de 19 de Dezembro de 1991, Processo IV/M159, Mediobanca/Generali, JOCE N.° C 334/23, de 28.12.91

1992

Decisão da Comissão de 21 de Janeiro de 1992, Processo IV/M182, Inchape/IEP, JOCE N.° C 21/27, de 28.1.92

Decisão da Comissão de 22 de Janeiro de 1992, Processo IV/M133, Ericsson/Kolbe, JOCE N.° C 27/14, de 4.2.92

Decisão da Comissão de 12 de Fevereiro de 1992, Processo IV/M180, Steetley/Tarmac, JOCE N.° C 50/25, 25.2.92

Decisão da Comissão de 13 de Fevereiro de 1992, Processo IV/M162, James River/Rayne, JOCE N.° C 43/19, de 18.2.92

Decisão da Comissão de 17 de Fevereiro de 1992, Processo IV/M090, BSN/Néstle/Cokoladovny, JOCE N.° C 47/23, de 21.2.92

Decisão da Comissão de 24 de Fevereiro de 1992, Processo IV/M0166, Torras/Sarrio, JOCE N.° C 58/20, de 5.3.92

Acórdão do Tribunal de Primeira Instância de 10 de Março de 1992, Processos apensos T-68/89, Società Italiana Vetro SpA, T-77/89, Fabbrica Pisana SpA e T-78/89, PPG Vernante Pennitalia SpA, contra Comissão, Col. 1992-3/II, pág. 1403

Decisão da Comissão de 14 de Abril de 1992, Processo IV/M192, Banesto/TOTTA, JOCE n.° C107/19, de 28.4.92

Decisão da Comissão de 27 de Abril de 1992, Processo IV/M202, Thorn/EMI/Virgin, JOCE N.° C 120/30, de 12.5.92

Decisão da Comissão de 28 de Abril de 1992, Processo IV/M.126, Accor/Wagons-Lits, JOCE N.° L 204/1, de 21.7.92

Decisão da Comissão de 30 de Abril de 1992, Processo IV/M197, Solvay/Laporte/Interox, JOCE N.° C 165/26, de 2.7.92

Decisão da Comissão de 1 de Maio de 1992, Processo IV/M168, Flachglas/VEGLA, JOCE N.° C120/30, de 12.5.92

Decisão da Comissão de 18 de Maio de 1992, Processo IV/M218, Eucom/Digital, JOCE N.° C140/20, de 3.6.92

Decisão da Comissão de 21 de Maio de 1992, Processo IV/M213, Hong Kong & Shangai Bank/Midland Bank, JOCE N.° C157/18, de 24.6.92

Decisão da Comissão de 26 de Maio de 1992, Processo IV/M221, ABB/BREL, JOCE N.° C142/18, de 4.6.92

Decisão da Comissão de 13 de Julho de 1992, Processo IV/M242, Promodes/BRMC, JOCE N.° C 232/14, de 10.9.92

Decisão da Comissão de 14 de Julho de 1992, Processo IV/M229, Thomas Cook/LTU/West LB, JOCE N.° C199/12, de 6.8.92

Decisão da Comissão de 15 de Julho de 1992, Processo IV/M234, GECC/AVIS, JOCE N.° C 201/26, de 8.8.92

Decisão da Comissão de 22 de Julho de 1992, Processo IV/M.190, Nestlé/Perrier, JOCE N.° L 356/1, de 3.12.92

Decisão da Comissão de 28 de Julho de 1992, Processo IV/M117, Koipe/Elosua, JOCE N.° C227/10, de 3.9.92

Decisão da Comissão de 28 de Julho de 1992, Processo IV/M160, ELF Atochem/Rohm & Haas, JOCE N.° C 201/27, de 8.8.92

Decisão da Comissão de 10 de Agosto de 1992, Processo IV/M189, Pechiney/VIAG, JOCE N.° C 307/7, de 25.11.92

Decisão da Comissão de 10 de Agosto de 1992, Processo IV/M206, Rhône-Poulenc/SNIA, JOCE N.° C 212/23, de 18.8.92

494   *O controlo das concentrações de empresas no direito comunitário*

Decisão da Comissão de 17 de Agosto de 1992, Processo IV/M253, BTR/Pirelli, JOCE N.° C 265/5, de 14.10.92

Decisão da Comissão de 3 de Setembro de 1992, Processo IV/M261, Volvo/Lex, JOCE N.° C239/11, de 18.9.92

Decisão da Comissão de 4 de Setembro de 1992, Processo IV/M235, ELF Acquitaine/MINOL, JOCE N.° C 232/14, de 10.9.92

Decisão da Comissão de 25 de Setembro de 1992, Processo IV/M258, CCIE/GTE, JOCE N.° C 258/10, de 7.10.92

Decisão da Comissão de 28 de Setembro de 1992, Processo IV/M256, Linde/Fiat, JOCE N.° C 258/10, de 7.10.92

Decisão da Comissão de 29 de Setembro de 1992, Processo IV/M263, Ahold/Jerónimo Martins, JOCE N.° C 261/10, de 10.10.92

Decisão da Comissão de 30 de Setembro de 1992, Processo IV/M214, Du Pont/ICI, JOCE N.° L 7/13, de 13.1.93

Decisão da Comissão de 5 de Outubro de 1992, Processo IV/M157, Air France/Sabena, JOCE N.° C 272/5, de 21.10.92

Decisão da Comissão de 12 de Novembro de 1992, Processo IV/M.222, Mannesmann/Hoesch, JOCE N.° L 114/34, de 8.5.93

Decisão da Comissão de 27 de Novembro de 1992, Processo IV/M259, British Airways/TAT, JOCE Nª C 326/16, de 11.12.92

Decisão da Comissão de 21 de Dezembro de 1992, Processo IV/M283, Waste Management International Plc/SAE, JOCE N.° C 10/5, de 15.1.93

Decisão da Comissão de 21 de Dezembro de 1992 Processo IV/M290, Sextant/BGT-VDO, JOCE N.° C 9/3, de 14.1.93

Decisão da Comissão de 23 de Dezembro de 1992, Processo IV/M238, Siemens/Philips, JOCE N.° C 11/5, de 16.1.93

1993

Decisão da Comissão de 17 de Fevereiro de 1993, Processo IV/M278, British Airways/Dan Air, JOCE N.° C 68/5, de 11.3.93

Acórdão do Tribunal de Primeira Instância, 2ª Secção, de 28 de Outubro de 1993, Processo T – 83/92, Zunis Holding, SA, Finan Srl e Massinvest, SA/Comissão, Col. 1993-II, pág. 1169.

Acórdão do Tribunal de Justiça das Comunidades Europeias de 31 de Março de 1993, Processos apensos C-89/85, C-114/85, C-116/85, C-117/85 e C-125/85 a C-129/85, A. Ahlström Osakeyhtiö e o. contra Comissão das Comunidades Europeias, Col. 1993-3, pág. 1307

DESPACHOS DO PRESIDENTE DO TRIBUNAL DE JUSTIÇA E DO PRESIDENTE DO TRIBUNAL DE PRIMEIRA INSTÂNCIA CITADOS (ORDENADOS CRONOLOGICAMENTE)

1973

Despacho do Presidente do Tribunal de Justiça de 11 de Outubro de 1973, Processos apensos 160 e 161-73 R, Miles Druce/Comissão, Recueil 1973, pág. 1049

1992

Despacho do Presidente do Tribunal de Primeira Instância de 15 de Dezembro de 1992, Processo T -96/92 R, Comité Central d'Entreprise de la Société Générale des Grandes Sources e outros/Comissão, col. 1992-II, pág. 2579.

1993

Despacho do Presidente do Tribunal de Primeira Instância de 6 de Julho de 1993, Processo T -12/93 R, Comité Central d'Entreprise de la société anonyme Vittel e Comité d'etablissement de Pierval/Comissão, col. 1993-II, pág. 785.

DECISÕES DA COMISSÃO CITADAS COM BASE NOS RELATÓRIOS SOBRE A POLÍTICA DE CONCORRÊNCIA

1973 – Third Report on Competition Policy

Decisão da Comissão de 20 de Dezembro de 1973, Thyssen/Rheinstahl (ponto 75)

1974 – Fourth Report on Competition Policy

Decisão da Comissão de 5 de Dezembro de 1974, Johnson & Firm Brown Ltd./British Steel Corporation/Dunford Hadfields Ltd. (ponto 143)

1975 – Quinta Relazione sulla Politica di Concorrenza

Decisão da Comissão de 5 de Março de 1975, CLIF/Marine (Ponto 79)

1976 – Sixième Rapport sur la Politique de Concurrence

Decisão da Comissão de 22 de Dezembro de 1976, Klöckner-Maximilianshütte (ponto 186)

Decisão da Comissão de 29 de Julho de 1976, GKN/Sachs (ponto 182)

Decisão da Comissão BSC/Blume (ponto 183)

1978 – Huitième Rapport sur la Politique de Concurrence

Decisão da Comissão Michelin/actor NV (ponto 146)

Decisão da Comissão Avebe/KSH (ponto 147)

1979 – Neuvième Rapport sur la Politique de Concurence

Decisão da Comissão de 14 de Fevereiro de 1979, ITA/TUBI (ponto 126)

1980 – Dixième Rapport sur la Politique de Concurrence

Decisão da Comissão de 14 de Outubro de 1980, Hollandia/Hoogovens (Ponto 146)

Decisão da Comissão de 29 de Maio de 1980, Arbed SA/Otto Wolf AG (Pontos 147 e 148)

Decisão da Comissão Pilkington/BSN – Gervais-Danone (ponto 152)

498 *O controlo das concentrações de empresas no direito comunitário*

Decisão da Comissão Michelin/Kléber-Colombes (ponto 156)

Decisão da Comissão Baxter Travelon Laboratories/SmithKline RIT (ponto 157)

1981 – Onzième Rapport sur la Politique de Concurrence

Decisão da Comissão Amicon Corp./Fortia AB et Wright Scientific Ltd (ponto 112)

1982 – Douzième Rapport sur la Politique de Concurrence

Decisão da Comissão de 9 de Dezembro de 1982, Sheffield Forgemasters (Ponto 100)

Decisão da Comissão British Sugar/Berisford (ponto 104)

1984 – Quatorzième Rapport sur la Politique de Concurrence

Decisão da Comissão Ashland Oil/Cabor Co (ponto 109)

Decisão da Comissão Pont à Mousson/Stanton Stanley (ponto 110)

1986 – Décimo Sexto Relatório sobre a Política de Concorrência

Decisão da Comissão de 19 de Dezembro de 1986, COGEA (ponto 87)

1987 – Décimo Sétimo Relatório sobre a Politica de Concorrência

Decisão da Comissão Carnaud-Sofreb (ponto 70)

1988 – Décimo Oitavo Relatório sobre a Politica de Concorrência

Decisão da Comissão Irish Distillers Group (ponto 80)

Decisão da Comissão British Airways/British Caledonian (ponto 81)

1989 – Décimo Nono Relatório sobre a Politica de Concorrência

Decisão da Comissão Plessey/Gec/Siemens (ponto 66)

Decisão da Comissão Consolidated Gold Fields/Minorco (ponto 68)

1990 – Vigésimo Relatório sobre a Politica de Concorrência

Decisão da Comissão British Airways/KLM/Sabena (ponto 8)

Decisão da Comissão Air France/Air Inter/UTA (ponto 116)

1991 – Vigésimo Primeiro Relatório sobre a Política de Concorrência

Decisão da Comissão de 29 de Abril de 1991, Usinor/ASD (pág. 374)

Decisão da Comissão DuPont de Nemours/Merck (ponto 85)

BIBLIOGRAFIA

AAVV – *Jurisdiction and mergers under EEC competition law*, "Annual Proceedings of the Fordham Corporate Law Institute", Capítulo 26. 1990, pág. 583.

—— – *Jurisdictional issues: EEC merger regulation member state laws and articles 85-86,* "Annual Proceedings of the Fordham Corporate Law Institute", Capítulo 28, 1991, pág. 627.

—— – *Merger control in the EEC. A survey of european competition laws*, Deventer, Kluwer Law and Taxation Publishers, 1988.

—— – *Merger control in the EEC. A survey of european competition laws,* Second Edition, Deventer, Kluwer Law and Taxation Publishers, 1993.

—— – *Procedures and enforcement under EEC merger regulation,* "Annual Proceedings of the Fordham Corporate Law Institute",Capítulo 21, 1991, pág. 461.

—— – *Substantive review under merger regulation,* "Annual Proceedings of the Fordham Corporate Law Institute", Capítulo 25, 1991, pág. 561.

ADAMS, Walter – BROCK, James W. – *The bigness mystique and the merger policy debate: an international perspective,* "Northwestern Journal of International Law & Business", vol. 9, n.º 1, Spring 1988, pág. 1.

AFONSO, Margarida – *A catalogue of merger defenses under european and United States antitrust law*, "Harvard International Law Journal", Winter 1992. Vol 33, n.º 1, pág. 1.

ALEXANDER, Willy – *Le contrôle des concentrations entre entreprises – un affaire communautaire*, "Cahiers de Droit Européen", 26ème anné, n.º 5-6, 1990, pág. 529.

ALONSO SOTO, Ricardo – *El control de las concentraciones de empresas en la nueva ley española de defensa de la competencia,* "Gaceta Juridica de la CEE", B-57, n.º 85, Octubre, 1990, pág. 3.

—— – *La aplication del articulo 85 del Tratado CEE a las concentraciones de empresas (Comentario a la sentencia «Philip Morris», de 17 de noviembre de 1987),* "Revista de Instituciones Europeas", Vol. 15, n.º 3, 1988, pág. 769.

ALONSO UREBA, Alberto – *Incidencia en el régimen sobre ofertas públicas de adquisición del derecho comunitario sobre el control de operaciones de concentración, in* "La lucha por el control de las grandes sociedades. Las ofertas públicas de adquisición", Madrid, Barcelona, Ediciones Deusto, S.A., 1992, pág. 259.

500 *O controlo das concentrações de empresas no direito comunitário*

ALVAREZ GONZALEZ, Jorge – *Los oligopolios en el marco del derecho de la competencia comunitario,* "Boletín de Información sobre las Comunidades Europeas", n.° 42, Nov-Dic, 1992, pág. 5.

AMADO DA SILVA, José Manuel – *Leis anti-«trust» nacionais ou comunitárias,* "O Economista – Anuário da Economia Portuguesa", 1990, pág. 49.

— – *Política de concorrência, mercados relevantes e concentração de empresas um desafio do mercado único,* "Competir – Informação para a Indústria", Ano 1, n.° 1, Abril 1990, pág. 14.

ANTUNES, José Engrácia – *Os grupos de sociedades. Estrutura e organização jurídica da empresa plurissocietária,* Coimbra, Almedina, 1993.

APOLLONIO, William Nicolo – *L'affare Continental Can e la sentenza della Corte di Giustizia Europea,* "Rivista di Diritto Europeo", Anno XIII, n.° 1, Gennaio-Marzo, 1973, pág. 121.

ASSANT, Gilles – *Antitrust intracorporate conspiracies: a comparative study of french , EEC and american laws,* "Revue de Droit des Affaires Internationales", n.° 2, 1989, pág. 121.

AXINN, Stephen M. – GLICK, Mark – *Dual enforcement of merger law in the EEC: Lessons from the american experience,* "Annual Proceedings of the Fordham Corporate Law Institute", Capítulo 24, 1990, pág. 547.

BAEL, Ivo Van – *The antitrust settlement practice of the EC Comission,* "Common Market Law Review", 23, 1986, pág. 61.

BAEL, Ivo Van – BELLIS, Jean François – *Competition Law of the EEC,* Oxford, CCH Editions Limited, Tax, Business and Law Publishers, Second Edition, 1990.

BAJARDO, Julio Rizza – *La normativa comunitaria sul controllo delle concentrazioni tra impresa alla luce delle disposizioni di attuazione del regolamento n.° 4064/89 e dei recenti documenti interpretativi della Comissione,* "Diritto Comunitario e Degli Scambi Internazionali", Anno XXIX, n.° 1/2, 1990, pág. 719.

BANKS, Karen – *Mergers and partial mergers under EEC law,* "Annual Proceedings of the Fordham Corporate Law Institute", Capítulo 17, 1988, pág. 373.

BECHTOLD, Rainer – *Die grundzüge der neuen EWG – fusionskontrolle,* "Recht der Internationalen Wirtschaft", Heft 4/36 Jahrgang, April, 1990, pág. 253.

BELLAMY, Cristopher – *Mergers outside the scope of the new merger regulation – implications of the «Philip Morris» judgment,* "Annual Proceedings of the Fordham Corporate Law Institute", Capítulo 22, 1989, pág. 1.

BELLAMY, Cristopher – CHILD, Graham D. – *Common market law of competition,* London, Sweet &Maxwell, Third Edition, 1987.

— – *Common market law of competition,* London, Sweet &Maxwell, First Supplement to the Third Edition, 1991.

BENEDETELLI, Massimo – *Sul raporto fra diritto comunitario e diritto italiano della concorrenza (riflessioni in margine al disegno di legge n.° 3755 ed al regolamento comunitario sulle concentrazioni)*, "Il Foro Italiano", anno CXV, n.° 5, parte IV, 1990, pág. 235.

BERCOVITZ, Alberto – *El control de las concentraciones de empresas en la comunidad europea,* "Gaceta Juridica de la CEE", Série D-13, n.° 86, Noviembre, 1990, pág. 193.

— – *Company mergers and takeovers V. General Report of the 14th Congress of the FIDES,* Madrid, June, 1990.

BERLIN, Dominique – *Contrôle communautaire des concentrations,* Paris, Éditions A. Pedone, 1992.

BERNINI, Giorgio – *Jurisdicional issues: EEC merger regulation, member states law and articles 85-86,* "Annual Proceedings of the Fordham Corporate Law Institute", Capítulo 27, 1991, pág. 611.

— – *La tutela della libera concorrenza e i monopoli (Studio di diritto comparato) – vol. II – Comunità Europee e legislazione degli stati membri,* Milano, DOTT. A. Giufrè Editore, 1963.

BERWIN, S.J. & Co – *Company law and competition,* Mercury Books, W.H.Allen &Co.Plc., 1992.

BIANCARELLI, Jacques – *Le contentieux des concentrations devant le juge communautaire, in* Actes du seminaire organisé par le Tribunal de Première Instance des Communautés Europèennes, les 22 et 23 Novembre 1993, "Le Controle Juridictionnel em matiere de Droit de la Concurrence et des Concentrations" Luxembourg, Cyria, 1994.

BIENAYMÉ, Alain – *L'application de l'article 86 du Traité de Rome dans la décision «Continental Can company»,* "Revue Trimestrielle de Droit Européen", 8ème année, n.° 1, Janvier-Mars, 1972, pág. 65.

BLAISE, Jean Bernard – *Application des règles de concurrence du traité aux opérations de concentration,* "Revue Trimestrielle de Droit Européen", 25ème anné, n.° 3 , Juillet-Septembre, 1989, pág. 472.

— – *Concurrence – contrôle des opérations de concentration,* "Revue Trimestrielle de Droit Européen", 26ème anné, n.° 4 , Octobre-Décembre, 1990, pág. 743.

BLUMBERG, Jean Pierre – SCHODERMEIER, Martin – *EC merger control – no smoke without fire? – The Tobacco judgement of the EC Court of Justice: a first step towards merger control,* "International Finantial Law Review", January, 1988, pág. 35.

BOLZE, Christian – *Droit communautaire de l'entreprise,* "Revue Trimestrielle de Droit Commercial et de Droit Économique", n.° 3, 44ème anné, Juillet-Septembre 1991, pág. 511.

502 *O controlo das concentrações de empresas no direito comunitário*

—— *Le règlement (CEE) 4064 du Conseil relatif au contrôle des opérations de concentration*, "Enjeux", n.º 106, Avril, 1990, pág. 13.

BOLZER, Jean-Marc Le – *The new EEC merger control policy after the adoption of regulation 4064/89*, "World Competition", Volume 14, 1990, pág. 31.

BORSCHETTE, Albert – *Les contrôles européens des concentrations,* "Revue du Marché Commun", n.º 168, Octobre 1973, pág. 354.

BOS, Pierre – STUYCK, Jules – WYTINCK, Peter – *Concentration control in the European Economic Community*, London, Graham & Trotman, 1992.

BOURGEOIS, Jacques H.J. – *EEC control over international mergers*, "Yearbook of European Law", 10/1990, Oxford, Clarendon Press, 1991, pág. 115.

BOURGEOIS, Jacques H. J. – DRIJBER, Berend – Jan – *Le règlement CEE relatif au contrôle des concentrations: un premier commentaire*, "Revue des Affaires Européennes", n.º 1, 1990, pág. 15.

BOURGEOIS, Jacques H. J. – LANGEHEINE, Bernd – *Jurisdictional issues: EEC merger regulation. Member state laws and articles 85-86*, "Annual Proceedings of the Fordham Corporate Law Institute", Capítulo 26. 1991, pág. 583.

BOUTARD-LABARDE, M.-C. – SAINT-ESTEBEN, Robert – *Réflexions sur le seuil de «sensibilité» en droit de la concurrence*, "La Semaine Juridique – Cahiers de Droit de L'Entreprise", 63ème anné, n.º 16, 20 Avril 1989, pág. 69.

BRIGHT, Cristopher – *The european merger control regulation: Do member states still have an independant role in merger control?*, "European Competition Law Review", Vol. 12, Issue 4, 1991, pág. 139.

BRITTAN, Leon Q.C. – *Competition policy and merger control in the single european market*, Cambridge, Grotius Publications Limited, 1991.
—— *The law and policy of merger control in the EEC*, "European Law Review", October, 1990, pág. 351.

BRODLEY, Joseph F. – *Joint Ventures and antitrust policy*, "Harvard Law Review", vol. 95, n.º 5, March 1982, pág. 1523.

BROWN, William – *The Philip Morris Case,* "The Journal of Business Law", Stevens & Sons Ltd, London, 1988, pág. 351.

CANELLOS, Peter C. – SILBER, Horst S. – *Concentration in the common market,* "Common Market Law Review", 1970, Vol. VII, pág. 5.

CAPOTORTI, Francesco – *La concentrazione delle imprese alla luce del diritto delle Comunità europee, in* "Il fenomeno delle concentrazioni di imprese nel diritto interno e internazionale", Padova, CEDAM, 1988, pág. 65.

Bibliografia

— – *Regole comunitarie di concorrenza e concentrazioni di emprese: il caso «Continental Can»*, "Rivista delle Società", Anno XVII, Fasc. 1, Gennaio-Febbraio, 1972, pág. 993.

CARR, Josephine – *EC merger control: the man with an eye to the main chance*, "International Finantial Law Review", June 1988, pág. 5.

CARTOU, Louis – *Communautés européennes*, 10ème édition, Paris, Précis Dalloz, 1991.

— – *Le contrôle communautaire des concentrations de «dimension communautaire»*, "Les Petites Affiches", n.° 35, 21 Mars, 1990, pág. 7.

CASEIRO ALVES, José Manuel – *Lições de direito comunitário da concorrência*, Coimbra, Coimbra Editora, 1983.

CASPARI, Manfred – *1922 – EEC competition law an industrial policy*, "Annual Proceedings of the Fordham Corporate Law Institute", Capítulo 9, 1990, pág. 163.

— – *Joint ventures under EEC law and policy*, "Annual Proceedings of the Fordham Corporate Law Institute", Capítulo 16, 1988, pág. 353

CASTRO LLAMAS, Ignacio – *Control de concentraciones en la Comunidad Europea*, "Boletín Económico Informacion Comercial Española", n.° 2365, Abril 1993, pág. 1044.

CATALANO, Nicola – *Manuel de droit des communautés européennes*, Paris, Dalloz et Sirey, 1962.

CEREXHE, Etienne – *L'interpretation de l'article 86 du Traité de Rome et les premieres decisions de la Comission*, "Cahiers de Droit Européen", n.° 1, 1972, pág. 272.

CERRAI, Alessandro – *Concentrazioni di imprese e concorrenza nella normativa del Trattato CEE*, Milano, Giuffrè Editore, 1983.

CLARK, Ephraim – *European integration mergers and protectionism*, "European Affaires", 3, Autumn, 1989, pág. 81.

COCKBORNE, Jean Eric de – *El control de las concentraciones de empresas en la comunidad economica europea*, "Gaceta Juridica de la CEE", D-9, n.° 52, Julio, 1988, pág. 9.

COOK, John – KERSE, Chris S. – *EEC merger control. Regulation 4064/89*, London, Sweet & Maxwell, 1991.

DARANAS PELÁEZ, Mariano – *Examen critico de la necessidad de un reglamento comunitario para el control de las concentraciones de empresas y de la introduccion de este control en la proxima ley española de defensa de la competencia*, "Gaceta Juridica de la CEE", n.° 52, Série D , Julio 1988, pág. 75.

DASSESSE, Marc – *Selected aspects of European Economic Community law on investments and acquisitions in europe*, "The International Lawyer", Vol. 25, n.° 2, Summer 1991, pág. 375.

DAVIES, Ronald W. – *Corporate M&A Stategy and the new EEC merger control program*, "Antitrust", Fall/Winter, 1990, pág. 13.

DEMARET, Paul – *L'extraterritorialité des lois et les relations transatlantiques: une question de droit ou de diplomatie?*, "Revue Trimestrielle de Droit Européen", n.° 1, Janvier-Mars, 21ème anné, 1985, pág. 1.

DÉCHERY, Jean-Luc – *Le règlement communautaire instituant un contrôle des concentrations*, "Revue de la Concurrence et de la Consommation", n.° 52, Novembre-Décembre, 1989, pág. 1.
— – *Le règlement communautaire sur le contrôle des concentrations*, "Revue Trimestrielle de Droit Européen", n.° 2, 26ème anné, Avril-Juin 1990, pág. 307.

DOMINGUEZ GARCIA, Manuel Antonio – *La eventual aplicacion de los arts. 85 y 86 TCEE a las concentraciones de empresas como cuestion abierta*, "Revista de Instituciones Europeas", Vol. 14, n.° 2, 1987, pág. 369.
— – *Las concentraciones de empresas a la luz del ordenamiento comunitario*, II Curso Universitário de Verano El Burgo de Osma, Agosto, 1989.

DOWNES, T. Antony – ELLISON, Julian – *The legal control of mergers in the European Communities*, London, Blackstone Press Limited, 1991.

DOWNES, T. A. – MACDOUGALL, D. S. – *Significantly Impeding Effective Competition: Substantive Appraisal under the Merger Regulation*, "European Law Review", vol. 19, n.° 3. June 1994, pág. 298.

DRANCOURT, Michel – LEPAGE, Henri – *Obstacles psychologiques (et politiques) aux concentrations et aux fusions intracommunautaires*, "Revue du Marché Commun", n.° 109, Janvier-Fevrier, 1968, pág. 131.

DUMEZ, Hervé – JEUNEMAITRE, Alain – *Entre economie et politique: le probleme des concentrations dans la CEE*, "Analyses de la S.E.I.D.E.S", n.° 64, Juillet 1988, pág. 152.

EHLERMANN, Claus-Dieter – *Deux ans d'application du contrôle des concentrations: bilan et perspectives*, "Revue du Marché Commun et de L'union Européenne", n.° 366, Mars, 1993, pág. 242.

ELLAND, William – *Merger control by the EC Comission*, "European Competition Law Review", Vol. 8, 2, 1987, pág. 163.
— – *The merger control regulation and its effect on national merger controls and the residual application of articles 85 and 86*, "European Competition Law Review", Vol. 12, Issue 1, 1991, pág. 19.

— – The mergers control Regulation (EEC) n.° 4064/89, "European Competition Law Review", Vol. 11, 3, 1990, pág. 111.

FASQUELLE, Daniel – *Droit américain et droit communautaire des ententes*, Paris, GLN Joly Éditions, 1993.

FAULL, Jonathan – *Effect on trade between member states and community:member state jurisdiction* , "Annual Proceedings of the Fordham Corporate Law Institute", Capítulo 22, 1990, pág. 485.

— – Joint ventures under the EEC competition rules, "European Competition Law Review", vol. 5, n.° 1, 1984, pág. 358.

FERREIRA ALVES, Jorge de Jesus – *Direito da Concorrência nas Comunidades Europeias*, Coimbra Editora, 1989.

FERRY, John E. – *Joint research and developement and other joint ventures*, "Antitrust Law Journal", Volume 54, Issue I, 1985, pág. 677.

– The future of merger control in the EEC, "Antitrust", Summer 1988, pág. 12.

FINE, Frank L. – *All ayes on the new EC merger regulation*, "Commerce in Belgium", October, 1990, pág. 11.

— – EC merger control: an analysis of the new regulation, "European Competition Law Review", Vol. 11, 2, 1990, pág. 47.

— – EC merger control in the 1990's: an overview of the draft regulation, "Northwestern Journal of International Law and Business", Vol 9, n.° 3, Winter 1989, pág. 513.

— – Mergers and joint ventures in europe: The law and policy of the EEC, London, Graham & Trotman, 1990.

— – The appraisal criteria of the EC merger control regulation, "European Competition Law Review", Vol. 12, Issue 4, 1991, pág. 148.

— – The Comission's draft guidelines for joint ventures: on the road to transparency?, "European Competition Law Review", Vol. 13, Issue 2, March-April,1992, pág. 51.

— – The Philip Morris judgment: does article 85 now extend to mergers?, "European Competition Law Review", vol. 8, n.° 4, 1987, pág. 333.

FISHER, Franklin M. – *Horizontal mergers: triage and treatment*, "Economic Perspectives", vol. 1, n.° 2, Fall1987, pág. 23.

FOCSANEANU, Lazar – *L'abus de position dominante après l'arrêt «continental can» . (21 Février1973)*, "Revue du Marché Commun", n.° 164, Avril, 1973, pág. 145.

— – L'article 86 du Traité de Rome et la décision «Continental Can company» de la Comission de la CEE (decision IV/26811 du 9 décembre 1971). Une interprétation contestable d'un texte mauvais, "Juris Classeur Périodique. La Semaine Juridique", 46ème année, 1972, 2452.

FOLGUERA CRESPO, Jaime – *Algunas notas sobre el Reglamento de control de concentraciones de empresas*, "Gaceta Juridica de la CEE", B-51, n.° 77, Marzo, 1990, pág. 3.

— – *El control comunitario de las concentraciones de empresas: interrogantes de un proyecto*, "Gaceta Juridica de la CEE", n.° 47, B-30, Abril, 1988, pág. 2.

FORRESTER, Ian – NORALL, Christopher – *The laicization of community law: self-help and the rule of reason: how competition law is and could be applied,* "Common Market Law Review", Vol. 21, 1984, pág. 11.

FOY, Cécile – *Le sort des articles 85 et 86 du traité CEE et le contrôle des concentrations,* "Droit et CEE Affaires International", n.° 503, Mars, 1991, pág. 61.

FRIEND, Mark – *European communities – The common market. Competition and industrial property. Controlling mergers,* "European Law Review", vol.13, 1988, pág. 189.

GAILLARD, Emmanuel – *Le contrôle des concentrations d'entreprises dans la Communauté Économique Européenne,* "Gazette du Palais", 110ème anné, n.° 1, Janv-Fev, 1990, pág. 126.

GARCIA VICENTE, Ricardo – *Nuevo proyecto de reglamento de control de concentraciones,* "Gaceta Juridica de la CEE", Série D, n.° 52, Julio,1988, pág. 51.

GAVALDA, Christian – PARLEANI, Gilbert – *Traité de droit communautaire des affaires,* Paris, Éditions LITEC, Deuxième edition, 1992.

GHELCKE, Bernard Van de Walle de – *Le règlement CEE sur le contrôle des concentrations,* "Journal des Tribunaux", 109ème anné, n.° 5544, 7 Avril, 1990, pág. 245.

GLAIS, Michel – LAURENT, Philippe. – *La filiale commune et l'article 85 du Traité de Rome,* "Revue du Marché Commun", n.° 231, Novembre 1979, pág. 494.

— – *Traité D'Économie et de Droit de la Concurrence,* Paris, Presse Universitaires de France, 1983.

GLAIS, Michel – *L'application du règlement communautaire relatif au contrôle de la concentration: premier bilan,* "Revue d'Économie Industrielle", n.° 60, 2ème Trimestre, 1992, pág. 94.

GLYNN JR., Edward F. – *An american enforcer looks at the EEC merger proposal,* "Antitrust Law Journal", vol 59, 1990, pág. 237.

GOLDMAN, Berthold – LYON-CAEN, Antoine – *Droit commercial européen,* Paris, Dalloz, 4ª ed., 1983.

GOLDMAN, Berthold – LYON-CAEN, Antoine – Louis VOGEL – *Droit commercial européen,* Paris, Dalloz, 5ª ed., 1994.

GONZÁLEZ DÍAZ, F. Enrique – *La aplicabilidad del reglamento 4064/89, sobre el control de concentraciones, a las ofertas públicas de adquisición con especial referencia a los articulos 4 y 7, in* "La lucha por el control de las grandes sociedades. Las ofertas públicas de adquisisión", Madrid, Barcelona, Ediciones Deusto, S.A., 1992, pág. 289.

GONZALEZ-ÓRUS, Jerónimo Maillo – *La nócion de filial común en el derecho comunitario de la competencia a la luz del reglamento sobre control de las operaciones de concentracion,* "Revista de Instituciones Europeas", Vol. 19, n.° 2, 1992, pág. 565.

GOYDER, D.G. – *EEC competiton law,* Oxford, Clarendon Press, Second Edition, 1993.

GREEN, Nicholas – HARTLEY, Trevor C. – USHER, John A. – *The legal foundations of the single european market,* Oxford University Press, 1991.

GROUX, Jean – *«Territorialité» et droit communautaire,* "Revue Trimestrielle de Droit Européen", 23ème anné, n.° 1, Janvier-Mars, 1987, pág. 5.

GUDIN, Charles-Étienne – *La pratique décisionnelle de la «task force» concentration (Un an d'application du règlement sur le contrôle des concentrations d'entreprises),* "Revue des Affaires Européennes", n.° 1, 1992, pág. 33.
— – *La négotiation Comission/Entreprises dans le cadre du contrôle communautaire des concentrations,* "Revue des Affaires Européennes", n.° 1, 1993, pág. 15.

GUDIN, Charles-Étienne – GRELON, Bernard – *Le droit européen des concentrations et les entreprises communes,* "Revue des Affaires Européennes", n.° 2, 1991, pág. 5.

GUNTHER, Jacques Philippe – NOUEL, Gide Loyrette – *Une concentration de taille européenne exclut-elle l'application des droits nationaux?,* "Actualités Communautaires", n.° 269, Novembre 1991, pág. 7.

GUYÉNOT, Jean – *La décision "Continental Can" de la comission CEE et la naissance du droit antitrust européen,* "Rivista delle Società", Anno XVII, 1972, pág. 722.

GYSELEN, Luc – *Le règlement du Conseil des Communautés Européennes relatif au contrôle des opérations de concentration entre entreprises,* "Revue Trimestrielle de Droit Commercial et de Droit Économique", n.° 1, Janvier Mars, 1992, 45ème anné, pág. 6.

HARTLEY, Trevor C. – *The foundations of european comunity law,* Oxford, Clarendon Press, Second Edition, 1988.

HAWK, Barry E. – *1992 and EEC competition policy,* "Antitrust", Summer, 1990, pág. 23.
— – *Concentrative/Co-Operative joint ventures metaphysics and the law,* "European Business Law Review", Vol. 3, n.° 1, January, 1992, pág. 3

508 *O controlo das concentrações de empresas no direito comunitário*

— – *European Economic Community merger regulation*, "Antitrust Law Journal", Vol. 59, March. 1991, pág. 457.

— – *Joint Ventures under EEC Law*, "Fordham International Law Journal", Vol 15, n.° 2, 1991-92, pág. 303.

— – *La révolution antitrust américaine: une leçon pour la Communauté Économique Européenne?*, "Revue Trimestrielle de Droit Européen", 25ème anné, n.° 1, Janvier-Mars, 1989, pág. 5.

— – *The EEC merger regulation: the first step toward one-stop merger control*, "Antitrust Law Journal", Vol. 59, n.° 1, March. 1990, pág. 195.

— – *United States Common Market and International antitrust: a comparative guide*, Vol. II, Second Edition, 1990 Supplement, Prentice Hall Law & Business, Englewood Cliffs, NJ.

HAWK, Barry – HUSER, Henry L. – *A bright line shareholding test to end the nigntmare under the EEC merger regulation*, "Common Market Law Review", vol. 30, n.° 6, 1993, pág. 1161.

HAWKES, Leonard – *The EC Merger Control Regulation. Not an Industrial Policy Instrument: the De Havilland Decision*, "European Competition Law Review", vol. 13, 1992, pág 37.

HEIDENHAIN, Martin – *Control of concentrations without community dimension according to article 22(2) to (5) Council regulation 4064/89*, "Annual Proceedings of the Fordham Corporate Law Institute", Capítulo 19, 1991, pág. 413.

HOLLEY, Donald L. – *Ancillary restrictions in mergers and joint ventures*, "Annual Proceedings of the Fordham Corporate Law Institute", Capítulo 20. 1991, pág. 423.

HORNSBY, Stephen – *National and community control of concentrations in a single market: should member states be allowed to impose stricter standards?*, "European Law Review", vol. 13, n.° 5, 1988, pág. 295.

HORSPOOL, Margot – KORAH, Valentine – *Competition*, "The Antitrust Bulletin", Vol XXXVII, n.° 2, Summer, 1992, pág. 337.

HYDEN, John S. – *The demise of the ECSC Treaty: some competition law implications*, "European Competition Law Review", vol. 12, n.° 4, 1991, pág. 160.

IANNUZZI, Guido – *Competition and the EEC's ultimate aims: their relationship within the merger regulation 4064*, "Rivista Internazionale di Scienze Economiche e Comerciali", Anno XXXIX, Aprile, 1992, n.° 4, pág. 375.

IDOT, Laurence – *Arrêt du 27 Septembre 1988 – Note*, "Revue Trimestrielle de Droit Européen", Jurisprudence, 1989, pág. 345.

— – *Commentaire du règlement du 21 Décembre 1989 relatif au contrôle des concentrations*, "La Semaine Juridique", 65ème anné, n.° 12, 21 Mars, 1991, Supplément, pág. 29.

IDOT, Laurence – MOMÉGE, Chantal – *Faut-il réviser le règlement sur le contrôle des concentrations? Brefs propos sur l'affaire de Havilland*, "Europe", 2ème anné, n.° 1, Janvier 1992, pág. 5.

JACQUEMIN, Alexis – *Concentration and mergers in the EEC: Towards a system of control, in* "European Merger Control. Legal and Economic Analyses on Multinational Enterprises", Volume I, 1982, pág. 155.

— – *Concentrations et fusions d'entreprises dans la CEE*, "Révue d'Économie Politique", n.° 3, 91ème anné, 1981, pág. 251.

— – *Horizontal concentration and european merger policy*, "European Economic Review", Vol. 34, n.° 1, January, 1990, pág. 539.

— – *Stratégies d'entreprise et politique de la concurrence dans le marché unique européen*, "Revue d'Économie Industrielle", n.° 57, 3ème Trimestre, 1991, pág. 7.

JANSEN, Bernhard – *Les pouvoirs d'investigation de la Comission de Communautés Européennes en matière de concurrence*, "Revue du Marché Commun", n.° 342, Décembre, 1990, pág. 696.

JEANTET, Fernand-Charles – *Le rôle préventif du contrôle communautaire des operations de concentration*, "Recueil Dalloz Sirey", n.° 1, 3 Janvier, 1991, pág. 4.

— – *Lumière sur la notion d'exploitation abusive de position dominante*, "Juris-Classeur Périodique. La Semaine Juridique", 47ème anné, 1973, 2576.

— – *Vers un contrôle européen des concentrations faisant obstacle a la concurrence*, "Juris-Classeur Périodique. La Semaine Juridique", 49ème anné, 1975, 2675.

JOLIET, René – *Monopolisation et abus de position dominate. Essai comparative sur l'article 2 du Sherman Act et l'article 86 du Traité de Rome*, "Revue Trimestrielle de Droit Européen", 5ème anné, n.° 1, Janvier-Mars, 1969, pág. 645.

JONES, Cristopher – *The scope of aplication of the merger regulation* "Annual Proceedings of the Fordham Corporate Law Institute", Capítulo 18,1991, pág. 385.

JONES, Cristopher – GONZÁLEZ-DÍAZ, Enrique – *The EEC merger regulation*, London, Sweet & Maxwell, 1992.

JONG, H. W. de – ALKEMA, M. – *Obstacles psychologiques (et politiques) aux concentrations et aux fusions intracommunautaires*, "Revue du Marché Commun", n.° 109, Janvier-Fevrier, 1968, pág. 143.

JOSHUA, Julian – *The investigative powers of the EEC Comission in competition cases*, "Gazette du Palais", Vendredi 7, Samedi 8, 1991, pág. 23.

KEPPENNE, Jean-Paul – *Le contrôle des concentrations entre entreprises: quelle filiation entre l'article 66 du Traité da la Communauté européenne du charbon et de l'acier et le nouveau règlement de la Communauté économique européenne?*, "Cahiers de Droit Européen", 27ème anné, n.°1-2, 1991, pág. 42.

KERSE, Chris S. – *EEC antitrust procedure*, London, European Law Center Ltd, Second Edition, 1988.

KIRKBRIDE, James – *The merger regulation – An acceptable compromise?*, "European Business Law Review", Vol. 2, n.° 3, March, 1991, pág. 55.

KORAH, Valentine – *An introductory guide to EEC competition law and practice*, Oxford, ECS Publishing Limited, Fourth Edition, 1990.

— – *Collaborative joint ventures for research and development where markets are concentrated: the competition rules of the common market and the invalidity of contracts*, "Fordham International Law Journal", Vol. 15, 1991-1992, pág. 248.

— – *Comfort letters – Reflections on the perfume cases*, "European Law Review", Volume 6, 1981, pág. 14.

— – *Joint Ventures (exemption or clearence), mergers and partial mergers*, "Annual Proceedings of the Fordham Corporate Law Institute",Capítulo 18, 1988, pág. 429.

— – *The control of mergers under the EEC competition law*, "European Competition Law Review", Vol.8, n.° 3, 1987, pág. 239.

KORAH, Valentine – LASOK, Paul – *Philip Morris and its aftermath – merger control?*, "Common Market Law Review", 25, 1988, pág. 333.

KÖSTER, Jaime Perez-Bustamante – *Las filiales comunes concentrativas en el reglamento (CEE) n.° 4064/89 sobre el control de las operaciones de còncentracion entre empresas*, "Gaceta Juridica de la CEE", Boletín 69, Diciembre, 1991, pág. 3.

KOVAR, Robert – *Le droit communautaire de la concurrence et la «régle de raison»*, "Revue Trimestrielle de Droit Européen", n.° 1, 23ème anné, Janvier-Mars, 1987, pág. 237.

— – *Le pouvoir réglementaire de la Communauté Européenne du Charbon et de L'Acier*, Librairie Générale de Droit et de Jurisprudence, 1964.

— – *The EEC merger control regulation*, "Yearbook of European Law", 10-1990, Clarendon Press – Oxford, 1991, pág. 71.

KRAKOWSKY, Michael – *The requirements for EC merger control*, "Intereconomics – Review of International Trade and Development", May-June 1989, pág. 120.

LANG, John Temple – *Joint Ventures under EEC Treaty rules on competition – I*, "The Irish Jurist", Vol. XII, Part I, Summer, 1977, pág. 15.

— – *Monopolisation and the definition of «abuse» of a dominant position under article 86 EEC Treaty*, "Common Market Law Review", vol 16, 1979, pág. 345.

LANGE, Wilmer G.F. – SANDAGE, John Byron – *The Wood Pulp decision and its implications for the scope of EC competition law*, "Common Market Law Review", 26, 1989, pág. 137.

LANGEHEINE, Bernd – *Judicial review in the field of merger control,* "The Journal of Business Law – 1992", Sweet & Maxwell, Ltd, 1992, pág. 121.

—– *Susbtantive review under the EEC merger regulation,* "Annual Proceedings of the Fordham Corporate Law Institute", Capítulo 22, 1991, pág. 481.

LAURENCIE, Jean Patrice de La – *Le contrôle communautaire des acquisitions internationales: l'application du nouveau règlement européen sur les concentrations,* "Droit et Pratique du Commerce International", vol. 18, n.° 1, 1992, pág. 60.

—– *Le nouveau règlement communautaire sur les concentrations: comment un bon compromis politique produit un nid à contentieux,* "Recueil Dalloz Sirey", n.° 22/Hebdomadaire 7 Juin 1990, Chronique XXVI, pág. 141.

—– *Les offres publiques d'acquisition et le contrôle des concentrations,* "Revue de la Concurrence et de la Consommation", n.° 51, 1989, pág. 7.

LECOURT, Robert – *Concentrations et fusions, facteurs d'integration,* "Revue du Marché Commun", n.° 109, Janvier-Fevrier, 1968, pág. 6.

LEE, William – CALLEBAUT-PIWNICA, Carole – *The EC's new merger control: a force to be reckoned with,* "M&A Europe", Vol 2, n.° 4, March-April, 1990, pág.21.

LEE, William – ROBIN, Patricia – *One-stop shopping: is Brittan on the right track?,* "International Financial Law Review", August 1989, pág. 7.

LESGUILLONS, Henry – *Droit de la concurrence et acquisition d'entreprises:le filtre du droit europeen de la concurrence,* "Revue de Droit des Affaires Internationales", n.° 4/5, 1989, pág. 373.

LESGUILLONS, Henry – GRAVISSE, Caroline– *Two years of application of the EEC concentration regulation,* "Revue de Droit des Affaires Internationales", n.° 8, 1992, pág. 977.

LEVER, Jeremy – LASOK, Paul – *Mergers and joint ventures in the EEC,* "Yearbook of European Law", 6-1986, Clarendon Press – Oxford, pág. 121.

LEVER, Jeremy – *Substantive review under EEC merger regulation: a private perspective,* "Annual Proceedings of the Fordham Corporate Law Institute", Capítulo 23. 1991, pág. 503.

LINDERMANN, Jurgen – *A practical critique of the EEC joint research rules and proposed joint ventures guideline,* "Annual Proceedings of the Fordham Corporate Law Institute", Capítulo 15, 1987, pág. 341.

LONDON, Caroline – *Fusions et acquisitions en droit communautaire,* "Juris-Classeur Périodique. La Semaine Juridique". Ed. E, 15320, 1998, pág. 716.

LOUIS, Jean Victor – *L'ordre juridique communautaire,* 5ème édition, Perspectives Europèennes, Comission des Communautés Européennes, 1989.

512 *O controlo das concentrações de empresas no direito comunitário*

LOUSSOUARN, Yvon – *La concentration des entreprises dans la Communauté Économique Européenne,* "Revue Critique de Droit International Privé", Tome LXIII, 1974. pág. 16.

LUEDER, Tilman E. – *Joint ventures under the merger control regulation: What is a 'concentrative' joint venture?,* "Elsa Law Review", Vol. III, n.º 2, 1992, pág. 149.

LYON – CAEN, Antoine – *Le contrôle des concentrations:étude de la loi francaise et de la proposition européenne,* "Revue Trimestrielle de Droit Européen", 15ème anné, n.º 1, Janvier-Mars, 1979, pág. 1.

MARCHAL, André – *Nécessité economique des concentrations et fusions.* "Revue du Marché Commun", n.º 109, Janvier-Fevrier, 1968, pág. 25.

MARCHINI-CAMIA, A. – *La concentration industrielle, les positions dominantes sur le marché et le droit anti-trust: l'expérience américaine et les problémes européens,* "Revue Trimestrielle de Droit Européen", 7ème anné, n.º 1, Janvier-mars, 1971, pág. 353.

MARKERT, Kurt E. – *EEC competition policy in relation to mergers,* "The Antitrust Bulletin", Vol. XX, 1975, pág.107.
— – *German antitrust law and the internationalization of markets,* "World Competition Law and Economic Review", Vol 13, n.º 1, Septembre, 1989, pág. 23.

MATTÉI, Jean-Baptiste – *La pratique décisionnelle de la communauté européenne au quotidien,* "Revue des Affaires Européens", n.º 1, 1993, pág. 49.

MCCLELLAN, Anthony – JAMBRUN, Philippe – *Fusions, entreprises communes et autres acquisitions dans le Marché Commun,* "Revue du Marché Commun et de L'Union Européenne", n.º 356, Mars, 1992, pág. 231.

MCLACHLAN, D.L. – SWANN, D. – *Competition policy in the european community – The rules in theory and practice,* Londres, Oxford University Press, 1967.

MEDINA CARREIRA, Henrique – *Concentração de empresas e grupos de sociedades. Aspectos históricos, económicos e jurídicos,* Documentos do IESF, n.º 3, Edições Asa, 1992.

MENIS, Claudio – *Il regolamento CEE n.º 4064/89 relativo al control della operazioni di concentrazione tra imprese,* "Diritto Comunitario e Degli Scambi Internazionali", anno XXIX, n.º 4, 1990, pág. 709.

MESTMÄCKER, Ernst-Joachim – *Merger control in the common market: between competition policy and industrial policy,* "Annual Proceedings of the Fordham Corporate Law Institute", Capítulo 20, 1989, pág. 1.

MICHEL, Dominique – *Le contrôle européen des concentrations: une certaine evolution ...,* "Revue Pratique des Sociétés", 89ème anné, n.º 6542, Premier Trimestre,1990, pág. 145.

Bibliografia 513

MILANESI, Enzo Moavero – *Il nuovo regolamento CEE sul controllo delle concentrazioni tra imprese*, "Rivista delle Societá", anno 35, 1990, pág. 1153.

—— – *Spunti per uno studio del diritto antitrust della CEE*, "Diritto Comunitario e Degli Scambi Internazionali", anno XXIX, n.° 3, Luglio –'Settembre, 1990, pág. 331.

MONTALEMBERT, Pierre de – *Le contrôle des opérations de concentration en France et au niveau communautaire*, "Droit et Pratique du Commerce International", vol. 16, n.° 4, 1990, pág. 724.

MOTA DE CAMPOS, João – *Direito comunitário – I Vol. – O Direito Institucional*, Lisboa, Fundação Calouste Gulbenkian, 3ª Edição, 1991.

—— – *Direito comunitário – III Vol. – O ordenamento económico*, Lisboa, Fundação Calouste Gulbenkian, 1991.

MOURA RAMOS, Rui Manuel – *As comunidades europeias*, "Documentação e Direito Comparado", n.° 25/26, 1986, pág. 9.

—— – *Da lei aplicável ao contrato de trabalho internacional*, Coimbra, Colecção Teses, Almedina, 1990.

MOUSSIS, Nicolas – *Accès à l'europe – Manuel de la construction européenne*, Edit-Eur, 1991.

NERI, Sergio – *Note sul l'arrêt Continental Can*, "Cahiers de Droit Européen", 1973, pág. 325.

NIEMEYER, Hans-Jörg – *European merger control: the emerging administrative practice of the EC Comission*, "Fordham International Law Journal", vol. 15, n.° 2, 1991-1992, pág. 398.

NORBERG, Sven – *The agreement on a european economic area*, "Common Market Law Review", 29, 1992, pág. 1171.

O'TOOLE, Richard – *La política europea de competencia: los argumentos para el control de fusiones a nivel comunitario*, "Noticias/CEE", Año IV, n.° 45, Octubre 1988, pág. 123.

OLIVIERI, Gustavo – *Il controlo sulle concentrazioni di dimensione comunitaria: il caso Aérospatiale – Alenia/de Havilland*, "Rivista del Diritto Commerciale e del Diritto Generale delle Obligazione", Maggio-Giugno, n.° 5/6, Anno XC, 1992, pág. 226.

OVERBURY, H C – *Estrecha y constante relación entre la Comisión y las autoridades nacionales en la aplicación de la reglamentación sobre concentraciones, in* "La lucha por el control de las grandes sociedades. Las ofertas públicas de adquisición", Madrid, Barcelona, Ediciones Deusto, S.A., 1992, pág. 283.

OVERBURY, Colin – JONES, Christopher – *EEC merger regulation procedure: a pratical view*, "Annual Proceedings of the Fordham Corporate Law Institute", Capítulo 17, 1991, pág.353.

514 *O controlo das concentrações de empresas no direito comunitário*

PAIS ANTUNES, Luis Miguel – *Agreements and concerted practices under EEC competiton law: is the distinction relevant?*, "Yearbook of European Law", 11, 1991, Clarendon Press, Oxford, pág. 57.

— – *Concurrence, in* "Dictionnaire Juridique des Communautés Europèennes", publicado sob a direcção de Ami Barav e Christian Philip, Paris, PUF, 1993.

PAPPALARDO, Aurélio – *Concentrations entre entreprises et droit communautaire*, "Revue du Marché Unique Européen", 2, 1991, pág. 11.

— – *Il regolamento CEE sul controllo delle concentrazioni tra impresa*, "Il Foro Italiano", anno CXV, Vol. CXIII, Roma, 1990, pág. 200.

— – *Le règlement CEE sur le contrôle des concentrations*, "Revue Internationale de Droit Economique", Vol. IV, n.° 1, 1990, pág. 3.

PATHAK, Anand S. – *EEC concentration control: the foreseeable uncertainties*, "European Competition Law Review ", Vol. 11, 3, 1990, pág. 119.

— – *EEC merger regulation enforcement during 1992*, "European Law Review", Competition Checklist 1992, August 1993, pág. 132.

— – *The EC Comission's approach to joint ventures: a policy of contradictions*, "European Competition Law Review", 5, 1991, pág. 171.

PAULEAU, Christine – *Les entreprises communes et le droit européen de la concurrence*, "Revue Internationale de Droit Economique", 2, 1992, pág. 205.

PELLICER ZAMORA, Rafael – *Derecho comunitario de la competencia*, Colección Politica Comunitaria Europea,Trivium Editorial, 1986.

PEÑA CASTELLOT, Miguel Angel – *El reglamento comunitario de control de concentraciones*, "Boletín Económico Informacion Comercial Española", n.° 2221, Febrero, 1990, pág. 721.

PÉREZ SANTOS, José – *The territorial scope of article 85 of the EEC Treaty*, "Annual Proceedings of the Fordham Corporate Law Institute", Capítulo 25. 1990, pág. 571.

PESCATORE, Pierre – *Rôle et chance du droit et des juges dans la construction de l'Europe*, VIe Congrès International de Droit Européen du 24 au 26 Mai 1973 à Luxembourg, organizado pela F.I.D.E.S, pág. 9.

PICKARD, Stephen J. – *El control de las concentraciones en el derecho comunitario europeo*, "Noticias/CEE", Ano XVI, n.° 62, Marzo 1990, pág. 67.

PIGASSOU, Paul – *Les oligopoles et le droit*, Paris, Editions Techniques et Economiques, 1984.

PIROCHE, Anne – *Les autorités nationales et le droit communautaire de la concurrence*, "Revue de la Concurrence et de la Consommation", n.° 51, Septembre – Octobre 1989, pág. 8.

PIZARRO-PORTILLA, Jesus – *Processo de concentracion empresarial en Europa*, "Situacion", n.° 2, 1990, pág. 163.

Bibliografia 515

POILLOT-PERUZZETTO, Sylvaine – *Premier bilan sur la pratique décisionnelle de la Comission dans l'application du règlement relatif au contrôle des concentrations*, "Revue Trimestrielle de Droit Commercial et de Droit Économique", 45ème anné, n.° 1, Janvier – Mars, 1992, pág. 49.

REASONER, Harry M. – *Comments of the American Bar Association section of antitrust law with respect to the amended proposal for a council regulation (EEC) on the control of concentrations betwen undertakings*, "Antitrust Law Journal", Vol. 59, 1990, pág. 245.

— – *Comments of the American Bar Association section of antitrust law with respect to the draft form notification of a concentration*, "Antitrust Law Journal", Vol. 59, 1990, pág. 263.

REUTER, Paul – *La Communauté Européenne du Charbon et de L'Acier*, Librarie Générale de Droit et de Jurisprudence, Paris, 1953.

REYMOND, Christophe – *Institutions, decision-making procedure and settlement of disputes in the european economic area*, "Common Market Law Review", 30, 1993, pág. 449.

REYNOLDS, Michael J. – *EC merger control at the cross-roads*, "International Financial Law Review", November, 1987, pág. 30.

— – *EC merger control regulation: the first six months*, "International Financial Law Review", April, 1991, pág. 24.

— – *From merger mayhem to merger miracle*, "International Financial Law Review", January, 1990, pág. 33.

— – *Merger control in the EEC*, "Journal of World Trade Law", Vol. 17, September--October, 1989. pág. 407.

REYNOLDS, Michael J. – WEIGHTMAN, Elizabeth – *European Economic Community,in* "International mergers. The antitrust procedure", London, Sweet & Maxwell, 1991.

RICHEMONT, Jean de – *Concentrations et abus de positions dominantes. Article 86 du Traité de Rome. Affaire Continental Can*, "Revue Trimestrielle de Droit Européen", 9ème anné, n.° 1, Janvier-Mars, 1973, pág. 463.

RIDEAU, Joel – *Droit Communautaire de la concurrence et droits nationaux de la concurrence. Tableau d'un patchwork juridique*, "Revue des Affaires Européens", n.° 3, 1991, pág. 5.

RIDYARD, Derek – *Joint dominance and oligopoly blind spot under the EC merger regulation*, "European Competition Law Review", vol. 13, Issue 4, July-August, 1992, pág. 161.

RITTER, Lennart – RAWLINSON, Francis – BRAUN, W, David – *EEC Competition Law a practioner's guide*, Deventer, Boston, Kluwer Law and Taxation Publishers, 1991.

516 *O controlo das concentrações de empresas no direito comunitário*

RIVAS DE ANDRÈS, José – *El reglamento comunitario sobre el control de las operaciones de concentración de empresas – una primera aproximación*, "Noticias /CEE", año VI, n.° 70, Noviembre 1990, pág. 19.

RODRIGUEZ GALINDO, B. – *L'application des règles de concurrence du traité CEE: les pouvoirs d'enquête de la Comission*, "Revue du Marché Unique Européen" , 2, 1991, pág. 75.

ROUX, Xavier de – VOILLEMOT, Dominique – *Le droit de la concurrence de la CEE*, Paris, Juridictionnaires Joly, 1982.

RUBIN, Chantal – *Le règlement européen n.° 4064/89 relatif au contrôle des operations de concentration entre entreprises*, "Revue de la Concurrence et de la Consommation", n.° 53, Janvier– Fevrier, 1990, pág. 5.

SANTA MARIA, Alberto – *Diritto Commerciale Comunitario*, Milano – Dott. A.Giuffrè Editore, 1990.

SAINT-ESTEBEN, Robert – *Le régime des concentrations en droit communautaire*, "Journal du Droit International", 101ème anné, n.° 1, Janvier-Février-Mars, 1974, pág.428
— – *Une concentration international d'entreprises dans la CEE*, "Journal du Droit International", 99ème anné, n.° 1, Janvier-Février-Mars, 1972, pág. 249.

SANDROCK, Otto – VAN ARNHEIM, Elke – *New merger control rules in the EEC*, "The International Lawyer", vol 25, n.° 4, Winter 1991, pág. 854.

SATZKY, Horst – *The merger control regulation of the European Economic Community*, "The American Journal of Comparative Law", Vol 38, 1990, pág. 923.

SCHAPIRA, Jean – LE TALLEC, Georges – BLAISE, Jean-Bernard – *Droit européen des affaires*, Paris, Presses Universitaires de France, 3ème édition, 1992.

SCHERMERS, Henry G. – *Comentário às Opiniões 1/91, de 14 de Dezembro de 1991 e 1/92 , de 10 de Abril de 1992, do Tribunal de Justiça* , "Common Market Law Review", 29, 1992, pág. 991.

SCHMIDT, Ingo – *Different approaches and problems in dealing with control of market power: a comparison of German, European, and U.S. policy towards market-dominating enterprises*, "The Antitrust Bulletin", Summer 1983, pág. 417.

SCHMITT. Paul M. – *Multinational Corporations and Merger Control in community antitrust law,in* "European Merger Control. Legal and Economic Analysis on Multinational Entreprises", Vol. I, Klaus J. Hopt, 1982, pág. 169.

SCHÖDERMEIER, Martin – *Collective dominance revisited: an analysis of the EC Comission's new concepts of oligopoly control*, "European Competition Law Review", Vol. 11, Issue 1, 1990, pág. 28.

SERRAS, Françoise – *L'application du droit communautaire de la concurrence par les juridictions nationales*, "Revue de la Concurrence et de la Consommation", n.º 53, Janvier-Mars, 1990, pág. 25.

SERRAS, Françoise – REINHARD, Yves – DANA-DÉMARET, Sabine – *Droit communautaire et international des groupements*, "Juris-classeur Périodique. La Semaine Juridique", Éd. E., n.º 27-28, pág. 457.

SIBREE, William – *EEC merger control and joint ventures*, "European Law Review", April 1992, pág. 91.

SIRAGUSA, Mario – *Current procedural and litigation aspects of mergers and takeovers*, "Annual Proceedings of the Fordham Corporate Law Institute", Capítulo 23, 1990, pág. 509.

SIRAGUSA, Mario – SUBIOTTO, Romano – *Le contrôle des opérations de concentration entre entreprises au niveau européen: une première analyse pratique,* "Revue Trimestrielle de Droit Européen" , 28 année, n.º1, 1992, pág. 51.
— – *The EEC merger control regulation: the comission's evolving case law*, "Common Market Law Review, 28, 1991, pág. 877.

SLAUGHTER and MAY – *EEC merger control regulation – Progress Report ,* "European Mergers", Issue 6, January 1991, pág. 19.
— – *EEC merger control regulation – Progress Report 2,* "European Mergers", Issue 9, July, 1991, pág. 15.
— – *The new EEC merger control regulation,* "European Mergers", Issue 1, February/March, 1990, pág. 2.

SOAMES, Trevor – *The «community dimension» in the EEC merger regulation: The calculation of the turnover criteria*, "European Competition Law Review", Vol. 11, 5, 1990, pág. 213.

SPOLIDORO, Marco Saverio – *Il regolamento sul controllo della concentrazioni: nuova versione della «proposta modificata»*, "Rivista delle Società", Anno 34, 1989, pág. 192.

STEINDORFF, Ernst – *Obstacles tenant a la legislation communautaire sur les ententes et positions dominantes,* "Revue du Marché Commun", n.º 109, Janvier-Fevrier, 1968, pág. 186.

STEWART, Terence P. – ABELLARD, Delphine A. – *Merger control in the European Community. The EC regulation «on the control of concentrations between undertakings» and implementing guidelines,* "Northwestern Journal of International Law and Business", Vol 11, n.º 2, Fall 1990, pág. 293.

STRIVENS, Robert – *The «Philip Morris» case: Share acquisitions and complainants' rights,* "European Intellectual Property Review", 6, 1988, pág. 163.

518 *O controlo das concentrações de empresas no direito comunitário*

SUTHERLAND, Peter – *Interview: Comissioner Peter Sutherland,* "Antitrust", Summer, 1988, pág 18.

— – *The future of competition policy in the EC,* "Multinational Business", n.º 2, Summer, 1989, pág. 1.

TABATONI, Pierre – *Remarques sur les obstacles psycho-sociologiques à la coopération internationale,* "Revue du Marché Commun", n.º 109, Janvier-Fevrier, 1968, pág. 99.

THIEFFRY, Jean – ARNOLD, Karin – VAN DOORN, Philip – *Les pouvoirs d'enquête de la Comission CEE en droit de la concurrence,* "Gazzette du Palais", 9 Juin, 1990, pág. 309.

THIEFFRY, Patrick – *The new EC merger control regulation,* "The International Lawyer", vol 24, n.º 2, Summer, 1990, pág. 543.

THIEFFRY, Patrick – VAN DOORN, Philip – NAHMIAS, Peter – *La notification au titre du contrôle communautaire des concentrations entre entreprises,* "Revue du Marché Unique Européen", 2, 1991, pág. 47.

THIESING, J. – SCHRÖTER, H. – HOCHBAUM, I – *Les ententes et les positions dominantes dans le droit de la CEE,* Collection «Exporter», Paris, Editions Jupiter, Editions de Navarre, 1977.

TIZZANO, Antonio – *As competências da Comunidade, in* "Trinta anos de Direito Comunitário", Colecção Perspectivas Europeias, Comissão das Comunidades Europeias, 1984, pág. 45.

TOLEDANO LAREDO, Armando – *The EEA agreement; an overall view,* "Common Market Law Review", 29, 1992, pág. 1199.

VAN EMPEL, Martijn – *Merger control in the EEC,* "World Competition Law and Economics Review", Vol. 13, n.º 3, March 1990, pág.5.

VAN GERVEN, Gerwin – NAVARRO VARONA, Edurne – *The WOOD PULP case and the future of concerted practices,* "Common Market Law Review", vol. 31, n.º 3, 1994, pág. 575.

VAN GERVEN, Walter – *EC jurisdiction in antitrust matters. The Wood Pulp judgment,* "Annual Proceedings of the Fordham Corporate Law Institute", Capítulo 21. 1990, pág. 451.

— – *Principes du droit des ententes de la Communauté Économique Européenne,* Bruxelles, Bruylant, 1966.

VAN KRAAY, Frans G.A. – *Proposed EEC regulation on control of mergers,* "International and Comparative Law Quarterly", Vol. 26, April 1977, pág. 468.

VAN OMMESLAGHE, Pierre – *L'application des articles 85 et 86 du Traité de Rome aux fusions aux groupes de sociétés et aux entreprises communes,* "Revue

Trimestrielle de Droit Européen", 3ème anné, n.° 1, Janvier-Avril, 1967, pág. 457.

— – *Le règlement sur le contrôle des operations de concentration entre entreprises et les offres publiques d'acquisition*, "Cahiers de Droit Européen", 27ème anné, n.° 3 – 4, 1991, pág. 259.

VAN UYTVANCK, J. – *Problémes relatives aux filiales communes*, "Cahiers de Droit Européen", n.° 1, 1979, pág. 25.

VANDAMME, Jacques – *L'arrêt de la Cour de Justice du 21 Fevrier 1973 et l'interpretation de l'article 86 du Traité CEE*, "Cahiers de Droit européen", 1974, pág. 112.

VANDAMME, Jacques – GUERRIN, Maurice– *La réglementation de la concurrence dans la CEE*, Paris, Presses Universitaires de France, 1974.

VANDAMME, Jacques – SIMONS, Erwin – *Le contrôle des concentrations dans la Communauté Européenne*, "Courrier Hebdomadaire CRISP", n.° 1293, 1990, pág. 3.

VAZ, Manuel Afonso – *Direito Económico – A ordem económica portuguesa*, Coimbra Editora, 2ª Edição, 1990.

VENIT, James S. – *The evaluation of concentrations under Regulation 4064/89: the nature of the beast*, "Annual Proceedings of the Fordham Corporate Law Institute", Capítulo 24, 1991, pág. 519.

— – *The «merger» control regulation: europe comes of age ... or caliban's dinner*, "Common Market Law Review" , n.° 27, 1990, pág. 7.

VERSTRYNGE, J.F. – *Problémes relatives aux filiales communes*, "Cahiers de Droit Européen", n.° 1, 1979, pág. 13.

VOGEL, Louis – *Droit de la concurrence et concentration économique*, Serie:Etudes et Recherches, Ed. Économica, Paris, 1988.

— – *Le nouveau droit européen de la concentration*, "Juris-Classeur Periodique. La Semaine Juridique", ed. entreprises, 64ème année, 5 January, 1990, 15 914, pág. 713.

— – *Le règlement européen sur le contrôle des concentrations ou de la difficultté de concilier efficacité et compromis*, "Journal du Droit International", 118ème anné, n.° 1, Janvier-Février-Mais, 1991, pág. 877.

VOGEL, Louis – VOGEL, Joseph – *Le droit européen des affaires*, Paris, Éditions Dalloz, 1992.

VOGELENZANG, P. – *Abuse of a dominante position in article 86; the problem of causality and some applications*, "Common Market Law Review", Vol. 13, 1976, pág. 61.

WAELBROECK, Michel – *Comunicação apresentada no Colóquio organizado pelo "Centre Universitaire D'Etudes des Communautés Européennes de la Faculté de Droit et des Sciences Économiques de Paris" em Outubro de 1967,* "Revue du Marché Commun", n.° 109, Janvier-Fevrier, 1968, pág. 269.

WAELBROECK, Michel – MEGRET, Jacques – LOUIS, Jean-Victor – VIGNES, Daniel – *Le droit de la Communauté Économique Européenne (Commentaire du Traité et des textes pris pour son application), Vol. 4 – Concurrence,* Éditions de l'Université Libre de Bruxelles, 1972.

WEATHERILL, Stephen – *The changing law and practice of UK and EEC merger control,* "Oxford Journal of Legal Studies", Vol. 11, n.° 4, Winter 1991, pág. 520.

WHISH, Richard – *Competition Law,* London, Edinburgh, Butterworths, Second Edition, 1989.

WHISH, Richard – SUFRIN, Brenda – *Oligopolistic Markets and EC Competition Law,* "Yearbook of European Law",12, Clarendon Press, Oxford, 1992, pág. 59.

WINCKLER, Antoine – GERONDEAU, Shophie – *Étude critique du règlement CEE sur le contrôle des concentrations d'entreprises,* "Revue du Marché Commun", n.° 339, Août-Septembre, 1990, pág. 541.

WINCKLER, Antoine – HANSEN, Marc – *Collective dominance under the EC merger control regulation,* "Common Market Law Review", 30, 1993, pág. 787.